张幼文 黄仁伟 等著

2010

中国国际地位报告

China's International Status Report 2010

China

人民出版社

目　　录

Contents

3

表、图、大事记索引

表索引

图索引

大事记索引

导论 甲子兴邦：
发展成就辉煌国际地位跃升

2009 年 10 月 1 日，中华人民共和国建国 60 周年。在一个甲子的时间内，中国由一个经济贫弱、民生凋敝、政治不稳的农耕社会跃变为"世界制造业中心"、世界第三大经济体，并将在 2010 年超越日本，名列全球第二，从世界舞台边缘走到中心，赢得国际社会的普遍赞誉。中国发展并逐步崛起的 60 年实际上是中国与世界互动的 60 年，也是西方对中国看法不断调整变化的 60 年。国际舆论从中国"崩溃论"、"威胁论"、"机遇论"、"责任论"到当今中国"影响论"的演变从侧面折射出新中国非凡发展的光辉历程。新中国阔步前进的 60 年也是中国外交包括经济外交大发展的 60 年。60 年来，新中国外交包括经济外交经受住国际风云变幻的严峻考验，取得了举世瞩目的辉煌成就。今天的中国不仅仅是站起来了，而且正以一个大国的身份、积极的姿态为世界和平、人类的繁荣做出自己的贡献。

一、新中国 60 年非凡发展赢得国际盛赞

在新中国成立 60 周年之际，国际社会对这一重大事件普遍给予高度关注，盛赞新中国取得的光辉成就，热议新中国取得巨大成就的原因①，热切关注中国将以什么样的姿态处理与外部世界的关系。

1. 世界高度赞赏新中国 60 年来取得的光辉成就

60 年前，新中国宣告成立。那时，中国的赤贫人口占世界 1/5，脚下是列强掠夺和连年战乱留下的废墟和瓦砾，头上高悬的是帝国主义围堵与封锁的利剑。时任美国国务卿艾奇逊断言，共产党能够打天下，但解决不了中国人的吃饭问题。

中国高举着独立自主、自力更生的旗帜，在一穷二白的土地上开始打造现代工农业的基础。1978 年，中国向世界打开了国门，从此走上了改革开放、经济强国之路。从

---

① 本刊记者：《国际社会盛赞新中国成立 60 周年》，《当代世界》2009 年第 10 期。

1952 年到 2009 年，中国的经济总量增加了 486 倍，国内生产总值以年均 8.1% 的速度增长。① 在世界 GDP 排名中，中国于 2007 年超过德国，从 1978 年的第 10 位上升为仅次于美国和日本的世界第三位。2008 年中国的 GDP 规模为 4.327 万亿美元，占世界 GDP 的 7.1%，相当于日本（4.911 万亿美元，占世界 GDP 的 8.1%）的 88.1%。进入 2009 年以后，由于中国的增长率大幅度超过日本，即使考虑到最近日元对人民币的升值，2010 年中日两国的 GDP 也极有可能出现逆转。这对于日本来说，意味着将要把自从 1968 年超过西德以后一直保持着的"世界第二经济大国"的地位让给中国。2009 年，中国人均 GDP 在 2008 年突破 3000 美元的基础上向 4000 美元挺进。从人均 GDP 1000 美元到 3000 美元，中国用了 5 年，日本用了 11 年，德国用了 15 年。今天的中国，与 60 年前相比，一天创造的财富相当于当时一年的总量，国家的财政收入是那时的 1000 倍②；今天的中国，在世界的经济舞台上，已经不再是一个无足轻重的穷国弱国，经济总量在世界经济中所占的比重，从新中国成立初期的不足 1% 上升到了 11.4%（购买力评价），对世界经济的贡献率 2007 年就超过了美国达到 20%，2009 年（主要是在国际金融危机特殊背景下）甚至高达 50%。2009 年，中国经济在全球经济衰退中逆势强劲增长，总量突破 33 万亿元，近乎超过世界第二大经济体日本；外汇储备也从 1952 年的 1.39 亿美元增加到 2009 年的 2.3 万亿美元，稳居世界第一位。③ 正如著名旅日华人经济学家关志雄在其专著《中国第一》（"China as Number One"）所指出的："事实上，中国已经达到世界第一的领域在不断增加。30 年前，主要的经济指标中中国只有人口数量是世界第一；10 年前，中国的钢铁产量达到世界第一④；如今，除了人口和钢铁以外，在以贸易为主的经常收支盈余、外汇储备、美国国债持有量⑤、主力银行的时价总值⑥等各方面，中国都位居世界第一。值得强调的是，中国的出口总额 2008 年位

---

① 1952 年，我国国内生产总值只有 679 亿元。2009 年，国内生产总值超过 33 万亿元，位居世界第三。2009 年一天创造的国内生产总值就超过了 1952 年一年的总量。

② 全国财政收入从 1950 年的 62 亿元到 2008 年的 6.13 万亿元，增长约 1000 倍。

③ 中国的外汇储备规模在 2006 年 2 月超过日本，位居世界第一，此后一直不断增加，2009 年 12 月已经达到 2.3 万亿美元。

④ 1949 年，我国钢产量只有 15.8 万吨。2008 年，粗钢产量达 5 亿吨，占世界产量的近 40%。我国粗钢产量已连续 13 年居世界第一。

⑤ 根据美国财政部 2010 年 2 月 26 日公布的数据，2009 年 12 月份海外投资者减持美国国债 530 亿美元，减持幅度创历史新高，远高于当年 4 月创下的 445 亿美元减持纪录。在持有美国国债的主要国家中，2009 年 12 月份日本增持了 115 亿美元，至 7688 亿美元，成为美国最大债权国。中国当月减持了 342 亿美元，现持有美国国债 7554 亿美元，降为美国第二大债权国。这也是中国连续第二个月减持美国国债。此外，英国当月增持了 249 亿美元美国国债，至 3025 亿美元；巴西增持了 35 亿美元，至 1606 亿美元；俄罗斯减持了 96 亿美元，至 1185 亿美元。

⑥ 在银行业，中国工商银行、中国建设银行、中国银行包揽了 2009 年全球市值最高的银行前三名。众所周知，这一代表全球银行业和金融业权力的排行榜，此前一直都是欧美银行独揽天下，如次贷危机爆发前的 2007 年 6 月底，全球市值最大的 15 家银行中，花旗集团、美国银行和汇丰银行位居前三。但在 2009 年，汇丰银行退居第四，花旗集团更是滑出了前 15。

居第二，2009 年超过德国①，成为世界第一；2009 年中国的汽车生产台数超过日本，而销售台数超过美国，成为世界第一。"

中国发展的速度令世界惊讶！中国经济的发展速度超出了世人的想象！中国创造的经济奇迹令世界惊叹！"新旧中国的变化看起来如同一部科幻小说。" 87 岁的美国记者西默·托平无限感慨地说。这位曾第一个报道南京解放的外国记者，见证了中国 60 年的变化。他说，中国人已经实现了毛泽东等一辈人的梦想，让中国重新成为世界上举足轻重的力量之一。

新中国成立初期，中国主要从苏联和东欧社会主义国家引进 156 项重点建设项目的成套设备和技术。1950 年，中国的进出口贸易总额只有 11.35 亿美元。改革开放以后，中国参与国际市场的深度和广度不断加大，对外贸易实现了年均 18.1% 的增长。2008 年，中国的贸易总额从 1978 年的 206 亿美元猛增到 2.56 万亿美元，相当于改革开放前 30 年总和的 15 倍，是 1950 年的 2266 倍。受金融危机的影响，2009 年全年进出口总额同比有所下降，达到 22073 亿美元；贸易顺差 1961 亿美元，比上年减少 994 亿美元。尽管如此，中国 2009 年出口总值达到 1.2017 万亿美元，高于德国的 1.1213 万亿美元，成为全球出口"冠军"。目前，中国的贸易量仅次于美国和德国，位居世界第三；中国在世界贸易中所占的份额，也从 1950 年的 0.9% 提升到 2008 年的 8% 以上。

20 世纪 50 年代末，在浩瀚的海洋上，还没有一艘中国自己的远洋运输船。今天，中国远洋船队已经拥有 23 万艘货轮，载重量约 6000 万吨，居世界第四位；集装箱运输量和港口吞吐量均跃居世界前列。中国商船往来于世界 150 多个国家和地区，1200 多个港口，向全世界输送着"中国制造"。

中国已经连续 17 年成为世界上吸引外资最多的发展中国家。从 1980 年北京航空食品公司等首批合资企业诞生至 2009 年 6 月底，我国已累计批准设立外商投资企业 67 万家，全球最大的 500 家跨国公司中有 480 多家来华投资，吸收外资规模从 20 世纪 50 年代的 19 亿美元发展到累计实际使用外资 8526 亿美元。联合国贸发会议近期对 241 家跨国公司的一项调查显示，国际金融危机期间，中国仍是对外资最具吸引力的国家。

在"引进来"的同时，中国企业也开始大踏步地"走出去"。据统计，中国企业在 170 多个国家和地区，累计投资 1800 多亿美元。截至 2008 年年底，8500 多家境内投资者设立的境外直接投资企业有 1.2 万家，资产总额超过 1 万亿美元。

今天，呈现在世界面前的中国，是一个自信的中国，是一个繁荣开放的中国，是一个从世界舞台边缘走向中心的中国。美国前国务卿基辛格称，新中国建国 60 年来，已成为世界上最重要的国家之一，也是世界经济最重要的组成部分。法新社称，中国经过

---

① 德国作为欧洲经济规模最大的国家从 2003 年后就一直稳居出口额全球第一的宝座。2009 年由于受金融危机的影响，德国对欧洲各国的出口出现减少。据共同社报道，德国联邦统计局 2010 年 2 月 9 日公布的 2009 年贸易统计数据（初值）显示，年出口总额为 8032 亿欧元，相当于 11213 亿美元，比上年减少了 18.4%，少于中国的 12017 亿美元。中国的年出口额首次赶超德国，跃居全球首位。

60 年发展，终于获得了与其国土面积相称的实力和影响。俄罗斯《独立报》称，经过 60 年发展历程，中国一跃成为 21 世纪的超级大国，缔造了"中国奇迹"。美国乔治·华盛顿大学中国政策项目主任香博在《时代》周刊撰文称，当新中国迎来建国 60 周年之际，有许多值得庆贺的地方。中国是世界第三大经济体和贸易大国，已成为科学技术的全球创新者。中国在外交上享有尊重，与邻国及所有大国和睦相处。中国发展模式吸引了发展中国家的注意。埃菲社称，新中国成立 60 年来，取得惊人成绩。国内贫困人口数量从 1978 年的 2.5 亿减少到 2500 万，香港、澳门回归，中国加入世界贸易组织，中国人第一次太空漫步以及北京奥运会成功举办，都令中国引以为豪。俄罗斯战略文化基金会刊文指出，中国的成就和发展模式不仅赢得了发达国家的尊重，更是发展中国家争相效仿的典范。中国的社会主义实际上吸收了各国现代化建设的宝贵经验，是一种创造性的结合。国际知名投资家罗杰斯认为，中国改革的方向非常正确，世界将迎来"中国时代"。美国学者库恩称，中国改革带来了经济上的巨变，更带来了中国民众精神上的改变。他们对自己国家和未来日益充满信心。

世界经济论坛主席施瓦布说：中国准备在世界事务中发挥更大的作用，中国将不只是为本国人民谋福利，还将为全世界的人民做贡献。中国不仅正在准备着，也正在行动着。从亚欧经济部长会议到世界经济论坛，从多哈发展回合到二十国集团金融峰会，作为一个新兴的经济大国，中国已经活跃在世界经济和政治的舞台上。

开放让世界认识了中国，发展孕育了中国的影响力。1980 年，中国先后恢复了在国际货币基金组织和世界银行的席位，在对外开放和与世界经济接轨的道路上迈出了重要一步。

2001 年年底，中国经过多年艰苦的谈判，成功加入了世界贸易组织，自此，中国被纳入世界贸易体系中，从全球贸易规则的被动接受者变成了有条件地参与各种全球多边经贸规则的制定者，特别是在关系到千年发展目标的多哈发展回合谈判中，中国等发展中国家逐渐打破了由发达国家主导谈判的局面，拥有了更多的话语权，这对推动建立公平、公正、包容、有序的国际经济新秩序发挥了越来越大的建设性作用。《纽约时报》文章认为，中国的崛起，不可逆转地改变了全球贸易格局。

"中国是唯一打破经济学教科书常规的国家。"中国在两次地区和全球金融危机中的杰出表现，在很大程度上印证和支持了美国《新闻周刊》的这一观点。1997 年亚洲金融危机来临时，中国政府成功防范和抵御了危机的冲击，同时保持人民币汇率稳定，并通过双边和多边渠道向有关国家提供援助，充分展现了负责任的大国风范；2008 年年底，在百年罕见的金融海啸和全球经济衰退的冲击下，中国政府实施了 4 万亿元人民币的经济刺激计划，不仅确保 2009 年有望实现 8% 的增长，也成为引领世界经济走出衰退的重要力量。

与此同时，中国还积极参与国际金融规则的制定，宣布购买不超过 500 亿美元国际基金组织融资债券，并与 6 家中央银行/当局签署了合计 6500 亿元人民币的双边货币互换协议……。新加坡时政评论员杜平在《联合早报》撰文指出，"新中国成立后与外部世界的六十年交往，在根本上就是洗雪国家耻辱、恢复民族自信，从世界舞台的边缘走向中央的历程。中国在当今世界不仅站稳脚跟，而且令新老强国再也不敢轻蔑对待"①。

2. 从"崩溃论"到"影响论"折射出新中国60年非凡历程

新中国成立以来（特别是改革开放以来的30年）的60年实际上是中国与世界互动的60年，也是西方对中国看法不断调整变化的60年。从中国崩溃论、中国威胁论、中国机遇论、中国责任论到最近的中国影响论②相继而生。五种论调既是不同时期中国实力发展的反映，也是西方舆论对华心态变化的折射。

1978年中国实行改革开放后，中国开始了解世界，世界也开始认识中国。但改革开放初期，西方并没有重视中国，更没有形成对中国的完整认识。

东欧剧变和苏联解体让西方开始把目光聚焦到中国。因为，苏东剧变后，中国成为最大的社会主义国家。中国崩溃论开始在西方流行，日裔美国学者福山提出了"历史的终结"。西方大国一度对中国进行围堵封锁，力图压垮中国社会主义制度。

但很快，中国崩溃论就不攻自破。中国顶住了西方的压力和封锁，开创了有中国特色的社会主义道路。西方开始醒悟，从欢呼中国的崩溃到警惕中国的崛起，中国威胁论开始蔓延。哈佛大学教授亨廷顿的"文明冲突论"应运而生。此后，中美南海撞机事件、北约轰炸中国驻前南斯拉夫使馆等事件都是中国威胁论阴影下的产物。

与中国威胁论相伴随的是中国机遇论，认为中国的快速发展会带动世界的发展，给各国带来机遇。不过，中国机遇论虽然是不争的现实，但在擅长炒作的西方舆论中很少成为主要话题。

进入新世纪后，国际社会对中国的看法又出现了新的变化。这种变化是从小布什第二任期开始的。时任美国副国务卿佐利克首次提出中国应成为国际社会中负责任的"利益攸关论"。此后，"利益攸关论"又被写入了美国2006年《国家安全战略报告》，正式成为美国官方的对华新定位。这被认为是"中国责任论"正式浮出水面的代表。在这一形势下，"中国威胁论"日益淡化，"中国责任论"压倒性地构成了中国所面临的主要国际舆论环境。

近年来，美国学者和政要抛出的所谓中美两国集团论、中美共管太平洋论等，某种程度上反映了西方尤其是美国对中国的看法又出现了新的变化。G2概念是华盛顿彼特森国际经济研究所所长伯格斯坦在2008年7/8月份的《外交事务》上提出的，他认为美国应寻求同中国发展一种真正的伙伴关系，以实现对全球经济体系的共同领导，实际上提出了中美共治论。此外，哈佛大学商学院教授尼尔·弗格森还提出了Chinamerica

---

① 杜平：《中美"共治世界"新诠释》，《联合早报网》http://www.zaobao.com/special/forum/pages7/forum_ zp091218. shtml。

② 韦弦：《"中国影响论"露出端倪》，《联合早报网》，http://www.zaobao.com/special/forum/pages7/forum_ zp090706. shtml。

（中美国）的概念。在他看来，中美已经走入"共生时代"，作为全球最大消费国的美国与世界最大储蓄国的中国应该相互合作，方式是美国负责消费、中国负责生产。尽管以 G2 为标志的"中国影响论"目前来说还只是停留在学者层面，美国政府至今并没有正式把该论调上升为对华政策，但是它的指向意义也是显而易见的，即中国正步入世界舞台的中央，似有与美国分庭抗礼之势。

从国际社会对中国各种论调的演变可以看出，每种论调的出现都是伴随着国际形势的深刻变化，与西方对中国实力、影响力和发展前途看法的变化密切相关的，体现了国际社会尤其是西方对中国未来走向的一种认知，从中国"崩溃论"到"影响论"，从侧面折射出新中国建国 60 年来阔步向前、国际地位和影响力不断提升的发展历程。

3. 西方媒体热议新中国 60 年来取得巨大成就的主要原因

美国有线电视新闻网记者齐迈克称，中国共产党在中国实行改革开放的决策以及所采取的有效措施值得充分肯定。库巴称，在培育精英的政党人才选拔和培训系统中脱颖而出的中国领导层，在世界上任何公众领袖群体中都处于很高水准。香博称，"抛开意识形态"正是中国共产党和新中国在过去 30 年取得成功的原因之一。澳大利亚《悉尼先驱晨报》称，中国共产党从一个地下党变成革命党，从革命党又变成了一个领导经济改革的政党。而印度公共政策选择中心主任古鲁斯瓦米称，中国政府管理富有效率。

韩国《中央日报》称，在几代领导人的带领下，中国把复杂多变的现实国情全部整合成为支撑中国崛起的"大战略"。中国领导人采取坚定的现实主义策略，并以"实事求是"的态度不断加快步伐，继续扩大战略空间。法新社和中国台湾"中央社"称，邓小平同志提出的"摸着石头过河"政策以及"增量改革"（先试点、后推广）的发展模式非常科学和稳健。阿根廷《号角报》称，中国并不隐藏因其独特发展模式而导致的各种问题，并且已找到解决这些"差距"的办法，即"科学发展"。

《香港商报》称，新中国建设的丰硕成果，凝聚了中国人民 60 年来的血汗，体现了中国人民一百多年来热切希望中国摆脱贫困落后、进入世界强国行列的民族期望。南非学者戴维斯称，中国人民的勤劳和智慧以及对美好生活的向往和追求，是推动国家不断发展的强大动力。法新社称，中国的对外开放恰逢其他国家准备将劳动密集型产业转向海外。在全球化时代，中国在新的全球劳动分工中占据了合适的位置。俄罗斯《独立报》称，中国始终把和平共处五项原则作为外交方针核心，积极构建多极、民主的"和谐世界"。此外，中国还致力于同富裕的西方国家合作，表现出高度的灵活性和务实性。

国际社会在赞誉中国取得骄人成就的同时，也指出中国发展过程中仍然面临诸多挑战，如人口老龄化、贫富差距扩大、环境恶化、贸易摩擦激化、政治改革迟缓等。其中尤其是中国的二氧化碳排放量已经超过美国成为世界第一，这意味着中国在提供防止地球变暖这一国际公共产品方面，也应发挥与其实力相符的作用。

4. 各国关注中国将以什么样的姿态处理与外部世界的关系

值新中国成立 60 周年之际，无论是在欧美发达国家还是在亚非拉发展中国家，无论是政府官员、专家学者还是企业高管、商界领袖，人们在感叹中国奇迹的同时都在关注着中国的国际地位发展走向，关注中国将以什么样的姿态处理与外部世界的关系。

美国人认为中国已今非昔比，不是一般的大国，而是世界大国。在朝核、气候变化等重大国际和地区热点问题上中国都发挥着重要的甚至是关键的作用。美国对中国国际地位和影响力上升的重视，比较突出地反映在"两国集团"（"G2"）论上。它是由彼得森经济研究所所长伯格斯坦提出，奥巴马外交事务顾问布热津斯基加以强调。美国人认识到凭一己之力难以解决重大国际问题，但那些老盟友在关键时刻也不顶用——日本复苏艰难，法国、德国、英国在危机面前各行其道，无法与美国"并肩战斗"。而中国呢？2008 年经济增长 9%，2009 年要保持 8%，要走出危机离开中国不行。"G2"论既反映了美国对中国不断崛起这一客观现实的承认，也反映了美国摆脱自身所处困境的需要。在世界多极化加速发展、全球性问题日益增多的背景下美国希望借助中国力量帮助其分担责任。针对"G2"论，温家宝总理明确指出："一两个国家或大国集团不可能解决全球的问题，多极化和多边主义是大势所趋。'G2'论是毫无根据的，是错误的。"

虽然美国认为中国有可能成为紧随其后的准超级大国，但是"G2"不等于两极。中美两国经济总量的相对差距在不断缩小，从 1990 年中国 GDP 仅为美国 GDP 的 6.7% 上升到 2008 年的 30.8%。但是，中美两国的绝对差距还在继续扩大，从 1990 年相差 54128 亿美元增加到 2008 年的 98600 亿美元。

欧洲在接受中国"历史性的崛起"的同时开始对中国"讲条件"。主要表现为：一是在推动中欧经济关系加深过程中，视中国为发展机遇的同时，更关注中国经济发展给欧洲带来的"竞争"和"挑战"。欧洲在与中国经贸往来中保护主义措施大增，频频对中国产品发起反倾销调查。二是对中国国际地位迅速提高"不舒服"、"不适应"。欧洲在积极评价中国一些外交表现的同时又常有微言，如责备中国与欧洲"配合不够"，在发展与非洲关系等问题上"踩了欧洲的脚"，触犯了欧洲的势力范围。三是在处理欧中关系时意识形态因素增多。欧洲国家明显提高了在"人权"、"民主"等意识形态问题上批评中国的调门，频频出现指责中国"非洲政策"和"西藏问题"、"新疆问题"的言论，图谋通过"引导"、"规范"中国运行在欧洲设定的轨道上。欧盟最近发表的一份对华文件明确表示欧盟不会像美国那样"大喊大叫"地过问中国内政，但也绝不会放弃这种做法。四是更强调中国的"责任"。欧盟呼吁中国在国际金融、贸易体系、气候变化、可持续发展等方面"负起更大的责任来"，要求中国更多地借鉴欧洲的价值观和法律理念，要求中国尊重欧盟在全球范围的既得利益，要求中国强化对知识产权的保护，要求中国严格遵守西方主导的国际贸易规则，等等。

中国与周边各国保持着密切的高层往来，与几乎所有的周边国家建立了各种类型的伙伴关系与除印度、不丹以外所有陆上邻国解决了边界问题。中国已经被越来越多的周

7

边国家视为"好邻居、建设性伙伴和没有威胁的地区大国"。周边国家普遍希望学习中国的成功经验，搭乘中国发展的快车。他们还希望中国在推动地区合作中发挥更大的作用，在地区安全和热点问题上承担更大的责任。与此同时，"中国威胁论"和"中国军事不透明"等论调在周边仍有市场，表明部分周边国家对中国强大的疑虑有所上升。由于日中 GDP 很可能发生逆转，日本国内的"中国威胁论"论调有所抬头。

拉美国家在经受了 20 世纪 90 年代"拉美模式"的失败之后对中国发展的经验和模式关注度日益上升。拉美国家认为中国模式不同于已经失败的苏联东欧模式，也不同于他们眼下不时要面对的西方模式。他们对中国发展模式最感兴趣的是怎样以本国的人文理念为指导处理好改革、发展、稳定这三者的关系，既维护政权稳定又实现经济以较快速度持续发展。

非洲国家普遍认为中国现在的发展态势，使中国对非洲的需求比 60 年前有了明显的上升，这正是非洲实现经济发展的重要战略机遇期。国际金融危机爆发以来，非洲"向东看"的主张进一步增强。很多非洲经济学家算了一笔账，非洲拥有丰富的劳动力、土地资源以及经济发展所需的战略性资源，如果中国的中产阶级达到 40% 的规模就有数亿人要进入中产阶层的行列，这跟 100 年前西方国家经济快速崛起的情形一样，必将极大拉动全球包括非洲经济的发展。

中东伊斯兰国家强烈地感受到中国不仅是"世界工厂"、经济大国，更是一个在全球事务中具有重要影响力的大国。他们希望中国成为国际格局中的一支平衡力量，帮助他们减轻西方霸权主义和强权政治带来的压力。同时也希望中国承担更多的国际责任、发挥更大的作用，在帮助解决中东热点问题上，能使局势朝着有利于他们的方向发展。

同时，由于中国的商品、人力资本的价格都很便宜，这也是很多发展中国家的优势领域，他们担心中国会挤压他们的市场份额，从而影响国内相关产业的发展。

总之，新中国成立的 60 年，是中国不断发展并逐步崛起的 60 年，是中国与世界互动的 60 年，是西方对中国看法不断调整变化的 60 年，是国际地位不断提高、影响不断扩大的 60 年，是为世界和平孜孜以求的 60 年，也是由孤立到不断融入世界、不断走向成熟的 60 年。今天的中国不仅仅是站起来了，而且正以一个大国的身份、积极的姿态为世界和平、人类的繁荣做着自己的贡献。

二、中国国际经济影响力的提升与在全球治理中的地位

随着中国经济实力与国际地位的提升，中国经济对世界经济的影响力相应增强，中国在参与全球治理中的作用也日益提升。

1. 中国在全球治理中的地位和作用

2009 年是"全球治理"获得重要发展和变化的一年。这是由于国际金融危机后的

国际经济政治利益结构和力量结构出现深刻变化的结果，反映出当前世界大趋势是全球化发展正在进入全球治理的新阶段，体现全球治理正在深入到不同领域。在全球金融危机发生后，没有一个大国可以单打独斗应对严峻经济形势，国际协调成为经济复苏的必要条件。面对国际金融危机极其复杂深远的后果，联合国对于解决全球经济治理的紧迫问题难有作为，联合国机制需要其他国际机制的配合才有可能应对越来越多的全球治理问题。西方发达国家"包打天下"的局面有所改变。以往全球经济问题似乎就是西方经济问题，西方七国借此可以主宰全球事务。这次金融危机爆发在西方经济的心脏地区，西方七国自身难保，不得不借重新兴市场大国。金融危机爆发后，美国"一家独大"的局面难以支撑，更是暴露了美国在制度上和实力上的严重缺陷。巨大的财政赤字和久拖不决的中东战局，使美国无法承受单边主义带来的沉重负担。全球治理等同于"美国治下的和平"的概念显然已经难以为国际社会接受。

全球治理的主要变化集中在四个领域：一是金融领域。针对金融危机后的国际金融秩序和国际货币体系改革，形成各种不同方案，并在各大国之间展开新一轮主导权之争。二是气候和能源领域。随着全球气候变暖问题日益突出和紧迫，发达国家之间、发达国家与发展中经济体之间对"后京都时代"的减排义务和责任者展开激烈交锋。三是安全领域。其中又分为传统安全领域如核裁军和核不扩散问题；非传统安全领域如打击海盗、防止甲型流感等。四是贸易领域。由于发达国家的经济衰退导致贸易保护主义倾向有所滋长，世界贸易体系规则与相关国家的国内保护立法之间的冲突较为明显。这四个领域的变化交织在一起，使全球治理的内涵和外延都出现前所未有的拓展。

随着全球治理的内容和形式发生历史性变化，加速了国际体系中的大国关系格局变化。其中最突出的变化之一是G20峰会应运而生，把主要发达国家和主要发展中国家几乎囊括其中。仅仅在一年时间内G20就连续三次峰会，从华盛顿到伦敦，再到匹茨堡，其频率之高，可谓史无前例。显然，新兴大国参与全球经济治理已是势在必行，为国际货币体系乃至世界经济体系的历史性改革提供了重要前提。于是，G20有可能超越G8成为全球治理机制的主要平台。G20峰会作为新的大国力量平台，却可能弥补联合国的功能不足，为解决全球经济治理问题提供新的工具和路径。各大国之间对于全球治理平台展开激烈争论，是G8、G8+5、G20、G2还是其他组合？当然，每个组合都有其优势和劣势，G20对话国比较多，可能效率比较低；中美之间存在着战略与经济对话，但"共治"世界无疑是不现实的。关于GX的争论将长期继续下去，很可能是多种平台互补共存。

新兴大国在世界治理中的地位上升，话语权和决策权均有所增强。但是西方发达国家的主导优势并未根本削弱，而且要尽可能保留其既得利益。所谓"金砖四国"虽然呈现整体上升的趋势，但是并未构成一个利益整体，对全球治理的各个主要议题尚未形成正式协调机制。美国、欧盟、日本等西方国家虽然力争保持其既得利益和原有的主导地位，但是它们对全球治理机制和规则安排的分歧明显。在国际金融秩序和全球气候问题上，美国与欧盟、日本各自谋划和强占未来的制高点，各新兴大国也利用全球治理的新机遇争取更为有利的发展环境。美国总统奥巴马对内纠正新自由主义的"市场万能论"，对外改变新保守主义的"硬力量万能论"，推出新多边主义和巧实力①的战略调整。各大国纷纷调整战略目标和战略路径，形成新一轮大国竞争合作的力量组合。

在全球治理体系重大变化和大国力量新一轮组合的背景之下，中国在全球治理体系中趋利避害，总体上是利大于弊，机遇大于挑战。一方面，中国参与全球治理体系有利于中国坚持和平发展道路；另一方面，中国通过全球治理体系的不断改进来推进构建"和谐世界"。具体地说，中国需要进一步界定全球治理的总体框架和发展趋势，其中包括联合国在全球治理体系中的作用，进一步明确全球治理体系中的中国地位和作用，中国应明确全球治理体系变革的渐进性和长期性，在此过程中应联合多种力量，防止成为全球治理体系中的矛盾焦点。中国应坚持以经济领域的全球治理为核心，逐步提升在国际金融、国际货币、国际贸易体系中的地位。在安全领域，中国应以非传统安全的全球治理为主，以地区安全治理为基础，逐步积累应对全球安全治理的经验和实力。

中国在全球治理体系中的地位和作用上升主要体现在：其一，中国在国际金融体系改革中发挥着显著的建设性作用。中国在世界银行和国际货币基金的话语权和决策权提升到一个新的高度；人民币正在朝着国际货币地位的方向演变；亚洲地区金融合作体系进入更加具有可操作性的阶段。其二，在全球气候变化和减排治理领域，中国坚持"共同但有区别的责任"，为哥本哈根峰会形成最后文件发挥了关键作用，同时，中国在国内积极减排，事实上成为全球减排治理的主要国家之一。其三，中国与传统大国和新兴大国分别组成应对全球治理议题的战略伙伴。中国虽然没有接受美国某些战略人士提出的"G2"概念，但是中美双边关系中越来越多地包含着全球治理的因素，中美战略与经济对话的大部分议题与全球和地区治理相关。中国与其他新兴大国的合作协调也超越双边和地区层面而开始具有全球治理的雏形。其四，在非传统安全领域和传统安全领域，中国参与全球治理的能力出现重大突破。在打击红海地区国际海盗的行动中，中国海军的远洋巡航能力和国际危机反应能力显著增强，中国为国际安全提供公共品的能力也有重大突破。其五，在世界贸易体系出现保护主义浪潮的不利环境中，中国承受各种压力，坚持自由贸易的主要原则和规则，确保了全球贸易治理体系的未来发展空间。

2009 年是中国参与全球治理体系的转折点。在很长时期内，中国官方在全球治理问题上往往保留看法，甚至在官方词汇中几乎不曾使用这个提法。最近几年情况有所变化。胡锦涛主席在 2009 年使节会议上正面使用了"全球治理"以及"全球经济治理"的提法。在同年 7 月份"G8+5"对话会议上国务委员戴秉国第一次对"全球治理"做出完整的中国阐述阐述。到 2009 年年底，胡锦涛主席赴美出席有关全球治理的四场峰会，更是具有里程碑意义的历史性突破。中国国家主席胡锦涛的本次出访意义重大，影响深远。在胡主席访美 5 天时间内先后出席四个全球峰会，包括在纽约举行的联合国气候变化峰会、第 64 届联合国大会一般性辩论、安理会核不扩散与核裁军问题峰会和在

---

① "巧实力"smart power，是国际政治专用名词，最早由美国学者苏珊尼·诺瑟于 2004 年提出。

匹兹堡举行的二十国集团（G20）领导人第三次金融峰会，同时还有十几个双边会晤。其中，G20 匹兹堡峰会继续讨论研究机制性问题，包括 IMF 改革、各国在 IMF 投票权分配的问题和美元不稳定性对世界经济的影响；如何尽早让经济触底反弹，步入复苏轨道；各国如何避免以邻为壑，排除贸易保护主义对经济恢复的干扰。联合国气候变化峰会对各国经济结构、未来经济走向产生重大影响，并将为今年年底举行的哥本哈根气候变化会议奠定基础。中国明确自己应承担的责任，包括长期目标即控制温室气体排放；近期目标即采用节能环保技术，提高能源效率，重视清洁能源的使用等。在此基础上，中国在哥本哈根气候峰会上同"基础四国"和美国共同提出的文件蓝本，对会议最后达成共识发挥了决定性作用。

2. 中国国际经济影响力的提升

中国在全球治理中地位的提升，是中国和平发展道路与负责任大国外交战略的表现，也是中国国际经济影响力日益增强的表现。科学定量地分析中国经济对世界各国的影响程度及其方式已成为一个新的研究课题。本年度的《中国国际地位报告》首次推出"中国国际经济影响力指数"是本报告研究上的一次新的探索，其所依据的正是中国发展的现实跨越。世界经济的发展已经到了需要我们注重研究中国的国际经济影响力的时候了。

2009 年是当代中国经济发展史上重要的一年。这一年中国成功地抵御了百年一遇的国际金融与经济危机，而这一年又恰逢新中国成立 60 周年。中国经济在这场危机中的表现令世界称颂，在一定程度上成为在这场危机冲击下的中流砥柱。一个贫穷落后的半殖民地国家经过 60 年的奋斗不仅自身实现了繁荣昌盛，而且以一个世界经济大国在整个世界经济的增长与发展中发挥着积极的作用。

改革开放使中国抓住了经济全球化的历史机遇而迅速崛起。在参与经济全球化的进程中，中国既接受了封闭型发展模式所没有的挑战，也在赢得这些挑战中加快崛起。在 1997 年的亚洲金融危机中，中国坚持人民币不贬值的政策，为地区经济进而全球经济的稳定做出了关键的贡献，也使世界看到了一个开放的中国应对外部挑战的能力。这一能力的基础正是因改革开放而形成的微观竞争力与宏观调控力。从这次危机起，世界看到了中国跻身世界经济强国的步伐。各种经济指标不断被刷新，中国在世界经济中的排名持续向前，中国全力发展经济的根本目的是改善人民的生活，提升国家的实力，而在国际综合比较上则表现为国家宏观经济指标排名的赶超。

如果说中国经济发展的直接表现是国际经济知名的上升，那么随着这种排名上升达到一定节点后，就必然会发生一个质的转变。中国发展的意义从自身相对地位的提升演变为对世界影响力的扩大。这是一个国家发展中阶段性的进步，是一种历史性的转折，这一转折就是在 2009 年全球金融危机中出现了。危机的世界又一次看到了中国在世界经济中的地位，而中国则又在一次危机中实现了跨越式的进步。

2009 年中国的 GDP 规模超过了日本而名列世界第二，出口总值超过了日本和德国而名列世界第一。虽然从国际竞争力看中国仍然在世界第 30 位左右，但重要的是，在宏观总量的又一次跳跃的同时，中国经济的国际影响力发生了阶段性的转折、突破和跨越。2009 年世界经济危机见证了这一变化，使世界排名的量变性累积转变为国际影响力的质变性飞跃。虽然中国成为完全意义上经济强国的道路还很长，在提升经济竞争力上的道路甚至更长，但是，中国经济对世界经济日益增强和扩大的影响已经成为一个不容回避的话题，为各国学者和政要所关注。中国也需要以此认识自己的国际地位，因为这正是制定正确国际政治经济战略的依据。

一个国家的"国际经济影响力"是一个在当代世界经济中颇具理论与实践意义的主题。在经济全球化时代，国与国之间的关系日益紧密，一个国家的任何变化已经不再只是这个国家自己的事情。但是，这种相互影响却又并非形式上对称的和内容上相同的。一个国家对其他国家的影响力因其经济规模、产业结构、金融实力、对外贸易投资关系和技术水平等广泛因素而截然不同。一个大国可能在世界上无所作为，而一个中等国家甚至一个小国却可能对世界发展举足轻重。不同类型的国家影响世界经济的程度、特点与方式也很不相同。大国可能在发展方向和增长规模等多重意义上具有世界影响，而小国也可能在诸如技术突破和产业创新等意义上改变世界面貌。

一国经济的国际影响力是一国经济发展与他国或世界经济整体发展的相互关联和因果关系，在许多情况下是一种特定的可计算的数量关系。从形成方式看影响力包括四种类型，从而构成四类指数。一是一国在世界各种经济统计总量中的份额，即规模指数；二是一国在世界经济各类增长中贡献的比重，即增长率指数；三是一国的某一指标与他国或世界该指标或其他指标值的相关程度，即静态关联指数；四是一国的某一指标变动引起他国及世界该指标或其他指标的变动的程度，即动态关联指数。

从内容上看，一国的国际经济影响力至少包括五个方面。一是生产，即 GDP 等宏观变量；二是贸易，即进出口；三是投资，即资本的形成；四是金融，即货币汇率与价格；五是技术与产业，即在技术进步与产业结构提升的引领作用。其中大部分关系可能以量化形式表现。

一国的国际经济影响力与该国一定阶段的发展特征相联系，中国的国际经济影响力则与当前中国所处的发展阶段及其特征相联系。经济规模、增长率、贸易量等是中国对世界经济影响的主要内容与形式。在今后一个较长的历史时期内，除了少数情况外中国还难以在技术进步与产业引领意义上全面对世界产生积极的影响。

上述影响力的可计算性使我们可以对其"指数化"，以便进行中国自身发展的纵向比较和与其他国家的横向比较。本报告推出"中国国际经济影响力指数"，旨在以指数形式反映中国经济发展对世界其他国家和整个世界发展的积极作用，从而能够在更具体的意义上认识中国的国际地位。本报告的研究表明，在一系列指标上值得我们关注中国的国际经济影响力。[①]

---

① 详见本报告第二章。

3. 中国对外经济关系结构及对世界经济影响的方式

数量研究表明，中国的国际经济影响显著地表现为积极的和正面的。然而我们却遗憾地看到，国际社会正出现一种思潮，从负面上解读中国发展对世界经济的意义。一个具有代表性的观点就是保罗·克鲁格曼于2010年元旦在《纽约时报》上发表的"中国的新年"一文。

从标题看"中国的新年"一文似乎要对中国国内的健康发展和国际上的积极作用进行认可与赞扬，然而实质上说的却是：2010年世界的焦点将是因中国"重商主义"贸易政策引起的世界贸易保护主义浪潮。中国的发展究竟对世界意味着什么，让我们通过回应克鲁格曼的指责来分析一下中国的发展对世界经济影响的性质、特点与形式。

克鲁格曼的基本观点是，"中国的制造业有着比其竞争者更大的成本优势从而导致巨额贸易顺差"，其根本原因是人民币汇率低估。如果我们具体分析一下中国的贸易结构与贸易顺差的来源，就可以发现这一结论是错误的。

以1999～2008年这10年统计的总和计算，中国对外贸易总出口中52.2%为加工贸易，47.8%是一般贸易；10年的贸易顺差总额为10006亿美元，其中来自加工贸易的顺差总额为12560亿美元，而一般贸易则为逆差，总额为2554亿美元。汇率同时影响着加工贸易的进出口。不论汇率水平怎样，以国内增加值创汇这一加工贸易的特点决定了其总是构成顺差，要求加工贸易实现平衡等于要求中国国内工资和土地等要素收入为零！人民币汇率再怎么样升值，加工贸易也永远是顺差，这是最简单的道理。相反，中国的一般贸易是逆差。加工贸易是过去几十年发展起来的一种新的国际合作方式，没有任何国际规则要求一个国家必须通过一般贸易把加工贸易的顺差全部消耗光。

这里我们清楚地看到中国外贸发展对世界的意义：中国通过加工贸易使各国企业的大批品牌产品生产成本下降，使这些企业获得巨额利润，各国消费者享受廉价产品，而中国所获得的只是低廉的劳动力收益和土地资源的补偿。

克鲁格曼认为人民币汇率是低估的，并把这看做是对世界的损害。人民币汇率是否低估是一个专门话题，在此不多讨论，即使退一步说中国产品确实靠汇率低估挤占了他国市场，教授的看法也是不全面的。汇率水平是一把双刃剑，对本国是这样，对他国也是这样。如果人民币汇率确实是低估的，那么一方面促进了出口，另一方面也提高了进口成本。进口成本的提高会提高国内消费者与生产者价格，并间接提高出口成本。中国的出口方因为低汇率而降低了出口价格，外国进口方和消费者是真正的获益者。因此，尽管低估汇率刺激了中国的出口，但最终受益的却是世界各进口国。从投资角度看，中国的低估汇率还直接导致了外商对华直接投资的利益，因为更低的人民币汇率使外国投资者在中国批租土地、支付工资与购买中间品的外汇成本更低，这也就是为什么外资大量涌入中国的重要原因之一。克鲁格曼不应当只看到人民币低估对美国生产商的竞争压力，也应当看到这对美国消费者和对华投资者带来的巨大收益。

可见，如果说人民币汇率确实是偏低的，那么中国的发展对世界的影响方式就是：

出口企业以低价获得市场，各国消费者得益，世界增添竞争活力；中国进口商承担更多成本压力；外商投资中国获得更大权益。在经济全球化新的历史条件下，贸易、投资、跨国生产等各种形式国际经济关系大发展，汇率绝不只是与贸易相关，换言之，贸易平衡不再是衡量一国汇率水平是否合理的主要指标，更不是唯一指标。只看贸易顺差这个个别指标是不能全面认识中国对世界经济的贡献方式的。

从中国的开放结构上可以更清楚地看到中国与发达国家在发展收益上的差别。中国出口能力的提升主要来自于外商在华投资，外资将中国纳入了为全球生产的体系之中。这正是经济全球化深化国际分工的结果：发达国家提供技术、品牌、设计和销售等高端生产要素，而中国提供加工型简单劳动力和土地环境资源等低端要素。外国资本流入，"中国制造"流出成为基本格局。在这样的格局下，中国贸易顺差是必然的。可见，在经济全球化以国际投资即生产要素合作为基础的这一格局下，低端不流动要素的收入表现为一国的出口顺差，而高端流动性要素的收入则表现为一国的投资收入和国内的要素收入。面对经济全球化下的要素合作从而生产国际化和贸易大发展，贸易差额不再是一国对外经济关系是非的唯一表现。如果继续以贸易平衡的传统理念来评价显然是不合时宜的。当然，中国在世界这种发展格局中的地位只是阶段性的。随着经济结构与贸易方式的升级，中国参与国际要素合作的内容将发生变化，但是，只要经济全球化还在发展，各国这一意义上的不平衡将会永远存在，只是不同国家的位置会发生变化。

人民币升值只会改变美国的进口来源，却不会改变美国传统产业向外转移的根本趋势。两国贸易利益的平衡并不是由贸易额本身的平衡来实现的。中国可能获得更多的就业，而美国却可能获得更多的资本与技术收益，而贸易的扩大则必然导致两国总收益的提高。中美两国应当通过自身的调整来解决就业与参与全球化的利益问题。

由此可见，中国外资战略对世界的意义：各国资本获得巨大投资空间，世界整体得到更多的产出和福利提升；优越的投资环境、优秀的劳动力和巨大的国内市场是中国对世界积极影响的三大形式。

众所周知，当前这场世界经济危机起因于美国金融的过度创新和监管不力，直接导致危机的次级债又是房地产泡沫。对此全球学者和政治家们都有共识。然而克鲁格曼却说，在当前世界经济不景气时期，中国保持高贸易顺差是一种"掠夺"他国工作岗位的行为。在克鲁格曼看来，中国的低汇率政策和贸易顺差将使世界难以走出这场危机："中国的贸易顺差从低迷的世界经济中消耗了最需要的需求，在未来几年中会夺取美国140万个工作岗位"。这显然是不合乎逻辑的。2009年，在世界经济整体负增长1.3%中，中国贡献了正的0.6个百分点，超过了新兴市场经济整体1.1个百分点的一半。中国的贡献来自于国内扩大内需政策。就贸易而言，2009年前三季度中国出口下降了21.3%，与美国下降23.0%相近；进口下降了20.4%，而美国却下降了31.2%。在世界前20位最大进口经济体中，中国进口下降的幅度低于除香港之外所有其他18个。全年中国贸易顺差减少了34.2%，谁为世界市场需求做出更大贡献已经十分明显。

经济全球化时代各国经济的相互依赖日益加深。危机来临后更需要以合作共度难关，特别是以贸易开放扩大市场。但是克鲁格曼却引用经济学泰斗萨缪尔森的话："不要相信贸易保护主义总是坏事。在失业率高而政府无法改变时，这一规则不再适用"，力图证明他所主张的贸易保护是正确的。但是很明显，萨缪尔森是就国内经济目标而言的，即危机时政府搞保护贸易可减少失业率，"不是坏事"只是就本国而言。然而，作为一位顶级的国际经济学家，克鲁格曼应当明白保护政策对其他国家意味着什么。在经济正常发展时，美国需要把传统产业向中国转移，自己靠资本技术获利，也靠高端产业创造新就业；而当危机来临时，却又要中国减少生产与出口，把就业机会"归还"给美国。一国的产业结构不可能做这样的短期调整。克鲁格曼主张通过对中国搞贸易保护主义为美国找回工作岗位的做法才是真正的"掠夺"。教授的主张是仅从美国本国利益出发的，是不符合经济全球化的，最终也将损害美国参与国际分工的利益。在中国，对于美国引发的这场经济危机，学者们的普遍态度都集中在应对性的探索之中，很少有人特别很少有知名学者对美国进行指责。这是危机中各国学者应有的态度。

中国不但不是导致这场危机的原因，而且还为世界共同战胜危机而竭尽全力。政府带领大批采购团出访，贸易顺差大幅减少体现了中国的大国责任。中国承接着发达国家需要淘汰的产业，扩大的只是低端就业，为发达国家产业与就业的升级创造空间。中国发展的这种积极意义是无可非议的。

三、坚持韬光养晦，积极有所作为

国际金融危机迅速提升了中国的国际地位，中国的国际经济地位排列迅速提前到第三位，在软力量、军事力量等领域也出现重要突破。新的国际环境对中国提出了新的战略课题，其中的突出问题之一就是在新形势下如何实践"韬光养晦、有所作为"。在总结中国外交60年实践特别是改革开放30年经验的基础上，如何坚持和发展"二十四字"方针，对于中国未来30年的和平发展道路具有至关重要的意义。

在新的条件下坚持"韬光养晦"，积极"有所作为"，并不是必要性的问题，而是实践性的问题。如何在新的历史条件下坚持韬光养晦、积极有所作为，是一个战略问题。所谓"韬光养晦"，并不是国际上有些人士曲解的"卧薪尝胆"，也不是国内有些学者解释的"低调做事"，而是实事求是地根据国际力量对比发挥中国应有的作用。因此，在不同的历史时期，"韬光养晦"的内涵应当有所变化和发展。在当前以至今后10年左右的时间里，中国在实践"韬光养晦"的过程中，大致有以下六个方面需要谨慎从事，不应忘乎所以。

其一，中国应防止和主要大国发生核心利益的根本冲突，特别要防止与美国发生战略对抗。尽管美国受到金融危机的严重打击，并且暴露出其结构的缺陷，但是它作为头号强国的地位还没有变。我国在经济总量上要达到美国的规模，GDP还要增加3倍，发展起码还要20年；人均GDP只有美国的1/15；高科技成果拥有量仅为美国的5%。

在质量上要达到与美国旗鼓相当的水平，需要更长的历史时期。因此，不与美国全面对抗是一个战略方针。中国并不需要在世界事务中与美国争夺主导权。即使在一些局部问题上，我们也应防止与美国长时期对峙。例如，在亚太地区秩序上，中国承认美国是本地区的稳定力量，并无意将美国排挤出亚太地区。实事求是地承认这个事实，中国的战略所得将明显大于所失。对于其他大国，如俄罗斯、日本、印度、欧盟，我们也应分析其核心利益以及这些利益与我国核心利益的重合点，减少战略对抗的可能性。避免大国战略对抗，应是"韬光养晦"方针的第一要点。

其二，中国应防止在整体上挑战现行国际体系，国际体系转型是一个客观进程，而不是我们的主观选择。当代中国不再充当现存国际体系的革命者，我们并不试图以推翻现行体系的方式来实现新的国际秩序。以改革的、渐进的、和平的方式，促使国际体系逐步转变为公正、合理的国际新秩序，这是一项长期的战略目标。国际金融危机后，国际体系特别是国际金融—货币体系的变化，更加证明国际体系的转型不是由中国所推动的，而是世界市场的客观规律所决定的。尽管我们并没有直接提出改变国际金融体系，但是客观进程却把我们提到了国际金融体系的主要改革者之一的地位。这是客观变化即美国在这个体系中的地位变化决定的，并不是我们自己的选择。我们在这个过程中可以有所作为，但是不能操之过急。人民币本身还没有达到国际货币的地位，提出取代美元的主张就不具备可操作性。类似这种对国际体系改造的路径和手段问题今后还会不断出现，中国必须静观其变，等待时机，而不应操之过急，欲速不达。

其三，中国应防止以意识形态因素作为战略出发点，即使在"中国特色社会主义"取得巨大成功以后，仍然不应当把输出意识形态作为国际战略的目标。20世纪90年代初期，当社会主义出现世界性低潮的时候，中国避免在世界范围内挑起意识形态的大论战，避免了新的"九评"出现。这是邓小平同志坚持不搞意识形态论战的神来之笔。近年来，随着中国软力量的上升，"中国模式"和"北京共识"等概念引起国际社会的广泛研究和讨论，孔子学院等中华文化传播工具在越来越多的国家受到欢迎。在这种国际环境中，要特别防止在对外关系中强化意识形态因素的主张。国内学术界对"美国模式"、"华盛顿共识"等概念的研究和扬弃，并不等于要把这种学术探讨蔓延到外交领域。国际舆论环境虽然有所改善，但总体上对我国不利的格局尚未改变。改变这种舆论环境，并非通过意识形态输出或论战，而是通过中国发展道路的成功事实对比，使国际社会逐步接受中国形象的不断提升。"美国模式"的缺陷暴露，并不值得我们幸灾乐祸，相反应当更多地与美国学术界交流，研究中国应当如何避免这些问题的再度发生。如果把美国的结构缺陷作为我们展开意识形态攻势的机会，可能从另一个方面动摇我国对外战略服务于国家发展战略的基本目标，其战略后果将极为不利。

其四，中国应避免在国际新格局中建构大的集团力量，尤其要防止中国成为反西方集团的盟主。"不结盟"是新中国60年外交经验的结晶。中国脱离"一边倒"结盟外交，始于中苏分裂；20世纪80年代，又从"一条线"转变为"独立自主的和平外交"。前者是被迫放弃结盟政策，后者是自觉调整的。美国为首的西方盟国体系出现松弛的趋势，并不是中国组成另一个反西方集团的机会。中国同亚洲国家共同构建的地区合作机制，完全不同于冷战时期的地区集团，也不是封闭式地排斥其他大国的势力范围。"金砖四国"或其他新兴大国之间需要协调与合作，但是它们之间的共同利益并不比它们各自与西方大国的利益结合更紧密，因而也不存在联合起来对抗西方的可能性和可行性。这些都是值得注意的战略结构变化。中国绝不当盟主，也要防止被人放在火炉上烤，这应是长期的战略方针。

其五，中国的迅速崛起应避免导致多数国家的利益损失，或引起国际社会的整体反感。即使在中国代表正义和国家利益时，也要注意这一点。例如，中国不接受所谓"G2"的提法，其原因之一是因为这个概念引发许多国家的反感。又如，中国遭遇的保护主义浪潮，既有对方的国内政治压力所采取的无理政策，也应看到中国在加入WTO以后出口增长过快引起外部市场强烈反弹的事实。金融危机后中国的对外投资并购和能源资源"走出去"战略，也应防止"一哄而上"，应当注意当地东道国和其他国家的承受力。中华文化"走出去"更应注意对当地文化的冲击。中国的和平崛起不仅拒绝走武力扩张的道路，而且应高度重视有关各国的可承受度和国际社会的可接受度。

其六，中国应在各种争端僵持的情况下善于妥协和利益交换，而不宜过分实行"利益最大化"。随着中国利益和力量的迅速外溢，在许多议题和争端中，我们并不是占有绝对优势，或者并不一定占据全部正义的理由。即使我们占有道义和法理的制高点，也会遇到对方不肯让步的僵局。"利益最大化"在国力弱小时是力争的目标，但在国力上升时应相对留有余地，更多地考虑以较小的妥协换取较大的战略主动。必要的妥协和交换是整体利益的需要，特别是与小国相处时需要适当退让，也要防止同时与几个大国展开利益角逐。

坚持韬光养晦，并不等于中国要处处退让，在新的国际环境中毫无作为。这不仅不符合中国的核心利益，也不符合世界各国人民的共同利益。因此，在新的条件下积极"有所作为"，也是中国的战略方针。"有所作为"至少体现在以下若干方面。

其一，"有所作为"就是要确保和扩大中国的核心利益，其中最主要的是维护国家统一和领土主权完整的核心利益。在"涉台、涉藏、涉疆"问题上，我们必须占据主导地位，"一个中国"原则的国际格局必须全力维护。在这些问题上，即使遇到强大压力，我们也不能向西方大国妥协。对于国际社会与分裂势力的官方往来，必须给予回击，并使有关国家受到利益损失。即使在其他问题上做出局部妥协，而在"涉台、涉藏、涉疆"问题上赢得整体突破，就是最大的"有所作为"。事实上，中国在国际体系和地区合作机制上的影响力越大，对"涉台、涉藏、涉疆"问题的主导能力也越增强，"一个中国"原则也越得以坚持。对于涉及国家大局稳定的问题也要有所作为，绝不允许颠覆力量在国际上为所欲为。对于涉及国内稳定的外部干涉势力，要让他们感到负担太重，代价太大，与中国人民为敌得不偿失。随着中国市场的潜力显示，外部干涉势力的空间将不断受到压缩。

其二，"有所作为"就是要积极介入国际事务中的空白领域，提高国际公共品的供给能力。中国在某些国际争端中将充当争议仲裁人，朝核问题的六方会谈是典型案例之一。在其他地区问题争端上甚至某些大国之间的争端，有些是大国与小国之间，有些是小国之间，有些是某国内部冲突转化为国际争端。中国作为发展中大国、社会主义大国、新兴大国、地区大国等多重身份，在充当国际仲裁者时具有较大的弹性和空间，这是西方传统大国所不具备的战略资源。同样，在国际事务的空白领域，中国提供国际公共品的空间也不断扩大。如打击海盗的中国海军巡航编队进入红海，既保卫中国人民的生命财产安全，又为国际社会提供公共品，也是我军远洋投放力量的提升机遇。在非传统安全领域，这类空白领域很多，中国可以把力量建设和时机把握结合起来，逐步成为国际秩序的重要维护力量。中国提供国际公共品的原则是坚持在联合国授权之下，或在这当地地区合作机制和当事国的要求和接受之下，才能"有所作为"。

其三，"有所作为"就是要以中国的发展和市场潜力与世界各国共享成果，逐步形成发展中经济与发达经济相互协调的世界经济治理体系。国际金融危机暴露了美国为首的发达经济制度的内在缺陷，世界经济的发动机向"金砖四国"等新兴市场转移，中国在其中发挥了特殊的作用。中国扩大内需市场，进口规模迅速增长，为发达国家经济复苏提供了有力的刺激手段。中国继续增持美国国债，对巨额赤字的美国联邦财政提供了稳定因素。中国与东亚国家实现货币互换的清迈机制，对保持亚洲金融稳定起到了关键作用。中国向俄罗斯等受到金融危机冲击的国家提供大额贷款，与这些国家形成经济上的战略伙伴关系。中国与东盟确定了建立自由贸易区的方向，将形成世界上最大的共同市场。中国向非洲、拉美国家提供数量巨大的投资，形成发展中国家之间南南合作的相互依存关系。中国与周边国家共同建设公路、管线、港口、电站等基础设施，为亚洲国家共同崛起创造条件。所有这些，还只是中国在国际经济体系中有所作为的开端，其未来发展还有巨大空间。

其四，"有所作为"就是要利用重大事件和重大国际活动形象来树立中国正面的国际形象，改善中国的国际舆论环境，在国际体系中取得应有的话语权。2008 年以来，中国连续举办北京奥运会和上海世博会，向世界展示一个和谐、发展、友善、开放的中国形象。在中国连续遭受汶川大地震和青海玉树地震等重大自然灾害的情况下，中国人民和中国政府向世界展现的是同舟共济、共克时艰、不屈不挠、重建家园的中国形象。在 2009 年法兰克福书展上，中国以文化学术成果向世界展示了文化软实力的跨越，也是向世界各国文化汲取养分的空前机遇。与经济发展相比，中国在软力量领域发展还很不平衡，因而也更具有可以作为的回旋余地。

以"韬光养晦、有所作为"为核心的中国外交"二十四字"方针同时兼有战略性和策略性，它们作为一个整体是不可拆分的。在思想方法上，要把执行和发展"二十四字"方针看做一个动态的过程。它随着中国利益和力量的变化而变化，随着中国在国际体系中的地位变化而变化。这不是主观选择的，而是随着客观变化的。在战略上，要把"二十四字"方针看做是整个社会主义初级阶段中国对外战略的基本方针之一，至少要坚持到 2050 年。在中国将长期处于社会主义初级阶段，政治上"处于异类"，经济上"大而不强"，文化上"和而不同"，军事上"积极防御"，科技上"总体赶超"，这些基本特征将长期存在。即使中国的某个方面在世界领先了，距离整体领先还很远，人均领先则更加遥远。因此，"韬光养晦、有所作为"不是短期的策略。怀疑和改变这个基本方针，只能导致我国的国际体系和国际社会中的不利环境。同时，"二十四字"方针也是策略原则。在某些议题上、某个领域中以"韬光养晦"为主，在另一议题和领域则以"有所作为"为主。在不同的时间、空间条件下，在不同的领域、功能议题中，"韬光养晦"和"有所作为"的侧重点可能不同，先后排序可能不同。这两个侧面有时是同时展开、互为因果。即使对那些对中国抱有偏见的西方大国，我们也是两个方面展开，既要避免对抗，又要据理力争。而对一些发展中国家，也应看到合作的同时存在着竞争。在全球治理等国际体系转型问题上，要积极争取话语权和创制权，又要防止过多承担"超负荷"的"国际责任"。

四、对外经济关系从开放战略到国际战略的升级

这场历史性的金融危机严重冲击了国际经济体系，深刻改变了国际经济格局，中国日益成为当代国际经济体系中的一个重要成员。随着中国在国际经济体系中地位的变化，中国经济发展与世界经济运行的关系也出现了新的变化。探索在新的国际经济格局中中国对外经济关系的战略特点已经是摆在中国面前的新课题。从国家经济发展战略讲，对外经济关系有了新的含义，这就是"从开放战略到国际战略的升级"。

1. 开放战略在中国长期发展中的历史地位

改革开放30年的探索是新中国成立后前30年发展道路探索的继续，也是在国际条件深刻变化后发展战略的重大调整。对外开放战略根本上改变了中国经济的发展道路。引进外资、促进外贸、外部市场和外来资金技术使中国走上了高速发展的轨道。从对外关系角度讲，开放战略的制定基于正确判断了和平与发展的时代特征，抓住了经济全球化的历史机遇。从国内变化角度讲，开放战略在于有效地推进了体制改革，通过特区建设、外贸放开、外资激励、市场化等一系列变革，使国内体制适应了开放的需要。改革适应了开放，开放促进了改革。开放战略通过引进外资与发展外贸，加速了国内经济的市场化建设和相应体制机制的变革。开放是经济发展战略，也是体制改革战略、市场化战略，是一个落后国家参与经济全球化的战略。

30年后的今天我们有理由说，一个封闭型的经济已经基本上实现了向一个开放型经济的转变，以国内体制改革推进对外开放的战略进程已经基本完成。中国发展的巨大成就要求我们继续坚持对外开放的基本国策。坚持开放型的经济体制和政策，坚持开放型的发展战略，其中也包括逐步开放尚未完全开放的领域，在现代服务业中实行市场准入，使中国经济走向更高的开放水平。

2. 国际地位变化后中国开放战略面临的新课题

对外开放的巨大成就是中国抓住经济全球化历史机遇的结果，也与一定阶段上世界经济的结构特征相联系，因此，今天的中国在获得发展成就的同时也开始面临着世界新发展的挑战。

（1）开放型经济发展面临的新课题

随着中国国力的持续提升和在国际经济体系中地位的根本性变化，中国继续发展所面临的问题也出现了变化。30 年前中国外汇严重匮乏，外贸规模极小，外资尚未进入，这些问题是 30 年前开放政策设计的主要指向。30 年后的今天，中国外汇储备不再短缺，相反过多，出口在许多产业中竞争力显著引起各国反响，外资在国民经济中已经举足轻重，但却不尽如人意，这一切表明，当前中国开放战略的主要政策指向应当开始考虑如何与当年有所不同。换言之，把坚持和扩大开放简单地理解为加大现有政策的力度并不能有效地把对外开放的基本国策推向前进。

从开放战略实现的国内发展模式来看，在注重发展外贸参与国际分工的过程中忽略了外贸产品结构的提升和贸易方式的优化，过度地依赖于低端产品出口和加工贸易，忽略了通过国内产业进步提升在国际分工中的地位；在注重引进外资外企促进产业发展的过程中忽略了自主技术进步和国内企业、产业的发展，过度地依赖于存在型的技术进步和外资对增长规模的拉动，忽略了国内资本的运用和投融资机制的发展；在注重出口创汇促进外汇储备增长中忽略了有效使用外汇，进口先进技术促进二次创新和集成创新，进口先进装备建立本国现代产业。这些问题的存在并不是现行开放政策所能够解决的，相反，如果一般地坚持现有的激励型政策结构还可能使问题更加严重。必须注意到，现行的开放政策是实现一个封闭经济向开放经济转型的政策体系，这一政策体系并不具有在开放条件下实现一个低端结构经济向高端结构经济升级的功能。

从开放战略面临的国际发展条件来看，随着中国贸易竞争力的不断增长，贸易摩擦相应增多，针对中国的贸易保护主义不断蔓延，特别是在经济危机的条件下更为严重。中国低成本高质量的劳动力和有效生产管理等形成的巨大生产能力面对的是有限的市场空间。国际金融动荡、美元汇率下降和国际货币体系的缺陷开始对中国构成冲击与障碍，增加了中国开放型经济发展的不确定性。巨大的贸易顺差、持续的外资流入和不断增长的外汇储备使中国被看做世界经济不平衡中的重要一极，消除不平衡的压力直接挑战着中国对外经济关系发展结构。这些问题同样不是激励和扩张意义上的开放政策所能够解决的。

（2）优化体制战略是提升开放经济效益的关键

尽管对外开放的国内体制战略成功地将一个封闭型经济推进到了一个开放型经济，但是，体制战略仍然有着其优化开放的任务。依赖外资流入的增长模式显示了国内投融资机制的不成熟，依赖加工贸易的出口结构显示了国内有竞争力产业发展的局限，依赖优惠政策显示了国内发展动力的不足等等，这一切都反映了国内企业家队伍的严重短缺和市场机制的明显不成熟。政府依然是发展的主角，政策依然是发展的主要动力。这一切不仅造成了经济的扭曲和发展效益的流失，而且也是不可持续的。因此，在完成了向开放型经济转型以后，国内体制战略还承担着开放型经济成长和效益提升的历史使命。

（3）对外开放需要国际战略的推进

除了继续以体制战略培育一个更加成熟的开放型经济外，以国际战略推进对外经济关系已上升为一个新的战略性课题。30年来，中国在国际政治经济体系中的地位发生了历史性的变化。综合国力的提升和开放型经济的建立，已经使中国成为世界经济中的一个重要成员。中国已经是世界经济的一个重要组成部分，中国的发展与世界经济的运行相互作用，相互影响。与过去国内体制是对外经济关系发展的主要约束不同，今天争取一个更有利于自己持续发展的国际经济环境已经成为中国发展的首要主题。这就要求中国探索对外经济关系的国际战略。这是一个关于开放型经济可持续发展的全球战略，是推进国际经济体制机制更加完善的发展战略。

从开放战略向国际战略的升级是实现可持续发展的需要。中国的可持续发展面临多个问题，需要国内发展战略的调整，也需要国际层面的改革相适应。在国际产业大转移，中国成为世界工厂以后，资源能源的短缺成了中国可持续发展的最大瓶颈。中国的产业结构本身是经济全球化国际产业重新布局的结果，无疑需要世界各国的平等开放与相互合作，这是经济全球化题中应有之义。但是，当中国以正常规范的市场手段致力于获得他国矿山和油田时，却受到了以政治理由为依据的抵制。无疑，这种抵制与贸易保护主义的性质是一样的。现代开放透明的市场不应当有这种保护，经济全球化的发展需要消除各种保护主义，中国需要以经济发展的国际战略去解决这些发展的瓶颈问题。

（4）中国的国际责任与未来的发展路径

中国国际经济政治地位的深刻变化要求中国承担更多的国际责任，发挥一个大国在人类进步与全球均衡可持续发展中的积极作用。近年来，越来越多的重要国际事务需要中国参与，越来越多的有识之士认识到中国作用的重要性，没有中国的参与，许多问题得不到有效解决。中国承担更多国际责任真正开辟了中国应当对人类做出较大贡献的时代，这本来就是中国发展的目标之一。

中国在新阶段上的发展也与对国际事务的积极参与紧密地联系在一起。大国的责任与大国的发展路径、发展模式是一致的。作为一个依然低收入的发展中国家和作为一个近年来整体经济规模迅速提升的新兴经济体，中国能够代表广大发展中国家和新兴经济体的要求，促进国际经济体制朝着更加合理的方向发展，为所有发展中国家、新兴经济体，也为自己开辟更宽的和可持续的发展道路。

3. 中国开放型经济国际战略的主题

一个国家的发展战略是由该国的发展水平决定的，开放型发展战略的具体定位和战略要点同时也取决于该国的相对国际地位。30年的对外开放使中国既改变了自身的发展水平，也改变了自己在国际经济政治体系中的地位。因此，一个开放型经济的对内战略向国际战略升级的转型就是必然的了。

（1）国际战略的主题及其提出的必要性

1978 年起实施的开放战略是一个封闭经济打开国门的战略，战略主题是实现体制转型、贸易发展和外资流入，并从抓住机遇和应对挑战意义上参与经济全球化。在 30 年成功发展后的今天，中国需要提出的国际战略是一个开放经济走向世界的战略，战略主题是从全球视野出发规划自身发展，推进与各国的资源、市场和技术合作，推动国际经济体制改革和经济全球化公平合理规则的制定，履行大国的国际责任。从开放战略到国际战略并非两个不同战略的简单替代，而是国家长期发展战略特征与战略重点的阶段性升级：前者是实行国内改革，摆脱贫穷落后，后者是突破外部障碍，走向富裕强盛。国际战略当然也是开放战略，但其内容已经不再只是打开国门意义上的开放，而是致力于用好国际条件的开放型经济发展战略。

国内外基本条件的重大变化是开放战略向国际战略升级的原因和依据。从国内看，改革开放 30 年的成功基本上完成了一个封闭经济向开放经济的转型，坚持转型的成果与在较高水平上深化改革、扩大开放是继续发展的根本。但是中国面临的新情况是，国内生产能力迅猛发展后显示出来的资源短缺、市场局限、产品流出和资本流入的单向性，都使中国的发展战略不能只限于国内规划。这也是世界上所有先进国家发展所走过的道路和所显示的规律。从国际上看，新兴经济体的崛起深刻改变着世界经济格局，金融危机严重冲击了世界经济的增长结构和各国的发展模式，20 国集团等新的国际合作机制日益影响着各国的政策选择，第二次世界大战后建立起来的国际货币体系等不断显示出与现实世界发展的不适应性。大量历史性变化使中国既面临着持续发展和国际竞争的全新环境，又不断被赋予国际重大事务的大国责任。在参与国际事务，从国际规划中推进自身的发展道路已经成为中国在新历史阶段上的战略出发点。

（2）国际战略是对外经济关系体制战略的升级

国际战略是中国对外经济关系发展阶段性推进的要求。在以开放政策发展对外经济关系阶段，中国只能是国际经济体制机制与规则的被动接受者，由于国力所限，对国际体制的不合理性只能无条件接受，最多自己进行理论上的反思。为了启动发展，战略的重心放在改革国内体制机制上，开放政策中的优惠政策、激励机制、简政放权等等，都是为了实现自己体制的转型和与国际经济体制的接轨。在很大程度上可以说中国已经迈过了这样一个历史阶段。虽然在体制上还有不少问题有待解决，但本质上这些问题属于培育市场机制和市场主体，而不是最初意义上的打开国门和消除障碍。中国的商品贸易开放度并不低；服务贸易市场准入也不落后，某些部门暂未开放也在世界惯例之中，或是具体部门操作性问题而非全局性体制问题；投资领域的开放更是竞争性的高度激励。

但是，当前摆在中国面前的主要问题却是现行的国际经济体制规则与作为一个新兴经济体发展的不相适应。必须指出的是，现行国际经济体制规则基本上是在发达国家主导下建立的，是以发达市场经济的原则为基础的，即使其中逐步纳入了一些对发展中国家有利的特殊安排，其基本性质仍然没有变化。随着新兴经济体的崛起，国际经济体制的内在矛盾日益明显。

首先，贸易保护规则与经济全球化的矛盾。现行国际经济规则中的一个重要方面是贸易保护的合法性。这一规则明确，如果一国产业因受到进口的实质性损害则该产业可要求政府抵制进口，实行保护政策。不论发达国家、新兴经济体还是发展中国家都可以运用这一保护的权利，这一表面上公平的规则却在实际上并不公平。发达国家传统产业向发展中国家的转移是经济全球化的一个基本特点和客观要求。由于这一转移，传统产业在发展中国家建立起来，在发达国家中衰落下去是一个必然的过程和合理的趋势。国际分工由此深化，对各国都带来利益。但是，由于这些传统产业本来在发达国家中长期存在，当发达国家的利益集团需要维护自身利益时，就可以损害为由要求政府进行保护，抵制进口，经济危机时期尤其会发生。现行国际贸易规则的基本点就是承认这一做法的合理性、合法性，并以有效操作这种保护为内容。国际分工扩大的另一面是新产业新产品在发达国家研发、生产，向全世界销售。然而与前一种情况不对称的是，当这些产品出口到发展中国家和新兴经济体时，后者却无法按现行国际经济规则要求保护，因为这些产业从来就未在这些国家存在过，不可能按现行规则通过所谓受损害证明抵制进口的必要性和合理性，因此在这些经济体国内就永远没有条件发展起这类新兴产业。

相似的情况也发生在国际贸易谈判中。发达国家的一些利益集团会通过政府要求发展中国家开放市场，另一些利益集团又会要求对某些产业进行保护，为谈判桌上的政府代表提供依据，从而发达国家在进攻与防守两个方面都能获得利益。但是，发展中国家仅有一些低端产业要求发达国家开放市场，而高端产业尚未形成，没有产业集团能提出要价和出价，甚至因为企业联合组织不发达，诉求表达机制不通畅，即使低端产业也未能由企业组织提出要价。因此，发展中国家和新兴经济体在贸易谈判中总是处于被动地位。

其次，不合理的国际规则与发展中国家发展的矛盾。现行国际经济体制机制是在发达国家主导下长期发展中形成的，对发展中国家存在着诸多不合理性，国际战略的目的就是国家要争取获得一个更为公平的发展机会。例如，知识产权保护是现代国际经济关系中的一个重要规则。毫无疑问，我们应当尊重知识产权，这有利于人类的进步。但是，如果知识产权保护规则在时间上和程度上是过度的，技术上是过于苛刻的，那么显然就会大大加重发展中国家的使用成本，并形成对发达国家技术上的依赖性，也限制发展中国家的技术进步。又如反补贴问题。现行国际规则强调市场经济原则，反对政府补贴从而造成对其他国家的不合理竞争。但是需要看到，由于现有技术水平低、企业和社会经济机制不成熟等原因，发展中国家和新兴经济体要实现产业结构的升级特别是高新技术产业的发展，在很大程度上需要政府政策对企业的扶持和帮助。包括提供资金和税收优惠等。但是，在这些政策措施下的出口产品却因为反补贴规则而可能导致发达国家的限制。

最后，新国际规则制定中的原则。在应对气候变暖减少碳排放问题上，应当实行共同的但又是有差别的排放义务。由于发展中国家与发达国家处于不同的产业和经济发展阶段，技术水平不同，碳排放对生产和生活的意义显著不同，同样的减排义务对发达国家可能意味着减少奢侈性消费，对发展中国家却可能意味着脱贫步伐的放慢，这显然也是不公平的。发达国家既要通过向外转移高排放产业，又对发展中国家提出种种严格要求，显然是不合理的。

此类问题还有很多。这些问题构成了对中国发展相对不利的外部体制环境，国际战略的目标就是要逐步地改善这一环境。

（3）对外经济关系国际战略的整体定位

以国际战略推进对外经济关系是我国发展新阶段的要求，也是国家总体战略的一个组成部分。从整体上讲，国际战略不排斥国内战略，优化国内的开放政策结构与体制机制仍然是发展对外经济关系总战略的基础。但是在新阶段上开放政策的重点已经不再是其力度，而是其有效性了。从长期讲，完成了向开放型经济的转型后开放政策应当减少地区特殊性和项目特殊性，提高政策的透明度和规范性，从而减少地区间的恶性竞争，减少经济扭曲和不必要的利益流失。同时要注重市场机制的整体建设以减少对外部市场与资金的依赖性。这些任务都与前一阶段根本不同，但确实是发展对外经济关系总战略的组成部分。重要的是，减少乃至消除国际经济中不利于新兴经济体崛起的体制机制已经上升为中国继续高速发展的重要环节。国家需要更加注重参与各种政府间组织，进行双边与多边谈判，建立区域自由贸易区等多种发展对外经济关系的形式，拓展出口产品的市场空间，打破进口技术与重要装备的限制，保护企业对外投资的利益，开辟短缺资源产品的稳定供给等等，这些构成了国际战略的基本内容。显然，中国开放经济的这种国际战略必然要求外交战略相配合。

客观评估推进经济发展国际战略的影响是重要的。正如国际战略与开放战略主题差别所表明的那样，国际战略的推进有利于中国突破发展障碍，实现可持续发展，并为世界各国共同繁荣做出更大的贡献，为中国在国际事务中发挥更大作用创造条件。然而我们也必须看到，国际战略的推进必然会引起一些国家的抵制和阻挠，这些国家欢迎中国的投资机会和廉价产品，但却不愿意看到中国的强大和国际影响力的提高，不愿意改变自己在现行国际经济体系中的有利地位。因此，中国推进经济发展的国际战略必然会遇到来自某些国家的种种阻力，需要我们通过全面的外交战略去突破。

（4）和平发展道路与在国际经济体制改革中的建设性作用

从历史上看，先进国家在其发展的进程中都通过国际战略的推进实现发展空间的拓展。早期殖民主义者通过海外扩张为自己打开发展空间。工业革命后，英国开拓海外市场，适应了工业产品的迅速增长和对原材料不断提高的需要。德国的崛起和主要工业国家发展的不平衡，导致了重新分割世界市场的需要和第一次世界大战的爆发。必须指出，这些国家以战争为自己建立殖民体系与国际分工体系是一部血腥的历史，是以政治侵略、不平等交换和掠夺式开采等为特征的，人类将永远不会允许这种国际战略重演，更不会成为中国的榜样。

第二次世界大战以后的世界经济发展史，是以大国为主导的国际经济体系成长史。

GATT 这一国际贸易体制，是以美国为主导的发达国家建立自由竞争世界市场的标志。IMF 这一国际货币体制，同样是以美国为主导的发达国家建立稳定的国际货币关系需要的产物。以规则为基础的多边自由贸易体制和以美元为中心的国际货币体制为美国经济在第二次世界大战后获得在世界经济中的特殊地位和利益起了根本性的作用，与历史上不同的是，向世界推行这两个体制的是美国作为大国的经济与政治实力。同样值得注意的是，由于落后国家的发展日益成为发达国家发展的条件，这一体制在其发展中不但必须考虑落后国家的利益，而且日益需要把落后国家纳入到这一体制之中。世界银行的发展援助体制体现了这一点，从 GATT 到 WTO 大批发展中国家参与这一体制也体现了这一点。即使这样，仍然没有改变现行世界经济体制更适合发达市场经济要求的本质特征。

世界经济发展史表明，一个大国的发展离不开广泛的国际条件。随着其发展进程的推进，必然要求一个与之相适应的世界经济体制机制环境。

经济全球化大发展使发展中国家在世界经济中的地位越来越重要，特别是其中一批国家成功进入新兴经济体行列更增强了其在世界经济中的地位。但是，作为相对稳定的国际经济体制并不能及时地体现世界经济格局的这种变化，于是，新兴经济体一方面从现在体制中实现了发展，另一方面也发现现存体制与其进一步发展之间的不相适应性。

现行国际经济体制的完善应当是渐进的，中国的国际战略应当是建设性的。国际经济体制机制不可能跳跃式发展，其完善的过程必然是不同国家间的利益调整过程。中国的发展需要一个稳定的国际环境，建设性的参与、渐进式的改革是中国国际战略的基本原则，这与中国的和平发展道路是一致的。合作型的创新、互利性的调整是国际经济体制完善的基本要求，这与当今世界所处时代的特征也是一致的。

五、2009：新中国 60 周年国际影响力日益提升

源自西方发达国家的国际金融危机，导致世界经济的萧条，蓬勃发展的中国经济受到危机严重影响。在国际金融危机冲击下"最为困难"的一年里，中国政府应对危机大胆果断，政策得当，措施得力，效果卓著。中国经济不仅先于发达国家实现自身 V 字形反弹，全年增长超预期达到 8.7%，而且以自身的强劲反弹特别是进口的快速复苏引领区域经济乃至世界经济走出阴霾，向世人证明了其强大的生命力和不断提升的国际影响力。与此同时，中国还积极扩展双边和多边经济与金融合作，这不仅扩大了中国同全球的其他国家一起抵御和化解金融危机的成效，同时，也大大提高了中国在国际组织和多边合作中的地位和话语权。中国政府应对危机的卓越表现令国际社会不由得发出"原来中国还可以是拯救全球经济的重要参与者与合作者"的感叹。

新中国成立 60 年来，特别是改革开放 30 多年来，中国经济在世界经济中的地位发生了翻天覆地的变化，对世界经济增长的贡献大幅提升，对国际经济的影响力与日俱

增。特别是在金融危机冲击全球经济后，中国通过采取及时有效的宏观经济政策，保持了经济较快速度的增长，既稳定了本国经济，又为世界经济的增长做出了新的贡献。为了比较全面、综合地评估中国对全球经济的贡献以及对世界各经济体产生的影响，本书尝试从经济增长、国际贸易、国际投资、国际金融和科学技术五个方面，从规模比重、增量贡献、静态关联和动态关联等多个角度，根据不同的影响范围和影响程度进行量化评估和国际比较分析。初步评估显示，中国经济发展的规模效应明显、增量贡献突出、与世界经济的关联和依存度不断提升。在经济全球化条件下，世界各国的发展为中国的经济发展提供了巨大动力，中国经济的快速增长又为世界各国提供了更多质优价廉的商品、更大的国内市场和更广阔的投资机会。

2009 年，金融危机仍然是全球经济发展的挡路石。在降低或者摆脱危机影响、转嫁国内矛盾等考虑下，各国对华频举贸易保护主义大棒，包括密集启动对华贸易救济调查，出台各种影响中国商业利益的保护主义政策，设立多种非关税壁垒等等，我国由此成为全球贸易保护主义的重灾区，国际贸易环境极度恶化。然而，虽然危机下各国频频对华采取贸易保护主义措施，但我国并没有以牙还牙，还之以贸易保护主义措施。相反，在对待贸易保护主义问题上，我国的立场一贯且鲜明，即坚持开放政策反对贸易保护主义。我国不仅多次在国际重要高峰会议上重申这一立场，而且以实际行动履行着反对贸易保护主义的诺言。这一言行一致的做法得到了国际社会的高度评价，成为 2009 年提升我国国际地位的重要助动力。

2009 年全球国际直接投资（FDI）流量进一步收缩，相比 2008 年下降 39%。受国际金融危机影响，一年来中国 FDI 流入量先降后升，发达国家跨国公司投资意愿的降低使我国长期以来依赖外资发展的开放模式受到了冲击。中央及地方政府面对严峻的外部环境，着力从改善投资环境、优化政府服务等方面大力扩大吸引外资的机遇。将利用外资与促进国内产业结构升级相结合，鼓励外商投资高新技术产业、节能环保产业和现代服务业；将利用外资与促进区域结构协调发展相结合，引导外商投资于中西部地区；将利用外资与促进国内投资相结合，通过不断优化利用外资的结构，提升了中国外资战略的总体水平。

2009 年各国延续了应对国际金融危机的经济刺激政策。美、欧、日等西方国家应对国际金融危机的措施主要有定量宽松政策、商业银行国有化和强调公私合作。印度、俄罗斯、东盟和拉美等发展中国家也采取了各有特点的刺激政策。经过一年的努力，世界经济逐渐扭转了经济下滑的趋势，开始缓慢地复苏。在这样的背景下，主要国家开始考虑根据其实际情况采取相应的刺激政策退出措施。

中国积极参与国际金融体系改革，在 G20 伦敦峰会和匹兹堡峰会中主动承担责任，诉求和保护自身正当利益，发挥了举足轻重的作用。在实施扩张性财政政策和为国际货币基金组织提供融资方面，中国主动承担了大国的责任。中国是亚洲外汇储备库的倡议者和积极推动者之一，并承担了重要的出资份额。在双边合作方面，中国与许多国家和地区签署了人民币货币互换协议。中国积极参与和推动国际金融货币体系改革。虽然在可以预见的将来，欧元、日元、人民币或 SDR 都不能改变美元的核心货币地位，但中国积极要求增加新兴国家在 IMF 中的份额和投票权，以及在 SDR 的定值货币构成中加入人民币。在应对国际金融危机的过程中，中国积极参与国际金融合作，主动参与国际新规则制定，争取国际金融发言权，展现了中国影响力，树立了良好的国际形象，在全球金融合作中凸显中国地位上升。

2009 年是人民币国际化的起步之年。随着全球性金融危机暴露出"美元独大"的内在缺陷和系统性风险，世界各国改革国际货币体系的呼声日渐高涨。在此背景下，中国政府抓住历史机遇，乘势而上，及时果断地推出了人民币国际化战略。这一里程碑创举不仅顺应了国际货币体系改革的潮流，也充分彰显了中国作为负责任的大国，积极参与全球治理，提升了中国在国际金融货币领域的话语权与影响力。在过去的一年里，中国政府遵循货币国际化的一般规律与中国国情有机结合的原则，利用中国在区域内不断增强的经济影响力，采取以人民币率先实现区域化为目标的阶段性推进模式，出台了包括扩大人民币的区域互换规模、启动跨境贸易人民币结算试点以及在中国香港的离岸金融市场发行人民币债券及政府国债等一系列实质性措施。虽然现阶段人民币国际化所要求的金融基础条件尚未完备，人民币国际化征途还很漫长，将会遇到诸多的困难与挑战，但随着中国改革开放进程的不断深入，再加上政策运用得当，风险控制良好，人民币国际化的进程就可能会大大缩短，或许在未来的 10～15 年内，人民币就能够取代日元和英镑，成为全球第三大国际货币。

国内外学术界对全球治理概念还有争议，但它的基本内涵包括了五个方面：即全球治理的价值、全球规制、主体或基本要素、对象以及效果。近年来，国内学术界不少学者也就此主题做了不少有价值的研究。如对全球治理的特点，实现全球治理制度建设的主要途径，以及中国在全球治理中的地位和作用等。不少学者认为，"和谐世界"的构想可以被看做是中国版的全球治理观。全球治理体系的主体正在从 G8 发展到 G20，无论是经济领域、安全领域还是社会领域，全球治理在 2009 年都出现重大突破，同时也面临许多挑战。中国政府首次在国际舞台上阐述对全球治理的观点，体现了中国对全球治理问题的基本判断和价值追求。同时，中国积极主动参与全球治理行动和能力建设。中国的主张也受到国际社会越来越多的认同。国际社会对中国参与的全球治理行动在总体上加以肯定，并期待中国在未来的全球治理中发挥更大作用。

对于关注或从事气候问题的人们来说，2009 年可谓是充满希望与失望、喧嚣与悲伤、短暂又漫长的一年。年初，国际社会对哥本哈根气候大会翘首以待；年末，该次大会在有褒有贬、毁誉参半的回应中曲终人散。贯穿于整个 2009 年的基线，则是不同利益取向的国家或国家集团围绕减排温室气体和应对气候变化而展开的国际政治博弈。如果说在前几年气候问题还只是停留在环境、科学和经济层面上的话，2009 年的气候问题显然已经大大地超越了上述层面，成为一个典型的国际政治问题。而中国作为一个经济总量快速增长、排放总量也随之升高的发展中大国，也在 2009 年正式走进国际气候政治舞台的中央。作为一个负责任的发展中大国，中国政府在 2009 年采取了许多新的政策、行动与措施，在与国际社会协力应对金融危机的同时，更加努力地应对气候变化，并积极参与这个领域的国际合作。

在全球金融危机的国际大背景下，中国能源资源产业化危为机，内外并举，在立足国内调整改革同时，进一步开拓海外合作局面，谋求中国能源资源战略的全面协调、可持续发展。从某种意义上说，2009 年是全球金融危机背景下中国能源资源战略全面协调、可持续发展的一个重要转折点。一方面，2008 年以来的全球金融危机使得国际市场对于能源资源的需求一度有所下降，这些大宗商品的价格也经历了一个"过山车"式的变化，相关的企业面临一定的压力；另一方面，中国对内危中寻机，进一步调整能源资源消费结构，对外则加大力度，主动出击，全面推进国际能源合作战略。由此，面临国际金融危机带来的国际能源资源严峻形势，中国能源资源业临危不乱，在稳住阵脚的同时果断抓住机遇，迎接挑战，践行科学发展、绿色发展，深化体制改革与结构调整，同时全方位、大规模地积极参与国际竞争与合作，谋求互利共赢，顺利实现中国能源战略的新调整、新发展。

国际金融危机之后，以美国为核心的单极世界格局受到了一定程度的削弱，中国等新兴市场国家塑造世界秩序的能力有所上升。金融危机凸显了中美两国在广泛的领域存在利益交织，双方拓展和深化各领域的合作存在巨大的驱动力，不过，美国转嫁危机的做法，也在一些领域导致与中国的矛盾冲突。更重要的是，中国崛起步伐在形势的推动下呈加快之势，加深了美国维护单极世界体系方面面临的危机感。从 2009 年中美高层交流的情况来看，美国国内反思单边主义、注重国际合作、主张对中国奉行接触政策的力量，对美国对外战略和对华政策具有越来越大的影响，不过，中美双方在价值观和一些战略利益上的深刻分歧不会轻易消除，仍然会对中美关系的发展构成某种制约。中美关系可谓机遇和挑战并存，如何把握机遇、推动合作、建立互信、减少风险，是未来中美关系发展的长久课题。

2009 年东亚地区合作稳定发展主要体现在中日战略互惠关系获得了新的充实和发展，朝核问题和半岛局势从恶化到缓和、再到朝美双边对话，中国与东盟合作抗击金融危机的努力没有受到南海争端的影响等。中日战略互惠关系的充实主要包括双方合作抗击金融危机、高层会晤机制化和频繁化、防务和军队交流取得新的进展、较好地处理了在敏感问题上的分歧和摩擦等。在朝核问题上，中国在卫星发射和第二次核试验后为维护半岛局势稳定和推进半岛无核化等方面做出的努力推动着半岛局势向缓和的方向发展，中朝关系的进一步发展也有利于半岛局势的稳定和朝核问题的解决。中国与东盟合作的进一步发展主要包括推动建立区域外汇储备库、如期建立中国—东盟自贸区以共同反对贸易保护主义、温家宝两次出席东盟峰会并提出了援助措施等。从整个东亚地区看，中国始终发挥着稳定地区局势、推进地区合作的积极作用。

中俄战略协作伙伴关系在中国对外合作关系中占有极为重要的位置，它是地区安全、稳定、和平与发展的重要条件，也是世界秩序多极化发展的有力保障。2009 年，中俄迎来了两国建交 60 周年盛典，预示着两国关系在实现历史性转折后将拥有一个新的更高的发展起点。2009 年作为中俄建交 60 周年纪念年和中国俄语年，两国都致力于继续强化和发展双边关系。中国国家主席胡锦涛对俄罗斯成功访问并出席在叶卡捷琳堡举行的上海合作组织峰会和"金砖四国"峰会。在此前后，胡锦涛主席与梅德韦杰夫总统还在"20 国集团"峰会、意大利"八国集团"峰会以及 2009 年亚太经合组织峰会框架内举行会晤。中俄经贸虽然因国际金融危机受到影响，但能源、科技领域的发展进一步扩大和加强。除此之外，两国在国际安全领域的合作富有成效。2009 年，上海合作组织结构进一步扩大，安全职能进一步充实。与此同时，中国和中亚的油气合作取得新的历史性突破。中亚—南亚地区安全形势面临严峻挑战，塔利班、基地组织等极端势力在阿富汗—巴基斯坦两国再度活跃，影响着中亚国家和中国西北边境地区的和平、稳定与发展。中印两国关系的稳定发展对遏制南亚局势恶化具有明显作用，但是也存在着潜在的不稳定性。面对中亚—南亚形势，中国政府具有自己明智的抉择：促使局势向和平、稳定和发展的方向转变。

2009 年"7·5"事件是境外"疆独"势力策划的一起打砸抢烧严重暴力犯罪事件，给人民的生命财产和新疆的社会和谐与稳定造成了重大影响。中国政府采取果断措施平息了事件，迅速恢复了当地的社会秩序，赢得了国际社会的理解和支持。"7·5"事件对于新疆的社会稳定和经济发展带来了一定的负面影响，但它无法阻止新疆经济和社会发展的步伐。中国政府继续加大对新疆地区的扶持力度，推出多项帮助新疆发展和维护民族团结的政策措施。"世维会"等"疆独"分裂组织在 2009 年加速其国际化图谋，美国和西方的反华势力则为该组织提供表演舞台，并企图促使"疆独"、"藏独"与"台独"三者合流。国际社会对于"7·5"事件的反应复杂。阿拉伯世界除土耳其外其他国家反应较为温和。美欧等国家和地区的官方反应谨慎，但西方媒体仍有不少歪曲报道。中国政府通过开放外国媒体、加强交流等措施，增进国际舆论对于这一事件的了解。

以中华人民共和国建国 60 周年国庆庆典为代表，中国在 2009 年，通过国庆阅兵、游行、海空军建军纪念活动、索马里多批次护航、法兰克福书展等多种不同方式，向世界全面展示了国家的软硬实力和国际影响力。10 月 1 日在北京天安门广场举行的阅兵式上，受阅部队充分显示出中国国防在总体规模、装备质量、力量架构等方面的重大突破与强大实力。国庆阅兵前后分别进行的海军、空军建军 60 周年庆典以及海军在索马里的护航行动，从多角度展现了我国海空防务实力的重大突破，并对创新国际防务理念、积极承担国际责任、推进世界和平所做出的贡献。国庆庆典的群众游行和国庆晚会全面、生动地展示了新中国成立 60 年来特别是改革开放以来取得的巨大成就，展现了中国在总体发展思路、经济实力水平、科技创新能力等领域的重要成果，凸显出中国各民族团结统一、社会和谐稳定的总体氛围。国庆庆祝活动的成功举办，不仅在国内激发出被称为"庆典精神"的爱国热情、自信心和民族精神，而且得到国际舆论的广泛关注，国际社会对中国所取得的发展成就和国际地位予以高度肯定与赞扬。

中华人民共和国自 1949 年成立迄今已经走过整整 60 个年头。在这 60 年的历史进程中，中国对世界的认识、中国的外交理念与实践都发生了巨大的变化。以改革开放启动为界，中国外交路线实现了一条革命外交向和平外交、从意识形态外交向国家利益外交转变。21 世纪初，全方位外交布局进一步充实和完善。总结 60 年成功的外交经验，可以概括为四个方面：把握时代潮流，抓住战略机遇；坚持核心利益，扩大共同利益；坚持韬光养晦，积极有所作为；统筹两个大局，服务国家发展。展望未来中国外交的发展趋势，中国将增强参与国际体系转型的能力，中国将提升塑造地区秩序的影响力，中国将确保国家主权和统一的目标进程，中国将改善和突破国际舆论环境，中国将承担越来越重要的国际责任，中国将同各国共享世界和平与发展的成果。

第一章　同舟共济：
抵御危机冲击彰显关键作用

2009 年是中国经济"最为困难"的一年。在这场金融危机中，中国政府大胆果断应对危机的冲击，政策得当，措施得力，效果卓著。一年来，中国经济不仅先于发达国家实现自身 V 字形反弹，全年增长超预期达到 8.7%，而且以自身的强劲反弹引领区域经济乃至世界经济走出阴霾，向世人证明了其巨大的潜力和不断提升的宏观调控水平。国际社会从不同角度解读中国经济的强大生命力和影响力，对中国的看法发生了深刻的变化——"原来中国还可以是拯救全球经济的重要参与者与合作者"。

一、中国应对危机经济政策取得重大成效

源自西方发达国家的国际金融危机，导致世界经济的萧条，蓬勃发展的中国经济受到危机严重影响。面对百年一遇的国际金融危机冲击，中国及时调整宏观经济政策形成了进一步扩大内需、促进经济增长的一揽子有效计划。在美欧日经济罕见同时衰退的情况下，中国率先走出危机带领世界经济复苏，为推动恢复世界经济增长做出应有贡献。可以说中国一直在向世界传递着战胜危机的"中国信心"。

1. 国际金融危机带给中国经济前所未有的挑战

由美国次贷危机引发的国际金融危机出现以后，迅速从局部发展到全球，从发达国家传导到新兴市场国家和发展中国家，从金融领域扩散到实体经济领域，波及范围之广、影响程度之深、冲击强度之大，世所罕见。一段时期内，世界经济形势险象环生，增长明显减速，主要发达经济体经济深陷衰退；国际金融市场跌宕起伏，美欧金融体系陷入融资功能严重失效和流动性短缺的困境；一些新兴市场国家和发展中国家资金大量外流，经济形势严重恶化；全球范围保护主义抬头，在贸易、资金、技术等领域的国际竞争和摩擦加剧。

从表面现象看，这场危机源于美国次级住房抵押贷款大量违约和金融衍生产品泡沫破裂，引发全面信用危机。从直接起因看，这场金融危机是发达资本主义国家宏观经济政策不当、虚拟经济过度扩张、政府监管缺失造成的，是长期负债消费的增长模式难以

为继的结果。从内在本质看,这场危机暴露了自由市场经济的固有弊端,暴露了经济全球化条件下的深层次结构矛盾,暴露了不合理的国际经济秩序特别是国际金融体系的严重缺陷。这场金融危机演变为一次深度的世界经济衰退,进一步反映了以私有化市场化自由化为主要特征的新自由主义的理论和实践危害。

国际金融危机爆发与中国进入转变经济发展方式、调整经济结构的关键阶段不期而遇,国际经济环境急剧恶化、世界经济陷入衰退与中国国内经济下行压力加大相伴而至,新的挑战与既有矛盾相互交织,中国这个人口最多的发展中国家面临困难之严重,是其他国家所不可比的。突出表现在:外部需求明显收缩,部分行业产能过剩,企业订单减少、销售不畅、利润缩减的状况,从沿海向内地、从中小企业向大企业、从出口行业向其他行业蔓延,亏损企业和亏损行业增多,一批出口型企业破产倒闭。城镇失业人员增加,农民工返乡现象突出。整个经济增长下行的压力明显加大,GDP 增速急剧减缓,2009 年第一季度下降到 6.1%,为 17 年以来的最低。可以说,中国遇到了新世纪以来最为严重的困难。在这样的情况下,国际国内都有一些人担心,已实现了长达 30 年快速发展的中国经济,在这场金融危机中,还能不能继续保持平稳较快的发展势头?直到 2009 年 3 月,世贸组织、国际货币基金组织、世界银行还在调低对 2009 年中国经济增长率的预测指标,国际上也有人断言中国经济将"硬着陆"。

2. 快重准实,中国出台应对危机的政策组合拳

面对国际金融危机的严重冲击,中国政府确定了"出手要快、出拳要重、措施要准、工作要实"的总体思路,强调信心是战胜危机的前提,信心比黄金、比货币还重要,出台并不断完善应对国际金融危机冲击的一揽子计划,努力将危机的影响降到最低限度。

(1) 积极扩大内需,大规模增加政府支出

在国际市场需求大量减少的情况下,积极扩大国内需求显得尤为重要和紧迫。中国启动实施总额达 4 万亿元人民币的两年投资计划,其中中央政府直接投资 1.18 万亿元人民币,重点投向重大民生工程、经济社会发展薄弱环节、关系全局和长远发展的重大基础设施建设,并积极引导和带动社会资金、民间资本投向符合国家产业政策的领域,增强投资拉动经济增长的社会合力。与此同时,中国坚持多措并举,着力扩大居民消费需求,培育消费热点,完善消费政策,增强消费对经济增长的拉动作用。中国还特别注重开拓农村市场,在全国范围实施"家电下乡"、"汽车下乡"等补贴措施,完善"万村千乡"市场工程,推进连锁经营向农村延伸,大力促进农民消费,努力使广阔的农村市场成为扩大消费需求的重要支撑。

(2) 实施产业调整振兴规划,努力调整经济结构

国际金融危机同中国推进发展方式转变和经济结构调整不期而遇,加快结构调整、推动产业优化升级,对于解决中国经济运行中的深层次矛盾,有效应对外部冲击至关重要。中国着眼增强国民经济的整体素质和发展后劲,制定并实施了汽车、钢铁、装备制造等十大重点产业的调整振兴规划(参见表1-1),出台了一系列促进战略性新兴产业

发展的政策措施。中国把农业作为安天下、稳民心的战略产业，大幅增加对"三农"的投入，针对国内粮食市场价格走势存在下行压力的情况，增加农业补贴，扩大补贴范围，确保农业特别是粮食安全不出问题。中国专门制定了进一步促进中小企业发展的29项扶持政策和措施，改善中小企业的融资和发展环境，支持中小企业转型升级。中国加强节能减排和生态保护，强化重点领域、区域污染防治，积极开展应对气候变化工作。中国积极推动东部地区率先加快经济转型和产业升级，加大对中部地区优化结构的支持力度，推进西部大开发战略和振兴东北老工业基地战略，促进区域经济协调发展。特别需要指出的是，金融危机凸显了文化的特殊功能和特殊优势，中国制定并实施了《文化产业振兴规划》，着力推动重点文化产业和新兴文化产业发展。

表 1-1　十大产业振兴规划（2009 年 1～2 月公布）

钢铁	促进高附加值产品出口，并购重组落后企业。 以宝钢、武钢、鞍钢为龙头企业，实施企业并购重组。
汽车	排气量 1600cc 以下的乘用车车辆购置税由现行的 10% 下调为 5%。 汽车大企业由 14 家减少到 10 家。 安排 100 亿元支援企业技术革新。将未来中国自主品牌乘用车的国内市场份额提高至 40%。
纺织	将出口退税率由以往的 14% 提高到 15%。 维持就业。
装备制造	支持装备制造骨干企业进行联合重组，发展具有工程总承包、系统集成、国际贸易和融资能力的大型企业集团。
石化	重点扶持大型项目。 在 2011 年之前实现产业附加值 1.75 万亿元。
轻工业	促进造纸、家电、塑料等重点行业的技术改造。 为促进家电向农村普及，进一步扩大支付补贴的家电品种。 强化食品安全。
电子信息	集成电路升级，第三代移动通信产业新跨越，数字电视推广，发展下一代互联网、软件和信息服务。
船舶	加大船舶出口买方信贷资金投放；将现行内销远洋船舶支持政策延长到 2012 年。
有色金属	调整进出口税率，促进合并重组，未来形成 3 至 5 家企业集团。
物流	支持农业和农村物流、大型生产资料和生活消费品物流建设。

资料来源：根据公开发布的十大产业振兴规划整理而成。

（3）大力推进重点领域和关键环节的改革

改革是动力，是应对国际金融危机、促进经济平稳较快发展的根本途径。中国深化价格体制改革特别是资源性产品价格改革，加快建立充分反映市场供求关系、资源稀缺程度、环境损害成本的资源要素价格形成机制；深化公共财政体制改革，完善财政预算体系，建立健全预算编制、执行、监督相互协调、相互制衡的新机制；深化金融体制改革，建立健全货币政策和金融发展、金融监管相协调的机制，改善金融结构和服务，加强金融监管和创新；深化国有企业改革，推进国有经济布局调整，推动国有资本向关系国家安全和国民经济命脉的重要行业、基本公共服务领域集中，全力提高国有企业应变能力和国际竞争力。

（4）大力度推进科技进步和重点技术创新

科技创新是克服金融危机的突破口和有力武器，历史经验表明每一场大的危机常常伴随一场新的科技革命，谁能在科技创新方面占据优势，谁就能掌握发展的主动权，率先复苏并走向繁荣。中国着眼于推动中国经济发展走上创新驱动、内生增长的轨道，加快实施国家中长期科学和技术发展规划纲要，推进重大科技基础设施建设，加强重大基础科学和高新技术研究。中国选择带动力强、影响面大、见效快的项目特别是核心电子器件、核能开发利用、高档数控机床等 16 个重大专项，集中力量攻关，着力突破一批核心技术和关键共性技术。中国积极发展拥有自主知识产权的高新技术产业群，培育新的经济增长点，创造新的社会需求。中国注意发挥企业的自主创新主体作用，支持企业在生物医药、第三代移动通信、节能环保汽车等方面开展研发和推进产业化，广泛应用新技术、新工艺、新设备、新材料，实现保增长和增效益相统一。

（5）大幅度提高社会保障水平，改善民生

中国政府强调，越是困难的时候，越要高度关注民生，切实做好保障和改善民生工作。中国坚持以解决人民群众最关心最直接最现实的利益问题为重点，集中力量办好经济社会发展急需、利民惠民的大事实事。中国实施更加积极的就业政策，开辟新的就业岗位，提高中小企业、劳动密集型产业和服务业吸纳就业的能力，着力做好高校毕业生就业，稳定农民工就业，对返乡农民工进行妥善安置。中国加大公共财政对社会保障体系建设的投入，扩大基本养老和基本医疗保险覆盖面，落实和完善城乡居民最低生活保障制度，健全失业保险、城乡医疗救助和新型农村合作医疗等制度。中国加快实施保障性安居工程，加大廉租房建设、棚户区改造工作力度，抓紧地震灾区永久性住房建设。中国在改善人民群众物质生活的同时，还注意保障人民群众文化权益，大力完善公共文化服务体系，发展城乡基层文化，丰富社会文化生活。

3. 成功保八，中国经济抵御危机冲击成效显著

经过一年多来的努力，中国应对国际金融危机冲击、促进经济社会发展的政策措施已取得积极成果，经济运行中的积极因素不断增多，在全球率先实现经济形势总体回升向好，全年经济增长率达到 8.7%（见图 1-1），保增长、调结构、促改革、惠民生取得明显成效。

（1）经济措施得当，增长下滑态势得到有效遏制

2009 年，中国经济增长逐季回升，实现了一个典型的 V 型回弹，从 2009 年一季度的经济减速到达谷底，到二季度强有力地回升至 7.9% 的增长率，而且随后的三、四季度更是快马加鞭，分别达到 9.1% 和 10.7%，全年国内生产总值达到 33.5 万亿元，逼近第二经济大国日本。这种迅速回弹出乎很多外国评论家的意料，连世界银行也两次上调了它对 2009 年中国经济增长率的预测。从产业发展来看，农业生产稳步增长，全国夏粮产量连续 6 年增产；工业生产回升速度逐月上升，12 月份规模以上工业增加值同比增长 18.5%（见图 1-2 所示）。从进出口贸易来看，出口和进口的增长率（同比）

从 2009 年全年来看呈现下跌，分别为-16.0% 和-11.2% ，但最近逐步回升。进口的增长率继 11 月的 26.7% 之后，12 月加速至 55.9% 。而 12 月的出口增长率也达到 17.7% ，时隔 14 个月转为正增长。从财政状况来看，自 5 月份止跌回升后增速明显加快，1～12 月全国财政收入 6.8 万多亿元，同比增长 9.2% 。

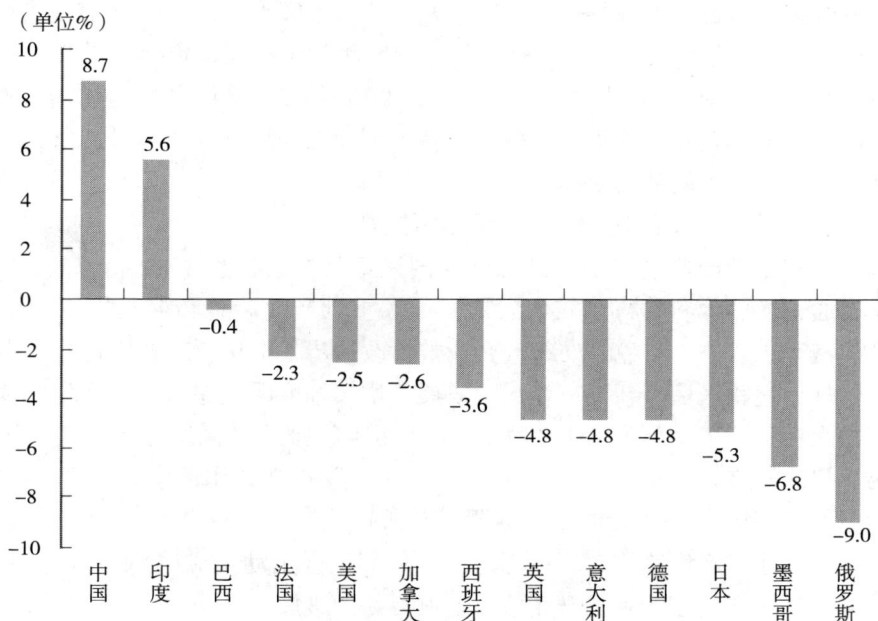

（单位%）

图 1-1 2009 年主要国家的经济增长率

资料来源：IMF, *World Economic Outlook Update*, January 26, 2010。

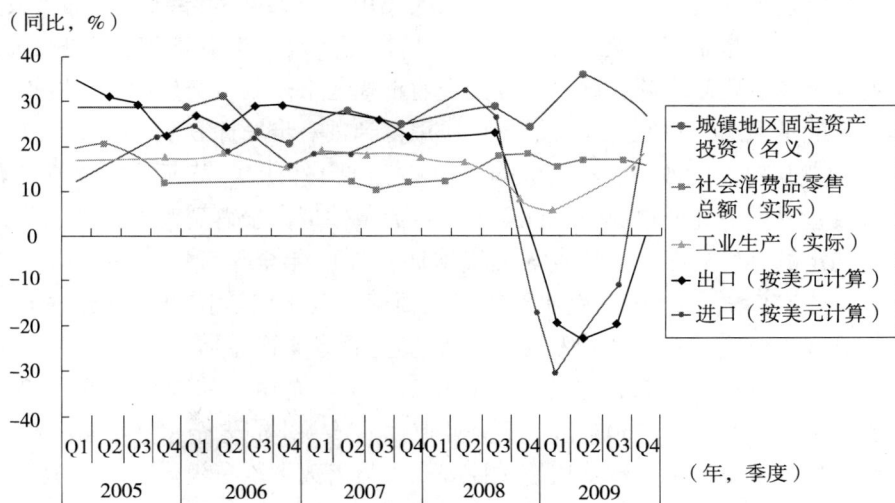

（同比，%）

图 1-2 中国主要宏观经济指标的变化

注：社会消费品零售总额是根据消费者物价指数计算的实际数额。

资料来源：根据中国国家统计局数据制作。

（2）内需拉动成效显著，居民消费需求逐渐旺盛

2009 年的社会消费品总额（按名义计算）同比增加 15.5%（如按实际计算为 16.9%）（见图 1－2），其中汽车销售情况良好（增加 32.3%），1～12 月，汽车销售量超过 1300 万辆，产销量超过美国跃居世界第一，带动了整个消费。收入和资产价格的上升及就业改善今后也将会继续推动消费。此外，由于实施了以 2008 年 11 月公布的达 4 万亿元的公共投资为中心的经济刺激方案，2009 年的全国固定资产投资的增长率同比上升了 30.1%（城镇地区同比上升 30.5%），其中铁路增长最多，同比增长 67.5%，为中国经济进入下一轮发展提供了更好的平台。预计在经济复苏的同时，投资的主要力量将会从政府部门向民间部门转移。

（3）经济结构进一步优化，总体质量不断提升

基础设施和基础产业进一步得到加强，国民经济中急需发展的部门，如农业、铁路、道路交通运输、水利等得到较大发展。十大重点产业调整和振兴规划取得重要进展，钢铁、汽车、船舶、有色、纺织等企业技术改造步伐加快，装备制造业和新一代移动通信、软件、生物医药等新兴产业加快发展，增长幅度明显超过工业平均增速。一批优质能源重大项目开工，单位 GDP 能耗和主要污染物排放量保持下降趋势。文化产业逆势上扬、快速发展，一批具有重大示范作用和产业拉动作用的文化产业项目加快实施，成为新的经济增长点。区域发展协调性有所增强，2009 年 1～12 月，中西部和东北地区投资、工业生产增速均高于东部地区，东部地区主动适应国内外市场需求变化，在推进转型升级、自主创新和提升竞争力上取得新的进展。

（4）金融监管明显加强，抵御风险能力提高

金融监管协调机制进一步健全，财政和金融风险得到控制。银行流动性充裕，资产质量和抗风险能力提高，全国金融机构各项人民币贷款余额和存款余额都有较大增加，商业银行不良贷款率下降，资本充足率进一步提高。资本市场基础性制度建设得到加强，创业板市场主要制度基本确立、首批企业正式上市，股市交易活跃程度提高。金融和资本市场的平稳运行对经济发展的支持作用得到进一步发挥。

（5）民生保障持续改善，社会大局保持稳定

各项改善民生措施取得成效，群众生产生活条件进一步得到改善，整个社会继续保持了和谐稳定的良好局面。居民收入继续增加，2009 年全年城镇居民人均可支配收入 17175 元，比上年增长 8.8%。就业形势好于预期，全年城镇新增就业超过 1100 万人；农民工、高校毕业生就业也取得积极进展，就业形势保持总体平稳。社会保障得到加强，中央财政用于社会保障的支出同比增长 29.2%，对城市和农村居民最低生活保障补贴支出分别增长 50% 和 150% 以上，企业退休人员基本养老金水平继续提高，基层医疗卫生服务机构建设、甲型流感疫情防控等取得显著成效。

4. 率先走出危机阴霾，中国赢得世界关注

战胜危机的中国经验和影响力赢得国际社会的普遍赞誉和推崇。"中国最新经济数

据鼓舞世界"，"中国可能成为第一个走出金融危机的国家"，"中国成了世界经济'新的发动机'"……面对中国的"强劲复苏"，国际社会从不同角度解读中国经济的强大生命力，由此评析"中国道路"、"中国模式"。

（1）中国成为全球应对金融危机的重要力量

中国经济保持良好发展势头本身就是对全球金融市场稳定和世界经济发展的重要贡献。而且在国际金融危机中，中国主动承担相应的国际责任和义务，积极参与应对国际金融危机的多边、多领域国际合作，加强同国际社会的宏观经济政策协调，同国际社会一道推动世界经济复苏，维护全球经济和金融稳定。

中国一直保持人民币汇率基本稳定；同一系列国家和地区签署了总额达6500亿元人民币的双边货币互换协议；签署了中美200亿美元贸易融资协议以及高达130多亿欧元的欧洲采购计划，接连组织大型采购团赴海外采购，积极增加进口；努力向有关国家和地区提供支持和帮助，特别是继续向发展中国家提供力所能及的无偿援助、债务减免、贸促援助；积极建议和推动国际金融体系改革，积极维护多边贸易体制稳定，积极参与国际经济体系重建。这一系列举措，显示了中国推动世界经济恢复的坚定态度，有力提振了国际社会的信心。

国际社会高度评价中国在应对金融危机过程中的积极姿态和果断行动。大多数国家认为中国的一系列举措展现出了世界上最大发展中国家的责任感。正如德国前总理施罗德所说，中国的经济刺激计划不仅旨在稳定中国市场，而且也为稳定世界经济做出了重要贡献。也正如美国财政部负责国际事务的副部长麦考米克所言，中国政府在解决当前这场危机的过程中始终表现为一个"负责任的参与者和合作者"。"虽然具体问题如何解决还需各方的磋商，但是可以肯定的是，如果没有中国的参与，这轮金融危机是无法完全得到解决的。"国际社会认为中国的国际地位和影响可望在危机后进一步提升，甚至有专家认为，"金融危机将成为中国从地区大国崛起为全球性大国的标志性事件"。正如国际货币基金组织（IMF）主席卡恩在参加2009北京国际金融论坛上所指出的：中国正在引领全球经济走出衰退，预计中国2009年经济增长将达到8.5%（注：实际值是8.7%），2010年则为9%，大幅超过全球平均增长率。不仅如此，中国还将在全球经济的长远改革和重新平衡方面扮演重要角色。"世界的秩序正在改变，中国将发挥领导作用。"

（2）中国深入参与危机中国际秩序调整

国际金融危机推动国际金融体系改革拉开序幕。受金融危机影响西方国家深陷衰退以中国为代表的新兴国家开始发出自己的声音从金砖四国的迅速崛起到发展中国家有一席之地的二十国集团峰会，一个明显的趋势是：作为金砖四国中最大的经济体，中国正从世界舞台不太中心甚至一度边缘的位置向中心位置靠近。作为世界第一大外汇储备国、第二大进出口国、第三大经济体同时也是对世界经济增长贡献率最大的国家，中国在国际金融体系改革及国际秩序变革中的作用和影响备受瞩目。美欧等西方国家主动深化与中国的合作，新兴大国希望加强与中国的协调，发展中国家希望中国维护其利益各国对中国的借重明显增强。中国在国际金融体系改革中的话语权提高，在联合国改革、气候变化谈判、粮食和能源问题等其他重要国际议题方面中国的主张和建议也越来越受到重视。正如联合国负责经济与社会事务的副秘书长沙祖康所言①："我相信，联合国几乎每个人都能感受到中国影响力的上升。""发展中国家在国际金融体系中的话语权和决策权偏低，这是众所周知的事实。随着中国经济持续快速发展，中国更需要世界，世界也更需要中国；随着全球化的持续深入发展，发展中国家在全球经济中所占比重不断增加，在国际金融和贸易体系中的发言权应该扩大。"英国外交大臣米利班德公开称："历史学家将会审视 2009 年发生的一切，看到中国在稳定全球资本市场中所发挥的重要作用。"人们相信中国将成为国际舞台上更为引人瞩目的力量。

（3）"中国模式"推动发展道路多样化

此次金融危机彰显了中国特色社会主义的活力和影响力，提高了中国在国际事务中的话语权。中国特色社会主义既突破了传统计划经济的框框，又不盲目照搬西方资本主义的模式，而是将社会主义的基本制度与市场经济的运行方式相结合。在强有力的国有经济支持下政府对市场进行有效的调控和监管，使得"中国模式"具有较强的规避危机与应对危机的能力。

一些舆论认为，在 20 世纪 90 年代"苏联模式"、"拉美模式"、"东亚模式"相继失败之后，"中国模式"为发展中国家在全球化背景下实现现代化提供了一种真正可行的"替代方案"。美国前助理国防部长约瑟夫·奈等学者认为"中国模式"代表了世界发模式的未来潮流。如果说欧洲"莱茵模式"和美国"盎格鲁-撒克逊模式"分别在 19 世纪和 20 世纪引领风骚，"中国模式"将主导 21 世纪。

而且，危机后很多迹象表明外部世界对中国作为大国的期望的快速提升和对中国模式认同感的增加，越来越多的发展中国家希望学习借鉴中国发展经验。正如新加坡国立大学东亚研究所所长所郑永年②指出的：其中最重要的因素是金融危机之后的中国在世界经济复苏中起到越来越重要的作用。他说："金融危机发生之后，世界各国还是寄希望于美国等西方国家在经济复苏过程中扮演重要角色。尽管很多人也对中国等发展中国家抱有希望，但毕竟这些发展中国家从来就没有扮演过重要的角色，人们对新兴经济体能够做什么并不明确。相反，自从第二次世界大战以来，以美国为首的西方阵营总能在拯救世界经济危机中扮演着关键角色。包括日本在内的亚洲国家，即使能够发挥一些作用，也只是作为配角。但这次则全然不同。各种指标表明亚洲的经济正在恢复正常，甚至是复兴。在西方，尽管从总体上来说，经济危机已经见底并在一定程度上回升，但人们仍然看不到其对世界经济复苏的意义。尤其是美国，人们一直在期望美国能够做领头

---

① 王湘江、顾震球：《专访：在联合国感受中国影响力》，人民网：http://world. people. com. cn/GB/8580767. shtml，2008 年 12 月 25 日 15：39。

② 郑永年：《中国模式的机遇和挑战》，新加坡《联合早报》网：http://www. zaobao. com/special/forum/pages7/forum_ zp090901b. shtml，2009－09－01。

羊。危机发生之后，全世界各国都用不同的方式来'拯救'美国经济，在很大程度上也是这种考量，因为人们意识到，如果美国的经济危机进一步加深，也会进一步影响本国的经济。但看来，至少迄今为止，美国并没有能够扮演此种角色。与美国相比较，中国在亚洲的经济复苏过程中起了关键作用。中国这次本身并没有金融危机，但深受外在金融危机的影响。一个明显的事实是大都和中国经济体紧密相关的经济体都开始出现增长的势头。而中国的这种复苏势头又对西方经济体产生积极作用。如果说在1997年金融危机之后，中国的作用仅仅限于亚洲，那么这次中国的作用超越了亚洲而对全球经济体产生了积极的影响。例如，人们发现，德国和法国的经济转好就和它们对中国贸易的增长有很大的关联。国际社会对中国的感受和认知的这些变化对中国模式来说的确是个机遇。这里既表现为中国的硬力量，也表现为软力量。硬力量主要指的是中国的经济力量及其产生的客观外在影响。这是外界所能亲身感受得到的。同时也是一种软力量，就是人们对中国能够产生的经济影响力的主观认知。"

实际上，中国经济在这次危机中之所以没有受到像西方那样大的影响，一方面因为中国金融占经济的成分在整体上不像西方那么多；但另一方面，也是更为重要的就是中国的经济、金融改革已经领先西方一步。在很多方面，例如如何处理市场和政府的关系，外贸和内需的关系，金融规制等等方面，中国有教训也有宝贵的经验。西方在很长一段时间里，把批评中国作为己任，但忘掉了如何去改善本身的制度体系了。因此，从很大程度上说，金融危机考验了中国的发展模式，而中国在应付这次危机中的表现又提升了中国模式的影响力。

二、积极参与国际合作共同应对全球经济危机

在国际金融危机蔓延之际，国际社会通力合作、共同应对，对于提振信心、推动世界经济早日复苏具有重要意义。作为负责任的发展中大国，中国是国际经济发展合作的积极推动者和参与者，国际金融危机爆发之后，中国一直主张把促进发展作为国际社会应对危机的重要举措，并积极推动和参与了有关国际合作，与国际社会携手应对危机，促进世界经济早日复苏。

1. 中国积极地扩展双边的经济与金融合作

2009年，中国与各大国、周边国家和广大发展中国家的对话合作稳步推进。中国通过与美国、欧盟、拉美、非洲等国家和地区的双边经济合作，在一系列经济议题上实现突破，为应对国际金融危机，促进世界各国共同发展做出了重要贡献。

（1）中国与美国：在合作与冲突中前行

2009年，为应对金融危机在全球的扩散和肆虐，迫切需要作为全球经济增长两个重要引擎的国家之间加强沟通和合作。在这一背景之下，中美两国进行了一系列的互

访、磋商和对话，频率之高超过了历史上任何时期。这一切都说明中美真切地认识到加强宏观经济政策协调和合作，对于提振双方经济存在着重要的作用。况且，中美合作，对于全球经济的意义重大。因而，中国与美国加强了经济和金融合作，尽管在合作的过程中双方存在着诸如贸易上的冲突。在双方合作的过程中，中美不仅增加了对全球经济的影响力，同时，也为全球经济走出衰退做出了巨大贡献。

金融危机前，中国和美国在经济上业已完成了从中国对美国的单向依存向相互间双向依存的转化，尽管美国对中国的依存程度要弱于中国对美国的经济依存。金融危机后，中国和美国双向经济依存关系的重要度也随着提高。这是因为，对于双方而言，任何一方都不能够不依赖对方而单独走出危机，其逻辑前提在于历史上中国和美国间形成的经济循环，即中国需要美国消费以扩大其商品出口，美国则需要中国购买美国国债以提供其生产和消费的资本，决定了中国和美国只有继续加强经济合作才能够实现双赢，即便是任何一方都对现状存在一定的不满意，可是，接受并让这种经济循环的顺畅却是摆脱金融危机的关键。

正是基于上述的认识，中国和美国对于加强双方的经济合作达成了高度的共识。这种共识在中美高层互访和对话后所发布的公告中均有所体现。2009 年 7 月，首轮中美战略与经济则明确提出了中美间经济、金融与其他领域合作的框架。第一，中美两国将各自采取措施促进国内经济平衡和可持续的增长。中国将继续落实政策，调整经济结构，提高家庭收入，扩大内需，增加消费对国内生产总值的贡献，改革社会保障体系。美国将采取措施提高国内储蓄占国内生产总值的比重，推动可持续的、非通货膨胀式的增长。第二，双方将共同努力建设强有力的金融体系，完善金融监管，同时，加强国际金融机构的合作。第三，双方认识到开放贸易和投资对本国经济和全球经济的重要性，并致力于共同反对各种形式的保护主义。

2009 年，无论从财政政策上看，还是从货币政策上看，中国和美国保持了高度的趋同性。尽管这种趋同更可能是针对金融危机各自的必然反应，而非双方主动性追求的协作结果，但是，上述结果却为双方开展进一步的经济合作奠定了良好的基础。

从财政政策上看，金融危机后，中国和美国均批准了创纪录的经济刺激计划来促进本国的经济复苏。2009 年 2 月 17 日，美国总统奥巴马签署了《2009 美国复苏与再投资法案》。这一计划包括 7872 亿美元的政府拨款（相当于 2008 年美国 GDP 的 5.5%）。截至 2009 年 10 月 13 日，已有 2880 亿美元的救市资金批给了各联邦机构，其中 1160 亿美元资金已经投入使用。2008 年 11 月，国务院总理温家宝主持召开国务院常务会议，研究部署进一步扩大内需促进经济平稳较快增长的措施，同月，公布了中国经济刺激计划总规模为 4 万亿人民币（相当于 5860 亿美元，占 2008 年中国 GDP 的 13.3%）。截至 2009 年 10 月底，已经完成了 5500 亿人民币左右的资金投入。

从货币政策上看，美联储实行了伯南克开出的量化宽松货币政策的药方，不仅将联邦基准利率降至 0～0.25% 的历史最低水平，并保持了长达一年的时间，同时，提出将收购至多 3000 亿美元长期美国国债以实行定量宽松货币政策。中国同样跟随美国实行了宽松的货币政策，2008 年年底，央行将对金融机构再贴现利率降低到 1.8% 的近十年的最低水平，同时，下调了金融机构的存款准备金率，这直接导致了 2009 年货币总量 M2 和 M1 分别达到了 27% 和 29% 的高速增长，信贷总额达到了 33% 的高增长。

　　横在中国和美国间的经济冲突，主要是贸易摩擦与贸易保护问题，当然，人民币汇率升值问题也不能忽视。实际上，这些问题一直早已在双方间存在着分歧，不同的是，金融危机发生后导致在一些问题上的冲突有激化的可能。

　　2009 年以来，中国和美国的贸易摩擦不断增加，贸易保护逐渐增多。据我国商务部的数据显示，美国频繁对我国发起贸易救济调查，对中国产品共发起 10 起反倾销和反补贴合并调查，2 起反倾销调查，1 起特保调查，立案频率之高在世界贸易救济历史上都极为罕见。最终，美国决定对从中国进口的轮胎和油井管实施惩罚性关税，这是近年来美国对华最大的反倾销反补贴案。作为回应，中国商务部宣布，决定对从美国进口的白羽肉鸡和排气量在 2.0 升及 2.0 升以上进口小轿车和越野车发起反倾销和反补贴调查。

　　中美贸易摩擦升级和贸易保护抬头的根本原因在于，金融危机的背景下，美国经济复苏的力度并不能提供足够的就业，面对就业的压力，贸易保护也是美国迫不得已的措施。因此，只要美国国内就业率不能增加到足够高的水平，中美之间的贸易摩擦不存在解决的基础，甚至在一定程度上存在激化的可能，特别是在中国减少增持美国国债的时候。

　　（2）中国与欧洲：在恢复与发展中深化

　　中国和欧洲关系在 2008 年所形成的坚冰正趋于融化，这得益于金融危机导致的全球性经济下滑，因为二者之间僵化的关系显然不利于经贸和金融合作的开展。对于欧洲来说，这种经济和金融合作的需求尤为迫切。因此，2009 年，中国和欧洲的关系可以说峰回路转，破例举行了两次中欧峰会，同时，多个中国贸易和投资促进团赴欧。这充分显示出中欧加强经贸和金融等领域的合作，共同抵御金融危机的强烈愿望。

　　2009 年年初，温家宝总理对欧洲展开信心之旅，随后发表的中欧联合声明指出，进一步推进贸易和投资便利化与自由化，强调开放、自由和公平的贸易与投资环境。此后，中国向欧洲派出近多个贸易和投资促进团，以实际行动体现了中国坚定奉行互利共赢的对外开放战略，坚决反对贸易和投资保护主义，愿与欧洲携手抵御国际金融危机的决心。2009 年 2 月，中国商务部部长陈德铭率"采购团"欧洲四国行进入最后一站英国，签下 20 亿美元的合同。整个"承诺之旅"，中国企业家在德国、瑞士、西班牙和英国一共签下约 130 亿美元的协议。11 月，陈德铭率领庞大的贸易和投资促进团访问法国，这次访问成果丰富，双方签署了经贸合作项目 40 多个，涉及能源、航空、汽车、金融、通讯设备、机械、电子、食品加工、信息技术、节能环保等众多领域，总额高达 10 亿欧元。同时，中欧双方在应对国际金融危机和改革国际金融体系进行了积极的合作，达成了许多重要共识。在第十二次中欧峰会上，双方积极评价二十国集团（G20）前三次峰会在应对国际金融危机方面发挥的重要作用，支持 G20 作为国际经济合作的主要论坛。按照 G20 三次金融峰会公报精神，双方重申将加强国际金融机构的有效性、代表性和合法性，并在规定的时限内落实 G20 领导人关于国际金融机构治理结构改革的目标。双方同意进一步加强国际金融监管，表示支持金融稳定理事会的重要作用，愿意确保充分、及时地实施各自改革计划。

（3）中国与拉美：经济合作再上新台阶

金融危机虽然导致中国与拉美间的贸易和投资额下降，但是，这更加坚定了二者通过推动全面合作来抵御金融危机的动力。事实上，中国和拉美间存在较强的经济互补性，奠定了二者合作的基础。因此，金融危机后，中国国家主要领导人纷纷赴拉美国家访问，作为回应，乌拉圭、委内瑞拉、智利和巴西等国总统也相继造访中国。中拉频繁互访增进了双方对金融危机的认识和理解，同时，也增强了双方在应对金融危机措施上的协同，中拉间的经济、贸易和金融合作登上了新的台阶。

基于对经贸合作可以抵御金融危机的这一共性认识，中国和拉美国家间做出了多方面的不懈努力。2009 年 4 月，中国与秘鲁签订了《中国—秘鲁自由贸易协定》。中秘自贸协定是我国与拉美国家签署的第一个一揽子自贸协定，中国与哥斯达黎加完成建立自贸区联合可行性研究，2009 年中哥建立自贸区第 5 轮谈判结束，哥将成为与中签署 FTA 的第三个国家。上述协议的签订向世界传达出中国和拉美国家通过深化经贸领域合作，反对贸易保护主义来共同应对金融危机的信心和决心。2009 年 6 月，"中国在拉美的影响"国际研讨会在巴西圣保罗召开，11 月，第三届"中国—拉美企业家高峰会"在哥伦比亚举行，会议的主题都是针对中国和拉美如何开展经济合作，共渡金融危机的难关。正是因为中国和拉美之间有着强烈的合作愿望和实际行动，目前，中国和拉美间的经贸合作结出了丰硕的果实，中国已成为继美国之后拉美地区的第二大贸易伙伴，为巴西、智利的第一大贸易伙伴，阿根廷、秘鲁和哥伦比亚的第二大贸易伙伴，委内瑞拉的第三大贸易伙伴。巴中企业家委员会执行秘书长塔瓦雷斯对此的评价是"只要双方加强了解与合作，就一定能够互惠共赢"。

同中国相比，拉美国家在不同程度上遭遇了流动性问题，为此，中国采用多种形式的金融创新为拉美经济的复苏提供了融资上的支持。一是贸易中采用本币结算。2009 年 6 月，中国和巴西开始研究进行本币贸易结算，这样做的好处是可以减轻巴西外汇储备不足的压力；二是货币互换。2009 年 3 月，中国和阿根廷签署了 700 亿元等值人民币的货币互换框架协议，这是迄今中国和拉美国家历史上最大规模的金融交易；三是石油换贷款和项目贷款。中国同委内瑞拉签署了三份价值 120 亿美元的石油换贷款协议，同厄瓜多尔签署了 10 亿美元的石油换贷款协议。2009 年 10 月，中国与厄瓜多尔签订了 20 亿美元的水电站项目贷款协议。

（4）中国与非洲：在稳定与务实中开展

非洲金融体系在本次金融危机中所受冲击较小，但是，出口环境恶化带来的收入减少，融资渠道和外国投资的枯竭却给非洲经济以沉重的打击。在非洲最需要援助的时候，胡锦涛等党和国家领导人纷纷访问非洲，并且表达出一如既往地支持非洲经济发展的态度，这同发达国家不断地从非洲国家撤出投资形成了鲜明的对比。因此，在帮助非洲渡过危机的过程中，中国在投资和融资方面给非洲以实实在在的支持，为非洲经济走出危机起到了巨大的推动作用。

为了帮助非洲经济抵御金融危机的影响，中国采取了如下方式对非洲给以经济上的支持：一是中国采取了一系列鼓励扩大进口的措施。这导致在中非贸易总额出现一定萎缩的情况下，中国自非洲国家的进口保持了增长，例如，2009 年前 11 个月，中国自埃塞俄比亚进口增长 202%，自莫桑比克进口增长 35.5%，自坦桑尼亚进口增长 46.7%；二是创造良好的环境促进中国企业到非洲投资。中国已在赞比亚、埃塞俄比亚、尼日利亚等非洲 5 国兴办了 6 个境外经贸合作区。这些合作区将借鉴中国开发区的经验，集群式地引入中国企业投资，形成产业链条，带动当地资源深加工和制造业的发展；三是提供投资非洲企业以融资上的支持。中国还专门成立了中非发展基金，对到非洲国家投资的中国企业和项目予以参股支持，该基金规模为 10 亿美元，计划总规模增资到 30 亿美元。目前，该基金已投资近 5.4 亿美元支持了 27 个项目，预计将带动中国企业对非投资近 36 亿美元。

2009 年，温总理代表中国政府提出了旨在全面推进中非新型战略伙伴关系的五点建议和八项措施，其中提出在减免债务、优惠贷款和市场准入等方面继续向非洲提供力所能及的援助。在减免债务上，2009 年，免除非洲 33 个重债穷国和最不发达国家 156 笔到期的对华未还的政府无息贷款债务。2009 年免除的非洲债务总额尚不得知，不过，同 2008 年 400 亿美元应该大体相当。在优惠贷款上，中国计划 3 年内向非洲国家提供 100 亿美元优惠性质贷款。截至 2009 年 10 月底，中方向 28 个非洲国家提供了优惠贷款，支持 53 个项目，向 11 个项目提供了优惠出口买方信贷。这些贷款主要用于支持非洲基础设施建设，例如中国对刚果共和国给予了价值 90 亿美元的一揽子贷款、投资和基础设施建设项目 4 个，为安哥拉提供 10 亿美元贷款，为尼日尔提供 9500 万美元优惠贷款，用于阿泽里克铀矿项目建设。在市场准入上，中国决定逐步给予与中国建交的非洲最不发达国家 95% 的产品免关税待遇，2010 年内首先对 60% 的产品给予免关税待遇，免税产品由原来的 400 多个税号扩大到 4700 多个税号。

（5）东盟（"10+3"）：参加区域合作，共同抵御危机

伴随国际金融危机蔓延，亚洲经济体受到的影响也在逐渐加深，这充分暴露出其经济发展对外依赖严重的弱点。因此，危机使东盟和中日韩等国认识到，单靠一国的力量是难以应付全球性的经济危机，唯有增加区域合作才是本地区应对现阶段危机和今后经济发展的最佳选择。基于上述认识，中国积极地参与了东盟（"10+3"）经济和金融合作，并且在其中发挥了相当大的作用，为区域经济的稳定和复苏做出了贡献。

在 2009 年 8 月 15 日召开的第八次中国—东盟经贸上，中国与东盟 10 国签署了中国—东盟自由贸易区《投资协议》，标志着双方完成了中国—东盟自贸区的主要谈判任务。10 月 24 日，中国与东盟签署了《中国—东盟知识产权领域合作谅解备忘录》、《中国—东盟关于技术法规、标准和合格评定程序谅解备忘录》。这标志着自贸区谈判结

束。2010 年中国—东盟自贸区如期全面建成后，双方超过 90% 的产品贸易关税将降为零，这将是全球最大的一个贸易区，其规模超过现有的欧盟统一市场和北美自贸区。这对于促进中国和东盟相互间贸易提高、降低对区域外贸易的依赖性具有重要意义。

为大力推进中国—东盟基础设施及网络化建设，中方决定设立规模 100 亿美元的"中国—东盟投资合作基金"，用于双方基础设施、能源资源、信息通信等领域重大投资合作项目。今后 3～5 年内，中国将向东盟国家提供 150 亿美元信贷，其中包括 17 亿美元优惠性质贷款，中方考虑 2009 年向东盟欠发达国家——柬埔寨、老挝、缅甸提供总额为 2.7 亿元人民币的特别援助，以解其燃眉之急。中方已向"东盟—中日韩（"10+3"）合作基金"捐款 90 万美元；向"东盟基金"捐款 10 万美元，并将向"中国—东盟合作基金"增资 500 万美元。

东亚外汇储备库的建立就是东盟（"10+3"）加强区域内货币合作，应对金融危机的重要成果。2009 年 2 月 22 日，在泰国普吉岛召开的东盟和中日韩特别财长会议通过了《亚洲经济金融稳定行动计划》，决定将筹建中的区域外汇储备库规模扩大 50% 至 1200 亿美元。其中，该基金约 80% 来自中日韩三国，其余 20% 则由东盟 10 国分担。2009 年 5 月 3 日，中国、日本和韩国三国财政部长与东盟 10 国在印度尼西亚巴厘岛举行会议，会议对出资额达成共识：中国出资 384 亿美元，日本出资 384 亿美元，韩国出资 192 亿美元，分别占储备库总额的 32%、32% 和 16%。中国对东亚外汇储备库的出资，充分体现了其在区域内金融稳定所肩负的大国责任。

中国与东盟有关国家签署货币互换协议。2009 年 2 月 8 日，中国与马来西亚签署了双边货币互换协议，规模为 800 亿元人民币/400 亿林吉特；2009 年 3 月 23 日，中国与印尼签署双边货币互换协议，规模为 1100 亿人民币，此举措推动了区域内双边金融合作向纵深化、多元化方向发展，也为东盟国家抵御金融危机提供了融资上的支持。

中国与东盟国家间推进跨境贸易人民币结算业务。据 2009 年 11 月 9 日的《越南经济时报》报道，汇丰越南银行近日通报表示，该行通过与中国交通银行合作正式开展人民币贸易结算业务。据 2009 年 11 月 18 日泰国央行的消息，泰国商业银行可自行开通人民币结算服务，无须向央行提出申请。此项业务的启动，满足了中国与东盟市场对人民币作为国际支付手段的需求，对促进双边贸易和投资有积极作用。

2. 中国积极地参与多边的经济与金融合作

2009 年，中国积极参加应对国际金融危机、气候变化等国际合作，在一系列重大多边会议上发挥了独特的建设性作用。

（1）金砖四国峰会：精诚合作，应对全球危机

金融危机后，金砖四国尽管在一定程度上受到了冲击，但是，四国却成功地抵御了危机的冲击（俄罗斯的情况相对不是太乐观），快速地恢复了增长的活力，并且被给予了全球经济起搏器的厚望。因此，在拥有共同利益诉求的前提下，即在保持国际关系更加公平、公正和合理的基础上实现可持续的经济增长，金砖四国第一届高峰会议在俄罗

斯叶卡捷琳堡召开，会议不仅加强了相互间的沟通和理解，也向世界发出了自己对全球经济和金融治理的呼声，更为今后合作搭建了坚实的交流平台。

2009 年 6 月 16 日，俄罗斯总统梅德韦杰在开幕致辞中表示，本次会晤将提供一个难得机会，让金砖四国的领导人能够探讨改革世界金融体系的"非传统路径"，同时指出"如果只是由一种货币主导，那么这样的全球货币体系不可能成功，我们知道，目前这种货币是美元"。同俄罗斯激进观点相比，中国主张循序渐进地改变现有体系。上海合作组织首任秘书长张德广指出："国际货币多元化是迟早要发生的大趋势，我赞成循序渐进地解决。中国并不是说不考虑其他因素就想一夜之间就把这个东西彻底推翻，我们只是提出建设性的意见。"尽管在实现国际货币体系改革的方式上存在分歧，但是，峰会还是达成建立一个"稳定、可预期且更多元化"的国际货币体系是非常有必要的共识，不过该声明却忽略了此前备受市场关注的有关美元储备货币地位的问题。

因此，金砖四国对国际金融机构的改革有着强烈的共同诉求。为此，金砖四国在峰会后发表的联合声明中提出，推动国际金融机构改革，提高新兴市场和发展中国家在国际金融机构中的发言权和代表性。譬如，增强 IMF 特别提款权（SDR），将俄罗斯、中国和其他一些国家的货币应纳入 SDR 的一揽子货币，以及增加金砖四国在 IMF 中的份额等都是提高国际金融话语权的途径。

金砖四国的话语权诉求在 2009 年 12 月的 IMF 的"新借款安排"中获得了实现。IMF 在华盛顿举行的会议上决定增加金砖四国在"新借款安排"（简称 NAB）中的出资份额，从原来的 800 亿美元提升至 1000 亿美元，这样金砖四国在 IMF 的 6000 亿美元"新借款安排"中拥有的投票权总数就超过了 15%。根据 IMF 重大事项均需获得 85% 以上投票权同意通过的规则，金砖四国实际上拥有了对重大事项的集体否决权。在金砖四国中，巴西已经率先于 11 月 25 日表示同意增加对"新借款安排"的出资，从原来承诺的 100 亿美元增加到 140 亿美元。

由于金砖四国持有较多的美元储备，美元贬值带来的资产安全问题也是它们共同面临的问题。俄罗斯提出了四国互买债券的建议，即俄罗斯可能利用本国储备购买金砖四国合作伙伴发行的有价证券，并可能建议其他三国也采取类似做法，以期减少对美元的依赖。本币贸易结算是规避美元资产贬值的另一举措。俄罗斯和巴西日前均表示，愿与中国一起大力推进双边贸易的本币结算，这对于人民币国际化的实现能够起到一定的推动作用。中国和巴西之间首笔人民币跨境结算业务目前顺利完成，格力空调珠海总部成功收到了通过中国银行从圣保罗汇出的人民币货款。中国和俄罗斯之间贸易也有部分已经采用了人民币作为跨境结算货币。此外，为增强对外清偿能力和国与国之间合作抵御风险的能力，中国和俄罗斯、巴西签订了货币互换协议。

中国是个能源需求大国，而俄罗斯、巴西都是能源输出大国，由此，构成了中巴、中俄之间能源—金融合作的基础。"贷款换石油"就是中俄、中巴之间的能源—金融合作的一个新模式。2009 年 4 月，中俄签署了石油换贷款协议。中国将向俄方提供 250 亿美元贷款，俄方则承诺在长达 20 年的时间里（2011 年至 2030 年）向中国提供 3 亿吨的原油供应并建设"东西伯利亚—太平洋石油管道"的"中国支线"。以此为契机，中国打开了参与俄罗斯远东地区能源业的开发和投资中亚的窗口。2009 年 5 月，中巴双方正式签署了 100 亿美元的石油换贷款协议。此外，中印之间共同承受推高国际能源价格的压力，这构成了中印间能源合作的基础，中印之间在国际油田开采项目中曾经进行的"联合竞标"就是建立在这种合作基础上的成果。

（2）伦敦峰会：中国向世界发出自己的声音

作为 G20 的成员国之一，中国积极地参与到全球应对金融危机的合作之中，不仅逐步在落实华盛顿峰会达成的共识，也发表了对国际金融体系面临问题的看法，还提出了自己对国际金融体系改革和应对危机的思路。这是中国首次以前所未有的自信向世界表明自己的态度和主张，为此，中国赢得了全球的更多关注，同时，中国也在 G20 中提升了自己的位置。

G20 伦敦峰会前夕，中国多名官员在不同场合阐述中国政府有关国际金融体系改革的立场。国务院副总理王岐山在英国《泰晤士报》发表署名文章，建议国际社会大力推进国际金融体系改革，着力调整国际金融组织的治理结构，提高发展中国家的代表性和发言权，同时指出，中国在确保资金安全和合理收益的前提下，支持 IMF 增资；当份额出资不足以解燃眉之急时，IMF 可启动发行债券方式，中国将参与认购。

与此同时，中国人民银行行长周小川也连续发表署名文章，就当前一些重大的国际金融问题表明立场和看法。周小川明确提出创造一种与主权国家脱钩、并能保持币值长期稳定的国际储备货币，从而避免主权信用货币作为储备货币的内在缺陷，同时，特别考虑充分发挥 SDR（特别提款权）的作用，着力推动 SDR 的分配，以及考虑进一步扩大 SDR 的发行。

在伦敦峰会召开期间，中国国家主席胡锦涛详尽阐释了中国关于国际金融体系改革的主张：一是加强金融监管合作。二是中方支持国际货币基金组织增资，愿同各方积极探讨并做出应有贡献。同时，我们认为，注资应该坚持权利和义务平衡、分摊和自愿相结合的原则。三是金融稳定论坛应该发挥更大作用。四是国际货币基金组织应该加强和改善对各方特别是主要储备货币发行经济体宏观经济政策的监督，尤其应该加强对货币发行政策的监督。五是改进国际货币基金组织和世界银行治理结构，提高发展中国家代表性和发言权。六是完善国际货币体系，健全储备货币发行调控机制，保持主要储备货币汇率相对稳定，促进国际货币体系多元化、合理化。

伦敦金融峰会后，中国在峰会上的表现好评如潮。香港《经济日报》报道说，中国已经赢得了全世界特别是世界列强的尊重和重视，恰如其分地展现了符合国力的影响力，反映了中国在国际事务上的新思维。德国《法兰克福汇报》指出，即便经济危机的后果还无法完全看清，但是今天有一点已经很明确，即它已经加速了国际权力关系的改变，并帮助中国朝着美国之外的另一个全球权力中心发展。对于"中国的崛起"来说，这场危机可能是一个历史转折点。布鲁金斯学会学者李侃如说，中国人在主要的经济和战略问题上向来听从华盛顿，在美国政府提出理由以后才表示赞同或反对。但是

"过去两个月里，在好几个问题上与中国人会谈时，中国人都是坐在那儿侃侃而谈，就像一个大国。正发生一种明显的变化。中国正更有信心地认为，它已成为一个重要的国家，需要那样行事"。

（3）匹兹堡峰会：中国力量获得国际认可

继伦敦峰会中国首次向全球表达了自己的国际金融改革的主张后，中国的国际影响力获得了空前提高。因此，在匹兹堡峰会前夕，中国的一举一动备受关注。中国没有辜负国际社会寄予的厚望，希望积极推进国际金融机构治理结构改革，增加新兴市场和发展中国家的发言权和代表性。中国的提议在匹兹堡峰会达成了一致的共识，由此，中国实力得到了全球的认同。

匹兹堡和伦敦峰会前夕，中国提出两点具体希望，进一步推动形成发达国家向发展中国家转移投票权的具体目标，以保证发达国家和发展中国家在基金组织中享有平等投票权，希望在基金组织高级管理层中增加发展中国家和新兴市场国家人员的比例，以使管理层具有更广泛的代表性和履行职责的合法性。同时，中国人民银行国际司司长谢多指出，尽管大多数人都会看到当前国际货币体系存在严重缺陷，但是，在当前国际金融危机尚未完全度过，国际金融市场相对脆弱的情况下，应当支持主要货币的稳定。

本轮 G20 峰会取得的最重要的历史性成果，就在于包括中国在内的主要新兴经济体赢得了在全球经济事务上的重要话语权。在匹兹堡峰会的《领导人声明》中，首次明确指定二十国集团成为国际经济合作的主要平台，而在此之前，充当这个国际经济合作主要平台的是 8 国集团（G8）。

同时，匹兹堡峰会的《领导人声明》指出，顺应中国、印度、巴西等新兴国家的经济实力增强，代表权高于经济实力的国家必须让出部分决策权给新兴国家，包括 IMF 至少 5% 的额度及世界银行至少 3% 的投票权。这意味着新兴经济体将在世界经济事务中拥有了较大的话语权。

匹兹堡峰会后，中国的实力和表现获得了充分的肯定。我国专家普遍认为，中国目前正向"游戏规则制定者"转变，不仅在本次峰会上亮出了其对全球经济领域内各个问题负起更多责任的积极意愿，而中国自身国际地位的提高也在会上得到了承认。巴西《环球报》记者吉尔伯托·斯科菲尔德说，中国因素是推动本次二十国集团金融峰会的主要力量。正是由于中国的发展，带动了发展中国家整体实力的提高，世界经济议程的主要平台从八国集团转向二十国集团才成为可能。英国《金融时报》驻华盛顿首席记者爱德华·卢克对记者说："中国已经是国际舞台上非常成熟的参与者，中国应对金融危机的举措卓有成效，引起了世界的关注。"金融业界人士也对中国的作用给予积极评价。国际金融协会理事长查尔斯·达拉雷在接受新华社记者采访时说："中国在二十国集团中正在发挥越来越重要的领导角色。首先，中国已经证明它在刺激经济方面取得了成功，这是过去一年来令人印象最为深刻的成就。其次，中国现在在国际舞台上举足轻重。中国发言，世界会倾听。"

三、努力扩大进口　中国充当世界经济增长的发动机

危机中，中国对世界经济增长的积极作用特别体现在努力扩大进口增强对世界经济的拉动作用，中国货物贸易进口总额由 2001 年的 2436 亿美元增长到 2009 年的 10056 亿美元，增长了 3.13 倍。中国进口总额占世界进口总额的比例由 2001 年的 3.8% 上升至 2008 年的 6.9%，居世界第三位。2009 年 12 月进口达到 1122.9 亿美元，创历史月度新高，同比增长为 55.9%。中国大型采购团频繁出访拉动各国需求，采购"大单"给各国经济注入活力。进口规模不断扩大显现中国积极作用。世贸组织发布的《2009 年世界贸易报告》认为，中国正成为全球贸易增长的引擎。

1. 中国政府频频向海外派出大型采购团

2009 年 1 月底，国家总理温家宝在访欧期间，明确表示将派出采购团访问德国、瑞士、西班牙、英国四国。采购清单中既包括技术和设备，也包括上述欧洲国家关心的重点商品和服务。2009 年 2 月 24 日，中国商务部部长陈德铭率"采购团"踏上"承认之旅"。在此期间，中国企业家在德国、瑞士、西班牙和英国一共签下价值约 130 亿美元的协议。陈德铭表示，"承诺之旅"首先表明中国政府说到做到，以实际行动反对贸易保护主义，与大家共度时艰；其次，欧洲四国高度重视和欢迎中国采购团，各国领导人都表明反对贸易保护主义的坚定立场；最后，中欧企业家有非常强的互补性，在当前非常困难的情况下，加强与欧洲的经贸关系，不仅是中国自己的发展需要，也是欧洲的需要。

2009 年 4 月 27 日，由中国商务部部长陈德铭带领的经贸代表团与美国企业签署了 32 项贸易投资合同，共计 106 亿美元。4 月 28 日，中美双方又达成了 57 亿美元的合同和协议，签署的内容涵盖汽车及机械采购、软件采购、电子器件采购和风能合作开发等。美国 IBM、摩托罗拉、爱默生，中国的华为、中兴通讯、上海贝尔等都参与其中。至此，中国"采购团"从美国共带回 60 份贸易采购和投资合同，共计 163 亿美元。中国"采购团"赴美已经成常态，从 2006 年至 2008 年的 3 年中，中国连续三次向美国派出由商务部副部长马秀红率领的采购团，采购金额分别为 162 亿、326 亿和 136 亿美元。

2009 年 5 月到 9 月期间，商务部下属海峡两岸经贸交流协会共计组织了三批两岸经贸促进考察团，共有大陆各地 160 多家企业的 300 余人参团，其中包括联想集团、康佳集团、TCL 集团、中钢集团、中铁物资总公司、王府井百货、上海百联集团等众多知名企业，这三批考察团总计成交金额 54.76 亿美元。到目前为止，大陆对台采购金额合计已超过 100 亿美元。

2009 年 11 月 27 日，中国商务部长陈德铭率领包括 110 名中国大企业（航空、能

源、交通等）总裁的中国投资采购团访问法国，与法国财经部长拉嘉德共同出席中法企业40多项合同以及意向书的签约仪式，合同金额达10亿欧元以上。

英国《金融时报》在题为《中国的采购外交》评论文章中指出，中国贸易投资促进团的欧洲之旅，是中国在近几年发动的外交魅力全面出击的一部分，其宗旨是消除保护主义压力，并为中国海外投资打通道路。文章指出，包括中国高层领导人一系列令人瞩目的出访在内的这些外交活动，发生于20国集团4月伦敦峰会举行前夕，从侧面反映出中国对于西方国家的严重经济衰退，进而生成针对中国出口的新壁垒的焦虑日益增加。

2. 巨额采购订单带给国际市场信心和希望

2009年年初春，在温家宝总理访问欧洲期间，中国与欧盟和欧洲4国共签署了38项协议，涉及金额达150多亿元人民币。其中1月28日访问德国期间，中德双方签署了金融、信息、物流等领域的多项经济合作协议。德国工业巨子蒂森克虏伯得到了向中国出售高速磁悬浮列车核心技术的大单；中国三一重工计划在科隆附近建立一个1亿欧元的工厂，届时将创造600个就业机会；1月29日温家宝访问欧盟总部，与欧盟签署了价值7800万美元的九项协议；1月30日在西班牙，中西双方签署金融、航空、能源、电信、地方企业合作等多个合作协议；2月2日，温家宝在英国伦敦时表示，中方愿继续增加从英国进口，将尽快派团赴英国采购中国需要的设备、商品和技术。

在2009年"承诺之旅"期间，2月25日陈德铭率"采购团"在德国企业签订了一批采购合同或合作协议。参加中国贸易投资促进团赴德开展经贸洽谈的中国企业总计达上百家，分布在机械制造、电子、汽车、移动通信、远洋运输、核电设备、纺织、医药、造纸以及相关高科技、服务贸易等多个领域。在采购项目签约仪式上，共有36家中国企业与诺基亚—西门子通信技术、凯士比泵业、易孚迪感应设备、瓦德里希科堡机床制造、VOITH造纸机械等一批德国企业签订了采购合同，总金额超过100亿美元。在瑞士，中国企业与瑞士ABB公司、豪瑞公司等签署了一批采购和合作意向，主要用于进口中国需要的技术软件、先进电气设备和金属原料。此外，陈德铭还与瑞士联邦副主席兼经济部长洛伊特哈德共同签署了《关于建立中瑞节能环保领域经贸合作工作组的备忘录》，以进一步推动中瑞两国在生态园区建设、节能降耗、污染治理、可持续发展等领域的经贸合作。在英国，海航集团与罗尔斯·罗伊斯公司签订了高达12亿美元的20架A330飞机发动机及维修服务采购合约。在西班牙，"采购团"与当地企业在农业、机械和可再生能源等西班牙具有比较优势的行业签订了价值2亿欧元的采购协议。欧洲各国对中国采购团2月的"承诺之旅"拉动当地经济的效果普遍看好，欧洲主要国家股市纷纷出现上扬。而在中国采购团将再次赴欧消息传出后，伦敦《金融时报》百种股票指数（FTSE100）当日上扬2.27%，法兰克福DAX指数上涨3.15%。

对在金融危机中苦苦挣扎的欧洲各国来说，中国的投资实力和消费力量无疑是他们最想抓住的救命稻草。《泰晤士报》的评论认为，温总理的访问很及时，苦苦挣扎的西方政府正焦急地盯着中国，迫切地想知道中国巨大的市场是否还向他们的出口开放，北京巨大的外汇储备中到底有多少会用于全球经济恢复。温总理在接受《金融时报》专访时特别强调，中国巨额外汇储备必须用在国外，用在对外贸易和对外投资，并"希望用外汇来购买中国急需的设备和技术"。在西方国家衰退已经导致需求减少、失业猛增，各国政府为保护本国经济而设置壁垒的压力也在加大。美国众议院还要求将"购买美国货"条款写入奥巴马经济刺激方案。《金融时报》认为，温总理的声明显示了北京方面的焦虑情绪，担心全球性的金融危机将会掀起新一波地方保护主义浪潮，损害中国这个世界第二大出口国的利益。

3. 危机中的中国进口树立负责任的大国形象

改革开放的不断深入使得中国对外进口规模在不断地增大，进口总额由 1978 年的 108.9 亿美元上升为 2009 年的 8930 亿美元，足足增长了 8200%。从时间段上看，在改革开放很长时期后，特别是中国加入 WTO 以后，中国对外进口增速较快的为加工贸易进口。这主要是由 FDI 所带来的加工贸易出口。所以，从某种意义上说，中国在很长一段时间内的进口是为了出口，中国进口的动力并不是因为拥有一个潜在的国内市场。但是在全球经济陷入严重衰退的 2009 年，由于中国中央政府积极的救市政策和明确的"反保护"主义态度，巨大的潜在国内消费市场正在慢慢启动，中国的一般贸易进口增速开始快于进料加工进口和来料加工进口增速。从图 1-3 中可以清楚地看到，2009 年 9 月一般贸易进口率先走出了负增长的泥潭，并在之后的几个月中始终领先于进料加进

（单位：%）

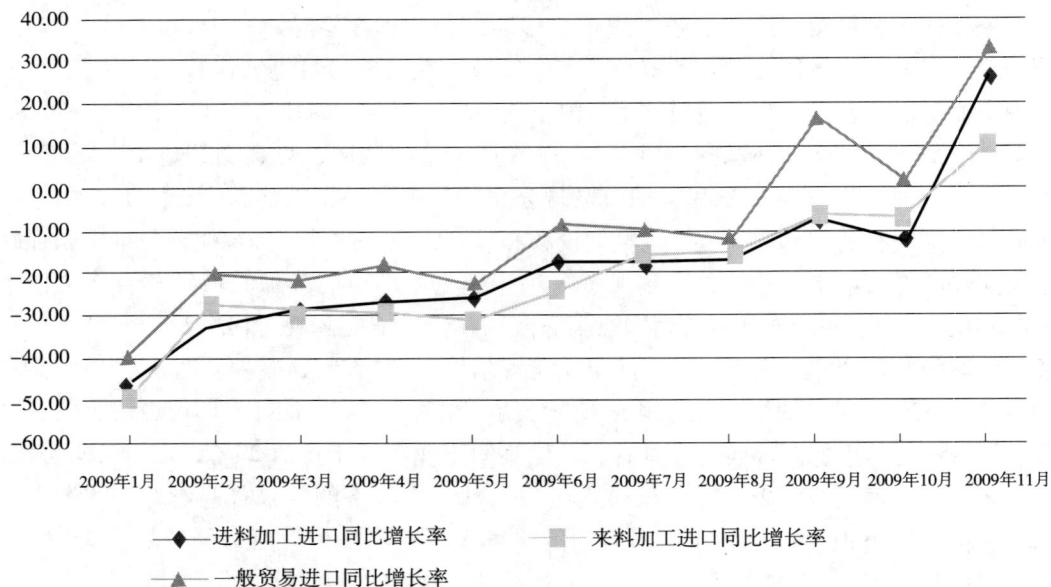

图 1-3　2009 年 1~11 月中国进口增长率情况

资料来源：国研网数据中心。

口和来料加工进口。在全球经济危机中，这样的转变意味着中国的对外进口并不再简单地为了再出口，从供给的角度为世界经济的增长做贡献，而是转向需求方面，通过巨大的国内购买力所带动的一般贸易进口来为世界经济恢复增长做出一个大国所应有的贡献，进而树立起负责任的大国形象。

难以见底的国际金融危机正成为贸易保护主义"强心针"。从奥巴马政府"购买美国货"条款到亚洲、东欧、拉美等发展中国家提高关税、禁限进口、设置技术性壁垒，新一轮贸易保护主义正在暗流涌动。有些国家甚至开始怀疑中国政府也在开始进行国内保护，但是在"保护还是开放"的问题面前，中国选择了进一步的开放，更多的进口，以实际行动回应贸易保护主义的指责。从图1－4中我们可以发现在2008年中国与欧美之间的同比进口增速之差为负，这意味着中国的进口同比增速慢于欧美国家。但是在进入2009年后，中国与欧美的进口增速差距迅速缩小。尤其是在2009年4月后，中国与美国的进口增速之差为正，这意味着中国的进口增速超过了美国。2个月后中国进口增速领先于欧盟。中国的进口增速上升正如《华尔街日报》评价："这是一种救人救己的

（单位：%）

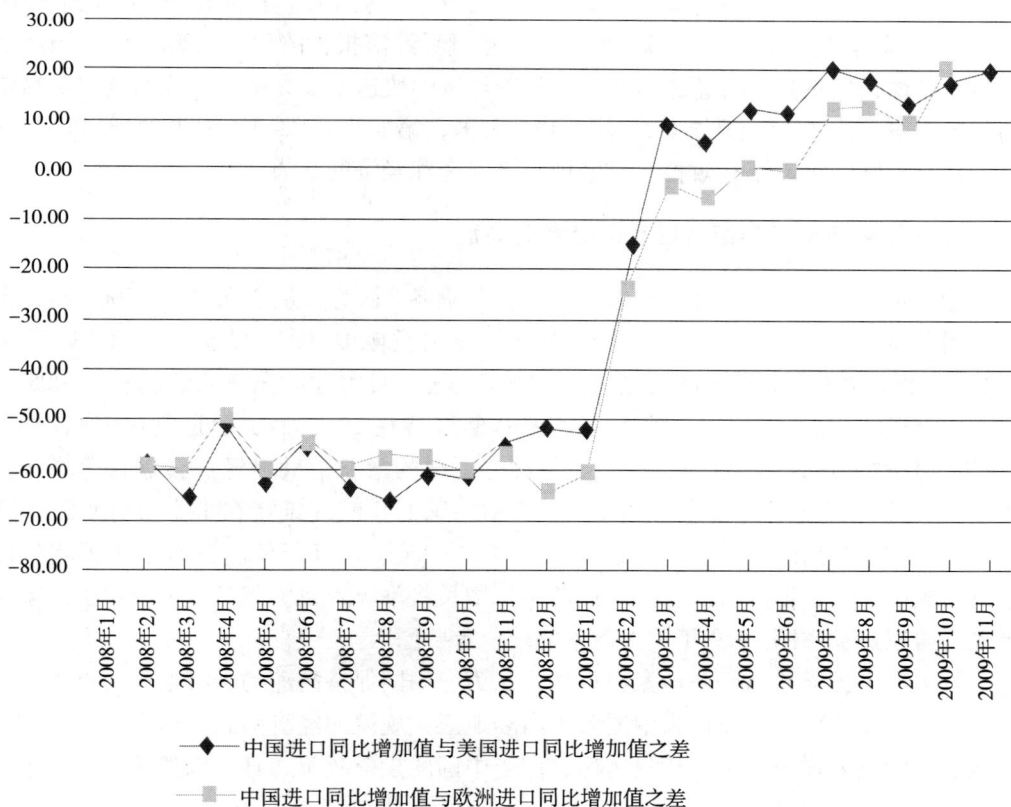

图1－4　中国进口增速与美国、欧洲进口增速之差

资料来源：国研网数据中心，欧盟统计局数据库，U. S. Bureau of Economic Analysis。

精神。"中国通过政府"搭台"、企业"唱戏"的方式对欧美进行了集中采购。中国用欧洲企业最缺的订单拿回中国需要的产品和技术，深入的合作将增强中欧共度危机的信心。130 亿美元的采购金额与中欧之间巨大的贸易逆差相比，"采购团"的欧洲之行更具有示范意义，表达了中国坚决反对贸易保护主义的态度。在这次危机中，我们可以发现越是全球化程度高的跨国公司，越是坚决地反对贸易保护，如卡特彼勒、波音等美国大公司就带头抵制"购买美国货"。WTO 总干事拉米指出："让外国人、外国商品做替罪羊是过时的把戏。"作为一个全世界的出口大国，中国必然会遭到贸易保护主义的侵扰，特别是国际金融危机以来。然而，中国在全球经济陷入衰退之际展现了一个负责任大国的襟怀与担当，彰显出了大国的本色。中国所拥有的巨大外汇储备将成为带动全球经济走出"泥沼"的希望。

四、国际舆论关注中国国际经济影响力迅速提升

统计显示，中国经济对世界经济增长的贡献率已从 1978 年的 2.3% 上升到 2008 年的 20%，跃居世界第一。根据联合国 2009 年世界经济报告的预测，2009 年中国经济对世界经济增长的贡献率将超过 50%[①]。随着经济的快速增长，中国已成为全球贸易增长的重要引擎，2009 年跃升至全球第一出口大国、第二进口大国，中国的出口让全球人民受益，中国的进口则有效拉动了区域经济和全球经济的增长。

1. 中国经济对世界经济增长做出突出贡献

瑞信董事总经理、亚洲区首席经济分析师陶冬[②]认为，从 2003 年至 2007 年，全球经济增长为 4.8%，其中 1.1% 来自中国，美国贡献 0.7%，欧洲是 0.2%，日本是 0.2%，中国对于全球经济增长拉动力相当于美国、日本和欧洲三家的总和。2008 年全球进入衰退，中国对全世界经济增长贡献依然维持在 1%，而美国是负 0.6%，欧洲负 0.7%，日本负 0.2%，换句话说，如果没有中国的增长，世界经济会进入负增长。而 2009 年，全球经济增长预计为 -0.8%，其中中国的贡献度维持在 1 个百分点，美欧日拖了世界增长的后腿，增长率分别为 -0.5%、-0.6%、-0.3%。没有了中国增长以及来自中国的机械、商品订单，全球这两年的增长将不堪入目。陶冬认为，中国因素是世界经济得以避免重蹈 1929 年式大萧条的一个重要原因。

日本瑞士证券首席经济学家白川浩道认为，中国保持高速的经济增长为世界经济增长贡献了 1/3 的比例。他认为中国对于内陆地区大规模的经济基础设施投资，能够促进当地居民的收入增长。金融危机之后，由于中国的投资政策，日本以建筑为主的生产材

---

① 高帆：《如何看待中国对全球经济增长的贡献》，《解放日报》2010 年 2 月 5 日，第 6 版。
② 陶冬：《不要错过 A 股黄金时代》，《羊城晚报》2009 年 12 月 8 日，第 A12 版。

料和机械的对华出口持续扩大，同时由于中国的消费补贴政策，以电机厂为主的日本企业深得中国个人消费增长的实惠。中国市场日益成为日本企业十分重要的市场。目前日本对于中国的出口年平均增长率高达15%至20%，这可将日本的出口推高3%到4%。如果中国经济衰退，日本的对华出口陷于停滞，那么日本的 GDP 要下降 0.6%至 0.8%。

德国 BGA 外贸协会①认为，中国经济实力的进一步增强将推动其对德国运动商品以及汽车、工程等产品的需求，为这个欧洲最大经济体的复苏提供帮助。该协会还认为中国对道路和发电厂等基础设施进行升级改造、要购买机械设备、进口绿色科技，这些都将给德国企业带来很多年的商机。

2. 中国进口拉动区域经济恢复增长

金融危机之中，中国的进口虽然有所下降，但下降幅度远远小于欧美。金融危机之后，受到庞大的刺激内需计划的影响，中国的进口增速恢复十分迅速。中国进口的增加，对周边经济体的经济企稳恢复发挥了重要作用，体现了中国经济的积极影响力。世贸组织发布的《2009 年世界贸易报告》② 认为，中国正成为全球贸易增长引擎：中国货物贸易进口总额由 2001 年的 2436 亿美元增长到 2009 年的 10056 亿美元，增长了3.13 倍。

中国进口的增加，首先带动了区域经济的复苏。中国海关总署③发布的 2009 年 12月外贸进出口数据显示，进口额达 1122.9 亿美元，创月度进口值历史新高，同比增长高达 55.9%，环比增长 18.8%。主要大宗商品进口量均有明显增长，其中，铁矿砂进口同比增长 41.6%，原油进口同比增长 13.9%，汽车进口同比增长 2.8%。2009 年 12月，中国从韩国进口 109.2 亿美元，全年共 1025.5 亿美元；从日本进口 150.5 亿美元，全年共 1309.4 亿美元；从东盟国家进口 128.1 亿美元，全年共 1067.1 亿美元。与此相对应，2009 年年底，亚洲经济体对华出口大幅度增长。其中，韩国对华出口增长最为迅速，12 月份对华出口同比增长 94%。台湾 12 月对中国大陆出口增长 91.2%，马来西亚 11 月对华出口同比增长 52.9%。2009 年日本对中国的出口加速，7 月首次超过了对美国的出口，这也成为日本第二季度经济恢复增长的一个重要因素。澳大利亚自金融危机后，是经济复苏较早的国家。他们在 2008 年第四季度经历了一个季度短暂下降后，很快就恢复正增长。这与他们 2009 年第二季度对中国出口增长较快有着密切关系。

韩国中央银行"韩国银行"和关税厅 2010 年 2 月 1 日宣布④，2009 年韩国进出口

53

---

① 资料来源："世界惊叹中国超强复苏能力"，新华网，2010 年 1 月 12 日，http：//news. xinhuanet. com/world/2010‐01/12/content_ 12795599_ 2. html。

② 资料来源："World Trade Report 2009"，p. 253，WTO.

③ 数据来源：国家海关总署网站 http：//www. customs. gov. cn/Default. aspx？ tabid = 2453& moremoduleid = 3760&moretabid = 4370。

④ 王建华：《韩国对华贸易依存度达 20.53% 创新高》，《经济观察报》2010 年 2 月 2 日。

贸易对中国的依赖度达到了 20.53%，而对美国的依赖度仅为 9.71%。韩国对中国的贸易依赖度在 1991 年进行相关统计时只有 2.9%，2001 年时上升到 10.8%，到 2003 年为 15.3%，超过对日本的 14.38%，2004 年则以 16.59% 超过了对美国的 15.84%。

中国需求上下浮动，对美国、欧洲经济的影响可能相对较小，不过对世界其他地方却绝对是举足轻重的。日本的经济复苏，动力几乎完全来自出口，其中对华出口是主力。中国在 2001 年前是巴西第十二大出口国，而现在已成为第一大出口国。中国对铁矿石和大豆的强劲需求，将巴西从本世纪初的严重汇率危机中拯救出来。

2009 年 12 月份的中国制造业 PMI 进口订单指数为 52.5%，已连续 5 个月处于扩张区间，这也与进口趋势相吻合。其中，与国内基础设施、房地产建设需求及产业振兴相关的大宗商品和机械设备进口呈强劲增长态势。汇丰银行驻香港的经济学家范力民表示[1]，中国将大量吸收亚洲其他经济体的产品，规模足以使中国推动亚洲经济复苏。同时，中国对重要消费品的需求也在很大程度上抵消了北美和其他地区的需求下降。亚洲开发银行驻中国代表处高级经济学家庄健表示，中国内需的强劲增长对汽车和大宗消费品等出口依赖型国家的影响较大，对亚洲周边国家经济的拉动作用则更加明显。银河证券首席经济学家左小蕾指出，中国进口额创历史新高对于世界经济复苏来说是非常有意义的。汽车零部件、钢材等商品在中国进口中占相当大比例，它们都与中国内需扩大密切相关。

3. 中国经济对国际投资者仍具强大吸引力

虽然遭遇了世界金融危机，但中国经济良好的增长前景依然对跨国公司与投资机构充满了吸引力，这也是中国经济影响力的一方面。世界投资促进机构协会（WAIPA）主席亚历山德罗·特谢拉[2]认为，中国良好的基础设施、完善的产业链条以及日益扩大的内需市场都使得中国经济仍然对外商投资具有强大的吸引力。

2008 年 6 月 5 日，安永会计师事务所在对 834 名跨国企业经理人进行调查的基础上发表研究报告认为[3]，因拥有巨大的尚未开发的市场和经济增长潜力以及充满创新的活力，中国首次成为跨国企业经理人眼中最具投资吸引力的国家。这次调查综合考虑了基础设施、税收、劳动力成本和员工素质以及经济增长潜力、企业文化和社会环境等因素。调查显示，47% 的被调查者认为中国最具投资吸引力。此外，印度以 30% 的得票率排名第二，俄罗斯以 21% 的得票率位居第三。

2009 年 12 月 2 日，投资公司高盛集团发表报告认为[4]，以中国为代表的新兴市场国家将继续成为全球投资者关注的重点，报告中说，金砖四国对海外资金的吸引力至少

---

① 牛琪、查文晔：《中国内需拉动重要经济体复苏》，新华网财经频道 2010 年 1 月 11 日。
② 特谢拉：《中国保持吸收外资的强大吸引力》，《中国日报》2009 年 9 月 11 日，第三版。
③ 安永会师事务所：《中国投资吸引力首次排名世界第一》，新华网新华国际频道 2008 年 6 月 5 日。
④ 高盛：《金砖四国对外资的吸引力至少会持续 20 年》，中国经济网国际经济频道 2009 年 12 月 3 日。

会持续 20 年以上，预计流入到这些国家的资金将远远超过发达国家。报告中预测，在海外资金持续流入以及内地经济向好的因素影响下，2010 年恒指将可升至 27000～28000 点水平，国企指数亦可升至 18600 点，沪深 300 指数则有机会上冲 4300 点。该行分别给予中国大陆、中国台湾及韩国"增持"评级。高盛中国首席策略分析师邓体顺（Thomas Deng）在记者会上说，资产价格上涨将成为长期现象。他预测，明年中国上市公司整体收益率会保持在 20%～30% 的高水平上，这使中国资本市场出现大幅调整的可能性大大降低。他预测说，中国内地股市上涨趋势可能一直持续到明年第二季度，如果中国央行明年中期不加息的话，第三季度又将会重启新一轮上涨。

2009 年 3 月 6 日，德勤华永会计师事务所发布题为《中国与全球金融新秩序》的研究报告①。报告中指出，中国将在由目前金融危机催生的、已渐具雏形的全球金融新秩序中扮演稳定器的角色。德勤对中国经济及其从自身强劲的外部金融状况可能获取的收益予以了相对乐观的评估。德勤中国首席执行官卢伯卿先生表示，"本次全球金融危机将为现有的全球金融秩序带来根本性变革。尽管危机已向世界表明中国与全球经济紧密相连，我们认为对中国而言，此次危机中蕴涵的'机遇'要大于'危险'。我们有理由相信，相对于其他经济体系，中国更具应对经济危机带来严重破坏的能力并展现其强盛姿态。2008 年不仅标志着中国改革开放 30 周年，同时也标志着中国对全球金融市场改革影响力新纪元的开启"。德勤预测，中国庞大的消费群体、巨额的基础建设投资、高储蓄率、快速提升的生产力，以及巨大的国内生产总值，不仅可以帮助中国平稳渡过此次全球金融震荡，还可能使中国的外来投资和对外投资产生某些意义深远的改变。交通基础设施建设、环境修复、清洁技术行业和能源领域将同时为中国公司和跨国公司带来新的赢利机遇。

4. 中国的经济政策对世界市场的影响力在增加

随着中国经济占世界经济的比重越来越高，中国经济与世界经济的联系日益紧密，中国经济政策的变动对于世界市场的影响也越来越显著。2010 年伊始，中国两次提高存款准备金率，都引起了世界市场的价格波动，凸显中国经济政策的影响力。

2010 年 1 月 11 日，中国人民银行宣布将存款类金融机构的人民币存款准备金率提高 0.5 个百分点。中国货币政策的紧缩马上对世界大宗商品市场价格产生显著影响，世界原油价格 1 月 15 日下挫到 78 美元以下，比此前的高位 83.95 美元下降 10% 以上。此外，世界大宗商品价格指数、农产品价格指数、美国十年期国债指数也都在 1 月 11 日左右显著向下波动，下挫幅度分别为 1 至 3 个百分点，中国政策的冲击效应十分明显（见图 1－5）。

2010 年 2 月 12 日，中国人民银行宣布从 2010 年 2 月 25 日起再次上调存款准备金

---

① 资料来源：《中国与全球金融新秩序》，德勤，2009 年。

2010年1月3日=100

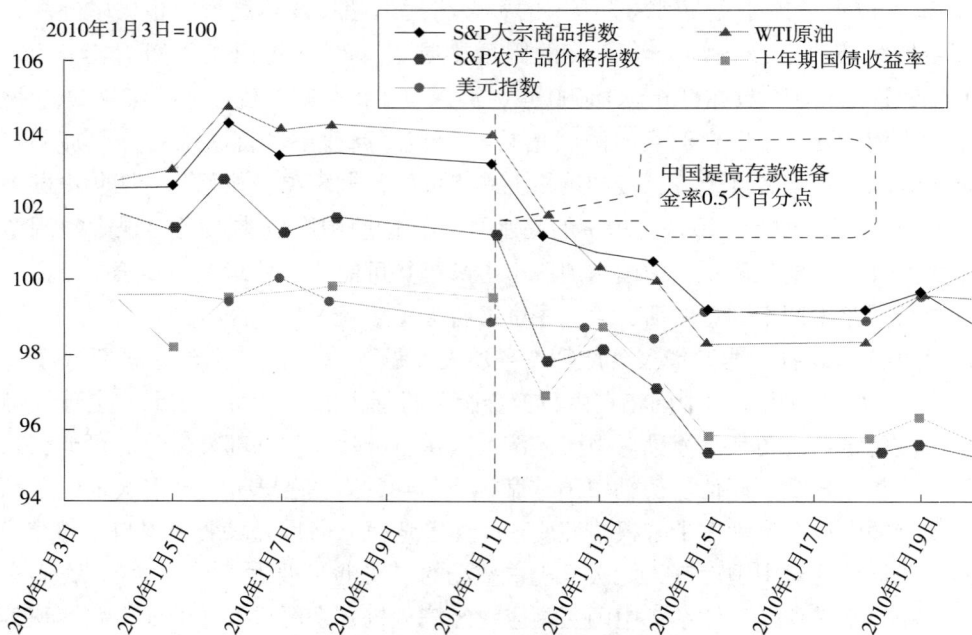

图 1-5　中国上调存款准备金率对世界市场的冲击

资料来源：中金公司研究报告。

率 0.5 个百分点。受此影响，欧洲股市呈现出先扬后抑的走势，欧洲银行股成为领跌板块。12 日收盘时，欧美各股普遍走低：德国 DAX 指数微挫 0.06%；法国 40 种工业指数跌幅则达到 0.49%，英国伦敦指数下跌了 0.37%，美国道琼斯指数下跌 152 点。路透社引述外汇分析师认为中国央行此举令市场措手不及①。受中国紧缩举措影响，欧美股市的反应显示了市场对中国紧缩措施将抑制其进口需求的担忧，也显示了中国经济政策的影响力今非昔比。

5. 中国经济对世界大宗商品价格产生重要影响

中国经济规模以美元 GDP 统计在世界上排名第三，总量约为美国经济的 30%。但是，来自中国的需求却在近几年爆炸性地增长着，这一点在国际原材料市场和建筑机械市场上表现得尤为突出。世界贸易中 1/3 的铁矿石，1/5 的铜、锌、镍、铂，是由中国购买。全球大米、棉花总需求的 1/3 来自中国。世界新增石油需求中有 40% 来自中国。中国每年还消耗了 60% 的世界水泥产量。全世界出口的重型机械中 1/3 被运往中国。中国是全球主要大宗商品的最大消费者，消费了有色金属的 1/3 到 1/2，能源的 1/5，

① 《中国央行上调准备金率影响欧美股市》，《第一投资管理》网站，2010 年 2 月 13 日，http：//www. astars. com. cn/a/jinrongcaijing/2010/0213/3571. html。

也是全球农产品和贵金属最主要的消费市场之一。因此对价格天然地拥有巨大的影响力。

在石油等大宗商品方面，国际社会认为中国开始主导中东油价走势[①]。中国在2004年开始规划兴建4座战略石油储备基地，未来将建成超过4亿桶的石油储备库，仅次于美国。中国石油储备计划的推进势必造成石油进口量的增加和油价的上升。

在金属期货方面[②]，2010年1月，受中国的需求和美国发行交易型开放式指数基金（ETF）的推动下，铂和钯的价格达到了数月来的新高。铂价达到了每盎司1627.38美元，是2008年8月来的最高水平，钯价则达到了每盎司454美元，是2008年7月以来的新高。中国收紧货币政策，使得国际贱金属价格下行。截至2010年1月15日，伦敦金属交易所3个月交货铜的价格跌至每吨7430美元，而此前一周的价格为每吨7525美元。三个月铝的价格从一周前的每吨2323美元跌到2317美元。三个月交货铅的价格从每吨2580美元跌至2460美元。普华永道会计师事务所在出版的一份报告中说，宏观经济研究主管约翰霍克斯沃思在报告中称："中国最早可能在2020年成为世界最大的经济体，到2030年可能遥遥领先于美国。"届时中国对大宗商品价格的影响将进一步加强。

---

① 浅田浩二：《中国开始影响世界价格》，《选择》（日本），2010年1月号。
② 浅田浩二：《中国开始影响世界价格》，《选择》（日本），2010年1月号。

第二章 中国影响：
抓住历史机遇实现跨越提升

新中国成立 60 年来，特别是改革开放 30 多年来，中国经济在世界经济中的地位发生了翻天覆地的变化，对世界经济增长的贡献大幅提升，对国际经济的影响力与日俱增。特别是在金融危机冲击全球经济后，中国通过采取及时有效的宏观经济政策，保持了经济较快速度的增长，既稳定了本国经济，又为世界经济的增长做出了新的贡献。

一、全面、综合评估中国经济的 国际影响力

关于中国对全球经济做出的贡献、对世界各经济体产生的影响，近年来引起了国内外媒体和研究机构的广泛关注，并通过民意测验等多种形式在一定范围内开展了调查和分析。我们认为，对于中国经济的国际影响力，应该建立可量化的评测体系，进行比较全面、深入的国际比较分析。

1. 评测范畴

影响力的概念比较宽泛，在政治、外交、经济、社会、文化等各个领域的应用中内涵和外延各有不同。本书要评测的是中国经济的国际影响力，根据可量化和国际比较的需要，我们将重点评估中国经济三个范畴的影响力：一是中国经济发展带来的国际经济地位的提升，包括各项宏观、中观和微观经济指标的规模扩大、比重上升，这是中国经济最直观、最基础的影响力，也是产生深层次影响力的基础；二是中国对全球经济增长的拉动效应，随着中国经济规模的扩大，中国对全球经济、国际贸易、世界投资、国际金融和科技产出等的增量贡献都不断增大，直接推动全球经济向前发展；三是中国对各国经济发展的带动效应，主要是为世界各国的资金提供了投资机会、为世界各国的商品提供了市场机会，同时也逐步扩大对外投资规模，为部分国家的产业发展、就业增加提供了机会。

2. 评估思路

我们评估中国经济国际影响力的基本思路如图 2 - 1 所示，主要是从中国经济的影

响范围、影响渠道和影响程度三个角度入手。

第一，中国经济的影响范围：随着改革开放进程不断深入，中国经济的影响力在地域上呈圈层扩散态势，改革开放之初与内地经济最密切的主要是港澳台地区，后来延伸到东亚地区，再后来扩展至整个亚太地区，然后逐步扩散到洲际和全球范围。

第二，中国经济的影响渠道：主要包括经济增长、国际贸易、国际投资、国际金融和科学技术等。中国经济是世界经济的一部分，中国经济增长速度快慢和经济规模大小对世界经济总量和增量都有直接影响。中国经济对世界各经济体的影响则表现为贸易、投资、金融、科技等领域的合作与竞争。

第三，中国经济的影响程度：最初主要表现为参与，更多的是受外部经济的影响，后来逐步融入世界经济，开始表现出与全球各大经济体的相互依存，再后来逐步发展到对全球经济做出越来越大的贡献，并通过提供广阔的国内市场与大量的投资机会、扩大进口和对外投资规模等，成为部分国家和全球经济发展的重要拉动力。

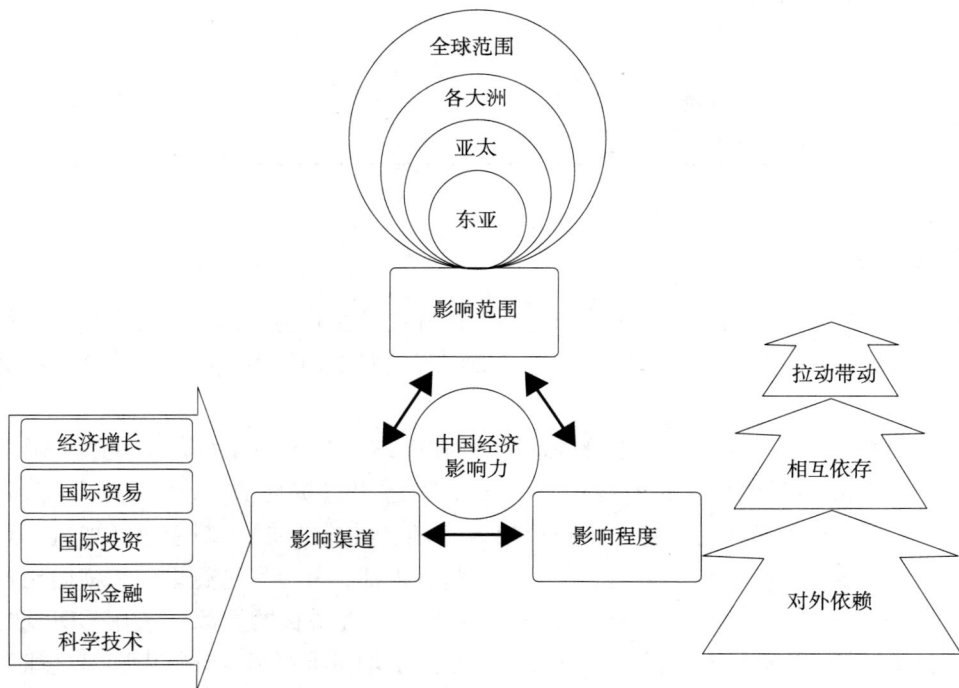

图 2-1 中国经济国际影响力的评估思路

3. 评测体系

按照以上评估思路，根据系统性、完备性、可量化、可操作性等原则，我们将主要评估五个方面的影响力——经济增长影响力、国际贸易影响力、国际投资影响力、国际金融影响力和科学技术影响力，并分别从规模效应、增量贡献、关联带动等三个角度，选择具体的评估指标和评价方法，根据不同的影响范围和影响程度，对每个方面影响力进行量化评估和国际比较分析（见表 2－1）。

表 2－1　中国国际经济影响力评测体系

主要影响领域	具体指标范畴	影响程度		
		A. 规模比重	B. 增量贡献	C. 关联带动
1. 经济增长影响力	11. GDP	根据不同的影响范围对可获得数据进行量化分析和国际比较。		
	12. 制造业			
	13. 企业			
2. 国际贸易影响力	21. 出口			
	22. 进口			
3. 国际投资影响力	31. FDI 流出			
	32. FDI 流入			
4. 国际金融影响力	41. 外汇储备			
	42. 资本市场			
5. 科学技术影响力	51. 科技投入			
	52. 科技产出			

4. 评价方法

对于经济增长影响力、国际贸易影响力、国际投资影响力、国际金融影响力和科学技术影响力，我们分别针对规模效应、增量贡献、关联带动等不同的评估范畴选择对应的评价方法：

（1）规模效应：主要计算中国的总量指标在全球总量中的比重，以反映中国经济在世界经济中的相对地位。我们选用 GDP 规模、进出口贸易额、FDI（流入/流出）、外汇储备余额、资本市场总市值、科技产出（专利、科技论文）、制造业增加值、高技术产品出口、全球 500 强企业中的中国企业等指标表征，并分别进行纵向和横向比较。

（2）增量贡献：主要反映中国经济增长对世界经济增长的贡献，选用 GDP 增量、进出口贸易增量、FDI 流入（流出）增量、科技产出增量等指标，计算中国对全球新增部分的贡献率和拉动率。

（3）关联带动：主要反映中国与全球及世界主要经济体之间的相互依存度以及国家间经济总量的关联程度。我们具体选用了世界主要经济体对华出口与其经济发展的关联度、主要经济体对中国的进（出）口依存度、美国国债总额中中国持有的比重等指标来表征。

二、中国在全球经济中的地位提升、贡献增大

中国经济的国际影响力首先表现为中国 30 多年的高速增长带来的经济规模效应和对全球经济越来越大的增量贡献。中国经济规模不断扩大，为世界各国提供了更大的市场和更多的投资机会，与区域和全球的关联度也不断提高。我们下面就从规模效应、增量贡献和关联带动三个角度分析中国经济增长影响力。

1. 中国经济发展的规模效应十分突出

对于中国的经济规模效应，我们从三个层面衡量：宏观层面，主要用汇率法和购买力平价法这两种方法计价的 GDP 来衡量中国经济总量在全球经济中所占份额和所处地位；中观层面，选用制造业增加值、工业竞争力以及汽车产量、钢产量等指标，分析中国制造产生的规模效应；微观层面，选用《财富》杂志全球 500 强企业中的中国内地企业数量及其营业收入占比等指标，对中国企业发展带来的规模效应做初步分析。

（1）中国经济总量规模实现新突破

自新中国成立以来，特别是改革开放以来，中国经济飞速发展，经济总量规模不断上新台阶。1960 年中国的名义 GDP 为 614 亿美元，1972 年突破 1000 亿美元，之后用了 10 年的时间突破 2000 亿美元（1982 年）。从此以后，我国 GDP 总量逐年稳步大幅增加，1998 年突破 1 万亿美元，2005 年突破 2 万亿美元，2007 年突破 3 万亿美元，2008 年突破 4 万亿美元。2009 年，虽受到全球金融危机的影响与冲击，中国 GDP 仍实现了 8.7% 的较高速度增长，名义 GDP 总量高达 335353 亿元人民币，以年末人民币兑美元汇率折算，已近 5 万亿美元。[①] 美国 GDP 从突破 1 万亿美元（1970 年）到突破 5 万亿美元（1988 年）共花了 18 年时间，而中国只用了 12 年时间。[②]

中国经济总量与主要发达国家之间的差距不断缩小。1978 年，中国 GDP 总量居世界第十位；2000 年超过意大利，居世界第六位，是美国的 12.3%，日本的 25.7%，德国的 63.1%，英国的 83.1%，法国的 90.2%；2005 年超过英国和法国，居世界第四位，是美国的 18.1%，比 2000 年提高 5.8 个百分点；是日本的 49.3%，接近一半，比 2000 年提高了近一倍；是德国的 80.5%，比 2000 年提高 17.4 个百分点；2008 年，我国 GDP 超过德国，跃居世界第三位，但已是位于世界第二位的日本的 78.6%，比 2005 年提高 29.3 个百分点。2009 年，受金融危机影响，美国和日本都出现了较大幅度的负增长（分别为-2.5% 和-5.3%），而中国却实现了 8.7% 的正增长，中国与日本、美国

---

① 国家统计局：《2009 年国民经济和社会发展统计公报》，2010 年 2 月 25 日。

② 1960～2008 年中国和美国的 GDP 数据来源于：World Bank，World Development Indicators 2009。

之间的差距进一步缩小。根据 IMF 的数据①，2009 年美国 GDP 为 142563 亿美元，日本 GDP 为 50681 亿美元，中国 GDP 为 49090 亿美元，中国虽仍居世界第 3 位，但已是日本的 96.9%，比 2008 年大幅提高了 18.3 个百分点；占美国 GDP 的比重也从 2008 年的 30.5% 上升到 2009 年的 34.4%。

从 1960 年到 2008 年，我国 GDP 占世界 GDP 总量的比重先降后升，1960 年为 4.6%，1987 年曾一度跌至 1.6%，此后则呈持续上升趋势，1998 年达到 3.4%，2004 年达到 4.6%，2009 年进一步上升到 8.5%。② 同期，美国名义 GDP 占世界总量的比重从 1960 年的 38.7% 下降到 2009 年的 24.6%，除 1980～1985 年和 1995～2001 年有过两次较大幅度的回升外，美国 GDP 占世界总量的比重总体呈不断下滑趋势（见图 2-2）。总体上看，中美差距在不断缩小，但中国与美国的 GDP 规模还不是一个数量级的，中国目前仅为美国的 1/3 左右。

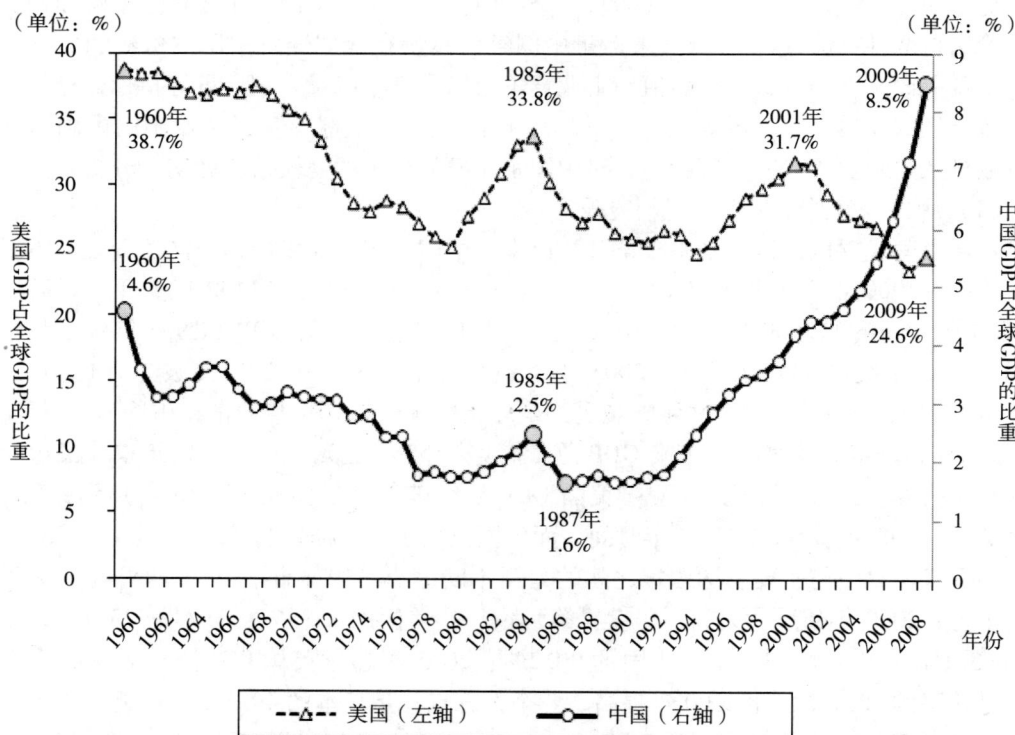

图 2-2　1960～2009 年中国和美国 GDP（现价）占世界总量的比重

数据来源：World Bank：World Development Indicators，2009；
IMF：World Economic Outlook，April，2010。

---

① IMF：World Economic Outlook Database，April，2010.

② 1960～2008 年数据来源于 World Bank：World Development Indicators（2009）；2009 年数据来源于 IMF：World Economic Outlook，April，2010。

对世界各国进行经济总量的国际比较时，除汇率法计价的名义 GDP 外，还有一种比较常用的方法就是按照联合国、世界银行联合开展的"国际比较项目（ICP）"方法进行购买力平价（PPP）折算。根据 IMF 提供的 PPP GDP 数据①，1980 年，中国的 PPP GDP 为 2478.7 亿美元，仅为美国的 8.9%。2008 年，中国的 PPP GDP 扩大为 79665 亿美元，达到了美国的 55%，根据 IMF 的预测估计，2015 年中国的 PPP GDP 将进一步扩大到 16855 亿美元，约为美国的 92%。从 1980 年到 2008 年，扣除价格因素，中国 PPP GDP 大幅增长了 13 倍多，年均实际增长 9.95%。总体上看，中国 PPP GDP 占世界总量的比重呈直线上升趋势（见图 2－3）。1980 年仅为 2%，2008 年上升到 11.4%，根据 IMF 估计，到 2015 年中国的比重将可能达到 16.9%。同期，美国 PPP GDP 所占比重，

（单位：%）

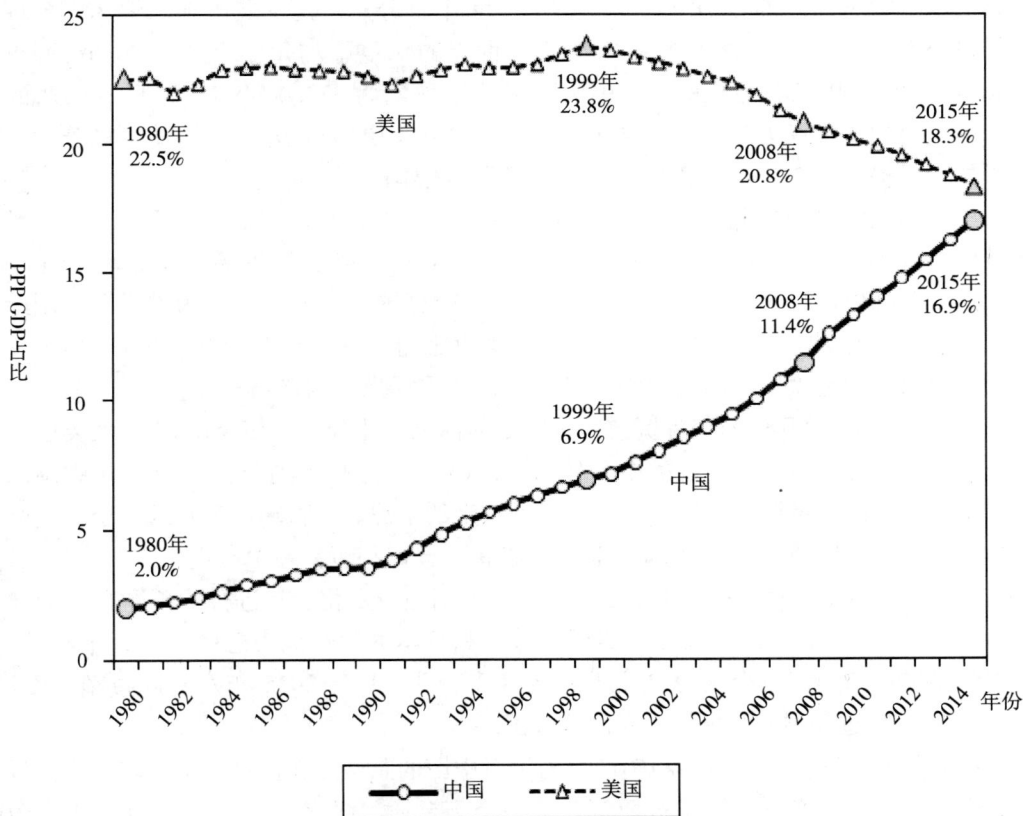

图 2－3　1980～2015 年中国和美国 PPP GDP 占全球比重的走势比较

注：2009～2015 年数据为 IMF 的预测数据，仅供参考。

数据来源：IMF：World Economic Outlook Database，April，2010。

---

① IMF《世界经济展望（2010 年 4 月）》提供了 1980～2015 年世界各国的 PPP GDP 数据，包括以现价 PPP 美元计价的 GDP 及其占世界总量的比重等指标，其中 2009～2015 年为 IMF 预估值。

虽然 1999 年达到过一个相对高点（23.8%），但总体上呈逐步下降的趋势，2008 年为 20.8%，比 1980 年下降了近 2 个百分点，预计到 2015 年还将再下降 2.5 个百分点左右，对中国的领先优势不断缩小。

（2）中国制造的国际影响进一步增强

制造业是经济发展的重要组成部分，是世界各国特别是发展中国家经济增长的重要驱动力。自改革开放以来，中国制造业实现了巨大发展，在世界制造业中的份额不断提升，同时竞争力水平也有显著改善。

一是制造业大国地位初步确立。

根据联合国工业发展组织（UNIDO）资料，1995~2000 年，我国制造业增加值年均增长 9.3%，比工业化国家快 6.1 个百分点，比发展中国家快 4.0 个百分点；2000~2006 年年均增长 11.2%，比工业化国家快 9.4 个百分点，比发展中国家快 4.2 个百分点。自 1980 年以来，中国制造业增加值占世界的比重平均每年上升 0.26 个百分点。1980 年，以 2000 年不变价格计，中国制造业增加值为 472.4 亿美元，只有巴西的一半，占世界的比重仅为 1.5%。1990 年，中国制造业增加值增加到 1152.2 亿美元，占世界的比重提升到 2.7%，超过巴西，位居发展中国家之首，排名世界第八位。2000 年，中国制造业增加值进一步增加到 3849.4 亿美元，占全球的比重达到 6.6%，仅次于美国（26.6%）、日本（17.8%）和德国（6.8%），排名世界第四位。2001 年，中国制造业增加值占世界的比重上升到 7.3%，超过德国（7.0%），成为世界第三制造大国。2009 年，中国制造业增加值占全球的比重上升到 15.6%，超过日本（15.4%），成为世界第二制造大国，而美国仍以 19.0% 的比重居世界制造第一位。[①]

而且，根据 UNIDO 的统计资料，按照国际标准工业分类，如今在 22 个大类中，我国制造业占世界比重在 7 个大类中名列第一，15 个大类中名列前三。2007 年中国制造业有 172 类产品产量居世界第一位，全球近一半的水泥、平板玻璃和建筑陶瓷，一半左右的手机、PC 机、彩电、显示器、程控交换机、数码相机都在中国生产。[②]

OECD 今年 2 月发布的一份报告对制造业大国地位变化趋势进行了预测和分析（见图 2-4）。报告认为，未来几年，美国、欧洲和日本的制造能力总体呈持续下滑趋势，而中国制造业增加值占全球总量比重还将持续上升，预计 2015 年左右超过整个欧洲，2017 年左右超过美国成为世界头号制造大国。[③]

我们下面再以汽车产量和粗钢产量为例对中国的制造能力做进一步比较分析。近十多年来，中国汽车产量可谓是过两年就上一个新台阶，排名不断上升。1999 年，中国

---

① 数据来源：1980~2006 年制造业增加值数据来源于世界银行 WDI 2009；2009 年制造业增加值比重数据来源于 UNIDO：International Yearbook of Industrial Statistics 2010。
② 转引自国家统计局：《新中国 60 年系列报告之十二：从一穷二白到现代工业体系的历史跨越》2009 年 9 月 21 日。
③ OECD 政策简报：《全球化与新兴经济体》，下载地址：http://www.oecdchina.org/OECDpdf/EBook-CHI.PDF。

（单位：%）

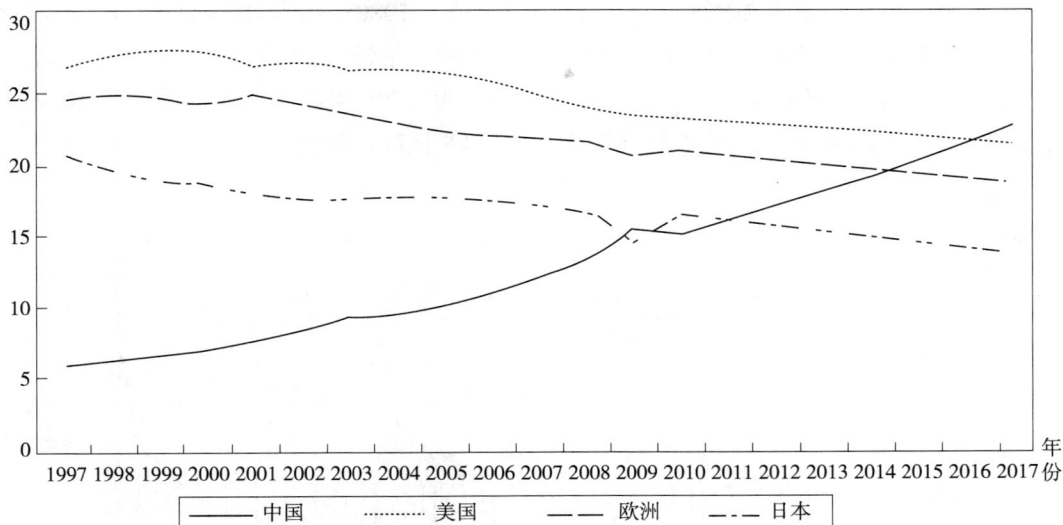

图 2-4　1997~2017 年制造业大国地位比较

资料来源：OECD 政策简报：《全球化与新兴经济体》，2010 年 2 月。

汽车产量为 183 万辆，仅为美国的 14%，不到德国的 1/3，排在世界第九位。2000 年，中国排名上升一位至第八位。2002 年，中国超过加拿大、西班牙和韩国，跃居第五位。2003 年，中国超过法国，上升为第四位。2006 年，中国超过德国，首次进入前三位。2008 年，中国继续超越美国，跃居全球第二位。2009 年，由于日本、美国、德国受金融危机影响，汽车产量锐减，而中国汽车产量大幅增长近 50%，产量首次超越 1000 万辆，达到 1383 万辆，是 1999 年的 7.6 倍，超过日美汽车产量之和，占世界汽车总产量的 1/5，成为汽车第一生产大国。[①]

　　根据世界钢铁协会统计，2009 年世界粗钢产量为 121970 万吨，比 2008 年减少 8.0%。从区域看，除亚洲保持增长外，其他地区基本上都出现了较大幅度下滑。2009 年亚洲粗钢产量合计为 79540 万吨，比 2008 年增加 3.5%，占世界钢产量比重从 2008 年的 58% 提高到 2009 年的 65%。2009 年，中国粗钢产量为 56780 万吨，占亚洲产量比重高达 71.4%，占世界产量比重达 46.6%，比 2008 年上升了 8.8 个百分点。[②] 中国与发达七国[③]粗钢产量对比走势如图 2-5 所示。1980 年，中国粗钢产量仅为 3712 万吨，而 G7 粗钢总产量为 33353 万吨，中国仅为 G7 的 1/10 多一点。此后 30 年里，中国粗钢产量规模不断扩大，1996 年突破 1 亿吨，达到 G7 的 1/3 左右，2003 年突破 2 亿吨，达

---

① 数据来源世界汽车制造商协会：http：//oica.net/category/production-statistics/。
② World Steel Association：World Crude Steel Output Decreases by -8.0% in 2009，22 Jan，2010.
③ 发达七国（G7）指美国、日本、德国、法国、英国、意大利和加拿大。

到 G7 的 2/3 左右，2005 年突破 3 亿吨，超过 G7 总产量，2006 年突破 4 亿吨，达到 G7 的 1.23 倍，2008 年突破 5 亿吨，达到 G7 的 1.5 倍。1980～2008 年，G7 粗钢总产量总体上变化幅度很小，基本围绕 3.1 亿吨的平均水平上下浮动。2009 年，由于受国际金融危机影响较大，G7 粗钢产量大幅下降了 31%，从 2008 年的 3.3 亿吨骤降到 2009 年的 2.3 亿吨。而中国同期则从 5 亿吨增长到了 5.68 亿吨，达到了 G7 的 2.47 倍。

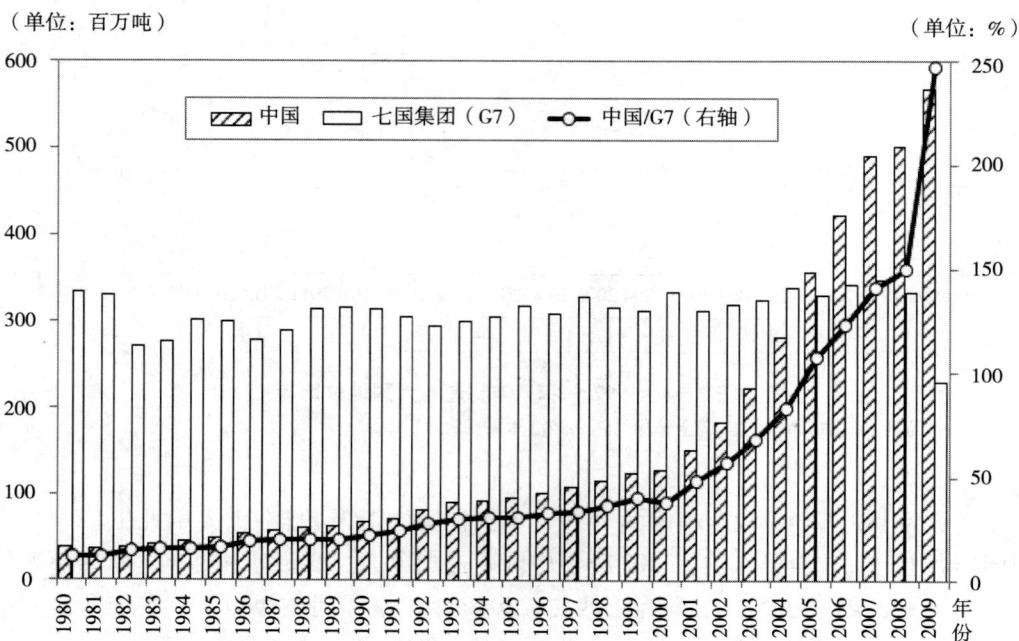

图 2-5 1980～2009 年中国与发达七国（G7）粗钢产量比较
资料来源：世界钢铁协会。

二是工业竞争力水平有所提升。

UNIDO 采用工业竞争力指数（CIP）来衡量各国的工业发展状况和竞争力水平，CIP 主要以人均指标来衡量。[①]《UNIDO 工业发展报告（2009 年）》公布了 2005 年各主要国家的 CIP 指数及排名，并与 2000 年的水平进行了比较。如表 2-2 所示，2005 年，中国在 122 个参评国家（地区）中排在第 26 位，与 2000 年相比上升了 5 位，CIP 指数值从 0.387 提高到 0.418。中国是发展中大国中表现最突出的，墨西哥、巴西、印度和

---

① CIP 指数由工业生产能力、工业制成品出口能力、工业化密度和出口质量等四个方面内容构成，并用 6 个量化指标来表征：工业生产能力以人均制造业增加值为基础指标，工业制成品出口能力以人均工业制成品出口值来衡量，工业化密度由制造业增加值占 GDP 比重和中高技术产品占制造业增加值比重这两个指标的简单平均计算得到，出口质量由工业制成品出口占出口总额的比重和中高技术产品占出口总额的比重这两个指标的简单平均计算得到。资料来源：UNIDO Industrial Development Report 2009, p.117。

俄罗斯2005年分列第32位、第38位、第54位和第81位，而且与2000年相比排名均有所下降，特别是俄罗斯大幅下滑了19位。由此，中国制造业在规模上实现飞跃的同时，工业竞争力水平也实现了稳步提高。不过，与现代工业化国家相比，中国还有相当大的差距，中国从"制造大国"迈向"制造强国"还有很长的路要走，主要是自主创新能力还比较弱，自主知识产权和自主品牌还比较缺乏。

表2-2 2000年和2005年主要国家工业竞争力指数与排名

国家	排名		CIP 指数值	
	2005 年	2000 年	2005 年	2000 年
新加坡	1	1	0.890	0.887
爱尔兰	2	2	0.689	0.778
日本	3	3	0.678	0.694
瑞士	4	4	0.659	0.653
瑞典	5	5	0.603	0.593
德国	6	6	0.602	0.586
美国	11	9	0.533	0.558
英国	15	16	0.474	0.491
法国	17	19	0.472	0.477
中国	26	31	0.418	0.387
墨西哥	32	28	0.379	0.404
巴西	38	36	0.308	0.323
印度	54	51	0.252	0.256
俄罗斯	81	62	0.199	0.232

数据来源：UNIDO Industrial Development Report 2009，p.118。

（3）中国企业的规模与影响进一步扩大

我们选用中国企业在美国《财富》杂志每年发布的世界500强企业中的地位作为中国企业在全球经济中的规模效应的衡量指标。中国内地从1996年起开始有企业入围全球企业500强，当时只有两家内地企业入围。这十余年来，随着中国经济快速发展，中国企业也不断成长，在《财富》全球企业500强中的席位和营业收入所占份额呈逐年上升趋势。在2009年7月《财富》杂志发布的全球企业500强最新排行榜中，中国共有43家企业入围，包括34家内地企业、6家台湾企业和3家香港企业。与1996年相比，中国内地企业入围世界500强企业的数量大幅增加了32家，入围企业数排在所有参评国家的第五位，营业收入合计增长了近50倍，占世界500强企业营业收入总额的比重从1996年的0.16%增长到了2009年的6.24%（见图2-6）。

1996年以来，随着中国经济规模的不断扩大，中国在企业规模上与发达国家的差距也逐步缩小。如表2-3所示，1996年、2002年和2009年这三年里，《财富》世界

（单位：家）   （单位：%）

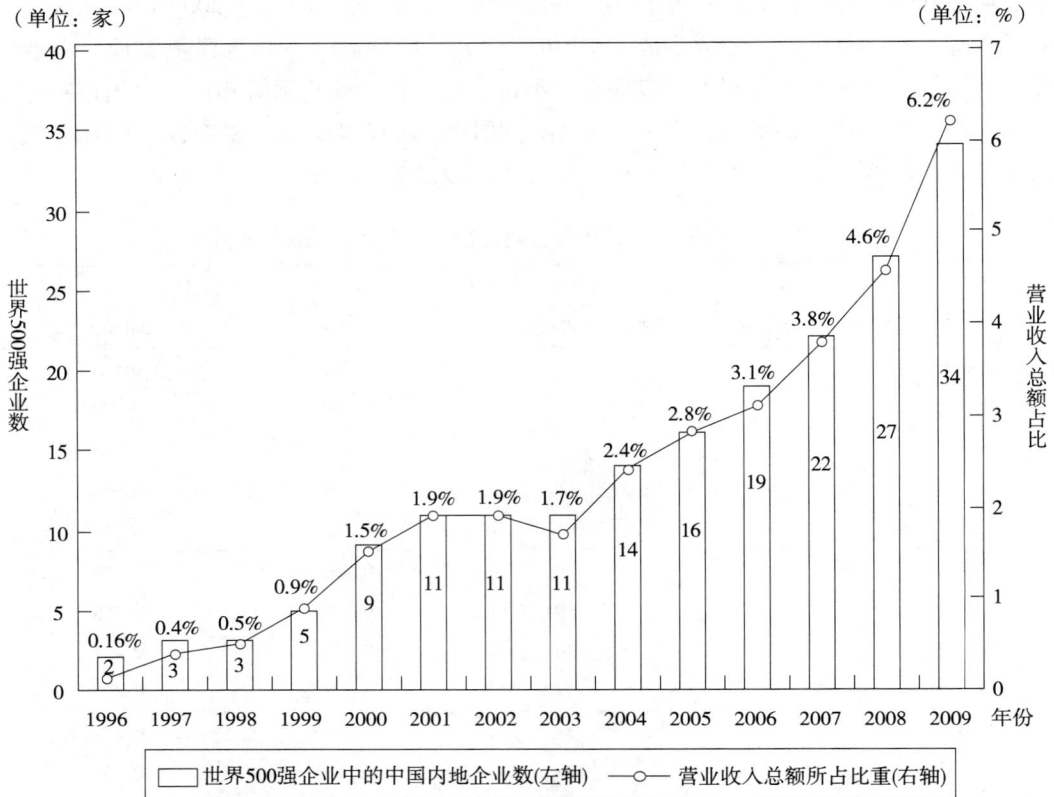

图 2－6 1996～2009 年《财富》杂志世界 500 强企业中的中国内地企业

数据来源：《财富》杂志 1996～2009 年发布的世界 500 强企业排行榜。

表 2－3 1996 年、2002 年和 2009 年主要国家在世界 500 强企业中的地位比较

年份	2009				2002				1996			
国家	企业数		营业收入		企业数		营业收入		企业数		营业收入	
	排名	数量	金额（亿美元）	占比（%）	排名	数量	金额（亿美元）	占比（%）	排名	数量	金额（亿美元）	占比（%）
美国	1	140	75437.3	29.96	1	197	58856.1	42.01	1	153	32213.9	16.45
日本	2	68	29795.8	11.84	2	88	24573.3	17.54	2	141	120965.0	61.78
法国	3	40	21658.2	8.60	3	37	9964.1	7.11	3	42	8801.1	4.49
德国	4	39	22585.9	8.97	4	35	12101.2	8.64	4	41	10736.9	5.48
中国内地	5	34	15721.4	6.24	8	11	2605.4	1.86	18	2	315.8	0.16

数据来源：根据《财富》杂志 1996 年、2002 年和 2009 年发布的世界 500 强企业数据整理。

500 强企业数量的前四位一直由美国、日本、法国和德国占据，但所占席位总体上在逐步减少。1996 年，美、日、法、德这四国在 500 个席位中共占据了 377 席（比重为

75.4%），2002 年减少到 357 席（71.4%），2009 年进一步减少到 287 席（57.4%）。而中国内地是世界 500 强席位增加最多的国家，从 1996 年的 2 家不断增加到 2002 年的 11 家和 2009 年的 34 家，排名也相应地从 1996 年的第 18 位上升到 2002 年的第八位和 2009 年的第五位。

2. 中国经济的增量贡献不断增大，成为全球经济增长的重要动力

根据世界银行和国际货币基金组织的数据，1961~2009 年，中国 GDP 年平均增长速度达到 8.11%，而同期世界 GDP 年平均增长速度为 3.55%，发展中国家年内平均增长速度为 4.58%。改革开放后，中国经济的增长速度更是远远高于世界平均水平，1979~2009 年中国 GDP 年均增长 9.79%，快于同期世界经济平均增速 6.94 个百分点，比发展中国家的平均增长率也高出了 5.6 个百分点（见表 2-4）。

表 2-4　1961~2009 年世界主要国家（组）经济增长率比较

年份	1961	1970	1980	1990	2000	2009	1961~2009	1979~2009
世界	4.55	4.43	1.84	2.93	4.12	-0.80	3.55	2.85
发达国家	4.92	4.03	1.31	3.13	3.84	-3.20	3.28	2.48
发展中国家	1.95	7.15	5.23	1.91	5.33	2.10	4.58	4.19
美国	2.66	0.22	-0.24	1.86	3.69	-2.50	3.11	2.70
欧元区	6.60	5.66	2.21	3.55	3.86	-3.90	3.02	2.00
日本	12.04	10.71	2.82	5.20	2.86	-5.30	4.22	2.11
韩国	4.94	8.34	-1.49	9.16	8.49	0.20	6.94	6.12
中国	-27.10	19.40	7.80	3.80	8.40	8.70	8.11	9.79
印度	3.87	5.15	6.74	5.53	4.03	5.60	5.08	5.75
巴西	10.28	8.77	9.11	-4.30	4.31	-0.40	4.44	2.78
俄罗斯				-3.00	10.00	-7.90	0.33	0.33

注：俄罗斯为 1990~2008 年增长率。

数据来源：世界银行 WDI 2009 年；2009 年数据来自于 IMF WEO Update（January，2010）。

中国经济长期保持高速增长，对世界经济的增量贡献越来越大。1978~2008 年，中国对世界经济增量的贡献率平均达到 10.4%，特别是 2001~2008 年，中国的平均贡献率更是高达 17.8%。如图 2-7 所示，2004 年以来，中国对世界经济增量的贡献率不断提高，2007 年开始成为贡献率最高的国家。2008 年，中国对世界经济的贡献率高达 27.1%，比美国高 11.2 个百分点，比欧元区高 20.6 个百分点，比印度高 20.2 个百分点。总体上看，2001~2008 年，美国、欧元区、日本等发达经济体对世界经济的贡献率在降低，而中国、印度、巴西等新兴经济体对世界经济的贡献率在不断上升，其中中国是表现最突出的。

如图 2-8 所示，1978 年，中国对世界经济增长的拉动仅为 0.1 个百分点，而同期

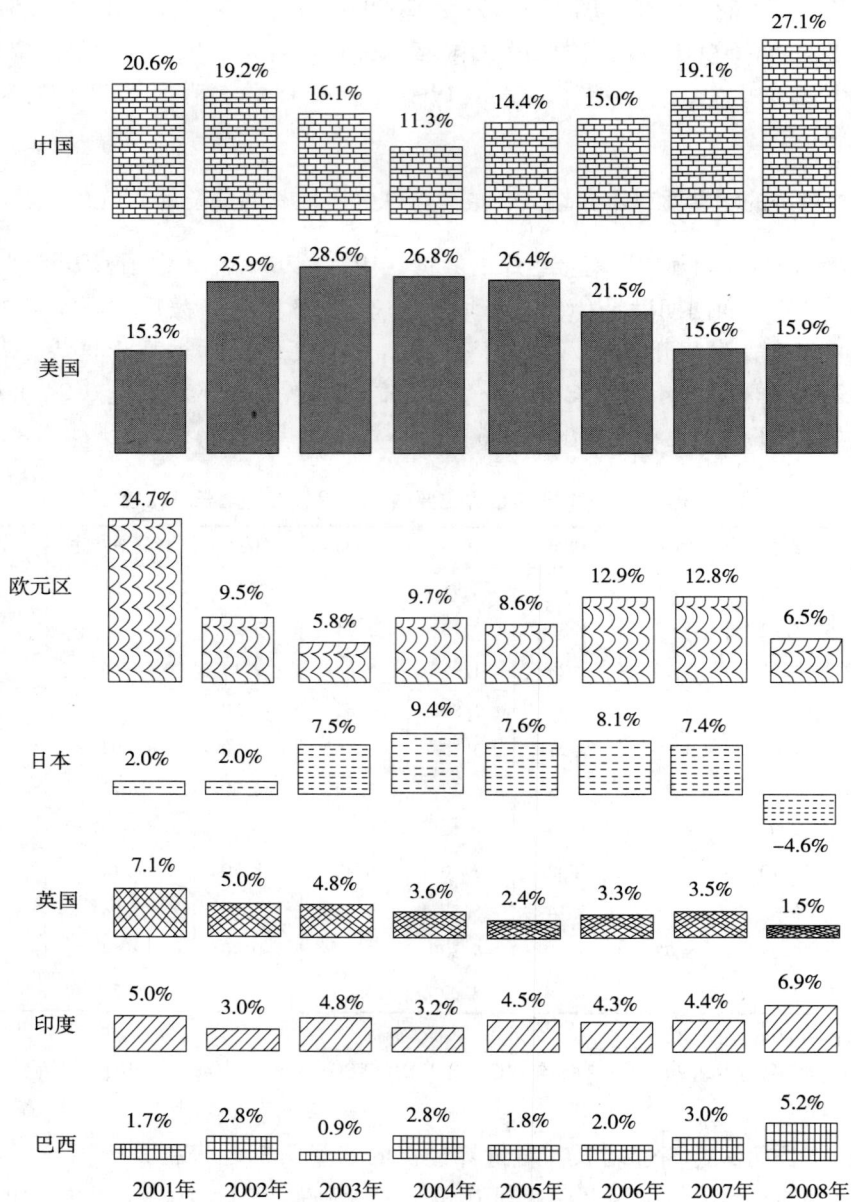

图 2-7 2001～2008 年主要经济体对世界经济增量的贡献

数据来源：根据世界银行 WDI 2009 年中的各国 GDP（2000 年不变价）数据计算。

美国对世界经济增长的拉动达到 1.7 个百分点，日本为 0.8 个百分点，欧元区国家为 0.7 个百分点。此后，中国对世界经济增长的拉动稳中有升，2007 年一度提升到 0.72 个百分点，高于所有国家位居第一，2008 年和 2009 年也分别达到了 0.54 和 0.56 个百分点，继续保持世界第一的位置。从图 2-8 中可看出，20 世纪 80 年代，世界经济增长主要由美、欧、日三大引擎拉动，当时中国经济增长对世界的拉动作用还比较小（1980～1989 年平均拉动 0.1 个百分点）；到了 20 世纪 90 年代，日本发动机基本熄火，世界经济主要由美欧两大引擎拉动，中国的拉动作用有所提升，但总体上还不大（1990～1999 年平均拉动 0.3 个百分点）；进入 21 世纪后，中国对世界经济的拉动已超过欧、日，与美国一起逐步成为世界经济增长的主要引擎，2000～2009 年中国对世界经济增长的拉动平均达到了 0.5 个百分点，仅比美国低 0.1 个百分点，而比欧元区高出 0.2 个百分点，比日本高出 0.4 个百分点；特别是在 2007 年美国金融危机爆发后，中国即成为世界经济增长最主要的引擎，2007～2009 年平均拉动世界经济增长 0.6 个百分点。2009 年，由于美、欧、日三大经济体均出现较大幅度的负增长（分别为 -2.5%、-3.9% 和 -5.3%），各把世界经济下拉了 0.7 个百分点左右，导致世界经济出现第二次世界大战以来首次负增长（-0.8%）。而中国经济则保持了 8.7% 的高速增长，把世界经济向上拉了 0.56 个百分点，另外印度也保持了 5.6% 的高速增长，拉动世界经济 0.11 个百分点，中、印等新兴经济体在危机中的良好表现大大减缓了世界经济的衰退幅度。

（单位：%）

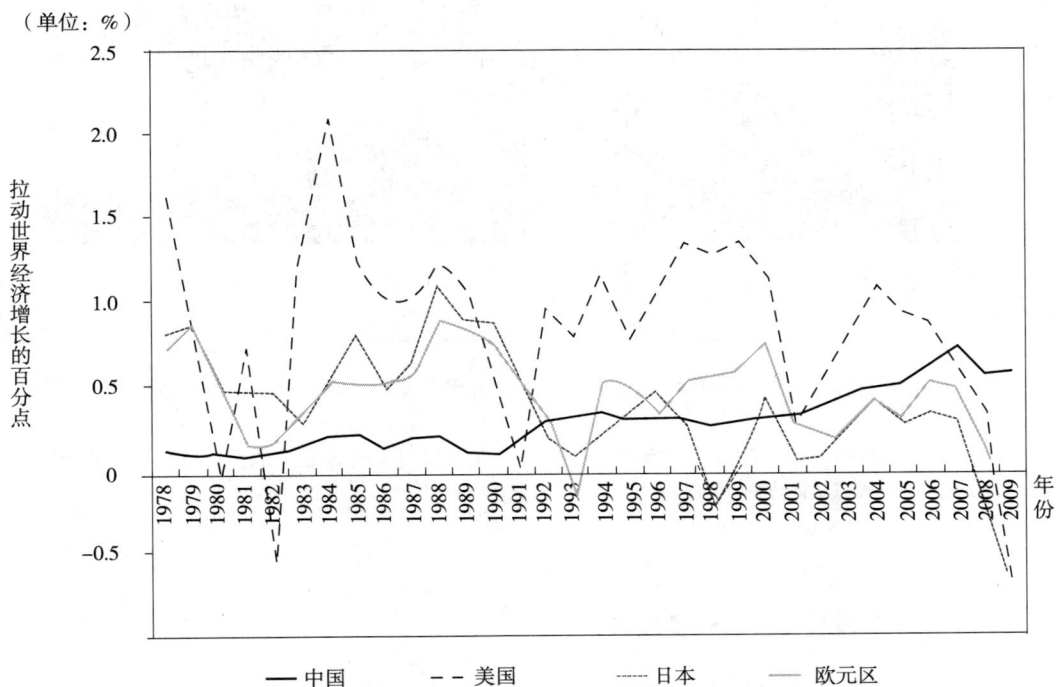

图 2 - 8 1978～2009 年主要经济体对世界经济增长的拉动率

数据来源：根据世界银行 WDI 2009 中的各国 GDP（2000 年不变价）总量和增长率数据以及 IMF WEO DA-TABASE（2010 年 4 月）的各国 GDP 实际增长率数据计算。

另外，根据 IMF《世界经济展望（2010 年 4 月）》的数据，如果以购买力平价

（PPP）衡量，中国对世界经济增长率的贡献更为突出（见图 2 - 9）。从图 2 - 9 中可以看出，中国对世界经济增长率（PPP）的拉动率总体上逐步提升，20 世纪 70 年代平均拉动 0. 134 个百分点，80 年代平均拉动 0. 262 个百分点，90 年代平均拉动 0. 502 个百分点，最近十年平均拉动 0. 889 个百分点。IMF 预计，按照购买力平价衡量，未来 6 年（2010～2015 年）中国对世界经济增长率的拉动率平均将达到 1. 383 个百分点。

（单位：%）

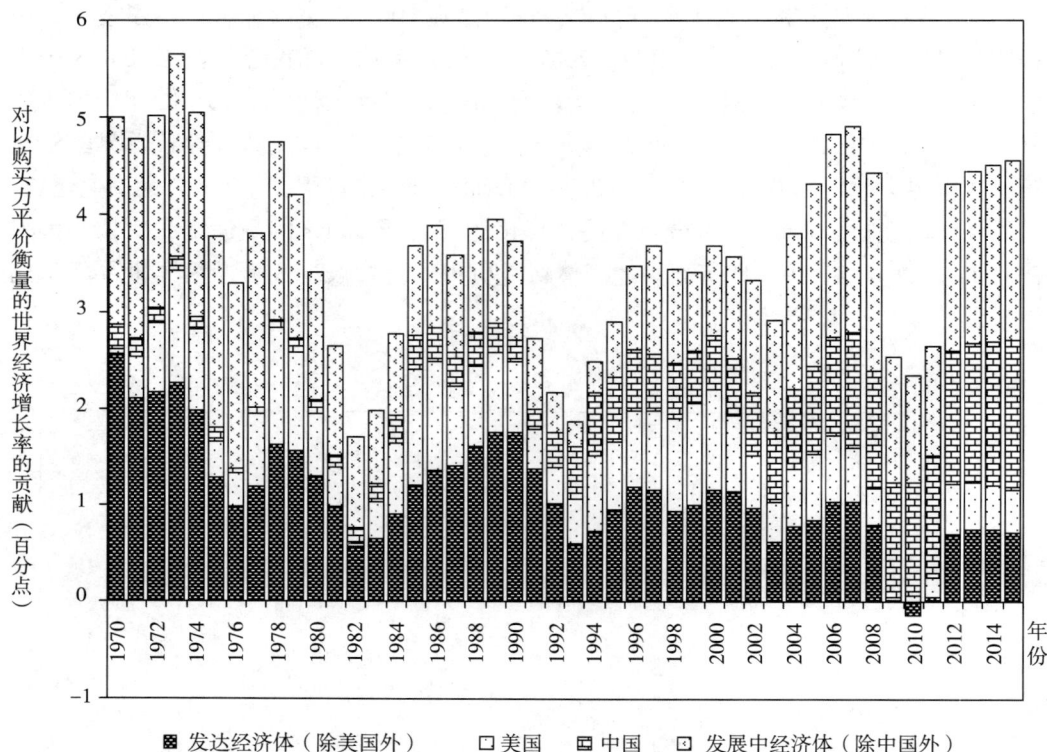

图 2 - 9　中国和美国对世界经济增长率（购买力平价基准）的贡献比较

注：图中数据经三年移动平均处理。

数据来源：IMF：World Economic Outlook，April，2010。

3. 中国经济增长的关联带动效应

我们从两个角度来分析中国经济增长对全球经济和主要经济体的关联带动作用：一是通过分析全球及主要经济体对华出口规模和比重的变化，反映中国经济增长对扩大进口规模、为各国商品提供更大市场的作用；二是通过分析全球及主要经济体对华直接投资规模，反映中国经济增长给世界提供的投资机会。

（1）经济快速发展的中国为世界各国商品提供广阔市场

从 1992 年到 2008 年，中国 GDP 从 4227 亿美元增长到 43262 亿美元，中国国内市

场规模不断扩大，对全球各类商品的进口需求也随之急剧上升，进口总额从 1992 年的
806 亿美元大幅增长到 2008 年的 11326 亿美元，进口依存度从 1992 年的 19.1% 上升到
2008 年的 26.2%（见图 2－10）。

从区域上看，中国从亚洲进口规模最大，1992 年为 490 亿美元，占中国进口总额
的 61%，2008 年扩大到 7026 亿美元，占中国进口总额的 62%，该比重比 2005 年时曾
高达 67%。从欧洲和北美洲进口额占进口总额的比重也比较大，不过呈逐步下降趋势。
1992 年，从欧洲进口额为 161 亿美元，占进口总额的 20%，从北美进口额为 108 亿美
元，占进口总额的 13.5%。到 2008 年，从欧洲进口额扩大到 1681 亿美元，不过所占比
重大幅下降到了 14.8%，从北美进口额扩大到 941 亿美元，不过所占比重也大幅回落
到了 8.3%。与之对应，中国从非洲和拉丁美洲的进口额占中国进口总额的比重在近 20
年里大幅提升。1992 年，中国从非洲进口额只有 5 亿美元，占中国进口总额的比重仅
为 0.6%，从拉丁美洲进口额也只有 19 亿美元，占中国进口总额的比重仅为 2.4%。到
2008 年，中国从非洲进口额扩大到 560 亿美元，所占比重大幅上升到 4.9%，从拉丁美
洲进口额扩大到 716 亿美元，所占比重上升到 6.3%。

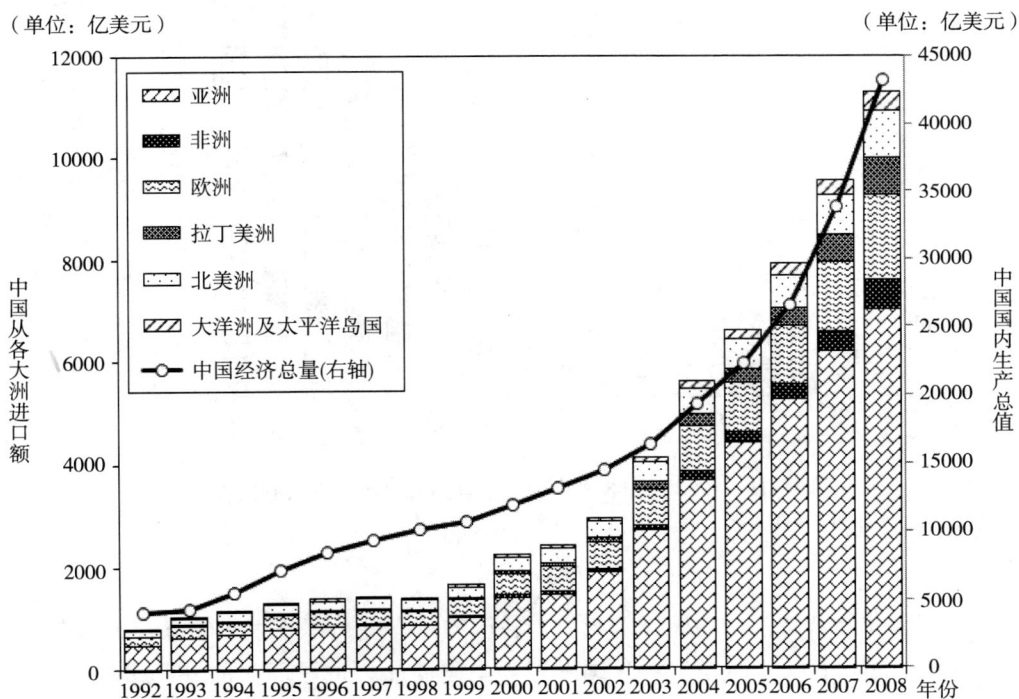

图 2－10　1992～2008 年中国经济总量及从各大洲进口总额走势

数据来源：WDI 2009，联合国贸易数据库 UNcomtrade。

我们再分析一下中国从几个主要经济体组合进口规模的变化情况：一是中国港澳台

地区；二是新兴四国，包括印度、巴西、俄罗斯和南非；三是东盟五国，包括新加坡、马来西亚、印度尼西亚、泰国和菲律宾；四是发达七国（G7），包括美国、日本、德国、英国、法国、意大利和加拿大。这四个经济体组合再加上韩国，一共 20 个经济体，是中国最为重要的进口贸易来源地。1992 年，中国从这 20 个经济体进口的总额达 708 亿美元，占中国进口总额的 88%。到 2008 年，随着中国贸易广度增加，对这 20 个经济体的进口集中度有所下降，总进口额为 7611 亿美元，所占比重为 67%。如图 2 - 11 所示，从 1992 年到 2008 年，中国从港澳台地区、新兴四国、东盟五国和发达七国进口额分别从 265.6 亿美元、46.4 亿美元、42 亿美元和 327.8 亿美元增长到 1165.6 亿美元、831.9 亿美元、1117.6 亿美元和 3374.7 亿美元，分别增长了 4.4 倍、16.9 倍、25.6 倍和 9.3 倍。

（单位：亿美元）

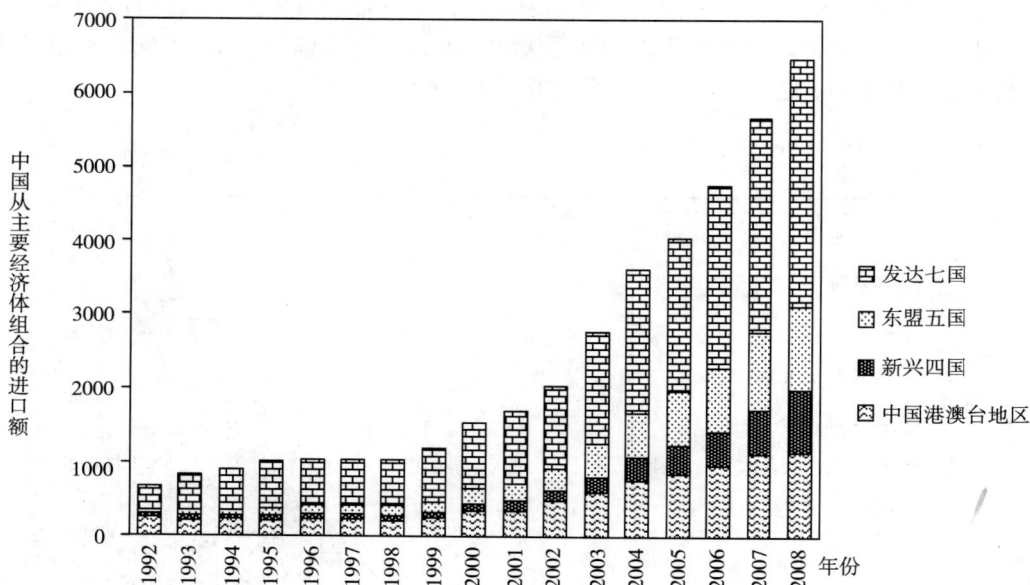

图 2 - 11 1992～2008 年中国从主要经济体组合进口额比较
数据来源：WDI 2009，UNcomtrade。

在经济全球化条件下，中国经济与世界各国的依存度越来越大，改革开放以来中国经济的持续快速增长，得益于世界各国发展为中国商品创造了巨大的外部市场，同时，随着中国经济的快速发展，中国国内的购买力也越来越强，从而为世界各国的商品提供了广阔的市场，近年来中国从各大区域和各主要经济体的进口额普遍以较快速度增加，由此一定程度上也拉动了这些国家（地区）的经济增长。我们以美国和日本为例，简要分析一下中国进口对各国经济增长的贡献。

如图 2 - 12 所示，1972～2008 年，中国从美国进口额大幅增长，占美国 GDP 的比重虽然还很小，但总体上呈上升趋势，特别是 2001 年中国加入 WTO 后，美国对华出口额及其占美国 GDP 的比重都呈直线上升趋势。1972 年，美国对华出口额仅为 0.64 亿美元，占美国 GDP 的比重仅为 0.005%；1979 年，美国对华出口额增加到 17.24 亿美元，占美国 GDP 的比重也提高到 0.068%；2000 年，美国对华出口额增加到 162.52 亿美元，占美国 GDP 的比重也提高到 0.166%；2008 年，美国对华出口额迅猛增加到 714.56 亿美元，占美国 GDP 的比重也进一步提高到 0.503%。中国从美国的进口对美国经济增长的贡献虽然还较小，但贡献率有加速提升的趋势。最近十年，美国对华出口额增长了 4.5 倍，占美国 GDP 的比重增长了 2.5 倍。

（单位：亿美元）　　　　　　　　　　　　　　　　　　　　　　　　（单位：%）

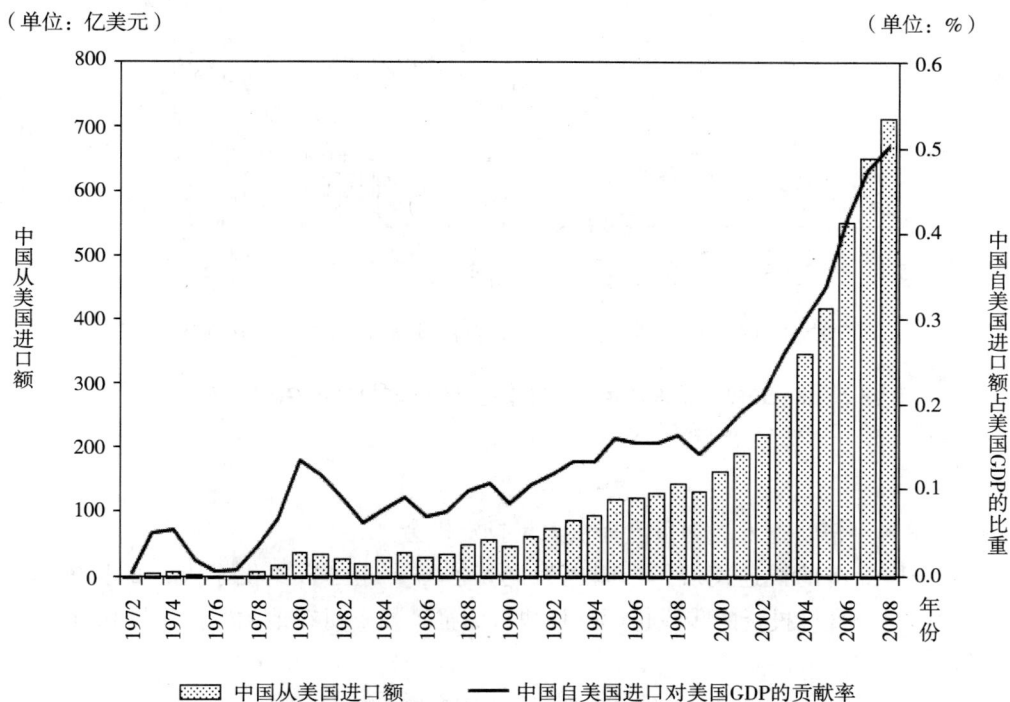

图 2-12　1972~2008 年中国从美国进口额及其对美国 GDP 的贡献率

数据来源：WDI 2009，UNcomtrade。

如图 2-13 所示，1962~2008 年，中国从日本进口额从 0.4 亿美元大幅增加到 1249 亿美元，占日本 GDP 的比重从 0.063% 增长到 2.544%，中国进口已逐步成为日本经济增长的重要动力。从图 2-13 中可以看出，1990 年以来，日对华出口对日本经济的拉动呈加速增长趋势。1990 年，日对华出口额为 61.2 亿美元，占日本 GDP 的比重为 0.203%，到 2000 年，日对华出口额增长近四倍、达到 303.8 亿美元，占日本 GDP 比重上升到 0.651%，增长了两倍多。2008 年，日对华出口额又比 2000 年增长了四倍多、达到 1249 亿美元，占日本 GDP 的比重快速上升到 2.544%，增长了近三倍。

（单位：亿美元）   （单位：%）

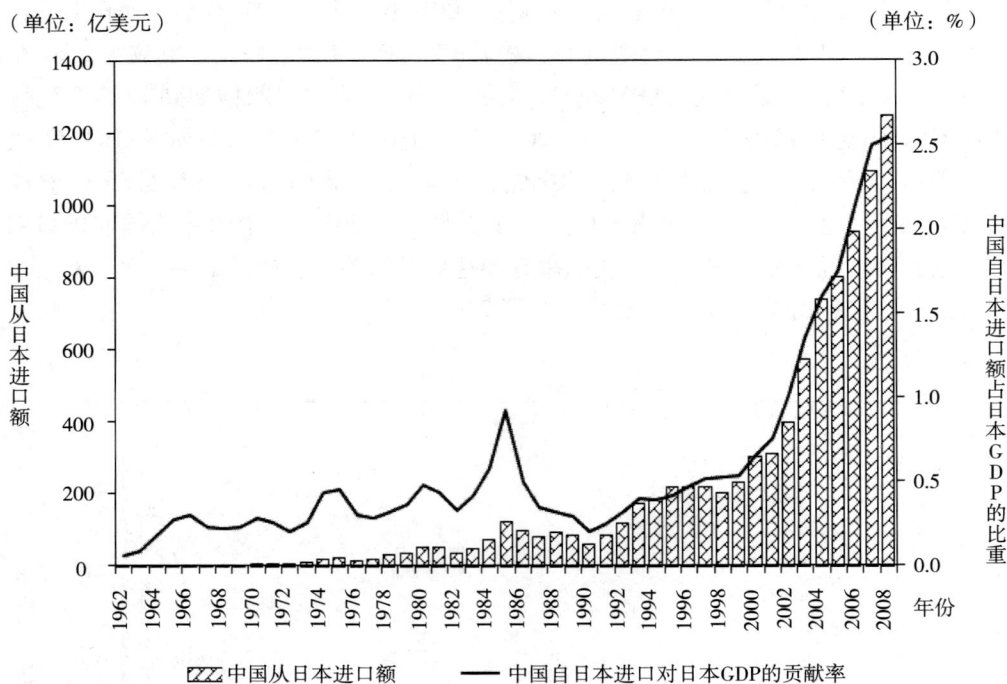

图 2-13　1962～2008 年中国从日本进口额及其对日本 GDP 的贡献率

数据来源：WDI 2009，UNcomtrade。

（2）中国经济快速发展为世界提供大量投资机会

随着中国经济的快速发展，中国也为世界各国（地区）提供了大量的投资机会。同时，中国对外直接投资的步伐也不断加快，为推动投资所在地的经济发展和就业增长做出了重要贡献。

如图 2-14 所示，1992～2008 年，中国外商直接投资（FDI）流入总额从 113 亿美元大幅增长到 924 亿美元，其中从亚洲十国（地区）[①] 流入的 FDI 规模最大，1992 年为 101 亿美元，占 FDI 流入总额的 89.5%。到 2008 年，对华投资的国家（地区）比1992 年大为拓宽，不过亚洲十国（地区）仍是主体，投资总额为 554 亿美元，占 FDI流入总额的 60%。欧盟主要国家[②]对华投资额 1992 年很少，仅为 2.68 亿美元，占 FDI流入总额的 2.37%。到 2008 年，欧盟主要国家对华投资增加到 50 亿美元，占总额的比

---

①　亚洲十国（地区）指日本、韩国、印度尼西亚、马来西亚、新加坡、菲律宾、泰国、中国香港、中国澳门和中国台湾。

②　欧盟主要国家指比利时、丹麦、英国、德国、法国、爱尔兰、意大利、卢森堡、荷兰、希腊、葡萄牙、西班牙、奥地利、芬兰和瑞典。

对华直接投资(亿美元)

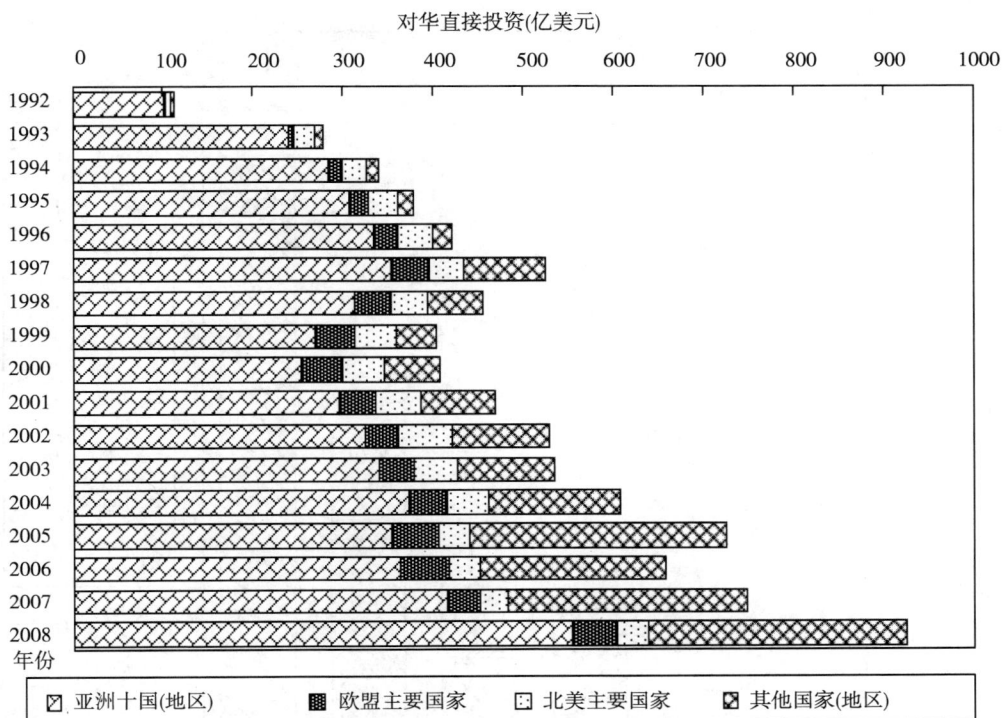

图 2-14 1992～2008 年主要经济体组合对华投资规模比较

数据来源：历年中国统计年鉴。

重上升到 5.4%。北美主要国家①对华投资总额的变化幅度较大，1992 年为 5.79 亿美元，占总额的 5.12%，到 2000 年，投资额上升到 44.8 亿美元，占总额的比重达到 11.45%，不过到 2008 年，投资额又下降到 34.88 亿美元，占总额的比重仅为 3.77%。

2003～2008 年，中国对外直接投资大幅增长 18.5 倍，从 28.5 亿美元增长到 559 亿美元。其中，对亚洲投资额从 15.05 亿美元增长到 435.48 亿美元，增长了近 28 倍；对非洲投资额从 0.75 亿美元增长到 54.91 亿美元，增长了 72.4 倍；对拉丁美洲投资额从 10.38 亿美元增长到 36.77 亿美元，增长了 2.5 倍；对大洋洲投资额从 0.34 亿美元增长到 19.52 亿美元，增长了 56.6 倍；对欧洲投资额从 1.45 亿美元增长到 8.76 亿美元，增长了 5 倍；对北美洲投资额从 0.58 亿美元增长到 3.64 亿美元，增长了 5.3 倍(见图 2-15)。

---

① 北美主要国家指美国和加拿大。

（单位：亿美元）

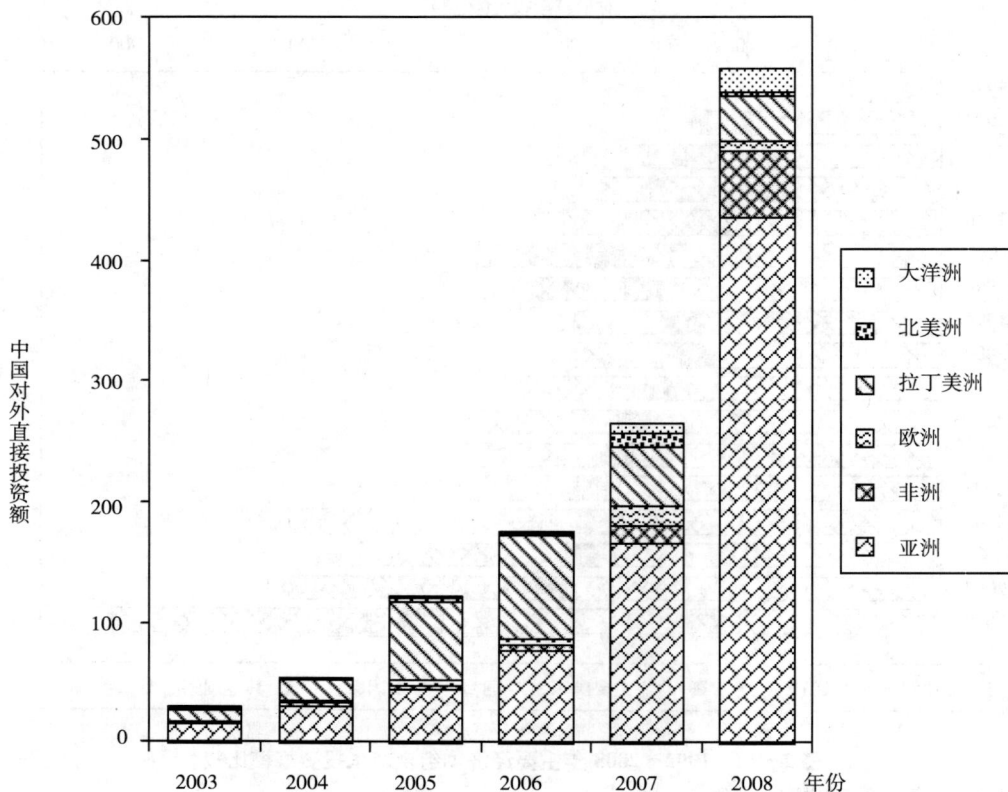

图 2-15 2003～2008 年中国对各大洲的对外直接投资
数据来源：中国商务部：《2008 年中国对外直接投资公报》。

三、中国与外部世界的贸易依存度越来越大

伴随中国经济快速增长，中国对外贸易的增长速度十分迅猛，2009 年，中国跃升为世界第二大贸易国，也是世界第一出口大国和第二进口大国。中国快速发展的出口贸易和进口贸易给全球和贸易伙伴带来什么样的影响，是很多人都十分关注的。我们这里将从贸易规模、增量贡献和贸易依存度等三个方面评估、分析中国的国际贸易影响力。

1. 中国对外贸易快速发展，成为世界重要的贸易大国

根据 WTO 2010 年 2 月公布的统计数据（见表 2-5）①，2009 年货物进出口贸易总

---

① WTO：Quarterly World Merchandise Trade by Region and Selected Economy，February，2010.

额排名前十位的国家分别是美国、中国、德国、日本、法国、荷兰、英国、意大利、比利时和韩国。2009 年中国货物进出口贸易总额为 2.2 万亿美元，占世界贸易总额的比重为 8.87%，略低于美国，居世界第二位。其中，出口总额为 1.2 万亿美元，占世界出口总额的 9.75%，首次超过德国，成为世界第一出口大国；进口总额为 1 万亿美元，占世界进口总额的 8%，比美国低了近 5 个百分点，居世界第二位（见表 2-5）。

表 2-5　2009 年货物进出口贸易规模最大的十个国家

国家	金额（亿美元）			占世界总额的比重（%）		
	出口	进口	进出口	出口	进口	进出口
美国	10568.9	16037.7	26606.6	8.58	12.75	10.69
中国	12015.3	10056.9	22072.3	9.75	8.00	8.87
德国	11216.8	9308.4	20525.1	9.11	7.40	8.24
日本	5808.4	5506.8	11315.2	4.72	4.38	4.55
法国	4749.8	5509.9	10259.7	3.86	4.38	4.12
荷兰	4992.3	4461.9	9454.3	4.05	3.55	3.80
英国	3510.8	4801.1	8311.9	2.85	3.82	3.34
意大利	4047.3	4103.3	8150.6	3.29	3.26	3.27
比利时	3698.9	3509.9	7208.8	3.00	2.79	2.90
韩国	3635.3	3230.9	6866.2	2.95	2.57	2.76

数据来源：WTO：Quarterly World Merchandise Trade by Region and Selected Economy，Feb. 2010。

我们再与中国历史上的国际贸易水平和在全球贸易中的地位进行一个比较分析（见图 2-16）。1950 年，我国货物贸易进出口额为 11 亿美元，占世界贸易总额的比重为 0.9%。1978 年，我国货物贸易进出口额提高到 211 亿美元，不过占世界贸易总额略有下降，为 0.8%，排在世界第 29 位。1978 年以后，中国进出口贸易迅猛发展，占世界的比重不断扩大，居世界位次不断提升。1980 年，中国占世界的比重为 0.9%，居世界第 26 位；1990 年，比重提高到 1.7%，居世界第 15 位；2000 年，比重上升到 3.6%，居世界第八位；2005 年，比重进一步提高到 6.7%，居世界位次上升为世界第三位，随后三年中国占世界货物贸易总量的比重稳步上升；2009 年，在金融危机影响下，中国货物进出口贸易出现了负增长，但与世界及主要贸易大国相比，中国的下降幅度是最小的，所以中国货物进出口贸易总额占世界的比重继续上升到 8.9%，超过德国成为世界第二贸易大国，特别是出口表现尤为突出，一跃成为世界第一出口大国。

另外，中国的服务贸易也取得了长足发展。改革开放前，我国服务贸易十分落后。改革开放后，我国服务贸易以年均 17.7% 的高速增长。1982 年，我国服务贸易进出口额为 43 亿美元，居世界第 34 位，占世界服务贸易进出口额的比重为 0.6%；2000 年，我国服务贸易进出口额扩大到 660 亿美元，居世界第 11 位，占世界服务贸易进出口额的比重为 2.2%；到 2007 年，我国服务贸易进出口额扩大到 2556 亿美元，居世界第五

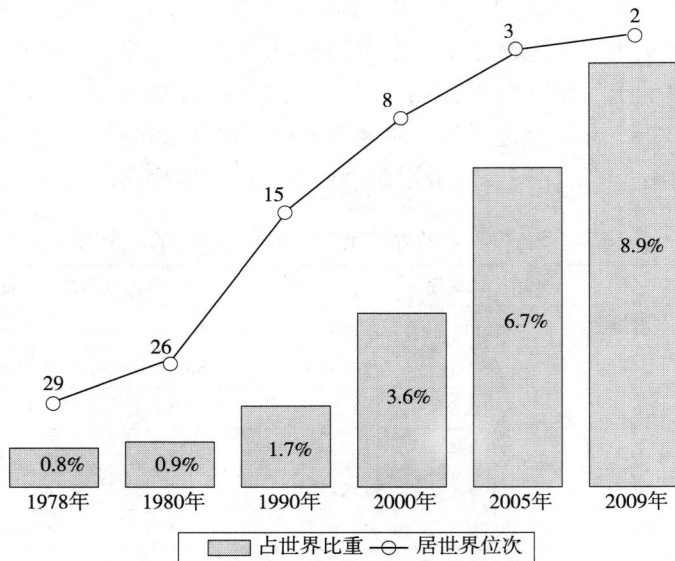

图 2-16　中国货物贸易总量的国际地位变化（1978～2009 年）

位，占世界的比重上升到 4%。

2. 中国对世界贸易发展的增量贡献逐步增大

　　我国进出口贸易对世界贸易增量的贡献巨大。1950～1977 年，我国货物贸易进出口额年均增长 10%。这个增速在改革开放后迅猛提高，1978 年以来，我国货物贸易进出口额年均增长 17.4%，比同期世界平均水平高出 8.7 个百分点，比居世界第一位的美国平均增速高 9.3 个百分点，比第二大发展中国家印度的平均增速高 5.1 个百分点。2001 年以来，我国货物贸易进出口额更是在高位上逐年大幅增长，年平均增长速度达到 22.4%。

　　中国增速逐步加快的进出口贸易体现在中国对世界贸易增量贡献的不断提高上（见表 2-6）。1950～2009 年，世界货物出口、进口和进出口贸易总额分别从 620 亿、640 亿和 1260 亿美元增长到 124610 亿、126470 亿和 251080 亿美元。同期，中国货物出口、进口和进出口贸易总额分别从 5.5 亿、5.8 亿和 11.3 亿美元增长到 12015 亿、10057 亿和 22072 亿美元，对世界货物出口、进口和进出口贸易 60 年增量总贡献率分别为 9.69%、7.99% 和 8.83%。以十年为一段，1950～1959 年，中国对世界货物出口、进口和进出口贸易增量贡献率分别为 4.68%、3.92% 和 4.29%；1960～1969 年中国对世界进、出口贸易的贡献率均为负的；此后每个十年，中国对世界贸易的增量贡献率逐步提升，特别是 2000～2009 年这十年里，中国的出口增量贡献率达到 15.86%，进口增量贡献率达到 13.18%，进出口总额增量贡献率达到 14.53%。

表 2-6　中国对世界货物进出口贸易的增量贡献（1950～2009 年）　　　（单位：%）

指标	国家	总贡献率 1950～2009 年	每个十年的贡献率					
			1950～1959年	1960～1969年	1970～1979年	1980～1989年	1990～1999年	2000～2009年
出口增量贡献	中国	9.69	4.68	-0.10	0.84	3.24	5.87	15.86
	日本	4.68	4.70	8.12	6.18	13.49	5.75	1.69
	韩国	2.93	0.01	0.40	1.06	4.22	3.48	3.19
	美国	8.44	13.14	11.86	10.66	12.99	13.35	4.58
进口增量贡献	中国	7.99	3.92	-0.49	0.98	3.48	4.74	13.18
	日本	4.37	4.47	7.02	6.66	6.08	3.15	2.89
	韩国	2.57	0.28	0.99	1.34	3.48	2.10	2.75
	美国	12.67	12.50	14.74	13.18	20.95	22.88	5.82
进出口增量贡献	中国	8.83	4.29	-0.29	0.91	3.36	5.29	14.53
	日本	4.52	4.58	7.56	6.43	9.68	4.42	2.29
	韩国	2.75	0.15	0.70	1.20	3.84	2.77	2.97
	美国	10.57	12.81	13.32	11.93	17.09	18.23	5.19

数据来源：WTO 贸易数据库。

81

3. 主要经济体对华贸易依存度越来越大

我们用国与国之间的出口依存度和进口依存度来表征中国对主要贸易伙伴的关联带动力。以美国和中国为例，美国对中国的出口依存度表示美国对中国市场的依赖程度，用美国对中国出口额占美国出口总额的比重来表征；美国对中国的进口依存度表示美国对中国商品供给的依赖程度，用美国自中国进口额占美国进口总额的比重来表征。

下面我们分别分析中国与美国、欧盟（27 国）和日本这三大主要经济体的出口依存度和进口依存度现状与基本走势。

（1）中国与美国的贸易依存度

联合国贸易数据库提供了 1991 年以来美国与各贸易伙伴的进出口贸易的国别细目数据。我们选取美国的四个主要贸易伙伴——加拿大、墨西哥、日本和中国作为分析比较对象。1991～2009 年，美国对这四国的出口依存度和进口依存度的变化趋势如图 2-17 所示。[1]

从图 2-17 中可以看出，近二十年来，特别是 2001 年中国加入 WTO 后，中美贸易迅猛发展，2009 年中国已成为美国第三大出口对象国，与 1991 年相比，美对华出口额占美国出口总额的比重翻了两番，美国对华出口依存度从 1991 年的 1.5%（排在第 15位）上升到了 2009 年的 6.6%，尽管与 NAFTA 另外两个成员国加拿大和墨西哥的比重

---

[1]　1991～2008 年数据来源于 UNcomtrade 在线数据库；2009 年数据来源于中国商务部《国别贸易报告——美国》2010 年第 1 期：《2009 年美国货物贸易及中美双边贸易概况》。

（单位：%）美国对主要贸易伙伴出口依存度　　（单位：%）　美国对主要贸易伙伴进口依存度

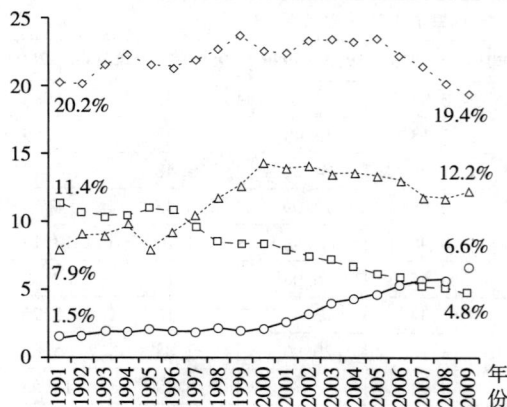

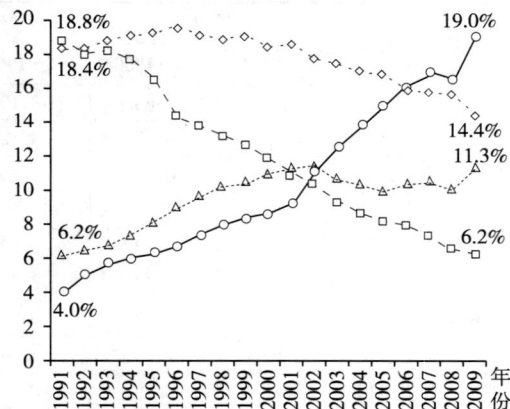

图 2－17　美国对主要贸易伙伴出口和进口依存度比较

数据来源：UNcomtrade 在线数据库，中国商务部《国别贸易报告：美国》。

相比还是比较小的，但增长幅度是惊人的。美国对日本出口依存度排名则从 1991 年的第二位（11.4%）下降到 2009 年的第四位（4.8%）。2009 年中国也是美国第一大进口来源国，1991～2009 年，美国从中国进口额占美进口总额的比重增长了近四倍，美对华进口依存度从 1991 年的 4.0%（排在第五位）上升到了 2009 年的 19.0%。同期，日本则从 1991 年美国的第一大进口来源国变为 2009 年的第四大进口来源国，美国对日本进口依存度从 1991 年的 18.8% 大幅下降到了 2009 年的 6.2%。可见，中国已成为美国最重要的贸易伙伴，美国对中国市场和中国商品的依赖程度越来越大。

（2）中国与欧盟（27 国）的贸易依存度

联合国贸易数据库提供了 2000 年以来欧盟与各贸易伙伴的进出口贸易的国别细目数据。我们选取欧盟的五个主要贸易伙伴——中国、美国、日本、俄罗斯和瑞士作为分析比较的对象。2000～2009 年欧盟对这五国的出口依存度和进口依存度的变化趋势如图 2－18 所示。①

2000 年，欧盟的前三大出口贸易伙伴是美国（2190 亿美元，28.0%）、瑞士（673.8 亿美元，8.6%）、日本（418.2 亿美元，5.4%），中国居第六位（237.8 亿美元，3.0%）；前三大进口贸易伙伴是美国（1898 亿美元，20.8%）、日本（847.3 亿美元，9.3%）、中国（686.6 亿美元，7.5%）。2009 年，中国已成为欧盟的第三大出口贸易伙伴（出口额为 1131.32 亿美元）和第一大进口贸易伙伴（进口额为 2994.34 亿

① 2000～2008 年数据来源于 UNcomtrade 在线数据库；2009 年数据来源于中国商务部《国别贸易报告——欧盟 27 国》2010 年第 1 期：《2009 年欧盟（27 国）货物贸易及中欧双边贸易概况》。

（单位：%）　EU 27国对主要贸易伙伴出口依存度　　　（单位：%）　EU 27国对主要贸易伙伴进口依存度

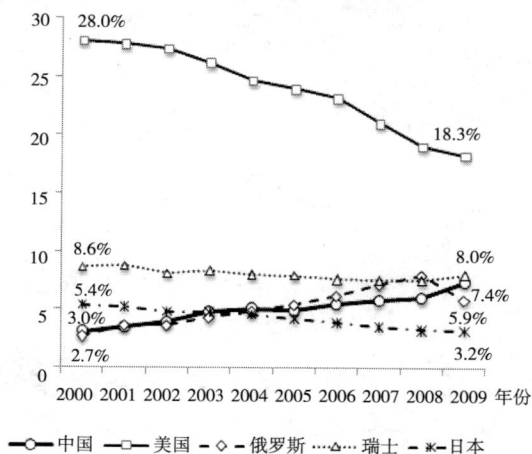

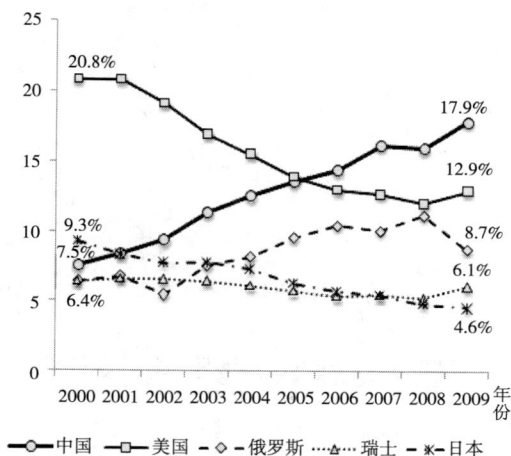

图 2-18　EU 27 国对主要贸易伙伴出口和进口依存度比较

数据来源：UNcomtrade 在线数据库，中国商务部《国别贸易报告：欧盟 27 国》。

美元），与 2000 年相比，欧盟对华出口依存度和进口依存度都翻了一番多，出口依存度从 2000 年的 3%上升到 7.4%，进口依存度从 2000 年的 7.5%上升到 17.9%，这说明欧盟对中国市场和中国商品的依赖程度正不断提高。相比之下，近十年来欧盟对美国市场和美国商品的依赖程度则明显下降，2000 年欧盟对美出口依存度和进口依存度都超过 20%，占绝对优势，而到了 2009 年，欧盟对美国出口依存度大幅下降了近 10 个百分点，对美国进口依存度下降了近 8 个百分点，2006 年欧盟对华进口依存度超过对美进口依存度。欧盟对日本的出口依存度和进口依存度在近十年里也出现了较大幅度下降，2000 年日本是欧盟的第三大出口贸易伙伴和第二大进口贸易伙伴，2009 年只是欧盟的第七出口贸易伙伴和第五进口贸易伙伴。

　　（3）中国与日本的贸易依存度

　　联合国贸易数据库提供了 1988 年以来日本与各贸易伙伴的进出口贸易的国别细目数据。我们选取日本的三个主要贸易伙伴——美国、中国和韩国作为分析比较对象。1988～2009 年日本对这三国的出口依存度和进口依存度的变化趋势如图 2-19 所示。[①]

　　从图 2-19 中可以看出，近二十多年来，中日贸易飞速发展。2009 年，中国已同时成为日本的第一大出口对象国和第一大进口来源国。1988 年，日本前三大出口贸易伙伴是美国（903 亿美元，34.1%）、联邦德国（158 亿美元，6.0%）和韩国（154 亿美元，5.8%），中国居第六位（94.8 亿美元，3.6%）；前三大进口贸易伙伴是美国

---

　　① 1991～2008 年数据来源于 UNcomtrade 在线数据库；2009 年数据来源于中国商务部《国别贸易报告——日本》2010 年第 1 期：《2009 年美国货物贸易及中美双边贸易概况》。

（单位：%） 日本对主要贸易伙伴出口依存度

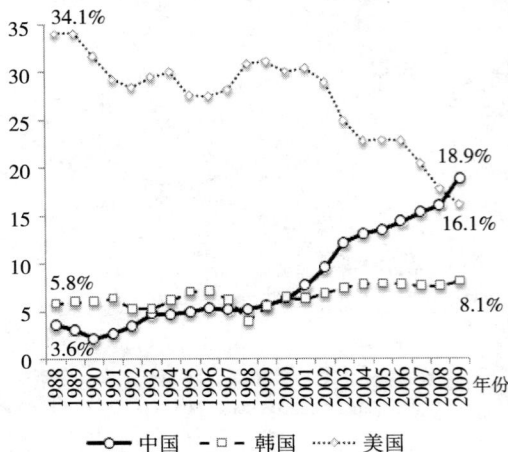

（单位：%） 日本对主要贸易伙伴进口依存度

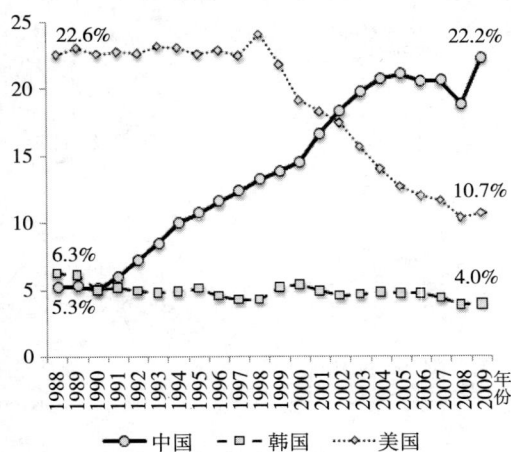

图 2 - 19　日本对主要贸易伙伴出口和进口依存度比较

数据来源：UNcomtrade 在线数据库，中国商务部《国别贸易报告：日本》。

（423 亿美元，22.6%）、韩国（118 亿美元，6.3%）和澳大利亚（103 亿美元，5.5%），中国居第四位（98.7 亿美元，5.3%）。2009 年，日本对中国出口额高达 1096 亿美元，比处于第二位的美国高出 160 亿美元，是 1988 年的 11.6 倍，日本对华出口依存度从 1988 年的 3.6%上升到 2009 年的 18.8%。日本从中国进口额也高达 1225 亿美元，比处于第二位的美国高出一倍多，是 1988 年的 12.4 倍，日本对华进口依存度从 1988 年的 5.3%上升到 2009 年的 22.3%。可见，日本对中国市场和中国商品的依赖程度比欧盟、美国更高。

（4）中国与东盟（ASEAN 10）的贸易依存度

2008 年，东盟前五大出口贸易伙伴分别是欧盟（1129.5 亿美元，占 12.85%）、日本（1048.7 亿美元，占 11.93%）、美国（1014.6 亿美元，占 11.54%）、中国（855.6 亿美元，占 9.73%）和韩国（349.4 亿美元，占 3.97%）；前五大进口贸易伙伴分别是日本（1071.2 亿美元，占 12.89%）、中国（1069.8 亿美元，12.87%）、欧盟（895.5 亿美元，10.77%）、美国（797.4 亿美元，9.59%）和韩国（407.8 亿美元，4.91%）。

如图 2 - 20 所示，从 1995 年到 2008 年，东盟对中国出口和从中国进口占其出口总额和进口总额的比重都呈直线上升态势，而其他主要贸易伙伴大部分都呈下降态势，中国成为东盟越来越重要的贸易伙伴。从出口来看，1995 年东盟对华出口仅为 62 亿美元，占东盟出口总额的 2.09%，只有东盟对美出口的 11%。而到了 2008 年，与 1995 年相比，东盟对华出口增长了 12.8 倍，比重上升到 9.73%，与东盟对欧美日三大出口市场的出口额越来越接近。从进口来看，1995 年东盟从中国进口额为 71.3 亿美元，仅占东盟进口总额的 2.24%，当时东盟有 25%左右进口来自于日本，从中国进口额不足日本的 1/10。而到了 2008 年，东盟从中国进口额比 1995 年增长了 14 倍，比重上升到

（单位：%）　东盟对主要贸易伙伴出口依存度　　　　（单位：%）　东盟对主要贸易伙伴进口依存度

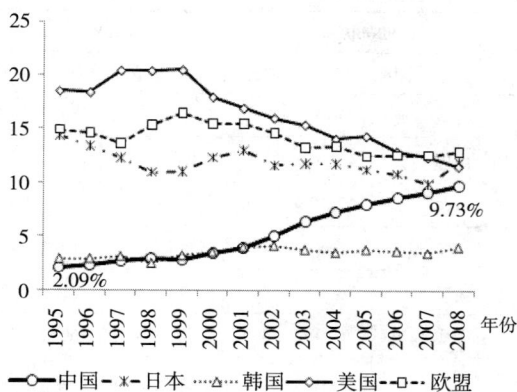

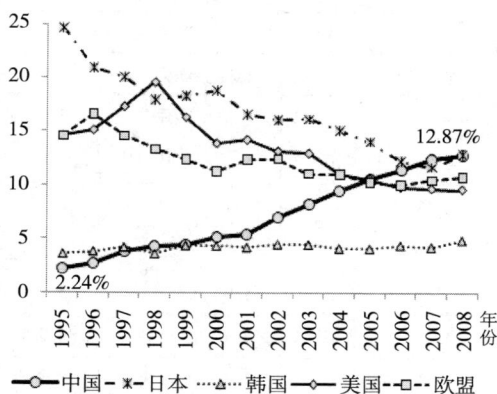

9.73%

2.09%

12.87%

2.24%

年份　　　　　　　　　　　　　　　　　　　年份

—○—中国 —✳—日本 ┈△┈韩国 —◇—美国 ┅□┅欧盟　　　—○—中国 —✳—日本 ┈△┈韩国 —◇—美国 ┅□┅欧盟

图 2 - 20　东盟对主要贸易伙伴出口和进口依存度比较

数据来源：ASEAN Statistical Yearbook 2008。

12.87%，与东盟从日本进口额已几乎相当。

四、中国高速发展带来的国际投资效应

关于中国的国际投资影响力，我们主要分析中国吸引 FDI 和对外投资的规模比重以及对全球 FDI 流量的增量贡献率。

1. 中国吸引 FDI 和对外直接投资规模不断扩大

1978 年前的 29 年，我国基本上没有外商直接投资。改革开放后的 30 多年里，我国投资环境不断改善，吸引外商直接投资逐年增加。如表 2 - 7 和图 2 - 21 所示，1980年，我国 FDI 总量只有 0.57 亿美元，占全球 FDI 流量的比重仅为 0.1%，只有美国的1/300 左右；1990 年，我国 FDI 流入量迅速增加到 34.9 亿美元，比 1980 年增长了 60倍，占全球比重上升到 1.7%，约为美国的 1/14；2000 年，我国 FDI 流入量比 1990 年再增 10 倍多，达到 407 亿美元，占全球比重上升为 2.9%，约为美国的 1/8；2009 年，受国际金融危机影响，全球 FDI 流入量骤降了 38.7%，美国下降幅度更是高达 57%，而中国仅下降 2.6%，非金融类 FDI 流入量仍达到了 900 亿美元，是 2000 年的两倍多，占全球的比重也进一步上升到 8.7%[①]，约为美国的 2/3。

———————

① 中国 2009 年 FDI 数据不包括金融领域投资，而其他国家（地区）以及全球 FDI 都包括金融领域FDI。如果包括金融领域 FDI，中国占世界 FDI 流量的比重会更高一点，估计为 10% 左右。

表 2-7　主要年份 FDI 流入量居世界前十位的国家比较　（单位：亿美元%）

位次	1980 年			1990 年			2000 年			2009 年		
	国家/地区	FDI	占比	国家/地区	FDI	占比	国家/地区	FDI	占比	国家/地区	FDI	占比
1	美国	169.2	31.3	美国	484.2	23.4	美国	3140	22.7	美国	1359	13.1
2	英国	101.2	18.7	英国	304.6	14.7	德国	1983	14.4	中国①	900	8.7
3	加拿大	58.1	10.7	法国	156.3	7.5	英国	1188	8.6	法国	650	6.2
4	法国	33.3	6.2	西班牙	132.9	6.4	加拿大	668	4.8	俄罗斯	414	4.0
5	墨西哥	21.0	3.9	荷兰	105.2	5.1	荷兰	639	4.6	荷兰	378	3.6
6	荷兰	20.1	3.7	澳大利亚	81.2	3.9	中国香港	619	4.5	中国香港	360	3.5
7	巴西	19.1	3.5	加拿大	75.8	3.7	法国	433	3.1	比利时	351	3.4
8	澳大利亚	18.7	3.5	意大利	63.4	3.1	中国	407	2.9	德国	351	3.4
9	西班牙	14.9	2.8	新加坡	55.7	2.7	西班牙	396	2.9	印度	336	3.2
10	新加坡	12.4	2.3	瑞士	54.8	2.6	巴西	328	2.4	意大利	299	2.9
	中国	0.57	0.1	中国	34.9	1.7						

资料来源：UNCTAD FDI 数据库。2009 年数据来源于 UNCTAD Global Investment Trends Monitor No. 2，January 19，2010。

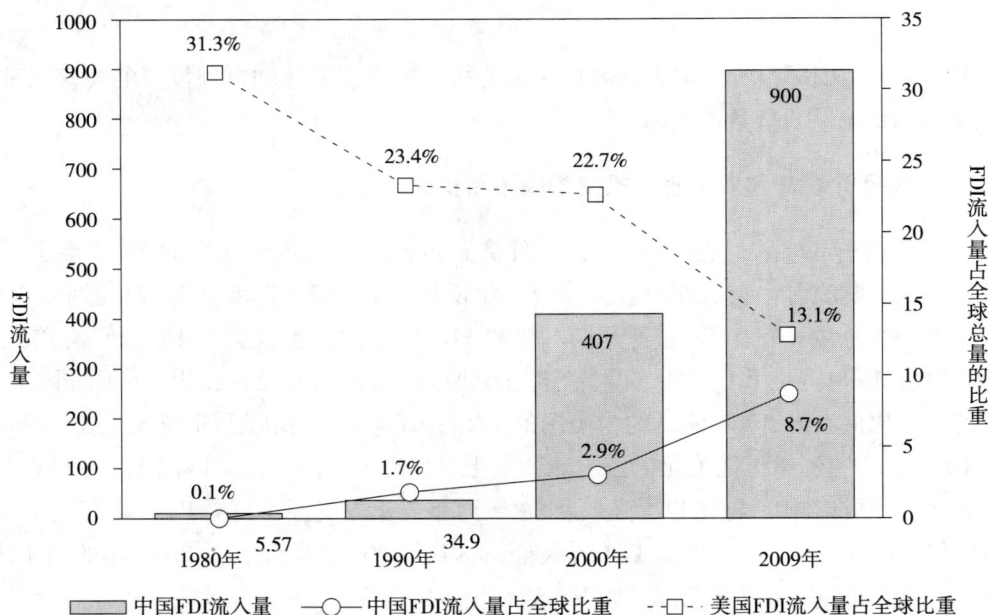

（单位：亿美元）　　　　　　　　　　　　　　　　　　　　　　　　（单位：%）

图 2-21　若干年份中国 FDI 流入量及与美国 FDI 流入量占全球比重对比

1979～2009 年，我国吸引外商直接投资累计已达 1 万亿美元左右，是发展中国家中吸引 FDI 最多的国家。另据 UNCTAD 调查显示，中国依然位居最具投资吸引力国家榜首。[1] 稳定的经济增长、庞大的国内市场、低成本劳动力以及市场开放等因素，使中国继续成为最具吸引力的 FDI 东道国。

随着中国经济的快速发展，中国的企业也不断成长壮大，并不断扩大对外直接投资的规模。由商务部、国家统计局、国家外汇管理局联合发布的《2008 年度中国对外直接投资统计公报》显示，截至 2008 年年底，中国的 12000 多家对外直接投资企业共分布在全球 174 个国家和地区，全球投资覆盖率为 71.9%，对外直接投资累计净额 1839.7 亿美元，境外企业资产总额超过 1 万亿美元。中国非金融领域对外直接投资在 2003 年后进入快速发展期，从 2003 年的 29 亿美元迅速增长到 2009 年的 433 亿美元，年平均增长速度高达 65%（见图 2－22）。

（单位：亿美元）

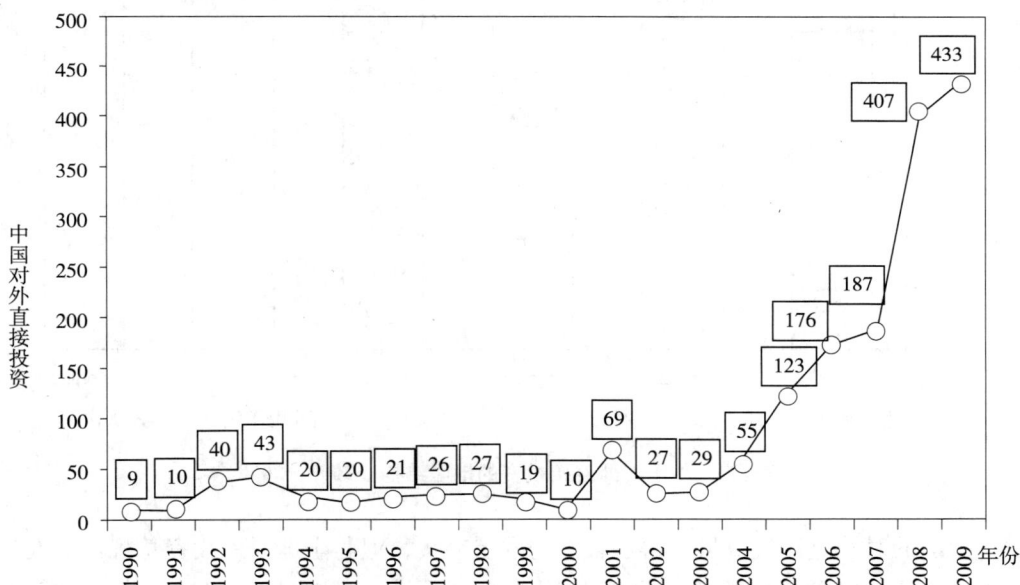

图 2－22　1990～2009 年中国非金融领域对外直接投资流量规模

数据来源：《2008 年中国对外直接投资统计公报》、《2009 年国民经济和社会发展统计公报》。

从对外投资的地区结构上看（见图 2－23），从 2003 年到 2008 年，中国对亚洲的对外投资比重从 52.7% 上升到 77.9%，对非洲的投资比重从 2.6% 上升到 9.8%，对

---

[1]　2009～2011 年，最受跨国公司青睐的十大投资国依次为：中国、美国、印度、巴西、俄罗斯、英国、德国、澳大利亚、印度尼西亚和加拿大等。资料来源：UNCTAD：World Investment Prospects Survey 2009—2011，p. 54。

大洋洲的投资比重从 1.2% 上升到 3.5%，对拉丁美洲的投资比重从 36.4% 下降到 6.6%，对欧洲的投资比重从 5.1% 下降到 1.6%，对北美洲的投资比重从 2.0% 下降到 0.7%。其中，中国对拉丁美洲的投资起伏最大，2005 年曾一度占到中国对外总投资的 52.7%，超过对亚洲的投资，不过到 2007～2008 年则迅速下降，2008 年仅占 6.6%。

（单位：%）

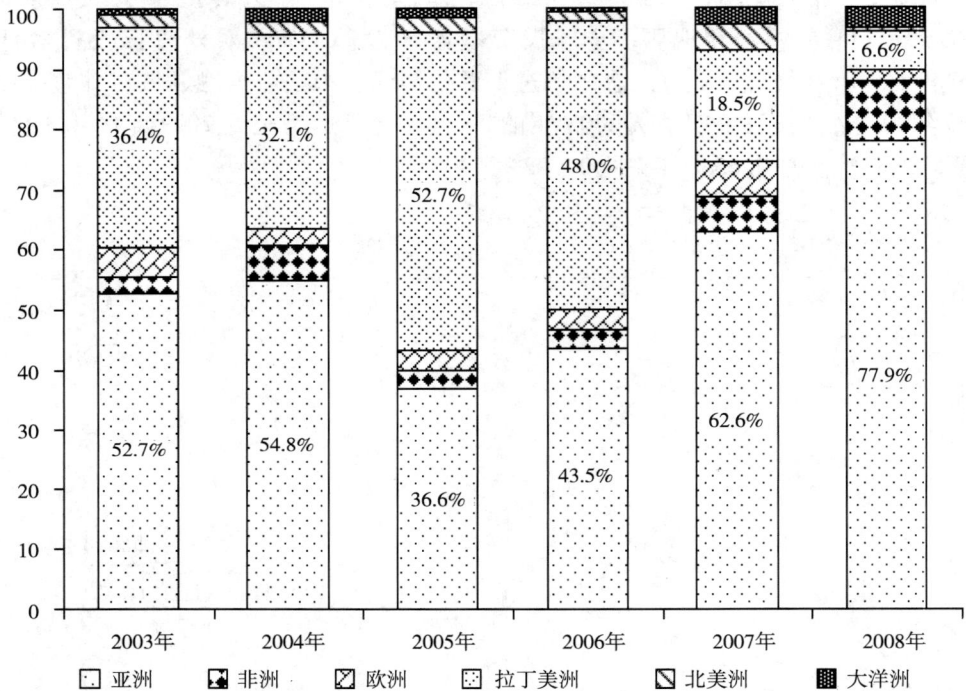

图 2－23　中国对外直接投资的地区结构（2003～2008 年）

中国的对外直接投资虽取得了较好的发展势头，但与全球对外投资总规模和发达国家水平相比，中国目前的流量和存量规模都还很小。根据 UNCTAD《世界投资报告（2009）》的数据，2008 年全球对外直接投资流出总流量为 1.86 万亿美元，总存量为 16.2 万亿美元，同年中国包括金融领域投资在内的对外直接投资总流量与总存量分别为 521.5 亿美元和 1479.5 亿美元，仅相当于全球对外直接投资流量与存量的 2.8% 和 0.9%，与发达国家（或地区）的差距还相当大，流量仅为美国的 1/6，存量仅为美国的 1/20。

2. 中国对全球 FDI 流量的增量贡献越来越大

20 世纪 90 年代以来，由于世界经济周期波动，发达国家吸收 FDI 规模出现过几次高峰和低谷，全球 FDI 也随之出现大起大落。然而，在此期间，中国经济保持了高速、稳定发展，中国吸收 FDI 水平也基本保持了持续上升的趋势，即使稍有回调，幅度也远远小于其他经济体，从而对于全球 FDI 增量做出了非常重要的贡献。

如图 2－24 所示，从 1992 年到 2000 年，全球 FDI 流量骤增 7.3 倍，从 1666 亿美元增长到 1.38 万亿美元，特别是发达国家大幅增长了近 9 倍，发展中国家总体也增长了近 4 倍，中国增长幅度相对较温和，为 2.7 倍。由于这个阶段的过度扩张，从 2000 年到 2003 年，全球 FDI 出现了一个回潮期，骤降近 60%，到 2003 年降到了 5652 亿美元，其中发达国家降幅高达 68%，发展中国家总体上也下降了 28%，只有中国仍保持了 31% 的较大幅度增长。从 2003 年到 2007 年，全球 FDI 又出现了一波新的高峰，大幅增长 2.5 倍，扩张到近 2 万亿美元，其中发达国家增长 2.8 倍，发展中国家增长 1.9 倍，中国则保持了 56% 的温和增长。此后，受国际金融危机影响，全球 FDI 已连续两年出现大幅回落，2008 年下降 14.2%，2009 年下降 38.7%。发达国家下降幅度更大，分别下降 29.2% 和 41.2%。而中国在 2008 年还上升了 29.7%，2009 年则仅下降了 2.6%。

（单位：亿美元）　　　　　　　　　　　　　　　　　　　　　　　　（单位：亿美元）

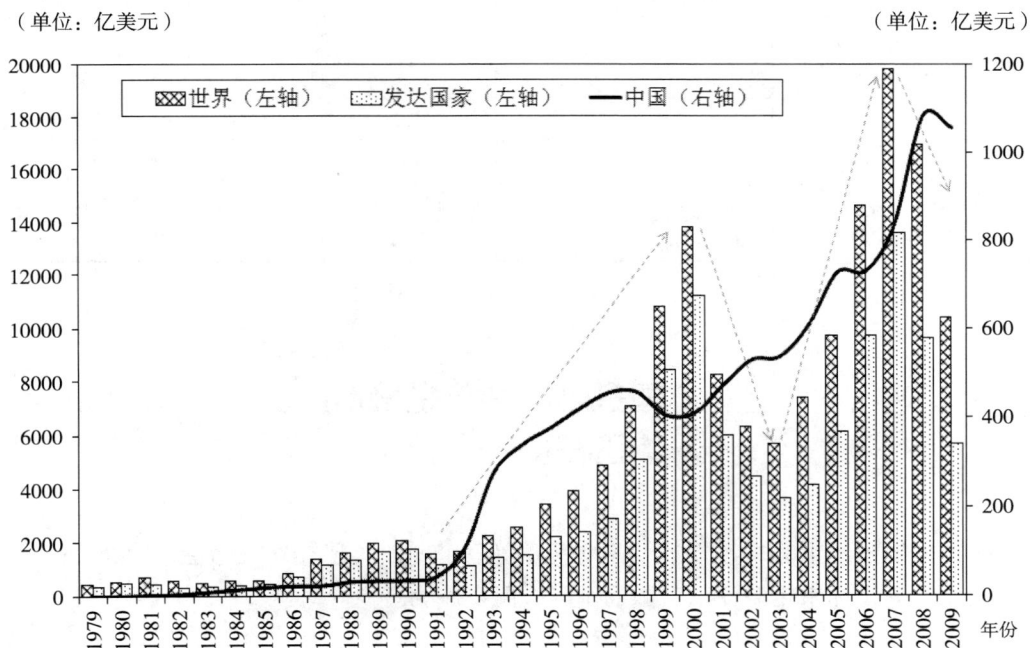

图 2－24　1979～2009 年全球 FDI 流入流量变动趋势

数据来源：UNCTAD FDISTAT & Global Investment Trends Monitor No. 2。

我们可以简单比较分析一下 1980～1990 年、1990～2000 年和 2000～2007 年三个时间段上中国对全球及发展中国家 FDI 流量的增量贡献率（见表 2－8）。1980～1990 年，全球 FDI 流量增量为 1532 亿美元，其中发展中国家流量增量为 276 亿美元，发达国家的增量贡献率为 81.9%，其中美国为 20.6%，法国为 8%。发展中国家的增量贡献率为

18％，其中中国为 2.2％，印度为 0.1％，或者说中国、印度对发展中国家 FDI 流量的增量贡献率分别为 12.4％和 0.6％。1990～2000 年，中国对全球 FDI 流量的增量贡献率上升到 3.2％，印度为 0.3％，中国和印度对发展中国家 FDI 流量的增量贡献率分别为 16.8％和 1.5％。2000～2007 年，发展中国家对全球 FDI 流量的增量贡献率达到 45.6％，超过发达国家的贡献率。其中，中国和印度对全球 FDI 流量的增量贡献率分别为 7.2％和 3.6％，对发展中国家 FDI 流量的增量贡献率分别为 15.7％和 7.9％。中国对全球 FDI 流量的增量贡献越来越大。

表 2-8 部分国家对全球 FDI 流量的增量贡献率（1980～2007 年） （单位:%）

项目		1980～1990 年	1990～2000 年	2000～2007 年
增量规模（亿美元）	全球 FDI 流量增量	1532	11744	5972
	发展中国家 FDI 流量增量	276	2218	2725
对全球 FDI 流量的增量贡献率	发达国家	81.9	80.5	40.3
	其中：美国	20.6	22.6	−7.2
	法国	8.0	2.4	19.2
	发展中国家	18.0	18.9	45.6
	其中：中国	2.2	3.2	7.2
	印度	0.1	0.3	3.6
对发展中国家 FDI 流量的增量贡献率	中国	12.4	16.8	15.7
	印度	0.6	1.5	7.9

五、中国金融市场与金融资产的影响正在提升

我们从规模比重、增量贡献、关联带动等三个方面，选择外汇储备、持有美国国债数额及比重等指标来粗略评估中国的国际金融影响力。

1. 中国外汇储备规模不断扩大

我们这里选用外汇储备作为衡量中国国际金融影响力的规模指标。外汇储备是一个国家国际清偿力的重要组成部分，在平衡国际收支、稳定汇率等方面发挥重要作用，同时也是综合国力和国家信誉的重要体现，只要能管理和使用好外汇储备，对于稳定国际市场、推动世界经济发展也具有积极意义。

1952 年，我国外汇储备只有 8 万美元，到 1978 年，也只有 16 亿美元，只相当于当时世界第一位德国的 3.2％。此后，随着我国改革开放程度的不断加深和综合国力的增

强，外汇储备大幅增加。2000 年，我国外汇储备增加到 1683 亿美元，位居世界第二位，相当于当时世界第一位日本的 47.4%；2006 年年底，我国外汇储备突破万亿美元大关，达到 10685 亿美元，超过日本成为全球外汇储备最多的国家。2009 年，我国外汇储备突破 2 万亿美元，达到 23992 亿美元，是第二位日本的 2.4 倍，占全球比重达到 30.7%，已连续四年位居全球第一。1979～2009 年，我国外汇储备年均增加 773 亿美元，尤其是 2001～2009 年，年均增加 2479 亿美元（见表 2-9）。

表 2-9　部分年份外汇储备余额的国际比较　　　（单位：亿美元）

国家	1978	1990	2000	2003	2006	2009
中国	16	296	1683	4082	10685	23992
日本	324	785	3549	6633	8797	9966
俄罗斯	..	..	243	732	2956	3956
印度	64	15	379	989	1707	2699
巴西	118	74	324	488	852	2286
美国	70	723	566	749	549	1312
英国	160	359	388	353	407	414
德国	485	679	569	507	417	374
法国	93	368	370	302	427	277
全球	..	9194	19781	31083	50387	75160

数据来源：World Bank，World Development Indicator 2009；2009 年数据来自于 IMF 网站。

从表 2-9 中看出，金砖四国（BRICs）的外汇储备增长幅度都较大，2009 年都排到了前十位，俄罗斯以 3956 亿美元排在日本后面居第三位，印度以 2699 亿美元居第五位，巴西以 2286 亿美元居第八位。2009 年，金砖四国外汇储备总额达 3.29 万亿美元，占全球比重高达 42.1%。而同年发达七国（G7）外汇储备总额只有 1.31 万亿美元，占全球比重仅为 16.8%（见图 2-25）。金砖四国的外汇储备总规模 2005 年就已超过 G7，主要是由于中国外汇储备迅猛增加的同时日本、德国等国外汇储备出现了较大幅度的减少。

不过，我们需要注意的一点是，以上比较的只是外汇储备规模，没有包括黄金等其他储备资产。如果我们来比较更广义的国际储备规模，我们就会发现 G7 与 BRICs 相比就没有那么大的差距。2009 年，G7 的国际储备总额是 2.14 万亿美元，是外汇储备总额的 1.63 倍，而金砖四国的国际储备总额是 3.42 万亿美元，仅为外汇储备总额的 1.04 倍。这说明两者的储备结构具有一定差异，这与处于不同发展阶段国家在全球化经济中的分工以及各国的储备资产结构安排战略等都有关系，不宜做简单判断。

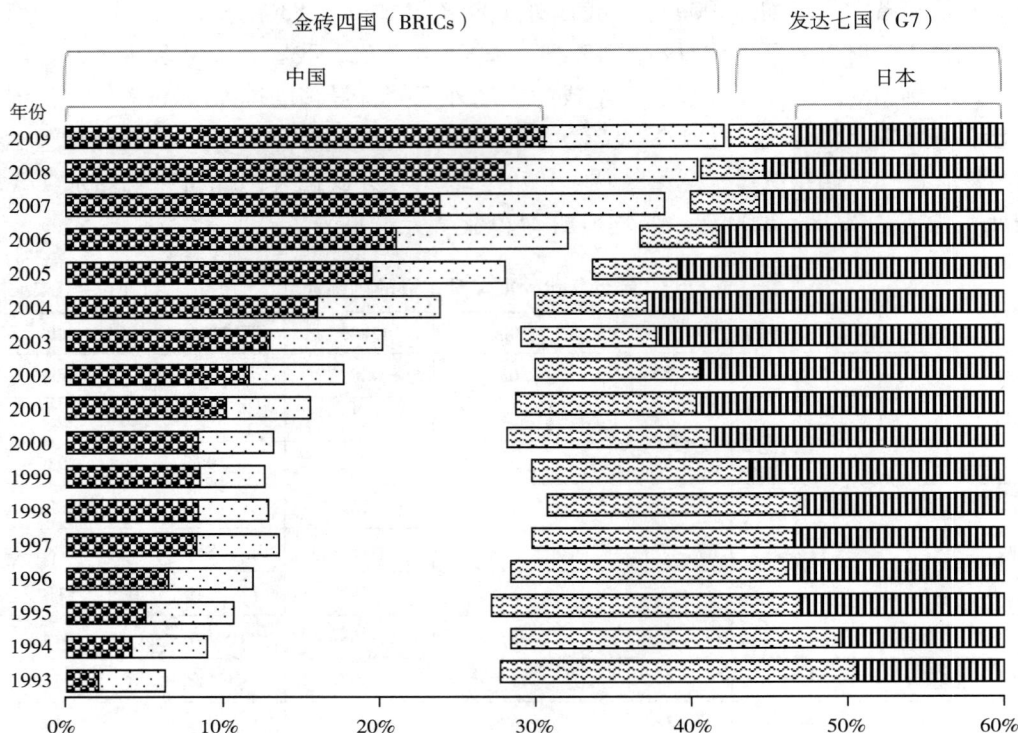

图 2-25　金砖四国（BRICs）与发达七国（G7）外汇储备规模比较

2. 中国对全球外汇储备和资本市场的增量贡献

（1）对全球外汇储备的增量贡献

1993 年，全球外汇储备总额为 1.09 万亿美元，当时金砖四国的外汇储备总额仅为 690 亿美元，中国只有 224 亿美元。2009 年，全球外汇储备总额增长到 7.81 万亿美元，比 1993 年增长了近 6 倍；同期，金砖四国的外汇储备总额增长更为迅猛，2009 年达到了 3.29 万亿美元，增长了 46.7 倍，特别是中国的外汇储备增长到了 2.4 万亿美元，增长了 106 倍。在 16 年时间里，全球外汇储备增量为 6.72 万亿美元，年均增长 4202 亿美元，金砖四国外汇储备增量为 3.22 万亿美元，年均增长 2015 亿美元，中国外汇储备增量为 2.38 万亿美元，年均增长 2377 亿美元，中国贡献了全球增量的 35%，贡献了金砖四国增量的 74%。

（2）对全球资本市场的增量贡献

中国上市公司总市值从 1991 年的 20.3 亿美元大幅增长到 2008 年的 2.8 万亿美元，年均增长 1642 亿美元，同期美国上市公司总市值从 4.1 万亿美元增长到 11.7 万亿美元，年均增长 4499 亿美元，世界总额则从 11.3 万亿美元增长到 35 万亿美元，年均增长 1.39 万亿美元。在世界增量中，美国贡献了 32.4%，中国贡献了 11.8%。另据统计，2009 年世界新公开发行的股票（约 1900 亿美元）中，超过 1/3 来自中国香港、深圳和上海这三大股票市场（700 亿美元）。①

3. 中国持有大量美国国债的关联带动效应

我们这里选用持有美国国债数量作为金融关联带动指标。美国国债不仅给美国经济发展提供了重要的资金支持，而且是美国政府干预、调控经济的重要手段之一，对美国利率、美元走势等都会产生重要影响，从而影响世界经济以及各国经济的运行。中国持有美国国债的规模和调整动向已经成为影响国际金融市场、影响美国经济以及世界经济的重要因素之一。

如表 2－10 所示，从 2002 年到 2009 年，美国国债总额增加了近一倍，从 6.4 万亿美元扩大到 12.3 万亿美元，其中，外国持有总额增长了近两倍，从 1.24 万亿美元增长到 3.69 万亿美元，贡献了美国国债增量的 41.5%，在总额中的比重从 19.3% 上升到 30%。在外国持有者中，中国增持额度最为惊人，从 2002 年年末的 1184 亿美元增加到 2009 年年末的 8948 亿美元，增长了近七倍，贡献了美国国债增量的 13.1%，是日本增量贡献的 2 倍，在美国国债总额中的比重从 1.8% 上升到 7.3%。

表 2－10　持有美国国债的主要国家（2002～2009 年）

（单位：10 亿美元；%）

项目		2009	2008	2007	2006	2005	2004	2003	2002
中国大陆	数额①	894.8	727.4	477.6	396.9	310.0	222.9	159.0	118.4
	比重②	7.3	6.8	5.2	4.6	3.8	2.9	2.3	1.8
	排名③	1	1	2	2	2	2	2	2
日本	数额	765.7	626.0	581.2	622.9	670.0	689.9	550.8	378.1
	比重	6.2	5.9	6.3	7.2	8.2	9.1	7.9	5.9
	排名	2	2	1	1	1	1	1	1
英国	数额	178.0	130.9	158.1	92.6	146.0	95.8	82.2	80.8
	比重	1.45	1.22	1.71	1.07	1.79	1.26	1.17	1.26
	排名	4	5	4	4	3	3	3	3
巴西	数额	169.3	127.0	129.9	52.1	28.7	15.2	11.8	12.7
	比重	1.38	1.19	1.41	0.60	0.35	0.20	0.17	0.20
	排名	5	6	5	10	15	21	23	21
外国持有总额	数额	3689.0	3075.9	2353.2	2103.1	2033.9	1849.3	1523.1	1235.6
	比重	30.0	28.8	25.5	24.2	24.9	24.3	21.8	19.3
美国国债总额		12311.3	10699.8	9229.2	8680.2	8170.4	7596.1	6998.0	6405.7

注：①年末余额，10 亿美元；②相对于美国国债总额；③在所有国外持有者中的排名。
数据来源：美国财政部。

---

① ［日］金山隆一：《中国统治世界》，日本《经济学家》周刊 2010 年 2 月 16 日。

图 2–26 描绘了 2000 年 3 月～2009 年 12 月中国、日本、英国和巴西四国持有美国国债余额的月度走势。从中可以看出，日本持有美国国债的比重一直保持很高水平，2004 年 8 月还曾一度上升到 9.5% 的高点，此后则开始逐步回落。中国则是美国国债增持速度最快、增持规模最大的国家，2000 年年初持有比重还低于英国，只有日本的 1/5 左右，随后呈直线上升趋势，2008 年 9 月超过日本居第一位并延续至今，2009 年 7 月持有比重到达过 8.1% 的相对高点。巴西持有美国国债增长幅度也很大，但由于总体规模还比较小，影响力也相对较小。

（单位：%）

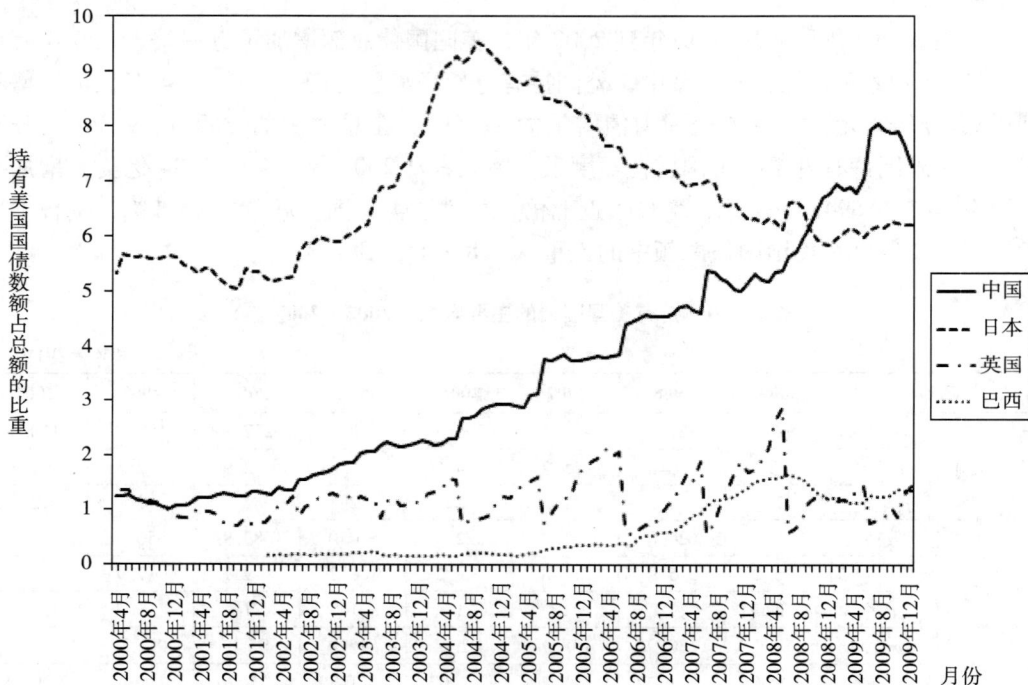

图 2–26　中国、日本、英国和巴西四国持有美国国债比重走势

六、中国对全球科技发展做出积极贡献

下面我们从科技规模比重和科技增量贡献两个角度初步分析一下中国对全球科技发展的贡献和产生的影响力。

1. 中国科技投入与产出规模均实现较大幅度增长

（1）科技投入

根据 OECD 的数据（见图 2–27），1991～2007 年，中国在研发投入（R&D）金额从85亿美元大幅增长到871亿美元，增长了近十倍。同期，美国从1911亿美元增长到3078亿美元，日本从824亿美元增长到1246亿美元，德国从448亿美元增长到588亿美元，韩国从86亿美元增长到370亿美元。中国是主要国家中增长幅度最大的。1991年，中国R&D金额仅占美国的4.45%、日本的10.32%、德国18.97%，略低于韩国。到2007年，中国R&D金额占美国、日本的比重分别上升到28.3%和69.9%，是德国的1.48倍、韩国的2.35倍。

（单位：10亿美元，2000年不变价）

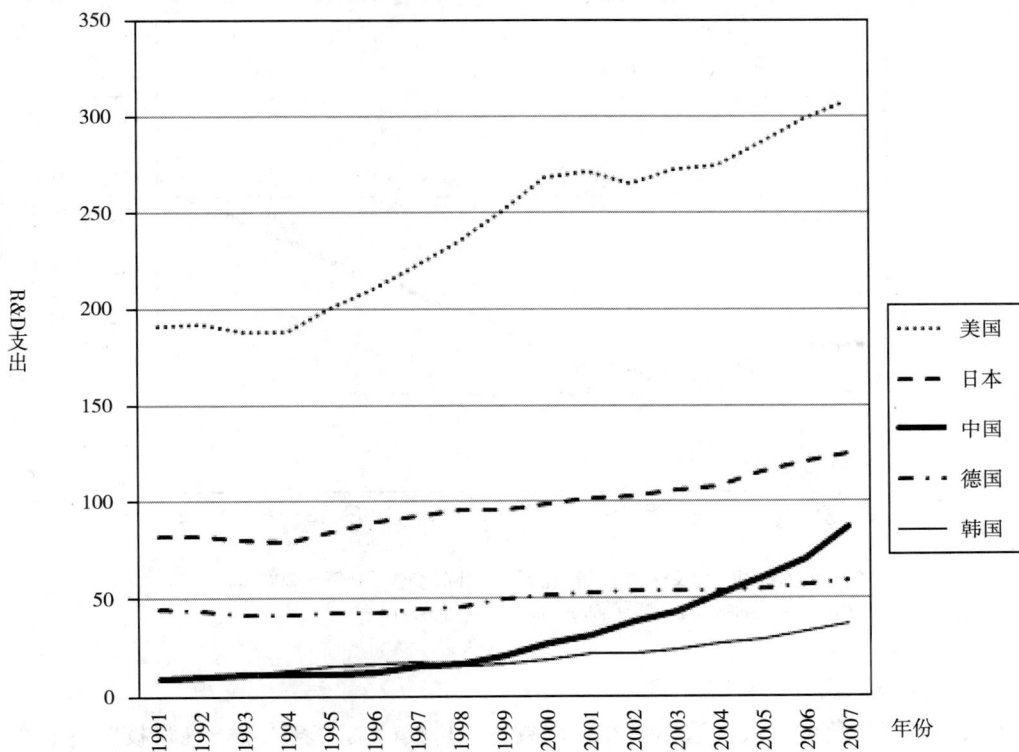

图2-27　研究与开发（R&D）支出的国际比较（1991～2007年）

数据来源：OECD：Main Science and Technology Indicators（2009/1）。

从R&D占GDP比重上看（见图2-28），中国也有了长足进步，尽管绝对值与其他国家相比还有较大差距。1991年，中国R&D占GDP比重仅为0.73%，到1996年还曾一度下降到0.57%，不过此后则持续攀升，到2007年达到了1.47%，缩小了与发达国家的水平。在这近二十年时间里，美国、德国R&D占GDP比重变化幅度不大，均值分别为2.62%和2.38%，而日本、韩国增长幅度较大，日本从1991年的2.78%上升到2007年的3.44%，韩国则从1991年的1.84%大幅上升至2007年的3.47%，一举超过了日本。从R&D占GDP比重的增长幅度上看，中国是最大的，增长了104.1%，而同期韩国、日本分别增长了 88.6% 和 23.7%。

（单位：%）

R&D占GDP比重

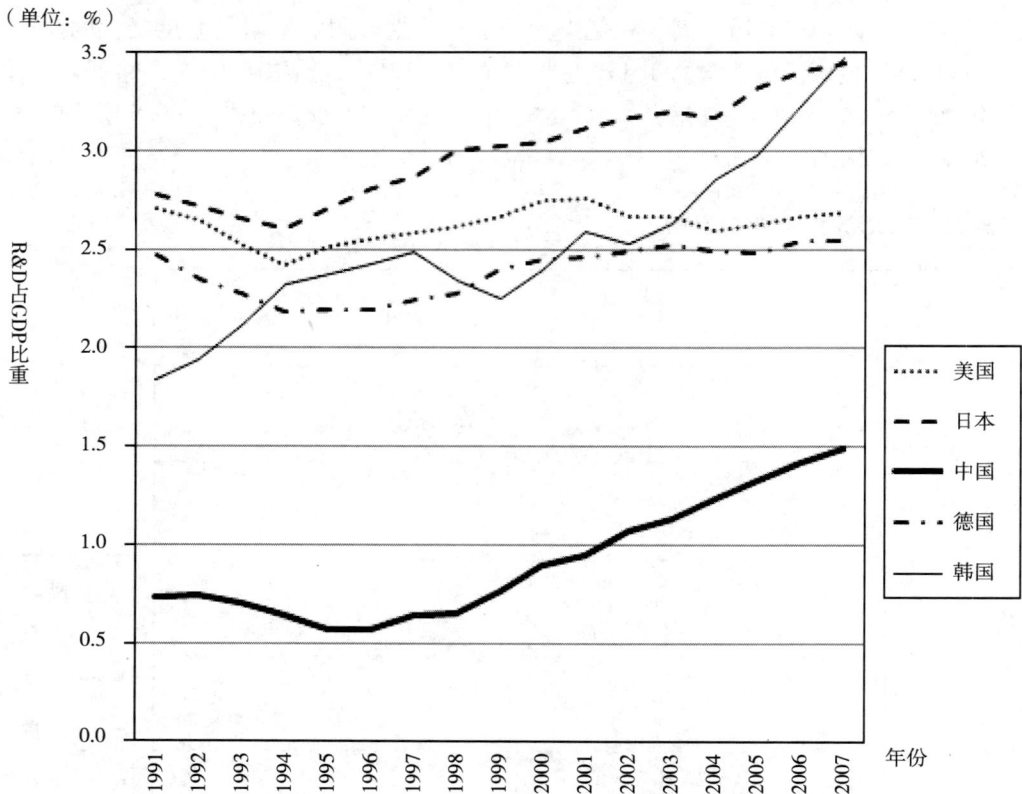

图 2-28 R&D 占 GDP 比重的国际比较 (1991～2007 年)

数据来源：OECD：Main Science and Technology Indicators (2009/1)。

（2）科技产出

从科技产出角度，我们选取专利申请数量、科技论文发表数量、高科技制造业增加值和高技术产品出口等指标来进行分析。

根据世界银行《世界发展指标（2009）》的数据，中国专利申请数（包括居民与非居民）从 1985 年的 8558 件激增到 2007 年的 245161 件，占全球专利申请数量的比重从 1.25% 上升到 15.44%（见图 2-29）。

如图 2-30 所示，从 1988 年到 2008 年，世界各大区域科技论文发表数量都有不同幅度增长，欧盟从 14.6 万篇增长到 23.3 万篇，增长了 60%；美国从 17 万篇增长到 20 万篇，增长了 17%；亚洲 10 国/地区①从 5.1 万篇增长到 16.6 万篇，增长了 226.5%。

① 亚洲 10 国/地区是指日本、中国、印度、印度尼西亚、马来西亚、菲律宾、新加坡、韩国、中国台湾和泰国，亚洲 8 国/地区是指亚洲十国地区中除日本、中国外的其他 8 个国家地区。

（单位：%）

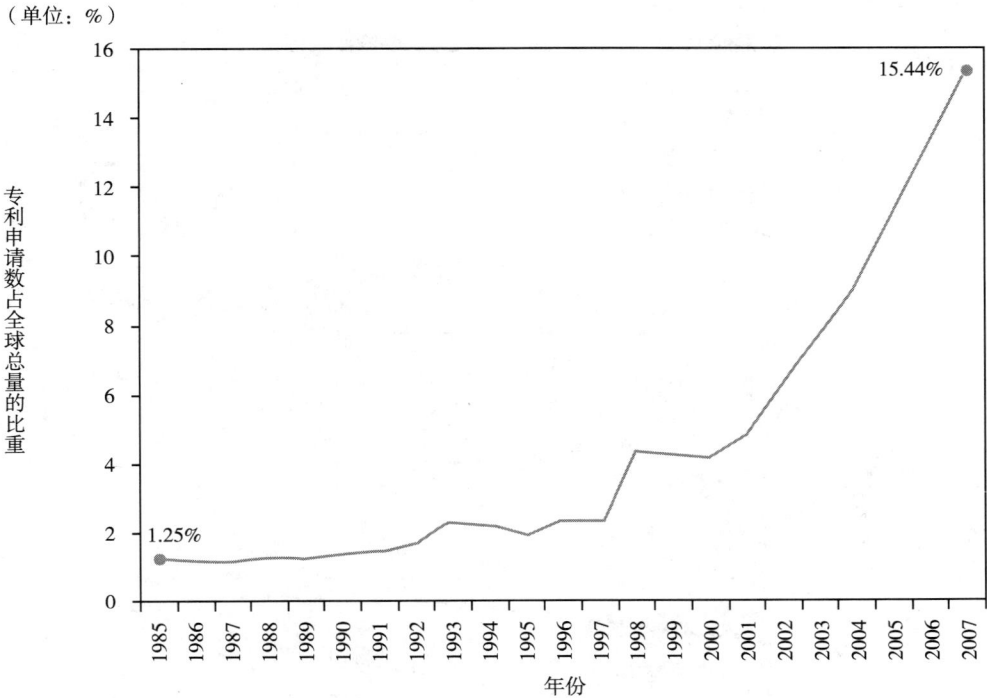

图 2－29　中国专利申请数占世界总量的比重

数据来源：World Bank：World Development Indicators 2009。

从单个国家来说，中国的增长幅度最为惊人，从 1988 年的 0.46 万篇增长到 2008 年的 6.1 万篇，大幅增长了 12.2 倍。1988 年，中国科技论文发表数量仅占美国的 2.7%、欧盟的 3.2% 和日本的 13.7%，而到 2008 年，中国占美国、欧盟的比重分别上升到 30.7% 和 26.2%，为日本的 1.28 倍。在亚洲十个主要经济体总量中的比重从 1988 年的 9.1% 上升到 2008 年的 36.8%，而同期日本则从 66.7% 下降到 28.9%。

随着中国经济的快速发展，以及中国在人才资源、国内市场等方面优势的逐步显现，中国对全球高科技跨国企业也具有极强的吸引力。这从近十几年来中国高科技制造业增加值占全球比重以及高技术产品出口占全球总量比重等指标的迅速上升上可以看出。虽然这些指标的迅速上升不代表中国技术水平的大幅提升，因为主要是跨国公司在生产和出口。不过，从全球科技发展角度看，中国已经成为高科技产业链的重要一环，特别是在生产和出口这个环节上发挥了越来越重要的作用，对全球和各国的科技发展都有着积极贡献。

如图 2－31 所示，1995～2007 年，中国高科技制造业增加值占全球比重从 2.6% 大幅上升到 13.7%，同期日本从 26.8% 大幅下降到 10.6%。欧盟高科技制造业增加值占全球比重变化幅度较小，1995～2007 年平均为 24.4%，最高为 25.7%（2003 年），最

（单位：千篇）

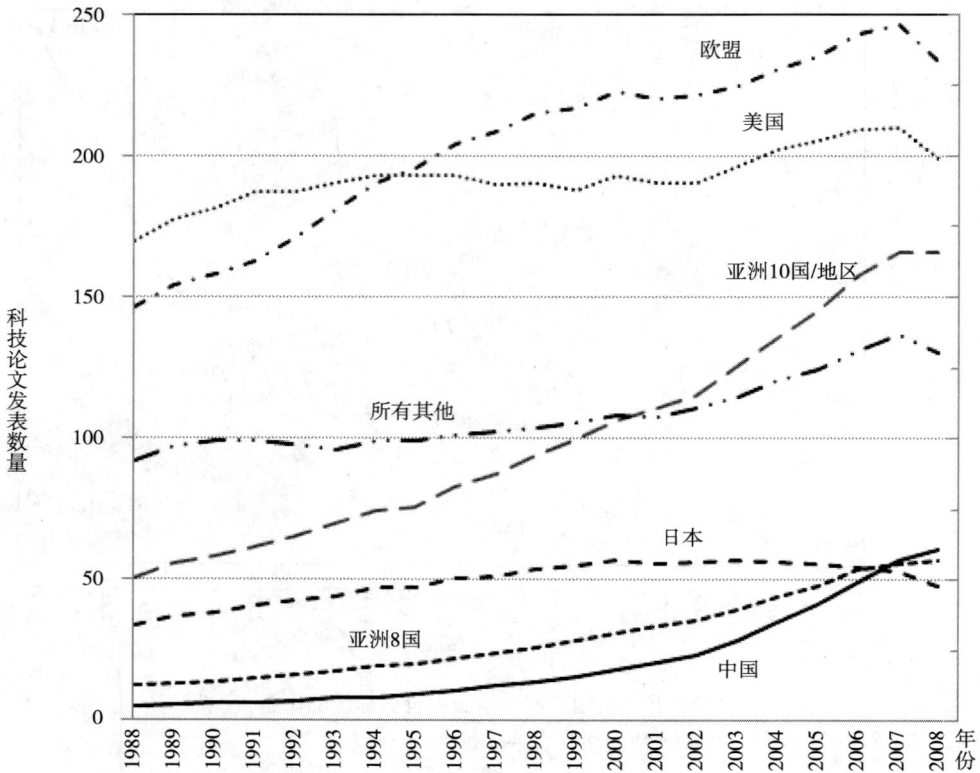

图 2-30　科技论文发表数量的国际比较

数据来源：Science and Engineering Indicators 2010。

低为 21.6%（2000 年）。美国则先增后降，1998 年曾到达过 36.4%，2007 年又降到了 30.7%，略高于 1995 年（29.1%）。

同时，如图 2-32 所示，中国高技术产品出口占全球总量的比重的上升幅度更为惊人，1995 年中国仅占到 6.2%，远低于美国（21.2%）、欧盟（16.3%）和日本（18.4%）的水平，而到了 2008 年，中国该比重大幅上升至 19.8%，分别比欧盟、美国和日本超过了 2.4 个百分点、6.2 个百分点和 11.7 个百分点。亚洲另外八个主要经济体高技术产品出口合计占全球比重则比较稳定，1995～2008 年平均为 28% 左右。而所有其他地区的比重则略有上升，从 1995 的 10.8% 上升到 2008 年的 13.2%。可见，美、欧、日高技术产品出口的比重大幅下降，是因为这些国家和地区的很多高科技企业转移到中国来生产和出口。

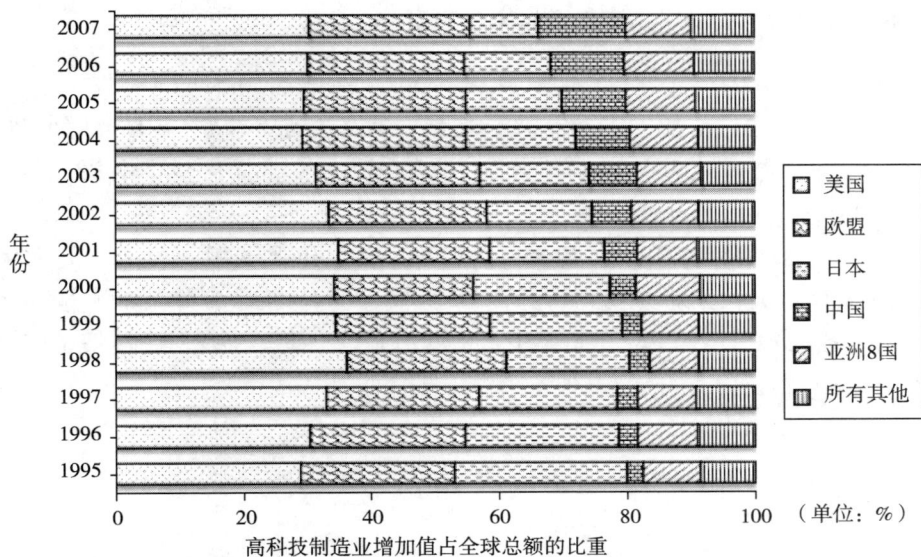

图 2-31　中国高科技制造业增加值占全球比重的国际比较

注：亚洲 8 国是指印度、印度尼西亚、马来西亚、菲律宾、新加坡、韩国、中国台湾和泰国。

数据来源：Science and Engineering Indicators 2010。

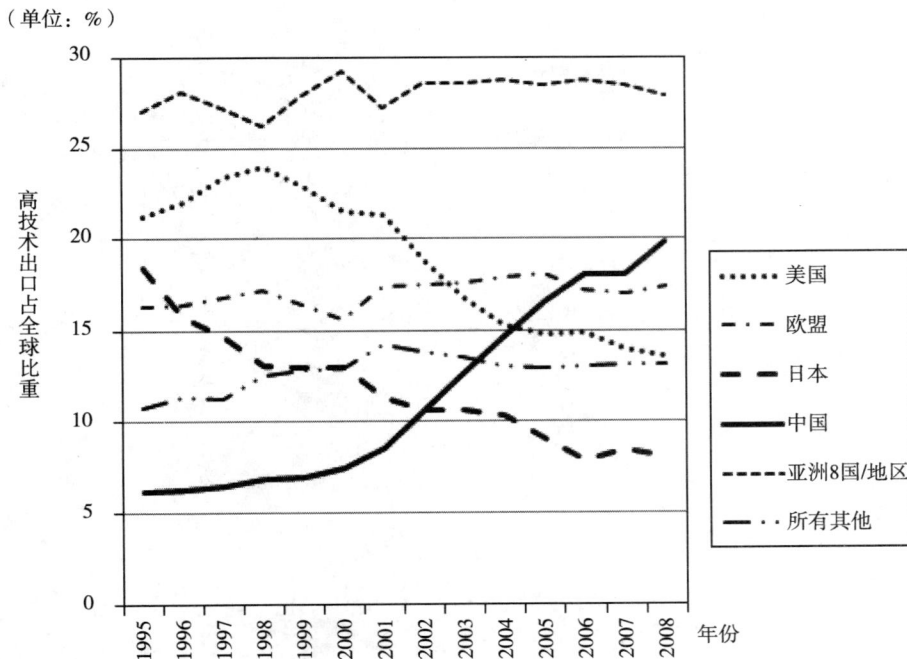

图 2-32　中国高技术产品出口占全球比重的国际比较

注：亚洲 8 国是指印度、印度尼西亚、马来西亚、菲律宾、新加坡、韩国、中国台湾和泰国。

数据来源：Science and Engineering Indicators 2010。

2. 中国对全球科技发展的增量贡献比较突出

从 1985 年到 2007 年，全球专利数从 685694 件增加到 1587502 件，共增加了 901808 件，其中，中国增加了 236603 件，增量贡献率达到 26.2%。1985 年到 2005 年，全球科技论文发表数量从 356547 篇增加到 708086 篇，共增加了 351539 篇，其中，中国增加了 39653 篇，增量贡献率达到 11.3%。

从图 2-30 也可看出，1988~2008 年，欧盟、美国和亚洲 10 国（地区）对全球科技论文增量贡献最大，分别贡献了 10.7%、32.2% 和 42.8%，合计贡献了 85.8%。在亚洲 10 国（地区）对全球的增量贡献中，中国占了近一半，中国对全球增量的贡献率高达 21%，而日本仅为 5.2%，其他 8 个经济体合计为 16.6%。

第三章　立场鲜明：
坚持市场开放反对贸易保护

2009 年，金融危机仍然是全球经济发展的挡路石。在降低或者摆脱危机影响、转嫁国内矛盾等考虑下，各国对华频举贸易保护主义大棒，包括密集启动对华贸易救济调查，出台各种影响中国商业利益的保护主义政策，设立多种非关税壁垒等等，我国由此成为全球贸易保护主义的重灾区，国际贸易环境极度恶化。然而，虽然危机下各国频频对华采取贸易保护主义措施，但我国并没有以牙还牙，还之以贸易保护主义措施。相反，在对待贸易保护主义问题上，我国的立场一贯且鲜明，即坚持开放政策反对贸易保护主义。我国不仅多次在国际重要高峰会议上重申这一立场，而且以实际行动履行着反对贸易保护主义的诺言。这一言行一致的做法得到了国际社会的高度评价，成为 2009 年提升我国国际地位的重要助动力。

一、中国沦为贸易保护主义的最大受害国

对中国而言，2009 年是不平凡的一年。回首过去的一年，令我们记忆深刻的除了危机带来的全球经济的多次超预期快速下滑外，还有各国出台的数量众多的贸易保护主义措施。这些措施形式多样，其中对中国国际贸易影响比较明显的当属各国密集启动的对华贸易救济调查。此外，各国出台的影响中国商业利益的贸易保护政策以及各种非关税壁垒的设立也在相当程度上阻止了"中国制造"在世界范围内的自由流通。

1. 世界主要国家密集启动对华贸易救济调查

2009 年各国对华频频启动贸易救济调查。据商务部统计，2009 年 1 至 8 月，共有17 个国家（地区）对中国发起 79 起贸易救济调查，涉案总额约 100.35 亿美元，同比分别增长 16.2% 和 121.2%。而 8 月以后，虽然世界经济出现了止跌企稳的兆头，但各国针对中国产品启动贸易救济调查的热情却没有丝毫减退，有的国家甚至呈现出密集发难的态势。以下是笔者根据商务部网站资料整理而成的中国贸易摩擦三大交锋国（地区）在 2009 年对华启动的贸易救济调查的具体情况，这些数据直观地向我们展现了金融危机下中国面对的日益严峻的国际贸易环境。

（1）欧盟

2009 年欧盟对华贸易救济调查 7 起（包括 6 起反倾销调查和 1 起反规避调查），占 2009 年欧盟对全球新立案件的 58%，占全球对华贸易救济调查案件总数的 6%。其中，6 起反倾销案件涉案产品分别为扫描仪、钼丝、葡萄糖酸钠、铝合金轮毂、聚酯高强力纱、长丝玻璃纤维；反规避调查涉及到的则是钢索和钢缆。具体情况如下：

表 3-1　2009 年欧盟启动的对华贸易救济调查情况表

编号	时间	调查内容	目前进展
1	3 月 18 日	对华出口集装箱检测设备大型扫描仪发起反倾销调查	12 月 17 日，欧委会决定征收临时反倾销税，全国统一税率为 36.6%
2	4 月 8 日	对华出口钼丝发起反倾销调查	12 月 18 日，欧委会决定征收临时反倾销税，全国统一税率为 64.3%
3	8 月 11 日	对华葡萄糖酸钠发起反倾销调查	进行中
4	8 月 12 日	对华绕道韩国和马来西亚向欧盟出口钢索和钢缆发起反规避调查	进行中
5	8 月 13 日	对我国输欧铝合金轮毂发起反倾销调查	进行中
6	9 月 8 日	对华出口聚酯高强力纱起反倾销调查	进行中
7	12 月 17 日	对华长丝玻璃纤维发起反倾销调查	进行中

对欧盟而言，反倾销是欧盟对华进行贸易救济的最主要的方式。据商务部公平局的统计，自 1979 年欧盟首开西方国家对华反倾销之先河，对中国出口的糖精及盐类进行反倾销调查，到 2009 年 12 月 31 日以来，欧盟对华贸易救济措施案件共达 148 起，其中反倾销案 145 起，保障措施 2 起，特保 1 起。显然，反倾销在欧盟对华贸易救济手段中具有压倒性的地位。

反规避是欧盟对华贸易救济的另一个重要方式。反规避是指反对规避反倾销的行为，因此严格意义上，反规避依然属于反倾销的范畴。由于反规避取证容易、征收税率高的特点，其一直受到欧美国家的青睐，而欧盟则是对华反规避贸易救济调查的头号启动方。据统计，自 2001 年中国加入 WTO 以来，中国已遭受反规避调查案件 14 起，其中，欧盟 11 起、美国 2 起、阿根廷 1 起。2009 年以来，欧盟也已对华发起 1 起反规避调查。

此外值得注意的是，欧盟对华采取反倾销立案和采取措施的门槛有所降低。2009 年 10 月 6 日，欧盟以损害威胁为由，决定对我输欧无缝钢管征收 17.7%～39.2% 的最终反倾销税，这在欧盟对华反倾销实践中属首次。另外，按照欧盟现有法律规定，欧盟反补贴调查不适用于非市场经济体，因此至今为止欧盟尚未对华启动反补贴调查。但是，欧盟近年来的一些新的动向表明这一实行多年的法律正在出现松动。欧盟已经表示，对于非市场经济体在反倾销调查中获得市场经济地位的企业，将自动适用反补贴调查，而且欧盟还可以主动提起反补贴调查。因此，可以预见，在不远的将来，欧盟必将步美国后尘突破其多年的传统而对华启动反补贴调查。

（2）美国

截至 2009 年 12 月 31 日，世界上最重要的国家，也是中国第二大贸易伙伴美国对华共发起 11 起反倾销和反补贴合并调查，2 起反倾销调查以及 1 起特保调查，涉华贸易救济案件共达 14 起。具体情况如下：

表 3－2　2009 年美国启动的对华贸易救济调查情况表

编号	时间	调查内容	目前进展
1	4 月 28 日	对中国油井管产品启动反倾销反补贴合并调查①	9 月 9 日，DOC 做出初裁，认为存在补贴。11 月 5 日，DOC 决定征收最高达 99.14% 的反倾销税。11 月 24 日，DOC 做出存在补贴的终裁。12 月 4 日，DOC 修改油井管双反案的反倾销初裁。12 月 7 日，DOC 做出反补贴幅度的终裁。
2	4 月 29 日	对原产于中国的乘用车和轻型货车轮胎启动特别保障措施调查程序②	9 月 11 日，美正式宣布对该类轮胎实施为期三年的惩罚性关税。
3	5 月 5 日	对中国的石油管材产品进行反倾销和反补贴调查	5 月 22 日，ITC 做出产业损害肯定性裁决。
4	6 月 17 日	对中国钢绞线反倾销反补贴立案调查	7 月 10 日，ITC 做出存在损害的初裁。10 月 27 日，DOC 做出反补贴初裁，认为存在补贴。12 月 18 日，DOC 做出反倾销肯定初裁。
5	6 月 19 日	对中国钢格板反倾销反补贴立案调查	7 月 10 日，ITC 做出存在损害的初裁。10 月 27 日，美商务部做出反补贴初裁，认为存在补贴。12 月 29 日，DOC 做出反倾销肯定初裁。
6	6 日 26 日	对华输美金属丝网托盘发起反倾销反补贴合并调查。	7 月 31 日，ITC 做出肯定性初裁，认定涉案产品对美相关产业造成实质性损害。
7	6 月 26 日	对进口自中国的钢丝层板进行反倾销和反补贴调查	7 月 20 日，ITC 做出产业损害初裁。11 月 3 日，DOC 做出存在补贴的初裁。
8	7 月 21 日	对中国输美编织电热毯产品发起反倾销立案调查。	8 月 13 日，ITC 初裁认定存在倾销，并造成实质产业损害或存在产业损害威胁。2010 年 1 月 27 日，DOC 做出肯定性初裁决定。
9	7 月 30 日	对华输美带织边窄幅织带产品启动反倾销反补贴合并调查。	8 月 21 日，ITC 初裁认定存在补贴和倾销，并对美产业造成实质损害威胁。12 月 8 日，DOC 做出反补贴调查的初裁结果。2010 年 2 月 6 日，DOC 公布倾销部分的初裁结果。
10	8 月 19 日	对中国输美镁碳砖发起反倾销反补贴合并调查	9 月 11 日，ITC 做出肯定性初裁，认定涉案产品对美相关产业造成实质性损害或实质性损害威胁。12 月 17 日，DOC 决定暂不对中国镁碳砖征收反补贴税。
11	10 月 6 日	对原产于中国的部分无缝管产品进行反补贴和反倾销	10 月 30 日，ITC 做出损害初裁，认为涉案产品对美国内产业造成实质损害威胁。2010 年 2 月，DOC 决定将无缝管双反案初裁时限延长 50 天。
12	10 月 14 日	对华部分铜版纸与紧固件产品进行反补贴和反倾销调查。	11 月 6 日，ITC 做出初裁，认为铜版纸倾销存在并对美国业界造成损害。并决定终止对华紧固件反倾销反补贴合并调查。
13	10 月 15 日	对我国输美磷酸盐产品发起反倾销反补贴合并调查	11 月 6 日，ITC 做出损害初裁，对三磷酸钠做出了否定性裁决，对焦磷酸钾、磷酸二氢钾和磷酸氢二钾三种产品做出了肯定性裁决。
14	10 月 21 日	对华无缝精炼铜管材进行反倾销立案调查	11 月 13 日，ITC 做出损害初裁，认为存在倾销行为，并对美国业界造成损害。

① 中美油井管案是 2009 年美国对华发起的一系列贸易救济措施中从经济角度看最为严重的一个案件，涉案金额高达 27 亿美金，创下了迄今为止外国对中国反倾销反补贴诉讼案值之最。

② 该案是加入 WTO 迄今中国涉案金额最大（超过 21 亿美元）的特保案，也是奥巴马执政以来美国对华发起的首例特保案件，在一定程度上，该案的发展过程以及结果可以被当成是检验奥巴马政府对特保措施的态度，乃至对中美贸易关系态度的"试金石"。因此，该案从一开始便广受国人关注。

以上统计除了直观地反映出 2009 年以来美对华启动贸易救济调查的基本情况以外，还透露出了美在涉华贸易救济调查层面的几个明显倾向：

第一，自 2007 年中美铜版纸案件美抛弃其坚持 23 年的不对"非市场经济国家"实施反补贴法的贸易政策，而对华首次适用反补贴法以来，反补贴调查已日益成为美对华贸易救济的主要手段之一。并且，在绝大多数情况下，反补贴调查总是与反倾销捆绑在一起，"双反"调查成为美国对华进行贸易保护的主要工具。如上，在 2009 年美对华启动的 14 起贸易救济调查案件中，双反调查便占到 11 起，其作为贸易保护工具的重要地位由此可见一斑。

第二，2009 年中美轮胎特保案，是美首次对华最终采取特保措施的案件，这标志着有着"商务非典"之称的特保措施正式从纸面威胁升级为现实挑战。而更为严重的性质在于，由于 2009 年的轮胎特保案不仅是美对华采取特保措施的第一案，也是奥巴马上台后美国对华发起的首例特保案件，因此从一定意义上说该案的发展可以被当成是检验奥巴马政府对特保措施的态度，乃至对中美贸易的态度。最终美对华决定采取特保措施的结果则明确向我们传递出美国政府在对华贸易问题上明显保护主义倾向的信息。而特保措施由于其启动相对简便、见效相对快的特点极易成为美国对华贸易救济的新宠。

（3）印度

印度与中国同属最重要的发展中国家之列，在出口产品的性质和种类等方面存在着很大的相似性，因此，在国际市场中，印度制造和中国制造也存在着激烈的竞争。近年来，印度已经取代欧美成为中国最大的贸易摩擦对象国。而在金融危机下，印度对华产品更是呈现出密集发难的特点。2009 年，印度对华共启动 23 起贸易救济调查，其中反倾销 8 起、反补贴 1 起、保障措施 9 起、特保措施 5 起。具体情况如下：

表 3 - 3　2009 年印度启动的对华贸易救济调查情况表

编号	时间	调查内容	目前进展
1	1 月 14 日	对华亚硝酸钠进行反补贴调查	进行中
2	1 月 16 日	对华纯碱进行特别保障措施调查	4 月 20 日，征收 20% 的从价临时特保税。
3	1 月 16 日	对华羧基合成醇产品发起保障措施调查	进行中
4	1 月 21 日	对来自中国和中国香港的乐果进行保障措施调查	8 月 27 日，决定征收 15% 或 20% 的从价税。
5	1 月 27 日	对华铝平滑辊产品和铝箔发起特别保障措施调查	6 月 19 日，决定征收特保税，征税期 2 年。
6	2 月 6 日	对华尼龙帘子布进行特别保障措施调查	4 月 6 日，终止对华尼龙帘子布特保调查。
7	2 月	对自中国等 6 国进口的"炭黑"发起反倾销调查	12 月 24 日，发布炭黑反倾销调查终裁。
8	3 月 19 日	对华胶短纤维（竹纤维除外）发起反倾销调查	进行中
9	4 月 2 日	对华汽车前桥梁、转向节和曲轴启动特别保障措施调查	9 月 23 日，终裁决定不征收特保税。
10	4 月 9 日	对热轧板卷材进行保障措施调查	5 月 13 日，决定暂缓征临时保障措施税。12 月 8 日，印度做出无措施结案决定。

续表

11	4月9日	对进口腈纶发起保障措施调查	5月13日，决定暂缓征收临时保障措施税。12月，决定终止调查。
12	4月20日	对中国未涂布纸和复写纸启动保障措施调查	5月13日，决定暂缓征收临时保障措施税。12月，建议不对涉案产品征税。
13	4月20日	对中国铜版纸和纸板启动保障措施调查	5月13日，决定暂缓征收临时保障措施税。12月，建议不对涉案产品征税。
14	4月21日	对华同步数字传输设备（包括用于电信行业的此种设备）展开反倾销调查	进行中
15	4月22日	对华等多国进口的刨花板进行保障措施调查	11月24日，印度做出无措施结案的终裁建议
16	5月18日	对原产于中国的圆型织机发起反倾销调查	进行中
17	5月18日	对华客车轮胎发起特保调查	9月30日，终止特保调查。
18	5月22日	对华未锻轧铝和铝废碎料进行保障措施调查	5月28日，对涉案产品征收10%的临时保障措施税。12月，决定终止调查。
19	6月16日	对华碳酸钡发起反倾销调查	进行中
20	7月10日	对华香豆素（Coumarin）发起反倾销调查	进行中
21	7月22日	对华青霉素G钾（Penicillin-G Potassium）和6—氨基青霉烷酸（6—APA）发起反倾销调查。	进行中
22	8月19日	对华四氟乙烷发起反倾销调查	进行中
23	8月20日	对进口烧碱发起保障措施调查	进行中

　　显然，在对华贸易问题上，印度已建立起相对成熟的国内贸易救济体系，能熟练运用两反两保贸易救济方式。中印贸易环境及其发展前景并不乐观。

　　此外，就各国对华启动贸易救济调查的对象而言，钢铁、纺织和化工行业是重灾区。据资料统计，2008年至2009年9月，在国外对华启动的137起反倾销调查中，涉及钢铁产品的案件数为24起，位居各行业之首；其次是纺织产品，为22起；位居第三位的是化工产品和机械产品，均为20起。在国外对华启动的20起反补贴调查中，涉及钢铁产品9起，位居首位。在33起保障措施调查中，涉及纺织和化工产品的案件数位居首位，均为6起。①

　　而就贸易救济调查导致的损失而言，据商务部统计，今年共有19个国家（地区）对中国发起102起贸易救济调查，涉案总额约有116.8亿美元；涉案金额1亿美元以上的贸易救济调查有17起。② 其中美国发起的油井管案，涉案金额达到32亿美元，是迄今为止中国遭受的案值最大的贸易救济调查。

---

　　① 《今年共有19个国家对中国发起102起贸易救济调查》，中国日报网：http：//www.chinadaily.com.cn/hqcj/2009—11/30/content_ 9076028.html。

　　② 《今年共有19个国家对中国发起102起贸易救济调查》，中国日报网：http：//www.chinadaily.com.cn/hqcj/2009—11/30/content_ 9076028.html。

2. 其他贸易保护主义措施的频繁出台

除了对华密集启动贸易救济调查外,各国还频繁采取其他针对中国的贸易保护主义措施,包括出台影响中国商业利益的保护主义政策,以及设立各种非关税壁垒。

(1) 出台影响中国商业利益的保护主义政策

根据伦敦"经济政策研究中心"9月发布的《未实现的承诺:关于 G20 峰会的报告》(该报告是"经济政策研究中心"对 2008 年 11 月 G20 峰会以来各国政府采取的 425 项"影响另一国商业利益"的措施进行分析而形成),G20 峰会以来,各国采取的经济措施大多包含保护主义内容,G20 成员普遍未能遵守 2008 年 11 月峰会上领导人关于不实施保护主义的承诺,而中国则是各国实施保护主义措施的首要目标。研究显示,56 个国家和地区采取的 99 项措施中包括了损害中国商业利益的内容。已实施的保护主义措施针对的重点目标名单中,中国位居榜首,其次为美国和德国。134 项尚未实施的措施中,77 项影响中国利益,影响美国和德国的则仅分别为 19 项和 30 项。

影响中国商业利益的保护主义措施主要体现在救助计划和国家扶持实施方面的部分具有歧视性倾向的规定。最典型的莫过于美国经济刺激计划中包含的"购买美国货"条款。2009 年 2 月 13 日,美国参众两院通过了一揽子经济刺激方案,其正式的名字为《2009 年美国复兴与再投资法》,该法第 1605 节规定:凡受到计划支持的公共建筑和公共工程的建造、改建、维护或修理必须使用美国生产的钢铁及其制成品,除非:①美国钢铁产品数量不够;②购买美国钢铁产品成本高出外国钢铁产品 25%;③联邦政府认定购买美国钢铁产品会损害公共利益。第 604 节还规定:美国国土安全局购买的制服、帐篷等物资,原则上也需要购买使用美国原材料并在美国生产的货物。由于中国并不是《北美自由贸易协定》的参与者,也未加入到 WTO《政府采购协议》,因此,来自中国的钢铁以及其他制成品不属于美国的"国货",而 25% 的规定则基本将非国货挡在了美国市场的大门之外。显然,"购买美国货"条款歧视性地将中国制造排除在外,该条款实质上属于一项影响中国商业利益的保护主义措施。

(2) 设置多种非关税壁垒

各国对华设置的非关税壁垒包括发布进口禁令、设置知识产权贸易壁垒和技术性贸易壁垒等。例如,2009 年 1 月 23 日印度宣布禁止从中国进口玩具,为期六个月;欧洲议会在 2008 年圣诞前夕通过了一份新的玩具安全指令,按照这一安全指令,中国出口至欧洲的玩具成本将大大提高;美国还频繁挥舞 337 大棒,试图以保护知识产权为由阻止中国产品进入美国国内市场。据统计,今年以来,美已对华发起 7 起 337 调查①,中

---

① 美国 337 调查的法律依据:337 调查是指美国国际贸易委员会(以下简称 ITC)根据美国《1930 年关税法》第 337 节(简称"337 条款"),对不公平的进口行为进行调查,并采取制裁措施的做法。实践中,337 调查主要针对进口产品侵犯美国知识产权的行为。当前,美国 337 调查已成为阻止中国产品进入美国市场的绿色壁垒,是美国进行贸易保护的手段。

国已连续 6 年成为遭遇 337 调查最多的国家。

此外，中国还面临着多起 WTO 诉讼：2009 年 7 月 23 日，美国、欧盟分别就中国限制出口稀有金属问题向 WTO 提起诉讼，8 月 21 日，墨西哥随后也就该问题启动 WTO 争端解决机制。这些形式各异的贸易保护主义措施将矛头直指中国制造，2009 年中国国际贸易环境之恶劣由此可见一斑。

3. 对华贸易保护主义泛滥的成因与历史背景

全球金融危机下中国成为贸易保护主义的重灾区，这是金融危机下各国转嫁国内危机的结果，是美国不恰当地对华采取贸易保护主义措施从而在全球范围内树立恶劣榜样的结果，也是中国经济实力进一步提升从而引起老牌经济强国担忧的结果。

首先，中国出口贸易的迅速发展和世界经济全球化、贸易自由化进程的加快，正在改变着中国与美、欧、日等发达国家的比较优势结构。中国正从国际贸易舞台的边缘走向中央，在世界经济中的重要性和地位逐步上升，其一举一动都备受各国瞩目。

其次，虽然近年来中国出口商品结构已经明显提升，但总体上低附加值消费品仍然是中国出口贸易的主力军。对欧美发达国家而言，由于劳动力成本的比较优势，中国制造的低价格往往使其国内同类产业或竞争产业遭到毁灭性打击。对部分发展中国家和地区而言，由于双方经济结构趋同，中国的出口产品对这些发展中国家和地区的原有产业产生了巨大的竞争压力。因此，对于中国制造，无论是发达国家还是某些发展中国家和地区，都存在着抵制或者排斥的内心冲动。而 2009 年的金融危机放大了中国制造对各国产业的冲击，各国贸易保护主义者乘机上位，对华挥舞贸易保护主义大棒，由此导致了中国成为贸易保护主义的重灾区。

再次，一些国家内的利益集团以政治支持为威胁，希望利用危机，要求国家保护，以巩固其既得利益、争夺可能利益，或者谋求产业调整的机会。以 2009 年中美特保第一案轮胎案为例，2009 年 9 月 11 日，美国奥巴马政府正式宣布对中国进口小轿车和轻型卡车轮胎实施为期三年的惩罚性关税，这是继布什政府六次否决对华采取特保措施后美国首次对华采取特保措施。该案发生在金融危机背景下，其最终结果的出炉有着复杂的政治因素，甚至可以说政治因素是导致美对华采取特保措施的决定因素。这是因为，从经济角度看，美对华轮胎采取特保措施不仅不利于美国消费者，而且也不利于美轮胎行业。因为阻止中国低价轮胎进入美国市场，对美消费者而言则意味着花更多的钱购买轮胎，而对美轮胎行业而言，由于提出特保诉求的是美国钢铁工人联合会，并没有包含任何一家轮胎制造商，因此采取特保措施的最根本的目的——使受保护行业获得产业调整的机会，并不能实现。从国家利益的角度看，特保措施是针对美国最为重要的贸易伙伴之一——中国采取的，在当前金融危机下，即使是从借助中国的力量帮助美国走出金融危机这一比较现实的目的看，得罪中国显然也不是聪明的行为。更不要说中美之间有可能因为美特保措施的采取而爆发贸易战，从而阻滞世界经济的复苏，这一现象的出现更无益于美国的国家利益。因此，美对华轮胎采取特保措施有着隐藏在经济背后的深层次原因。结合当时奥巴马政府的内外环境，可以得出结论，奥巴马政府之所以批准对华采取特保措施，其最根本的目的在于获得工会的支持以巩固其来之不易并有动摇危险的政治地位。利益集团以政治支持为筹码换取当局对贸易的保护在中美轮胎案中得到了淋漓尽致的展现。

最后，由于美国在世界上的特殊地位，其对世界各国的影响是全方位的，其采取的贸易措施，尤其是贸易保护主义措施在金融危机背景下对其他国家而言有着极强的示范效应。例如，在美对华轮胎发起特保调查后，一些国家纷纷跟进，印度第 5 次发起对中国乘用车轮胎的特保调查；巴西决定对从中国进口的客运和货运汽车子午线轮胎征收最终反倾销税，有效期 5 年；阿根廷亦表示将效仿美国调查自中国进口的轮胎。因此，在对华贸易问题上，美多次发出的贸易保护主义信号，亦是导致中国成为贸易保护主义重灾区的原因之一。

二、坚持自由贸易，反对贸易保护主义

金融危机之后，世界各国急功近利地追求短期的经济复苏效应，导致贸易保护主义横行，中国则因多种原因深受其害。在对待该问题上，中国本着做一个"负责任大国"的态度，以及基于对贸易保护主义性质及后果的正确认识，并没有以保护主义对抗保护主义，相反，中国多次在国际重要高峰会议上提出坚持开放反对贸易保护主义的声明，并且以实际行动履行着反对贸易保护主义的诺言。

1. 中国在国际高峰会议上的声明

2009 年中国多次在重要的国际多边会议上明确表达中国反对贸易保护主义的态度和立场，并呼吁各国坚定信心加强合作，同时切实履行抵制贸易保护主义的诺言。

（1）坚定信心，加强合作

2009 年 1 月 28 日～2 月 1 日，世界经济论坛在瑞士达沃斯举行。中国国务院总理温家宝发表了题为《坚定信心　加强合作　推动世界经济新一轮增长》的特别致辞，就如何度过当前难关、努力推动建立世界经济新秩序提出五点意见，在会场引起强烈反响。其中首要的一条即为："深化国际经贸合作，推进多边贸易体制健康发展。"温家宝总理指出，历史经验告诉我们，越是危机关头越要坚持开放与合作。贸易保护主义不仅会加大危机的严重程度，还会使危机持续更长时间，是损人不利己的行为。要积极推进贸易投资自由化便利化。中国坚定地支持推动多哈回合谈判早日达成平衡的结果，建立公平、开放的多边贸易体制。作为多边贸易体制的重要补充，积极推进区域经济一体化进程。①

---

① 《坚定信心加强合作推动世界经济新一轮增长》，人民网：http://politics.people.com.cn/GB/1024/8724290.html。

2009 年 4 月 17～19 日博鳌亚洲论坛在中国海南举行，国务院总理温家宝出席开幕式并发表了题为《增强信心 深化合作 实现共赢》的主旨演讲。在该演讲中，温家宝总理为积极应对挑战，全面加强合作，使各领域合作更加充实和富有活力，促进地区和平与繁荣的目标提出了五大主张。首要的一条即是"密切经贸合作，坚决反对贸易保护主义"。温总理指出，密切经贸合作，反对贸易保护主义，要更加重视促进自由贸易，扩大区内贸易规模。在海关、检验检疫、物流和商务人员流动等方面采取有效措施，以实际行动降低贸易壁垒，避免设置新的贸易障碍。积极推进自由贸易区建设，充分利用多双边自由贸易安排，发挥各国经济互补优势。①

2009 年 6 月 16 日中国、巴西、俄罗斯和印度"金砖四国"领导人在俄罗斯叶卡捷琳堡举行首次正式会晤，并发表《"金砖四国"领导人俄罗斯叶卡捷琳堡会晤联合声明》。在该声明中，四国领导人就抵制贸易保护主义、加强合作、推动国际金融机构改革等多个方面达成共识。在贸易保护主义问题上，四国领导人指出：我们认识到国际贸易和外国直接投资对全球经济复苏的重要作用。我们呼吁各方共同努力改善国际贸易和投资环境。我们敦促各方保持多边贸易体系稳定，遏制贸易保护主义，并推动世界贸易组织多哈回合谈判取得全面、平衡的成果。②

2009 年 11 月 14～15 日亚太经合组织（APEC）领导人第十七次非正式会议在新加坡举行。胡锦涛主席在其发表的"坚定合作信心 振兴世界经济"主旨演讲中对世界经济恢复增长提出了四点主张，首要的一条即"坚定立场，积极推动贸易和投资自由化便利化"。他表示，贸易和投资自由化便利化是恢复和保持世界经济增长的必要条件。在国际金融危机冲击下，各种形式的贸易和投资保护主义明显抬头，这不仅无助于各国摆脱危机影响，反而对世界经济复苏的脆弱势头构成威胁。我们应该继续推动贸易和投资自由化便利化，反对任何形式的保护主义，特别是要反对对发展中国家采取不合理的贸易和投资限制。我们应该推动多哈回合谈判在锁定已有成果、尊重多哈授权的基础上，抓紧解决遗留问题，早日取得全面、均衡的成果，实现发展回合目标。亚太经合组织发达成员应该采取有效措施，确保明年如期实现茂物目标，为本地区经济贸易持续增长注入新的活力。③

（2）坚持对外开放，反对贸易保护主义

2009 年 4 月 1～2 日 G20 金融峰会在伦敦举行。胡锦涛主席在峰会上明确指出，保护主义曾带来严重后果，一定要汲取历史教训，任何国家都不能借刺激经济之名、行保护主义之实。胡锦涛主席呼吁国际社会共同反对歧视外国劳务人员、提高市场准入门

---

① 《温家宝在博鳌亚洲论坛 2009 年会开幕式上的演讲》，中新网：http：//www. chinanews. com. cn/gn/news/2009/04－18/1652570. shtml。

② 《金砖四国领导人俄罗斯叶卡捷琳堡会晤联合声明》，新浪网：http：//finance. sina. com. cn/j/20090617/04436358696. shtml。

③ 《胡锦涛在 APEC 工商峰会上发表主旨演讲》，凤凰网：http：//finance. ifeng. com/news/special/APEC/20091113/1463279. shtml。

槛、实施贸易投资保护主义行为和滥用贸易救济措施，呼吁有关国家放宽对发展中国家不合理的出口限制，主张各国应坚守已达成共识，推动世贸多哈回合谈判早日取得全面、均衡成果。胡锦涛主席还表明了中国在抵制贸易保护主义中的立场，中国将继续坚持对外开放的基本国策，始终不渝地奉行互利共赢的开放战略。中方不会因为在开放过程中遇到外部环境的短暂波动而改变对外开放的战略，不会因为经济发展遭遇的暂时困难而采取保护主义。①

2009 年 9 月 10 日达沃斯夏季论坛在大连举行，温家宝总理在出席开幕式致辞中指出，中国要把深化改革开放作为中国经济发展的根本动力，并倡议：要共同反对贸易和投资保护主义，保护主义只会拖累世界经济复苏，最终受害的是各国企业和人民。国际金融危机的影响远未消除，全球反对保护主义的决心不能动摇，行动不能松懈，更不能说一套做一套。要警惕和纠正形形色色的隐性保护主义行为。中国积极参与经济全球化进程，决不搞贸易和投资保护主义。②

2009 年 9 月 15 日～16 日博鳌亚洲论坛国际资本峰会在英国伦敦举行，中国商务部副部长陈健在论坛演讲中表示，开放的投资和贸易是促进经济增长的重要动力，在当今世界经济形势下，中国将继续坚定不移地反对贸易保护主义，推进市场开放，保持贸易投资渠道的畅通，这对世界经济能否巩固复苏势头至关重要。③

2009 年 9 月 24 日 G20 领导人第三次金融峰会在匹兹堡举行，胡锦涛主席在会上发表了题为《全力促进增长　推动平衡发展》的重要讲话，就应对国际金融危机、推动世界经济健康复苏提出了三个"坚定不移"主张，即："坚定不移刺激经济增长、坚定不移推进国际金融体系改革、坚定不移推动世界经济平衡发展"。其中，在坚定不移刺激经济增长的主张中，胡锦涛主席指出"要坚决反对和抵制各种形式的保护主义，维护公正自由开放的全球贸易和投资体系，继续承诺不对商品、投资、服务设置新的限制措施，在锁定现有成果的基础上推动多哈回合谈判早日取得成功"④。

（3）落实峰会成果，推动世界经济复苏

2009 年 7 月 8 日～10 日 G8+5 峰会在意大利拉奎拉召开，国务委员戴秉国代表国家主席胡锦涛出席。在发展中五国领导人集体会晤中，戴秉国指出五国应该共同推动落实二十国集团领导人华盛顿峰会和伦敦峰会成果，特别是要有效开展宏观经济政策协调，敦促国际社会尽快落实在发展援助、贸易融资、优惠贷款等方面所做承诺，推动加

---

① 《胡锦涛出席 G20 金融峰会取得重大成果》，新华网：http：//finance. sina. com. cn/j/20090617/04436358696. shtml。

② 《国务院总理温家宝达沃斯演讲实录》，新浪网：http：//finance. sina. com. cn/roll/20090910/17546733663. shtml。

③ 《商务部副部长：中国坚定不移反对贸易保护主义》，新浪网：http：//finance. sina. com. cn/hy/20090916/16016756271. shtml。

④ 《胡锦涛在 G20 领导人第三次金融峰会上讲话》，新浪财经网：http：//finance. sina. com. cn/world/gjjj/20090926/00026795788. shtml。

强国际金融监管，推动国际经济金融体系改革，推动多哈回合谈判尽早取得进展，反对一切形式的保护主义，推动世界经济复苏。①

2009年11月30日，WTO第七次部长级会议在日内瓦召开，中国商务部部长陈德铭率中国政府代表团参加了会议，并在大会上做了发言。陈德铭指出，目前，全球经济出现企稳回升的积极迹象，但危机的深层次影响依然存在，形势好转的基础并不牢固，经济全面恢复增长任重道远。陈德铭号召与会代表应该共同向世界发出一个积极的信号，一个关于"开放、前行、改革"的信号。陈德铭首先提出了"保持开放"的主张，指出危机中，发展中国家遭受了更大冲击，面临更多困难，但我们不能因为风险和挑战就关闭对外开放大门。WTO成员如能形成同样共识，继续恪守WTO承诺，不采取保护主义措施，坚定不移地坚持对外开放，就可凝聚起强大的力量共克时艰。②

2. 中国坚持开放反对贸易保护主义的实践

经过在国际高峰会议上的多次表态和呼吁，世界各国清晰了中国反对贸易保护主义的态度和立场。然而，与其他众多国家不同的是，中国反对贸易保护主义并不只停留在口号层面，而是切切实实地落到了实处。2009年中国多次携巨资组织贸易促进代表团出海采购是中国坚持开放反对贸易保护主义最有效的例证；全年进出口贸易稳步回升的态势直接向世界展示中国坚持开放的决心和成效；有理有节运用贸易救济措施、理性应对贸易摩擦则表明中国反对贸易保护主义的坚定立场；此外，中国还进一步加强自由贸易区的建设，积极推动多哈回合重启，充分显示了中国坚持对外开放，全方位多角度地为恢复世界经济增长而努力的鲜明态度。

（1）坚持对外开放，进出口贸易稳步回升

受国际金融危机的影响，我国外贸进出口经历了自2008年11月以来的连续大幅下挫，到2009年3月份开始企稳回升，8月份回升趋势基本确立，11月份进出口总值同比开始增长，12月份进口和出口同比双双出现强劲增长。据海关统计显示，2009年我国对外贸易进出口总值为22072.7亿美元，比2008年下降13.9%，略高于2007年的贸易总值。其中出口12016.7亿美元，下降16%；进口10056亿美元，下降11.2%，全年贸易顺差1960.7亿美元，减少34.2%。这是自2003年以来中国贸易顺差的首次下降。贸易顺差下降一方面源于金融危机下全球需求放缓，另一方面也是各国对华挥舞贸易保护主义大棒，阻止中国产品进入该国市场的结果。

（2）合理运用贸易救济措施，理性处理贸易摩擦

2009年，面对接踵而来的各国对华贸易保护主义措施，中国充分利用各种多双边

---

① 《发展中五国领导人会晤 中国提合作重点与启示》，新浪网：http://news.sina.com.cn/c/2009-07-09/031318182169.shtml。

② 《商务部长陈德铭在WTO第七次部长级会议上发言》，全景网：http://www.p5w.net/news/gncj/200912/t2700462.html。

场合，多次表达坚决反对贸易保护主义的严正立场，及时应对美国、欧盟、印度等国家和地区对华发起的多起贸易摩擦大案要案。据统计，2009 年中国共依法采取贸易救济措施 12 起，其中反倾销调查 9 起、反补贴调查 3 起，涉及化工、汽车等 10 个行业 55 类产品，覆盖了石油化工等 16 大重点行业的近万家企业。具体情况如下：

表 3-4　2009 年中国采取贸易救济调查情况表

编号	时间	对象国/地区	被调查产品	大致情况
1	2 月 12 日	韩国、泰国	对苯二甲酸	反倾销立案调查
2	3 月 24 日	印尼、泰国	进口核苷酸类食品添加剂	反倾销立案调查
3	4 月 29 日	美国、欧盟、俄罗斯和中国台湾地区	进口锦纶 6 切片	反倾销立案调查
4	6 月 1 日	美国	进口取向电工钢	反倾销、反补贴立案调查
5	6 月 1 日	俄罗斯	进口取向电工钢	反倾销立案调查
6	6 月 24 日	沙特阿拉伯、马来西亚、印度尼西亚和新西兰	进口甲醇	反倾销立案调查
7	9 月 13 日	美国	部分进口汽车产品和肉鸡产品	反倾销、反补贴立案调查
8	9 月 25 日	沙特阿拉伯和中国台湾地区	进口 1,4—丁二醇	反倾销立案调查
9	11 月 6 日	美国	排气量在 2.0 升及 2.0 升以上进口小轿车和越野车	反倾销和反补贴立案调查

尤其值得肯定的是，在坚持开放反对贸易保护主义政策的指导下，2009 年中国在对某些国家对华贸易保护主义措施进行反击时反应更加迅速态度也更加坚定。例如，6 月美国、欧盟对中国限制原材料出口诉诸 WTO 案，同日，中国就美国限制禽肉进口诉诸 WTO。又如，9 月 11 日，美国总统奥巴马对中国出口美国轻型卡车和乘用车轮胎启用特保措施，分 3 年征收 35%、30% 和 25% 的关税。中国政府在白宫裁决公布 3 小时内做出回应，对奥巴马的决定表示强烈反对，并在 48 小时内，启动对美部分汽车、肉鸡产品的反倾销和反补贴立案审查程序。72 小时之内，中国就轮胎特保要求与美方进行 WTO 争端解决项下的磋商。这表明，随着经济实力的增强、国际地位的上升以及处理贸易摩擦经验的积累，中国已能更好地运用贸易救济手段，更理性地处理国际贸易摩擦。中国对各国贸易保护主义措施进行坚决地反击，也表明了中国反对贸易保护主义的坚定立场。

（3）进一步推动区域一体化和自由贸易区建设

2009 年中国继续关注区域经济一体化谈判，进一步推动了中国与五大洲 31 个国家和地区的自由贸易区建设。具体包括：

①中国—东盟自贸区

中国—东盟自贸区是中国同其他国家商谈的第一个自贸区，也是目前建成的最大的自贸区。其成员包括中国和东盟十国，涵盖 18.5 亿人口和 1400 万平方公里。中国—东盟自贸区自2002年11月4日《中国—东盟全面经济合作框架协议》签署后正式开始建设。2004年11月，双方签署了自贸区《货物贸易协议》，并于2005年7月开始相互实施全面降税。根据中国海关统计，2007年中国与东盟贸易总额达到2025亿美元，同比增长25.9%。2008年上半年，双边贸易额达1158亿美元，同比增长25.8%。双边贸易实现了稳健、持续的增长，取得了令人满意的成果。2007年1月，双方又签署了自贸区《服务贸易协议》，并已于当年7月顺利实施。2009年8月，在中国—东盟经贸部长会议期间，双方签署了自贸区投资协议，完成了中国—东盟自贸区所有协议的签订。这样，中国—东盟自贸区将于2010年1月1日全面建成并实施。中国—东盟自贸区的建设进一步加强了双方业已密切的经贸合作关系，也对亚洲及世界的经济发展做出了积极的贡献。

②中国—巴基斯坦自贸区

中巴自贸区服务贸易谈判是2006年11月胡锦涛主席访巴期间，两国政府共同宣布启动的。之后，中巴两国不断推进自贸区建设，一年迈上一个新台阶：2003年11月签署优惠贸易安排；2004年10月启动自贸区联合研究；2005年4月签署自贸协定早期收获协议；2006年11月签署自贸协定，2007年7月实施以来成效良好；2008年10月签署自贸协定补充议定书，以促进投资合作；2008年12月结束服务贸易协定谈判。2009年2月21日，在戴秉国国务委员和巴基斯坦总统扎尔达里的共同见证下，中巴两国在武汉签署了《中国—巴基斯坦自由贸易区服务贸易协定》，意味着两国将建成一个涵盖货物、服务和投资等全面内容的自贸区，为两国提升服务业合作水平，促进经济发展，深化全天候友谊奠定更坚实的基础。中巴自贸区服务贸易协定是迄今为止两国各自对外开放程度最高的服务贸易协定，该协定已于2009年10月1日开始实施。

③中国—秘鲁自贸区

中国—秘鲁自贸区谈判始于2007年。经过八轮谈判和一次工作组会议，2008年11月19日，胡锦涛主席在对秘鲁进行国事访问期间，与加西亚总统共同宣布中国—秘鲁自贸协定谈判成功结束。2009年4月28日，在习近平副主席和秘鲁副总统路易斯·詹彼德里·罗哈斯的共同见证下，中秘两方签署了《中国—秘鲁自由贸易协定》，该协定是中国与拉美国家签署的第一个涵盖货物、服务、投资、知识产权、贸易救济等领域的一揽子自贸协定。协定有望于2010年上半年开始实施。

④中国—挪威自贸区

在经过3次可行性研究后，2008年9月18日，中国—挪威自贸区启动仪式暨第一轮谈判在挪威奥斯陆举行。2008年12月3日至4日，中国—挪威自由贸易协定第二轮谈判在北京举行。2009年，中国—挪威就自由贸易区的建设共举行了两次谈判，双方在货物贸易、服务贸易、原产地规则、SPS/TBT、贸易便利化、争端解决、贸易救济和知识产权等方面进行了深入磋商，谈判取得积极进展。

⑤中国—哥斯达黎加自贸区

2009年中国—哥斯达黎加自贸区谈判全面展开。1月19～21日，中国—哥斯达黎加自由贸易协定首轮谈判在哥首都圣何塞举行。之后，两国又分别于 4 月 14～17 日、6 月 15～17 日开展了两次谈判。在第三次谈判中，双方就自贸协定货物贸易和服务贸易第二次出价进行了深入磋商，并就市场准入案文、合作、原产地规则、海关程序、技术性贸易壁垒、卫生和植物卫生检疫、贸易救济、争端解决、知识产权等议题交换了意见，取得了多项共识。

此外，《亚太贸易协定》第四轮谈判取得重要成果。2009 年 12 月，在中国积极推动下，中国、孟加拉、印度、韩国、老挝、斯里兰卡 6 个《亚太贸易协定》成员国完成了服务贸易、投资和贸易便利化框架协议，同时第四轮关税减让谈判也将于近期结束，并有望于 2010 年开始实施谈判成果。《亚太贸易协定》正由原先单一的优惠贸易安排向自由贸易区的方向迈进。

中国还启动了中国—瑞士自贸区联合可行性研究。2009 年，我们与瑞士共同成功举办了两次自贸区产业交流会；11 月，双方共同宣布启动中国—瑞士自由贸易协定联合可行性研究，中国与欧洲重要工业化国家商谈自贸协定迈出了重要的一步。

（4）维护多边贸易体制稳定，积极推动重启多哈回合谈判

以成员方谈判签署的多个协议为法律基础的多边贸易体制为贸易自由化的推进，以及世界经济的发展做出了不可磨灭的贡献。然而，2009 年的金融危机却使世界最重要的多边贸易体制 WTO 遭到了前所未有的信任危机。WTO 无法有效阻止贸易保护主义成为各方质疑多边贸易体制存在价值的主要依据。然而，虽然目前看来，WTO 的现有规则体系使其不能胜任有效抵制贸易保护主义的角色，但是，其史无前例的国际认知度和参与度，以及成熟的多边谈判论坛的功能却能使其成为一个能够聚集世界各主要经济体，共同商讨抵制贸易保护主义对策，寻求世界经济复苏途径的平台。毋庸置疑，重启多边贸易体制下的多哈回合将有助于打通国际贸易渠道，提升各国的进出口水平，遏制不断蔓延的贸易保护主义，从而达到促进世界经济重新走上上升轨道的目的。

中国历来重视多边贸易体制的发展，强调维护和巩固多边贸易体制稳定对世界经济的重大意义。金融危机爆发后，中国多次公开呼吁重启多哈回合。2009 年 9 月 14 日，多哈回合终于艰难启动，中国的立场坚定而明确："中国政府坚定地支持在 2010 年结束多哈回合谈判。"中国推动多哈重启的努力获得了 WTO 总干事拉米的赞赏，拉米感谢中国在 WTO 日常工作、贸易融资、促贸援助等方面给予的一贯支持，赞赏中国对推进多哈回合谈判的积极立场，希望中国在多哈回合谈判中发挥更大的作用。①

---

① 《陈德铭：中方支持多哈回合谈判在 2010 年成功结束》，网易：http：//money.163.com/09/1202/11/5PH9TE7A00253B0H.html。

三、中国的立场和行动受到世界各国欢迎和尊重

2009 年当贸易保护主义在全球范围内持续肆虐之时，中国以实际行动向世界表明了坚持开放反对贸易保护主义的坚定立场，向世界各国展示了中国愿意与各国同舟共济应对金融危机以促进全球经济早日复苏的态度和决心。中国抵制贸易保护主义的行动受到了各国的欢迎，也赢得了各国的尊重。2009 年中国的国际影响力进一步增强，国际地位持续上升。

1. 中国总理的"信心之旅"广受国际赞誉

2009 年 1 月 27 日至 2 月 2 日，温家宝总理正式访问瑞士、德国、西班牙、英国和欧盟总部，并出席了在瑞士达沃斯举行的世界经济论坛 2009 年年会。由于此次访问是在金融危机持续扩散、恐慌悲观情绪不断蔓延背景下，温总理向各国传达中国保持经济平稳较快发展、坚持改革开放的信心；增强了国际社会团结协作、共克时艰、促进世界和谐、可持续发展的信心；坚定了中欧加强互利合作、共同推进全面战略伙伴关系的信心；故被称为"信心之旅"。

115

"信心之旅"展现的中国态度、中国决心和中国信心获得了海内外媒体的积极报道和高度评价。瑞士《日内瓦论坛报》认为，中国总理温家宝表达了中国与包括二十国集团在内的世界各国合作、战胜危机的意愿。报道说，面对经济危机带来的影响，中国总理在讲话中展现出了实现经济稳步增长的"完美"信心。英国《泰晤士报》说，温家宝总理对英国的访问是其欧洲之行的最后一站，几乎没有比这次访问更及时的了。

温家宝总理的"信心"主基调一直延续至达沃斯世界经济论坛 2009 年年会。温总理《坚定信心　加强合作　推动世界经济新一轮增长》的发言指出，国际金融危机是一场全球性的挑战，而务实合作是战胜危机的有效途径。在全球陷入经济低迷的困境之时，各国更应深化国际经贸合作，推进多边贸易体制健康发展。短短 40 分钟的演讲赢得了在场代表最为热烈的反响，世界银行副行长兼首席经济学家林毅夫、英国牛津大学坦普尔顿学院副研究员理查德·帕斯卡尔等经济学家们都给予了极高的评价。

2. 中国的经济政策受到国际社会高度评价

在二十国集团领导人第二次金融峰会召开之际，各国人士对中国致力于与国际社会一道维护全球经济和金融稳定，积极参与应对国际金融危机的国际合作给予了高度评价。

世界银行东亚及太平洋地区副行长詹姆斯·亚当斯说，截至目前，中国的应对措施是快速而有力的，也是恰当的。中国政府迅速制定和颁布了规模庞大的 4 万亿元人民币经济刺激计划，通过这一举措向国际社会显示了决心和力量。

坦桑尼亚总统基奎特说，为了抵御国际金融危机的冲击，坦桑尼亚正越来越依靠包括中国在内的亚洲国家市场。

韩国金融委员会发言人李正镐说，相信中国扩大内需的政策对推动世界经济增长会起到积极作用。韩国中国政经文化研究院理事长李映周认为，在一些国家经济出现负增长的时候，中国仍制定了 8% 左右的经济发展目标，这无疑是对世界经济复苏做出的贡献。

日本大和综合研究所理事长、日本央行前副总裁武藤敏郎说，国际金融危机发生后，中国迅速启动巨额资金扩大内需，显示出新兴经济体有着巨大的经济发展潜力。

巴西中国与亚太研究所所长塞维利诺·卡布拉尔说，中国在当前的国际金融危机中表现出一个新兴经济体的智慧和能力，为应对国际金融危机做出了突出贡献。中国经济继续保持增长是克服国际金融危机的希望和动力。面对国际金融危机，中国政府大胆果断地采取了扩大内需的措施，鼓舞了全球市场的信心。中国已经成为讨论和解决国际事务的重要对话者，具有举足轻重的影响力。中国政府在解决国际金融危机问题上所表达的立场和看法代表了广大发展中国家的利益。

俄罗斯科学院通讯院士、世界经济和国际关系研究所经济学教授丘弗林说，中国呼吁国际社会不仅要关注发达国家的利益，更要关注发展中国家的利益，这是极其重要的。因此，中国的立场将得到俄罗斯、巴西、南非、印度等国的广泛响应。

吉尔吉斯斯坦社会政治研究所所长、前外长伊利马利耶夫说，在国际社会应对金融危机的过程中，中国发挥了重要作用，中国的对内和对外经济政策日益成为影响国际金融秩序的重要因素。

南非斯坦陵布什大学副校长阿诺德·万·齐尔认为，中国是"30 年来最震撼世界的国家"，因为中国社会和经济实现了前所未有的"大突破、大跨越、大发展"。正是综合国力的日渐强盛，让中国在应对国际金融危机时有了更大的回旋余地。

墨西哥国立自治大学教授韦利娅·埃尔南德斯说，为战胜这场罕见的国际金融危机，世界需要"中国经验"。

美国彼得森国际经济研究所高级研究员戈德斯泰认为，二十国集团领导人第二次金融峰会要在国际金融体系改革和促进世界经济复苏方面取得真正的进展，发达国家和发展中国家应达成一项"广泛协议"，而中国在这一过程中将发挥重要作用。他说，中国在关于建立新的国际金融体系的讨论中正变得越来越主动和积极，这是令人高兴的发展。

在西班牙"亚洲之家"最近举办的"全球危机中的中国"研讨会上，与会专家纷纷表示继续看好中国经济发展。他们认为，中国政府的经济刺激计划，不但帮助中国抵御了国际金融危机的冲击，助推中国经济继续增长，也给外国企业提供了许多发展机会。中国有强大的能力应对危机，能够实现 2009 年 8% 左右的经济发展目标，并将先于大多数经济体走出危机的阴影。西班牙前驻中国大使布雷戈拉特认为，中国政府有很强的驾驭经济的能力，中国的国内消费有巨大潜力，中国的经济前景是好的。西班牙英特华投资咨询公司代表莫尔西略认为，中国是一个新兴的巨大市场，中国人民生活水平不断提高，这意味着中国将会继续提供发展机会。扩大内需将不仅有益于中国经济的发展，对其他经济体也是好事。①

　　总之，2009 年是艰难的一年，世界各国都在为经济复苏不断努力；2009 年又是合作的一年，世界的每个角落都能看到合作在进行，而这之中又尤以中国最为耀眼。温总理的"信心"之旅、中国优秀企业组成的中国贸易与投资促进团以及中国出台的各项金融合作政策等等无不受到各国的欢迎，中国也由此赢得了各国的肯定。正如胡锦涛总书记强调的那样，中国的发展离不开世界，世界的发展也需要中国。中国愿意以实际行动与各国一起为世界经济复苏做贡献。而正是在坚持开放反对贸易保护主义实践中所展现出的大国风采、大国气度和大国胸襟，中国向全世界强化了"负责任大国"的形象，从而进一步提升了中国的国际地位。

---

　　① 《国际社会高度评价中国积极参与应对金融危机合作》，中国政府网：http://www.gov.cn/jrzg/2009-04/02/content_ 1275337. html。

第四章　转危为机：
优化外资结构促进战略升级

在金融危机影响下，2009 年全球国际直接投资（FDI）流量进一步收缩。一年来，中国的 FDI 流入量先降后升，严峻的外部环境给中国的引资战略带来了新的挑战。如何在新形势下，既稳定外资规模又提升吸收外资的质量水平从而促进经济结构进步，这是中国在引进外资过程中面临的核心问题。2009 年中央及地方政府通过改善投资环境、优化政府服务等措施扩大了吸引外资的机遇，有力扭转了外资不断下滑的趋势。在引资战略上按照科学发展观的要求，实现由粗放型"数量"主导战略到以追求效益为本的"质量"主导型战略的转变：将利用外资与促进国内产业结构升级相结合，鼓励外商投资高新技术产业、节能环保产业和现代服务业；将利用外资与促进区域结构协调发展相结合，引导外商投资于中西部地区；将利用外资与促进国内投资相结合，实现对外开放与扩大内需战略的有机统一。

一、全球 FDI 流量收缩挑战中国外资战略

尽管多数跨国公司仍然把中国作为全球最具潜力的经济体和最佳投资地，但在金融危机影响下一些跨国公司的资金链收紧甚至出现断裂，出现了收缩全球投资布局的趋势。美国作为金融危机的发源地，不仅金融机构大量陷入困境，而且金融危机向实体经济蔓延，许多企业裁员、减产、减少对外投资；欧盟、日本经济大幅衰退，企业不得不缩减对外投资额。而美、欧、日作为中国重要的投资来源地，其对外投资能力的收缩使中国的引资发展战略深受影响。另外，中国自身吸收外商直接投资的条件也发生着深刻变化，利用外资已经进入到依靠国内改革深化和战略优化来提高开放效益的新阶段。因此，中国的外资发展战略面临着全球金融危机和国内经济环境变化的双重影响，正处于新的历史起点。

1. 受危机影响全球直接投资大幅度收缩

据联合国贸易和发展会议的报告估计，2009 年全球 FDI 流入量进一步下降至 1.04 万亿美元，比 2008 年下降了 39%（见图 4-1）。在全球金融经济危机的影响下，国际

直接投资的流向结构也发生了一定的变化：流入发达国家的 FDI 继续显著减少，相比
2008 年下降了 41%，流入发展中国家和转型经济体的 FDI 逆转了 2008 年的上升趋势，
分别出现了 35% 和 39% 的下滑（见表 4－1）。

表 4－1　世界及主要经济体国际直接投资流入量（2008～2009 年）

（单位：10 亿美元）

地区	2008 年	2009 年	增长率（%）
世界	1697.4	1040.3	−38.7
发达国家	962.3	565.6	−41.2
发展中国家	620.7	405.5	−34.7
转型经济体	114.4	69.3	−39.4

资料来源：根据联合国贸易和发展会议报告《全球投资趋势监测 2010》中数据整理。

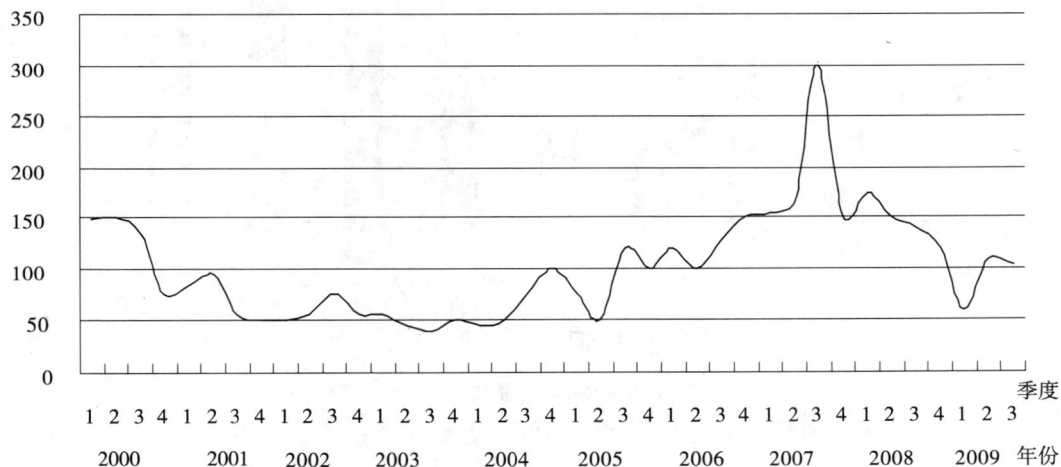

图 4－1　全球 FDI 流量季度指数 2000～2009 年（以 2005 年的季度平均值为基期）
资料来源：根据联合国贸易和发展会议报告《全球投资趋势监测 2001》中数据整理。

　　总体来看，全球 FDI 流量减少主要受到以下三个方面因素的影响。第一，跨国公司
资金链紧缩、国外融资成本的增加，减弱了其对外投资能力。全球主要经济体的经济放
缓使市场预期降低、信贷条件趋紧。同时股市下跌引起资产价值减少和企业利润下降，
诸多企业实施减产、裁员和削减资本开支的计划，这些都直接影响全球国际直接投资的
流量。第二，跨国公司对经济前景，特别是发达经济体的经济前景判断悲观，投资意愿
降低。短期内经济环境的不稳定以及全球范围内需求低迷，导致跨国公司投融资信心不
足，使其对待对外直接投资以及跨境并购计划变得更加审慎。因此，短期内跨国公司更
倾向于非股权的进入模式，包括建立合作关系或以许可经营的方式发展国际业务等。第
三，一些国家采取保护措施给跨国投资造成了一定障碍。贸易保护主义、金融保护主义

与投资保护主义的兴起成为影响企业对外直接投资计划的因素之一。母国政府为降低企业投资风险，阻止或限制国内企业到国外投资或对现有外国子公司追加资本注入，这将对那些受经济危机打击严重的落后国家产生重要影响，同时也给努力促进和维持外国直接投资的发展中国家带来重大挑战。

从 FDI 的三个主要构成部分（股权投资、利润再投资以及公司内部借贷）来看，股权投资的流量收缩最为显著，这与跨国公司的中长期投资战略密切相关。跨国公司已经普遍受到宏观经济恶化的影响，寻找赢利市场和安全栖身之地也变得更加困难。这也导致了跨国并购（M&A）量的明显减少，与 2008 年相比，2009 年全球跨国并购总额下降了 66%（见图 4-2）。

（单位：10亿美元）

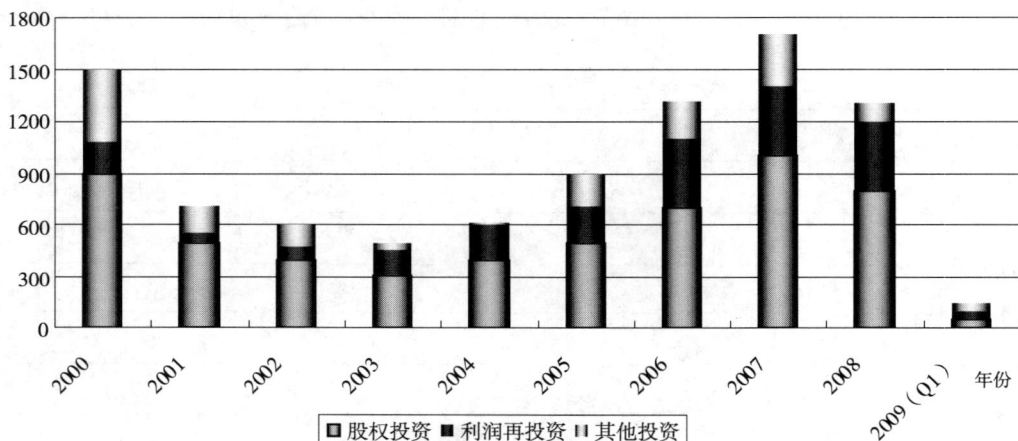

图 4-2　FDI 构成变化情况（2000～2009 年）
资料来源：根据联合国贸发会议外商直接投资/跨国公司数据库整理。

在经历了连续 6 年持续增长后，发展中国家 FDI 的流入量于 2009 年首次出现下降。这可以从几个方面来理解：

首先，发达国家是全球 FDI 的主要来源地，由于金融危机引发的全球性经济危机发源地在美国，扩展到欧洲，并进一步向新兴经济体、发展中国家传导。紧缩的信贷环境以及越来越低的企业利润使得发达国家跨国公司融资能力下挫，从而削弱了其对外投资能力。

其次，出于风险规避的考量，大多数跨国公司调整了已有的对外投资计划。根据 UNCTAD 的一份关于跨国公司投资展望的调查报告，85% 的跨国公司认为危机会对现有的跨国投资计划产生非常负面的影响。经济增长的全球放缓，导致了跨国公司对经济前景悲观的理性预期，大大削弱了跨国公司的投资信心。2009 年，很多跨国公司调低了外国直接投资的支出预期。根据联合国贸易和发展会议"世界投资前景调查"（WIPS）（2009～2011 年）的初步结果显示，2/3 的受访跨国公司将减少 2009 年的 FDI 支出。

2. 中国利用外资形势面临严峻挑战

改革开放以来，中国对 FDI 的吸引力不断增强。特别是 20 世纪 90 年代以来，外资在促进中国出口、GDP 增长、固定资产投资和劳动就业等方面都发挥了一定的积极作用。尽管学界关于 FDI 对中国经济影响的效应分析一直存在着不同的观点，有学者指出外国直接投资的区域性特征应为扩大地区收入差距负主要责任。[①] 在中国利用外资的过程中也产生了一些发展中的问题。主要包括外资对关键性产业的垄断；外资主导了中国外贸出口；FDI 对中国的产业结构升级以及技术溢出效应不明显等问题[②]。但是长期以来，外资在中国经济增长中的重要作用是不容忽视的。

从总量上来看，中国吸引外资的规模不断上升，除了 2009 年受全球金融危机影响有所下降，应当说自 1992 年起就长期处于一个上升通道。FDI 实际吸收总额自 1992 年的 111.6 亿美元上升到 2008 年的 952.53 亿美元，2009 年首次出现下降，FDI 实际金额降至 918.04 亿美元（见图 4－3）。如果单从外资依存度的数据来看，FDI 对国民经济的贡献有可能被低估。因为 FDI 除了弥补资金缺口之外，往往为东道国带来了先进的技术、科学管理经验，这些技术的扩散有利于国内生产率的提高。此外，外资的流入深刻地影响着中国对外贸易的整体格局，对促进中国出口有着重要意义。

121

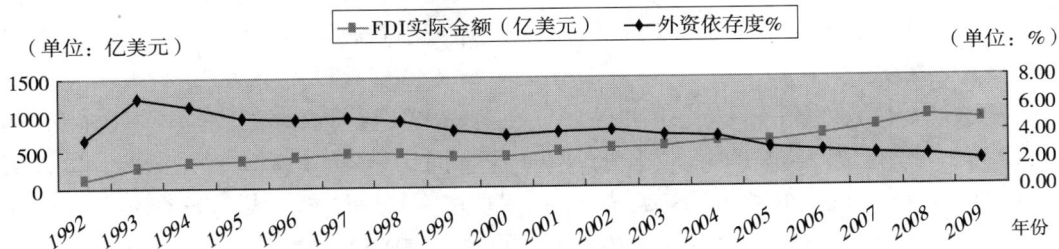

图 4－3　中国 FDI 流入实际金额与外资依存度

注：上图中左轴是中国 FDI 实际金额（亿美元）；右轴是外资依存度（%）。

资料来源：根据商务部外资司历年数据、国家统计局 GDP 数据整理。

根据商务部统计资料显示，2009 年外商投资企业对中国外贸贡献率为 55.16%（见图 4－4）。事实上，加工贸易在中国进出口贸易数据中占很大比例，而跨国公司主导了中国的这种外贸模式并成为主要获利者。

技术进步和各国制度变革导致了交易成本的降低和产品内分工的出现，这一方面使得跨国公司在全球配置资源、按全球价值链分解产业链、构建全球生产体系成为可能。另一方面，中央政府和地方政府的积极引资政策，推动了中国加工贸易的发展，并进一步融入全球生产体系。20 世纪 80 年代以来，"三来一补"的来料加工贸易主要是为了

---

① 魏后凯：《外国直接投资的区域分布及其经济增长效应》，《经济研究》2002 年第 4 期。

② 赵蓓文：《提高外资对中国国民经济增长的贡献》，《世界经济研究》2007 年第 2 期。

（单位：%）

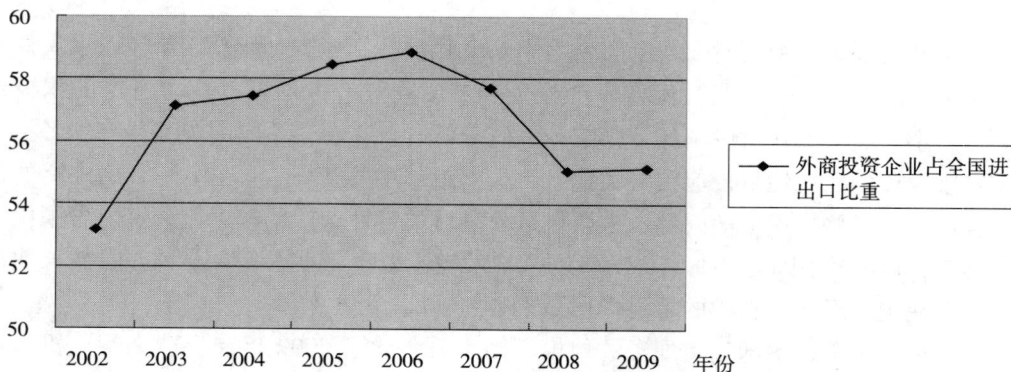

图 4 - 4　外商投资企业占全国进出口比重

资料来源：根据商务部外资司历年数据整理。

解决劳动力就业和外汇短缺问题。90 年代以来，进料加工贸易在政府政策支持下发展起来，尤其是沿海地区，地方政府凭借区位优势大力发展进料加工贸易并进行深加工。此后政府设立保税区、提供税收优惠等激励性引资政策，对中国吸引外资规模的上升都产生了重要作用。应当说全球化下的产业分工与中国引资政策的支持，共同推动了中国加工贸易的发展。

从总量上来看中国的 FDI 流入量下降。在全球 FDI 流量收缩的大背景下，2009 年 1～12 月，中国新批设立外商投资企业 23435 家，同比下降 14.83%（见表 4 - 2）；实际使用外资金额 2009 年累计 918.04 亿美元，同比下降 3.62%。从 2009 年各月实际使用外资金额的数据中可以看到，1 月份到 7 月份，中国吸引外资金额一直显示同比下降趋势。2009 年 8 月，实际使用外资金额 74.99 亿美元，同比增长 7%，是 2009 年以来首次出现的单月同比增长（见图 4 -5）。

表 4 - 2　2009 年中国利用外资统计　　　　　（单位：亿美元;%）

	本年批准外资情况（项目数）			本年实际使用外资		
	本年累计	去年同期	比去年%	本年累计	去年同期	比去年%
一、外商直接投资	23435	27514	-14.83	900.33	923.95	-2.56
中外合资企业	4283	4612	-7.13	172.73	173.18	-0.26
中外合作企业	390	468	-16.67	20.34	19.03	6.85
外资企业	18741	22396	-16.32	686.82	723.15	-5.02
外商投资股份制	21	38	-44.74	20.44	8.59	137.86
二、外商其他投资				17.71	28.58	-38.02
对外发行股票				1.62	0.77	110.27
国际租赁				2.3	1.44	59.72

122

续表

补偿贸易			.	0.13	0.52	−75.01
加工装配				13.66	25.85	−47.14

资料来源：商务部外资司 2010 年 1 月 15 日。

（单位：亿美元）

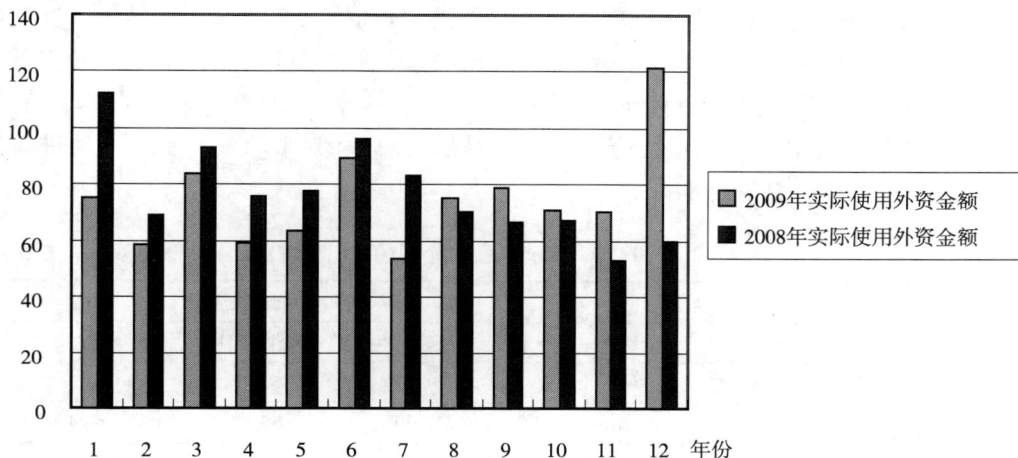

图 4 - 5　中国实际使用外资金额 2009 年与 2008 年月度数据比较

资料来源：根据商务部外资司 2009 年、2008 年各月度数据整理。

对华投资前十位国家/地区（以实际投入外资金额计）依次为：中国香港（539.93亿美元）、中国台湾（65.63 亿美元）、日本（41.17 亿美元）、新加坡（38.86 亿美元）、美国（35.76 亿美元）、韩国（27.03 亿美元）、英国（14.69 亿美元）、德国（12.27 亿美元）、澳门（10 亿美元）和加拿大（9.59 亿美元），前十位国家/地区实际投入外资金额占全国实际使用外资金额的 88.3%。

由于金融危机对发达国家的对外投资能力提出了挑战，通过具体分析发达国家及经济体对华投资数据来看：美国对华投资新设立企业 1588 家，同比下降 14.67%，实际投入外资金额 35.76 亿美元，同比下降 21.97%。欧盟 27 国对华投资新设立企业 1578家，同比下降 23.21%；实际投入外资金额 59.52 亿美元，同比下降 8.76%。

从历年数据来看，外资企业在中国对外贸易出口中占据主导地位，外商直接投资企业占中国进出口比重达 50% 以上。中国在全球价值链分工中处于低端位置，大部分是以加工贸易形式参与跨国公司主导下的全球化生产。

据海关统计，2009 年外商投资企业进出口总值 12174.37 亿美元（见表 4 - 3），同比下降 13.69%，降幅低于全国平均水平 0.19 个百分点，占全国进出口总值的55.16%。外资企业的进出口显现出以下特点：第一，外商投资项下自用设备进口下降明显。2009 年 1～12 月，外商投资企业投资项下进口自用设备 151.76 亿美元，同比下降 45.17%，占其进口总值的 2.78%，所占比重下降了 1.68 个百分点。第二，加工贸易进出口有所好转，但年度累计降幅仍较大。2009 年 1～12 月，外商投资企业加工贸易进出口总值 7645.04 亿美元，同比下降 14.16%（上年同期为增长 7.16%），占外商投资企业进出口总值的 62.8%。其中，加工贸易出口 4937.02 亿美元，同比下降 13.72%，占外商投资企业出口总值的 73.44%；加工贸易进口 2708.02 亿美元，同比下降 14.95%，占外商投资企业进口总值的 49.67%。外商投资企业加工贸易中，进料加工进口 2270.98 亿美元，同比下降 14.41%；来料加工进口 437.04 亿美元，同比下降 17.68%。同期，外商投资企业加工贸易进出口值占全国加工贸易进出口总值的 84.07%，其中加工贸易出口值占全国加工贸易出口总值的 84.11%，加工贸易进口值占全国加工贸易进口总值的 84.01%。

表 4-3　2009 年外商直接投资企业的进出口情况　　（单位：亿美元;%）

	全国		外商投资企业		
	金额	比去年%	金额	占全国比重%	比去年%
进出口总值	22072.66	-13.88	12174.37	55.16	-13.69
出口总值	12016.63	-16.00	6722.30	55.94	-14.97
进口总值	10056.03	-11.20	5452.07	54.22	-12.06

资料来源：商务部外资司。

20 世纪 90 年代以来，中国的贸易结构出现了重大变化，从初级产品为主的贸易结构向工业制成品为主的贸易结构转变。在工业制成品中，高新技术产品在外贸结构中的比重进一步提升，而中国高新技术产品大部分采用加工贸易的方式。在这些加工贸易中，又主要以外资企业推动。东道国在高新技术领域的出口不仅同国内企业前后向联系弱，而且同国内消费市场几乎没有联系①。受金融危机影响，美国、日本、欧盟等发达国家出现了增长减速、失业率上升、消费水平下降、融资能力降低等现象，并进一步导致中国的出口市场萎缩，减少了对中国产品的订单需求，这给中国大部分外资企业的出口带来严重冲击。

3. 中国外向型经济发展挑战与机遇并存

长期以来，从经济特区、沿海经济开放带，到内陆城市、中西部地区的全方位开放，中国提供的廉价劳动力供给以及外国直接投资激励政策，为跨国公司投资中国提供了良好的经济政策环境。但在全球金融危机冲击下，来自外部以及内部环境的变化使中

① UNCTAD：Trade and Development Report，2002. pp. 79-81，联合国贸发会议比较了 G7（发达国家 7 国）与 DT（发展中成员 7 国）在出口能力、出口与进口、出口与 GDP 等方面的差异。

国必须对现有的经济发展模式进行反思。

一方面，部分跨国公司阶段性对外投资意愿或能力的下降，将导致其投资战略发生转变。为应对全球经营环境恶化，部分跨国公司采取收缩战线、保存实力的措施，对中国在谈外资招商项目冲击力度比较大，部分可能的投资项目被取消或被推迟。这直接导致中国利用外资出现了明显负增长。从这层意义上来说，这是外部环境带给中国引资战略的挑战。

另一方面，中国自身吸收外商投资的条件正在发生深刻变化。为了协调内外资经济关系，中国的经济政策做出了许多调整，2006 年下半年中国曾出台降低出口退税率（近期又恢复性上调）、增补加工贸易禁止类商品目录等一系列促进国际收支平衡、调整外贸增长方式的政策。此外，2008 年实施新的《劳动合同法》、房地产价格攀升、资源和能源成本上涨、环境成本增加、信贷资金短缺等，增加了外商投资企业的成本，也削弱了外资企业出口产品的国际竞争力。

大量的理论和实证研究表明，东道国长期的激励政策效果并不显著。根据 UNCTAD 的报告分析，各国竞相出台激励型政策的引资效果并不如预期，许多实证检验也解释了这一点，而东道国的经济基本面、市场规模才是起决定性作用的引资因素。事实上，东道国要有效地利用政策因素来吸引跨国公司 FDI，仅仅依靠提供激励性措施是远远不够的。有些国家在吸引 FDI 方面取得了令人注目的成就，其成功的秘诀就是在积极实施激励手段的同时，也会追求一个有力的规制措施[①]。

随着中国市场的全面开放，长期以来一直推行的外国直接投资激励政策已经不能适应新形势的需要。因此，中国利用外资已经进入到依靠国内改革深化和战略优化来提高开放效益的新阶段。从这层意义上来说，金融危机正是中国调整外资结构的机遇期。

相对于欧、美、日等市场，中国投资环境的比较优势仍然突出。预计危机过后跨国公司的产业转移仍会加速，先进制造业、研发创新及现代服务业产业的转移等将给中国优化利用外资结构提供难得的历史机遇。

二、完善综合投资环境营造利用外资新优势

改革开放以来，中国吸收外资总体上采取的是一种数量扩张型引资战略，鼓励出口导向型外商投资企业的外资政策贯穿于整个 20 世纪 90 年代。为了出口创汇和引进外

[①] 东道国有关 FDI 的规制政策涉及面较广，主要包括：（1）对外国投资者规定的进入及成立条件，产权和控制权要求；部门限制；批准与报告；经营条件（业绩要求、许可证、人员要求）；待遇标准。（2）对外商的主要保护：国民待遇；法律保护；资金转移、利润寄回及资本投资（包括汇率控制，货币可兑性）；依照国际协定处理投资争议。（3）公共部门私有化；并购政策；贸易政策；环境保护。（4）东道国参与国际一体化的进程。

资，中国政府对外向型外资生产企业提供了土地、税收和融资方面的优惠，对外资进入和开展加工贸易实行鼓励政策。当前，中国吸收外资的战略目的已从弥补"双缺口"为主转向优化资本配置、促进技术进步和推动市场经济体制的完善。因此，与之相应的引资政策也必须做出调整：从主要提供优惠政策向进一步完善综合投资环境转变。2009年中央及地方政府面对全球资本流动收缩的外部环境，着力从改善投资环境、优化政府服务等方面大力扩大吸引外资的机遇，有力扭转了外资不断下滑的趋势。

1. 提高宏观经济环境质量，稳定外资规模

2009年中央及地方政府的引资规模面临着双重挑战。一方面，全球外需形势总体偏弱，国际直接投资流量收缩是来自于外部环境的压力。另一方面，2008年"两税合一"政策的实行标志着外商投资企业在中国不再享受税收上的"超国民待遇"；同时，《劳动合同法》实施使外商投资企业用工成本有所增加。而一些周边国家（如越南、泰国）近几年改善引资环境、提供优惠政策，加之生产要素成本优势，对外资吸引力增强。总体上而言，中国引资的成本优势相对减弱。

在综合考虑内外环境因素的前提下，中央政府强调保持宏观经济政策的连续性和稳定性，继续实施积极的财政政策和适度宽松的货币政策，根据新形势新情况着力提高政策的针对性和灵活性，坚持把扭转经济增速下滑趋势作为宏观调控最重要的目标。中国通过维持稳定持续的经济增长，为全世界的投资者提供了适宜其投资、生产、经营的优良环境。

根据邓宁的OIL理论，区位优势是形成国际直接投资的决定性因素之一，而在区位优势中，东道国的市场规模以及稳定、较快的经济发展预期又是其中最为关键的影响因素。受国际金融危机冲击，2009年被认为是中国经济"最为困难的一年"。2009年年初在世界经济一片低迷中，中国提出全年"经济预期增长8%左右"的目标。面对困难形势，中国及时实行了积极的财政政策和适度宽松的货币政策，并不断出台和完善"保增长、调结构、促改革、惠民生"的一揽子措施，较快扭转了经济增速的明显下滑，2009年中国经济增长率为8.7%，在全球范围内率先实现了经济的总体回升向好。

在优化基础设施建设方面，中国通过改善交通、通讯、能源等基础设施，不断完善投资的硬环境要素。加快要素供给的市场化改革，加速国内市场与国际市场的融合，使服务提供、能源使用、原材料零部件供应等的质量和价格水平基本与国际接轨，充分释放硬环境对外商投资的吸引力。

在促进产业结构升级方面，通过加快发展现代服务业，促进金融保险、现代物流、信息咨询、软件和创意产业发展，拓展新兴服务领域。支持和推进新能源、生物、医药、第三代移动通信、三网融合、节能环保等技术研发和产业化，发展高新技术产业群，创造新的社会需求。这些措施为进一步扩大市场开放度，为外商直接投资进一步开辟新的投资领域奠定了基础。

值得关注的是，国务院提出对于国家产业调整和振兴规划中的政策措施同等适用于符合条件的外商投资企业，并对用地集约的国家鼓励类外商投资项目优先供应土地。危机下提出的这些政策措施，在"稳外资"上取得了相当大的成效。

2. 调整出口退税政策，加强外商投资方向引导

中央和地方政府通过调整部分引资政策，一方面改善投资环境以起到稳定外资规模的作用。另一方面，将吸引外资与产业结构优化相结合，加强对外商投资方向的引导作用。

财政部、国家税务总局于2009年3月27日发布了《关于提高轻纺、电子信息等商品出口退税率的通知》，明确从2009年4月1日起提高纺织品、服装、轻工、电子信息、钢铁、有色金属、石化等商品的出口退税率，此次调整共涉及3802个税号商品。据测算，此次出口退税率上调后，一年将增加退税312亿元，其中纺织品、服装增加退税98亿元。

为应对国际金融危机对中国实体经济尤其是外贸出口的影响，2008年以来，国家陆续出台了一系列宏观调控措施，进出口税收政策调整是其中的一项重要措施。为保持中国对外贸易、吸引外资的稳定健康发展，国家税务总局要求各级税务机关在受理出口企业的出口退（免）税申报后，切实提高工作效率，在按照现行出口退税有关规定认真审核的基础上，及时、准确地办理出口退税，加快出口退税进度，不得以计划不足等原因拖延办理出口退税。通知要求各级税务机关要增强纳税服务意识，进一步改进工作作风，积极研究优化出口退税流程、提高出口退税效率的措施。税务机关优化出口退税管理，加快出口退税进度，能够最大限度地补偿外资企业的现金流量，支持企业发展壮大。

2009年上调出口退税率，是为了配合十大产业调整振兴规划的实施，在先期出台的调整振兴规划里就已有相关表述。目前，国际金融危机对中国经济的影响还在加深，如果不进一步采取措施，外贸下滑势头可能还会持续，出口企业的困难也会加剧。因此，上调出口退税率是中国主动应对当前国内外复杂多变的经济形势所采取的措施，有利于缓解出口企业困难，恢复出口企业信心。

在2009年政府工作报告中，中央政府对今后的外资政策与引资战略做出了重要部署：继续将利用外资与促进国内产业结构升级结合起来，鼓励外商投资高新技术产业、节能环保产业和现代服务业，鼓励外资企业将更多高端制造环节向中国转移，鼓励跨国公司来华设立地区总部和研发中心。努力提升中西部地区利用外资水平，支持符合条件的省级开发区升级为国家级开发区；支持东部国家级开发区加强与中西部国家级开发区合作。鼓励长三角、珠三角地区开放型产业向省内欠发达地区、中西部地区和东北地区等老工业基地转移。着力提升沿边开放水平，以进一步优化外资区域布局。

3. 地方政府积极改善引进外资的综合商务环境

各地政府通过提高政策透明度、规范行政收费和检查事项等措施，大力推进外商投资便利化。按照中央政府工作报告的要求，进一步下放外商投资审批权限，特别是促进鼓励类项目，通过简化审批流程、缩短审批时间，从而提高了外商直接投资流程的办事效率。

2009 年 54 个国家级经济技术开发区总体发展良好，1 月至 9 月工业增加值、工业总产值、税收收入、实际利用外资金额同比均为正增长。值得注意的是，中西部地区的实际利用外资金额增幅超过东部地区（见表 4-4）。

表 4-4　2009 年 1～9 月国家级经济技术开发区主要经济指标表

经济指标	全国	54 个国家级开发区			东部 32 个国家级开发区		
	增幅%	2009 年 1～9 月	2008 年 1～9 月	增幅%	2009 年 1～9 月	2008 年 1～9 月	增幅%
工业增加值（亿元）	8.70	9096.20	8228.51	10.54	6901.88	6376.67	8.24
进出口总额（亿美元）	−20.89	2410.69	2924.49	−17.57	2291.76	2782.18	−17.63
出口总额（亿美元）	−21.30	1269.92	1516.70	−16.27	1210.80	1442.18	−16.04
进口总额（亿美元）	−20.40	1140.77	1407.79	−18.97	1080.96	1340.00	−19.33
实际利用外资金额（亿美元）	−14.63	144.97	143.29	1.17	114.98	116.31	−1.14

经济指标	全国	中部 9 个国家级开发区			西部 13 个国家级开发区		
	增幅%	2009 年 1～9 月	2008 年 1～9 月	增幅%	2009 年 1～9 月	2008 年 1～9 月	增幅%
工业增加值（亿元）	8.70	1364.21	1206.05	13.11	830.11	645.79	28.54
进出口总额（亿美元）	−20.89	77.55	97.58	−20.53	41.38	44.74	−7.51
出口总额（亿美元）	−21.30	31.64	46.91	−32.54	27.48	27.62	−0.50
进口总额（亿美元）	−20.40	45.91	50.67	−9.40	13.90	17.12	−18.80
实际利用外资金额（亿美元）	−14.63	20.01	18.54	7.93	9.98	8.45	18.13

资料来源：根据商务部开发区统计资料整理数据。

2009 年重庆吸引外资增速全国第一，总量居中西部第一。面临着金融危机的巨大冲击，重庆却在危机中获得发展，实际利用外资 40.4 亿美元，增长了 47.7%，引入世界 500 强总量居西部第一。这与政府几年来着力塑造投资环境密切相关，在优化服务、完善引资环境方面重庆取得了以下几个方面的改变：

第一，是交通物流。从"三天三夜重庆"到"8 小时重庆"，再到现在的"4 小时重庆"。另外，机场、铁路、水运等条件也都大有改观。第二，重庆在五六年前，油、电、煤等能源短缺，电力装机容量只有 300 多万千瓦，人均不到 0.1 千瓦。目前重庆的电力装机容量增加了 1000 多万千瓦。第三，重庆拥有较好的融资环境，不良贷款率不超过 1.3%，位居全国前三位。第四，重庆近年来工业园区发展迅速，为企业提供了良好的发展环境。继惠普、富士康、英业达之后，全球最大笔记本制造商广达也落户重庆。这些笔记本电脑生产基地全部投产后，将在重庆形成超过 6000 亿元的销售值，以及 600 亿美元以上的进出口额，全球笔记本电脑一半以上的增量将为"重庆造"。

2009 年上海吸收合同外资 133 亿美元，继续处于吸引外资的历史高峰期。实到外资 105.38 亿美元，同比增长 4.5%。这在国际金融危机冲击的情况下，尤其显示出上海对外资的吸引力。

在实到外资中，第三、第二、第一产业实际到位外资占比分别为 72.3%、26.9% 和 0.8%，服务经济为主的产业结构进一步巩固。在现代服务业推动下，第三产业实际利用外资 76.16 亿美元，比 2008 年增长 11.4%。其中，批发零售业和商业服务业实到外资同比增幅均超过三成。2009 年，上海共吸引外资总部经济项目 79 家，其中，地区总部 36 家、投资性公司 13 家、研发中心 30 家。截至 2009 年年底，外商在上海累计设立总部经济机构 755 家，在中国内地省区市居首位。

值得关注的是，由于服务业表现出较强的抗跌性以及欧美投资仍呈增势，上海吸引外资情况仍好于预期、好于全国和周边地区水平。统计显示，与制造业吸引外资出现较大降幅不同，上海服务业吸引外资抗跌性较强。2009 年 1~4 月，上海共新批第三产业外资项目 849 个，吸引合同外资 35.91 亿美元，虽然同比下降 4.4%，但降幅要比同期合同外资降幅小 7.2 个百分点。在服务业中，2009 年 1~4 月，科技服务行业吸引合同外资同比增长 61.7%，宾馆餐饮业同比增长 92.4%，以总部经济机构为主的商业同比增长 32.1%。其中，外商在上海新设立总部经济机构 20 家，其中，地区总部 11 家、投资性公司 3 家、研发中心 6 家，反映出外商以上海为龙头，投资中国市场的长期策略并没有改变。

这与上海政府的不断优化服务、完善引资政策密切相关。2009 年 1 月 4 日开通的上海外资网上办事系统完成了浦东和崇明外资审批部门的联网，项目平均审批时间进一步缩短到 5.1 天。自 2009 年 8 月 1 日起，市商务委将区县的外资项目审批权由鼓励类、允许类项目投资总额 3000 万美元扩大到 1 亿美元。2009 年 12 月 1 日，又将外资并购领域以及商业零售、人才中介、职业介绍、经营性租赁、会展等五个行业的审批权下放到各区县。

在国际金融危机持续蔓延的形势下，上海主要在三个领域重点继续积极合理有效地吸引外资，进一步提高吸引外资的质量和水平：一是大力发展总部经济，提高上海服务能级；二是大力发展技术先进型服务业，推动服务经济发展；三是积极发展先进制造业，积极探索吸引外资"国际合作"新模式。

2009 年江苏外资工作突显总量保持稳定、结构日趋优化的新特征。江苏实际利用外资 253.2 亿美元，同比增长 0.8%。实际利用外资规模占全国比重由去年的 27% 提高到 28%。其中，苏南、苏北地区分别增长 3.6% 和 18%，苏中地区下降 17.3%。江苏全省半数以上的省辖市实际利用外资增幅超过 10%。有 10 个省辖市实际利用外资规模突破 10 亿美元。

危机下取得的引资成绩与政府不断优化服务，改善基础设施环境等措施紧密相关。在国务院常务会议讨论并原则通过的《江苏沿海地区发展规划》，对在新形势下加快江苏沿海地区产业优化升级和整体实力提升具有重要意义。加快以连云港为核心的沿海港口群建设，统筹推进铁路、公路、航空、水利、电网等基础设施建设，进一步完善了沿海地区基础设施支撑体系。坚持走科技含量高、经济效益好、资源消耗低、环境污染少、人力资源得到充分发挥的新型工业化道路，大力发展现代农业、新能源、先进制造业和生产服务业，坚持集约发展，提高资源利用效率，培育大产业，主攻大项目，形成特色产业基地。通过加强投融资平台建设，优化政府服务，促进各类生产要素加快向沿海地区集聚，吸引各方面人才和力量参与沿海地区建设，江苏省在 2009 年进一步加大了招商引资力度。

辽宁沿海经济带在应对金融危机提升开放水平方面也卓有成效。自 2009 年 7 月 1 日《辽宁沿海经济带发展规划》获国务院常务会议讨论原则通过，这个中国最北的海岸线再次引起世人的关注，而辽宁沿海经济带丰富的土地资源、产业配套能力、人才优势等也吸引了外商的目光。东北作为中国著名的老工业基地，装备制造、石油化工等行业在中国工业体系中占有重要地位。受计划经济体制束缚以及产业结构落后等方面的影响，东北地区的经济发展速度与南方沿海地区相比，存在较大差距。

2003 年，中央确定东北老工业基地振兴的重大战略决策，东北迎来新的发展机遇，2005 年年底，辽宁省确定开发面积约 701 平方公里沿海经济带，根据规划，这里将重点建设造船、石化、先进装备制造业和高加工度原材料基地、高技术产业和农业加工示范区。这正是外商看中辽宁沿海经济带的一个重要条件。辽宁省沿海经济带海岸线周边有大量的废弃盐田、盐碱地和荒滩，开发成本低，与寸土寸金的东南沿海地区相比，企业可以有更多的发展空间。

三、优化外资战略提升中国外向型经济发展水平

中国经济的可持续发展，需要以技术进步为动力，以质量增长为目标，而以数量增长为主导的粗放型引资战略与新时期的发展目标不相适应。尤其是面临外部经济环境动荡、国内资源瓶颈日益突出的双重压力下，中国的外资战略应从过去片面追求经济效益转向促进经济社会的可持续发展，化危为机，实现吸引外资的结构进步，不断引导外资为中国的产业结构升级服务。

1. 新形势下中国利用外资的总体思路

中国利用外资促进国民经济增长与发展的总体思路是：按照科学发展观的要求全面调整和提升中国利用外资的政策和战略，实现由粗放型"数量"主导战略到以追求效益为本的"质量"主导型战略的转变。

统筹国内发展和对外开放，以推动产业结构提升、区域协调发展作为新阶段中国利用外资的主要指导思想，实现东部沿海地区与中西部地区和东北老工业基地的优势互补、发展互动。以有利于本国产业发展战略、自主科技进步、环境保护和能源资源节约为原则，安全吸收外资，以实现中国利用外资的更大更长远的经济效益和可持续发展。

事实上，为保持中国吸收外资规模的稳定增长，支持外资在"保增长、扩内需"、"稳定外贸规模"的大局中发挥积极作用，2009 年中央政府在稳定利用外资规模的过程

中，着力引导外资投向高新技术产业、先进制造业、节能环保产业和现代服务业。进一步清理和规范涉及外商投资的行政收费和检查事项。提升中西部国家级开发区发展水平和沿边开放水平。

长期以来，外资在中国的产业结构、区域结构和企业结构上都存在着不平衡。一是外资产业结构的失衡，中国实际利用外资金额中制造业一般占70%左右，农业和服务业的比重不高。二是外资区域结构的失衡，主要表现在：东部地区过重，中西部地区过轻。从外商直接投资来看，85%都集中在东部地区，中西部地区只有15%。三是外商投资方式的不合理，主要表现在：外资企业中独资企业过重，合资企业过轻。

中国利用外资正在致力于从"来者不拒"到"择善而从"、从追求数量与规模到讲求质量与结构优化的重要转变。统筹国内产业结构升级和承接国际产业转移，引导外资更多地投向高技术、先进制造业、现代服务业、新能源、资源深加工和综合利用、节能环保等领域。支持东部地区继续发挥自身优势，率先实现利用外资由"量"到"质"的转变，加快实现产业结构优化升级和增长方式转变，加强对中西部地区吸引外资的政策支持。引导东部地区劳动密集型外资向中西部地区转移，积极研究税收、开发区共建、人才培养等多种政策手段，对中西部地区承接产业转移提供更大支持。

2. 利用外资促进国内产业结构升级

2009年的中央政府工作报告中明确指出：改善利用外资的产业结构，继续将利用外资与促进国内产业结构升级结合起来。鼓励外商投资高新技术产业、节能环保产业和现代服务业，鼓励外资企业将更多高端制造环节向中国转移，鼓励跨国公司来华设立地区总部和研发中心。对于危机中"稳外资"取得的成绩，商务部部长陈德铭也曾坦言，中国一般劳动密集型产品加工能力已经相对过剩，引进外资更重要的是要调整结构，提升水平，引导外资在更高端的领域和我们一起发展。

从全球范围来看，国际直接投资流量的结构特征是：逐渐从制造业转向服务业。UNCTAD的历年统计数据也指出，FDI流向服务业的比重，无论从流量上还是存量上都已经超过了流向制造业的比重（见图4-6）。

与全球FDI的流向结构比较，中国当前的引资结构存在一定的差距，主要表现在：第一产业和第三产业中FDI的比重较小，投向第二产业的FDI占据主导地位。出现上述状况的原因简单来说有：一是因为中国的第一产业没有明显的比较优势，以家庭联产承包责任制为主体的农业经营体制无法满足外商投资在规模经济上的要求，而作为中国外商投资主要来源的港澳台地区企业多从事制造业，经营第一产业企业的较少；二是因为中国在制造业国际直接投资对中国产业结构的影响分析有较大的成本比较优势，低廉的劳动力成本吸引了大量外资集中于纺织、服装、电子器元件和轻工业等劳动密集型部门；三是因为中国服务业的开放程度较低，金融保险等行业对利用外资的限制较为严格，吸引外商直接投资的数额相对有限（见表4-5）。

131

（单位：百万美元）

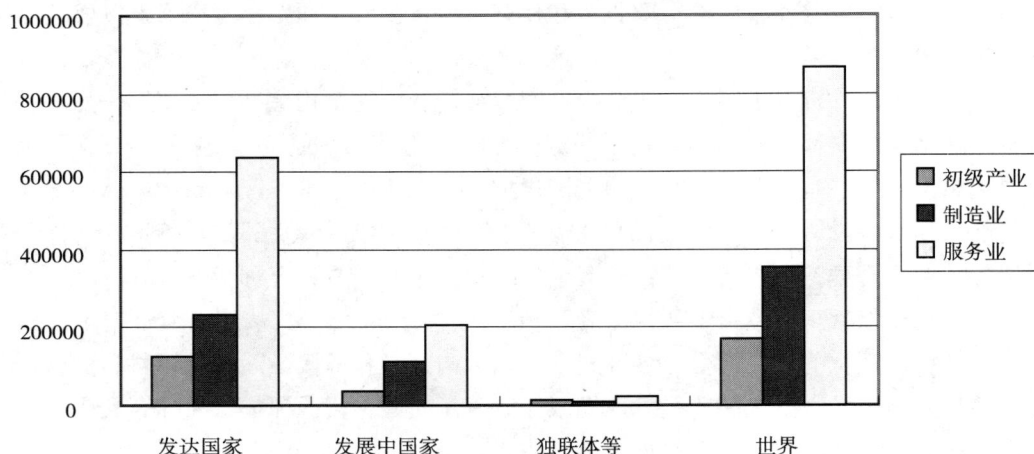

图 4 - 6　2005～2007 年全球 FDI 流量（分行业）

数据来源：根据联合国贸发会议《世界投资报告 2009》第 253 页数据整理。

表 4 - 5　中国 FDI 投资总额（分行业）　　　　　　　　（单位：亿美元）

行业	2008 年	2007 年	2006 年	2005 年	2004 年
总计	23241	21088	17076	14640	13112
农、林、牧、渔业	251	232	257	235	151
采矿业	111	96	81	64	51
制造业	13520	12646	10412	8955	7913
电力、燃气及水的生产和供应业	1122	1020	866	760	668
建筑业	390	347	308	281	255
交通运输、仓储和邮政业	774	679	572	459	685
信息传输、计算机服务和软件业	700	600	349	298	222
批发和零售业	740	524	378	285	233
住宿和餐饮业	373	351	282	276	260
金融业	276	201	59	47	48
房地产业	2963	2712	2271	1852	1660
租赁和商务服务业	957	759	396	247	152
科学研究、技术服务和地质勘查业	586	476	322	257	207
水利、环境和公共设施管理业	134	113	102	100	76
居民服务和其他服务业	83	82	100	97	190
教育	8	6	5	7	4
卫生、社会保障和社会福利业	25	23	22	20	18
文化、体育和娱乐业	141	146	138	151	122

资料来源：国家发改委、国家统计局、国家信息中心等中经网数据中心整理。

从世界产业发展的历程来看，大致都是一个从农业、工业再到服务业梯次转移的过程，不同时期的主导产业不同，技术要求也不同。随着经济的发展，产业结构的不断调整优化，依次从低级向高级推进。就中国的产业结构而言，经过了长期的调整也取得了较大改进，但与发达国家相比差距仍然很大，存在着明显的结构缺陷：第一产业发展滞后，第二产业比重过高，第三产业发展不足（见图4-7）。

（单位：%）

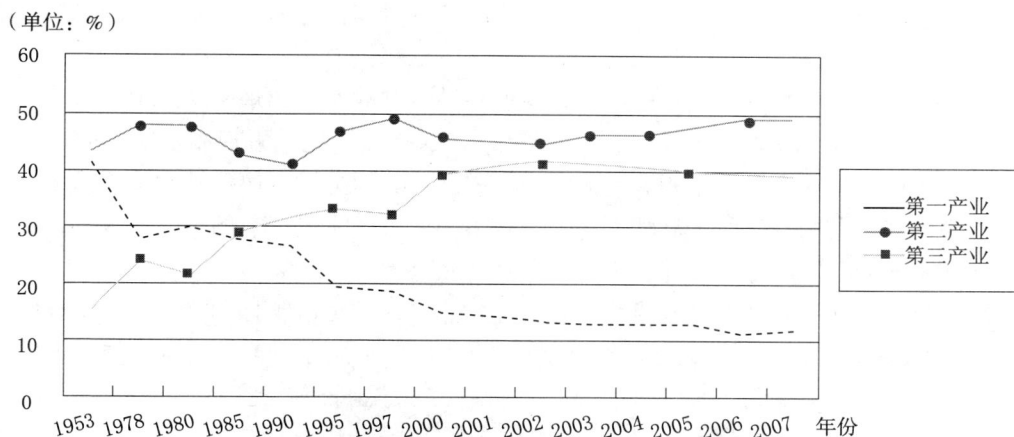

图4-7　1953～2007年三次产业占国内生产总值的比重变化趋势

资料来源：1978～2005年数据来源于中华人民共和国国家统计局：《中国统计年鉴2006》，中国统计出版社2006年版，第57～58页。2006年数据来源于《中华人民共和国2006年国民经济和社会发展统计公报》。

引导FDI流向服务业部门，这不仅符合国内产业结构调整和升级的需要，同时也符合国际直接投资的产业结构变化趋势。从世界经济福利的角度讲，服务业FDI能够通过跨国服务，实现规模经济效益和资源的更有效配置。但是对于东道国特别是发展中国家，它的影响是双重的。

一方面，服务业外资能够带来正面的外溢效应：第一，服务业FDI带来了先进技术、知识与技能，包括诸如设备和工艺流程的硬技术以及管理、营销等软技术。服务业中包含的技术组合不同于制造业，尤其FDI带来的软技术是转让知识和技术的主要形式。例如，在银行、保险和饭店等行业，投资方会对其子公司进行一系列的技能与知识培训；管理咨询公司通过培训逐步提高当地企业的专业服务能力等。第二，虽然与制造业相比，服务业跨国公司的直接出口仍然十分有限，但是它们通过提高东道国当地制造业的生产效率，对提升东道国企业的出口竞争力产生了巨大的间接影响。第三，服务业FDI为东道国创造了更多就业机会。一方面，在外资服务业部门工作的劳动力能够获得更好的培训和更高的工资。另一方面，目前阶段由于技术限制，服务业的专业化分工仍然有限（无法像制造业那样按照价值链分割，将每一阶段的生产安排在全球成本最低的地区）。此外，在为上游和下游企业提供服务和支持时，服务业FDI也间接地增加了二者的就业。

另一方面，也应当重视服务业FDI带来的负面影响：第一，东道国相关行业受到很大冲击。在东道国原有的高度保护下，诸如银行、电信、旅游等行业，其国内市场是非完全竞争的，甚至是垄断的，因而适应市场的能力和提高竞争优势的自身能力有限。随着外资在这些行业的进入，东道国国内原有企业从资金、经验、技能和创新方面都受到巨大挑战。第二，外资服务机构将与东道国本地企业更加激烈地争夺人力资源，其工作条件与薪酬状况可能导致大批优秀人才流向外资企业，这样对本地企业的发展带来更多困难。

因此，在进一步开放服务业的同时，最重要的是正确分析当前的国际环境，针对外国直接投资制定有效的引导、管理和控制措施，使外资在促进中国产业结构调整的过程中发挥最大的正面作用。

近年来，将吸引外资与建立国内新兴产业相结合的战略，越来越受到中央及地方政府的重视。在 2009 年的中央经济工作会议上，特别指出了危机下抑制产能过剩，培育战略性新兴产业已成为产业结构调整的重中之重。在新形势下，避免被动接受国际产业转移对中国产业结构升级的不利性，同时合理引导外资对主要产业的投资，鼓励外商投资高新技术产业、节能环保产业和现代服务业等新兴产业。

应当说，高新技术产业已经成为很多工业发达国家的经济支柱和推动经济增长的主要动力。2009 年以来，面对国际金融危机的严峻挑战，中国不断强化高新技术产业发展工作，在一些方面取得了较大进展。一是编制实施了电子信息产业调整和振兴规划，制定实施了生物、数字电视、产业化等产业政策，引导产业振兴发展。二是建设了重大科技基础设施、工程实验室、工程研究中心、企业技术中心等一批创新能力项目，科技支撑作用进一步发挥。三是实施了新兴产业创投计划，组织了微生物制造、卫星应用、彩电产业战略转型等一大批产业化重大专项，促进自主创新成果产业化。四是加强电子政务建设，启动国家信息化试点项目，建设国家电子商务示范城市，加快经济社会信息化进程。五是积极开展高技术领域国际合作，稳定高新技术产品对外贸易。但高新技术产业发展过程中也存在着如下问题：

第一，企业自主创新能力缺乏，核心竞争力不强。一方面中国高新技术企业缺乏有利于推动自主创新的企业文化。另一方面在研发投入上，中国高新技术企业研究开发经费投入一直偏低。

第二，处于产业价值链中低环节，收益率偏低，高技术产业的一个重要特征是高收益，中国的高技术产业不具备高收益的特征，而且收益下降趋势明显。目前，中国高技术产业的利润率已从 2000 年的 61.71% 下降到 2005 年的 41.22%。在国际高技术产业链中，中国高技术产业的分工地位和利益分配地位较低，基本上处在产业价值链的中低端。长期这样下去，很难通过发展高技术产业来推动中国产业结构进一步升级和提高经济增长的质量。

针对上述高新技术产业发展的瓶颈问题，中央及地方政府在营造有利于高新技术产业发展的战略政策环节上下了工夫。

一是积极营造有利于外资技术转移的市场竞争环境。20 世纪 90 年代，中国为了引进先进技术，提出了"以市场换技术"的方针。然而，外商投资企业引进技术的实际状况并不理想。主要原因是，外商投资企业数量较少，国内企业竞争力又较差，一些规模较大的外商投资企业实际上处于垄断地位，外商投资企业与国内企业之间以及外商投资企业之间缺乏竞争，而竞争是跨国公司向中国转让先进技术的真正推动力。跨国公司在考虑内部技术转移时也受到市场竞争环境的影响。只要能够继续维持竞争优势地位，跨国公司就不会把最先进的技术向东道国的子公司转移。相反，如果市场竞争激烈，跨国公司技术转让的速度也会加快。

政府近年来积极引进国际竞争机制，促进外资企业之间、外资与内资企业之间形成竞争，为各类高新技术企业创造一个规范有序的市场竞争环境。根据国内产业发展的现实状况，在同一产业领域引进多家跨国公司。通过吸引不同国家、不同跨国公司的投资，从而促进国内市场的有效竞争。

二是进一步鼓励外商投资企业的研发行为。与中国企业的技术水平相比，跨国公司投资企业使用的技术水平相对较高，但与母公司的技术水平相比，跨国公司在中国投资企业使用的技术并不是最领先的。鼓励跨国公司在中国国内建立外资高科技研发中心，引进更先进的技术，是利用外资工作的重点。

三是提高外资与中国相关产业的关联度。外商直接投资的产业关联效应能够带动中国产业结构的升级，因此提高外商直接投资于中国相关产业的关联度是十分必要的。当前跨国公司的最新动向是加强核心业务，而将非核心业务通过分包、外购等方式剥离出去，因而外资企业在原材料、零部件的配套以及各类后勤支援方面有着大量的需求。跨国公司的这种后向联系在广度和深度上的发展，能产生一种集聚效应，使得相互竞争的生产者、专业化的供应等志愿服务机构相互结合成为一个相对稳定的协作网络。国际经验证明这种后向联系能迅速提高中国配套企业的整体素质，从而将对产业升级和结构优化产生积极作用。

3. 利用外资促进区域结构协调发展

为提高中国利用外资的整体水平，2009年中央政府工作报告进一步指出了提升中西部国家级开发区发展水平和沿海沿边开放水平，进一步优化外资区域布局的整体思路。

长期以来，FDI流入的区域分布主要集中在中国沿海城市地区。随着FDI的流入不断加大，一些"跟随者"以及产业配套厂商出于节省成本、获得更大投资收益角度，也会跟随主导厂商投资于这些沿海城市，从而使得产业在当地逐步积累，最终形成产业集群。这种集聚作用不仅会吸引大量的剩余劳动力从中西部地区转移到东部沿海城市，同时也会使大量的资本、自然资源等其他生产要素发生转移。这种劳动力、资金、技术、资源等要素由中西部向东部沿海地区转移的现象可能会阻碍中西部自身的发展机制，从而进一步强化已有的地区发展差异结构。

为了缩小地区间的发展差距，国家在实施西部大开发战略以及中部崛起战略过程中，均对中西部地区吸引外资给予特别优惠的政策。在2009年召开的中央经济工作会议上，中央再次强调，要改善外商投资区域分布，促进区域经济协调发展。努力提升中西部地区利用外资水平，支持符合条件的省级开发区升级为国家级开发区。引导外资向中西部地区转移和增加投资，鼓励外商在中西部地区发展符合环保要求的劳动密集型产业，对到中西部地区投资的外商企业加大政策开放和技术资金配套支持力度。

根据 2009 年 11 月发布的《国务院办公厅关于应对国际金融危机保持西部地区经济平稳较快发展的意见》，政府政策将会进一步向西部地区的产业结构调整倾斜。通过发展西部地区特色农业、推进工业优化升级、提升自主创新能力、提升现代服务业发展水平、引导产业有序转移等举措加快西部地区产业结构调整，转变经济发展方式。

中国沿海地区劳动密集型制造业的 FDI 具有以下基本特征：第一，从投资来源地看，主要集中在东亚地区。第二，从投资经营方式看，加工贸易占较高比重。FDI 一直是中国加工贸易的主体，至今仍占中国全部加工贸易的 80% 左右。第三，从投资主体看，大型跨国公司投资比重低，中小型的外国公司、港澳台企业投资比重高。所设立的外商投资企业也多为中小型企业。第四，从投资条件和投资目标看，大部分投资不具有很强的所有权优势，投资目标主要是寻求低成本以保持其自身的延续。

这些特征决定了这类 FDI 的投资决策更多的是建立在东道国当地所提供的优惠政策条件和低成本形成的区位优势，而不是投资国企业具有的厂商优势（如所有权优势、内部化优势等）基础上。因此当全球直接投资大环境发生变化，东道国的优惠政策减少、成本上升而使区位优势下降时，这类 FDI 的撤资风险会比较大。

面对成本上升和国际金融危机等压力，沿海地区要想继续保持对外商投资企业的吸引力，就必须使加工贸易企业能够抵偿成本上升造成的收益损失，获得正常利润率。这一方面需要沿海地区进一步改善投资环境，特别是推进经济、政治体制改革，减少企业与政府的摩擦，提高办事效率，降低企业交易成本。另一方面，则需要建立企业创新配套支持体系，为企业创新和转型提供金融支持、财政支持和产业政策扶植，推动企业加快产品工艺创新、设计创新和技术创新，提高劳动密集型加工贸易产品的附加值。

2009 年沿海地区通过优化吸收外资结构，着力提升引资质量。上海把调整结构和高新技术产业化作为确保经济平稳较快发展的主攻方向。在三个重点领域继续积极合理有效地吸引外资：一是大力发展总部经济，提高上海服务能级；二是大力发展技术先进型服务业，推动服务经济发展；三是积极发展先进制造业，尤其要抓住高技术产业总部落户上海的机遇，积极探索吸引外资"国际合作"新模式。江苏地区根据 2009 年出台的《江苏沿海地区发展规划》，进一步引导外资流向现代农业、新能源、先进制造业等产业，坚持走科技含量高、经济效益好、资源消耗低的新型工业化道路。

近年来中国对外开放的重心逐步内移，沿海地区 FDI 有逐渐向中西部地区转移的趋势，集中投向湖南、湖北、江西、四川、重庆等地。珠三角 FDI 一方面向中西部地区转移；另一方面逐步转向为转移出去的外商投资企业、加工贸易活动提供信息、产品研发和设计、海外贸易渠道等配套服务。

2009 年的中央政府工作报告在引资战略上也提出，支持东部国家级开发区加强与中西部国家级开发区合作，鼓励长三角、珠三角地区开放型产业向欠发达地区、中西部地区和东北地区等老工业基地转移。

受到全球金融危机的影响，中国沿海地区劳动密集型制造业的 FDI 大量外移。促进其向内地转移，既有利于沿海发达地区经济结构升级，又有利于推动内地经济发展和对外开放，加快中国工业化进程，增加国内就业机会。中西部能否吸引沿海劳动密集型制造业外移的 FDI，很大程度上取决于能否出现产业集群，形成相对完善的产业链。只有在主导产业出现集群现象的时候，配套产业才具有规模效应，才有动力向主导产业聚集区靠拢，形成完整的产业链。反之亦然，也只有企业配套能力、产业配套能力强，投资软硬环境优良，才能吸引主导产业形成集群。

中西部地区在创造良好投资环境、承接沿海劳动密集型制造业 FDI 转移过程中，必须充分利用当地原有产业基础，在吸引主导产业进入的同时，注意吸引上下游配套产业，大力发展民营经济，利用民营经济与市场契合度高的特点，迅速形成产业配套能力。

此外，需要加强中西部地区与沿海地区的合作。用好外商长期在沿海经营形成的商业环境平台，把沿海作为外商投资内地的信息中心、媒介中心和沟通纽带，作为内地联系海外市场的枢纽。内地还应该进一步发挥劳动力、土地等价格相对较低的成本优势，打造适宜投资的区域环境。通过进一步提高政府效率，弥补交通运输成本高、商业配套环境差等缺陷，增强对外商投资的吸引力。

4. 促进内外资共同利用、协调发展

自 20 世纪 90 年代初开始，中国就一直是发展中国家中最重要的引资国。根据世界银行的研究，改革开放 30 多年来，外国直接投资、贸易和国内高储蓄率这三者间的联系是中国经济快速增长的关键因素。国内的众多学者通过实证检验也验证了这个观点（见表 4-6）。江小涓（2002）[①] 的研究结论表明，外商投资企业对 GDP 增长的贡献率约为 26.2；冼国明、葛顺奇（2002）[②] 也认为，FDI 估计贡献约占中国 GDP 增长的 1/3、税收收入的 12%、出口的 41%、创造了 2000 多万个就业机会。

表4-6　FDI 对中国经济增长的贡献 （单位:%）

年份	1993	1994	1995	1996	1997	1998
FDI 贡献度	1.07	1.55	1.69	1.46	1.30	1.12
FDI 贡献率	7.90	12.23	16.14	15.21	14.83	14.33
年份	1999	2000	2001	2002	2003	2004
FDI 贡献度	0.93	0.90	0.76	0.85	0.92	0.72
FDI 贡献率	13.14	11.22	10.18	10.22	9.69	7.56

资料来源：张幼文等著：《新开放观》，人民出版社 2007 年版，第 314 页。

① 江小涓：《中国的外资经济——对增长、结构升级和竞争力的贡献》，中国人民大学出版社 2002 年版，第 19—23 页。
② 冼国明、葛顺奇：《国际直接投资的全球新趋势》，《国际经济合作》2002 年第 9 期。

但 2004 年后，随着国内资本生产率的提高，外资对中国经济增长的贡献率出现了下降的趋势（见表 4－7）。进一步值得关注的是，中国在利用外资的过程中也出现了诸如外资技术溢出效益微弱、本土人才流失、环境污染等一些负面问题。从外部因素来看，全球金融危机使 FDI 流入中国的总体规模出现了收缩的倾向。2009 年 1～12 月，中国新批设立外商投资企业 23435 家，同比下降 14.83%，实际使用外资金额本年累计918.04 亿美元，同比下降 3.62%。

表 4－7　FDI 流量在不同经济体资本形成中的比例 　　　　（单位：%）

年份	2000	2001	2002	2003	2004	2005	2006	2007
世界	20.3	12.3	9.3	7.4	8.2	9.7	12.9	14.8
发达国家	21.7	12.0	8.9	6.5	6.4	8.9	12.8	15.6
发展中国家	16.0	13.6	10.4	9.5	12.4	11.4	12.5	12.6
中国	10.0	10.0	10.0	8.3	7.7	7.7	6.4	5.9

资料来源：根据联合国贸发会议《世界投资报告 2009》中数据整理。

138

结合国内外经济环境的变化，中国外资战略逐渐从外资过度依赖型向国内投资、外资共同利用型转变。尤其是 2009 年，国家密集出台了汽车、钢铁、纺织、装备制造、船舶、电子信息、石化、轻工业、有色金属和物流业等十大产业调整和振兴规划，涵盖了中国所有重要工业行业。这十大规划及随后出台并落实的 165 项实施细则与配套政策，在较短时间内扭转了中国工业增速下滑势头。中国规模以上工业增速从 2008 年 6 月份的 16%，急速下降到 11、12 月份的 5.4%、5.7%，2009 年头两个月降到 3.8% 的最低点，振兴规划陆续颁布后，3 月份以后逐月回升，从 6 月份开始增速保持在两位数，10 月份达到 16.1%，11 月份达到 19.2%。

十大产业的选择实际上蕴涵着两层意思：一是中国工业化进程远未结束，工业在国民经济中仍占有举足轻重的地位。二是应对金融危机要从实体经济发力，在这点上中国的政策取向非常清晰。2009 年全年，中国推广节能环保技术及装备，启动了水泥、有色等行业能效指标。炼钢、炼铁、水泥、平板玻璃、电解铝等行业分别淘汰落后产能1690 万吨、2110 万吨、7400 万吨、600 万箱、80 万吨。目前，世界经济开始逐步复苏，全球经济结构面临调整，美国等发达国家重新重视实体经济，实施以先进制造业为核心的"再工业化"，大力发展新能源、新材料、电子信息等新兴产业，抢占未来科技和产业发展的制高点。十大产业调整和振兴规划反复提出，大力发展电子信息等高新技术产业，加快振兴装备制造业，培育软件信息服务、电子商务、现代物流等生产性服务业。应当说，国内投资比例的上升与长期以来的对外开放战略并不矛盾，必须看到扩大内需、促进内资、外资协调发展是未来中国利用外资战略的重要方向之一。

国际金融危机对中国实体经济的影响，表面上看是经济增速的下降，实质上是对经济发展模式的冲击。长期以来，中国经济增长过度依赖国际市场，这也直接导致了低端制造业、劳动密集型行业，尤其是出口导向型的加工贸易类行业受到了较大的外部冲击。但挑战与机遇从来都是并生互存的，根据联合国贸发会议的研究，2009 年一些积极因素将使外国直接投资恢复活力，这些因素包括低资产价格和产业结构调整带来的投资机会。许多快速成长的行业也表现出光明的投资前景，如生命科学产业、农业食品产业、新材料、信息和通讯技术、能源以及环境产品等。许多跨国公司仍坚持其国际化战略，这是未来 FDI 增长的重要信号，由此看来，中国吸引外资面临着不少机遇。2009 年中央及地方政府通过不断完善投资环境，提升引资竞争力起到了稳定外资规模的作用。通过重点鼓励外商投资高新技术产业、节能环保产业和现代服务业，改善外资区域布局，促进内外资协调发展等措施，不断优化利用外资的结构，提升了中国外资战略的总体水平。

第五章 积极参与：
倡导国际合作推进体系改革

2009 年中国积极参与国际金融体系改革的政治姿态引起了国际社会的广泛关注。一些西方媒体认为，在参与全球治理的态度问题上，2009 年对中国而言是一个重要的里程碑和转折点，它标志着中国正式从韬光养晦的战略转向积极参与的战略。2009 年，在全球性金融危机这一大背景下，中国明显加强了对外金融合作的力度，其战略目的是通过合作为和平崛起创造良好的外部环境和条件。

一、在国际金融体系改革中的积极作用

在全球性金融合作中，2009 年中国不仅积极参加了分别在 4 月和 9 月召开的 G20 伦敦峰会和匹兹堡峰会，而且，中国在这两次峰会中发挥了举足轻重的作用。同时，中国通过参加一系列的区域和双边国际金融合作，在全球金融体系改革和国际金融体系再造中发挥了积极的作用。

1. G20 峰会与国际金融体系改革

表 5-1 和表 5-2 概括了两次 G20 峰会的主要内容。这两个峰会是继 2009 年 11 月

表 5-1 伦敦 G20 峰会的成果

IMF 等机构的增资	一、增资额度 第一，IMF 的资金从 2500 亿美元增加到 7500 亿美元。 第二，IMF 将增发 2500 亿美元的特别提款权。 第三，为多边发展银行（MDB）提供 1000 亿美元的额外贷款。 第四，为贸易融资提供 2500 亿美元的支持。 以上四项合计 1.1 万亿美元。 二、提供资金的主要国家 中国：400 亿美元；日本：1000 亿美元；欧盟：1000 亿美元；美国（估计值）：1000 亿美元。
IMF 的改革	第一，再次确认 2008 年 4 月达成的、对 IMF 配额和话语权进行改革的计划。 第二，要求 IMF 在 2011 年 1 月之前完成下一次配额审查。 第三，改革 IMF 和世界银行最高领导人的任命制度，按照公开、透明和择优的原则进行选择。
加强金融监管措施	第一，设立新的金融稳定委员会，该委员会与 IMF 进行金融监管方面的合作。 第二，强调对对冲基金、评级机构、金融衍生产品市场、"避税天堂"和企业高管薪酬进行监管。 第三，强调要进一步完善会计准则和金融机构资本充足率要求。

资料来源：根据伦敦 G20 公告等整理。

华盛顿峰会之后的第二次和第三次 G20 峰会，从这三次峰会的内容来看，加强全球金融监管体制改革和进行国际金融机构改革构成了国际金融体系改革的主要内容，而国际金融体系改革又构成了 G20 峰会的主题。这三次峰会的议题主要涉及以下内容：

表 5 - 2　匹兹堡 G20 峰会的成果

领域	内容
有关 G20 的决定	第一，将 G20 确立为国际经济合作的主要平台，这一决定意味着 G20 正式取代 G7，成为全球治理的主要决策机制。 第二，决定 2010 年 6 月和 11 月，分别在加拿大和韩国举行两次 G20 峰会。2011 年以后每年举行一次峰会，2011 年度在法国举办。
全球经济合作	第一，对经济做出谨慎乐观的判断：出现复苏的征兆，但是否进入稳定增长轨迹仍需观察。 第二，在全球宏观经济政策方面的协调：继续维持扩张性经济刺激政策，短期内避免实施退出政策，要谨慎选择实施退出政策的时机。
国际金融机构改革	第一，将新兴市场和发展中国家在国际货币基金组织的份额至少提高 5%，将发展中国家和转型经济体在世界银行的投票权至少增加 3%。 第二，对国际货币基金组织注资 5000 多亿美元的资金，用于扩大其"新借款安排"机制。
全球金融监管体系改革	第一，2010 年年内制定出新的改进银行资本标准的监管制度，2012 年年底以前完成改革方案的实施工作。 第二，在高管收入问题上，提出改革助长金融机构冒险行为和投机性经营的薪酬分配机制。
其他	第一，共同反对贸易保护主义，争取 2010 年完成多哈回合会谈。 第二，争取在哥本哈根的联合国会议上，就气候变化问题达成协议。

第一，创立和提升 G20 全球治理决策平台，以 G20 取代 G7 的主导地位。这是过去 50 年中全球治理机制经历的最大一次洗牌，也是最具有深远历史意义的一次变革。

20 世纪后期，在全球治理问题上，G7 一直扮演了最高决策机制的角色。这一机制完全忽视了新兴市场国家和发展中国家的存在。尽管 20 世纪 80 年代初期的拉美债务危机和 90 年代后期的亚洲金融危机都发生在发展中国家，但是，发展中国家却无权参与国际金融体系改革的决策。然而，2009 年 9 月发生的全球性金融危机彻底动摇了 G7 的主导地位。这是因为随着中国等新兴市场国家的崛起，G7 的影响力明显下降，G7 已经丧失了左右世界格局的能力，在这一背景下，以美国为首的发达国家不得不借助 G20 峰会平台解决全球性经济问题。

从 G20 首脑峰会机制的形成过程来看，2009 年 11 月的华盛顿峰会具有一定的偶发性质。在这次峰会以前，G20 集团属于非正式的部长级会议机制，其宗旨是通过促进发达国家和新兴市场国家之间的交流和合作，实现全球金融和经济的稳定发展。从 G20 集团早期的定位来看，其级别远远低于 G7 集团。2009 年 9 月以后，随着美国次贷危机转化为全球性金融危机，美国需要借助新兴市场国家的合作和帮助渡过难关，因此，美国没有依靠传统的 G7 机制，而是临时举办了 G20 首脑峰会。

美国的这一决定反映了时代的巨变，即与 G7 相比，G20 可以更有效地解决全球性经济问题。而且，在这次峰会上，各国首脑讨论了以往应该由 G7 讨论的国际金融体系改革问题，这一现象表明，G20 事实上已经开始取代 G7 的地位。正是基于 G20 首脑峰会的巨大影响力,华盛顿峰会决定将这一机制长期化和制度化,这样就有了 2009 年 4 月的伦敦峰会和 2009 年 9 月的匹兹堡峰会。伦敦峰会的召开进一步确认了 G20 在全球治理中的主导地位,面对这一既成事实,匹兹堡峰会正式宣布由 G20 峰会取代 G7 峰会发挥全球治理决策平台的作用。

第二,推进国际金融体系改革,通过加强国际货币基金组织的融资规模和融资能力以及通过强化全球性金融监管体制等措施,提高国际金融体系抗风险的能力和预防金融危机的发生。

在国际金融体系改革方面,华盛顿 G20 峰会最早提出了 5 项行动计划。其内容包括:加强透明度和问责制、加强健全性管理、促进金融市场的公正性、加强国际合作和改革国际金融机构。华盛顿 G20 峰会就以上五个方面提出了短期、中期和长期目标。

2009 年 4 月的伦敦峰会在落实 5 项行动计划方面取得了具体的进展。首先,在与资金有关的问题上,会议决定将 IMF 的资金从 2500 亿美元增加到 7500 亿美元;IMF 将增发 2500 亿美元的特别提款权;G20 还将为多边发展银行(MDB)提供 1000 亿美元的额外贷款和为贸易融资提供 2500 亿美元的支持。其次,在机构改革方面,G20 再次确认了对 IMF 配额和话语权进行改革的计划,并且要求 IMF 在 2011 年 1 月之前完成下一次配额审查。最后,在 IMF 和世界银行最高领导人的任命问题上,G20 承诺按照公开、透明和择优的原则进行选择。

2009 年 9 月的匹兹堡 G20 峰会在国际金融体系改革方面的进展主要有两点:其一,提高发展中国家在国际金融机构中的地位,其具体措施包括将新兴市场和发展中国家在国际货币基金组织的份额至少提高 5%,将发展中国家和转型经济体在世界银行的投票权至少增加 3%。其二,提出了改革全球银行监管体系的具体进程安排,即 2010 年年内制定出新的改进银行资本标准的监管制度,2012 年年底以前完成改革方案的实施工作。

第三,随着 G20 首脑峰会机制的长期化和制度化,其议题和决策范围出现了逐步扩大的趋势。

从 3 次 G20 峰会的内容来看,华盛顿峰会和伦敦峰会主要聚焦于国际金融体系改革的议题,在匹兹堡 G20 峰会中,除国际金融体系改革议题之外,全球宏观经济协调问题也占据了重要位置。另外,本次峰会还就多哈回合会谈问题和气候变化问题进行了讨论,并且 G20 首脑承诺在这些领域进行必要的合作。G20 峰会内容的扩展反映了其制度化和长期化的变化趋势。第一次华盛顿峰会是专门针对国际金融体系改革召开的临时性会议,而第三次匹兹堡 G20 峰会已经演变成为着眼于全球治理的综合性会议。

随着 G20 成为全球治理的主要决策平台,中国在 G20 中的地位和作用引起了国际社会的广泛关注。从 G7 到 G20 的转化,从形式上看,是发达国家加强了与发展中国家的合作,但是其核心是 G20 为中美两大超级大国之间的合作提供了一个正式的平台。正是基于这一原因,自从 G20 峰会机制形成以来,G20 机制中的中美关系一直是国际社会关注的焦点。另外,就中美扮演的角色而言,二者之间存在明显的差异。在过去 100 多年里,作为全球第一大经济大国,美国一直处在国际经济和政治体系的核心位置上，人们已经习惯了美国的这一角色。在这一点上中国完全不同于美国，中国是一个正在崛起的经济大国，是一颗冉冉升起的巨星。国际社会对中国的角色充满了好奇和期待，受这一因素的影响，中国受到关注的程度甚至超过了美国。在 G20 与中国的关系问题上，国际社会对中国的关注主要表现在以下几个方面：

第一，中国在 G20 机制中的地位。如前所述，自从 G20 成为全球治理的主要平台以来，中国被视为影响力仅次于美国的主要经济大国。正是基于对中美两国重要地位的判断，在每一次 G20 峰会中，全球媒体把报道的焦点集中在了中国和美国，而且，在 G20 内部的国家关系问题上，中美关系成为了全球最重要和最受关注的大国关系。

以上事实表明，G20 峰会机制在诞生之日起，就包含了非正式的 G2 机制。早在华盛顿峰会召开以前，以具有卓越洞察力著称的美国彼得森国际经济研究所所长弗雷德·伯格斯坦已预感到中国经济崛起给国际秩序带来的深远变化，由此率先提出了中美 G2 共治的思路①。而 G20 实际上给中美合作提供了一个正式的平台，从这一视点来看，G2 与 G20 并不是排他性的关系。独立于 G20 的 G2 机制或缺乏 G2 合作的 G20 机制都不可能有效发挥作用。

中国在 G20 机制中的地位在一定程度上反映了其经济实力，而图 5-1 和图 5-2 从一个侧面反映了中国的这一实力。图 5-2 显示，20 世纪 90 年代以来，在全球化这一

143

（单位：亿美元）

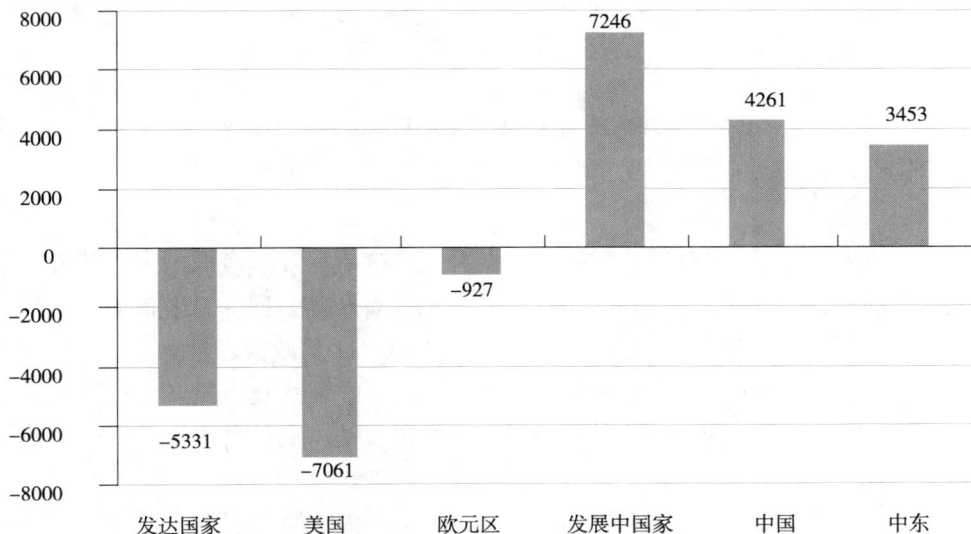

图 5-1 2008 年全球经常收支顺差和逆差的分布情况

资料来源：IMF：*World Economic Outlook*，October，2009。

① Bergsten，Fred："A Partnership of Equals：How Washington Should Respond to China's Economic Challenge"，*Foreign Affairs*，July/August，2008.

大背景下，全球产业分工格局的调整，即发达国家将生产基地转移到发展中国家的调整已经彻底改观了全球经济的格局。其重要变化之一是：发达国家整体上从经常收支顺差集团沦为逆差集团，而发展中国家整体上从经常收支逆差集团演变为顺差集团。另外，从发展中国家的情况来看，经常收支顺差主要集中于中国和中东产油国。这一现状意味着没有中国的参与，西方国家将无法解决全球经济失衡问题。

（单位：%）

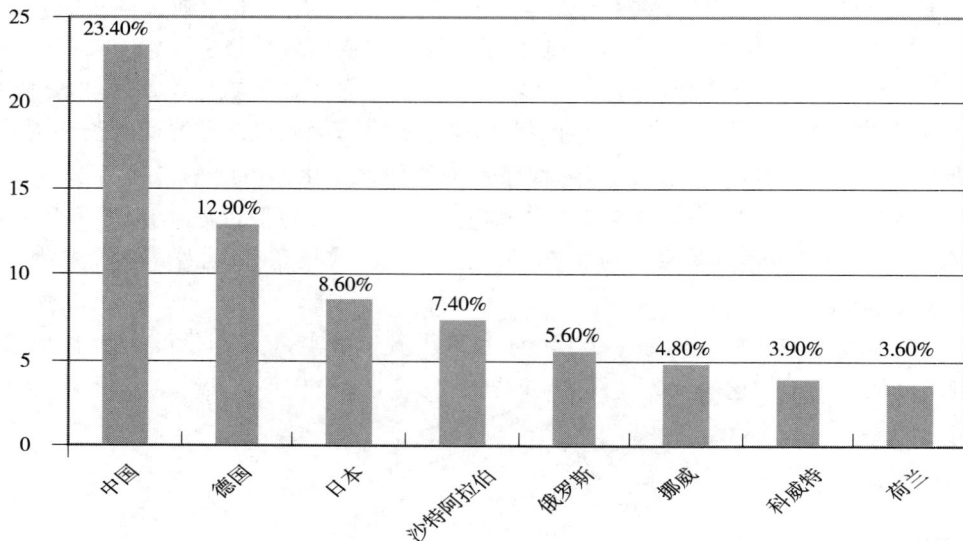

图 5-2　2008 年全球主要资本净输出国的相对比重

资料来源：IMF：*Global Financial Stability Report*，October，2009。

另外，图 5-2 的数据显示，中国已经成为全球第一大资本净输出国，其资本净输出的规模接近全球资本净输出的 1/4，这一状况意味着中国在国际金融市场的一举一动都有可能对全球金融产生巨大的影响。基于以上事实，美国政府已经意识到，没有中国的参与，G7 集团很难在全球治理问题上有所作为，而中国一直拒绝以发达国家身份加入 G7 集团，让中国参与全球治理的唯一平台是 G20。受以上种种因素的影响，随着中国的崛起，G20 取代 G7 的地位是历史发展的必然趋势。

第二，中国在 G20 机制中的表现。从中国参与华盛顿峰会之日起，中国在国际社会的形象开始发生明显的变化。有许多西方媒体认为，在对待国际事务的态度上，与以往观望、被动和低调的姿态不同，中国开始以大国的身份、大国的自信和大国的强势出现在世界政治舞台。这一变化意味着，在经历了 30 年的改革开放后，以经济崛起为背景，中国韬光养晦的传统战略开始出现了调整。

中国在 G20 峰会中的表现可以概括为三点：其一，积极参与和高度重视。中国对 G20 峰会的重视程度超过了以往的国际会议。不仅国家最高领导人参加了三次峰会，而且国内媒体对会议的准备工作和会议日程进行了隆重的报道，国内学术界对会议的意义、改革方案和中国参与战略展开了广泛的讨论。其二，主动承担责任。在实施扩张性财政政策和为国际货币基金组织提供融资方面，中国主动承担了大国的责任。其三，诉求和保护自身正当利益。中国已经成为全球第二大债权大国和美国国债的第一大投资国，保护对外投资权益是我国在 G20 峰会上追求的重要目标之一。另外，我国在国际金融机构中的地位远远低于我国在全球经济中的实力，因此，要求与经济实力相匹配的地位构成了我国国际金融体系改革的重要提案之一。

第三，中国在 G20 机制中的利益关系。在 G20 内部，中国与其他国家之间存在着不同的利益关系，如何处理和平衡这些利益关系是中国面临的重要挑战之一。

G20 在一定意义上是两大经济集团，即发达国家集团与发展中国家集团进行博弈的平台。从与我国的关系来看，欧美发达国家是我国主要的出口市场。就这一点而言，我国与发达国家的利益关系要大于与发展中国家的利益关系，这是因为欧美扮演了相当于"顾客"角色，而"顾客"关系到我国国民的生计问题，因此加强与发达国家的合作符合我国的国家利益。在 G20 中，我国又属于发展中国家集团的一员，在这一意义上，我国与发展中国家成员的关系相当于"朋友"关系。在"顾客"与"朋友"之间寻找平衡点是我国处理两大集团关系的基本策略之一。

另外，中国、德国和日本是 G20 中的贸易顺差国集团，而美国是全球最大的贸易逆差国，因此，在由谁承担全球经济失衡责任的问题上，中国、德国和日本之间存在共同的利害关系，这三个国家都要求逆差国承担必要的调整义务。调整全球经济失衡问题是 G20 面临的一个长期课题，在这一问题上，中国、德国和日本可以形成一定的盟友关系。

最后，从区域关系来看，G20 内的亚洲国家又形成了亚洲集团，在区域合作方面，中国、日本、韩国、印尼和印度等国家又有着共同的利益诉求。东亚国家的共同特点是贸易依存度较高，基于这一特点，汇率稳定有利于东亚经济的发展，为了保持全球汇率的稳定，亚洲集团有必要要求主要经济大国履行维持汇率稳定的义务。

2. 东亚区域金融合作取得新进展

东亚区域经济是全球经济的重要组成部分之一，实现东亚区域金融稳定是实现全球金融稳定的重要条件之一，鉴于这一联系，加强东亚地区金融合作构成了国际金融体系改革的重要内容之一。

2009 年，东亚区域金融合作又获得了可喜的进展，在东亚国家和经济体的努力下，2009 年 12 月，"亚洲外汇储备库"正式启动，清迈倡议完成了从双边化到多边化的转型。这一变化意味着东亚区域合作得到了进一步的深化。人民银行在其网上发布的有关清迈倡议多边化正式签约的消息中，对亚洲外汇储备库的核心目标和使用机制进行了简单的解释，其核心目标是：第一，解决区域内国际收支和短期流动性困难；第二，对现有国际融资安排加以补充。就使用方法而言，在该金融合作机制下，各参与方有权根据协议规定的程序和条件，在其出资份额与特定借款乘数相乘所得的额度内，用其本币与美元实施互换。另外，人民银行还正式公布了参加清迈倡议多边化机制国家的出资份额及借款乘数（见表5-3）①。

表5-3　清迈倡议多边化份额及借款乘数

	份额				借款乘数
	美元（十亿）			（%）	
中国	38.4	中国（不包括中国香港）34.20	32.00	28.50	0.5
		中国香港 4.20		3.50	2.5*
日本	38.40		32.00		0.5
韩国	19.20		16.00		1
中日韩三国合计	96.00		80.00		–
印尼	4.77		3.97		2.5
泰国	4.77		3.97		2.5
马来西亚	4.77		3.97		2.5
新加坡	4.77		3.97		2.5
菲律宾	3.68		3.07		2.5
越南	1.00		0.83		5
柬埔寨	0.12		0.10		5
缅甸	0.06		0.05		5
文莱	0.03		0.02		5
老挝	0.03		0.02		5
东盟10国	24.00		20.00		–
总计	120.00		100.00		–

注：＊因为中国香港不是IMF成员，其借款仅限于与IMF贷款脱钩部分。
资料来源：http://www.pbc.gov.cn/。

纵观亚洲外汇储备库的形成过程，我们不难发现，中国政府是这一金融合作机制的倡议者和积极推动者之一。如表5-4所示，2003年10月，在印尼巴厘岛举行的第七次"10+3"领导人会议上，温家宝总理首次提出"推动清迈倡议多边化"的建议。这一建议得到了与会国的积极响应和支持。2006年5月，在印度海德拉巴举办的"10+3"财长会议上，亚洲外汇储备库的筹建工作正式起步，财长会议决定成立由中国和泰国担任联合主席的清迈倡议多边化工作组，具体对清迈倡议多边化方案展开研究。2009年5月，在巴厘岛"10+3"财长会议上，就外汇储备库的出资金额问题，中国政府承诺出资384亿美元，该份额占外汇储备库总金额的32%（包括香港）。2009年10月，在泰国华欣举行的第十二次东盟与中日韩领导人会议上，中国总理温家宝建议加速外汇储备库建设的步

① 参考人民银行《清迈倡议多边化正式签约》，2009年12月28日。

伐，指出力争 2009 年年底前签署清迈倡议多边化协议，建成区域外汇储备库。

表 5－4　亚洲外汇储备库的形成

日期	内容
2003 年 10 月	温家宝总理在印尼巴厘岛举行的第七次"10+3"领导人会议上，首次提出"推动清迈倡议多边化"的建议。
2006 年 5 月	"10+3"财长在印度海德拉巴会议上决定成立由中国和泰国担任联合主席的清迈倡议多边化工作组，具体对清迈倡议多边化方案展开研究。
2007 年 5 月	东盟"10+3"在日本京都财长会议上，正式宣布决定建立亚洲外汇储备库。
2008 年 5 月	西班牙马德里"10+3"财长会议就东亚外汇储备库建设的一些具体问题达成协议。其内容涉及资金规模、贷款条件和贷款利率等问题。
2008 年 11 月	在日本箱根"10+3"财政、央行副手会上，各国达成以下共识：第一，争取在 2009 年 5 月以前就储备库的主要要素达成共识；第二，将外汇储备库的规模扩大到 1200 亿美元；第三，在一定的条件下，扩大外汇储备库与 IMF 贷款的脱钩比例。
2009 年 2 月	在泰国普吉举办的特别财长会议上，"10+3"通过《亚洲经济金融稳定行动计划》，正式对外宣布将外汇储备库的规模从原定的 800 亿美元扩大至 1200 亿美元。
2009 年 5 月	在巴厘岛"10+3"财长会议上，确定了外汇储备库的出资金额。
2009 年 10 月	在泰国华欣举行的第十二次东盟与中日韩领导人会议上，中国总理温家宝建议力争年底前签署清迈倡议多边化协议，建成区域外汇储备库。
2009 年 12 月	28 日，人民银行在网上发布清迈倡议多边化正式签约的消息。

147

　　中国之所以积极支持外汇储备库的建设不仅因为其可以更有效地预防金融危机，还因为在亚洲各种合作机制中，中国一直主张强化东盟"10+3"机制。外汇储备库属于"10+3"机制下的金融合作，因此发展外汇储备库有助于实现中国强化东盟"10+3"机制的战略目标。当前，东亚国家参加的合作机制主要有东盟"10+1"、东盟"10+3"、东盟"10+6"和亚太经合组织（APEC）。这些机制所反映的利益关系和利弊存在明显的差异。美国政府一直试图通过强化 APEC 的作用，加强对东亚地区的影响，而日本试图借助东盟"10+6"机制，牵制中国的影响。但是 APEC 和东盟"10+6"作为合作机制，都存在共同的问题，即成员国无论在文化方面，还是在经济发展差距方面都存在巨大的差异，这些差异使东亚国家无法实施真正意义上的金融合作。比如，在 APEC 和东盟"10+6"机制下，很难建立区域性汇率合作体制。我们很难想像美国或澳大利亚愿意将发展"亚元"作为其长期战略目标。从以上几方面的因素来看，东盟"10+3"机制不仅符合地缘政治和经济发展的需要，而且，还有助于发挥中国的作用。这正是中国积极支持东盟"10+3"外汇储备库建设的重要理由之一。

　　2009 年，尽管东亚区域性合作在外汇储备库建设方面取得了实质性的进展。但是，与欧洲区域性合作的水平相比，东亚还存在巨大的差距。从现实情况来看，东亚区域合作存在以下几方面的问题：

　　第一，东亚合作机制存在"小马拉大车"的问题，换句话说存在"小国主导、大国出力"的缺陷。这一缺陷造成了义务与权利的不平衡，而这一不平衡又会进一步妨碍东亚区域合作的进程。就东亚合作的现状来说，其核心是东盟合作机制，东盟"10+3"这一提法本身就反映了这一状况，东盟"10+3"是中日韩三国依附于东盟10国的合作形式，其决策在很大程度上取决于东盟的态度。但是，如表5－3所示，亚洲外汇储备库资金的80%出自中日韩三国。如果这一状况长期持续下去，必然会影响大国参与合作的积极性。针对以上问题，有人提出应该建立以中国和日本为主导的东亚合作机制，但是这一选择有可能削弱东盟参与合作的积极性。为了避免出现以上问题，东亚应该向欧盟学习，放弃主导权之争和建立平等的决策机制。

第二，多种合作机制的并存不利于东亚区域合作的发展。东亚存在东盟"10+1"、东盟"10+3"、东盟"10+6"和APEC等多种合作机制。多种非协调性机制的存在一方面造成了合作领域的重叠，另一方面又造成了机制之间的冲突。统一这些机制才能确立统一的东亚合作目标和制定实现这一目标的阶段性步骤，从而达到深化东亚区域性合作的目的。在这一方面，东亚同样应该向欧洲学习，建立一个统一的、能够真正代表东亚利益的合作机制。

第三，东亚金融合作缺少常设机构的支持，这是亚洲金融合作的软肋之一。从全球性金融合作来看，IMF和世界银行是落实合作的常设机构，但是，东亚却缺乏这样一个常设机构。亚洲开发银行受制于美国和日本，因而缺乏代表性。鉴于这一现状，东亚金融合作的课题之一是建立一个真正代表东亚各国利益的常设机构，即人们长期谈论的AMF（亚洲货币基金）。当前，从"清迈倡议"双边化合作到"外汇储备库"多边化合作的转型属于第一个阶段性目标，而从多边化合作到机构化合作的转型是东亚金融合作的下一个重要目标。

第四，当前的东亚金融合作属于危机预防性合作，而非经济发展型合作，从未来的发展趋势来看，东亚合作机制需要转型为经济发展型合作，即以推进东亚经济发展作为其主要目标。无论"清迈倡议"还是"外汇储备库"都是用于克服金融危机的紧急性融资机制，只要不发生金融危机，这些融资机制就没有用武之处。一些东亚国家的学者指出：东亚国家基本上都拥有丰富的外汇储备，因此，紧急性融资机制的现实意义不大，东亚国家真正需要的金融合作是促进经济发展的合作。这一意见在一定程度上反映了东亚国家的心声。

第五，东亚金融合作缺乏汇率合作的内容，而从东亚经济的特点来看，这是东亚最急需的合作。如前所述，东亚经济体的贸易依存度较高，这一特点决定了东亚国家应该加强区域内的汇率合作。从欧洲的经历来看，20世纪后期，维持汇率稳定构成了该地区经济合作的中心内容，汇率合作最终促成了欧元的诞生。如果说欧洲区域合作给我们留下了什么启示，那就是应该以汇率合作作为突破口，带动经济领域的全面合作。

3. 中国货币互换协议引起全球关注

2009年，在中国对外金融合作方面，双边合作占据着非常重要的位置。其中，尤其引人注目的是人民币货币互换协议的签署。2008年下半年，美国次贷危机转化为全球性金融危机，面对这一危机，全球各国加强了金融领域的合作。这一合作主要包括三个层面的合作，即全球层面的金融合作、区域性金融合作和国与国之间的双边金融合作。在前面部分，我们已经具体讨论了中国参与前两种金融合作的情况，在此，我们进一步展开对第三种金融合作，即双边金融合作的讨论。

2009 年，对中国而言，最重要、最有影响力的双边金融合作是人民币互换协议的签署。从 2008 年 12 月到 2009 年 3 月，中国先后与韩国、中国香港金管局、马来西亚、白俄罗斯、印度尼西亚和阿根廷六个国家和经济体的央行达成了 6500 亿人民币的货币互换协议。表 5-5 概括了这 6 笔货币互换协议的主要内容。从表 5-5 中可以看出该协议具有双边性质，即双方的任意一方可以以本国货币作为抵押借入对方货币。一般而言，央行之间的货币互换协议是一种预防性借贷协议，即在一方遇到某种特殊情况需要从对方借入资金时，对方必须按协议履行义务。但是，如果没有发生需要借入资金的特殊情况，双方可以不动用协议，因此，该协议只是借贷权利的承诺。

表 5-5　双边货币互换安排

国家与地区	签约时间	签约金额	有效期
韩国	2008 年 12 月 12 日	1800 亿元人民币/38 万亿韩元	三年
中国香港金管局	2009 年 1 月 20 日	2000 亿元人民币/2270 亿港元	三年
马来西亚	2009 年 2 月 8 日	800 亿元人民币/400 亿林吉特	三年
白俄罗斯	2009 年 3 月 11 日	200 亿元人民币/8 万亿白俄卢布	三年
印尼	2009 年 3 月 23 日	1000 亿元人民币/175 万亿印尼卢比	三年
阿根廷	2009 年 3 月 29 日	700 亿元元人民币/380 亿阿根廷比索	三年
合计		6500 亿人民币	

就协议的性质而言，该人民币货币互换协议类似于"清迈倡议"。二者的共同之处是：签约者都是中央银行，而且二个协议都属于承诺借贷额度的预防性货币互换措施。但是二者之间也存在一些明显的差异，这些差异表现为：第一，"清迈倡议"是区域合作框架下的双边货币互换协议，而人民币货币互换协议与区域合作机制不存在联系。第二，受到第一点的制约，"清迈倡议"的范围仅仅局限于东盟"10+3"国家，而人民币货币互换协议的签约国包括阿根廷和白俄罗斯等非东亚国家。第三，"清迈倡议"的启动与 IMF 融资挂钩，但是人民币货币互换协议在这方面没有明确的规定。第四，从中国的视点来看，人民币货币互换协议是中国向签约国提供人民币融资承诺，但是从双边的视点来看，是签约国两方向对方提供本币融资的双边货币互换协议，因此币种只涉及双边货币。"清迈倡议"下的融资币种既有双边货币，也有第三国货币，即美元融资。第五，"清迈倡议"的设立目的是为了预防金融危机，但是从人民币货币互换协议出台的背景来看，人民银行签署该协议的目的，除了预防金融危机外，还有促进人民币国际化的用意。

自从人民币货币互换协议出台后，这一双边合作机制与人民币国际化的关系普遍受到重视。这是因为这些货币互换协议的出台时间正好与中国政府准备推出跨境贸易人民币结算试点的时间相重叠，另外，还因为这次货币互换协议的币种为人民币，如果签约国正式启用这一融资措施，那么人民币将会开始参与跨境金融交易，而且跨境贸易人民币结算将会得到人民币融资的支持，从这一联系来看，该货币互换协议有助于加速人民币国际化进程。

但是，也有人认为只要人民币贸易结算渠道没有畅通，该协议就没有用武之地，从这一状况判断，该措施缺乏现实意义。从静态的视点来看，这一说法有一定的道理。但是，从动态的视点来看，随着人民币国际化程度的提高，该措施的实用价值会逐步上升。另外，为了改善实施该协议的条件，中国政府有必要加速推进跨境贸易人民币结算的步伐，在这一意义上，这一协议可以对跨境贸易人民币结算产生倒逼效应。

就长期的发展前景来说，在人民币成为国际货币后，由人民银行签署的人民币货币互换协议可以发挥以下几方面的作用：第一，为外国央行进行外汇市场干预提供融资。第二，为金融危机国家提供紧急资金支援。第三，为外国央行提供人民币储备资金。一般而言，在成熟的市场，人民币贸易融资和投资融资应该由商业银行进行，而不是由中央银行进行。因此，在论及央行人民币货币互换协议的作用时，不应该过度强调其商业性用途。

二、积极参与国际货币体系改革

1. 国际储备货币进入多元化时代

为了维持日常贸易的稳定、应对不测支付、干预外汇市场以及预防货币冲击、金融危机、提高国家信用等多方面的目的和动机，每个国家都需要一定规模的外汇储备。

在20世纪70年代初期以前，实行美元——黄金储备体系的布雷顿森林体制下，世界各国的外汇储备基本上都是美元。随着布雷顿森林体制的崩溃，各国在外汇储备方面出现了储备货币从单一的美元转变为美元、马克、日元、英镑、法国法郎等多种储备货币并存的局面。表5-6列出了从布雷顿森林体制崩溃以来全球外汇储备中几种主要货币的比重。

表5-6　外汇储备的货币构成　　　　　　　　　　　（单位:%）

年份	1973	1987	1992	1999	2003	2005
美元	84.6	67.8	65.1	71.0	65.9	66.7
英镑	7.0	2.4	1.9	2.9	2.8	3.6
欧元	—	—	—	17.9	25.2	24.2
德国马克	5.8	14.4	13	—	—	—
法国法郎	1.0	0.8	2.5	—	—	—
日元	—	7.5	8.1	6.4	3.9	3.6

资料来源：根据 IMF 相关资料整理。

从表 5-6 可以看出，自 1987 年以来，美元始终相当稳定地居于绝对支配地位，虽然欧元诞生之后，国际储备货币出现了新的选择，但仍然难以撼动美元的绝对地位。此次金融危机的爆发与蔓延使我们不得不再次面对一个古老又悬而未决的问题，那就是什么样的国际储备货币能保持全球金融稳定、促进世界经济发展。历史上的银本位、金本位、金汇兑本位、布雷顿森林体系都是解决该问题的不同制度安排。但此次金融危机表明，这一问题不仅远未解决，而现行以美元为核心的国际货币体系内在缺陷反而愈演愈烈。

相对于现行的以美元为核心的国际货币体系而言，多极化的国际货币体系显然更有利于国际货币体系和国际金融形势的稳定。正如国际政治中多极化有利于世界稳定一样，国际货币体系的多极化也有利于国际货币体系的稳定。多元化货币体系的建立不仅能打破美元一统天下的局面，还能促进各国货币政策的协调。在美元—黄金储备体系下，美国可利用其特殊地位，推行对外扩张的经济政策，操纵国际金融局势，控制他国经济。多元化体系的建立，使美国独霸国际金融天下的局面被打破，各国经济不再过分依赖美国。同时因国际储备货币多样化，可以在很大程度上削弱一国利用储备货币发行国的地位而强行转嫁通货膨胀和经济危机的可能性。此外，多元化储备货币的付诸实践本身就是一个国际化的问题，为了维持多元化储备体系的健康发展和国际金融形势的稳定，各国必须互相协作，共同干预与管理。这些都有利于各国加强在国际间的金融合作，改善相互间的经济关系。

建立多元化储备体系似乎是大势所趋，但是是否有其他货币能够成为美元之外的另外一种选择又成为了新的问题。在现行的国际货币体系中，欧元是第二大国际货币，正在由弱变强，它将成为国际货币体系中的一个重要支柱，在国际事务、全球投资和国际贸易的竞争中发挥重大作用。美元、欧元分别代表美洲、欧洲的国际地位和全球影响力，而在世界政治经济格局中占据重要地位的亚洲国家和地区，在国际货币体系中必将拥有体现自身实力的国际货币。从经济实力和发展潜力来看，亚洲应该能在三分天下的国际货币体系中占一席之地，但代表亚洲的会是日元、人民币、印度卢比或者是亚元，还是未知数。中国央行行长周小川提出创造一种与主权国家脱钩、并能保持币值长期稳定的国际储备货币的思路。尽管这并非一个全新的构想，但是却令当前关于国际货币体系的讨论跳出了原有的框框，既有利于克服主权储备货币的内在缺陷，也解决了未来单个货币和单个国家无法建立全球性信誉的困难。

2. IMF 投票权分配体制面临新挑战

国际货币基金组织（IMF）是第二次世界大战后在西方发达国家主导下建立起来的国际经济组织，目的是稳定国际货币与金融秩序。国际货币基金组织（IMF）自成立 60 年来，在加强国际货币合作、建立多边支付体系等诸多方面都做出了积极的贡献。但是，基本由份额决定的 IMF 决策机制使得西方发达国家一直以来控制和操纵着 IMF 的大部分投票权，主导着 IMF 的大部分决策。IMF 运作 60 余年来，世界各国经济的重要性发生了巨大的变化，美国的地位下降，欧洲、日本的地位上升，发展中国家，特别是新兴市场国家的实力愈发凸显。而 IMF 的决策机制却并未发生实质性的改变。因此，国际社会要求对 IMF 进行改革的呼声一直不绝于耳，其中，关于 IMF 决策制度改革尤其是投票权分配制度的论争备受关注。

IMF 表决制度①是其决策机制的核心，表决制度决定着成员国在 IMF 中的地位和对决策的影响力，因此一直以来备受各国的关注。总的来说，IMF 的表决制度是以份额为基础的加权投票制和多数表决制的组合。另外，IMF 还采用协商一致的非正式表决方式。

IMF 的加权投票制由份额分配和投票权两方面构成。份额（quota）是每个成员国向 IMF 认缴的一定数额的资金。每个成员国的份额由 IMF 的份额公式计算得出，它由成员国的国内生产总值、储备余额、平均进口额、出口变化额以及出口占国内生产总值的比例决定，显示了成员国在 IMF 中的相对地位，对成员国利益关系重大。首先，份额决定了成员国投票权的大小。因为基本票只占总票数的很小一部分，因此成员国的投票权基本上与其份额规模直接相关。其次，份额决定了成员国可以获得贷款的最高限额。基金组织协定规定，每个成员国根据备用信贷和中期贷款安排向基金组织的借款累计不得超过其份额的 300%。最后，它决定了一国可获得 SDR 分配的数量。

IMF 中投票权的分配主要由各成员国所缴纳的份额决定，根据现行协定条款，每个成员国有 250 个基本投票权，成员国每向基金组织认缴 10 万个 SDR 的基金份额即增加 1 票。另外，凡截至投票日，从基金普通资金中净出售的该国货币每 40 万 SDR 应增加 1 票，而净购入的该国货币每 40 万 SDR 应减少 1 票。

IMF 的多数表决制包括简单多数和特别多数两种，而目前特别多数又分为 70% 和 85% 两种情况。一般事项的决议需简单多数通过，而某些特定事项的决定则要求特别多数通过。多年来，需要特别多数通过的事项不断增加，已经达到 53 类。

基金组织决策时，虽然建立了"硬性"的加权投票制度，但基金组织理事会制定的《细则》及执行董事会制定的《规则和规章》均要求在决策时，作为理事会和执行董事会会议主持人的总裁应主张各成员国取得"共识"，而不是一切付诸表决。协商一致原则在 IMF 决策中被广泛采用。基金组织的实践也表明，只有极少数采用正式表决程序的事例。据统计，从 1946 年 5 月至 1971 年 4 月执董会做出的 7809 项决议中，只有约 30 项是由正式投票决定的。虽然协商一致在一定程度上缓和了加权表决制的不平等性，但一些重大决议还是要付诸表决的。

在此背景下，由 184 个国家组成的 IMF 的"投票权规则"，近似于股份公司。投票权规则设计是根据各国的 GDP、贸易开放程度、外汇储备计算而来。谁比重大，即可向 IMF 认缴更多的股份（10 万美元一票）来获取投票权。显然，IMF 采取的这种各国

---

① 黄海波、赵国君：《IMF 表决制度：发展中国家地位有其改革策略》，《广东社会科学》2006 年第 6 期。

投票权与基金份额挂钩的方式，仅参考了各国经济总量的规模，而忽略了经济增长速度与对全球经济所做的贡献等因素，依据过于单一。在 IMF186 个成员国中，发达国家在 IMF 的投票权比例为 57.9%，其中美国、日本、德国、法国、英国是 IMF 份额和投票权最多的 5 个国家，仅美国所占份额和投票权就分别高达 17.674% 和 16.732%。相比之下，中国在 IMF 中的份额和投票权分别为 3.997% 和 3.807%，印度为 2.443% 和 2.338%。中国和印度在该组织的代表性分列第六位和第十二位。

而在《国际货币基金协定》的规则中，非重要事务票数过半即可通过，重要事务必须经总投票权 70% 的多数才能通过，重大事项必须有 85% 以上的投票权方能决策实施。需要 85% 多数方能决策通过的重要事项包括汇率安排、会员国融资、特别提款权分配与管理等。这意味着美国对 IMF 的重大事项拥有"一票否决权"，西方七国携手即可在基金组织的所有重要事务上将西方集团的意志强加于其他国家。而最需要帮助的发展中国家声音微弱得近乎可以忽略，利益诉求得不到保证。

因此，当以"金砖四国"为代表的新兴经济体迅速崛起，据《经济学家》杂志统计，目前新兴经济体在全球 GDP 中所占份额已超过 50%，在世界出口总额中的比重已由 1970 年的 20% 跃升至目前的 40%，并持有世界外汇储备的 70%，在国际经济领域中的重要性大大提升，国际经济金融事务越来越离不开这些国家的参与。与新兴经济体日益成为世界经济增长一大动力极不协调的是，这些经济体在国际金融机构中的投票权和份额却很少，比如"金砖四国"在 IMF 中的投票权和份额分别仅占 9.62% 和 9.76%，话语权严重不足。改革 IMF 的呼声日益高涨，新兴国家要求增加在 IMF 中的份额和投票权。

2009 年 9 月 4 日，"金砖四国"国家财长在伦敦发出呼吁，要求发达国家向发展中国家转移 7% 的份额。在 9 月底的匹兹堡 G20 峰会上，20 国集团领导人达成一致意见，将新兴市场和发展中国家在国际货币基金组织的份额至少增加 5%，将发展中国家和转轨经济体在世界银行的投票权至少增加 3%，这比"金砖四国"所希望转移的份额要少。对此，IMF 总裁卡恩解释说，2008 年 4 月的份额检查得出结果是要转移 2.7%，再加上匹兹堡峰会决定的 5%，实际上已超过了 7%。5% 的 IMF 投票权说明了新兴经济体国家对世界经济的重要性日益凸显，也预示着"国际经济新秩序也逐步建立"。

从中国的角度来说，应继续增加中国的投票权。英国外交部副部长马洛克·布朗在 G20 伦敦峰会前接受《中国证券报》记者采访时谈到：改革 IMF 首先就是增加中国的发言权。中国在 IMF 中仅拥有 3.66% 的投票权，其代表性远远落后于其在世界经济产值中 6% 的分量。

但是，我们还要清醒地看到，这次匹兹堡峰会"改变世界"的成果并非一劳永逸，发展中国家在国际货币基金组织和世界银行的份额提升，表明了发达国家对新的世界经济现实的承认。但旧有的国际经济、金融秩序并不会那么轻易打破，西方发达国家不会轻易让出其在国际金融体系中的垄断地位，发达国家仍会努力掌握国际经济治理的决策主导权。比如改革 IMF 决策机制本身就存在着一个悖论：改革决策机制也必须由现行的决策机制来决定。IMF 现行的治理框架下任何实质性的改革，没有主要发达国家的支持是不可能形成决策的。但是发达国家不可能自愿放弃在投票权等问题上的既得利益，因此，近期内，IMF 的改革只能是各方力量平衡的结果。可接受的对执董会改革的方案为获得欧美等主要债权国的支持，可能还必须保留债权国的利益不受损害，如保留美欧的否决权，保留债权国的永久多数原则。使发达国家和发展中国家在 IMF 决策机制的地位大致平衡，是确保 IMF 依照专业准则履行发展职能的关键，也是 IMF 进行实质性改革的前提。发展中国家要争取自己的利益，必须学会和发达国家的合作，在国际经济组织中与发达国家积极对话、协商、充分发表自己的意见。20 世纪末以来成立的一些国际论坛中，如 FSF（金融稳定论坛）、G20（二十国集团），一些新兴市场国家也被包括其中。这些国家应充分参与 FSF、G20 等国际组织或论坛，与发达国家共同讨论 IMF 的改革问题。发展中国家必须依靠并争取部分发达国家的支持来增加对 IMF 的决策影响力，维护发展中国家的共同利益。因此，从这种意义上来讲，通过 IMF 中投票权分配来改变西方发达国家在国际金融体系的垄断地位，发展中国家任重道远。

因此，发展经济、提高综合经济实力才是中国为代表的发展中国家谋求国际地位的长远之计。发展中国家要谋求在国际经济舞台中的地位，一方面要积极投身于对现存的国际经济秩序的改革，但更重要的是大力发展本国经济，增强国力。发达国家之所以能够在 IMF 中居于主导地位，与 IMF 的决策机制有关，但决策机制又仅仅是一种表现和结果，其实质是发达国家在全球的政治经济实力。WTO 实行的是一国一票、多数表决和协商一致，但发达国家仍然可以在 WTO 中起主要作用。因此，以目前发展中国家的政治经济实力要想对国际货币体制进行实质性的改革是很难的。因此，努力发展民族经济，增强综合国力才是发展中国家争取决策主动权的最有效的方法，也是发展中国家改革国际经济秩序的根本途径。

3. SDR 构成改造孕育人民币的机会

金融危机的爆发及其在全球范围内的迅速蔓延，反映出当前国际货币体仍存在着巨大的缺陷。当前的国际货币体系从本质来说仍然属于美元本位制，美元的地位并没有受到削弱，其国际储备货币地位使当前的国际货币体系仍然存在"特里芬难题"，不对称性仍十分严重。国际货币体系的不对称性决定了其不稳定性。如前文所述，SDR 为终结这种不稳定性和不对称性提供了一种可能。按照基金组织当初的预想，SDR 作为重要的国际货币，将在国际清算、商品与资产标价、储备资产等各方面发挥作用。然而，从 40 年的发展历程来看，SDR 并未获得相应的地位，发挥其应有的作用。SDR 仅在 20 世纪 70 年代和 80 年代分配过两次，这使得其在整个国际储备体系的地位越来越低；SDR 的使用仅限定在基金组织等少数国际组织范围内，在私人领域的使用仍然很少；SDR 在国际贸易、大宗商品、金融资产中的定价职能作用有限。这说明 SDR 还存在诸多需要完善的地方。

其中 SDR 的定值货币构成问题尤其突出。特别提款权不是一种有形的货币，它看不见摸不着，而只是一种账面资产，因此需要对特别提款权进行定值。

　　特别提款权创立初期，它的价值由含金量决定，当时规定 35 个特别提款权单位等于 1 盎司黄金，即与美元等值。1971 年 12 月 18 日，美元第一次贬值，而特别提款权的含金量未动，因此 1 个特别提款权就上升为 1.08571 美元。1973 年 2 月 12 日美元第二次贬值，特别提款权含金量仍未变化，1 个特别提款权再上升为 1.20635 美元。1973 年西方主要国家的货币纷纷与美元脱钩，实行浮动汇率以后，汇价不断发生变化，而特别提款权同美元的比价仍固定在每单位等于 1.20635 美元的水平上，特别提款权对其他货币的比价，都是按美元对其他货币的汇率来套算的，特别提款权完全失去了独立性，引起许多国家不满。20 国委员会主张用一揽子货币作为特别提款权的定值标准，1974 年 7 月，基金组织正式宣布特别提款权与黄金脱钩，改用"一揽子" 16 种货币作为定值标准。这 16 种货币包括截至 1972 年的前 5 年中在世界商品和劳务出口总额中占 1% 以上的成员国的货币。除美元外，还有联邦德国马克、日元、英镑、法国法郎、加拿大元、意大利里拉、荷兰盾、比利时法郎、瑞典克朗、澳大利亚元、挪威克朗、丹麦克朗、西班牙比塞塔、南非兰特以及奥地利先令。每天依照外汇行市变化，公布特别提款权的牌价。1976 年 7 月基金组织对"一揽子"中的货币做了调整，去掉丹麦克朗和南非兰特，代之以沙特阿拉伯里亚尔和伊朗里亚尔，对"一揽子"中的货币所占比重也做了适当调整。为了简化特别提款权的定值方法，增强特别提款权的吸引力，1980 年 9 月 18 日，基金组织又宣布将组成"一揽子"的货币，简化为 5 种西方国家货币，即美元、联邦德国马克、日元、法郎和英镑，它们在特别提款权中所占比重分别为 42%、19%、13%、13%、13%。1987 年，货币篮子中 5 种货币权数依次调整为 42%、19%、15%、12%、12%。随着欧元的推出，欧元成为许多欧洲国家的共同货币，且在国际金融市场上的角色日益重要。2001 年，欧元取代马克和法郎，SDR 货币篮子的种类进一步削减到 4 种。目前 SDR 组合货币由美元、欧元、日元和英镑四种货币构成，占比分别为 44%、34%、11% 和 11%。

　　然而，目前的特别提款权定值的货币构成本身即存在一定的问题。作为重要的国际储备资产，SDR 必须具有一定的代表性和广泛的可接受性。从目前的情形来看，SDR 的定值仅仅依靠四种货币，且美元在 SDR 中的权重依然很大，这在本质上并没有改变国际货币体系依赖主权货币作为储备资产的局面。现有 SDR 构成的定值存在局限和不合理性。因此推动 IMF 现有 SDR 的改造，应扩大 SDR 构成货币的范围，使 SDR 的构成货币更加多元化，由更多的国家根据其在 SDR 构成的权重份额共同承担风险和共同承担责任。在 SDR 构成的改造和范围的扩大方面，首先应增加新兴经济体国家权重的比例，考虑将相对稳定的币种融入其中。正是出于这种考虑，近来，人民币成为特别提款权的第五种货币的呼声越来越高。

　　"欧元之父"蒙代尔在 "2009 诺贝尔奖获得者北京论坛"上指出[①]，保持世界主要

---

　　① 《蒙代尔：人民币应入"国际货币特别提款权俱乐部"》，中国新闻网 http://www.chinanews.com.cn/cj/cj-ylgd/news/2009/11-11/1958095.shtml。

货币汇率稳定是避免经济动荡的关键，而人民币应在 2011 年进入 IMF 特别提款权体系。蒙代尔表示，最新经济数据可见中国经济已复苏，未来几年，如果美国经济不出现再度恶化，中国经济增速有望保持平稳较快。他说，中国应保持人民币与美元之间的汇率稳定，国际货币体系改革应该在此基础上进行。蒙代尔认为，目前的国际货币体系缺乏约束，美元与欧元之间应尽早固定兑换汇率，并以此为基础建立稳定的国际货币体系。他呼吁人民币早日加入"国际货币特别提款权俱乐部"，并在国际货币的权力分配体系中扮演更重要的角色；并表示，SDR 讨论会议五年一届，人民币在 2011 年的下次会议中，应成为 SDR 组合货币，占有 10% 的份额，并在 2016 年占有更大的份额。不过，人民币需克服不可兑换带来的不利影响。国际货币基金组织（IMF）主席卡恩也表示，扩大特别提款权可能在 10 年至 15 年内实现。他在清华大学演讲时指出，发展特别提款权的用途是可以实现的，这种特别提款权应在某一时刻将人民币纳入其中。[①]

正如很多专家所指出的，考虑到中国作为全球最大的外汇储备国和世界第二大经济体的日益重要的地位，人民币被纳入特别提款权是迟早的事。如果将来人民币也能成为 SDR 的组成货币之一，那对于人民币作为国际储备货币的国际地位无疑是极大的提升。因此，对于中国而言，人民币成为 SDR 组成货币之一是一个重大的机遇。也正如很多专家所担心的，人民币需克服不可兑换带来的不利影响。美国著名经济学家巴里·埃肯格林指出，人民币需要 10 年时间成为国际货币，在 2020 年有可能成为世界第三大货币，但不可能取代美元。因此，为了适应当前的国际经济与金融环境，避免人民币在国际货币体系中的被动地位并占得国际金融货币体系改革的先机，人民币国际化近在眉睫。

随着我国近年来经济的持续稳定增长，对外交流不断扩大，人民币汇率稳中有升，周边国家和地区对人民币的需求逐渐增加，人民币作为交易媒介、储藏手段和支付手段，在我国周边接壤国家和港澳地区的使用越来越广泛，人民币的跨境流通主要是通过跨境旅游及探亲访友消费、边境贸易、直接投资和证券投资、"地摊银行"、赌博与地下钱庄以及银行正规渠道等途径来进行，跨境流通的人民币规模呈现出日益增大的趋势。人民币境外流通对人民币的国际化是有重要影响的。通过双边货币互换，人民币正从本国结算货币向区域性结算货币扩展。汇丰银行的报告预计，随着中国加快人民币国际化步伐，到 2012 年，中国的对外贸易中将有每年近 2 万亿美元的贸易流将采用人民币结算，从而使得人民币成为全球三大贸易货币之一。中国要在国际金融领域发挥更大的作用，在 SDR 构成中占有一席之地是重要一步。中国向 IMF 提供资金，相应增加了中国在 IMF 中权重份额的比重，但更重要的是，要在人民币国际化程度不断加深的过程中实现 SDR 构成的改造，其中包括人民币在一定条件下成为 SDR 的组成部分，促使 SDR 货币构成多元化。

---

① 《IMF 主席卡恩：10 至 15 年内可能扩大特别提款权》，世华财讯 http://content. caixun. com/NE/01/lu/NE01lusc. shtm，2009－11－16。

　　但值得指出的是，人民币国际化的进程必须是渐进的和有序的，要认真评估人民币国际化过程中可能面临的各种风险，并采取积极谨慎的措施加以应对。目前，我国应顺应改革的趋势，在取消人民币经常项目兑换限制的基础上，加强对资本项目管理的立法及操作研究，为尽早实现人民币完全可兑换的目标创造良好的法律环境。一是对已有的管理办法进行修改，如对外债及对外担保的管理；二是对新出现的资本项目下交易方式及以前尚未做出规定的方面，制定出新的法规或在原有的法规中增加相应条款，将项目融资、远期信用证、可转换债券、浮息票据等纳入外债管理范围；三是在资本出入境管理方面，从以前的只注意资本流出管理转为对资本流出、流入都进行管理；四是在条件成熟时，可考虑开放我国的居民对外投资控制，可规定每个居民每年可汇出金额上限，将对外投资纳入一个合理范围，严格限定对外投资用途，从对外直接投资入手放开口子，同时把控制个人或机构违法挟国有资金外逃作为放开后的重点监控目标；五是对于短期资本流动的开放仍然要相当谨慎，以防止投机资本的流入扰乱金融市场。在对短期资本流动进行立法时，应注意参考国际经验，考虑在短期资本流动开放之后，通过对短期资本流出、流入适当征税的办法加以限制。

　　因此，IMF 现有 SDR 构成的改造，在一定程度上取决于中国的影响和人民币国际化程度。人民币实现自由兑换不仅是中国现实的需要，也是世界货币体系改革的需要。

三、全球金融合作中凸显中国国际地位提升

　　国际金融危机不断蔓延，中国在力所能及的范围内参与到了全球救市和全球金融合作中，一次又一次地赢得了世界的敬重，向世界展示出了中国的活力与责任感。尽管世人在评论中国时会有不同的声音，持不同的立场和态度，但世界越来越关注中国，中国在世界媒体的报道中已成为出现频率最高的国家之一，所有这些都能使人直接地体会到中国与日俱增的国际影响力。

1. 积极应对国际金融危机，树立了良好的国际形象

　　亚洲金融危机时，中国政府承诺人民币不贬值，使得人民币迅速得到周边地区的认同，中国支持东南亚国家抵御经济危机，与东盟各国形成了相互信赖的关系，树立了负责任的亚洲大国形象。十年后华尔街金融危机，中国政府敢于担当，一方面中国并没有减持美元资产，并用外汇储备为国际金融体系注入了庞大的流动性，做出的贡献有目共睹。中国也积极参与到了国际金融援助中，对金融危机的救助侧重点放在东亚经济体；另一方面是受到次贷危机冲击严重的发展中国家。在全球经济趋于停摆甚至陷入严重衰退的情况下，中国经济的稳定增长已经成为世界经济增长的唯一核心，成就了一个负责任的全球大国形象。

　　中国应对金融危机采取的措施，不仅对本国经济，而且对区域经济乃至世界经济都

产生了积极影响。金融危机以来中国及时调整宏观经济政策形成了进一步扩大内需、促进经济增长的一揽子计划。今年上半年国内生产总值 139862 亿元，同比增长 7.1%。在美欧日经济衰退的情况下，世界普遍寄希望于中国率先走出危机带领世界经济复苏。中国一再表明，将继续同国际社会加强宏观经济政策协调，推动国际金融体系改革，积极维护多边贸易体制稳定，为推动恢复世界经济增长做出应有贡献。可以说中国一直在向世界传递着战胜危机的"中国信心"。

国际社会高度评价中国在应对金融危机过程中的积极姿态和果断行动。大多数国家认为中国的一系列举措展现了世界上最大发展中国家的责任感。欧盟财政规划和预算事务委员达莉亚·格里葆丝凯特的观点颇有代表性："虽然具体问题如何解决还需各方的磋商，但是可以肯定的是，如果没有中国的参与，这轮金融危机是无法完全得到解决的。"国际社会认为中国的国际地位和影响可望在危机后进一步提升，甚至有专家认为，"金融危机将成为中国从地区大国崛起为全球性大国的标志性事件"。

2. 积极参与国际金融合作，展现了中国影响力

国际金融危机不断蔓延，应对金融危机亦成为近期召开的多次重要国际会议当仁不让的中心议题。中国积极主办或参与的若干次国际峰会，从每次中方领导人所做的重要表态，可大致梳理出中国积极参与国际金融合作的决心，而外界对中方表态的高度评价，亦可印证在此次危机中日益上升的中国影响力。

2008 年 10 月 24 日至 25 日，第七届亚欧首脑会议在北京举行。这次会议召开的背景是全球几大经济体的中央银行实施联手降息举措，力求挽救受全球金融危机的拖累。在此情况下，温家宝总理在会上建议，各国首先要把自己的事情办好。在危机面前，领导者要从人民的根本和长远利益出发，坚定、果断、负责、及时地做出决策，通过必要的财政、货币、监管等手段，尽快恢复市场信心，保持经济增长。同时还要妥善引导舆论，维护社会稳定。他同时强调，中国做好自己的事，是对世界最大的贡献。

欧盟委员会主席巴罗佐在会上表示，亚欧首脑会议的成功举行，使成功举办北京奥运会的中国，又一次赢得了世界的敬重，又一次向世界展示了中国的活力。巴罗佐在此次会议后表示，亚欧双方达成的共识将推动华盛顿金融峰会做出具体而重要的决定。就此法国《费加罗报》评论说，"通向华盛顿的路必须经过北京"。

金融危机导致世界几大经济体出现衰退声音，中国政府为应对危机，出台了包括 4 万亿投资计划在内的十项扩大内需政策。在华盛顿举行的二十国集团领导人金融市场和世界经济峰会上，中国国家主席胡锦涛发表讲话时提出，国际社会的当务之急是继续采取一切必要措施，尽快恢复市场信心，遏制金融危机扩散和蔓延。主要发达经济体应该承担应尽的责任和义务，实施有利于本国和世界经济金融稳定和发展的宏观经济政策，积极稳定自身和国际金融市场，维护投资者利益。同时，各国应该加强宏观经济政策协调，扩大经济金融信息交流，深化国际金融监管合作，为稳定各国和国际金融市场创造必要条件。

胡锦涛在此次会议上还强调，中国愿继续本着负责任的态度，参与维护国际金融稳定、促进世界经济发展的国际合作，支持国际金融组织根据国际金融市场变化增加融资能力，加大对受这场金融危机影响的发展中国家的支持。

台湾《联合报》发表题为《金融海啸创造 G20 新时代》的文章指出，这次高峰会更让中国的地位凸显。因为中国经济成长的速度虽然有所放缓，但超强的成长速度仍然是首屈一指，成为拉动世界经济的火车头。中国又因为拥有近两万亿美元的外汇储备，是这次高峰会中有财力又有意愿为金融受灾国提供援助的参与者。这次峰会让中国在世界经济决策上获得了更大发言权，也扩大了中国的影响力。

而在亚太经合组织（APEC）工商领导人峰会上，中国国家主席胡锦涛指出，金融危机已从局部发展到全球，国际社会应该认真总结这场金融危机的教训，在所有利益攸关方充分协商的基础上，把握建立公平、公正、包容、有序的国际金融新秩序的方向，坚持全面性、均衡性、渐进性、实效性的原则，对国际金融体系进行必要的改革，创造有利于全球经济健康发展的制度环境。

胡锦涛主席在会上还表态称，中国欢迎有关国家为应对这场金融危机采取的积极措施，希望能够尽快取得成效。中国在力所能及的范围内为应对国际金融危机做出了重大努力，采取了一系列举措，包括确保国内银行体系稳定、向金融市场和金融机构提供必要的流动性支持、密切同其他国家宏观经济政策的协调和配合，等等。中国将本着负责任的态度，继续同国际社会一道，加强合作，努力维护国际金融市场稳定。

路透社文章认为，中国在此次会议上展现了负责任和合作的态度。中国国家主席胡锦涛在全球金融舞台上又向前迈进一步，利用亚太经合组织峰会（APEC）展现了中国政府负责任、重参与的形象。报道分析称，胡锦涛的讲话传递了中国既要有作为又需谨慎的信息。

3. 主动参与国际新规则制定，争取国际金融发言权

国际金融危机推动国际金融体系改革拉开序幕。受金融危机影响，西方国家深陷衰退，以中国为代表的新兴国家开始发出自己的声音，从金砖四国的迅速崛起到发展中国家有一席之地的二十国集团峰会，一个明显的趋势是：作为金砖四国中最大的经济体，中国正从世界舞台不太中心甚至一度边缘的位置向中心位置靠近。作为世界第一大外汇储备国、第二大进出口国、第三大经济体同时也是对世界经济增长贡献率最大的国家，中国在国际金融体系改革及国际秩序变革中的作用和影响备受瞩目。美欧等西方国家主动深化与中国的合作，新兴大国希望加强与中国的协调，发展中国家希望中国维护其利益，各国对中国的借重明显增强。中国在国际金融体系改革中的话语权提高，在联合国改革、气候变化谈判、粮食和能源问题等其他重要国际议题方面中国的主张和建议也越来越受到重视。英国外交大臣米利班德公开称："历史学家将会审视 2009 年发生的一切，看到中国在稳定全球资本市场中所发挥的重要作用。"人们相信中国将成为国际舞台上更为引人瞩目的力量。

中国十分珍惜和主动把握参与国际新规则制定的机会。例如，G20 伦敦峰会在其会后发表的公报中承诺对包括国际货币基金组织（IMF）在内的国际金融机构进行改革并增大新兴市场国家在其中的发言权。中国新增 90 亿美元的特别提款权份额则被认为有助于提升它在该机构中的地位。分析人士认为，中国作为世界第三大经济体，其出资额度与现阶段经济发展水平相符，将有助于增加它在国际金融机构和世界经济秩序中的话语权。专家认为，中国在国际金融机构中的地位正在从出资份额的提高和机构内部的制度改革等两个层面上"受益"。

2006 年后，IMF 两次投票通过了增加中国出资份额的决议，从而使中国在该组织中拥有更多投票权。中国的出资份额提高到 3.997%，相应的投票权份额则从 3.72% 提高到 3.807%。而在 2009 年 9 月底的匹兹堡 G20 峰会上，20 国集团领导人达成一致意见，将新兴市场和发展中国家在国际货币基金组织的份额至少增加 5%。中国作为最大的发展中国家——在国际货币基金组织的份额与投票权必将进一步上升。英国外交部副部长马洛克·布朗在会前接受采访时就曾明确表示，改革国际金融体系需要从改革国际金融机构开始，而改革 IMF 首先要增加中国的发言权。

面对历史给予中国的这样一个机遇，关键要做好准备，主动参与到国际新规划制定的机会中。2008 年，中美第四次经济战略对话关于金融业开放的谈判成果、20 国金融峰会上中国关于改革国际金融体系的主张、中日韩货币合作互换规模的扩大等等，都标志着作为正在崛起的发展中大国——中国在国际金融合作中正扮演着越来越重要的角色，显示出了越来越重要的国际地位。

第六章　迈出国门：
首开跨境结算启动本币开放

2009 年是人民币国际化的起步之年。随着全球性金融危机暴露出"美元独大"的内在缺陷和系统性风险，世界各国改革国际货币体系的呼声日渐高涨，中国政府及时果断地做出了人民币国际化的重大战略。4 月 8 日，国务院常务会议决定在上海市和广东省广州、深圳、珠海、东莞 4 城市开展跨境贸易人民币结算试点，标志着人民币国际化正式扬帆启程。这一里程碑创举不仅顺应了国际货币体系改革的潮流，也充分彰显了中国作为负责任的大国，积极参与全球治理，提升了中国在国际金融货币领域的话语权与影响力。回顾 2009 年，中国政府相继出台了一系列旨在推动人民币国际化进程的政策措施，包括签署货币互换协议、在香港发行人民币公司债及国债，并积极筹备在上证所推出"国际板"证券交易等，加快了金融改革开放的步伐，为中国从贸易大国逐步走向金融强国、货币大国奠定了坚实的基础。

一、金融危机带来人民币国际化历史机遇

2009 年上半年，作为世界经济增长的发动机，美国经济深陷衰退的泥潭。以美元为主导的国际货币体系暴露出越来越多的弊端，尤其是美元的不断贬值导致持有美元外汇储备的国家资产大幅缩水，这使得其安全性遭到世界各国的普遍质疑，其国际储备货币的地位也遭遇到了前所未有的挑战。美元的国际储备货币地位的日渐削弱似乎已经成为了一种历史趋势。中国作为全球最大的发展中国家，一方面，也遭受到美元贬值和外需走软的折磨，巨额的外汇储备和高度对外依存型的经济发展模式逼迫中国必须尝试摆脱对美元的惯性依赖；另一方面，随着经济实力不断增强和人民币汇率持续稳定，人民币在中国与周边国家经济交往中作为支付货币的使用范围和规模不断增加，国际地位不断提高。在这样的背景下，中国政府审时度势，抓住历史机遇，乘势而上，顺势而为，因势利导地推出人民币国际化战略。这一英明之举具有重大的历史及现实意义。

1. 人民币国际化是中国走向"经济强国"的必要条件

人民币国际化的深远意义不只是在于一个货币的走向，关键在于它是一个国家、一

个民族是否强大的一个重要标志。2009 年中国 GDP 规模超过日本跃居世界第二，而且若按每年 8% 的增长速度计算，至 2030 年前后中国经济规模将会超过美国，成为全球第一大经济体。但是，经济大国的货币如果不能够相应地国际化，成长为在区域乃至全球有影响的货币，经济大国就不能够成长为经济强国。纵观世界的经济强国，美国、日本及德国，其主权货币无一不是国际货币，对全球经济具有重要的影响力。因此，人民币只有实现国际化，成为强势货币，才能改变目前中国经济的对外依赖局面，中国的经济状况和经济政策变化也才会对世界各国和地区产生重要影响，中国作为经济大国的国际地位将会有显著的提高。

2. 人民币国际化是中国参与国际货币体系改革的重要体现

此次全球性金融危机，充分暴露了以美元为核心的国际货币体系的内在缺陷。减少对美元的依赖，让人民币走出国门并在国际货币体系中占有一席之地，是中国政府面对全球复杂金融形势的应时之举，不仅有利于国际货币体系的改革，推动国际货币多元化，顺应了世界经济稳定发展的迫切需要，同时提高了人民币在国际货币体系中的地位。中国作为人多资源少的发展中大国，如果人民币能够成为国际储备货币，就意味着中国可用人民币直接购买维持经济增长所需的铁矿石、粮食、原油等稀缺资源，提高了中国对国际资源的实际掌控能力，因而也完全符合中国自身发展的国家利益。

3. 人民币国际化是缓解中国经济内外失衡现象的关键所在

一方面，人民币国际化有助于提升国内货币政策的有效性，更好地解决内部均衡问题。随着中国对外开放政策的不断深入，资本项目管制已经越来越难以有效实施，货币政策在很大程度上受制于对冲外汇占款。在这样的背景下，人民币国际化有助于释放货币政策的空间，提升货币政策的效力。另一方面，人民币国际化能够改变中国外向型经济发展与外汇储备高企的矛盾。倘若中国在货物与服务贸易以及对外投资都能使用人民币结算，中国的双顺差中的相当部分就将不会再以外汇的形式出现，从而使中国外部失衡的压力得到缓解，外汇储备不断增加的压力也会下降。而且人民币成为国际储备货币以后，中国在国际市场上有更强的融通资金能力，就没有必要保持巨额的外汇储备。因此，人民币国际化从根本上有助于实现中国经济的内外动态均衡。

4. 人民币国际化是减少中国经济面临外部风险的有效手段

随着中国经济实力的不断提升，中国已经从过去的资本净输入国转变为目前的全球第一大资本净输出国。人民币国际化以后将在很大程度上有助于降低中国对外投资的风险。因为届时中国可以扭转现在对外债权主要为美元资产的局面，从而有助于减少由美元贬值所蒙受的对外资产缩水的损失。同时，中国企业、投资者和居民在国际经济交易中可以使用人民币计价和结算，其在对外贸易与投资中所面临的汇率波动风险和货币交易成本也随之降低，这种双重收益有利于进一步促进中国对外经济的发展。此外，人民币国际化以后，中国就能够在国际上发行以人民币计价的债券，即使在人民币汇率发生波动的情况下，中国政府和企业也不必担心国际收支危机的发生，因为中国的政府或企业的收入与债务均是以人民币计值，不存在过去的币种不对称性问题。

5. 人民币国际化是推动中国资本市场快速发展的重要举措

货币是资本市场的基本要素和基本载体之一，货币国际化可以有效促进国际资本流动，从而将促进资本市场向国际化过渡和发展。随着人民币国际化的实现，外资进入中国资本市场的门槛进一步降低，国外资本将会大量进入国内资本市场，原先海外上市的公司能够在国内资本市场中找到足够投资者，因而，在海外融资成本相对较高的情况下，就会转向国内融资，大大提高国内资本市场上的需求，从而促使市场需求与供给相匹配。与此同时，人民币国际化能够促进外资参与国内资本市场上的企业并购重组活动。这不仅将促使国际资本与国内资本的融合，为中国企业注入新的活力，而且还有助于扩大资本市场的投资规模，提高国内资本市场的国际化程度和资源配置效率，加速中国资本市场的健康发展。

6. 人民币国际化也是中国获得国际铸币税收益的直接来源

实现人民币国际化后最直接、最大的收益就是中国能够获得国际铸币税收入。所谓铸币税是指发行者凭借发行货币的特权所获得的纸币发行面额与纸币发行成本之间的差额。一旦人民币成为国际货币，中国以印制人民币的成本就能交换到其他国家和地区的产品和服务，即以纸币换取实际资源。这也正是现在美国所享受的权益。这种收益基本是无成本的。由于中国目前处于人民币非国际化阶段，虽然拥有数额庞大的外汇储备资产，但实际上这只是相当于对外国政府的巨额无偿贷款，同时还要承担如美元贬值带来的通货膨胀税，因而是一种巨大的财富流失。人民币国际化后，中国不仅可以减少因使用外汇引起的财富流失，还可以获得国际铸币税收入，为本国利用资金开辟了一条新的渠道。

二、中国绘就人民币国际化清晰"路线图"

货币国际化是一个长期、渐进的系统工程，其实现要受到多方面条件的综合影响和制衡。在现阶段人民币国际化所需要的金融基础条件尚未完备情况下，中国没有按照发达国家货币国际化的既定模式，而是注重结合自身的具体现状，选择合适的路径，采取渐进的分阶段推进方式，使人民币国际化取得了一定的进展。但是，中国的人民币国际化征途依然荆棘丛生、困难重重，需要不断摸索创新，在汲取日元国际化经验教训的基础上，完善中国特色的货币国际化道路。

1. 人民币国际化的路径选择

一个国家货币走向国际化，主要是通过贸易与投资的渠道实现的。因为只有在这两个领域内，某一国货币的使用频率增加、交易量扩大，该货币才有可能逐步发展成为国际货币。而货币发行国金融市场的开放和发展程度，则直接决定了该国投资渠道是否流畅，间接影响了贸易渠道是否顺畅，进而对该国货币的国际化产生实质影响。

由于目前中国内地金融市场的开放程度较低，人民币在资本项目下尚未实现可自由兑换，中国在实现人民币的国际货币职能进程中选择了从贸易到投资的路径：先凭借贸易手段实现人民币的国际贸易计价和结算功能，再伴随着人民币资本项目的逐步开放和内地金融市场运作效率的提高，扩大人民币的境外贷款、投资业务，实现人民币的国际投资功能。在此基础上，进一步扩大人民币债券的海外发行规模以及人民币资产的直接对外投资规模，使人民币产品逐步成为国际金融机构和各国央行用作资产增值和保值的金融工具，从而最终实现人民币作为国际货币的储备功能（见图6-1）。

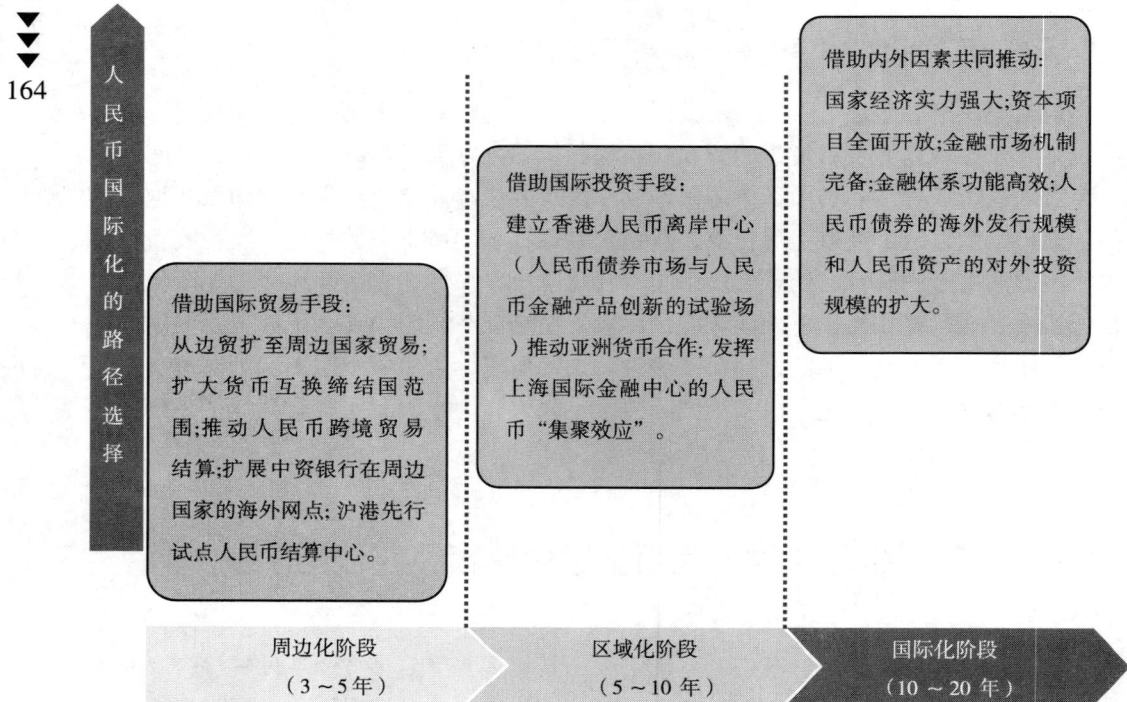

图6-1 人民币国际化的路径选择及可能进程

与此同时，随着中国经济在周边地区的影响力日益凸显，对人民币的需求在不断扩大，越来越多的人民币已在周边国家流通，这使得人民币在周边地区率先成为国际货币已变成一种趋势。基于这一有利条件，中国在地域空间上采取了由近及远、逐步向外辐射的人民币国际化阶段性推进模式：从人民币的周边化起步，利用我国现有的优势实现区域化，提高人民币在区域内的国际地位，最终实现全面的国际化，达到人民币最终在全世界范围的流通（见图6-1）。

不过，从现实来看，人民币作为结算货币、投资货币和储备货币的功能并不是完全分割的，因为如果人民币能作为国际结算货币被广泛接受，自然就可以成为贸易伙伴国的民间甚至官方储备货币。因此，人民币国际化的推进战略不应墨守成规、按部就班，而是应在融合上述货币职能与地域空间两个"三步走"模式的基础上，依据人民币国际化进程中不断变化的发展现状适时地加以调整完善。

总的来说，人民币国际化的进程，是人民币国际货币职能演进、时间阶段推进和流通范围扩展的三维动态统一，其实质是货币国际化的一般规律与中国国情的有机结合。人民币国际化进程中的各个阶段是相互融合、相互促进的。其中，人民币的区域化是人民币国际化进程中最关键的阶段，而推动国际贸易的人民币结算业务以及发展人民币债券的离岸市场是实现人民币区域化的重要手段。此外，人民币国际化没有明确的时间表，关键在于国内和国际条件是否成熟，中国政府是否能够及时出台相关的推动政策，并保持后续政策的连贯性和稳定性。如果政策运用得当，风险控制良好，人民币国际化的进程就可能会大大缩短，或许在未来的10～15年内，人民币就能够取代日元和英镑，成为全球第三大国际货币。

2. 人民币国际化的现实问题

在过去的2009年，人民币在全球着手重建国际金融货币体系的背景下踏上了"国际化"的漫漫征程。这一年，中国政府按照上述既定的推进战略出台了一系列实质性举措，从扩大人民币互换规模，到启动跨境贸易人民币结算试点，再到在香港离岸金融市场发行人民币债券及政府国债等（见图6-1）。人民币国际化的步伐正在不断加快，人民币的国际影响力也在不断提升。

首先，中国积极实施清迈倡议下的双边货币互换计划。自2008年12月至今，中国与韩国、马来西亚、白俄罗斯、印尼、中国香港以及阿根廷等国家或地区签署了双边货币互换协议，协议互换规模总计达到6500亿人民币。双边货币互换协议的签订让境外企业可以从本国或本地区的金融机构借到人民币，用人民币而不是美元去购买中国产品或到中国进行投资。这不仅为中国与贸易伙伴国间的双边贸易合作中使用本币结算创造了有利条件，而且也有助于扩展人民币的使用渠道。

其次，中国启动了跨境贸易人民币结算试点。在上海、广州、深圳、珠海、及东莞等五个城市允许国内指定试点企业使用人民币与香港、澳门以及东盟成员国的企业进行贸易结算。境外银行能够从中国内地代理行购买和借入人民币为相关贸易筹措资金。据初步统计，自2008年7月6日中国银行完成国内首笔跨境贸易人民币结算业务至2009年1月中旬，跨境货物贸易人民币结算业务已累计办理445笔，金额累计40.66亿元。其中，出口185笔，金额9.6亿元；进口257笔，金额31亿元。除贸易结算，代理银行共售出 4.5 亿元。境内代理银行为境外参加银行办理了 160 个人民币同业往来账户，金额为 9.25 亿元。

再则，中国政府与外资法人金融机构开始在香港离岸市场发行以人民币计价的债券。2009 年 6 月，汇丰（中国）及东亚（中国）等两家香港的银行在港分别发行了 10 亿元的人民币国际债券。同年 9 月，中国财政部在香港发行了 60 亿人民币国债。中国国债首次在境外发行，堪称是继跨境贸易人民币结算试点之后的人民币业务发展的又一个重要里程碑。它不仅为香港人民币债券市场提供定价基准，也使该债券市场的收益率曲线更加合理，推动香港成为人民币离岸中心。这对在人民币资本账户尚未完全开放的情况下，发挥香港国际金融中心的作用，创建一个境外人民币市场来增加人民币的吸引力迈出了重要的一步。

大事记 6 - 1　与推动人民币国际化进程相关的重要举措

日期	重要举措
2008 年 12 月 12 日	中国人民银行和韩国银行签署了规模为 1800 亿元人民币/38 万亿韩元货币互换协议。
12 月 24 日	国务院常务会议决定对广东和长三角地区与港澳地区、广西和云南与东盟的货物贸易进行人民币结算试点。
2009 年 1 月 20 日	中国人民银行和香港特区金融管理局签署了规模为 2000 亿元人民币/2270 亿港元货币互换协议。
2 月 8 日	中国人民银行和马来西亚国民银行签署了规模为 800 亿元人民币/400 亿林吉特货币互换协议。
3 月 11 日	中国人民银行和白俄罗斯共和国国家银行签署了规模为 200 亿元人民币/8 万亿白俄罗斯卢布货币互换协议。
3 月 24 日	中国人民银行和印度尼西亚签署了规模为 1000 亿元人民币/175 万亿印尼卢布货币互换协议。
4 月 2 日	中国人民银行和阿根廷中央银行签署了规模为 700 亿元人民币/380 亿阿根廷比索货币互换协议。
4 月 8 日	国务院常务会议决定在上海市和广东省广州、深圳、珠海、东莞 4 城市开展跨境贸易人民币结算试点。
6 月 25 日	汇丰银行（中国）在香港特区发行 10 亿元规模的两年期浮息人民币债券。
6 月 30 日	东亚银行（中国）在香港特区发行规模超过 10 亿元的两年期人民币零售债券。
7 月 2 日	中国人民银行等 6 部门发布《跨境贸易人民币结算试点管理办法》。
7 月 3 日	中国人民银行印发了《跨境贸易人民币结算试点管理办法实施细则》，正式启动了跨境贸易人民币结算进程。
8 月 25 日	国家税务总局发出关于《跨境贸易人民币结算出口货物退（免）税有关事项的通知》。
9 月 28 日	中国财政部在香港特区发行 60 亿元人民币国债。
12 月 23 日	中国人民银行、银监会、证监会、保监会联合发布《关于进一步做好金融服务支持重点产业调整振兴和抑制部分行业产能过剩的指导意见》，明确提出将在全国范围内全面开展跨境贸易人民币结算，并在有效监管的基础上推进跨境投融资的便利化。

虽然，中国政府在过去的一年，依靠上述的政策驱动，加快人民币国际化进程，人民币已开始逐步确立在区域内的地位与影响力，但人民币能否成为区域内的关键货币乃至国际货币还取决于市场的自发需求以及影响这一需求的内外制约因素。在现已实施的

人民币国际化战略中已经暴露出诸多有待解决的现实问题。

第一，人民币跨境贸易结算关键是看企业的需求。一是境内企业使用人民币结算是否方便；二是境外贸易对手是否愿意用人民币结算，包括持有人民币之后的存款和投资等。从去年7月跨境贸易人民币结算试点以来，业务规模低于预期且进展乏力。其中的一个主要障碍是人民币升值预期的日益强烈，导致进口商不情愿用人民币结算。人民币国际化要从结算和计价货币做起，汇率应该稳定，而不在于升值。日元的国际化之所以是不成功的，就在于它与美元的相对波动太大，阻碍其成为东亚货币区的基准货币。因此，人民币如何保持币值稳定，是至关重要的问题。除此以外，还由于试点地区偏少，境外范围仅局限于港澳和东南亚地区；试点企业门槛过高，试点企业不到400家；试点业务种类单一，配套的人民币金融产品缺乏；试点企业对于跨境人民币结算的操作流程还不熟悉，需要一段时间进行学习和磨合，并且试点地区人民银行分行各自出台的业务操作指引也不一致，再加上退税手续比较繁复等等，也都降低了企业使用人民币跨境贸易结算的意愿。

第二，由于中国香港目前只存在人民币存款这一单边业务，因而制约了人民币业务的发展。况且香港人民币存款规模有限，仅为700亿元左右，无法满足境外企业从事跨境贸易人民币结算的需求。如果中国政府允许在贸易结算试点中开展人民币贸易融资，将会使香港人民币回流机制发生重大变化，即人民币存款有了新的资金出路，从而使过去通过回流机制转存于内地人民银行深圳市中心支行的存款可能会大幅减少。这对香港开展人民币贸易结算显得尤为重要。而且，一旦香港能够发放人民币贷款，则商业银行间将会产生竞争，希望吸收更多的人民币存款，并用贷款利息收入提高人民币存款利率，则会导致一些香港居民原本存放于内地商业银行的人民币存款回流至香港。这不仅有助于扩大跨境贸易人民币结算规模，而且也会促使香港人民币离岸金融市场的进一步发展。

第三，人民币债券市场非常的弱小以及非常的不发达，是制约人民币国际化进程的一大障碍。因为推进人民币跨境贸易结算的关键之一是能使境外人民币持有者实现货币的投资和增值功能。如果境外企业持有的人民币能够有更多的投资渠道，能够起到保值增值，他们就会愿意用人民币来进行贸易结算。鉴于人民币尚未实现资本项目下的可自由兑换，因而人民币在中国内地无法充当国际投资与交易的支付手段，必须借助香港的制度优势，发展人民币债券的离岸市场，使人民币债券成为境外投资者的投资选择，推动人民币率先在区域内实现投资计价的货币职能。但目前香港人民币债券的发行及交易规模仍十分有限，严重制约着人民币债券的离岸市场形成。

第四，中国外汇期货市场的建设没有取得实质进展，这也是实现人民币国际化的一大障碍。一个国家的货币要在国际交易中广泛使用，外汇市场必须为市场参与者提供规避汇率风险的手段。进行人民币贸易结算，签订双边货币互换协议，中国企业可以因此规避外汇汇率风险，但境外企业却要承担相应的外汇汇率风险。鉴于中国目前不具备可以规避汇率风险的外汇期货市场，故极大地降低了境外企业使用人民币结算的意愿，致使人民币的使用范围难以扩大。然而，中国要发展外汇期货市场也面临着一定的限制条件。其一是由于人民币汇率不能自由浮动，人民币期货就很难发挥出价格发现功能；其二是人民币升值预期的存在也容易导致"单边市"，使得人民币期货市场的流动性难以提高。

第五，中国金融体制改革的滞后，尤其是利率自由化与人民币汇率的市场化机制改革的滞后，也阻碍着人民币国际化战略的进一步推进。金融体制改革不推进，也就无法建立一个开放、发达的金融市场，为非居民持有人民币提供一个保值储蓄、投资增值的场所，从而无法从根本上创造人民币的回流机制，提高非居民对人民币的持有意愿。人民币在贸易领域的使用就会受到极大限制。日元国际化的经验也表明，本币国际化的进程，实际上是一个与完善国内金融体系相辅相成的过程。日本正是由于国内金融体系的健全性和开放度远远不能适应日元国际化的要求，所以日元国际化效果与日本在世界经济中的地位与规模不相匹配。因此，如果中国金融体系的健全性和金融市场的发展程度远远不能适应人民币国际化的要求，而却盲目加快推行人民币国际化战略，那么就极有可能重蹈日元国际化的覆辙，最终导致金融泡沫膨胀和经济衰退的结果。

3. 人民币国际化的发展战略

从以上分析中可以看出，在当前推进人民币国际化过程中，仍明显地存在着诸多困难和障碍，人民币国际化将是一个较为长期的过程。尽管如此，由于近二三十年来全球经济一体化和金融全球化的加速推进已达到了前所未有的高度，即使受到了本次全球金融危机的重大冲击，全球经济总体运行格局业已基本形成，全球经济金融融合发展的总体方向难以改变。在这一总体背景下，一国货币（特别是大国货币）的国际化过程很可能会突破"计价结算货币→投资货币→国际储备货币"这种传统的单向演进的既定模式，人民币在发展为未来重要国际货币的过程中，其作为计价结算货币、投资货币和储备货币三种功能的实现，正如上文所述在时间上就可能是相互交叉的，在全球地域的扩展上则可能是发散的。然而，由于中国（包括内地和港澳、台湾地区）地处亚洲经济区，特别是内地与香港之间以及两地与该区内的其他国家（或地区）之间存在着广泛而密切的贸易、投资和金融联系，内地庞大的经济总量和高速增长潜力对该区内周边国家的发展也将持续产生无可替代的推动作用，中国—东盟自由贸易区的启动必将进一步强化这一关系，而香港又是亚太区具有重要影响力的国际金融中心，上海加快推进国际金融中心建设作为一项国家战略在推进人民币国际化过程中也将发挥重要作用，上述这些因素的综合作用，使得亚洲国家和地区显然在战略上应是率先推进人民币国际化的核心区域和重点区域。因此，率先在区域内实现人民币的区域化是实现人民币国际化的优先目标。

在推动人民币区域化的过程中，必须看到如下主要国际、国内因素可能对这一过程产生的制约作用，以便更好地决定人民币区域化的整体战略：其一，全球金融危机过后，虽然从长期看美元和欧元的国际货币地位可能出现弱化的趋势，但以美元为中心货币的国际货币体系并不会发生大的变动，人民币作为国际货币的各项功能并不会在危机过后的全球贸易和投资中对美元和欧元等主要国际货币产生较大的替代性；其二，内地利率与汇率的市场化改革都还没有完成，宏观经济政策协调能力短期内仍难以满足人民币资本项下可兑换和资本项目完全开放的要求，企业微观主体改革不到位，也难以满足开放条件下全球性竞争的要求；其三，国内金融改革和金融发展严重滞后，以银行间接金融为主导的金融结构和缺乏弹性的银行盈利方式，也都难以应对资本项下完全开放后可能带来的巨大冲击；其四，内地金融机构和金融市场的国际化仍不到位，特别是银行海外分支机构和全球结算网络仍未有效地建立起来。这些内外条件，决定了只能采取渐进迂回的方式，以区域内的贸易和投资联系为基础，在促进国内的金融改革和发展、加强内外宏观经济协调能力的过程中，在试验中逐步推进人民币区域化和国际化进程。

当前，人民币区域化主要从以下方向推进：（1）通过人民币跨境贸易结算，以境内外的实体经济联系和规避货币结算风险的实际需求为导向，推动人民币逐步发挥国际交易的计价和结算功能；（2）通过双边货币互换，在协议双方相互提供流动性支持并促进双方和地区金融稳定的同时，逐步扩大人民币在国际贸易中的计价和结算功能；（3）在"10+3"东亚金融合作框架下，通过清迈协议下的多边货币互换机制，逐步奠定未来人民币在东亚地区的重要地位；（4）积极推动在同周边国家的经济、贸易和人员往来中使用人民币，扩大人民币在周边区域的影响；（5）重点利用上海所处的国内金融中心和贸易中心的地位，以及香港在地理上、经济上与珠三角的密切联系和连通内外市场的国际化优势，在加快上海国际金融中心建设和促进香港国际金融中心升级的过程中，推动人民币区域化的进程。

但是，从人民币区域化过程所需要的整体运行环境看，当前区域内经济循环与人民币金融循环的非均衡发展，特别是人民币金融循环的相对缺失，是推进人民币区域化的主要障碍。区域内经济循环是指与实体经济活动有关的中国和区域内经济体之间的跨境贸易和跨境投资等活动；而人民币金融循环是指与人民币跨境流入和流出有关的金融投资和金融交易等活动。在推进人民币区域化过程中，中国内地与亚洲各经济体（包括港澳台和东盟经济区）之间的贸易量巨大，中国内地对该区域的投资也迅速增长，但人民币金融循环的相对缺失却明显地阻碍着人民币在该区域内各项货币功能的发挥。图6-2表示了这种非对称发展格局。这种格局主要具有如下特点：（1）尽管内地与亚洲区各经济体之间的经济循环关系极为密切，但巨大的经济和金融交易中所使用的货币主要为美元、欧元等主要国际货币，人民币在境外的存量和流量都极为有限，只是在邻近国家和地区的边贸和居民交往中存在部分流通。（2）与人民币金融循环密切相关的金融机构、清算和结算渠道等基础设施，仍未在该区域内普遍建立起来，阻碍着人民币的流通和人民币各项功能的发挥。（3）中国内地的金融市场发展和开放水平，仍难以满足向该区域提供人民币各种投资、避险等工具和功能的需要，也限制了人民币发挥国际储备货币的功能。

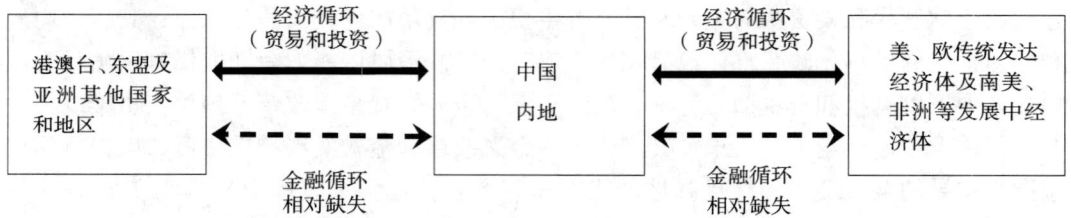

图 6-2　人民币国际化过程中经济循环与人民币金融循环的非对称格局

　　为此，我们认为，为有效提升人民币在亚洲区的区域化水平，未来人民币国际化的发展战略应采取如下的思路：

　　第一，不断构建和强化以中国内地为核心，以东盟和亚洲经济区为中心的"一个系统，两个循环"的人民币区域化协调推进机制（见图 6-3）。所谓"一个系统"，是指人民币跨境和境外支付清算系统；"两个循环"，则是指以人民币跨境贸易和跨境投资为主要内容的经济循环和以人民币跨境金融交易和金融投资为主要内容的金融循环。其中，构建人民币跨境及境外支付清算系统以及人民币金融循环，既是推动人民币实体经济循环发展的基础，也是推动人民币发挥计价结算、投资和储备货币等项国际货币功能的重要先决条件。

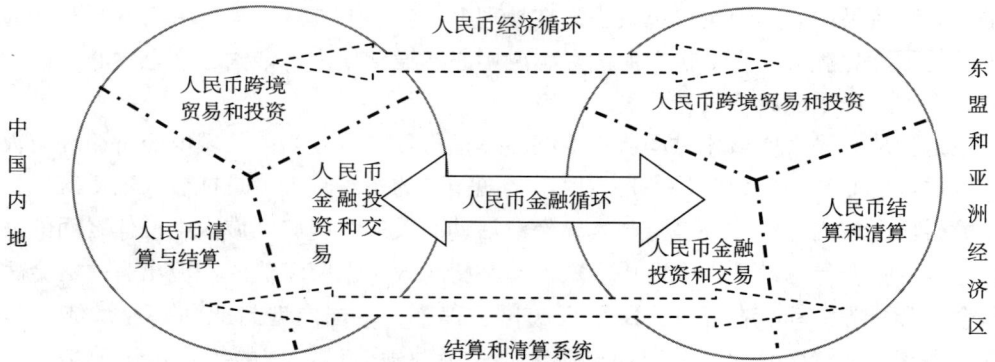

图 6-3　人民币区域化中的"一个系统，两个循环"

　　第二，为提升境外的人民币货币和金融需求，应优先建设人民币金融循环基础设施和基础性市场，有步骤、有重点地推动开放境内人民币金融市场，增加境内可供选择的人民币金融产品，拓展人民币跨境流通渠道和流通网络，率先在亚洲区形成以实体经济交易和人民币金融市场为支撑、人民币出境与入境相协调、人民币经济循环和金融循环相互强化的大循环、大流通机制。

　　第三，在人民币流通的地域空间上，以亚洲区（特别是东盟地区）为核心，以内地和香港与亚洲区重点国家或地区的贸易和投资联系为基础，逐步形成与该区域跨境贸易流和跨境资金流水平相匹配的人民币资金流通机制，并不失时机地通过边境贸易和经济交往，拓展人民币在周边国家和地区的流通渠道和流通领域。

第四，在人民币货币功能实现的时间顺序上，突破"计价和结算货币→投资货币→储备货币"传统自发演进式的货币国际化既定模式，以人民币长期升值预期为基础，以人民币金融市场的国际化与金融资产的多样化为手段，交叉提升人民币发挥储备货币、投资货币和贸易计价与结算货币的"三位一体"式功能。

三、人民币国际化引发国际社会热烈反响

在 2009 年的大部分时间里，全球主要经济体仍深陷危机之中，自 20 世纪大萧条以来最大力度的危机救援措施在各国内部和全球或地区合作层面上不断推出。这场史无前例的全球性危机，也推动着全球经济和金融体系在地缘政治、经济和金融力量的博弈和矛盾冲突中不断地发生着演化和调整。特别是在全球金融领域，危机前形成的以美元为主导的国际货币体系，不仅被广泛认为应当对本次大规模危机承担重要责任，而且也被普遍认为难以继续保证危机后全球经济和金融体系的长期稳健运行。中国作为崛起的大国，在危机前业已引起全球瞩目。危机爆发后，中国经济不仅表现出超过发达经济体而逆势上升拉动全球经济复苏的巨大能力，而且继续显示出巨大的长期增长潜力。全球经济发展史表明，经济的崛起通常伴随金融的崛起。因此，值此全球经济金融格局发生重大变动之际，当 2009 年 4 月份中国政府决定加快推进人民币国际化进程时，在全球范围内随即产生了巨大的反响和争论。2009 年中国加快推进人民币国际化步伐，已成为全球金融领域的一项重大事件，也是全球金融货币体系发生变动并呈现出长期演化趋势的一个重要组成部分。

为此，2009 年 4 月 29 日美国《耶鲁全球化》在线杂志发表文章认为，随着世界经济继续萎缩和美国复苏前景依然黯淡，全世界的注意力转向了中国。为了使全球金融秩序实现根本性转变，中国采取的第一步行动是强化人民币的地位，人民币的"走出去"战略意味着美元占全世界官方储备货币 2/3 的支配地位将开始改变。2009 年 7 月 14 日，英国《金融时报》发表题为《中国计划让人民币发挥全球作用》的评论性文章，报道中国启动了一项推动人民币走向国际化的大规模计划，目的是提升人民币在国际贸易和金融交易中的作用，并降低对美元的依赖程度。该报道认为，这将会是一个耗时多年、循序渐进的过程，但认为该计划的实施进程可能比许多人预计的都要快。日本《读卖新闻》在 2009 年 7 月 20 日人民币汇率改革届满 4 周年之际发表文章认为，汇改 4 年来，人民币在亚洲的地位日益提高，中国正在努力将人民币打造成国际性的货币，作为日元在亚洲的最大竞争对手，人民币的地位正在稳步提升。为此，日本的学者开始担忧人民币会压倒日元。2009 年 10 月 27 日，日本《经济学人》杂志发表文章认为，从现实情况看，中国在实现"亚洲共同货币构想"上先行了一步，中国正从战略上争取赢

得人民币的国际信誉，中国的"亚洲共同货币构想"是在东亚贸易和投资中将人民币作为结算货币，建立人民币区。2009 年 10 月 22 日，美国詹姆斯敦基金会网站发表文章认为，全球金融危机促使中国推动人民币作为亚洲贸易结算及其他经常项目账户交易的地区化进程，从而避开美元的风险。

就国内的看法来说，相当一部分经济学家支持人民币国际化，其理由主要概括为如下几个方面（张宇燕，2010 年）：第一，中国应在金融领域拥有更重要的地位、发挥更大的作用，以期与其在亚洲和全世界范围内所占的经济权重相称。在目前中国举足轻重的经济分量和无足轻重的金融影响力之间，存在着一条巨大的鸿沟。第二，实施人民币国际化战略能够加快并深化中国国内市场导向的经济改革。历史经验表明，任何大国的货币在国际化进程中，都需要对本国经济制度尤其是货币金融体系加以改革和提升。同时，美元未来地位下降和储备货币多样化必将增加汇率风险，而人民币国际化必将降低中国汇率风险。第三，尽管亚洲金融合作迄今已取得了一些进展，但是总体上成果有限，而且步伐缓慢，前景黯淡，从而使得人们渐渐失去耐心。推进人民币国际化成为中国更加现实的选择。第四，人民币国际化的结果是人民币将会成为世界关键货币之一，这会有助于一个更加平衡和稳定的全球金融体系。第五，人民币国际化的条件正日趋成熟，中国的金融与财政状况已大有改善，并会随着经济的持续增长而进一步巩固。第六，作为自然或市场过程的一部分，人民币国际化进程事实上已经开始了。人民币不仅已在港澳地区和周边国家自发地流通，被一些国家作为支付或结算货币之一，而且中国已与部分国家和地区签署了总额达 6500 亿美元的货币互换协议，2009 年中国还决定在上海和广东省的 4 个城市开展人民币跨境贸易结算试点，在香港出售人民币债券。第七，人民币国际化亦会给中国带来某种直接的、隐含的好处，如所谓的铸币税。

根据我们的分析，显而易见的是，人民币国际化的实现，既不是中国政府单方面的意愿可以促成的，也不是中国经济和市场的自身条件所能单独决定的，它是由包括全球政治、经济和金融因素在内的各种综合条件相互作用的结果。我们认为，这些条件至少包括如下几个方面：（1）全球经济均衡力量发生变动的整体趋势和地缘政治影响；（2）与上述力量变动密切相关的全球金融力量对比发生变动的整体趋势及全球货币金融体系的演变趋势；（3）中国进一步向市场化体制改革推进的趋势和稳定性以及中国金融改革的进展情况及由此导致的金融发展水平；（4）在上述诸因素发展变化过程中，中国政府、金融机构和市场主体把握机遇的能力。与这四个基本方面相对应，除了有关全球范围内的外部条件和中国的整体崛起这些基本条件外，中国本身的基本市场条件将在更加具体的层面上对人民币国际化过程产生实质性影响。这些条件概括起来包括：其一，中国与境外贸易的总量及其发展趋势，包括其贸易流量及其地域分布；其二，中国接受的外国直接投资（FDI）和对外直接投资的总量及其发展趋势，包括其流量及其地域分布；其三，中国内部经济的市场化水平及其长期发展潜力，特别是中国的金融市场深化和发展水平以及与此密切相关的金融市场总量及其在全球和地区范围内的存量和流量发展水平。① 对于当前推进人民币国际化过程来说，在上述三项国内因素中，最后一项显然占有十分重要的地位，因为中国目前仍是一个转型经济国家；不过，也正是由于这一点，中国的政策走向（特别是与资本市场开放和人民币自由兑换有关的部分）都会在全球范围内引起广泛反响。

显然，上述主要条件是一种综合性的相互作用过程，这种相互作用所产生的总和的动态性力量将对人民币国际化过程产生一种总体推动力；但是，同时应该看到，这些力量的发展过程本身往往是非同步的，这种非同步性，一方面决定了人民币国际化必然是一个长期的过程，另外，它们对人民币国际化过程本身的影响也可能是非同步的：例如，人民币在国际层面上发挥计价结算、投资和储备货币等诸项功能的时间顺序及其在全球总量中的比重，就可能不会是同步的。② 因此，从总的方面看，中国的整体崛起及其在全球经济和金融总量的占比逐步增加是人民币国际化最重要的基础，人民币的逐步崛起，不但将是中国整体崛起的自然结果，也将会成为中国整体崛起的一个重要表现和重要侧面；另一方面，为便于观察人民币国际化可能的发展步骤及其阶段性，我们也可以将上述诸项条件和因素做一个大致的划分，从中找出可能影响人民币国际化过程的各项重要因素，以及其未来的发展变化可能对人民币国际化过程产生的影响。

根据上述所列条件，第一，中国的经济总量预计在 2010 年将会超过日本成为全球第二大经济体，目前中国的出口总量已超越德国成为第一大出口国，进口则居全球第二位，进出口总额也居于全球第二位，而且中国仍是全球最重要和最具吸引力的投资目的国之一，对外投资总额近年来亦大幅增加。这些宏观基本面因素，一方面说明中国拥有巨大的经济总量，并仍具有保持长期增长的巨大潜力，也是带动全球经济力量继续向东方转移的最重要的主导性因素之一；另一方面也说明，这些宏观因素既是推动人民币国际化的基础，也是人民币国际化动态发展过程中政府推动与市场演进相结合促进人民币国际化的主要推动力。第二，就中国金融发展的宏观和微观两个层面来说，一方面，由于中国的经济总量巨大，金融市场又相对封闭，特别是国内经济和金融市场运行对资本账户开放和人民币自由兑换具有高度的敏感性，这就决定了中国在这方面的改革须采取渐次推进的整体战略，由此也决定了人民币国际化所需要的资本市场开放这一先决条件③对人民币国际化进程将产生较大的掣肘作用；另一方面，中国的金融市场不仅具有相对较高

---

① 这里的"在全球和地区范围内的存量和流量水平"，显然一方面是指中国国内的金融存量和流量水平，另一方面更重要的则是指在境外的人民币存量和流量水平，因为人民币国际化本身就与人民币在境外的存量和流量密切相关。

② 例如，如上文所述，在当代经济条件下，人民币国际化的顺序可能会超越"计价结算→投资货币→储备货币"这一传统演进模式。

③ 资本账户开放和人民币自由兑换作为人民币国际化的先决条件，显然是从一种较纯粹的理论角度来说的，也就是说，例如，只有境外的个人、企业和政府能够无限制地购买、出售、投资或交易一种货币，他们才愿意以这种货币进行结算、投资或大量拥有这种货币。但是，正是因为这是一种纯粹理论上的概念，在现实中，一种货币才不可能在隔夜之间转变成一种全球通用货币；也正是在这种意义上，一种货币的国际化才表现出一种动态发展过程，其各项货币功能的发挥才表现出其渐进性，或交叉提升性。

的封闭性，同时其发展程度仍十分有限，人民币金融工具和产品（包括各类基础性金融产品及相应的金融衍生品）、人民币资本市场（特别是国债和企业债市场）、宏观金融政策调控能力等诸多方面仍需大力发展、深化和提高。这两个方面的内部因素，仍将在人民币国际化推进过程中对其不停地产生制约作用，这也是我们在上文所提出的人民币金融循环相对缺失是人民币国际化和区域化发展主要障碍之一的深层次原因。

从我们的上述分析中，已可看出人民币国际化的大致图景，也更易于理解为什么国际社会对中国推进人民币国际化这一事件产生如此广泛而强烈的反响。回顾 2009 年这一事件的整体发展过程，当上半年全球仍深陷危机之中，而中国值此之际推出推动人民币国际化战略的一系列举措后，全球发达经济体和欠发达经济体、全球政治家、经济学家、中央银行家和市场业界人士，纷纷发表评论，仁者见仁，智者见智。不过，根据上述分析，这些观点仍主要集中在如下几个方面：美元的地位当前和未来是否会受到人民币的挑战？未来的国际货币体系将向哪个方向演化？人民币国际化的整体趋势和战略步骤将会是怎样的？中国当前推动人民币国际化主要有哪些障碍？以下是另外一些诸如此类问题的一系列评论摘要：

俄罗斯《晨报》2009 年 4 月 15 日发表评论认为，人民币正在逐步成为美元不可小觑的竞争对手，但是，即便中国第一个摆脱危机，这也不会将人民币推上后危机时代全球头号货币的高位，但它在未来将具备更大的吸引力。香港亚洲时报在线 2009 年 4 月 21 日发表文章认为，中国政府允许少数几个城市的出口企业将人民币而不是美元作为海外贸易的结算货币，其直接影响很小，但此举意义深远，目的是测试资本账户的可兑换性，它将推广人民币在中国大陆以外地区的使用，是向实现中国资本账户完全自由化以及人民币完全可兑换迈出的第一步。然而，如果中国不放松外汇管制，人民币结算将面临困难。路透社中国经济专栏撰稿人魏伦认为，虽然美国的经济规模在 19 世纪就赶超了英国，美元亦是在两场世界大战榨干了英国的财政和军事力量之后，才得以取代英镑的统治地位，面对人民币的崛起，美国自然不会轻易将该地位拱手相让。2009 年 4 月 27 日德国《柏林日报》发表评论文章认为，美元甚至是这场危机的赢家，因为目前全球仍缺乏可替代的货币。该文认为，美元仍是全球金融体系的支撑点，因为与其他国家相比，美国仍旧是世界最大的经济和金融强国，全球货币交易的绝大份额都是在纽约进行的，美国的政治以及军事地位仍未被动摇。相反，美国的竞争者们却过于虚弱，以致无法用它们的货币跟美元真正抗衡。例如，中国和日本在各自的经济方面过于依赖美国：他们经济中的大部分是通过对美出口维持的。另外，日本的经济景气近年来一直虚弱，日元也始终无法摆脱地区货币的地位。中国的人民币有朝一日能够与美元分庭抗礼，但是它还无法在市场上自由交易。

美国《商业周刊》网络版 2009 年 5 月 26 日文章分析了人民币可自由兑换的前景及其可能对美元形成的挑战。文章分析了美国怀疑论者及持相反意见观察家的不同观点。怀疑论者认为，美元早已被确立为国际货币，美国迄今仍是世界上最大的经济体，即便中国真的希望提升人民币在全球的地位，在短期内也不会做这件事，因为中国要想让人民币作为一种国际贸易的媒介与美元竞争，将不得不把人民币变成可自由兑换的货币，其价值将完全由市场来决定，全世界的贸易商、投资人、政府和公司都可以自由买卖人民币，这将存在着巨大的风险。但自 2009 年 4 月份中国推出人民币国际化的一系列举措后，"一些观察家改变了他们的调子"，开始相信中国确实打算在几年内让人民币自由兑换成其他货币，认为这是朝着与美元公开冲突迈出的第一个重大步骤。但该文章同时分析认为，在这方面中国仍然面临着重大障碍，因为美元仍是全球的避风港，而且中国仍缺乏一个以人民币计数的庞大的债券市场。中国和西方的专家普遍预测，人民币可自由兑换大概需要 10 年至 15 年的过渡期。

日本《经济学人》周刊 2009 年 6 月 2 日刊登经济学家田代秀敏一篇评论文章，该文针对当时中国增加黄金储备的举措，认为这意味着中国力图摆脱对美元的依赖，因为增加黄金储备可以增强中国的金融体系，并且有利于人民币在周边区域发挥更大的作用，换言之，中国增加黄金储备有助于促进人民币在东亚的国际化。该文同时认为，中国既不想取代美国成为基础货币发行国，也不具备这样的国力。中国的目标，是在防止美元暴跌的同时，力争使人民币成为与美元和欧元鼎力的储备货币并建立起相应的国际金融体系。具体来说，就是实行三大货币篮子制度，以国际货币基金组织（IMF）特别提款权作为储备货币，以美国、加拿大和墨西哥为美元区，以欧洲为欧元区，以东亚和非洲为人民币区。该文认为，在 2009 年 4 月举行二十国集团金融峰会前，中国人民银行行长周小川发表的三篇论文，阐述了这一计划的路线图。当时，周小川行长曾提出改革现行的特别提款权，创设超国家主权的储备货币等一揽子国际金融货币制度改革措施。2009 年 6 月金砖四国（巴西、俄罗斯、印度和中国）领导人在俄罗斯叶卡捷琳堡举行首次正式峰会时发表联合声明时，提出新兴和发展中经济体必须在国际金融机构中拥有更大的发言权和代表，认为世界需要一个稳定、可预测和更为多样化的国际货币体系。为此，美国《华尔街日报》2009 年 6 月 17 日发表文章认为，这份声明似乎象征意义大过实际意义。文章认为，金砖四国和全球其他经济体一样，也明显受到美元汇率波动的影响，但还无力影响美元汇率，要改变这种状况和美元全球独大的地位，要耗费 20 年，而不是 2 年。新加坡金融管理局局长王瑞杰在 2009 年 6 月 29 日接受《日本经济新闻》记者采访时认为，虽然有人担心美国的财政赤字增加和长期利率上升，但作为贸易结算货币和储备货币，其他国家的货币要想取代美元的地位并不容易。考虑到交易成本和流动性等因素，美元将继续维持全球性通货的地位。对于建立亚洲统一货币的问题，他认为，亚洲各国的经济发展阶段不同，发展的速度和所走的道路也不同，现在要引入统一货币，所付出的成本要高于它带来的好处。

2009 年 9 月 29 日，美国《华盛顿时报》刊载文章引用世界银行行长罗伯特·佐利克的话说，"由于经济上强大的外国在世界舞台上迅速崛起，美国货币享有特权角色的时期即将结束"。这里，佐利克所说的"外国"，显然指迅速崛起的中国。佐利克认为，"迫使各国今年在世界经济治理方面实行迅速的一系列变革的是现代最为严重的金融危机和全球经济衰退"，但他同时认为，"但是，一项新的世界货币体制不会在隔夜之间出现"。美国战略与国际问题研究中心弗里曼中国问题研究会 2009 年 10 月份也发表了一份研究报告，预测人民币国际化前景及其对美国可能造成的影响。该报告认为，虽说中国要挑战美元的全球储备货币地位尚有很长的路要走，但似乎毋庸置疑的是，在未来的十年里，中国将成为国际货币系统的主要行为方。从中短期看，人民币国际化进程在经济领域对美元的影响将十分有限，其较长期影响力也有待观察，但其在地缘政治领域的影响力可能更快就能感受到。报告同时认为，在分析中国有关举措时，不应混淆三个截然不同的概念：货币国际化、获得储备货币地位以及成为全球主要储备货币。虽然中国已开始逐步推行人民币国际化的进程，但这是一个要分三阶段走的长期过程，即人民币首先要成为结算货币，再成为投资货币，最终才能成为储备货币。英国《星期日泰晤士报》2009 年 10 月 25 日发表评论认为，"想要替代美元是一回事，而能否找到合适的替代货币完全是另一回事。只要人民币依然与美元挂钩，它就无法成为可供选择的替代货币，因为它的币值会随美元一起涨落"。2009 年 10 月 27 日，俄罗斯《消息报》援引俄罗斯外长库德林的话说，"人民币可能成为储备货币，但时间在十年之后"，"有望取得储备货币地位的货币应具有可兑换性，并在数十年内保持稳定。而政府发行机关必须奉行旨在维持宏观经济稳定的连贯性政策，且在国际贸易中拥有显著份额"。库德林认为，"人民币很快就将符合这些条件"。

2010 年 1 月 5 日墨西哥《每日报》刊登题为《地缘金融三极化：美元、欧元与人民币》的评论文章认为，在地缘金融领域美国仍为所欲为，美元及其两个外汇盟友英镑和日元仍主导着全球 72% 的货币体系，美元仍是主要的全球外汇储备货币（占65%），欧元远远落在其后（25%），英镑被落下更远（3.6%），接着才是日元（3.5%），其他货币要想取代美元实非易事，美元的地缘金融单极性变成了美国遗留下来的主要顽疾之一。但他认为，在金砖四国的四种货币中，唯一能够领头与美元和欧元展开竞争的是中国的人民币，因为它具有很多优点，尤其是中国的地缘经济在全球危机中蓬勃发展，而且还拥有巨大的外汇储备。他同时认为，英镑和日元可能将在酝酿中的新三极（美元、欧元、人民币）地缘金融秩序中趋于消亡。

因此，从总的方面看，国际社会普遍认为，一方面，美元的衰落是一种必然的趋势，显然，这种衰落趋势的出现，既是爆发于美国本土的本次全球性金融危机引发的，同时更重要的是，也与新兴经济体在全球化背景下的整体崛起密切相关，特别是与中国作为新兴大国的全面崛起密切相关；另一方面，也正是这两个层面的综合作用，使得国际社会认为，人民币未来可能崛起为至少与美元相当的国际货币。这种总体判断说明，即便在当代金融全球化和信息技术条件下，即使全球跨境贸易结算和跨境金融投资与交易的技术水平已高度发达，但与货币结算风险和汇率风险等有关的基本不确定性和市场风险仍不可能消除。当中国的国力足够强大，经济和金融市场足够开放，由此导致中国与全球经济实现了广泛性融合，内外贸易、投资和金融交易之间存在着广泛而深入的联系，并且中国的政治、经济和法定货币（人民币）又能够在长期内保持稳定，当上述这些条件基本具备后，人民币理应发展为重要的国际货币。而这一目标的实现过程，一方面将与上述诸项条件的完善和实现过程彼此促进；另一方面也将与中国的全面崛起过程互为促进，彼此耦合。

第七章 积极主动：
参与全球治理共建和谐世界

全球治理在 2009 年度出现重大突破，同时也面临许多挑战。中国政府首次在国际舞台上阐述对全球治理的观点，体现了中国对全球治理问题的基本判断和价值追求。同时，中国积极主动参与全球治理行动和能力建设。中国的主张也受到国际社会越来越多的认同。国际社会对中国参与的全球治理行动在总体上加以肯定，并期待中国在未来的全球治理中发挥更大作用。

一、国内外学术界关于"全球治理"的理论探讨

全球治理并非冷战后才提出的某种政治愿景。最早明确提出这一概念的是联邦德国前总理勃兰特，他提出建立和发展多边的规则和管理体系以促进全球相互依存和可持续发展。近年来，国内外学术界不少学者也就此主题做了不少有价值的研究。

1. "全球治理"理念的提出和历史演进

迄今为止，学术界引证最多的全球治理定义来自于全球治理委员会："治理是各种各样的个人、团体—公共的或个人的——处理其共同事务的总和。这是一个持续的过程，通过这一过程，各种相互冲突和不同的利益可望得到调和，并采取合作行动。这个过程包括授予公认的团体或权力机关强制执行的权力，以及达成得到人民或团体同意或者认为符合他们的利益的协议。……从全球角度来说，治理事务过去主要被视为处理政府之间的关系，而现在必须作如下理解：它还涉及非政府组织、公民的迁移、跨国公司以及全球性资本市场。伴随着这些变化，全球大众媒体的影响大大加强了。"①

全球治理理论的主要创始人之一詹姆斯·罗西瑙（James Rosenau）对全球治理的界定是："全球治理可设想为包括通过控制追求目标以产生跨国影响的各级人类活动——从家庭到国际组织——的规则系统，甚至包括被卷入更加相互依赖的急剧增加的

---

① 英瓦尔·卡尔松、仕里达特·兰法尔：《天涯成比邻——全球治理委员会的报告》，中国对外翻译出版公司 1995 年版，第 2 页。

世界网络中的大量规则系统。"① 戴维·赫尔德则认为："全球治理不仅意味着正式的制度和组织—国际机构、政府间合作等——制定（或不制定）和维持管理世界秩序的规则和规范，而且意味着所有的其他组织和压力团体——从多国公司、跨国社会运动到众多的非政府组织——都追求对跨国规则和权威体系产生影响的目标和对象。"② 戈登克尔和韦斯认为"给超出国家独立解决能力范围的社会和政府问题带来更有秩序和更可靠的解决办法的努力"③。

从这些欧美发达国家学者的论述可以看出，他们认为全球治理是试图探讨如何把世界—— 一个全球化的世界——当做一个集体的存在来共同治理，即当做"社会——世界"去治理。他们讨论的不是政府和政府之间的关系，即传统的国家在全球治理中的作用，而是非政府组织、跨国公司、公民运动或者公民社会、全球大众媒体，甚至全球资本市场，即这些非政府的力量在全球治理中的作用。④

2. 全球治理的基本要素与制度建设

全球治理的基本要素包括五方面：全球治理的价值、全球治理的规制、全球治理的主体或基本单元、全球治理的对象或客体以及全球治理的结果。这些要素可以分解为五个问题：为什么治理？依靠什么治理或如何治理？谁治理？治理什么？治理得怎样？⑤

全球治理的价值，就是全球治理的倡导者们在全球范围内所要达到的理想目标。按照他们的观点，这些价值应当是超越国家、种族、宗教、意识形态、经济发展水平之上的全人类普世价值。从目前世界显现出来的实际状况来看，还远没有建立起与全球治理体系相适应的价值共识。全球治理委员会认为，"要提高全球治理的质量，最为需要的，一是可以在全球之家中指导我们行动的全球公民道德，一是具备这种道德的领导阶层。我们共同呼吁、共同信守全体人类都接受的核心价值，包括对生命、自由、正义和公平的尊重，相互的尊重、爱心和正直。"

全球规制就是维护国际社会正常的秩序，实现人类普世价值的规则体系。具体来说，国际规制包括用以调节国际关系和规范国际秩序的所有跨国性原则、规范、标准、政策、协议、程序。从某种意义上说，全球规制在全球治理中处于核心的地位。

全球治理的主体，是指制定和实施全球规制的组织机构。其主体主要有三类：一是各国政府、政府部门及亚国家的政府当局；二是正式的国际组织，如联合国世界银行、世界贸易组织、国际货币基金组织等；三是非正式的全球公民社会组织。但对于哪一类

179

---

① James N·Rosenau："Governance in the Twenty-first Century"，*Global Governance* 4，1995，pp. 13－14.

② 戴维·赫尔德等：《全球大变革——全球化时代的政治、经济与文化》，社会科学文献出版社 2001 年版，第 70 页。

③ 俞可平：《治理与善治》，社会科学文献出版社 2000 年版，第 267 页。

④ 庞中英：《关于中国的全球治理研究（代序）》，庞中英主编：《中国学者看世界：全球治理卷》，新世界出版社 2007 年版，第 12 页。

⑤ 此五点论述可参见俞可平《全球治理引论》。

组织在全球治理中发挥更重要的作用，学者们之间存在争议。一些学者强调，虽然全球化在很大程度上削弱了传统的国家主权，但主权国家政府在可预见的未来仍然是全球治理的主角。另一些学者则极力主张建立一个超越主权国家政府之上的世界政府，该政府在全球范围内行使主权职能。

此外，还有学者强调非政府的全球公民社会组织在全球治理中的作用。全球公民社会是介于国家和个人之间的跨国活动领域，其基本的组成要素是国际非政府的民间组织。还有些学者强调所谓全球精英在全球治理中的作用。这些全球精英包括政治精英（主要是大国政要、重要国际组织首脑和西方发达国家的政治精英）、商业精英（主要是跨国公司的高级管理阶层）以及知识精英（即各个专业领域的知识权威）。

关于全球治理的对象，是已经影响或者将要影响全人类的跨国问题。这些问题很难依靠单个国家解决，而必须依靠国际合作。这些问题主要包括：（1）全球安全，包括国家间或区域性的武装冲突、核武器的生产与扩散、大规模杀伤性武器的生产与交易等；（2）生态环境，包括资源的合理利用与开发、污染源的控制、稀有动植物的保护、气候变化等；（3）国际经济，包括全球金融市场、贫富分化、债务危机以及汇率问题等；（4）跨国犯罪，如走私、非法移民、毒品交易、贩卖人口以及国际恐怖主义等；（5）基本人权，如种族灭绝、大规模疾病的传染及预防等。

全球治理的效果，涉及对全球治理效果的评估，集中体现为国际机制的有效性。有两类因素影响国际机制的效果，一类是国际机制本身的制度安排，一类是实现这些制度安排的社会条件和其他环境条件。有的学者具体分析了影响国际机制的若干要素，它们是：国际机制的透明度、完善性、适应性、政府能力、权力分配、相互依存和知识基础。[①]

实现有效全球共治的关键在于国际制度的建设，而制度建设的主要途径是建制、改制与转制。在全球化时代，国际制度对于全球社会的治理与稳定、发展与进步至关重要。但由于历史原因，现有制度存在不公正及失灵的现象，特别是那些具有分配性和程序性霸权的"硬性规则"，它们具有很强的政治性和争议性，决定了利益分配的多寡。这意味着改制是一项十分艰难的任务，主要大国对此负有不容推卸的责任。全球社会的变迁在很大程度上是通过对具有重要分配性、程序性和权威性的制度进行改造反映出来的。"转制"与"改制"相关联，涉及不同国家尤其是那些后进国家，在现代化过程中如何面对主要由强国设计并代表其既得利益的制度。"转制"是指改变上述既存制度，更主要的是指那些后进国家如何改变自己固有的行事模式和国内制度，如何接受和参与现存的国际制度，并以此来界定自己的利益和规定自己的行动。[②]

---

① 奥兰·扬：《国际制度的有效性》，见詹姆斯·罗西瑙：《没有政府的治理——世界政治中的秩序与变革》，江西人民出版社 2001 年版，第 5 页。

② 苏长和：《全球公共问题与国际合作：一种制度的分析》，上海人民出版社 2000 年版，第 306～310 页。

对全球治理的需求并不必然导致世界政府的形成，"如果存在有效治理，它多半是通过政府之间合作、跨国网络而非一个世界政府达致的"。① 治理成功的关键是贯彻多边主义原则和实践原则。所有行为体尤其是国家，在解决全球、区域、次区域、其他多边与双边以及国内问题的合作性实践中，融合绝对收益与相对收益，把全球观念付诸实践，通过广泛参与、共同治理，达到全球范围内合作共治的目的。②

3. 国内学术界对全球治理的认识深化

中国学者对全球治理的研究是在全球化研究的基础上进行的。目前国内学者对全球治理的认识已经从最初的单纯介绍和引进西方理论发展到探讨如何实现有效的全球治理以及中国在全球治理中应扮演何种角色。在借鉴和吸收西方学者的全球治理理念的基础上，提出了与建设国际新秩序以及人类共同利益相结合的全球治理理念。俞可平认为，"全球治理是各国政府、国际组织、各国公民为最大限度地增加共同利益而进行的民主协商与合作，其核心内容应当是健全和发展一整套维护全人类安全、和平、发展、福利、平等和人权的新的国际政治经济秩序，包括处理国际政治经济问题的全球规则和制度"。③ 另一位中国学者蔡拓认为，"所谓全球治理，是以人类整体论和共同利益论为价值导向的，多元行为体平等对话、协商合作，共同应对全球变革和全球问题挑战的一种新的管理人类公共事务的规则、机制、方法和活动"④。

中国学者认为，全球治理具有以下特点：

其一，从政府转向非政府。传统上对公共事务的管理是由政府主持和承担的，政府对国际公共事务的管理则主要表现为外交。在这种经典的公共事务管理制度中，政府不仅独揽大权，而且几乎是政治权威的唯一拥有者和体现者。全球治理打破了政府对公共事务的垄断，许多非政府行为体以各种方式参与公共事务的管理，同政府分享公共权力和政治权威，如国际标准化组织制定的 ISO 系列质量管理体系认证和 ISO 环境管理体系认证。即使在传统安全领域，非政府组织也积极地参与进来，如禁止地雷条约就是由近千个 NGO 组成的国际禁雷运动所推动的。

其二，从国家转向社会。如果说政府转向非政府是全球治理中直观的变化，那么从国家转向社会则是更本质的内容。它涉及国家与社会关系的根本问题。国家脱胎于社会，是社会发展到一定阶段的产物，但自国家产生以来，代表并行使公共权力的国家，相对社会而言始终处于主导地位。虽然近代以来公民社会不断发展，但国家在社会生活中的支配地位并未在根本上动摇。但全球治理的兴起对国家在人类生活中的绝对主宰地

---

① 罗伯特·基欧汉：《局部全球化世界中的自由主义、权力与治理》，北京大学出版社 2004 年版，第280 页。

② 俞正梁、陈玉刚：《全球共治论初探》，《世界经济与政治》2005 年第 2 期。

③ 俞可平：《全球治理引论》，《马克思主义与现实》2002 年第 1 期。

④ 蔡拓：《全球治理的中国视角与实践》，《中国社会科学》2004 年第 1 期。

位提出真正的挑战，当公共事务的管理从政府转向非政府时，实际上意味着公共权力从国家向社会的部分转移。

其三，从领土政治转向非领土政治。领土政治意味着政治统治的合法性和政治权威的有效性仅适用于其领土范围之内，国际政治虽然涉及并试图处理超越领土的政治事务与政治关系，但仍然以领土为依托。全球治理突破了领土政治，开始凸显非领土政治，这表现为非国家行为体的大量出现和跨国性活动的剧增。

其四，从强制性、等级性管理转向平等性、协商性、自愿性和网络化管理。传统的政府管理，以强力和法律为后盾，这种权力体制和管理体制是建立在强制性和等级性的政治理念基础之上，突出的是政府的政治权威，强调的是自上而下的单向度权力运行规则。全球治理体现了一种全新的权力关系和管理规则。首先，权力主体的平等性。在政府和非政府行为体之间，并无上下尊卑之分。其次，管理的协商性。既然权力主体是平等的，权力向度是多元的，所以行为体之间只能通过协商对话与合作来实施对公共事务的管理。再次，管理的自愿性。这既指自愿参与管理，也是指自愿而非强制地服从公共权威。最后，管理的网络化。全球治理是全球化和网络化的产物，这导致世界日益紧密的相互依存，导致了事物生成和发展的非直线性，以及事件因果链条的复杂性和多向性。这一总体性特征决定了社会结构的网络性，从而要求对公共事务管理进行相应的变革。

其五，全球治理是一种特殊的政治权威。因为这种权威的确立和合法性不能适用于民族国家的民主理论加以解释，它是多种主体协调、对话、合作的结果。它扩大了政治权威，但并未取消国家和政府权威。①

对于中国在全球治理中的地位和作用，目前国内不少学者已经做了大量实证和理论研究。蔡拓认为，中国关注和研究全球治理的特殊视角，是在国家层面和本国范围内认同并推动全球治理。

首先，把全球治理内化为本土的跨国合作。全球治理原本是诸多行为体在全球层面和跨国层面通过对话、协商、合作来应对全球问题，管理人类公共事务，中国无疑已经参与并将更加积极参与国际社会诸多治理活动。毋庸讳言，由于中国主要是以国家或政府的身份参与国际事务，所以对中国而言，全球层面的全球治理似乎与原来的国际治理并无区别。而国内日益增多的跨国合作，为中国勾勒出全球治理的新视角。这就是把全球治理从模糊的全球层面内化到清晰的国家层面。

其次，把全球治理锁定于全球问题的治理。最恰当的国内层面的全球治理，应该是那些关系到人类生存与发展的全球性问题，这些问题具有真正的全球性和公共性。而且这些问题大多具有超意识形态性，便于进行跨国合作，也易于避免某些政治上的麻烦。

最后，应把全球治理植根于本国公民社会的培育和基层民主的建设。全球治理与政府管理的区别就在于，前者依托于公民和公民社会，后者依靠国家和政府的权威。所

---

① 蔡拓：《全球治理的中国视角与实践》，《中国社会科学》2004 年第 1 期。

以，没有较为发展的公民社会，缺乏具有公共精神和民主素养的公民，就不存在名副其实的全球治理，培育国内的公民社会是切实推进全球治理的保障。①

4. 全球治理的主体扩大：从 G8 到 G20

全球治理体系经历了一个从 G8、G13 到 G20、从西方治理到全球共同治理的历史发展过程。

八国集团（G8）的前身是冷战时期形成的七国集团（G7），1998 年俄罗斯正式加入这一体制后，形成了现在的八国集团。进入新世纪以来，G8 一直在不断拓宽其议程表上的问题领域和议题数量，不断加深参与国际事务甚至某些国内事务。由于历史和现实的原因，这八个国家占据了世界经济总量的 75% 左右。更为重要的是，这八国实际掌控着主要的国际机制以及国际议事程序，在这种情况下，G8 有意识地试图将自身塑造成全球治理的核心。

但是，在全球化进程日益加深的今天，民主、公正与合理的全球治理才是必要的。在中国、印度等新兴市场经济大国不断崛起，原有机制在面临各种非传统安全和全球性问题力不从心时，如果 G8 不转变其固有的既得利益者思维，只是试图通过该体制维护其既得利益，只是在发达国家内实现"治理"，而对非西方世界延续"统治"，那么它就永远不可能真正实现全球治理。

183

为了适应世界政治与经济的新变化，从 2003 年的法国埃维昂峰会起，时任法国总统希拉克就邀请中国、印度、巴西、墨西哥和南非五个发展中国家的领导人参加 G8 与上述五国的南北领导人非正式会议。此后，2005 年在英国举行的 G8 峰会上，英国首相布莱尔再次向上述五国发出邀请。2006 年在俄罗斯举办的 G8 峰会前，布莱尔更是公开表示，他希望推动这五国加入八国集团，认为这样能更好地保证多边贸易的顺利进行和全球气候问题的解决。2007 年的德国峰会启动了旨在加强与新兴发展中国家对话与合作的"海利根达姆进程"。德国派驻八国集团特使普芬巴赫表示，德国希望在峰会中为中国和其他新兴经济体增设"永久席位"。这一"8+5"的体制就此在 G8 举行的每年首脑峰会期间延续，形成一种所谓的 G13 体制。事实上，关于 G8 应纳入更多新兴市场国家的呼声一直就存在，但对于这一问题，G8 内部仍旧存在分歧。德国总理默克尔也表示，将 G8 扩展为 G13，目前仅限于讨论。正因如此，德国才提议给予新兴国家"定期参加峰会的机会，以便让其在影响国际经济发展方面发挥自己的作用"。②

作为冷战后形成的一种事实上的全球治理中心，八国集团（G8）对国际事务的影响举足轻重。不过，伴随着以金砖四国为代表的新兴工业化国家经济的快速发展，G8 体制要想更加有效地推动全球治理，就必须吸收这些国家共同参与。中国在亚洲金融危机期间表现出的负责任大国的行为得到 G8 的高度评价，由此 G8 开始邀请中国参与八

① 蔡拓：《全球治理的中国视角与实践》，《中国社会科学》2004 年第 1 期
② 朱周良：《经济多极化新兴经济体崛起 G8 或变 G13?》，《上海证券报》2007 年 1 月 26 日。

国首脑峰会。中国对 G8 的态度也发生了变化，曾经担心它作为富国俱乐部会削弱联合国作用，或将中国置于较为孤立的地位。事实上，G8 的性质和功能相比冷战时的七国集团已经发生了很大的变化，它不但是协调其成员国政策的一种机制，也是讨论和处理全球性问题的重要平台。中国参与这一机制与我们独立自主的和平发展战略并不矛盾。参与 G8 的对话协调机制，将为中国开辟一个重要的对话合作和协调的新途径，有利于中国更好地在国际体制中维护自身的正当权益，这也符合中国推行多边外交的需求。而且随着中国综合国力的增强，G8 也越来越认识到，在没有中国参与的情况下，许多重大国际问题是难以解决的。中国参与 G8 体制的时机逐渐成熟。自 2003 年胡锦涛参加埃维昂南北领导人峰会后，中国两次受邀参加七国财长和央行行长会议，中国逐渐加强了与 G8 的交往。正如有学者所指出的，"在与 G8 交往时，中国不但展示独特的个性，而且也以集体行动的方式出现，这点与其他国家（即巴西、印度、墨西哥与南非）很不同。中国在继续塑造自身的外交身份，其中特别重要的方式是在立场和意识形态上和发展中国家紧紧走在一起"。①

1997 年亚洲金融危机的爆发，使国际社会认识到，国际金融问题的解决除西方发达国家外，还需要有影响的发展中国家参与。1999 年 9 月，西方七国集团财政部长和中央银行行长在华盛顿举行会议。在会后发表的一项声明中，七国承诺将在改善世界经济增长前景和稳定金融市场方面继续进行合作，并同意建立由主要发达国家和新兴市场经济国家组成的二十国集团就改革国际金融问题进行磋商。作为一个国际论坛，二十国集团（G20）的成员包括：G8 成员国美国、日本、德国、法国、英国、意大利、加拿大、俄罗斯，以及作为一个实体的欧盟，再加上中国、阿根廷、澳大利亚、巴西、印度、印度尼西亚、墨西哥、沙特阿拉伯、南非、韩国和土耳其等新兴大国和地区大国。

1999 年 12 月 16 日，二十国集团创始会议在柏林召开。出席会议的是二十国集团的财政部长和中央银行行长。会议强调，二十国集团是国际货币基金组织和世界银行框架内非正式对话的一种新机制，旨在推动国际金融体制改革以及发达国家和新兴市场国家之间就实质性问题进行讨论和研究，以寻求合作并促进世界经济的稳定和持续增长。与 G8 相比，G20 占全球国内生产总值的 90%，世界贸易的 80% 以及人口的 2/3，显然具有更大的代表性。可以说，G20 反映了全球财富与实力分配的新现实。G20 体制的逐渐成熟，就如英国《新政治家》周刊所说，"承认了全球经济权力平衡由发达国家向发展中国家进行的重大转移"。英国首相布朗的发言人也表示，G20 是处理众多国际问题"好的框架"，"我们已经改变那种只是通过八国集团讨论全球议题的过时作法"。②

2008 年爆发的以美国次贷危机为标志的国际金融危机，为 G8 扩大为 G20 提供了历

---

① 陈宗翼：《中国与 G8 关系的演进：全球治理中的复杂利益与多重身份》，（加拿大）安德鲁·库珀、（波兰）阿加塔·安特科维茨（主编）：《全球治理中的新兴国家：来自海利根达姆进程的经验》，上海人民出版社 2009 年版，第 111 页。

② 田帆：《从 G8 到 G20，全球经济权力重新分配》，《新华每日电讯》2009 年 4 月 2 日。

史机遇，要求发达国家和新兴大国肩负起共同应对危机的重任。从 2008 年 11 月起的一年内，G20 先后在华盛顿、伦敦和匹兹堡召开首脑峰会，讨论协调应对危机之策。从 G8 发展到 G20，本身既体现出国际格局多极化的趋势，同时也说明 G20 峰会作为新的大国力量平台，为解决全球经济治理问题提供了新的工具和路径。G20 体制显示出，非西方大国参与全球经济治理已经势在必行，为国际货币体系乃至世界经济体系的历史性改革提供了重要前提，G20 体制可能超越 G8 体制成为全球治理机制的主要平台。[1]

2009 年经济领域最重要的全球治理活动是 G20 举行的两次峰会。在 2009 年 4 月的伦敦峰会上，各国就应对金融经济危机议题达成多项共识。同意为国际货币基金和世界银行提供 1 万亿美元资金，其中国际货币基金的资金规模将扩大 3 倍。各国同意有必要对所有具有系统性影响的金融机构、金融产品和金融市场实施监管，并首次把对冲基金置于金融监管之下，由国际货币基金增发 2500 亿美元特别提款权分配给各成员国以增强流动性，并出售黄金储备以帮助贫穷国家。同时申明各国将共同抵制各种贸易保护主义。

在世界经济缓慢走出谷底的背景下，2009 年 9 月在匹兹堡举行了年内的第二次 G20 峰会。与会各方一致认为，G20 应成为全球经济治理的主要平台。美国总统奥巴马称，G20 进入了一个新阶段，将成为协调全球经济政策的一个基本平台。英国首先布朗则表示，旧的国际经济合作体系已经结束，新的经济合作体系则从现在开始。会后发表的《领导人宣言》宣布了六点共识，第一是各国要继续实施经济刺激计划；第二要改革全球经济的合作方式；第三要加强国际金融体系的监管；第四要采取新的措施加大对贫穷国家的支持力度，推动世界经济平衡发展；第五要取消对石油燃料的补贴，以利于世界经济向新能源经济转型；第六要保持贸易环境的开放，反对贸易保护主义。

虽然此次峰会没有在导致国际金融危机的根本问题上达成一致性改革意见，但是在三个重要问题上达成了共识并列出具体时间表：一是在 2010 年年底之前就国际金融体系的改革，特别是金融监管方面要达成具体措施，并付诸实施；二是在 2010 年年底之前要争取完成多哈回合谈判，以此表达反对贸易保护主义的决心；三是力争在哥本哈根为完成气候治理的谈判达成协议。

二、中国关于全球治理的主张与实践

1. 中国的"全球治理观"与"和谐世界"理念

2009 年，中国政府首次就全球治理的目标、主体、方式与机制表明了自己的看法。胡锦涛主席在使节会议上正式使用了"全球治理"以及"全球经济治理"的提法。在

---

① 黄仁伟：《中国参与全球治理的里程碑》，《解放日报》2009 年 9 月 24 日。

拉奎拉峰会的八国集团同发展中国家领导人对话会议上，国务委员戴秉国第一次对"全球治理"做出了完整的中国阐述。①

八国集团同发展中国家领导人对话会议于 2009 年 7 月 9 日在意大利拉奎拉举行。国务委员戴秉国代表国家主席胡锦涛出席对话会议，并就全球治理问题提出了中国政府的几点意见。

首先，关于治理目标。戴秉国指出：全球经济治理的根本目标是推动经济全球化朝着均衡、普惠、共赢方向发展。均衡，就是要兼顾发达国家和发展中国家需求，平衡发达国家和发展中国家关系。普惠，就是要把各种实实在在的利益和好处带给所有国家，惠及各国人民。共赢，就是要把本国利益同他国利益结合起来，把本国发展同各国共同发展联系起来。

其次，关于治理主体。戴秉国指出：全球经济治理应该由世界各国共同参与。国家无论大小、强弱、贫富，都是全球经济的组成部分，应该以平等身份参与治理过程，并享有相应的代表性、发言权、决策权。平等参与不仅是形式上的，更应是实质内容上和决策过程中的。只有这样，才能体现全球经济治理的合理和公正，保证全球经济治理的信誉和成效。

再次，关于治理方式。戴秉国指出：全球经济治理需要各国通过协商合作共同解决经济全球化面临的各种难题。要坚持民主原则，充分听取各方意见，照顾和体现各国特别是发展中国家的利益和诉求。要坚持尊重差异，考虑各国不同国情，允许发达国家和发展中国家有不同做法。要坚持倡导合作，鼓励各国加强沟通和协调，发挥各自优势，共同解决面对的难题。

最后，关于治理机制。戴秉国指出：全球经济治理需要合适的机制安排。世界经济发展使现有一些机制难以充分反映国际社会诉求、有效应对全球性挑战，需要扩大代表性。要在不同层面和不同领域针对不同问题开展治理。各种治理机制可以在所有利益攸关方平等协商并达成共识的基础上，制定有关国际标准和规范，推广相关经验和有效做法，促进各国交流合作，共同搭建有效的全球经济治理架构。②

戴秉国表示：2008 年，胡锦涛主席曾在北海道提出，国际社会要致力于建设可持续的世界经济体系、包容有序的国际金融体系、公正合理的国际贸易体系、公平有效的全球发展体系。国际金融危机的发生和蔓延深化进一步印证了加强上述体系建设的重要性和紧迫性。国际金融危机警示我们：在经济全球化深入发展的条件下，只有开展全球合作，才能化解全球性危机；只有加强和完善全球经济治理，才能从体制机制上促进世界经济协调持续发展。③

---

① 黄仁伟：《中国参与全球治理的里程碑》，《解放日报》2009 年 9 月 24 日。

② 吴绮敏、史克栋、张磊：《八国集团同发展中国家领导人对话会议举行》，《人民日报》2009 年 7 月 10 日。

③ 吴绮敏、史克栋、张磊：《八国集团同发展中国家领导人对话会议举行》，《人民日报》2009 年 7 月 10 日。

　　中国的"全球治理观"体现了中国对全球问题的基本判断和价值追求，与"和谐世界"理念是一脉相承的。2003 年 5 月 28 日，胡锦涛访问俄罗斯期间在莫斯科国际关系学院发表演讲，首次提出：为实现持久和平和共同繁荣，国际社会要通力合作，不懈努力，建设和谐世界。① 2005 年 9 月 15 日，中国国家主席胡锦涛在联合国成立 60 周年首脑会议上发表《努力建设持久和平、共同繁荣的和谐世界》的重要讲话中指出：必须坚持多边主义，实现共同安全；坚持互利合作，实现共同繁荣；坚持包容精神，共建和谐世界；坚持积极稳妥方针，推进联合国改革。② 2007 年 10 月 15 日，胡锦涛在中国共产党第十七次全国代表大会报告中进一步指出：共同分享发展机遇，共同应对各种挑战，推动建设持久和平、共同繁荣的和谐世界。应该遵循联合国宪章宗旨和原则，恪守国际法和公认的国际关系准则，在国际关系中弘扬民主、和睦、协作、共赢精神。政治上相互尊重、平等协商，共同推进国际关系民主化；经济上相互合作、优势互补，共同推动经济全球化朝着均衡、普惠、共赢方向发展；文化上相互借鉴、求同存异，尊重世界多样性，共同促进人类文明繁荣进步；安全上相互信任、加强合作，坚持用和平方式而不是战争手段解决国际争端，共同维护世界和平稳定；环保上相互帮助、协力推进，共同呵护人类赖以生存的地球家园。③

　　国际金融危机发生后，中国领导人进一步阐明"和谐世界"的现实意义，其核心就是"同舟共济、共同发展"。2009 年 9 月 23 日，胡锦涛主席在第六十四届联大一般性辩论时发表的《同舟共济、共创未来》重要演讲话中指出：当今世界正处在大发展大变革大调整时期，和平、发展、合作的时代潮流更加强劲。同时，国际形势中的不稳定不确定因素给世界和平与发展带来严峻挑战。国际社会应秉持和平、发展、合作、共赢、包容理念，推动建设持久和平、共同繁荣的和谐世界。要用更广阔的视野审视安全，维护世界和平稳定；要用更全面的观点看待发展，促进共同繁荣；要用更开放的态度开展合作，推动互利共赢；要用更宽广的胸襟相互包容，实现和谐共处。胡锦涛强调，中国的前途命运日益紧密地同世界的前途命运联系在一起。中国将始终不渝走和平发展道路，始终不渝奉行互利共赢的开放战略，坚持在和平共处五项原则的基础上同所有国家发展友好合作。中国过去、现在、将来都是维护世界和平、促进共同发展的积极力量。

　　"和谐世界"战略思想的提出，为中国外交特别是多边外交的发展注入了新的活力，同时也为世界各国发展对外关系提供了一个全新的视角，为国际社会提供了一种不同于以往的全球治理模式，可谓意义非凡。④ 和谐世界的理念集中体现了中国对当今国

---

　　① 张晓彤：《胡锦涛时代观的中国主张》，《瞭望新闻周刊》2009 年第 47 期。

　　② 胡锦涛：《努力建设持久和平、共同繁荣的和谐世界——在联合国成立 60 周年首脑会议上的讲话（2005 年 9 月 15 日，美国纽约）》，《人民日报》2005 年 9 月 16 日，第 001 版。

　　③ 胡锦涛：《高举中国特色社会主义伟大旗帜　为夺取全面建设小康社会新胜利而奋斗——在中国共产党第十七次全国代表大会上的报告（2007 年 10 月 15 日）》，《人民日报》2007 年 10 月 25 日，第 001 版。

　　④ 吴绮敏、陈一鸣等：《地位提高　影响凸显》，《人民日报》2009 年 9 月 26 日，第 006 版。

际局势、全球问题、人类命运和理想目标的基本判断和价值追求，是中国国内政治发展在国际政治领域的反映。作为中国式的全球治理观，和谐世界的理念反映了全球化的本质要求，代表了全球化的发展趋势，对于治理和矫正全球化的偏差与失衡具有重大的战略意义。它是中国关于建立公正合理国际政治经济新秩序主张的浓缩和概括。[①]

总之，中国提出的"和谐世界"构想就是关于全球治理的中国主张，是中国官方提出的全球治理版本，对全球治理理论的发展具有重大现实意义。[②] 两者在理论定位和理论构成要素上都具有一致性，这表现在：第一，两者在核心价值观念上具有一致性，两者追求的都是超越国家、种族、宗教、意识形态和经济发展水平之上的全人类的普适价值；第二，从实现途径来看，两者都十分重视国际制度的作用。国际制度是全球治理得以实现的主要途径。而和谐世界理论坚持联合国在维护全球安全中的核心地位，倡导建立更为开放、公平和非歧视的多边贸易体制以及更完善的国际金融体制，并通过谈判和协商等多边途径建立国际的环境保护，预防大规模流行病传播以及核不扩散机制等。第三，两者所要解决的问题都是全人类所共同面对的全球性问题。因此，"和谐世界"的构想，既体现了中华民族的传统文化理念，又顺应了历史发展潮流。相对于全球治理理论，"和谐世界"的包容理念更符合国际社会多极化和国际关系民主化的趋势，它对于联合国以及国际法等国际机制的重视具有更强的可操作性。

2. 中国参与全球经济治理和国际货币体系改革

尽管中国在参与全球治理的诸多领域中都呈现出明显的能力进步，但与外界对中国的要求和期望相比较，仍有一定的差距；中国参与全球治理的现实能力与外部对中国的需求之间，存在着一定的矛盾。中国在这些领域的能力建设需要一个过程，要以积极的态度稳步前进、量力而为。事实上，中国在参与全球治理的过程中，一直积极推进能力建设。这主要表现在四个方面，即：中国参与国际金融货币体系的能力建设；中国参与全球气候治理的能力升级；中国参与全球公共安全治理的能力突破；中国参与全球公共卫生治理的能力突出。由于中国和平崛起最突出的是在经济领域，参与全球经济治理就成为中国在全球治理体系中发挥作用的核心领域。维护全球经济与金融稳定，是中国参与全球经济治理的首要目标；争取公平均衡的国际经济秩序，则是中国参与全球经济治理的长远目标。

---

① 李俊青、冯建辉：《和谐世界：中国式的新全球治理观》，《前沿》2009 年第 7 期，第 16～18 页。

② 相关的文献可见庞中英：《和谐世界：中国的全球治理主张》，《国际先驱导报》2005 年 12 月 29 日；崔燕红：《试论中国和谐世界思想对全球治理理论的意义》，《广东外语外贸大学学报》2006 年第 3 期；刘雪莲：《论全球治理中和谐世界的构建》，《吉林大学社会科学学报》2006 年第 5 期；陆晓红：《"和谐世界"：中国的全球治理理论》，《外交评论》2006 年第 6 期；俞可平：《和谐世界与全球治理》，《中共天津市委党校学报》2007 年第 2 期。

2009 年 4 月 1 日至 2 日，国家主席胡锦涛出席了在伦敦举行的二十国集团领导人第二次金融峰会。胡锦涛主席出席伦敦峰会的成果主要体现在五个方面：一、深刻阐述中国政府对应对国际金融危机的看法；二、提出加强金融监管、改革国际金融体系的主张；三、全面介绍中国应对国际金融危机的有力举措和初步成效；四、表明反对保护主义、重视发展中国家利益的立场；五、推动与有关国家双边关系发展。① 胡锦涛在《携手合作　同舟共济》演讲中指出：当前最紧迫的任务是全力恢复世界经济增长，防止其陷入严重衰退；反对各种形式的保护主义，维护开放自由的贸易投资环境；加快推进相关改革，重建国际金融秩序。应该进一步落实国际社会达成的共识，树立更坚定的信心，采取更有效的措施，开展更广泛的合作，实施更合理的改革，努力取得实质性成果。胡锦涛代表中国提出的主张可以概括为五个单词，就是"信心、合作、改革、开放、发展"。

作为国际社会负责任的成员，中国始终积极参与应对国际金融危机的国际合作。在面临巨大困难的形势下，中国保持了人民币汇率基本稳定。中国积极参与国际金融公司贸易融资计划，并决定提供首批 15 亿美元的融资支持。中国支持地区性开发银行开展融资业务，同国际金融机构和有关国家协作，进一步加强多边、区域和双边贸易融资合作。中国尽最大努力向有关国家提供支持和帮助，同有关国家和地区签署了总额达6500 亿元人民币的双边货币互换协议，还将根据需要签署更多双边货币互换协议。中国积极参与清迈倡议多边化项下的货币储备库建设，维护地区经济金融形势稳定，促进地区金融合作和贸易发展。中国组织了大型采购团赴海外采购，显示了中国坚持对外开放、推动恢复世界经济增长的坚定态度。中国将继续同国际社会加强宏观经济政策协调，推动国际金融体系改革，积极维护多边贸易体制稳定，为推动恢复世界经济增长做出应有贡献。②

中国作为一个负责任的发展中大国，把促进共同发展作为全球治理的重要内容，主要体现在向其他发展中国家提供支持和帮助。中国在力所能及的范围内向发展中国家尤其是非洲最不发达国家提供更多帮助。③ 其中包括兑现对联合国《千年宣言》所作的承诺；向 120 多个国家提供了援助，累计免除 49 个重债穷国和最不发达国家债务，对 40多个最不发达国家的商品给予零关税待遇。中国还将继续加强对受金融危机影响严重的发展中国家的支持；继续落实帮助发展中国家加快发展的举措，促进千年发展目标的实现；继续落实中非合作论坛北京峰会确定的各项援非举措；继续参与和推

189

---

① 吴绮敏：《胡锦涛主席出席二十国集团领导人第二次金融峰会取得重大成果》，《人民日报》2009 年4 月 4 日，第 001 版。

② 胡锦涛：《携手合作　同舟共济——在二十国集团领导人第二次金融峰会上的讲话（2009 年 4 月 2日，英国伦敦)》，《人民日报》2009 年 4 月 3 日，第 001 版。

③ 胡锦涛：《全力促进增长　推动平衡发展——在二十国集团领导人第三次金融峰会上的讲话（2009年 9 月 25 日，美国匹兹堡)》，《人民日报》2009 年 9 月 26 日，第 001 版。

动地区货币金融合作。①

2009 年 9 月 25 日，胡锦涛主席在二十国集团领导人第三次金融峰会上发表题为《全力促进增长　推动平衡发展》的重要讲话中强调，当前世界经济复苏的过程中，全球经济治理面临着三项重要任务。第一，各国应保持经济刺激力度，在促进消费、扩大内需上多下工夫，同时对潜在通胀风险应保持警惕；反对和抵制各种形式的保护主义，推动多哈回合谈判早日取得成功。第二，坚定不移推进国际金融体系改革。推进改革的决心不能减弱、目标不能降低。应着力提高发展中国家代表性和发言权，不断推动改革取得实质性进展。同时，还应推进国际金融监管体系改革，加强金融监管合作。第三，坚定不移推动世界经济平衡发展。全球经济失衡的根源是南北发展严重不平衡。应该完善促进平衡发展的国际机制；加大形式多样的发展投入；高度重视技术合作，为广大发展中国家缩小发展差距创造条件；着力转变经济发展方式，不能挤压发展中国家应有的发展空间。

在 G20 伦敦峰会前，中国金融经济领域的主要人物包括国务院副总理王岐山和中国人民银行行长周小川，前后发表文章，一改往日"不作声"和"少作声"的做法，明确阐述了中国对未来国际金融体系的观点。此前，主要西方国家和包括俄罗斯在内的很多其他新兴经济体国家也提出了各种改革设想。但因为各国利益不同，各国间对如何改革并没有很高的共识。与其他国家的呼声相比较，中国得到了很多国家的认同。中国要在国际货币体系中发挥更加重大的作用，人民币国际化与可兑换是两个基本前提。货币的国际化是一把双刃剑：适应国内经济、金融发展的国际化将促进国内经济、金融发展，但超前与滞后都可能带来风险。具体而言，一国货币的国际化在给其带来铸币税、国际影响力等正面影响的同时，也会给货币政策带来更多的复杂性，降低宏观经济政策的有效性；在降低币种风险的同时，也会带来其他的市场波动因素。中国目前并不具备迅速实现人民币国际化的条件，因此，中国不能超越当前经济、金融发展和管理能力推动人民币国际化。人民币国际化将是一件长期任务。② 中国社会科学院金融专家李扬指出：尽管当前全球金融危机下，欧美出现式微趋势，中国等新兴市场的实力增长凸显，但当前美元和欧元联合主导的货币体系很难在短期内发生根本性改变。因此，中国政府提出"促进国际货币体系多元化、合理化"的目标，是审时度势的冷静思考。中国现在全面推动人民币国际化的条件可能还不成熟。如果人民币国际化，我们的宏观经济政策、货币政策，就必须全面充分地涵盖全球经济和金融发展的因素，我们就必须有把握全球经济和金融运行的能力。就此而论，我们还存在相当大的差距。③ 中国央行对于人民币国际化这一概念持慎重态度。一国货币是否属于国际货币应该由市场决定，至少应

---

① 胡锦涛：《同舟共济　共创未来——在第六十四届联大一般性辩论时的讲话（2009 年 9 月 23 日，美国纽约）》，《人民日报》2009 年 9 月 25 日，第 002 版。

② 陈道富：《人民币国际化：当前国际货币体系下中国崛起的必然选择》，《国际商报》2009 年 8 月 10 日，第 002 版。

③ 花馨：《我们应该慎言人民币国际化》，《21 世纪经济报道》2009 年 7 月 15 日，第 004 版。

该取决于以下三个因素：第一，该货币背后的国家经济要具有足够的竞争力；第二，该货币背后的国家金融市场要十分发达，且这种货币应该可兑换；第三，该货币所运行的环境持续保持稳定。按照上述条件衡量，人民币目前距离国际货币仍有差距，① 这表明中国参与全球经济治理和国际金融体系改革的能力仍处于起步阶段。

3. 中国参与全球气候治理的积极探索

2009 年 9 月 22 日，胡锦涛主席在联合国气候变化峰会开幕式上发表题为《携手应对气候变化挑战》的重要讲话中指出，全球气候变化深刻影响着人类生存和发展，是各国共同面临的重大挑战。就国际社会共同应对气候变化，胡锦涛提出四点建议：第一，履行各自责任是核心。发达国家和发展中国家都应该积极采取行动应对气候变化。应根据《联合国气候变化框架公约》及其《京都议定书》的要求，积极落实"巴厘路线图"谈判。第二，实现互利共赢是目标。支持发展中国家应对气候变化，既是发达国家应尽的责任，也符合发达国家长远利益。应努力实现发达国家和发展中国家双赢，实现各国利益和全人类利益共赢。第三，促进共同发展是基础。发展中国家应统筹协调经济增长、社会发展、环境保护，增强可持续发展能力，摆脱先污染、后治理的老路。同时，不能要求发展中国家承担超越发展阶段、应负责任、实际能力的义务。没有各国共同发展，特别是没有发展中国家发展，应对气候变化就没有广泛而坚实的基础。第四，确保资金技术是关键。发达国家应该担起责任，向发展中国家提供新的额外的充足的可预期的资金支持与技术转让。

2009 年 12 月 18 日，国务院总理温家宝在丹麦哥本哈根出席联合国气候变化大会领导人会议，发表题为《凝聚共识　加强合作　推进应对气候变化历史进程》的重要讲话。温家宝表示，中国在发展的进程中高度重视气候变化问题，从中国人民和人类长远发展的根本利益出发，为应对气候变化做出了不懈努力和积极贡献。中国是最早制定实施《应对气候变化国家方案》的发展中国家；是近年来节能减排力度最大的国家；是新能源和可再生能源增长速度最快的国家；是世界人工造林面积最大的国家。应对气候变化，国际社会必须把握以下几点：第一，保持成果的一致性。《联合国气候变化框架公约》及其《京都议定书》是国际合作应对气候变化的法律基础和行动指南，必须倍加珍惜、巩固发展。第二，坚持规则的公平性。"共同但有区别的责任"原则是国际合作应对气候变化的核心和基石，应当始终坚持。第三，注重目标的合理性。确定一个长远的努力方向是必要的，更重要的是把重点放在完成近期和中期减排目标上，放在兑现业已做出的承诺上，放在行动上。第四，确保机制的有效性。国际社会要在公约框架下做出切实有效的制度安排，促使发达国家兑现承诺，向发展中国家持续提供充足的资金支持，加快转让气候友好技术。中国政府确定减缓温室气体排放的目标是中国根据国

---

① 任晓：《央行称人民币距离国际货币仍有差距》，《中国证券报》2009 年 9 月 17 日，第 A06 版。

情采取的自主行动，是对中国人民和全人类负责的，不附加任何条件，不与任何国家的减排目标挂钩。[①]

作为发展中大国，中国在全球气候治理中做出积极贡献。在政策实践中，中国高度重视和积极推动以人为本、全面协调可持续的科学发展，明确提出了建设生态文明的重大战略任务，强调要坚持节约资源和保护环境的基本国策，坚持走可持续发展道路，在加快建设资源节约型、环境友好型社会和建设创新型国家的进程中不断为应对气候变化做出贡献。中国已经制定和实施了《应对气候变化国家方案》，明确提出 2005 年到 2010 年降低单位国内生产总值能耗和主要污染物排放、提高森林覆盖率和可再生能源比重等有约束力的国家指标。中国将进一步把应对气候变化纳入经济社会发展规划，并继续采取强有力的措施。一是加强节能、提高能效工作，争取到 2020 年单位国内生产总值二氧化碳排放比 2005 年有显著下降。二是大力发展可再生能源和核能，争取到 2020 年非化石能源占一次能源消费比重达到 15% 左右。三是大力增加森林碳汇，争取到 2020 年森林面积比 2005 年增加 4000 万公顷，森林蓄积量比 2005 年增加 13 亿立方米。四是大力发展绿色经济，积极发展低碳经济和循环经济，研发和推广气候友好技术。[②]

2009 年 11 月 25 日，国务院总理温家宝主持召开国务院常务会议，研究部署应对气候变化工作，决定到 2020 年中国控制温室气体排放的行动目标，并提出相应的政策措施和行动。会议决定，到 2020 年中国单位国内生产总值二氧化碳排放比 2005 年下降 40%～45%，作为约束性指标纳入国民经济和社会发展中长期规划，并制定相应的国内统计、监测、考核办法。通过大力发展可再生能源、积极推进核电建设等行动，到 2020 年中国非化石能源占一次能源消费的比重达到 15% 左右；通过植树造林和加强森林管理，森林面积比 2005 年增加 4000 万公顷，森林蓄积量比 2005 年增加 13 亿立方米。

尽管如此，国外许多媒体仍歪曲报道"中国温室气体排放居世界第一"。对此，应当加以实事求是地分析。首先，温室气体排放不能只看当前，不看历史，当前大气当中累计的温室气体中，有 80% 源自发达国家，中国只占余下 20% 里的一部分。其次，不能只看总量，不看人均，中国有 13 亿人口，当前人均排放只是发达国家的 1/3、1/4 甚至 1/5。最后，温室气体排放不能只看生产，不看消费。排放的另一面是经济发展和能源消耗，在经济社会发展、提高生活水平方面，中国不可能接受中国人仅享有发达国家 1/3、1/4 甚至 1/5 权利的想法。[③]

---

① 温家宝：《凝聚共识 加强合作 推进应对气候变化历史进程——在哥本哈根气候变化会议领导人会议上的讲话》，《人民日报》2009 年 12 月 19 日，第 2 版。

② 胡锦涛：《携手应对气候变化挑战——在联合国气候变化峰会开幕式上的讲话（2009 年 9 月 22 日，美国纽约）》，《人民日报》2009 年 9 月 23 日，第 2 版。

③ 胡其峰：《谈气候变化不能以偏概全》，《光明日报》2009 年 12 月 7 日。

气候变化和能源结构调整，引起世界粮食供求关系的紧张。保持世界粮食市场的稳定供求，也成为全球经济治理的重要内容。2009年11月16日，中国国务院副总理回良玉在意大利首都罗马出席世界粮食安全峰会，发表了题为《加强合作，携手努力，共同维护全球粮食安全》的讲话。回良玉指出：国际社会应从人类生存和发展的高度看待和处理粮食问题，加强合作，携手努力，共同维护全球粮食安全。为此，回良玉提出增加投入，提高粮食生产水平、互利共赢，创造良好市场环境、推进改革，完善全球治理机制、统筹兼顾，实现全面均衡发展等四点建议。回良玉表示：中国政府始终高度重视农业和粮食问题，用占世界9%左右的耕地和占世界6.5%左右的淡水资源，解决了世界20%左右人口的温饱问题，实现了人民生活从温饱不足向总体小康的历史性跨越，提前达到联合国千年发展目标中的减贫目标。作为一个发展中国家，中国始终在力所能及的范围内，为其他发展中国家发展提供帮助，为世界粮食和农业发展贡献力量。中国将一如既往地加大对国际粮农机构的支持，愿与国际社会共同维护世界粮食安全，推动建立持久和平、共同繁荣的和谐世界。①

4. 中国参与全球安全治理的重大突破

中国在广义范围内参与全球安全治理，包括全球核安全治理、反恐安全治理和全球公共安全治理，体现了新安全观的共同安全理念。大规模杀伤性武器及其运载工具的扩散对国际和平与安全构成威胁，涉及大国安全战略和非传统安全威胁，已经成为全球安全治理的重点。

2009年9月24日，联合国安理会核不扩散与核裁军峰会在纽约举行。此次会议是安理会历史上首次专门就核不扩散与核裁军问题举行峰会，这次峰会讨论的问题包括军备控制与核裁军、国际核不扩散机制，防止核材料非法贩运，核材料安全与国际和平安全等议题。安理会决心按照《不扩散核武器条约》的目标，以促进国际稳定的方式，寻求建立对所有国家都安全的世界，为建立无核武器世界创造条件。全体联合国会员国都必须履行其对军控和裁军的义务，防止大规模杀伤性武器的扩散。《不扩散核武器条约》依然是核不扩散机制的基石以及谋求核裁军与和平利用核能的基础。所有国家都应采取有效措施，防止恐怖分子获得核材料或核技术援助。国际原子能机构采取有效的防护与监督措施对在防止核扩散与促进和平利用核能领域开展合作至关重要。所有缔约国应展开合作，确保《不扩散核武器条约》2010年审议大会取得成功，并围绕该条约的三大支柱——核不扩散、核裁军与和平利用核能——制定可以实现的现实目标。

在这次峰会上，胡锦涛主席发表了题为"共同缔造普遍安全的世界"的重要讲话。胡锦涛强调：中国一贯主张全面禁止和彻底销毁核武器，坚定奉行自卫防御的核战略，始终恪守在任何时候和任何情况下不首先使用核武器政策，明确承诺无条件不对无核武

---

① 王星桥、潘革平、尚军：《共同维护全球粮食安全》，《人民日报》2009年11月18日，第3版。

器国家和无核武器区使用或威胁使用核武器。中国不参加任何形式的核军备竞赛，将继续把自身核力量维持在国家安全需要的最低水平，将继续为推进国际核裁军进程做出努力。中国愿继续为维护国际核不扩散体系发挥建设性作用。胡锦涛指出，一个普遍安全的世界，首先应该摆脱核战争威胁。他提出五点主张：第一，维护全球战略平衡和稳定，积极推进核裁军进程。第二，放弃以首先使用核武器为基础的核威慑政策，切实减少核武器威胁。第三，巩固国际核不扩散机制，防止核武器扩散。第四，充分尊重各国和平利用核能的权利，积极开展国际合作。第五，大力加强核安全，切实减少核风险。①

在全球反恐安全治理方面，国际社会面临严峻形势。在阿富汗，塔利班实力增强，恐怖袭击手段更具隐蔽性和危害性。该组织针对美阿联军展开山地游击战并发起自杀式袭击狂潮，且向阿北部、西部渗透扩展。他们避开与美军正面交锋，以广大农村与山区为基地，广泛使用游击战、自杀式恐怖袭击、遥控简易爆炸装置等相结合的战术战法，防不胜防。2009 年成为美军入侵阿富汗以来"伤亡率最高的一年"。巴基斯坦塔利班也重整旗鼓，继续顽抗。该组织先后袭击伊斯兰堡联合国粮食计划署办公楼和巴陆军总部等地，掀起新一轮恐怖袭击高潮。巴当局对南瓦济里斯坦发动围剿行动后，该组织加大反扑力度，并将恐怖战火燃向巴基斯坦全境各地。中国在阿富汗、巴基斯坦大量提供经济援助，有力地支持两国政府稳定社会局面的措施。尽管北约尽力想拉拢中国军队进入阿富汗—巴基斯坦反恐战争，中国仍然十分谨慎，不被西方大国所"忽悠"，即过分承担国际责任。只参与联合国决议通过的维和行动，以及当地政府和人民要求之下，中国政府才会考虑参与阿富汗和巴基斯坦的非战争军事行动。另外，中国把反恐行动严格限定在本土范围内，对境外恐怖组织主要采取防范行动。

反恐战争与国际反海盗联合行动相结合，成为 2009 年国际非传统安全治理的重要突破。近两年索马里海盗问题成为国际社会关注的焦点。索马里自 1991 年以来就基本处于无政府状态，国内军阀割据，战乱不断，政府根本没有能力监控其漫长的海岸线，这使得该国 2800 多公里的海岸线成为权力真空，为海盗的滋生提供了条件。据国际海事局粗略统计，海盗人数已经从最初的 100 人左右发展到上千人。这些海盗的主要生财之道就是劫持过往的船只，而从亚丁湾到红海这一区域又恰好是全球最繁忙的水上交通要道之一，每天往来船只上千艘，海盗的"利润"极为丰厚。海盗的武装抢劫行为对国际航运业构成威胁。2008 年 6 月，联合国安理会一致通过打击索马里海盗的 1816 号决议，授权有关国家进入索马里海域进行护航行动，并打击海盗。随后，美国、俄罗斯、欧盟、印度、日本、韩国以及马来西亚等国军舰纷纷前往索马里海域实施护航行动。

亚丁湾是中国对外贸易和能源运输的重要海上通道，据有关部门统计，每年有超过

---

① 胡锦涛：《共同缔造普遍安全的世界——在安理会核不扩散与核裁军峰会上的讲话（2009 年 9 月 24日，美国纽约）》，《人民日报》2009 年 9 月 25 日，第 002 版。

1200 艘次中国商船在此通过，其中约有 20% 受到海盗袭扰。该海域频繁发生的海盗袭击事件，严重危及过往船舶和人员安全，对中国国家利益构成重大威胁。中国政府根据 1816 号决议，决定派遣海军护航编队前往该海域执行护航任务。从 2008 年 12 月 26 日中国首批护航编队前往亚丁湾执行护航。这是中国海军首次赴海外维护国家战略利益，组织海上作战力量赴海外履行国际人道主义义务，在远海保护商业运输线安全。2009 年 12 月 27 日上午 11 时，"永盛"、"振华 14"、"安宁"、"阿波罗"等 14 艘中外船舶在"马鞍山"舰和"千岛湖"舰的护送下，顺利抵达亚丁湾东部预定海域。至此，中国海军已经先后有 5 批护航编队前往该海域，圆满完成了 150 批 1300 多艘中外船舶的护航任务，保障了被护船舶和人员装备的安全。①

　　2009 年 11 月 18 日，中国常驻联合国副代表刘振民在安理会关于索马里海盗问题会议上表示，中国有关部门建议参与护航的各国海军力量实行"分区护航"，以提高护航效率。刘振民指出，中国对护航国际合作持积极、开放态度，愿在国际法和安理会相关决议框架下，与所有相关国家和组织开展多种形式的双边、多边护航合作，共同应对索马里海盗威胁。自 2008 年 12 月以来，在联合国协调下和安理会相关决议框架内，中国政府积极参与了打击索马里海盗的国际合作。中国海军护航编队将继续履行中国政府的承诺，保护航经亚丁湾、索马里海域中国船舶及其人员安全，保护世界粮食计划署等国际组织运送人道救援物资船舶的安全。②

　　2009 年 11 月 23 日，国际海事组织第 26 届大会在伦敦总部开幕。开幕当天，该组织秘书长举行颁奖典礼，授予在亚丁湾、索马里海域执行护航任务的中国海军护航编队"航运和人类特别服务奖"，授予中国海运（集团）总公司所属"新欧洲"轮全体船员"海上特别勇敢奖"。"航运和人类特别服务奖"是 2009 年 7 月国际海事组织第 102 届理事会根据秘书长提议设立的一次性奖项，旨在表彰 2009 年 7 月 3 日之前在索马里和亚丁湾附近海域参与打击海盗行动的各国军舰为保护国际航运和人道主义物资运输所做出的积极贡献，包括中国在内的 22 个国家军舰获此殊荣。③ 目前，亚丁湾、索马里海域汇集了 20 多个国家的护航军舰 40 多艘。护航期间，中国舰艇编队相继与美国、俄罗斯、韩国等护航舰艇开展了登舰互访和信息交流，同时还与俄方舰艇进行了联合护航和联合军演，与荷兰舰艇展开青年军官驻舰交流等，加强了在护航领域的交流与合作。中国护航编队已经成为维护国际航道畅通的重要力量。不过，国际社会派遣军事力量打击索马里海盗只能治标，而治本的关键是要结束索马里内战，帮助索马里摆脱贫穷落后的状况。

---

①　杨志刚：《中国海军护航编队圆满完成 150 批护航任务》，新华网 2009 年 12 月 27 日。
②　吴云：《我代表建议"分区护航"》，《人民日报》2009 年 11 月 20 日，第 3 版。
③　王振华：《中国海军护航编队和中国船员荣获国际海事组织奖项》，新华网 2009 年 11 月 24 日。

5. 中国参与全球公共卫生治理和全球社会治理

面对甲流疫情，中国在全球公共卫生中的能力越发显得突出。中国政府统筹国内与国际两个大局，内外并举，全力应对，成效显著。一方面，各级政府高度重视、负责，坚持"以人为本"、"执政为民"，从各环节强化疫情防控，努力将危害降低到最小；另一方面，积极开展"卫生外交"，致力于国际合作。胡锦涛主席在第六十四届联大一般性辩论中呼吁国际社会合作应对公共卫生安全的"全球性挑战"，中国愿为发展中国家防控甲型流感提供力所能及的帮助。①

2009 年 3 月，墨西哥开始爆发甲型 H1N1 流感，随后迅速蔓延到美国、加拿大等北美洲国家，由于该病毒非常容易通过人的咳嗽或打喷嚏传播，在短短几周内，就迅速扩展到全世界范围。2009 年 5 月 10 日，中国就发现首例输入型 H1N1 患者，在随后的几个月内，甲流患者迅速增加。截至 2010 年 2 月 28 日，全国 31 个省份累积报告甲型 H1N1 确诊病历 12.7 万例，治愈 12 万例，在院治疗 5778 例，死亡 793 例。而根据世界卫生组织的统计，截至 2010 年 2 月 14 日，全世界共有 212 个国家和地区发现甲型 H1N1 病例，其中包括 15921 例死亡病例。

在疫情蔓延的严峻形势下，国际社会迅速采取联合行动，共同商讨预防、研究疫苗以及向落后国家实施援助的问题。2003 年的"非典"只在 34 个国家出现，相比之下，甲型 H1N1 的影响范围扩大数倍，这种情况下尤其需要强化国际合作。世界卫生组织（WHO）在其中发挥了举足轻重的作用。在 2009 年 5 月召开的世界卫生大会期间，专门举行了甲型 H1N1 流感高级别磋商会。各重要疫情国相互通报了本国疫情以及采取的防控措施，增加了疫情透明度。如美国政府及时提供快速诊断试剂所必需的基因片段，从而使我国能够及时开发出甲型 H1N1 流感的快速诊断试剂。在疫苗研发上各国也开展了密切合作。通过世界卫生组织和各国的共同努力，虽然目前世界卫生组织仍然维持 H1N1 流感的警戒最高级别"全球大流行"，但相对而言已经得到基本控制。

2009 年 5 月 18 日，参加第六十二届世界卫生大会的中国代表团团长、卫生部长陈竺表示：中国愿与各国、各国际组织加强合作，实现信息、技术和防控经验共享，共同应对人类公共卫生安全面临的挑战。陈竺在世卫大会上提出了应对全球卫生挑战的三项建议：开展国际合作应对全球公共卫生危机；加大对发展中国家发展卫生事业的支持；支持和认真履行《国际卫生条例（2005）》。陈竺指出，各国应支持世界卫生组织总干事和秘书处继续发挥其领导力，协调各方合力攻关，并提高发展中国家疫苗和抗病毒药物的可及性和可支付能力。

陈竺还介绍了中国为应对甲型流感所采取的一系列措施：甲型流感疫情出现后，中国政府予以高度重视，迅速建立多部门参与的联防联控工作机制，中央政府专门拨款

---

① 陈向阳：《疫情凸显全球治理》，《瞭望》2009 年第 52 期。

50 亿元，用于加强防范措施。在发现输入性病例后，中国按照《条例》要求，在第一时间向世界卫生组织及有关国家和地区通报，及时与有关方面保持密切沟通，提供航班、乘客等详细信息，积极开展患者救治、接触者追踪工作，加强对民众的健康教育和风险沟通，维护群众健康和卫生安全，大力增加技术和物质储备，工作有序、有力、有效。中国加强了与东盟和日本、韩国应对甲型 H1N1 流感的区域合作，并承诺举办实验室诊断技术培训班，为地区防控提供力所能及的帮助。① 2009 年 8 月 12 日，中国外交部长杨洁篪在日内瓦会见世界卫生组织总干事陈冯富珍。杨洁篪表示：全球公共卫生问题需要国际社会共同应对。中国致力于促进保障中国人民健康和全球公共卫生事业的发展，愿进一步加强与世卫组织的合作，支持世卫组织促进全球公共卫生事业的努力。②

需要指出的是，在公共卫生问题的全球治理机制建设过程中，除了强调世界卫生组织的作用之外，还需要重视世界贸易组织的作用。贸易自由化政策实际上对公共健康产生了负面影响。《与贸易有关的知识产权协定》迫使 WTO 成员国采用和实施高标准的知识产权保护标准，也就是源自发达国家的标准，这加剧了药物可获得性的危机。"全球化降低了国家单独或者与其他国家合作处理全球卫生挑战的实际能力。同时降低了国家提供健康服务的能力，因而政府间的卫生合作也受到了限制。"因此促进全球公共卫生水平必须协调自由贸易与公共健康之间的紧张关系。③

三、国际社会对中国参与全球治理的评价

1. 中国的"全球治理观"初步受到国际社会认同

中国关于全球治理的主张与实践尽管刚刚开始起步，就得到了国际社会的正面评价。从国际组织、各国政府到国际舆论，对中国为维护国际经济金融稳定、推动恢复世界经济增长的一系列重大举措在总体上予以肯定。

发展中国家普遍认为中国的全球治理观与"和谐世界"理念是一致的。巴西利亚大学国际政治系教授阿尔热米奥·普洛科比奥表示，"近年来，中国国家主席胡锦涛倡导的建立和谐世界的主张受到国际社会越来越多的认同和赞誉，这既源于中国国际地位的提升，也源于中国在世界上主持正义、倡导合作、扶危济困的善举"。他指出，中国是国际社会一个敢于担当、能负责任的大国，这一形象已经日益鲜明，并深得人心。④

---

① 章念生、于青、管克江、张慧中：《应对全球卫生挑战　中国提出三项建议》，《人民日报》2009 年 5 月 20 日，第 6 版。

② 《杨洁篪会见国际组织负责人》，《人民日报》2009 年 8 月 14 日，第 3 版。

③ 陈颖健：《公共卫生问题的全球治理机制研究》，《国际问题研究》2009 年第 5 期，第 54、57 页。

④ 刘水明、陈一鸣：《国际社会的优秀成员》，《人民日报》2009 年 9 月 27 日，第 005 版。

尼日利亚阿布贾大学政治学系教授阿布巴卡尔表示，中国积极倡导国际政治经济新秩序，坚决支持发展中国家的合理诉求，在实现自身繁荣兴旺的同时，为维护世界和平、促进共同发展做出了巨大贡献。印度尼西亚大学中国问题研究中心主任韦波沃指出，"中国日益积极地参与国际事务，推动国际社会通过多边合作的方式解决各种问题，赢得了国际社会的高度评价"。哈萨克斯坦总统战略研究所首席研究员瑟罗耶什金认为，和谐世界思想对当今国际关系的发展演变具有重大的现实指导意义。越南社科院中国研究所研究员阮秋贤表示，建设和谐世界主张有利于发展中国家更广泛地参与全球事务，增加它们的代表性和发言权。南非全球对话所所长加思·勒佩尔认为，和谐世界理念将改变人们的外交思维。它基于人类的根本道德准则，因此力量无穷。西班牙巴塞罗那自治大学教授贝尔特兰·安托林评价道："在国际舞台上，中国的声音越来越响亮！"[1]

新加坡国立大学东亚研究所所长郑永年在《联合早报》撰文指出，G20 峰会前，中国对改革现存国际金融体系的呼声极高。一时间，中国似乎成为国际体系改革派的领导力量。一些国家对中国的期望很大，希望中国能够领头来改革现存国际金融体系。但是现实情况是：中国没有那么大的力量，更没有强烈的意愿来进行所谓的权力转移。对中国来说，最重要的还是与现存制度的和平相处。郑永年指出，中国会长期面临只有国际责任而无国际领导权的矛盾局面。随着中国的发展，来自发达国家的"中国大国责任论"的呼声会越来越高。尽管中国不满现存体系，但并非要推翻现存体系。无论是中国的实力还是中国领导层所坚持的"和平崛起"或"和平发展"的信条，都不容许中国另建体系。郑永年强调，中国不可避免地要承担一定的国际责任，但更为重要的是要实现实体经济的可持续发展和内部各种制度建设。作为崛起中的大国，中国没有必要去做过度的国际承诺，更没有必要过早地去争取国际领导权。在没有实质性的能力对现存国际体系做具有实质性的改革之前，中国的重心还应当是自身的建设。[2] 郑永年指出：发展中国家对中国的期望很高，希望中国能够领导国际金融体系的重建。[3]

欧盟智库—马达里亚加基金会执行主席德福雷涅认为，中国在峰会上提出的重要的建议之一是重建国际金融秩序，改进国际货币基金组织和世界银行治理结构，提高发展中国家代表性和发言权。峰会取得的成果表明，中国的建议得到高度重视。瑞典斯德哥尔摩大学经济学教授林德霍尔姆表示，本次峰会期间各国领导人之间的多边磋商并不局限于如何应对金融危机，这说明与会各国领导人都着眼于更长远的未来。他强调，无论是本次峰会的主办国英国，还是其他与会国家，都格外注意倾听中国的声音，在会议发表的成果文件中充分承认了像中国这样的发展中国家的重要地位。中国在本次峰会上提

---

① 吴绮敏、陈一鸣等：《地位提高 影响凸显》，《人民日报》2009 年 9 月 26 日，第 006 版。

② 郑永年：《G20 和中国国际战略的再思考》，联合早报网 2009 年 4 月 7 日。

③ 郑永年：《国际金融体系重建，中国能做什么》，新加坡《联合早报》3 月 31 日文章，引自《重建国际金融体系，中国能做什么》，《参考消息》2009 年 4 月 2 日。

出的应对金融危机的具体主张，得到国际社会的充分肯定。俄罗斯科学院远东研究所副所长波尔佳科夫也积极评价中国在峰会上所持的立场。他指出，中国是国际社会负责任的成员，中国在二十国集团领导人金融峰会发出了权威的声音，与会者认真倾听中方建议。①

国际金融界越来越关注人民币国际化的前景。渣打银行亚洲区首席执行总裁兼渣打银行（中国）有限公司主席白承睿指出：全球经济衰退赋予中国前所未有的责任，全世界的目光都投向北京，期待中国引领全球经济实现复兴，帮助建立和谐均衡、可持续发展的世界金融体系。在建立新经济秩序的过程中，中国的一项重任就是重建国际货币体系。中国正在积极努力，使人民币成为真正意义上的全球性货币。不过，仔细审视真正意义上的国际性货币，可以发现它至少应具备如下几方面特征：值得信赖、长期保值、流动性及规模。换言之，真正值得信赖的全球性货币应该管理良好、币值稳定、完全可自由兑换、在高流动性货币市场上存在广泛交易并被用作国际贸易的计价货币。人民币国际化的路程还很长。②

南方中心是以促进南南合作为宗旨的国际著名政府间组织和智库。2009 年 2 月 10 日，南方中心第二十二次董事会会议在日内瓦闭幕，会议对中国国务院总理温家宝 2009 年 1 月 28 日在瑞士达沃斯阐明的应对全球金融危机的五项主张表示支持，认为这些主张给国际社会以强有力的信心。此次会议的与会董事高度评价温家宝总理的讲话和中国政府为推动国际社会共同应对全球金融危机的积极努力，认为中国的主张和举措对鼓舞和增强国际社会信心至关重要，展现了中国作为负责任的发展中大国的作用。③

国务院总理温家宝在联合国气候变化大会领导人会议上的讲话得到了许多国际组织的赞扬。这些国际组织表示，中国的努力和计划令人满意。世界自然基金会总干事詹姆斯·利普在接受新华社记者采访时说，中国在减排目标上做出的承诺令人赞赏，中国目前正在进行的减排努力和以后要实施的减排计划都让人满意。国际乐施会执行总干事杰瑞米·霍博兹非常欣赏中国应对气候变化的决心，他表示："我们认同应对气候变化不能以延续发展中国家贫穷落后为代价，需要推动富裕国家承担历史责任，正如温家宝总理所呼吁，国际社会需要凝聚共识，尽快达成协议。"绿色和平组织国际总干事库米·奈都称，温家宝总理的讲话使大家很受鼓舞。④

新德里印度政策研究中心高级研究员纳夫罗兹·迪巴什表示："考虑到中国的巨大能耗，这样的削减是必要的，也是受欢迎的。"英国巴克莱资本公司负责碳排放研究的特雷弗·西科尔斯基声称："中国把目标指向了经济增长中的排放，他们希望减少碳排放。这意味着中国将继续发展经济，碳排放还会继续增加，但增长速度将慢得

① 《国际社会高度评价中国作用》，《人民日报》2009 年 4 月 4 日，第 1 版。
② 白承睿：《人民币成为国际货币的前景展望》，《经济参考报》2009 年 8 月 12 日，第 008 版。
③ 杨京德、顾玉清：《中国五项主张增强国际社会信心》，《人民日报》2009 年 2 月 11 日，第 3 版。
④ 陈文仙、刘晓燕：《国际组织赞扬中国应对气候变化的主张》，新华网 2009 年 12 月 19 日。

多。"联合国气候变化框架公约秘书处发言人约翰·海伊指出:"这将大大增强人们的信心。"世界自然基金会全球气候行动项目负责人基姆·卡斯滕森表示:"中国现在写出了 2020 年之前减少碳排放的具体目标,这是非常令人高兴的消息。"① 社会党国际可持续世界社会委员会共同主席拉戈斯 2009 年 5 月 15 日在北京表示,中国在应对气候变化、解决自身可持续发展问题上的经验对国际社会有重要的启示意义。在中国共产党和社会党国际共同举办的可持续发展问题研讨会上,社会党国际主席、希腊泛希社运主席帕潘德里欧表示:社会党国际赞赏中国领导人做出的坚持走可持续发展道路的决策。②

尽管如此,中国的减排承诺在引来喝彩的同时,也受到了某些质疑。美国《华盛顿邮报》网站报道:中国制定减排 40% ~45% 的短期目标,表明搁置已久的气候谈判在丹麦可能会有所突破。欧盟委员会欢迎"中国为这次谈判带来的表率作用",同时指出没有制定更进一步的减排目标会"令一些人失望"。③ 美联社报道:一些环境问题专家说,中国并未在计划中承诺削减排放总量,它实际上会继续增加排放量,只不过增速有所放缓而已。④《基督教科学箴言报》网站报道:中国首次给自己的碳排放确立数字目标,此举引发的反应各不相同。联合国气候变化秘书处的一位发言人表示这个消息"非常鼓舞士气"。国际非政府机构"气候组织"中华区负责人吴昌华表示:"这是重大而不同寻常的承诺。这向国际社会充分显示,中国将担当领导角色。"不过,其他保护气候人士的反应没那么热烈。绿色和平组织气候变化分析师杨爱伦表示:"这是一个好的开始,但中国可以做得更多。"发达国家谈判伙伴大概要对中国目标感到失望。一位欧洲外交官说:"如果中国经济继续以过去 10~15 年的速度增长,已经宣布的目标不大可能实现足够的减排,以避免危险而不可逆转的气候变化。"⑤

哥本哈根气候变化会议闭幕之后,欧盟指责中美破坏峰会。法新社报道:欧洲指责中国和美国破坏了本次大会,瑞典环境大臣安德烈亚斯·卡尔格伦表示,"失望和沮丧"情绪在欧洲国家当中非常普遍。"很显然美国和中国只愿意做到哥本哈根这个地步,这是让我们感到遗憾的部分原因所在"。⑥ 美国《纽约时报》网站报道:欧盟领导人试图转移对他们在气候大会上策略失误的指责,与此同时,英国能源和气候变化大臣

---

① 路透社北京 11 月 26 日电,引自《中国减排计划获广泛好评》,《参考消息》2009 年 11 月 27 日。

② 《社会党国际:中国可持续发展经验对国际社会有重要启示》,新华网 2009 年 5 月 15 日。

③ 美国《华盛顿邮报》网站 11 月 26 日报道,引自《中国减排承诺引来喝彩与质疑》,《参考消息》2009 年 11 月 28 日。

④ 美联社北京 11 月 26 日电,引自《中国减排承诺引来喝彩与质疑》,《参考消息》2009 年 11 月 28 日。

⑤ 美国《基督教科学箴言报》网站 11 月 26 日报道,引自《中国减排承诺引来喝彩与质疑》,《参考消息》2009 年 11 月 28 日。

⑥ 法新社布鲁塞尔 12 月 23 日电,引自《"中国搅黄气候峰会"说法遭质疑》,《参考消息》2009 年 12 月 24 日。

埃德·米利班德称，中国和其他一些国家给达成更深远的协议设置了不可逾越的障碍。①

事实上，这些对中国的指责并不公平。英国《卫报》网站报道：埃德·米利班德想把在哥本哈根的失败归咎于中国，但一些读者来信却能反映出部分人的不同看法。基督教救济会气候变化高级顾问艾利森·多伊格博士说："得了吧，米利班德，我们都知道要在气候变化方面达成一个公平、雄心勃勃和有约束力的协议需要些什么：富国主动达成一项能真正拯救世界的计划。"一位名叫戴夫·费克特的读者表示："米利班德在与中国打交道时表现出来的经验不足，似乎是来自对中国在通过许多广泛和实用的项目减少温室气体方面所取得进展的真正无知。我建议米利班德亲自去中国看看。"②

2. 全球治理需要中国的积极参与

全球治理需要中国的积极参与，这一点已经成为从联合国秘书长到各国首脑、政要的共识。无论发达国家还是发展中国家，都承认中国正在世界经济事务中发挥着越来越大的作用。联合国秘书长潘基文表示，中国不仅在实现国内经济社会发展方面取得巨大成就，而且在全球和地区问题上发挥着极为重要的作用。国际社会普遍赞赏中国为应对国际金融危机、粮食危机、气候变化，以及落实联合国千年发展目标等采取的举措和做出的积极贡献。③ 中国能够为共同努力应对国际金融危机发挥重要的建设性作用，这一点已经是举世公认的事实。正如欧盟财政规划和预算事务委员达莉亚·格里葆丝凯特所指出的："虽然具体问题如何解决还需各方的磋商，但是可以肯定的是，如果没有中国的参与，这轮金融危机是无法完全得到解决的。"④

美国总统奥巴马表示，美方愿同中方在稳定国际金融市场、促进世界经济复苏、加强金融体系监管、改革国际金融机构等方面加强沟通协调，并发挥重要作用。应当增加中国等国家在有关国际金融机构中的发言权。欧盟委员会主席巴罗佐也指出，中国经济稳健增长并与其他国家合作，为世界经济做出了十分重要的贡献，在世界上发挥着越来越重要的作用。欧盟愿与中方合作。英国首相布朗表示，英方赞同中国政府为应对当前国际金融危机所采取的政策和措施。中国经济持续较快发展对世界有利。英国重视中国在推动国际金融体系改革、应对当前金融危机方面所发挥的重要作用，愿同中方保持沟通协调。德国总理默克尔也表示，德方高度重视中国的国际地位和作用，愿进一步提升两国对话合作水平。在应对金融危机问题上，德中有许多相似的立场和共同的利益，两

201

---

① 美国《纽约时报》网站12月23日报道：《欧盟就气候峰会"大失败"指责别国》，引自《"中国搅黄气候峰会"说法遭质疑》，《参考消息》2009年12月24日。

② 英国《卫报》网站12月22日报道：《对富国失败的拙劣回应》，引自《"中国搅黄气候峰会"说法遭质疑》，《参考消息》2009年12月24日。

③ 吴成良：《胡锦涛会见联合国秘书长潘基文》，《人民日报》2009年7月25日，第001版。

④ 吴绮敏、韦冬泽：《展示坚定信心　发挥积极作用——写在胡锦涛主席出席二十国集团领导人第二次金融峰会之际》，《人民日报》2009年4月1日，第3版。

国应加强合作，共同应对。①

　　法国前总统希拉克 2009 年 4 月 29 日在外交学院发表了题为《金融危机与新的全球治理》的演讲，指出世界需要中国在新的全球治理中发挥平衡的建设性作用。希拉克表示，这场危机不仅是经济和金融危机，也蕴涵并引发其他危机，是一场全面危机。对于身处其中的各个国家来说，除了团结互助和国际合作之外别无选择。希拉克强调，中国在国际舞台上的重要位置在关键时刻赋予其新的责任。世界需要中国的智慧和参与，需要中国在国际大家庭中发挥平和的建设性作用。"因为中国始终体现了一种平衡的力量，它建立在注重行动与思想的长远时效观上；这样的时效观使我们受到启发，并指导重建国际体系。"② 希拉克特别指出，世界各国不应因当前危机而放弃或减缓保护环境的努力，中国在这方面做出了榜样。"中国去年十月发表关于应对气候变化的白皮书见证了它的勇气和清醒。它在其中毫不含糊地阐述了自身面临的挑战。" 在谈及世界减贫和千年目标的实现时，希拉克指出，经济衰退使得千年目标的实现渐行渐远。希拉克表示："我要对中国在为自己人民摆脱贫困方面所做的努力表示敬意。非洲、拉丁美洲和亚洲的部分人民还没有脱贫，如果没有中国的参与，我们将难以让世界走出贫困。"③ 法国前总理拉法兰也表示："我日益感受到，中国在国际社会中发挥出越来越重要的作用。"他指出：尤其是这次伦敦峰会，中国终于在国际社会找到了自己的位置，在世界经济新秩序中占有一席之地。伦敦峰会给人留下最深刻的记忆便是，中国与世界其他一些大国坐在同一张桌子上讨论全球事务，并在"全球治理"中扮演着举足轻重的角色。④

　　美国前国务卿亨利·基辛格在《国际先驱论坛导报》撰文指出，中国在世界新秩序中的作用至关重要。要应对金融危机的影响，太平洋两岸的任何一方都需要另一方的合作。美国需要中国的合作，以解决它当前的国际收支不平衡问题，阻止激增的赤字引发灾难性通胀。未来将出现什么样的全球经济秩序，在很大程度上取决于中国和美国如何与对方打交道。中美关系需要提到一个新高度。只有认识到双方拥有共同目标，当前的危机才可能克服。大规模杀伤性武器扩散、能源、环境等问题都要求加强中美两国的政治关系。只有当参与者不但共同建立也共同维护时，一套国际秩序才可能持久。⑤

　　巴西总统卢拉表示：巴方赞赏中方在二十国集团领导人金融市场和世界经济峰会上发挥的重要作用，积极评价中方为扩大内需、促进经济增长所采取的措施。巴方希望巴

---

　　① 《国际社会充分肯定中国积极作用》，《人民日报》2009 年 4 月 1 日，第 2 版。

　　② 常璐、王猛：《希拉克：全球治理需要中国的智慧和参与》，《新华每日电讯》2009 年 4 月 30 日，第 005 版。

　　③ 笃行：《全球治理需要中国的智慧和参与》，《中国贸易报》2009 年 5 月 7 日，第 001 版。

　　④ 朱菲娜：《让法国各界更多了解中国——访法国前总理拉法兰》，《中国经济时报》2009 年 4 月 9 日，第 002 版。

　　⑤ 亨利·基辛格：《世界新秩序的机遇》，美国《国际先驱论坛报》1 月 12 日文章，引自《世界面临建立新秩序空前机遇》，《参考消息》2009 年 1 月 14 日。

中在应对危机中加强合作，并以此推动两国关系进一步发展。越南总理阮晋勇表示：中国在当前全球正发生的金融危机中不仅站得稳，而且保持着经济平稳增长，这为地区和世界经济的复苏做出重要贡献。[①] 坦桑尼亚总统基奎特表示，为了抵御国际金融危机的冲击，坦桑尼亚正越来越依靠包括中国在内的亚洲国家市场。巴西中国与亚太研究所所长塞维利诺·卡布拉尔指出：中国在当前国际金融危机中表现出一个新兴经济体的智慧和能力，为应对国际金融危机做出了突出贡献。中国经济保持增长是克服国际金融危机的希望与动力。中国已成为讨论和解决国际事务的重要对话者，具有举足轻重的影响力。中国政府在解决国际金融危机问题上所表达的立场和看法代表了广大发展中国家的利益。吉尔吉斯斯坦社会政治研究所所长、前外长伊利马利耶夫表示：在国际社会应对金融危机的过程中，中国发挥了重要作用，中国的对内和对外经济政策日益成为影响国际金融秩序的重要因素。南非斯坦陵布什大学副校长阿诺德·万·齐尔认为：中国是"30 年来最震撼世界的国家"，中国社会和经济实现了前所未有的"大突破、大跨越、大发展"。综合国力的日渐强盛，让中国在应对国际金融危机时有了更大的回旋余地。墨西哥国立自治大学教授韦利娅·埃尔南德斯指出：为战胜这场罕见的国际金融危机，世界需要"中国经验"。[②] 巴基斯坦《每日邮报》总编辑马克东·巴伯表示，中国可以切实解决世界经济中的深层次、结构性问题。中国的发展不仅对地区有益，而且有利于促进全球经济的发展和复苏，国际社会应该支持中国的发展，从中国的发展中受益。[③]

　　德国《南德意志报》发表文章指出：眼下缺少中国，在世界上很难做成什么。越来越多的西方政治家认识到了这一点。[④] 据德新社报道，法国总统萨科齐表示："八国集团在处理这场经济危机方面已不足以再发挥代表作用。"包括中国和印度在内的主要新兴经济体必须加入进来，获得常任成员国资格。萨科齐指出："这是不可避免的。我们必须从一开始就让这些国家参与讨论。"[⑤] 英国《卫报》网站文章指出：八国集团的问题是，富裕国家不再是污染物排放的最大户，如果没有中国和印度等发展中国家的配合，它们采取的任何行动都将没有意义。做出减少污染物排放的承诺将是发展中国家手中最大的王牌。作为交换，发展中国家希望得到实实在在的硬通货，并更清楚美国等国愿意做什么。[⑥] 据美国《华盛顿时报》文章报道，华尔街经济学家、美国企业研究所访问学者约翰·梅金表示："今年可能是中国经济首次在决定全球经济发展道路问题上发

---

① 《国际社会充分肯定中国积极作用》，《人民日报》2009 年 4 月 1 日，第 2 版。
② 《国际社会高度评价中国贡献》，《人民日报》2009 年 4 月 2 日，第 2 版。
③ 《中国声音很有分量》，《人民日报》2009 年 11 月 15 日，第 2 版。
④ 德国《南德意志报》9 月 25 日文章：《世界政府变得更多彩》，引自《八国集团匹兹堡正式让位G20》，《参考消息》2009 年 9 月 26 日。
⑤ 德新社意大利拉奎拉 7 月 10 日电，引自《八国集团主导世界时代接近尾声》，《参考消息》2009 年7 月 11 日。
⑥ 戴维·亚当：《没有中印两国参与的八国集团行动将毫无意义》，英国《卫报》网站 7 月 9 日文章，引自《八国集团主导世界时代接近尾声》，《参考消息》2009 年 7 月 11 日。

挥重要作用的一年。"美国财政部长蒂莫西·盖特纳也赞扬中国在协助稳定世界经济方面所起的作用。梅金估计：中国的刺激计划大大推动了重要的亚洲贸易伙伴的发展，比如韩国和日本。中国经济的迅速反弹促进了遍布世界的主要市场的止跌回升，并推动了石油及其他初级产品市场的回暖。①

英国《泰晤士报》网站发表一篇题为《中国严防甲型流感传播》署名文章指出：任何乘坐国际航班抵达中国的人，在下飞机前都必须接受体温检测。为控制甲型 H1N1 型流感传播，中国肯定是全世界采取相关措施最严格的国家之一，"应当受到表扬"。纽约州立大学莱文国际关系和商务研究生院高级研究员曹聪日前写道："这是一个好的迹象，表明中国已经接受了非典时期的教训，准备更充分，并且改进了公共卫生应对系统。如果中国仍旧反应缓慢，那倒更成问题了。因此，中国人因采取的行动应当受到表扬，而不是因保持警惕而受到批评或是被批反应过度。"②

3. 国际舆论期待中国在全球治理中发挥更大作用

从各国工商界、学界到主流媒体，国际舆论充分肯定中国在全球治理方面取得的成绩，同时也期待中国改进参与的能力建设。卢森堡欧洲与国际研究所所长阿曼德·克莱斯指出：中国改革开放 30 年来，在艰难的国际环境中找到自己的地位，运用自己的策略和方向，找到自己的道路并坚定地前进，这些成就可谓来之不易。在这个过程中，中国把握住了国际机会，在全球市场上确定了自己的地位，并与其他国家共同分享收益。他强调，在日益影响全球市场的同时，中国的未来同样在遭受全球性的挑战，比如气候变化、食品安全、能源安全等。阿曼德·克莱斯认为，中国应该参与全球新的贸易规则的制订，以一种积极的战略方式，从一个被动接受者转为参与制订者，才能更好地参与经济全球化和全球治理。③

美国乔治·华盛顿大学教授沈大伟在第三届世界中国学论坛上提出这样的问题：中国应该为全球治理做些什么？第一，中国本身能做些什么？第二，中国可以和他国群体或临时联盟做些什么？第三，中国在国际组织中做什么？沈大伟指出：中国治理好自己的国家，解决粮食供给和温饱问题，保持社会稳定，减少二氧化碳排放量等，就是为全球治理做了很大贡献；中国近年来积极与亚洲邻国合作，参与六方会谈，解决朝核问题，参加 G8 峰会等，都是在为解决全球卫生、安全、金融问题等做贡献；中国参与了大多数的国际组织，奥运之后的中国更加自信，更多地去展望未来。应抓住这个契机，更好地树立中国新形象——一个负责任的大国。为国际社会所做的贡献越多，国家形

①　帕特里斯·希尔：《中国的刺激计划推动了世界经济的发展》，美国《华盛顿时报》9 月 8 日文章，引自《中国刺激计划对全球复苏贡献大》，《参考消息》2009 年 9 月 10 日。

②　《〈泰晤士报〉：中国严防甲流传播"应受表扬"》，新华网 2009 年 7 月 22 日。

③　尤莼洁、林环、周楠、钱玥：《不同视角下的中国形象》，《解放日报》2008 年 9 月 9 日，第 005 版。

象也会越好。①

英国《卫报》发表文章指出：中国做到了其他国家做不到的事。不管是气候变化的处理、达成"平衡的"全球经济和现实的"汇率"，还是在世贸组织条例的基础上追求公平贸易，华盛顿越来越看重北京的观点。② 美联社在相关报道中指出，自 2008 年年底以来，中国对制造业出口下降予以迅速而有力的应对，令中国经济在全球经济危机中重新振作，这使中国受到赞誉。美国有线电视新闻网（CNN）表示：胡锦涛主席的演讲是 APEC 会议期间最广受期待的演讲之一，这显示了中国和亚洲其他国家在领导全球复苏方面的重要性，也是世界经济的一个历史转折。印尼贸易部长冯慧兰在亚太经合组织（APEC）第十七次领导人非正式会议期间表示：国际金融危机爆发以来，中国政府积极参与讨论，共同寻求应对策略。中国经济的持续增长对整个亚洲有积极拉动作用。中国在应对国际金融危机过程中采取的措施十分有效。③

各国工商界均对胡锦涛主席在亚太经合组织工商领导人峰会上的演讲予以积极评价和热烈回应。普华永道国际公司主席戴瑞礼指出，"以往都是发达国家在经济复苏方面发挥领导作用，这一次将是发展中经济体帮助世界走出衰退"。澳大利亚企业家尼古拉斯·阿塞夫表示，"从胡锦涛主席的演讲当中，我们看到了中国经济政策的持续性、稳定性，中国在 APEC 中，在解决一些问题上起到了积极的带头作用"。新加坡航空公司主席李庆言表示，胡锦涛主席的讲话十分全面，表达了一种积极的态度，让大家感到有信心。他说："世界关注的不仅仅是当今中国，更是中国的未来，因为中国的发展有着巨大潜力。今天的中国在重大国际场合发出的声音很有分量。"④

各国主流媒体对胡锦涛主席在二十国集团领导人金融峰会上的讲话表示普遍认同和高度评价。英国《泰晤士报》发表文章指出，二十国集团领导人的承诺是实质性的，包括重要新兴经济体的贡献，特别显著的是中国的贡献。新兴经济体的目标是加大其在国际货币基金组织的投票权，这一点应得到满足。英国《卫报》发表文章指出，西方欢迎中国在国际组织中获得更大发言权。⑤ 美国《纽约时报》发表文章认为，中国是带着自信参加伦敦峰会的，中国被视为解决这一系列经济问题的希望。美联社报道指出，中国作为世界第三大经济体和仍在快速增长的国家，在世界经济事务中发挥的作用越来越大。⑥ 路透社《中国经济专栏》主编魏伦评论道，中国"确实是第一个摆脱衰退的主要经济体"，"中国政府确已在迅速推出强有力的货币和财政措施，在应对金融危机方面赢得了尊重"。伦敦《资本经济》分析师马克·威廉表示，"现在中国在国际舞台

---

① 尤莼洁、林环、周楠、钱玥：《不同视角下的中国形象》，《解放日报》2008 年 9 月 9 日，第 005 版。

② 西蒙·蒂斯德尔：《中国领头走到哪里，美国跟到哪里》，英国《卫报》10 月 6 日文章，引自《"中国做到其他国家做不到的事"》，《参考消息》2009 年 10 月 8 日。

③ 《中国声音很有分量》，《人民日报》2009 年 11 月 15 日，第 2 版。

④ 《中国声音很有分量》，《人民日报》2009 年 11 月 15 日，第 2 版。

⑤ 《积极肯定会议成果　高度评价中国贡献》，《人民日报》2009 年 4 月 5 日，第 3 版。

⑥ 《国际社会高度评价中国作用》，《人民日报》2009 年 4 月 4 日，第 1 版。

上要比一年前影响力更大"。中国在国际金融体系改革中发挥的重要作用也得到了国际
社会的认同。美国《华盛顿邮报》认为，在国际金融体系的重建中，中国、巴西和印
度等发展中国家将发挥更大作用。日本《朝日新闻》的社论指出，新兴国家正在深入
参与到以发达国家为中心的国际金融体系中来，新兴市场国家参与感的增强是国际金融
体系框架的最大变化。①

　　国际社会纷纷对中国政府控制温室气体排放的行动目标及政策措施表示赞赏，并给
予积极评价。日本首相鸠山由纪夫就中国宣布温室气体减排行动目标一事做出评价，称
赞中国"提出了相当不一般的目标，具有重大意义"。欧盟轮值主席国瑞典首相赖因费
尔特和欧盟委员会主席巴罗佐发表联合声明，肯定中国在应对气候变化方面所采取的措
施，认为中国提出温室气体减排量化目标是积极的。《联合国气候变化框架公约》秘书
处执行秘书德博埃尔表示，中国提出自主行动、自愿采取措施控制温室气体排放，必将
对国际社会应对气候变化产生积极而深远的影响。巴西总统府官员科斯·辛特拉表示，
中国政府宣布节能减排的重大承诺，将推动发达国家承担更积极的责任，推动世界向节
能低碳经济方向发展。② 2009 年 12 月 11 日晚，国务院总理温家宝应约与联合国秘书长
潘基文通话，就应对气候变化问题交换看法。潘基文高度赞赏中国政府在控制温室气体
排放方面所做的努力和宣布的行动目标，认为这是对气候变化国际合作的重大贡献。③

　　无疑，中国在全球治理体系中的重要地位已经得到国际社会的公认。与此同时，国
际社会也期望中国提升能力，发挥更大的作用。巴西《圣保罗州报》刊登文章指出：
中国在国际舞台上发挥着越来越重要的作用，这个作用不仅仅是中国本身的作用，也是
其所代表的发展中国家的作用。④ 西班牙《国家报》2009 年 4 月 5 日发表文章指出：
就在几个月前，西方国家还在讨论是否应该邀请中国加入七国集团俱乐部，现在全世界
都已接受了二十国集团是世界政治新的主要角色，而中国是其中最为重要的角色之一。
世界对中国的要求越来越多，同时中国也开始更多地要求世界。伦敦峰会将是西方国家
接受中国成为重要角色和自由国际秩序的全面参与者的出发点。与其抵触中国提出的在
各大国际机构中拥有更多话语权的要求，不如主动地给予中国这个权利。⑤《澳大利亚
人报》网站文章指出：中国无疑已登上了世界经济舞台，成了发展中世界事实上的
领袖。⑥

---

　　① 吴绮敏、温宪、马小宁：《中国影响　中国责任——记胡锦涛主席 3 次出席二十国集团领导人金融
峰会》，《人民日报》2009 年 9 月 26 日，第 002 版。

　　② 《国际社会积极评价中国控制温室气体排放行动目标》，《人民日报》2009 年 11 月 30 日，第 3 版。

　　③ 新华社：《温家宝与联合国秘书长潘基文通电话》，《人民日报》2009 年 12 月 12 日，第 2 版。

　　④ 《积极肯定会议成果　高度评价中国贡献》，《人民日报》2009 年 4 月 5 日，第 3 版。

　　⑤ 蒂莫西·加顿·阿什：《巨龙的觉醒》，西班牙《国家报》4 月 5 日文章，引自《西方应主动给予中
国更多话语权》，《参考消息》2009 年 4 月 7 日。

　　⑥ 迈克尔·塞恩斯伯里：《从 G20 到 G2，中国在关注经济辩论》，《澳大利亚人报》网站 4 月 6 日文
章，引自《中国成发展中世界事实领袖》，《参考消息》2009 年 4 月 7 日。

英国《金融时报》社评指出：全球经济格局的根本转变，加速了中国在世界舞台上的崛起。无论它自己喜欢与否，中国都将不得不扮演更大的国际角色。伦敦峰会显示，中国正在成长，使自己适合更重要的角色。它已试探性地开始提出一种更为积极的愿景，比如在世界可以如何运行、中国如何做出贡献等方面。[1] 埃菲社报道指出：中国国家主席胡锦涛在联大的讲话表明，中国越来越有兴趣在国际舞台上扮演重要的角色，这一角色是与中国 30 年来获得的经济地位相适应的。[2] 美国《纽约时报》文章指出：一些外国政界人士认为，北京能做的、应做的要比现在多得多。英国商务大臣彼得·曼德尔森表示："中国费尽苦心，在不断发展的同时小心处理各种关系。但是，中国现在已经别无选择，中国的经济地位要求它担当最高领导角色。"[3]

大事记 7-1　2009 年中国关于全球治理的主张与实践

日期	事件
1 月 28 日	国务院总理温家宝在瑞士达沃斯出席世界经济论坛 2009 年年会，发表题为《坚定信心　加强合作　推动世界经济新一轮增长》的特别致辞。
4 月 1 日～2 日	国家主席胡锦涛出席在伦敦举行的二十国集团领导人第二次金融峰会，发表题为《携手合作　同舟共济》的重要讲话。
6 月 15～16 日	国家主席胡锦涛在叶卡捷琳堡出席上海合作组织成员国元首理事会第九次会议，发表题为《携手应对国际金融危机　共同创造和谐美好未来》的重要讲话。
7 月 9 日	国务委员戴秉国代表国家主席胡锦涛出席在意大利拉奎拉举行的八国集团同发展中国家领导人对话会议，并就全球治理问题提出中国政府的几点意见。
9 月 22 日	国家主席胡锦涛在联合国气候变化峰会开幕式上发表题为《携手应对气候变化挑战》的重要讲话。
9 月 23 日	国家主席胡锦涛在第六十四届联大一般性辩论时发表题为《同舟共济　共创未来》的重要讲话。
9 月 24 日	国家主席胡锦涛在安理会核不扩散与核裁军峰会上发表题为《共同缔造普遍安全的世界》的重要讲话。
9 月 25 日	国家主席胡锦涛在二十国集团领导人第三次金融峰会上发表题为《全力促进增长　推动平衡发展》的重要讲话。
10 月 25 日	国务院总理温家宝在泰国华欣出席第四届东亚峰会。
11 月 13 日	国家主席胡锦涛在新加坡出席 2009 年亚太经合组织工商领导人峰会，发表题为《坚定合作信心　振兴世界经济》的重要演讲。
11 月 15 日	国家主席胡锦涛出席亚太经济合作组织第十七次领导人非正式会议第二阶段会议，就世界经济增长发表题为《合力应对挑战　推动持续发展》的重要讲话。
11 月 16 日	国务院副总理回良玉在意大利首都罗马出席世界粮食安全峰会，发表题为《加强合作，携手努力，共同维护全球粮食安全》的讲话。

[1] 英国《金融时报》4 月 4 日社评：《中国承担重要国际角色》，引自《中国谨慎欢迎伦敦峰会成果》，《参考消息》2009 年 4 月 6 日。

[2] 埃菲社联合国 9 月 23 日电，引自《中国有兴趣扮演重要国际角色》，《参考消息》2009 年 9 月 25 日。

[3] 艾伦·惠特利：《危机让中国富裕》，美国《纽约时报》9 月 15 日文章，引自《中国在世界舞台上腰杆更直了！》，《参考消息》2009 年 9 月 23 日。

11 月 30 日	国务院总理温家宝出席第五届中欧工商峰会，发表题为《发展绿色经济　促进持续增长》的讲话。
12 月 18 日	国务院总理温家宝在丹麦哥本哈根出席联合国气候变化大会领导人会议，发表题为《凝聚共识　加强合作　推进应对气候变化历史进程》的重要讲话。

第八章　全面规划:
应对气候变暖倡导战略路线

就全球气候变化问题来说,2009 年可谓具有历史意义的一年。不同利益取向的国家或国家集团围绕减排温室气体和应对气候变化而展开的博弈贯穿于整个 2009 年。气候问题显然已经大大地超越环境、科学和经济层面,成为一个典型的国际政治问题。中国作为一个经济总量和排放总量并行升高的发展中大国,在 2009 年正式走入国际气候政治舞台的中央。中国政府采取一系列政策、行动与措施,在应对国际金融危机冲击的同时,积极应对气候变化,积极参与这个领域的国际合作,取得主动权与话语权,成为世界气候政治的重要角色。

一、全球变暖与气候政治

以全球变暖为主要特征的气候变化问题由来已久。从 20 世纪 70 年代作为一个纯粹的环境问题被提出来,至今演变为贯穿环境、科学、经济、政治、法律、安全等领域,并超越国界、影响到所有国家和地区的空前复杂问题。由此展开的政治博弈无疑是 2009 年国际舞台的重头大戏。

1. 当前世界气候政治的基本态势

自"联合国政府间气候变化专门委员会"(IPCC)于 1990 年发布第一份研究报告起,迄今已经发表四份关于气候问题的研究报告。这些报告对人类活动、尤其是工业革命以来人类大规模使用化石能源导致的温室气体排放与全球气候变化之间的因果关系,越来越持肯定的态度。2007 年的第四份报告指出:"自 20 世纪中叶以来,大部分已观测到的全球平均温度的升高,很可能是由于观测到的人为温室气体浓度增加所导致的。"在 IPCC 报告的语境里,"很可能"这一程度副词意味着 90% 以上的可能性。[①] 时至今日,已经很少有人怀疑化石能源与气候变化之间的因果关系了。即使存在不确定性

---

① IPCC:《气候变化 2007·综合报告(中文版)》,第 5 页。该报告原文可参见 IPCC 官方网站:http://www.ipcc.ch/pdf/assessment-report/ar4/syr/ar4_syr_cn.pdf。

的话，也主要是如何更精确地量化这种因果关系。2009 年 12 月发生的所谓 "气候门" 事件，以及最近出现的 IPCC 数据失真风波，在本质上都属于对这种因果如何进行更精确地量化的争论，而不是从根本上否认这种因果关系的存在。

众所周知，人类大规模开发利用煤炭、石油和天然气等化石能源始于 1750 年前后西方国家的工业革命。从欧洲、北美到日本，整个西方世界在化石能源的推动下，经过大约 150 年时间实现工业化，此后向工业化纵深发展。发展中国家绝大多数是在 20 世纪 50 年代才启动工业化进程，至今这一进程仍未完成。近年来还有一个重要的科学发现是：二氧化碳在大气层中存留的时间至少为 100 年。也就是说，我们目前观测到的较高的二氧化碳浓度，绝大部分是由 100 年前甚至更早时期人类对化石能源的消耗造成的。由此得出的直接结论就是：西方发达国家对今天的全球变暖负有主要的历史责任。从现实来看，发达国家仍然是温室气体排放大户，尤其体现在人均排放量上。在 2007 年，澳大利亚、加拿大、美国、德国、英国、法国和欧盟 15 国的人均碳排放分别为 26 吨、25 吨、23 吨、12 吨、11 吨和 9 吨，而世界平均水平只有 5 吨，巴西、中国和印度分别为 6.2 吨、5.2 吨和 3.5 吨。[①] 这说明，目前发达国家的人均排放量依然远高于世界平均水平，他们的生活方式和消费模式依然是能源密集型的，因而对气候问题的继续恶化也负有主要责任。

虽然西方发达国家在某种程度上承认在气候问题上的历史与现实责任，但又以各种理由拒绝为弥补自己的过错而采取实际行动。由于发达国家经过多年经营而建立起来的国家实力和物质基础，他们面对气候变化带来的自然灾害具有强大的抵御能力。但对于广大发展中国家、尤其是最不发达国家和气候脆弱国家来说，他们的历史排放和现实排放都很少，但由于国贫民弱、能力不足，却成为气候变化的最大受害者。对于近年来经济发展较快、国家综合实力得到较大提升的所谓 "新兴国家" 来说，他们的碳排放增加速度较快，有些国家的排放总量已经名列前茅也是不争的事实。但这些国家历史排放远低于发达国家，目前的发展水平和人民生活水平也低于发达国家。因此，他们对当前及今后一段时期气候变化的责任必然有别于发达国家应负的责任。广大发展中国家要求发达国家负起应有责任，而发达国家出于各种原因极力推诿或转嫁责任，这是当前国际气候政治领域的基本矛盾。

从最近一年来的国际气候政治发展态势来看，发达国家和发展中国家作为国际气候政治中的两大集团，都并非铁板一块，不同的国家有各自不同的诉求。发达国家之间分歧犹存，发展中国家亦出现明显的分化。

在发达国家集团中，欧盟自诩为环保和气候问题的 "急先锋"。它在应对气候变化方面也确实形成了自己的整体战略、制度安排、政策体系，取得了经验和成效，在国际社会上也产生了较大影响。欧盟于 2007 年年初正式提出其哥本哈根大会谈判立场，即

---

① ［英］安东尼·吉登斯著，曹荣湘译：《气候变化的政治》，社会科学文献出版社 2009 年版，第 205～207 页。

到 2020 年将温室气体排放量在 1990 年的基础上减少 20%；如果美、日等国愿意一道努力，欧盟可把这个目标提高到 30%。显然，欧盟在向美、日等国施加道义和政治压力，督促它们共同承担减排责任。

然而，欧盟的压力并没有产生明显的作用。自 2007 年以来包括美、日、澳等国在内的发达国家在气候政策上都先后进行了不同程度的调整，这是气候变化形势日益严峻、相关国家内部共识增强以及在此大背景下其政权更迭的结果。奥巴马上台后，气候问题成为美国内外战略中的核心议题之一。在国内，他提出了雄心勃勃的新能源发展计划，并试图通过新能源产业对美国经济进行革命性的改造。在国际上，他一再表示要加强国际气候合作，愿与其他主要排放国一道应对气候变化。然而，在哥本哈根气候大会前夕，奥巴马政府提出的美国到 2020 年减排目标（即在 2005 年的基础上减排 17%），令国际社会大失所望。奥巴马的国际气候政策之所以"高开低走"，主要原因一是他在竞选期间和上任初期为了不使支持他的选民们失望，从而提出了偏高的减排目标；二是他低估了国内相关利益集团的反对力度和能量；三是他低估了减排的难度，尤其是忽视了小布什执政八年期间欠下的"气候债"。[①] 无论如何，美欧之间在减排承诺上的巨大差距将成为决定未来国际气候政治博弈的基本因素之一。

在美、欧、日三大经济巨头中，日本的温室气体排放总量最低，但仍高于多数欧盟主要成员国，尤其是日本的人均排放量高于欧盟。因此，日本的立场同样备受注目。新任首相鸠山由纪夫在 2009 年的匹兹堡峰会上曾表示：根据"共同但有区别的责任"的原则，发达国家应当在温室气体减排方面率先采取行动；日本的中期减排目标是到 2020 年在 1990 年的基础上减排 25%。与其前任麻生太郎提出的 8% 相比是一个重大进步。但鸠山做出这个承诺的前提是：所有主要的经济体就减排目标达成协议。这个所谓的前提模糊了"共同但有区别的责任"原则，又以日本的高姿态反衬出美国的消极形象。当前世界三大发达经济体的气候政治博弈中，欧日争议稍有缓解，欧日与美国之间的差距凸显。

毋庸讳言，发展中国家之间在气候问题上的分歧也越来越明显。主要表现在，以小岛屿国家和最不发达国家为主体的气候脆弱国家出于生存的本能，强烈要求所有国家尽快大幅减排温室气体，并要求发达国家和其他有实力的国家在适应气候变化方面提供实质性的援助。气候脆弱国家还提出"不同的发展中国家也应该承担有所区别的责任"这一尖锐问题，把中国和印度等新兴大国也作为施加压力的对象。对于气候脆弱国家来说，受到气候变化的威胁最大。这一方面是由于地理位置（如小岛国家）决定他们处于极端气候的风口浪尖上；另一方面也由于他们薄弱的经济和技术基础使之根本没有能力应对气候变化后果。对于发展中大国来说，他们面临着一边发展经济一边应对气候变化的艰巨任务，自身能力和资源都相当有限。因此，正是发展中各国具体情况的多样性，决定了发展中国家之间分歧的必然性。

---

① 参见王伟男：《奥巴马气候政策"高开低走"》，《新民晚报》2009 年 12 月 10 日。

目前国际学术界在气候问题上的一个重要共识是，人类必须走出一条低消耗、低排放的低碳发展之路，需要致力于发展低碳经济，建设低碳社会。但是国际气候政治的现实告诉我们，即使低碳经济已经成为各国的共识与共同目标，要将其变成现实也是一个充满讨价还价的复杂博弈过程。低碳政治在一个国家内部主要表现为不同利益集团、不同思维方式、不同生活习惯之间的博弈，在国际层面就主要表现为不同发展程度的国家围绕气候问题的产生原因、解决方案、尤其是责任承担而展开的博弈与折冲。与此同时，各国内部和各国之间也将围绕低碳经济的实现方式而进行政治博弈。低碳经济将与低碳政治长期并存。

2. 国际社会围绕"后京都"减排承诺展开争斗

自从认识到全球气候正在发生不利于人类生存与发展的变化之后，国际社会就开始了合作应对这一挑战的进程。国际社会应对气候变化的进程大致分为以下三个阶段[①]：

第一，起步阶段，从气候变化问题被列入国际议事日程，到 1994 年 3 月 21 日《联合国气候变化框架公约》（以下简称《气候公约》）开始生效。国际社会逐步认识到气候变化的可能危害，开始通过合作的方式应对这一挑战。1990 年 IPCC 第一次评估报告预测，如果不采取任何措施，到 21 世纪末全球平均气温将上升约 3℃，海平面将上升约 65 厘米，气候变化将给人类带来不可估量的损失，报告呼吁国际社会达成应对气候变化的全球性协议。在 IPCC 第一份报告的推动下，联合国大会于同年通过了 45/212 号决议，决定发起关于《气候公约》的谈判，并成立了政府间谈判委员会。谈判于 1991 年 2 月开始，经过 15 个月的激烈辩论，最终于 1992 年 5 月达成一致。公约规定的目标是"将大气中温室气体的浓度稳定在防止气候系统受到危险的人为干预的水平上"，并要求所有缔约方依据"共同但有区别的责任"原则，编制并提供温室气体的国家排放清单；合作执行减缓与适应气候变化的对策；促进信息交流和公众教育等。1992 年 6 月，由众多国家元首和首脑参加的联合国环境与发展大会在里约热内卢召开，155 个与会国签署了《气候公约》。它要求附件一所列的发达国家缔约方率先采取减排行动，到 20 世纪末将 CO_2 和其他温室气体的排放量降低到 1990 年的水平。1994 年 3 月 21 日，《气候公约》正式生效，成为此后国际社会应对气候变化合作的基本法律框架，标志着国际社会的努力取得初步成功。

第二，徘徊阶段，即从《气候公约》生效到《京都议定书》生效。在这个阶段内，每年一次《气候公约》缔约方大会（Conference of Parties，COP）主要目的是达成落实《气候公约》的具体法律文书。1995 年 3 月，在柏林召开了《气候公约》第一次缔约方会议（COP1），其成果是通过了著名的"柏林授权"，正式启动相关法律文书的谈判。同年 12 月，IPCC 发布第二次评估报告，强调各缔约方应采取强有力的政策行动。1996 年 7 月，在日内瓦召开 COP2 会议，通过了《日内瓦宣言》，呼吁各缔约方制定有

---

① 崔大鹏：《国际气候合作的政治经济学分析》，商务印书馆 2003 年版，第 13～16 页。

约束力的减排目标，推进相关法律文书的谈判。1997 年，在日本京都召开 COP3 会议，最终达成《京都议定书》（以下简称《议定书》），首次确定发达国家减排温室气体的具体数值目标和时间表，还提出协助发达国家以较低成本实现减排目标的三个灵活机制，即排放权交易（Emissions Trading）、联合履约（Joint Implementation）和清洁发展机制（Clean Development Mechanism）。《议定书》的实施细则仍然需要通过进一步谈判来达成。1998 年 11 月，COP4 会议在阿根廷首都召开，通过了《布宜诺斯艾利斯行动计划》，提出到 COP6 会议召开时要完成《议定书》实施细则的谈判，并争取使其在2002 年生效。后来的事实证明，这又是一个艰苦而漫长的博弈过程。1999 年 10 月，COP5 会议在波恩召开，南北方在减排义务和灵活机制等问题上存在严重分歧。会议最后决定在 COP6 会议上完成相关谈判。2000 年 11 月，COP6 会议在海牙召开，与会各方未能就《议定书》的实施条款达成协议。2001 年 7 月，COP6 会议在波恩举行续会，终于通过《波恩协议》，对《布宜诺斯艾利斯行动计划》的主要议题达成了政治上的共识，解决了部分细节问题。同年 10 月，COP7 会议在摩洛哥马拉喀什召开，全部完成《布宜诺斯艾利斯行动计划》所规定的谈判任务。同年上台的美国布什政府出于狭隘的国家利益考虑，悍然宣布退出议定书，重创了国际社会合作应对气候变化的努力。2002 年 10 月，COP8 会议在新德里召开，最终通过的《德里宣言》首次明确提出，应在可持续发展框架下应对气候变化；还要求把适应气候变化作为所有国家的优先工作。2003 年 12 月，COP9 会议在意大利米兰召开，除了就清洁发展机制下土地利用和森林项目规则达成的协议外，在其他方面并无进展。2004 年 12 月，COP10 会议在布宜诺斯艾利斯召开。由于俄罗斯在当年 11 月正式批准《议定书》，从而使它具备了在 2005 年 2 月生效的充分条件，COP10 会议也成为《议定书》生效前的最后一次国际性会议。此次会议决定不迟于 2005 年讨论 2012 年《议定书》到期后的国际气候合作对策问题。但会议在几个关键议程上没有取得明显进展。

第三，协调突破阶段，从 2005 年 2 月《议定书》生效至今，这是国际社会致力于2012 年《议定书》到期后国际气候合作的新阶段。由于《议定书》生效的特殊背景，它所约定的减排目标非常有限，而且执行期限只到 2012 年。因此，需要考虑所谓"后京都时代"的国际气候合作协议。2005 年 11 月，COP11 会议暨《议定书》第一次缔约方会议（the first Meeting of the Parties to Kyoto Protocol，MOP1）在蒙特利尔召开。这次大会启动了《议定书》的实施，并围绕执行、改进和创新这三项任务进行了充分讨论，取得了各方基本满意的成果。2006 年 11 月，COP12/MOP2 会议在内罗毕召开，大会主要议题仍是"后京都"问题，但没有取得实质性进展。2007 年 12 月，COP13/MOP3 会议在印尼巴厘岛召开，最后达成所谓的"巴厘路线图"，确定了今后加强落实《气候公约》的优先领域，并为进一步落实该公约指明了方向。其要点一是：再次强调"共同但有区别的责任"原则，从而强调了国际合作的重要性；二是明确规定《气候公约》的所有发达国家缔约方都要履行可测量、可报告、可核实的温室气体减排责任，从而把美国纳入其中；三是强调了除减缓气候变化外、在此前的国际谈判中曾不同程度受到忽视、发展中国家却极为关心的三个问题：适应气候变化、技术开发和转让以及资金援助；四是为下一步落实《气候公约》设定了时间表，要求相关的特别工作组在 2009 年完成工作，并向 COP15 会议提交工作报告，这与《议定书》第二承诺期的谈判完成时间一致，实现了"双轨"并进。[1] 2008 年 11 月，COP14/MOP4 会议在波兰波兹南召开。这次为期两周的会议决定启动适应基金，并通过了 2009 年工作计划，争取在当年底的哥本哈根气候大会（COP15/MOP5）上达成新的全球协议。这标志着具有重要意义的 2009 年全球气候谈判进程正式启动。[2]

从 1992 年《气候公约》达成协议至今，特别是《议定书》签署以来，困扰"后京都机制"减排安排的最大障碍就是如何理解并落实"共同但有区别的责任"原则。这不仅是发达国家与发展中国家矛盾的核心问题，也是发达国家产生分歧和发展中国家出现分化的重要原因之一。事实上，这一原则是《联合国气候变化框架公约》的精神实质，是国际社会合作应对气候变化的进程能够走到今天的基本依据。因为它体现了气候问题上的国际公平理念。尽管发达国家普遍承认其碳排放的历史与现实责任；但他们往往以各种理由拒绝采取切实有效的补偿行动。即使已经采取的行动，也与国际社会的要求和应承担的义务之间存在较大差距。《气候公约》和《议定书》都提出发达国家应向发展中国家提供技术和资金援助，一旦涉及到具体落实，发达国家就提出技术转移的知识产权问题，应主要通过市场机制来解决，导致西方大企业提高要价、发展中国家买不起用不上低碳技术的窘境。发达国家却一味指责发展中国家碳排放的增长速度过快。在资金援助方面，发达国家即使对发展中国家做出了承诺，但往往打着为本国选民和纳税人负责的旗号，阻挠此类拨款得到立法机构的批准。因此，发达国家和发展中国家围绕"共同但有区别的责任"原则而展开的争论，仍将是国际气候合作向前推进的核心障碍。

3. 哥本哈根气候大会及其影响

哥本哈根气候大会的正式名称是《联合国气候变化框架公约》第 15 次缔约方大会暨《京都议定书》第五次缔约方会议（COP15/MOP5）。这次会议之所以重要，首先是因为 2007 年的"巴厘岛路线图"设定了要在 2009 年达成"后京都机制"安排的时间表，导致自从巴厘岛会议结束以来整个国际社会对预定于 2009 年 12 月在哥本哈根召开COP15/MOP5 高度期待。其次是因为 2007 年下半年以来国际金融风暴席卷全球，气候科学界及相关非政府组织和媒体担心气候问题受到忽视，进而发出更响亮声音，希望各国政府不要因为金融危机而放弃气候问题的既定目标。

在 2009 年的历次重要国际会议上，气候问题与金融危机一样成为各国领导人的焦

---

① 新华社印度尼西亚巴厘岛 2007 年 12 月 15 日电。

② 历次 COP 和 MOP 的具体成果可参见 UNFCCC 官方网站：http：//unfccc. int/meetings/archive/i-tems/2749. php。

点话题。4 月 2 日的 20 国集团伦敦金融峰会虽然明确规定为专门讨论金融危机，但会议期间各国领导人仍然长时间地讨论气候问题，并在会议公报中明确重申"在化解气候不可逆变化威胁方面的承诺，其依据是各国负有共同但有区别责任的原则"，并提出将"致力于在 2009 年 12 月于哥本哈根召开的联合国气候变化会议上达成协议"。① 在 2009 年 7 月 8～10 日意大利拉圭拉召开的八国集团峰会上，气候问题受关注的程度明显高于伦敦峰会。八国集团领导人承诺"愿与其他国家一起，到 2050 年使全球温室气体排放量减半"，但并未确定以哪一年的水平作为基准。发达国家和发展中国家在气候变化问题上发表了各自的看法，没能取得实质性进展。自此，国际社会对哥本哈根气候大会的预期开始明显转向悲观。2009 年 9 月 22 日，首次联合国气候变化峰会在纽约召开，其目的是敦促各国领导人为当前的气候问题国际谈判提供政治指导，推动国际社会在年底的哥本哈根气候大会上达成新的温室气体减排协议，显见国际社会对气候问题的重视再进一步。然而，会议的结果与伦敦峰会、拉圭拉峰会一样，主要国家立场各表，发达国家和发展中国家各执一词。纽约峰会的结果基本预示了哥本哈根峰会的命运。

　　2009 年 12 月 7 日，在全球舆论的空前关注下，《联合国气候变化框架公约》第十五次缔约方大会暨《京都议定书》第五次缔约方会议（COP15/MOP5）在丹麦首都哥本哈根"贝拉中心"拉开帷幕。这是历史上参与人数最多、参与级别最高、关注最广泛的一次缔约方大会。根据大会议程，在 12 月 15 日之前，主要是以低级别官员参加的非正式团体会议；自 15 日下午开始，主要是各国相关部长和代表团团长的中层级别会议，为国家元首和首脑峰会做准备；会议最后两天则主要是由各国元首和首脑的最高级别峰会。在这三个主要阶段中，政府间组织和非政府组织的代表都可以参与会议的讨论和发言。在此次会议上国际社会需要就以下四个问题达成协议：一是工业化国家如何承诺温室气体减排的目标？二是中国、印度等主要发展中国家应如何控制温室气体排放？三是如何资助发展中国家减少温室气体排放并适应气候变化带来的负面影响？四是如何管理提供给发展中国家用于减排和适应的资金？②

　　从会议的实际进程与谈判结果来看，其首要议题仍然是发达国家和发展中国家的矛盾，具体表现在以下几个方面：一是在发达国家的减排承诺上，发展中国家普遍认为发达国家承诺的目标过低，根本无法满足把全球升温幅度控制在 2 摄氏度以下的整体目标，而以美国为首的发达国家拒绝做出更大的让步；二是在发达国家向发展中国家提供资金和技术援助问题上，发达国家承诺的资金数额远远低于发展中国家的预期和实际需要，而且还附加了有损发展中国家主权的苛刻条件，技术援助则不置可否，发达国家倾向于把技术转移问题交由市场机制去解决，实际上是要维持发展中国家无法得到先进环

---

① Global Plan for Recovery and Reform, The Official Communique Issued at the Close of the G20 London Summit, 2 April, 2009.

② 《2009 年哥本哈根气候大会简介》，新浪财经：http://finance.sina.com.cn/roll/20091204/07097055324.shtml。

保减排技术的局面，维护发达国家企业的垄断利益；三是在发展中大国采取何种减排承诺问题上，发达国家利用不同利益取向的发展中国家之间的矛盾，极力挑拨中国、印度等发展中大国同气候脆弱国家的关系，分化发展中国家力量，坐收渔翁之利。

发达国家的上述图谋在一定程度上得到了实现。主要体现为哥本哈根会议期间相关国家立场的动摇与改变，更体现在"基础四国"① 和美国达成的"哥本哈根协议"最终文本上。这个协议在会上只得到 20 多个国家认可，也只得到缔约方大会的"注意（take note of）"②，因而并不具有法律约束力。它包含不到两页半的文字和两张空白的附表，其主要内容如下：

其一，在减排的战略目标上，需要将全球气温上升的幅度限制在不超过工业化前全球气温水平 2℃。这个"不超过 2℃"并非一个正式目标，只是"从科学角度而言"全球气温上升幅度不应该超过 2℃，也没有设置全球碳排放的峰值年。协议要求与会各国在 2010 年 2 月 1 日以前宣布 2020 年前的减排目标，但没有提及如果未能履行这一目标的后果。其二，在资金援助方面，在未来 3 年将为发展中国家提供 300 亿美元的应对气候变化资金支持，到 2020 年这一金额将增加至每年 1000 亿美元。富国将通过不同渠道的融资方案来筹集这 1000 亿美元："公开的或私人的，双边的或多边的，包括可持续财政来源。"根据协议而建立的绿色气候基金会主要职能是帮助发展中国家建设与应对气候变化相关的项目以及相关技术转让。其三，在减排的透明度方面，发达国家的减排目标应接受《联合国气候变化框架公约》下"严格、充分、透明"的审查。发展中国家则在"确保国家主权获得尊重"的前提下递交国家报告。而若需要国际支持的应对气候变化项目则将"登记在册"。其四，将在 2015 年进行审查协议的执行情况，即在政府间气候变化专门委员会（IPCC）的下一份气候变化科学报告出炉一年半以后。其五，在法律地位方面，这份最终在美国、中国、印度、巴西和南非主导下达成的协议，并没有包含任何有法律约束力的内容，它也没有提到将协议转化为最终有法律约束力协定的时限。对此，联合国秘书长潘基文呼吁，该协议应在 2010 年转变成有法律效力的最终协定。而 193 个与会国对该协议的态度是"承认"而非"通过"。因此，很难说这是一个正式的联合国协议。③

总体而言，这份协议基本上与巴厘路线图一致，符合《气候公约》和《议定书》的原则，也守住了发展中国家作为一个整体的"底线"。其主要进展和问题有：第一，在资金问题上还不够清晰，也没有完全落实，但毕竟提出 1000 亿美元的金额。而这些资金的来源、额度、融资方式、核算依然存在着巨大的不确定性。第二，在技术开发与转让问题上，开始同意建立一个机制（成立一个执行委员会）。但这个机制的职能范围

---

① 即巴西、南非、印度和中国，这四个国家的英文国名首字母刚好组成"BASIC"（基础）一词。

② 在联合国的法律语言中，"take note of"仅表示一种微弱的接受语气，而且不具备法律约束力。

③ Copenhagen Accord, Draft Decision -/CP. 15, Proposal by the President, CONFERENCE OF THE PARTIES, Fifteenth Session, Copenhagen, 7 - 18 December 2009. 该文件可从"气候公约"秘书处以下官方网站获得：http：//unfccc. int/resource/docs/2009/cop15/eng/l07. pdf。

和授权依然有待进一步的谈判，其技术开发和转让的作用尚属未知；第三，发展中国家（特别是发展中大国）在控制升温2℃问题上和未来峰值问题上（背后的实质是未来能够留给发展中国家多少排放空间的问题），以及在非附件Ⅰ国家缔约方减缓行动的所谓透明性问题上（实质上是从测量、报告与核查等角度将发展中国家尽早纳入具有法律约束力的减排承诺轨道）做出了较大的让步，在谈判博弈中减少了若干筹码，以此换取这个微弱平衡的协议；第四，发达国家的减排目标还不明确，其充分性还没有得到保证。①

　　由此可见，气候谈判的关键问题——发达国家如何减排——依然悬而未决，艰苦的谈判还在后头。在哥本哈根气候大会召开前将近一年的时间内，国际社会各种力量围绕气候问题展开的激烈博弈，尤其是这次大会召开期间相关各方角力折冲的过程与最终结果，预示着2010年仍将充满期待与梦想、常量与变量、曲折与困难、愤怒与绝望。对于发达国家来说，他们在未来的立场走向将首先取决于其国内多数公众对气候问题（包括其产生根源、现实危害、发展趋势等方面）的认知。这是一个需要长时期深化的过程，短短一年时间内难以产生根本性转变，对此难以抱持太大的乐观。对于发展中国家来说，由于他们的首要任务仍将是促进经济和社会向前发展，任何刚性减排承诺都无异于作茧自缚。他们维护自身利益的根本途径仍将是团结一致，反对发达国家的施压与分化。以团结的姿态同发达国家的不合理要求做斗争，是发展中国家的唯一出路。

二、全球气候问题对中国构成的压力

　　中国发展速度之快、内部结构之不平衡、承受前后变化压力之大，在世界上都是屈指可数的。中国面临着气候变化的环境压力，也面临着因应气候变化而导致经济结构与能源结构的调整压力，更面临着与碳排放相关的国际舆论与政治压力。

1. 中国面临气候变化的环境压力

　　在全球气候变暖的大背景下，中国气候变化的主要观测数据包括：一是近百年来，中国年平均气温升高了0.5℃~0.8℃，略高于同期全球增温平均值，近50年来变暖尤其明显。从地域分布看，西北、华北和东北地区气候变暖明显，长江以南地区变暖趋势不显著；从季节分布看，冬季增温最明显。从1986年到2005年，中国连续出现了20个全国性暖冬。二是近百年来，中国年均降水量变化趋势不显著，但区域降水变化波动较大。中国年平均降水量在20世纪50年代以后开始逐渐减少，平均每10年减少2.9毫米，但1991年到2000年略有增加。从地域分布看，华北大部分地区、西北东部和东北地区降水量明显减少，平均每10年减少20~40毫米，其中华北地区最为明显；华南

---

① 邹骥等：《哥本哈根悬而未决》，《中国环境报》2009年12月23日。

与西南地区降水明显增加，平均每 10 年增加 20～60 毫米。三是近 50 年来，中国主要极端天气与气候事件的频率和强度出现了明显变化。华北和东北地区干旱趋重，长江中下游地区和东南地区洪涝加剧。1990 年以来，多数年份全国年降水量高于常年，出现南涝北旱的雨型，干旱和洪水灾害频繁发生。四是近 50 年来，中国沿海海平面年平均上升速率为 2.5 毫米，略高于全球平均水平。五是中国山地冰川快速退缩，并有加速趋势。[①]

根据中国科学家的观测，中国气候变化趋势在进一步加剧：一是与 2000 年相比，2020 年中国年平均气温将升高 1.3℃～2.1℃，2050 年将升高 2.3℃～3.3℃。全国温度升高的幅度由南向北递增，西北和东北地区温度上升明显。预计到 2030 年，西北地区气温可能上升 1.9℃～2.3℃，西南可能上升 1.6℃～2.0℃，青藏高原可能上升 2.2℃～2.6℃。二是未来 50 年中国年平均降水量将呈增加趋势，预计到 2020 年，全国年平均降水量将增加 2%～3%，到 2050 年可能增加 5%～7%。其中东南沿海增幅最大。三是未来 100 年中国境内极端天气与气候事件的发生频率可能增大，将对经济社会发展和人们生活产生很大影响。四是中国干旱区范围可能扩大、荒漠化可能加重。五是中国沿海海平面仍将继续上升。六是青藏高原和天山冰川将加速退缩，部分小冰川将消失。[②]

更具体地说，气候变化对中国的影响主要体现在农牧业、森林与自然生态系统、水资源和海岸带等方面。在农牧业方面，农业生产不稳定性增加；局部干旱高温危害严重；因气候变暖引起农作物发育期提前而加大早春冻害；草原产量和质量有所下降；气象灾害造成的农牧业损失增大。未来气候变化对农牧业的影响仍将以负面影响为主。小麦、水稻和玉米三大作物均可能以减产为主。农业生产布局和结构将出现变化；土壤有机质分解加快；农作物病虫害出现的范围可能扩大；草地潜在荒漠化趋势加剧；草原火灾发生频率将呈增加趋势；畜禽生产和繁殖能力可能受到影响，畜禽疫情发生风险加大。

在森林和其他自然生态系统方面，气候变化对中国的影响主要表现在：东部亚热带、温带北界北移，物候期提前；部分地区林带下限上升；山地冻土海拔下限升高，冻土面积减少；全国动植物病虫害发生频率上升，且分布变化显著；西北冰川面积减少，呈全面退缩的趋势，冰川和积雪的加速融化使绿洲生态系统受到威胁。未来气候变化将使生态系统的脆弱性进一步增加；主要造林树种和一些珍稀树种分布区缩小，森林病虫害的爆发范围扩大，森林火灾发生频率和受灾面积增加；内陆湖泊将进一步萎缩，湿地资源减少且功能退化；冰川和冻土面积加速缩减，青藏高原生态系统多年冻土空间分布格局将发生较大变化；生物多样性减少。

在水资源方面，气候变化已经引起了中国水资源分布的显著变化。近 20 年来，北方黄河、淮河、海河、辽河水资源总量明显减少，南方河流水资源总量略有增加。洪涝

---

① 国家发展和改革委员会：《中国应对气候变化国家方案》2007 年 6 月。
② 国家发展和改革委员会：《中国应对气候变化国家方案》2007 年 6 月。

灾害更加频繁，干旱灾害更加严重，极端气候现象明显增多。预计未来气候变化将对中国水资源时空分布产生较大的影响，加大水资源年内和年际变化，增加洪涝和干旱等极端自然灾害发生的概率，特别是气候变暖将导致西部地区的冰川加速融化，冰川面积和冰储量将进一步减少，对以冰川融水为主要来源的河川径流将产生较大影响。气候变暖可能将增加北方地区干旱化趋势，进一步加剧水资源短缺形势和水资源供需矛盾。

在海岸带方面，近30年来，中国海平面上升趋势加剧。海平面上升引发海水入侵、土壤盐渍化、海岸侵蚀，损害了滨海湿地、红树林和珊瑚礁等典型生态系统，海岸带生态系统功能和海岸带生物多样性有所下降；气候变化引起的海温升高、海水酸化使局部海域形成贫氧区，海洋渔业资源和珍稀濒危生物资源衰退。据预测，未来中国沿海海平面将继续升高。海平面上升还将造成沿海城市市政排水工程的排水能力降低，港口功能减弱。

气候变化还将对社会经济等其他领域产生重大影响，给国民经济带来巨大损失，应对气候变化需要付出相应的经济和社会成本。气候变化将增加疾病发生和传播的机会，危害人类健康；增加地质灾害和气象灾害的形成概率，对重大工程的安全造成威胁；影响自然保护区和国家公园的生态环境和物种多样性，对自然和人文旅游资源产生影响；增加对公众生命财产的威胁，影响社会正常生活秩序和安定。[①]

应指出，气候变化对中国的影响估计目前还停留在定性的层面，更有说服力的量化研究还有待进一步开展。中国传统文化历来推崇"防患于未然"的思维方式，我们宁肯把问题估计得复杂些、困难些，也不能因为准备不足而难以应对灾害的袭击。

2. 中国面临气候变化的结构压力

虽然中国并非全球气候变化问题的始作俑者，但中国政府出于对本国人民和全人类高度负责的考虑，一直把调整与优化经济结构、大力推进节能减排作为应对气候变化的着力点。尽管如此，当前及今后相当长时期内中国的能源结构与经济结构仍将是中国有效应对气候变化的瓶颈所在。

在能源结构方面，以煤为主的能源结构是中国向低碳发展模式转型的一个长期制约因素。中国的能源结构一直呈现高碳结构，这与中国以煤炭为主的能源禀赋息息相关。化石能源占中国整体能源结构的92.7%，其中高碳排放的煤炭占了68.7%，石油占21.2%。电力生产中，水电比例只有20%左右，"高碳"的火电比例高达77%以上。据估算，未来20年中国能源部门电力投资将达1.8万亿美元。[②] 这意味着，如果按照中国目前的能源禀赋与技术水平，火电的大规模发展仍将对环境构成巨大的潜在威胁。

在经济结构的概念中，产业结构占据着主导的地位。也就是说，产业结构在很大程度上决定着经济结构。长期以来，中国的经济主体是第二产业，这决定了能源消费的主

---

① 国务院新闻办公室：《中国应对气候变化的政策与行动》白皮书2008年10月。
② 任力：《低碳经济与中国经济可持续发展》，《社会科学家》2009年第2期，第48页。

要部门是工业，而工业生产技术的高碳消费特征，又加重了中国经济的高碳倾向。资料显示，1993～2005 年，中国工业能源消费年均增长 5.8%，工业能源消费占能源消费总量约 70%。采掘、钢铁、建材水泥、电力等高耗能工业行业在 2005 年的能源消费量占工业能源消费的 64.4%。因此中国经济的工业化与现代化进程仍然依靠高碳能源所驱动。中国这种以煤为主的高碳结构，对低碳能源技术的发展和环境的污染都提出了很大的挑战。长期以来，中国以煤、石油等化石能源为基础的技术系统，以及在此基础上粗放的能源利用系统，决定了其后的技术系统与利用系统，这是一种路径依赖过程。它在不断追随的技术创新与相应的制度创新中获得递增的规模收益，路径依赖过程不断得以强化，形成了"碳锁定"状态。因此，中国能源结构的高碳路径在未来相当长的时期内难以根本改变，中国低碳发展之路将是十分曲折、漫长的。

21 世纪上半叶的中国，仍处于工业化、城市化、现代化进程之中，大规模基础设施建设仍不可避免，能源巨大需求仍不可避免，高碳气体的大量排放仍难以避免。而粗放经营的发展方式转型缓慢，企业的低碳意识与创新意识较差，则将进一步加剧宏观结构低碳化的难度。

总体技术水平落后是中国调整经济结构的严重阻碍。作为发展中国家，中国经济由高碳向低碳转变的最大制约，是整体科技水平落后，低碳技术的开发与储备不足。中国目前能源生产和利用、工业生产等领域技术水平落后，技术开发能力和关键设备制造能力差，产业体系薄弱，与发达国家有较大差距。尽管按照《气候公约》的规定，发达国家有义务向发展中国家转让低碳技术，但实际情况与之相比存在很大差异，在许多情况下，中国只得通过国际技术市场购买引进。据估计，以 2006 年 GDP 计算，中国由高碳经济向低碳经济转变，年需资金 250 亿美元，这还不包括短期内影响经济增长而产生的巨大成本。各地普遍存在"投资饥渴症"，大都迫切需要外来资本，而对环境标准要求较低。发达国家转移重化工工业，将节能减排的国际责任和压力转移到中国。中国承接大量发达国家的重化工工业，成为全球重化工产品的制造大国。这不可避免地加重了中国的污染排放。在某种意义上讲，中国部分地区已经成为"污染避难所"。如果提高引进外资的低碳性与环境标准要求，会大大减少引进外资的数量与质量，从而影响中国经济的快速发展。[①] 总之，气候变化的严峻形势对中国的经济结构和能源结构转型构成了沉重的压力。

3. 中国面临气候变化的国际压力

如果说环境与结构脆弱属于中国的内部压力，那么来自外国政府、国际组织和国际媒体的外部压力，加重了内部结构调整的难度。而且这种国际压力对中国形象构成严重的挑战。

这种外部压力首先来自国际舆论和研究机构，"中国气候威胁论"、"中国气候责任

---

① 任力：《低碳经济与中国经济可持续发展》，《社会科学家》2009 年第 2 期，第 48 页。

论"等纷纷出笼。2005 年 11 月，澳大利亚莫纳什大学 APEC 研究中心发布报告称，到 2010 年中国排放的温室气体将占世界总量的 22.3%，超过美国成为全球第一。[①] 2007 年 4 月，国际能源机构预测，中国可能在当年取代美国成为世界第一大温室气体排放国；如果中国经济未来 25 年持续强劲增长，其二氧化碳排放量将在 2030 年达到其他所有工业化国家总和的两倍。[②] 而荷兰官方的环境评估局 2007 年 6 月报告称，中国在 2006 年就已经超过美国，成为世界上二氧化碳排放最多的国家。[③] 更大的压力来自发达国家。欧盟一直是气候变化领域的急先锋，它一方面自行制定了明确的减排目标和时间表，从而抢占了这个问题上的道义制高点；另一方面也要求包括中国在内的其他排放大国能像它一样，制定明确的减排目标和时间表。美国虽然在小布什执政之初就退出了《京都议定书》，但它一直把回归"京都体制"作为向中、印等发展中大国施压的工具。随着"中国温室气体排放世界第一"的国际舆论氛围逐渐形成，美国在国际气候政治博弈中将越来越多地拿中国"说事"。美国新总统奥巴马上台后大幅修正美国的气候政策，至少在表面上扭转了布什执政时期美国负面的国际气候形象。奥巴马总统及其相关内阁成员多次表示，要在气候变化方面"加强同中国的合作"，实际上意味着美国要向中国施加更大的压力。哥本哈根气候大会上中美之间的激烈争吵也验证了这一点。此外，包括澳大利亚和加拿大在内的其他发达国家，都在调整各自的国际气候政策，使之更加积极、更具有战略性。西方主要发达国家可能在气候政策上达成共识，出现联手向中国施压的局面。这一点已经在哥本哈根气候大会上得到验证。

由于发达国家的挑拨离间，更由于在国家利益上的根本不同，发展中国家阵营开始出现了分化。需要特别指出的是，过去几年中发展中国家的团结一致是它们共同应对发达国家的无理要求、维护自身国家利益的重要谈判策略。正是由于它们的团结一致，才使得"共同但有区别的责任"原则一直是国际气候谈判的基础性原则，才使得发达国家不得不承诺并兑现了一些资金和技术方面的援助，尽管这些援助与发展中国家的最初要求和实际需求还存在极大的差距。然而，发展中国家阵营的分化将打破这种谈判格局，若干气候脆弱国家出于生存的本能，放弃了"共同但有区别的责任"原则，要求所有排放大国都要强制减排，而不顾某些排放大国本身仍是发展中国家、历史排放和人均排放仍然不高的客观事实。中国作为国际舆论界认定的最大排放国，自然成为这些气候脆弱国家施加压力的对象。

中国官方虽然对上述说法表示质疑，但无法回避由此造成的国际舆论压力。对于这些国家的要求，中国出于国际道义的考虑，更出于维护发展中国家团结的考虑，对这些

---

① 杨青：《2010 年中国温室气体排放量将成全球第一》，《北京青年报》2005 年 11 月 6 日，A6 版。

② "Rampant Rrowth Spurs Emissions", Financial Times, By Richard McGregor, 20 April, 2007.

③ "Chinese CO_2 Emissions in Perspective", Press Release by Netherlands Environment Assessment Agency, 22 June, 2007. See http://www.mnp.nl/en/service/pressreleases/2007/20070622ChineseCO$_2$emissionsinperspective.html.

发展中国家的利益尽量加以照顾。但这种新的压力却是无法回避的。事实上，中国在气候问题上面对的国际舆论压力正在转变为国际气候谈判中的政治压力，成为中国外交与国际战略不能不考虑的重大因素。

近来在西方舆论界和政界颇为兴盛的所谓"中国气候责任论"，已经成为针对中国的国际气候政治工具。这种论调主要是说中国目前已经是世界上最大的排放国，同时也是世界经济大国，因而有责任、也有能力按照西方的标准进行减排。如果中国不按照西方要求进行减排，就是"不负责任"的表现，将受到国际社会的谴责。这其实是一种避重就轻、似是而非的谬论。科学结论已经告诉我们，在导致气候变化的人为因素中，发达国家在工业革命以来 200 年的发展过程中大量排放的温室气体是主因，他们对于温室气体排放应负主要责任。

表 8-1　全球 16 个国家历史积累碳排放指标比较[①]

国别	国家积累排放（1850~2005 年）			人均积累排放（1850~2005 年）		
	排放总量（亿吨 CO_2）	排名	占全球比重（%）	排放量（吨 CO_2）	排名	占全球比重（%）
英国	677.77	5	6.04	1125.4	2	15.52
美国	3282.64	1	29.25	1107.1	3	15.26
德国	790.33	4	7.04	958.3	6	13.21
加拿大	245.62	9	2.19	760.1	8	10.48
俄罗斯	903.27	3	8.05	631.0	12	8.70
澳大利亚	122.51	14	1.09	600.6	15	8.28
法国	320.32	7	2.85	526.2	21	7.25
日本	427.42	6	3.81	334.5	36	4.61
意大利	184.09	12	1.64	314.1	37	4.33
南非	124.44	13	1.11	265.4	45	3.66
韩国	92.54	20	0.82	191.6	57	2.64
墨西哥	113.20	15	1.01	109.8	76	1.51
中国	929.50	2	8.28	71.3	88	0.98
巴西	91.12	21	0.81	48.8	99	0.67
印度尼西亚	62.57	25	0.56	28.4	118	0.39
印度	260.08	8	2.32	23.8	122	0.33

反之，中国的历史排放是比较少的。从 1950 年到 2002 年，中国的二氧化碳累计排放量仅占世界同期的 9.33%。从人均的累计来看，从 1950 年到 2002 年，中国燃料燃烧排放二氧化碳人均的累计排放量仅仅占世界的第 92 位。2004 年中国人均二氧化碳的排

---

① 参见潘家华、郑艳：《基于人际公平的碳排放概念及其理论含义》，《世界经济与政治》2009 年第 10 期，第 13 页。

放仅仅是 3.65 吨，和世界的平均水平接近，仅占发达国家平均水平的 1/3 左右。中国人均排放 5.2 吨，美国等发达国家的人均排放已达到 20 多吨。尽管如此，中国政府还是在坚持可持续发展的框架下，根据中国国情，采取了一系列实实在在的措施，通过调整经济结构、节能、提高能效、发展可再生能源，包括增加碳汇，减少温室气体排放，为应对气候变化、为保护共同的气候环境做出了巨大贡献。中国应对气候变化的国家方案和"十一五"经济社会发展规划中都提出一个目标，即"到 2010 年，相对 2005 年年末，单位 GDP 能耗要降低 20%"。如果中国实现这个目标，就相当于节省能源 6.2 亿吨标煤。就五年目标来讲，任何其他国家都无法和中国减少二氧化碳的成绩相比。[①] 目前来看，中国实现这个目标已经毫无悬念。此外，中国还提出了到 2020 年在 2005 年的基础上，把 GDP 的排放强度再降低 40%~45%。这些都展示了中国作为一个发展中大国努力通过减排以应对气候变化的诚意、能力和责任感。中国正是通过自己的实际行动、而非华丽辞藻来驳斥西方人士的"中国气候责任论"。

在面对国际压力和无端指责据理力争时，我们需要对气候变化对中国发展模式提出的挑战有所认识。改革开放以来，中国经历了一个高速发展的过程，人民的生活水平和整个国家的综合实力都有了极大提高。这个"中国奇迹"和"中国模式"的相关性，在当前国际学术界已经展开很有意义的探讨。然而，我们必须清醒地认识到，所谓"中国模式"的巨大成就并不能掩盖和忽视中国高速发展过程带来的诸多负面效应，其中包括不可持续的高能耗、高污染、高排放的经济发展路径。换言之，以气候问题为核心的环境因素是中国发展模式面临的最严峻挑战之一。如果不能有效应对这一挑战，则所谓"中国模式"就不能作为科学的、可持续的发展概念。只有当中国较好地处理了发展经济与保护环境、人与自然乃至人与人之间的关系时，才能够证明"中国模式"是中国人实现人与自然、人与人和谐相处的经验总结。"中国模式"不仅要体现较高程度的物质文明，它还必须体现出较高程度的精神文明和生态文明。

三、中国的减排目标和行动路线

中国作为一个负责任的发展中大国，中央政府一向高度重视减排工作，在国内制定了一系列法律、法规与政策，在国际上也以积极合作为基本取向。这种合作建立在中国的发展阶段与实际能力的基础上，也建立在对中国国家利益与全人类共同利益的综合考量基础上。

1. 中国政府应对气候变化的主要文献

作为履行《气候公约》的一项重要义务，中国政府于 2007 年 6 月正式发布《中国

[①]　人民网 2009 年 8 月 26 日报道：http://npc.people.com.cn/GB/14840/9931988.html。

应对气候变化国家方案》（简称《方案》）。这既是中国第一部应对气候变化的综合性政策文件，也是发展中国家在该领域的第一部国家方案。它全面阐述了中国在 2010 年前应对气候变化的基本对策。实际上在这个文件发布之前，中国已经在许多单个领域制定了一系列的法律、法规和政策，采取了一系列的行动与措施。

例如：在调整经济结构、促进产业结构优化升级方面，2007 年年初发布的《关于加快发展服务业的若干意见》，提出到 2010 年服务业增加值占 GDP 的比重比 2005 年提高 3 个百分点，明确了支持服务业关键领域、薄弱环节和新兴行业发展的政策。为了促进高技术产业的发展，2007 年发布高技术产业、电子商务和信息产业等领域的"十一五"（2006～2010 年）规划，提出到 2010 年高技术产业增加值占工业增加值的比重比 2005 年提高 5 个百分点。为了加快淘汰落后产能，2007 年发布 13 个行业"十一五"淘汰落后产能分地区、分年度计划；为了遏制高耗能、高排放行业过快增长，出台新开工项目管理的相关政策规定，相继制定发布了高耗能行业市场准入标准，提高节能环保准入门槛，采取调整出口退税、关税等措施，抑制"两高一资"（高耗能、高排放、资源型）产品出口。

在节约能源、提高能效方面，中国第十一个五年规划《纲要》（2006～2010 年）把建设资源节约型、环境友好型社会作为一项重大的战略任务，提出到 2010 年单位 GDP 能耗比 2005 年降低 20% 左右，并作为重要的约束性指标。为了把节能减排放在更加突出的位置，国务院印发了《节能减排综合性工作方案》，全面部署节能减排工作；为了建立节能减排目标责任制，国务院下发了《节能减排统计监测及考核实施方案和办法》，明确对各省（自治区、直辖市）和重点企业能耗及主要污染物减排目标完成情况进行考核，实行严格的问责制；为了实施有利于节能的经济政策，调整了部分矿产品资源税，适时调整成品油、天然气价格，实行节能发电调度的政策，下调小火电上网电价，加大差别电价实施的力度，出台支持企业节能技术改造、高效照明产品推广、建筑供热计量及节能改造等资金管理办法，出台鼓励节能环保小排量汽车、限制塑料购物袋等政策，并建立政府强制采购节能产品制度；为了加强节能增效的法制建设，修订《节约能源法》，国务院办公厅还下发了《关于严格执行公共建筑空调温度控制标准的通知》，各地节能主管部门和节能监察机构依法开展节能行政执法。

在发展可再生能源、优化能源结构方面，中国于 2005 年颁布《可再生能源法》，制定了可再生能源优先上电网、全额收购、价格优惠及社会分摊的政策，建立起可再生能源发展专项资金，支持资源评价与调查、技术研发、试点示范工程建设和农村可再生能源开发利用。此外，中国也制定了《可再生能源中长期发展规划》和《核电中长期发展规划》，对发展水电、风电、生物质能、太阳能、煤层气和矿井瓦斯、核能等低碳能源，对传统能源的清洁利用，以及对电力体制进行有利于低碳发展的改革与创新也做了明确规定与规划。

在发展循环经济、减少温室气体排放方面，中国制定了《清洁生产促进法》、《固体废物污染环境防治法》、《循环经济促进法》、《城市生活垃圾管理办法》等法律法规，发布《关于加快发展循环经济的若干意见》，提出发展循环经济的总体思路、近期目标、基本途径和政策措施，并发布循环经济评价指标体系，制定促进填埋气体回收利用的激励政策，发布《城市生活垃圾处理及污染防治技术政策》以及《生活垃圾卫生填埋技术规范》等行业标准，推动垃圾填埋气体的收集利用，减少甲烷等温室气体的排放。

在加大研发力度、科学应对气候变化方面，2006 年颁布《国家中长期科学和技术发展规划纲要》，把能源和环境确定为科学技术发展的重点领域，把全球环境变化监测与对策明确列为环境领域的优先主题之一。2007 年制定《中国应对气候变化科技专项行动》，提出了应对气候变化科技工作在"十一五"期间的阶段性目标和到 2020 年的远期目标，对气候变化的科学问题、控制温室气体排放的技术研发、适应气候变化的技术和措施、应对气候变化的重大战略与政策等方面进行了重点部署。

在适应气候变化方面，中国在农业、森林与其他自然生态系统、水资源等领域，以及海岸带及沿海地区等脆弱区，积极实施相应的政策和行动，取得了积极成效。制定并实施了《农业法》、《草原法》、《渔业法》、《土地管理法》、《突发重大动物疫情应急条例》、《草原防火条例》等法律法规，努力建立和完善农业领域适应气候变化的政策法规体系；制定并实施《森林法》、《野生动物保护法》、《水土保持法》、《防沙治沙法》和《退耕还林条例》、《森林防火条例》、《森林病虫害防治条例》等相关法律法规，努力保护森林和其他自然生态系统；制定并实施《水法》、《防洪法》、《河道管理条例》等法律法规，编制完成了全国重要江河流域的防洪规划等水利规划，初步建立起适合国情的水利政策法规体系和水利规划体系，初步建成了大江大河流域防洪减灾体系、水资源合理配置体系和水资源保护体系；依据《海洋环境保护法》、《海域使用管理法》，以及《海气相互作用业务体系发展规划（纲要）》等，国家确定了海洋领域应对气候变化业务体系的建设目标和内容，建立了综合管理的决策机制和协调机制，努力减缓与适应气候变化的不利影响。

总之，在 2007 年 6 月正式发布《中国应对气候变化国家方案》之前，中国政府已经制定、发布了一系列法律、法规和政策文件，采取了一系列单项的措施与行动。该方案实际上也对此前中国已经实施的法律、法规、政策、措施与行动进行了系统总结，对其实施效果进行了初步评估，并在此基础上对未来还需采取的政策措施进行了展望与规划。从结构上看，该《方案》共分为五个部分，分别阐述了中国气候变化的现状和应对气候变化的努力，气候变化对中国的影响和挑战，中国应对气候变化的指导思想、原则与目标，中国应对气候变化的相关政策和措施，中国对若干问题的基本立场及国际合作需求。《方案》的颁布实施，彰显了中国作为负责任大国的形象，对我国应对气候变化的工作产生了积极作用，也将为世界应对气候变化做出重大贡献。

上述《方案》是以规划中国国内经济社会发展大局同应对气候变化相协调为主，以向国际社会阐明中国在气候问题上的原则、立场、政策、成效为辅。而 2008 年 10 月由国务院新闻办发布的《中国应对气候变化的政策与行动》白皮书则以面向国际社会为主。白皮书与《方案》在实质内容上的差别并不很大，都是全面阐述与说明中国气候政策、措施与成效，但侧重点和对象有所不同，白皮书主要对外，《方案》主要对内。

从结构上看，白皮书共分为八个部分，分别阐述了气候变化与中国国情、气候变化对中国的影响、应对气候变化的战略和目标、减缓气候变化的政策与行动、适应气候变化的政策与行动、提高全社会应对气候变化意识、加强气候变化领域国际合作、应对气候变化的体制机制建设。毫无疑问，这实际上是中国面对西方舆论恶意掀起的"中国气候责任论"而正式做出的一次反击，目的是使国际社会全面了解中国的现实国情、中国为应对气候变化做出的重大努力和已经取得的显著成效。2009 年 11 月，中国国务院国家发展和改革委员会再次发布《中国应对气候变化的政策与行动：2009 年度报告》白皮书，主要对 2008 年白皮书发布一年多以来中国在应对气候变化方面取得的进展做出新的阐释，并在附录部分阐述了中国关于当年 12 月哥本哈根气候大会的原则立场。可以预见，中国今后可能每年都会发布一份类似的白皮书，借以向国际社会阐明中国在气候问题的原则、主张、政策、措施与成效。

2. 中国应对气候变化的实际成效

中国在应对气候变化领域取得了实实在在的成效，受到了国际国内舆论界和学术界的广泛肯定。在《中国应对气候变化国家方案》出台后的第一年（即 2008 年），中国的单位 GDP 能耗为 1.102 吨标准煤/万元，比 2007 年降低了 4.59%；降幅也进一步增大，2007 年全国单位 GDP 能耗比 2006 年降低 3.66%。2008 年单位 GDP 用电量（即电耗）为 1375.29 千瓦时/万元，比 2007 年降低 3.30%；单位工业增加值能耗为 2.189 吨标准煤/万元，比 2007 年降低 8.43%。

根据《十一五规划纲要》，中国到 2010 年的单位 GDP 能耗应在 2005 年的基础上降低 20%。而在十一五的前 3 年里（即 2006～2008 年），中国的单位 GDP 能耗已经累计降低 12.45%，完成目标进程接近 60%；节约和少用能源约 3 亿吨标准煤；3 年平均能源消费弹性系数达到 0.61，比"十五"时期低 0.44。[1] 根据 2009 年度的《中国应对气候变化的政策与行动》白皮书，中国单位国内生产总值能耗强度在 2009 年上半年比 2008 年上半年下降了 3.35%。该白皮书还指出，尽管面临诸多困难，我们仍有望实现国民经济和社会发展第十一个五年规划提出的单位国内生产总值能源消耗降低 20% 左右的约束性目标，减缓温室气体排放增长。[2] 实际上，自改革开放 30 年来，中国已经取得了单位 GDP 能耗年均下降 4%、1990～2005 年期间总计下降 47% 的辉煌成就。[3] 这样的成就远远超过了同期发达国家、乃至世界上绝大多数国家的水平。

---

[1] 薛志伟：《十一五前三年单位 GDP 能耗累计降低 12.45%》，《经济日报》2009 年 12 月 28 日。
[2] 国家发展和改革委员会：《中国应对气候变化的政策与行动：2009 年度报告》2009 年 11 月。
[3] 朱剑红：《应对气候变化，中国积极负责》，《人民日报》2009 年 11 月 27 日。

　　以上成就主要得益于中国能源结构的持续优化。从 1952 年到 2008 年，煤炭在中国能源消费总量中所占的比重从 95% 下降到 68.7%，下降 26.3 个百分点，石油比重上升 14.6 个百分点，水电、核电、风电和天然气等优质能源比重提高 11.7 个百分点。全国水电装机达到 1.72 亿千瓦，位居世界第一。风电连续三年翻番增长，装机容量达到 1217 万千瓦，居世界第四位。太阳能热水器集热面积超过 1.25 亿平方米，年产能 4000 万平方米，均居世界第一位。核电已建成运行 11 个反应堆，总装机容量 910 万千瓦；核准在建核电机组 24 台，总装机容量 2540 万千瓦，是目前世界上核电在建规模最大的国家。[①]

　　中国在可再生能源产业、尤其是太阳能领域也取得重大进展。太阳能热水器是一种虽很普通但节能减排效果明显的节能产品，中国较早形成产业化生产和普及化利用。截至 2009 年年底，中国的太阳能热水器保有量为 1.25 亿平方米，这个数量占全世界总量的 70% 左右，相当于每年替代标准煤 1875 万吨，或者是 521.25 亿度电，减排二氧化碳 2788 万吨。在生产能力方面，中国生产的太阳能热水器占全世界产量的 80% 左右。中国是生产和使用太阳能热水器的"双料冠军"。更重要的是，在太阳能热水器的关键技术上，中国企业拥有完全的自主知识产权。中国太阳能产业的另外一个重要部分是光伏发电设备，中国的生产规模也是世界第一。据统计，从 2002 年至今，中国太阳能电池产量猛增了 77 倍。2008 年，我国太阳能电池产量约占世界总产量的 1/3，连续两年成为世界第一大太阳能电池生产国。[②] 遗憾的是，由于目前太阳能电池的发电成本居高不下，超出了多数中国家庭和企业的承受能力，而发达国家经济基础比较雄厚，公民的环保意识也相对较强，愿意多花一点经济代价以换得环境的清洁和能源的清洁，因此中国生产的太阳能光伏电池绝大部分都出口到了国外。以 2008 年来说，当年中国的太阳能光伏电池产量是 2500 兆瓦，即 250 万千瓦，但其中的 98% 都出口到了国外。[③] 此外，生产光伏电池的基础性原料是多晶硅，其核心技术目前还掌握在西方发达国家企业手中，中国企业从中获利极微。总体来看，经过不懈的努力，中国可再生能源占一次能源的比重已经从 2006 年的 7.5% 提高到 2009 年的将近 9%，超过了欧盟的 8.5% 的水平。[④] 以中国经济社会的发展程度与复杂情况来看，这是一个奇迹。

　　自改革开放以来，中国坚持开展人工植树造林活动，目前已是世界上人工造林最多的国家。这也是中国通过国土整治来应对气候变化的一大亮点。根据 2009 年 11 月公布的第七次全国森林资源清查结果，中国森林面积 1.95 亿公顷，森林覆盖率 20.36%，森林蓄积 137.21 亿立方米，其中人工林面积 0.62 亿公顷，继续保持世界首位。自 2005

---

　　① 国家发展和改革委员会副主任、国家能源局局长张国宝 2009 年 9 月 25 日在国务院新闻办公室新闻发布会上对新中国 60 年能源发展成就的介绍。

　　② 刘霞：《从单晶硅到多晶硅》，《科技日报》2009 年 9 月 11 日。

　　③ 腾讯网 2009 年 8 月 31 日报道：http://news.qq.com/a/20090831/002595.htm。

　　④ 国家发展和改革委员会副主任解振华 2009 年 11 月 26 日在国务院新闻办公室新闻发布会上对中国应对气候变化的政策与行动情况的介绍。

年以来，中国森林面积净增 2054.30 公顷，森林蓄积净增 11.23 亿立方米，年均净增 2.25 亿立方米，保持了森林面积和蓄积量双增长的良好局面。从 20 世纪 80 年代后期开始，中国森林碳汇能力就出现了持续增长趋势，到 2005 年，通过持续不断地开展造林和控制毁林活动，中国累计减少二氧化碳排放 50 多亿吨，为减缓全球气候变化发挥了重要作用。目前，中国森林植被总碳储量已达 78.11 亿吨，固碳释氧等生态服务功能年价值达 10.01 万亿元。① 在地区层面上，根据中国陕西省林业厅日前展示的 2009 年 8 月和 2000 年 8 月的两张卫星遥感图像，10 年间该省的"绿色版图"从黄土高原腹地的延安市向北扩展了约 400 公里，榆林市境内古长城沿线的"千里风沙区"由黄变绿。中国政府 1978 年在风沙危害和水土流失严重的西北、华北、东北地区启动了"三北"（东北、华北、西北）防护林建设工程，建设范围东西长约 7000 公里，古长城周边的"万里风沙线"基本包括在这一工程区域内。现在"三北"地区受益于大面积造林绿化，生态环境得到了明显改善。② 这是中国政府和人民为应对气候变化、努力改善生态环境所获成效的生动缩影。

3. 中国积极参与国际气候治理进程

气候变化是当前及今后相当长时期内全人类面临的共同挑战，世界各国应按照"共同但有区别的责任"原则合力应对这一挑战。中国作为人口最多、发展最快、规模最大的发展中大国，作为一个对子孙后代和人类未来高度负责的文明古国，非常清楚自己在应对气候变化中的责任与能力。积极参与国际气候治理合作，是中国应对气候变化的重要战略环节。中国本着"互利共赢、务实有效"的原则积极参加和推动应对气候变化的国际合作，发挥了建设性作用。近年来，中国国家主席和国务院总理分别在八国集团同发展中国家领导人对话会议、亚太经合组织会议、东亚峰会、博鳌亚洲论坛等多边场合以及双边交往中，多次阐述了中国对于气候变化国际合作的立场，积极推动应对气候变化的全球行动。

中国长期以来积极参加和支持《气候公约》和《议定书》框架下的活动，努力促进《气候公约》和《议定书》的有效实施。中国专家积极参加政府间气候变化专门委员会的工作，为相关报告的编写做出了贡献。中国认真履行本国在《气候公约》和《议定书》下的义务，于 2004 年提交了《中华人民共和国气候变化初始国家信息通报》，并于 2007 年 6 月发布《应对气候变化国家方案》和《中国应对气候变化科技专项行动》。

在多边合作方面，中国是碳收集领导人论坛、甲烷市场化伙伴计划、亚太清洁发展

---

① 全国绿化委员会副主任、国家林业局局长贾治邦 2009 年 11 月 17 日在国务院新闻办公室新闻发布会上对中国森林资源等方面情况的介绍。

② 新华网 2010 年 2 月 16 日报道：http://news.xinhuanet.com/environment/2010-02/16/content_12994191.html。

和气候伙伴计划的正式成员，是八国集团和五个主要发展中国家气候变化对话以及主要经济体能源安全和气候变化会议的参与者。在亚太经合组织会议上，中国提出了"亚太森林恢复与可持续管理网络"倡议，并举办了"气候变化与科技创新国际论坛"。中国努力推动气候变化领域中国际社会的交流与互信，促进形成公平、有效的全球应对气候变化机制。

在双边方面，中国与欧盟、印度、巴西、南非、日本、美国、加拿大、英国、澳大利亚等国家和地区建立了气候变化对话与合作机制，并将气候变化作为双方合作的重要内容。中国在力所能及的范围内，帮助非洲和小岛屿发展中国家提高应对气候变化的能力。《中国对非洲政策文件》明确提出，积极推动中非在气候变化等领域的合作。中国政府分别举办了两期非洲和亚洲国家政府官员参与的清洁发展机制项目研修班，提高了这些国家开展清洁发展机制项目的能力。

中国积极与外国政府、国际组织、国外研究机构开展应对气候变化领域的合作研究，内容涉及气候变化的科学问题、减缓和适应、应对政策与措施等方面，包括中国气候变化的趋势、气候变化对中国的影响、中国农林部门的适应措施与行动、中国水资源管理、中国海岸带和海洋生态系统综合管理、中国的温室气体减排成本和潜力、中国应对气候变化的法律法规和政策研究，以及若干低碳能源技术的研发和示范等。中国积极参与相关国际科技合作计划，如地球科学系统联盟（ESSP）框架下的世界气候研究计划（WCRP）、国际地圈—生物圈计划（IGBP）、国际全球变化人文因素计划（IHDP）、全球对地观测政府间协调组织（GEO）、全球气候系统观测计划（GCOS）、全球海洋观测系统（GOOS）、国际地转海洋学实时观测阵计划（ARGO）、国际极地年计划等，并加强与相关国际组织和机构的信息沟通和资源共享。

中国积极推动和参与《气候公约》框架下的技术转让，努力创建有利于国际技术转让的国内环境，并提交了技术需求清单。中国认为，《气候公约》框架下的技术转让不应单纯依靠市场，关键在于发达国家政府应努力减少和消除技术转让障碍，采取引导和激励政策与措施，在推动技术转让过程中发挥作用。对于尚在研发之中的应对气候变化的关键技术，应依靠国际社会广大成员国的合力，抓紧取得突破性进展，并为世界各国所共享。

中国重视清洁发展机制在促进本国可持续发展中的积极作用，愿意通过参与清洁发展机制项目合作为国际温室气体减排做出贡献。通过国际合作，中国进行了清洁发展机制方面的系统研究，为国际规则和国内政策措施的制定提供了科学基础，为各利益相关方提供了有益信息；进行了大量的能力建设活动，提高政府部门、企业界、学术机构、咨询服务机构、金融机构等推动清洁发展机制项目开发的能力。完善了相关的国内制度，制定和颁布《清洁发展机制项目运行管理办法》。到2008年7月20日，中国在联合国已经成功注册的清洁发展机制合作项目达到244个，这些项目预期的年减排量为1.13亿吨二氧化碳当量。清洁发展机制项目有效促进了中国可再生能源的发展，推动了能源效率的提高，加强了相关政府部门、企业、组织和个人的气候变化意识。中国认

229

为，清洁发展机制作为一种比较有效和成功的合作机制，在 2012 年后应该继续得到实施，但应进一步促进项目实施中的公平、透明、简化、确定性和环境完整性，并促进先进技术向发展中国家转移，东道国应该在清洁发展机制项目开发中扮演更加重要的角色。①

4. 中国为达成哥本哈根协议做出积极贡献

2009 年中国参与国际气候治理的最显著行动，是积极参与当年 12 月在丹麦首都哥本哈根举行的《气候公约》第十五次缔约方大会暨《议定书》第五次缔约方会议（COP15/MOP5）。在会议召开前的近一年时间里，胡锦涛主席和温家宝总理分别在联合国气候变化峰会、八国集团同发展中国家领导人对话会议、二十国集团峰会、主要经济体能源安全和气候变化论坛领导人会议、亚欧首脑会议等多边场合以及双边交往中，多次全面阐述中国对气候问题的立场和主张，并宣布了中国应对气候变化的政策和措施，努力促进国际社会在应对气候变化方面达成共识，为哥本哈根会议的召开创造良好的氛围。2009 年 5 月 20 日，中国政府正式公布《落实巴厘路线图——中国政府关于哥本哈根气候变化会议的立场》，提出了中国关于哥本哈根气候变化会议的原则和目标，就进一步加强《气候公约》的全面、有效和持续实施，关于发达国家在《议定书》第二承诺期进一步量化减排指标等方面阐明了立场，努力推动哥本哈根会议取得成功。

根据这个立场文件，中国政府认为，哥本哈根会议的目标是在进一步加强联合国气候变化框架公约及其京都议定书的全面、有效和持续实施方面取得积极成果，重点是就减缓、适应、技术转让、资金支持做出明确、具体的安排，一是要确定发达国家在京都议定书第二承诺期应当承担的大幅度量化减排指标，确保未批准京都议定书的发达国家承担可相比较的减排承诺；二是做出有效的机制安排，以确保发达国家切实兑现向发展中国家提供资金、技术转让和能力建设支持的承诺；三是发展中国家在得到发达国家技术、资金和能力建设支持的情况下，在可持续发展框架下根据本国国情采取适当的适应和减缓行动。

为了达到以上目标，中国提出哥本哈根会议应坚持以下四项原则：一是坚持公约和议定书基本框架，严格遵循巴厘路线图授权；二是坚持"共同但有区别的责任"原则；三是坚持可持续发展的原则；四是坚持减缓、适应、技术转让和资金支持应当同举并重。同时，中国还就进一步加强公约的全面、有效和持续实施，发达国家在京都议定书第二承诺期进一步量化减排指标等重大问题提出了自己的看法。例如，在应对气候变化长期合作行动的"共同愿景"方面，中国提出当务之急是落实各国应当采取的实际行动；作为减缓的中期目标，发达国家作为一个整体到 2020 年应在其 1990 年水平上至少减排 40%；长期合作行动的目标则应当是包括可持续发展及减缓、适应、资金、技术

---

① 国务院新闻办公室：《中国应对气候变化的政策与行动》，2008 年 10 月。

转让和能力建设等方面的综合目标。[①] 可以说，这个立场鲜明、观点详尽的政策文件不仅向国际社会宣示了中国在哥本哈根会议上的行动原则与基本目标，事实上也向国际社会明确地传达了中国的"全球气候观"，更展示了中国应对气候变化的战略路线图。

作为一个负责任的大国，中国在哥本哈根会议召开前正式提出了自己的中期减排目标，即：到 2020 年中国单位 GDP 碳排放强度将比 2005 年下降 40% ~ 45%。这里有两点值得注意：一是在公布这一目标时强调这是中国的"自主行动"，而非在外部压力下做出的刚性承诺或有约束力的国际义务；中国作为一个发展中国家，按照"共同但有区别的责任"原则，没有做出刚性承诺的国际义务，更不能由于中国带头动摇这一有利于发展中国家整体利益的基本原则而使某些发达国家继续逃避应负的国际责任。二是中国强调在 1990 ~ 2005 年间中国已经把单位 GDP 能耗强度降低了47%。这是向国际社会展现自己减排温室气体、应对气候变化的能力、决心和诚意。中国正是在自身能力的基础上，带着决心和诚意，进入哥本哈根气候大会并参与相关谈判的。

在这次哥本哈根大会上，中国代表团高调亮相。2009 年 12 月 7 日，哥本哈根大会开幕第一天，中国发改委副主任、中国代表团团长解振华就召开新闻发布会。此后，中国代表团每天举行新闻吹风会，各国记者争相参与，场场爆满。除了每天的吹风会外，记者还可以自行与谈判团成员直接沟通。在会议开始的第二天，英、美和丹麦联合密谋的"丹麦文本"遭到泄露，该文本提出仅给发展中国家 100 亿美元，只支援"最脆弱国家"，中、印不应享受来自发达国家的融资，企图以此分裂发展中国家联盟，遭到发展中国家的强烈抗议。两天后，基础四国（中国、印度、南非和巴西）适时提出"北京文本"，是对发达国家图谋的强烈回应。中国谈判代表连续对美欧日进行了直接点名批评和针锋相对驳斥。2009 年 12 月 8 日，中国首席谈判代表苏伟在新闻通气会上，直接在减排标准和援助资金两大核心议题上向美欧等发达国家予以明确回应和批驳。

中国代表团的谈判阵容相当强大。2009 年 12 月 11 日，中国外交部副部长何亚非出现在哥本哈根，这是继解振华之后，第二位出阵的中国部级官员。而根据以往的谈判经验，部级官员应该到谈判第二周才现身，显示了中国官员对会议的高度重视。[②] 国务院总理温家宝的出场更是中国代表团的重中之重。在哥本哈根会议开幕的第二天，温总理就分别与联合国秘书长和英国、德国、印度、巴西、南非等国领导人通电话，就会议涉及的一些重大问题交换意见。2009 年 12 月 11 日，温总理专门来到中国国家气象局，听取气候变化领域专家的意见和建议。在 2009 年 12 月 16 日飞往哥本哈根的飞机上，

---

① 国家发展和改革委员会：《落实巴厘路线图——中国政府关于哥本哈根气候变化会议的立场》，2009年 5 月 20 日。

② 刘晓玲：《哥本哈根的公关博弈》，《国际公关》2010 年第 1 期。

温总理先后召集随行记者和部长，坦率交换想法，研究与会各方观点。从 2009 年 12 月 16 日至 12 月 18 日，温总理在出席哥本哈根气候变化会议的近 60 个小时内，与有关国家领导人展开了密集的会谈和协商，力推谈判进程不断向前。在领导人会议上，温总理发表重要演讲，宣示中国政府的一贯主张，呼吁各方凝聚共识、加强合作，共同推进应对气候变化的历史进程；在会场内外错综复杂的形势下，中国总理以最大的政治意愿和耐心，与各方穿梭斡旋，沟通协调。在会议面临可能无果而终的关键时刻，温总理亲自出面与有关方面做了大量艰苦细致的工作，最终推动了《哥本哈根协议》的达成。国际社会在经历会议进程的跌宕起伏、协商谈判的艰辛曲折的同时，更见证了中国领导人以诚意、信心、决心和卓有成效的努力，充分展示中国谋发展、促合作、负责任的大国形象。历史将铭记，中国政府为哥本哈根气候变化会议成功做出了重要贡献。①

虽然中国为会议做出了很大的贡献，但在会议之后仍有一些国家对中国进行诬蔑和指责。英国气候变化大臣米利班德 2009 年 12 月 20 日在《卫报》发表文章，指责中方"劫持"哥本哈根气候变化会议谈判进程。② 米利班德的指责很具有代表性，代表着西方相当一部分人对中国的真实态度。中国外交部发言人在回应该指责时表示，"英方个别政客针对中国发表的言论具有明显的政治图谋。其目的是在推卸其应该履行的对发展中国家的义务，挑拨发展中国家的关系"。③

因此，中国需要对自己在国际气候治理议程中的地位有一个清醒的认识。事实上，中国在这个议程中尚未取得主动权，更遑论主导权。在整个大会期间，西方仍然是议程的设置者。从会议之初媒体"披露"由少数西方国家起草的"秘密文案"，到会议期间少数西方国家公开向中国"发难"，再到温总理的"被出席"风波，以及随后英国高官向媒体抛出中国"劫持"峰会的说法，可以看到西方国家针对以中国为代表的发展中国家早就预备了一整套媒体公关策略。相形之下，中国和其他发展中国家缺乏议程设置的能力，处于被动应付的地位。这种状况与中国在应对气候变化上做出的巨大努力与显著成就极不相称。当然，由于中国绝对排放量的不断增长，就难以摆脱在国际气候治理议程中处于批评对象的地位。无论是西方部分人士的批评与攻击，还是对华友好人士的赞扬与鼓励，都说明中国作为一个重量级参与者的客观现实。在今后的国际气候谈判中，中国需要更有效地利用这种现实，在此基础上加强国际公关能力，让国际社会、特别是西方公众充分认识到中国的现实国情，以及中国已经做出的努力和取得的成效，争取更多的同情和支持，减小国际舆论对中国的误解和曲解。也只有在这样的氛围中，气候治理领域的国际合作才能深入有效地开展，国际社会合作应对气候变化的努力才能在最大限度上取得成效。

---

① 关于温家宝总理出席哥本哈根气候大会的详细情况，可参见赵承、田帆、韦冬泽：《青山遮不住毕竟东流去——温家宝总理出席哥本哈根气候变化会议纪实》，《人民日报》2009 年 12 月 25 日。

② Ed Miliband, The road from Copenhagen, The Guardian, 20 December, 2009.

③ 中国外交部发言人姜瑜 2009 年 12 月 22 日就英方指责中国"劫持"哥本哈根气候变化会议谈判进程事答记者问，见中国外交部网站：http://www.mfa.gov.cn/chn/gxh/tyb/fyrbt/dhdw/t646947.htm。

大事记 8-1　2009 年中国应对气候变化大事记

日期	重要举措
2 月 1 日	温家宝总理访问英国期间在伦敦接受英国《金融时报》主编巴伯的专访，就中国应对国际金融危机、保持经济平衡较快发展、应对气候变化等问题回答了提问。
3 月 7 日	外交部长杨洁篪在十一届全国人大二次会议举行的记者会上强调，中国将一如既往地按照应对气候变化国家方案来采取各方面措施，兑现自己的诺言。
4 月 22～24 日	八国集团气候变化部长级会议在意大利锡拉库扎举行，中国、印度、巴西、南非、墨西哥等发展中大国的相关官员应邀参加。
5 月 20 日	中国发布《落实巴厘路线图——中国政府关于哥本哈根气候变化会议的立场》文件。
6 月 5 日	温家宝总理主持召开国家应对气候变化领导小组暨国务院节能减排工作领导小组会议，听取并审议发展改革委关于 2008 年节能减排工作进展情况、2009 年工作安排以及应对气候变化有关工作情况的汇报。
7 月 9 日	八国集团同发展中国家领导人对话会议在意大利拉奎拉举行，重点讨论应对国际金融危机与推动世界经济复苏、气候变化、能源安全、粮食安全、国际贸易、发展等问题，国务委员戴秉国代表胡锦涛主席出席会议并就上述议题阐述中方原则立场。
7 月 27～28 日	首轮"中美战略与经济对话"在美国华盛顿举行，双方草签《中华人民共和国政府与美利坚合众国政府关于加强气候变化、能源和环境合作的谅解备忘录》。
8 月 12 日	温家宝总理主持召开国务院常务会议，听取并审议发展改革委关于应对气候变化工作情况的报告，研究部署应对气候变化有关工作，审议并原则通过《规划环境影响评价条例（草案）》。
8 月 24 日	国家发展与改革委员会副主任解振华代表国务院向十一届全国人大常委会第十次会议做关于应对气候变化工作情况的报告，报告申明了我国的基本立场。
9 月 22 日	联合国气候变化峰会在纽约联合国总部举行，胡锦涛主席出席峰会并发表重要讲话，全面阐述了中国的"气候观"。
10 月 21 日	胡锦涛主席应约同美国总统奥巴马通电话，两国元首就双边关系、气候变化等问题交换了意见；中印举行气候变化部长级磋商，并签署《中国政府和印度政府关于应对气候变化合作的协定》，确认两国建立应对气候变化合作伙伴关系。
11 月 2 日	温家宝总理应约与欧盟委员会主席巴罗佐通电话，就气候变化等问题深入交换意见。
11 月 26 日	中国正式对外宣布控制温室气体排放的行动目标，决定到 2020 年单位国内生产总值二氧化碳排放比 2005 年下降 40%～45%；同一天，国家发展和改革委员会发布《中国应对气候变化的政策与行动：2009 年度报告》。
12 月 5～6 日	"77 国集团+中国"召开内部协调会，呼吁广大发展中国家在即将召开的哥本哈根气候大会上团结一致，坚决反对发达国家向发展中国家强加公约规定以外的义务。
12 月 7～18 日	《气候公约》第 15 次缔约方大会暨《议定书》第 5 次缔约方会议（COP15/MOP5）在丹麦首都哥本哈根举行，最后由美国和"基础四国"（中国、印度、巴西、南非）达成不具法律约束力的《哥本哈根协议》。
12 月 18 日	温家宝总理在哥本哈根气候大会领导人会议上发表题为《凝聚共识、加强合作，推进应对气候变化历史进程》的重要讲话。

233

第九章 内外并举：
调整能源结构拓展对外合作

从某种意义上说，2009 年是全球金融危机背景下中国能源资源①战略全面协调、可持续发展的一个重要转折点。一方面，2008 年以来的全球金融危机使得国际市场对于能源资源的需求一度有所下降，这些大宗商品的价格也经历了一个"过山车"式的变化，相关的企业面临一定的压力；另一方面，中国在内部，危中寻机，进一步调整能源资源消费结构，对外则加大力度，主动出击，全面推进国际能源合作战略。面临国际金融危机带来的国际能源资源严峻形势，中国居危不乱，稳住阵脚，深化体制改革与结构调整，同时果断抓住机遇，迎接挑战，全方位、大规模地积极参与国际竞争与合作，实现能源战略的新调整、新发展。

一、中国当前面临的能源资源形势与挑战

1. 金融危机后的国际能源资源形势

从 2008 年下半年开始，由美国次贷危机引发的金融风暴愈演愈烈，最终发展成为一场全球性的金融危机。世界主要经济体果断联手救市、实施庞大的经济刺激计划，新兴大国经济增长的拉动，世界经济下滑趋势在 2009 年年末止跌回升。然而，这场全球金融危机对于国际能源资源领域的影响却是不容低估的。

首先，金融危机使世界经济陷入衰退，对全球能源产业带来严重冲击。2008 年下半年以来全球能源资源市场出现疲软，国际市场对石油、天然气、煤炭等能源资源需求明显下降。原油等国际能源资源价格出现不同程度的下跌，能源资源行业的企业销售收入大幅下降，部分企业出现资金短缺和融资困难，对于新产能的投资也出现下降。比如在石油领域，"由于市场萎缩，重油、油砂、深水等高成本项目被迫中断或推迟，境外油气合作的资源空间缩小"。②

---

① 本书所指的能源资源是一个较为宽泛的概念，主要包括石油、天然气、煤炭等能源与金属矿藏。
② 潘继平等：《中国境外油气勘探开发的机遇、挑战和对策》，《国际石油经济》2009 年第 5 期。

其次，国际金融危机冲击了原有的国际能源资源市场格局，国际能源资源秩序发生微妙而深刻的变化。由于能源资源企业的效益下滑，收入大幅下降，能源与资源生产国面临严峻的经济与财政形势。这种局面迫使一些国家调整能源与资源产业的对外合作政策，提供更加优惠的条件以吸引国际投资。金融危机使传统西方大国无暇他顾，新兴经济体由此得到国际能源资源市场的更多机会。由于能源资源价格相对疲软，新兴大国参与国际市场竞争的门槛较低，以往南北对立的资源生产国与消费国之间关系出现具有深远影响的新变化。

最后，金融危机导致新一轮的全球能源资源企业资产并购与重组。在金融危机的情况下，规模较小的能源资源企业由于规模小、实力弱，抵挡危机的能力也相对较弱，面临较大的破产风险。而那些规模较大、实力雄厚的企业则通过结构调整、资产重组和并购、资源整合等方式，危中寻机，提高自身的竞争力以渡过难关。部分国家政府为了解决财政困难，增加企业的流动资金，也会通过出让部分国有资源和国有资产的办法来获取资金。国际能源资源产业领域趋于集中。

2. 国际能源资源新形势对中国的影响

随着中国越来越融入经济全球化进程，受到国际能源资源环境的影响也愈加增大。金融危机后的国际能源资源形势对中国的影响是双重甚至多重的。

就机遇方面来说，主要有两点：

一是给中国企业"走出去"提供了前所未有的机遇。如前所述，金融危机使国际能源资源价格大幅下降，一些国家和企业开始推出一系列的优惠政策以吸引国际投资，从而为中国企业的海外并购提供有利机遇。同时，我国能源资源企业受金融危机影响较小，加上国家在外汇财政方面的支持，具有参与国际并购与合作的竞争力。以石油为例，国际市场的原油价格从 2008 年最高点的 147.27 美元/桶跌至年末的每桶 40 多美元。这对于中国能源业来说，无疑是参与国际能源资源重组并购的良机。"此次全球金融危机发生前，中国企业也并非没有海外并购的意图和打算，但当时受制于海外能源价格过高，中国企业根本无法出手；金融危机发生后，中外企业实力对比的变化，为中国企业带来了更多优势。"[①] 2009 年上半年全球跨境并购规模同比下降35％，而中国企业海外收购总额同比增加40％，仅次于德国，居世界第二位。

二是在金融危机背景下，中国能源资源企业参与国际合作的外部环境有所改善，"中国能源威胁论"的国际舆论空间有所压缩。一些国家迫于经济压力，从猜忌与排斥中国转向谋求与中国合作，寄望获得紧俏的投资或贷款以摆脱经济困境。"中国能源威胁论"是由本世纪初美国等西方战略界对中国能源需求上升导致地缘政治和国际能源安全影响的错误研判，在西方国家广为流传。在国际能源价格不断高涨的时期，中国则被当成了国际油价持续走高的幕后推手。在一些美国人眼中，中国石油消费的增长抬高

---

① 张瑶瑶：《中国企业海外能源并购能否承受成本之重?》，《中国会计报》2009 年 8 月 28 日。

了国际市场的原油价格，给美国经济带来严重威胁；更令他们担忧的是中国为保障能源安全，正在和一些敌视美国的国家和地区进行合作，这完全有悖于美国的国家战略利益。无论是出于恶意的炒作还是无意的盲从，"中国能源威胁论"一方面恶化了中国实施海外能源战略的外部环境；另一方面也影响了中国政府与有关国家和国际组织之间的国际能源合作。① 金融危机后，"中国能源威胁论"的鼓噪渐弱，一些地方还出现了"中国机遇论"，中国企业参与国际合作的外部环境得到改善。

在挑战方面，首先，中国能源资源瓶颈问题仍然非常突出，在未来相当长的时间内将难以消除。以石油为例，2004 年我国石油对外依存度②达 48%（1993 年为 6.7%），其中原油进口依赖度达 40%（1996 年为 1.2%）。2008 年全年石油净进口量高达2.0067 亿吨，增长 9.5%，石油和原油对外依存度分别达到 52% 和 48%。③ 2009 年，虽然出现了严重的国际金融危机，全年石油进口仍出现接近 10% 的增长，对外依存度仍会超过 50%。④ 由于我国目前仍处于工业化和城市化加速发展的阶段，由此产生的能源与资源需求在未来一段时期内仍将呈现出刚性上升的势头。2009 年 11 月，突如其来的寒流引发我国诸多地区一场大面积的"气荒"，其中部分城市的燃气缺口高达 40%。杭州、武汉、重庆等城市不得不采取限供、停供等紧急措施。这次"气荒"，除了天气影响及调峰能力不足之外，还缘于我国天然气供应脆弱的平衡状态，近几年，天然气供给量持续上升，但是需求上升更快。⑤ 显然，能源与资源问题仍然是制约我国经济与社会发展的重要瓶颈。

其次，对企业收益的挑战。金融危机后，能源资源的市场有所萎缩，能源资源价格下跌，企业收益随之下滑。2008 年前 11 个月，我国油气开采行业利润总额为 4565.76亿元，虽比上年增长 37.2%，但比前 8 个月回落了 17.5%；亏损企业 46 家，比上年增长 39.4%，亏损面为 22.1%；亏损企业亏损额 38.41 亿元，比上年增长 171.8%。⑥ 另外，由于惯性的作用，全球油气开采的单位成本并没有随着国际油价的大幅跳水而同步下降，石油公司承受着巨大的成本压力。由此，我国能源业一些成本较高的海外项目受到不同程度的影响。

最后，对海外能源资源合作安全的挑战。我国对外能源资源合作大多集中于政治动荡和社会冲突地区，存在着较高的安全风险。以石油为例，目前我国原油进口约 50%来自中东地区，伊拉克、伊朗、也门等国或国内政治局势不稳，或与美国等西方国家存

---

① 余建华、王震：《"中国能源威胁论"析解》，《国际关系研究》2006 年第 2 辑。
② 依存度：即石油年进口量与本国石油消费总量的比值，是衡量一国能源对外依赖程度和能源安全的重要指标。
③ 田春荣：《2008 年中国石油进出口状况分析》，《国际石油经济》2009 年第 3 期。
④ 永增：《中国必须另辟蹊径》，《中国石油石化》2010 年第 1 期。
⑤ 张桂林、张苘等：《全球过剩，中国气荒：天然气告急根源何在？》，《国际先驱导报》2009 年 11 月26 日。
⑥ 谢祥俊等：《浅析金融危机对我国石油产业的影响和对策》，《中国西部科技》2009 年第 10 期。

在矛盾和冲突。非洲作为中国的另一个主要的能源资源进口来源，已占中国原油进口总量约30%，其中的安哥拉、尼日利亚、阿尔及利亚、利比亚、苏丹等国也存在国内动荡或西方制裁。在中亚的阿富汗，中国投资的埃纳克铜矿也面临恐怖和战乱的威胁。我国能源资源运输通道也存在很大的安全风险。目前我国进口石油的90%经海路运输，80%要穿过马六甲海峡。印度洋亚丁湾、索马里海域以及马六甲海峡正是海盗活动猖獗的地区，这都无形中增加了中国企业参与海外合作的安全成本，给中国能源资源安全带来重大挑战。

3. 中国能源资源企业"走出去"的非市场因素

虽然2009年成为中国能源资源企业"走出去"的良好机遇，中国的能源与资源企业通过入股、合资、并购等方式在国际市场上主动出击，积极参与国际合作，并获得极大的成功。但是，这些企业在"走出去"的过程中仍然面临一些障碍，特别是一些"非市场"因素的消极影响。

这些非市场因素包括有关国家之间的地缘政治竞争、战略上的不信任以及国际舆论的所谓"中国威胁论"。对于中国与中亚国家之间的能源资源合作，俄罗斯和中亚地区也存在不同的声音。俄罗斯《独立报》就中哈联合开采哈萨克斯坦境内的伊尔科里铀矿发布评论说："中哈联合开采铀矿标志着北京在前苏联经济空间内的扩张进入到新阶段。"[1] 澳大利亚政府先是以安全为借口，拒绝了中国五矿集团以22.6亿美元收购OZ矿业公司，后来又以同样借口，否决了武钢以4500万澳元收购霍克斯内斯特铁矿项目50%的股份。金融危机后"中国威胁论"并未销声匿迹。上半年国际市场的铜价回升，一些人就认为中国国家物资储备局的大量囤积导致铜价上涨。"由于潜在客户需求不能解释中国为何大量购进铜，因此人们的怀疑自然指向中国国家物资储备局。"[2] 还有媒体将废铜涨价也归结于中国，认为"中国商人和公司大量囤积废铜"，"对于这场囤积居奇的活动，（中国）政府给予了支持，推动中国银行和大的工业企业四处出击，搜寻中国进一步致富所需的资源"。甚至危言耸听地提出"中国欲壑难填的胃口改变了上海金属市场的交易聚焦点。中国的引擎正在驱赶着整个世界"[3]。美国一家智库的2009年9月战略报告指出："能源安全问题不在于中国预订石油供应的努力，而在于中国日益扩大的需求，而这种需求会推高国际油价。更大的问题在于中国与无赖政权的交往，这与美国的能源安全无关，而是反映出中国有能力破坏针对美国不喜欢的国家实施的制裁。"[4]

---

[1]　伊戈尔·瑙莫夫：《北京和阿斯塔纳开始开采伊尔科里铀矿》，（俄罗斯）《独立报》2009年4月29日。
[2]　汤姆·霍兰：《有关铜市的巫术流言》，香港《南华早报》2009年7月30日。
[3]　大卫·怀顿：《金属的吸引力》，英国《泰晤士报》2009年9月18日。
[4]　亚伯拉罕·丹马克、尼拉夫·帕特尔主编：《中国登场：创建一种全球关系的战略框架》，美国新安全研究中心网站2009年9月，http://www.cnas.org/files/documents/publications/CNAS%20China's%20Arrival_Final%20Report.pdf。

国人也许还对 2005 年中海油收购美国优尼科石油公司一案记忆犹新,当中海油试图以优惠条件收购这家美国能源公司时,一些美国议员以国家安全为借口,竭力阻止这场收购。原本属于正常的商业行为被注入了过多的政治因素,最终导致中海油收购计划流产。2009 年 2 月,中国铝业有限公司和澳大利亚矿业巨头力拓公司达成协议,中国铝业公司将斥资 195 亿美元持有力拓 18% 的股份。虽然这项协议将有助于力拓公司减轻其在 2007 年高价收购加拿大铝业集团后背负的巨额债务,然而这桩商业性交易却遭遇澳国内强大的政治反对。澳大利亚一些政界人士声称,这"给予一家政府控制的企业在战略资产上太多的控制权,而没有任何的交换条件"。他们认为中国铝业公司会利用董事会的席位"充当其东家中国政府的'代理人',寻求压低铁矿石和其他对中国经济持续增长至关重要的矿产品的价格,而不是努力争取企业利润的最大化"①。还有人指责说"中国大举进入澳大利亚经济的关键领域威胁到了该国的国家安全"②。这些反对舆论促使力拓公司在 6 月宣布放弃与中国铝业公司达成的交易。

2009 年 7 月 5 日,力拓公司驻上海代表胡士泰等四名雇员因涉嫌受贿和窃取中国商业秘密在上海被中国安全部门拘捕。据报道,胡士泰等人通过贿赂等手段,非法获取国内各大钢铁企业的原料库存周转天数、进口矿需求、吨钢单位毛利、生铁的单位消耗等经济财务数据。③ 尽管中国外交部和商务部一再表示这起违法犯罪案件只是一起个案,但是一些西方媒体借机大肆渲染曲解,使之成为激发西方反华情绪的一剂猛料。《华尔街日报》的一篇文章煞有介事地说道:"将炼钢厂商的命运与中国政府的利益直接联系起来,这种做法给外国官员和商界人士敲响了警钟。力拓员工被拘显示出中国的国有企业处于一个拥有强大安全部门的政治体系当中。这些员工现在在负责情报和国家安全的国家安全局控制之下。"④ 《华尔街日报》另一篇文章也谈到:"此事令人醒悟到,中国晦暗不明的法律体系能够与其商业利益多么紧密地缠绕在一起。",并援引纽约大学法学教授科恩所言:"时值力拓与中国的一项得到广泛报道的重大商业谈判失败之际,该公司一名重要员工在中国遭到逮捕,这两个因素结合在一起使得这一事件变得轰动,难免不产生报复干预的推测。"⑤ 这起被炒得沸沸扬扬的商业犯罪案件最终给中澳双边关系带来阴影。同时表明,政治与意识形态等非市场因素仍时常被一些别有用心的势力利用,拿来作为阻挠中国能源与资源企业海外发展与合作的重要障碍。正如有评论家所指出的"中国由于国情所限,政治上一直被西方国家视为'异类'"。就中铝与力拓合作破产案件而言,"与 4 年前中海油收购美国加州联合石油公司一样,政治因素

① 夏伊·奥斯特:《中铝曾做让步 力拓拒绝回心》,美国《华尔街日报》2009 年 6 月 12 日。
② 达纳·西米露卡、夏伊·奥斯特:《力拓放弃与中铝公司 195 亿美元交易》,美国《华尔街日报》2009 年 6 月 5 日。
③ 程刚:《力拓"间谍门"暴露中国国家经济安全体系几为空白》,《中国青年报》2009 年 7 月 24 日。
④ 安德鲁·巴斯顿、琳达·麦卡法兰:《力拓间谍案或影响外商在华投资》,美国《华尔街日报》2009 年 7 月 13 日。
⑤ 詹姆斯·阿瑞迪:《力拓案令中国的经商环境受到质疑》,美国《华尔街日报》2009 年 7 月 9 日。

再度成为中国企业开展海外并购的一块绊脚石"①。

二、中国能源资源战略的调整

中国政府着眼于自身，对内继续加强能源资源政策与管理机制的建设，将能源资源安全与节能减排、环境保护、新能源产业发展等统筹协调。主要体现在三个方面：设立并完善有关能源资源的政策法规；继续推进国内能源资源价格机制与管理体制改革；拟定一系列有关新能源产业的发展计划与扶持政策。

1. 政策法规的设立与完善

我国面临的严峻能源资源形势推动了国内相关领域的立法工作。主要包括三个方面内容：一是节能环保方面的政策与法律规范；二是传统能源产业的行业规范；三是发展、扶持和管理新能源产业的规章制度。它们有的是经过全国人大审议后通过的法律制度，有的是职能监管部门拟定的行业管理规范。

根据全面建设小康社会的总体要求，我国"十一五"期间的目标是实现人均国内生产总值比 2000 年翻一番，资源利用效率显著提高，单位国内生产总值能源消耗降低 20% 左右，主要污染物排放总量减少 10%。为此，2007 年 6 月国务院出台了《节能减排综合性工作方案》，明确 2010 年我国实现节能减排的目标任务和总体要求。2009 年 7 月 19 日，国务院又出台《2009 年节能减排工作安排》，强调 2009 年是实现"十一五"节能减排目标具有决定性意义的一年，各地区、各部门要从加强目标责任考核等 12 个方面入手，进一步加大工作力度，确保节能减排目标完成进度与"十一五"规划实施进度同步。"十一五"节能减排目标是具有法律效力的约束性指标，为保证顺利实施，在有效发挥经济和行政手段的同时，还必须运用法律手段依法推进节能环保工作。

在节能环保领域，继 2003 年实施的《清洁生产法》② 之后，2008 年 4 月起新修订的《节约能源法》正式实施。与 1998 年起施行的《节约能源法》相比，这部 2007 年 10 月十届全国人大常委会表决通过的新版《节约能源法》在法律层面将节约资源确定为我国的基本国策。③ 该法进一步突出了节能在我国经济社会发展中的战略地位，扩大了法律调整范围，健全了管理制度，完善了激励机制，明确了节能管理和监督主体，强

① 刘罡：《从中铝失意看中国国家战略的缺失》，美国《华尔街日报》2009 年 6 月 8 日。
② 2002 年 6 月 29 日由九届全国人大常委会通过，2003 年 1 月 1 日起施行。该法宗旨是促进清洁生产，提高资源利用效率，减少和避免污染物的产生，保护和改善环境，保障人体健康，促进经济与社会可持续发展。
③ 全国人民代表大会常务委员会：《中华人民共和国节约能源法（2007 年修订）》，2007 年 10 月 28 日。

化了有关各方的法律责任，增强了法律的针对性和可操作性，为节能工作提供了明确的法律保障。该法在第一条开宗明义地指出，制定本法的目的在于"推动全社会节约能源，提高能源利用效率，保护和改善环境，促进经济社会全面协调可持续发展"；并在第四条规定："节约资源是我国的基本国策。国家实施节约与开发并举、把节约放在首位的能源发展战略。"第七条和第八条分别就节能环保和新能源产业的发展进行了规定："国家实行有利于节能和环境保护的产业政策，限制发展高耗能、高污染行业，发展节能环保型产业。""国家鼓励、支持节能科学技术的研究、开发、示范和推广，促进节能技术创新与进步。"

为积极配合《节约能源法》的实施，2008 年 6 月，国家标准委制定了 46 项与《节约能源法》配套的国家标准，为推广节能减排技术和规范市场秩序提供有力的技术支撑。其中包括：22 项高耗能产品单位产品能耗限额标准，5 项交通工具燃料经济性标准，11 项终端用能产品能源效率标准，8 项能源计量、能耗计算、经济运行等节能基础标准；其中新制定国家标准 37 项，修订国家标准 9 项，强制性国家标准 36 项。此外，国务院在 2008 年 8 月 1 日发布了《民用建筑节能条例》，就民用建筑的节能标准和规范要求进行了明确规定。

在传统能源资源产业方面，一方面是对原有法律法规的进一步修订和完善，2001 年和 2007 年国务院两次修订《对外合作开采陆上石油资源条例》，《矿产资源法》、《煤炭法》和《电力法》也在抓紧修订。另一方面是针对实践过程中的新问题而制定的新的政策法律、规章制度，如 2006 年财政部通过的《石油特别收益金管理办法》、2007 年商务部通过的《原油市场管理办法》和《成品油市场管理办法》、2007 年发改委通过的《天然气利用政策》和《煤炭产业政策》，相应地，作为正式立法的《能源法》、《循环经济法》和《石油天然气管道保护法》正在抓紧制定。此外还有一些针对具体问题的配套政策措施，如国务院 2008 年 12 月下发的《关于实施成品油价格和税费改革的通知》（下文将阐析）等。

在新能源产业发展方面，全国人大于 2005 年 2 月通过《可再生能源法》。该法宗旨是促进可再生能源的开发利用，增加能源供应，改善能源结构，保障能源安全，保护环境，以实现经济社会的可持续发展。该法明确说明：国家将可再生能源的开发利用列为能源发展的优先领域，通过制定可再生能源开发利用总量目标和采取相应措施，推动可再生能源市场的建立和发展；国家鼓励各种所有制经济主体参与可再生能源的开发利用，依法保护可再生能源开发利用者的合法权益。该法为促进我国可再生能源发展提供了宏观政策，具体实施还需要颁布有关各项配套法规、规章及技术规范。同时，政府出台了《可再生能源发电有关管理规定》和《可再生能源发电价格和费用分摊管理试行办法》。

《可再生能源法》于 2006 年起正式实施后，对加快推动我国可再生能源的开发利用发挥了非常重要的作用。随着近年来我国可再生能源产业快速发展，该法实施中存在的一些问题逐步暴露出来，诸如风能、多晶硅等新能源产业出现重复建设倾向，国家电网的规划和建设不适应可再生能源的发展，可再生能源发电上网电价与费用分摊机制不完善，配套优惠财税政策未能有效落实，等等。[1] 2009 年 8 月 24 日，十一届全国人大常委会首次审议《可再生能源法》修正案草案，并向社会公开征求意见。这次修订，主要集中于两个方面：一是提出了更加明确的"可再生能源发电全额保障性收购制度"，完善了相关责任条款；二是规定国务院能源主管部门必须根据国家可再生能源开发中长期总量目标、能源战略、可再生能源技术发展状况，制定科学可行的发展规划。[2]《可再生能源法》修正案草案还规定，国家设立政府基金性质的可再生能源发展基金。

2. 深化能源资源体制改革

按照完善社会主义市场经济体制的要求，稳步推进能源资源价格机制和管理体制的改革，是改善发展环境、实现能源资源战略可持续发展的必然逻辑。近来我国在实施能源资源价格机制和管理体制的改革方面均迈出重要步伐。

为着力提高能源市场化程度，完善能源宏观调控体系，需要政府在妥善处理不同利益群体关系、充分考虑社会各方面承受能力的情况下，积极稳妥地推进能源资源价格改革。1998 年之前，我国原油和成品油实施单一的政府定价模式。1998 年后，我国对原油和成品油价格形成机制进行重大改革。国内原油价格实现了与国际市场的直接接轨，成品油则确立与国际油价变化相适应，在政府调控下以市场形成为主的价格形成机制，具体为原油加上炼油成本和适当的利润以及国内关税、流通费等，共同形成国内成品油零售基准价。这种成品油价格机制存在的很大缺憾是，其定价仍在较大程度上受政府行政指令的干预，未能有效反映资源的稀缺程度、市场供求关系和环境成本。

2008 年 7 月下旬以来，国际原油价格的大幅回落为我国成品油价格和税费改革提供了难得机遇。2008 年 12 月 18 日，国务院下发《关于实施成品油价格和税费改革的通知》，规定从 2009 年 1 月 1 日起实施成品油税费改革。改革的主要内容为：取消原在成品油价外征收公路养路费等六项收费，逐步有序取消政府还贷二级公路收费；同时，汽油消费税单位税额每升提高 0.8 元，柴油消费税单位税额每升提高 0.7 元，其他成品油消费税单位税额相应提高。国务院同时决定完善成品油价格形成机制，理顺成品油价格，规定国产陆上原油价格继续实行与国际市场直接接轨，国内成品油价格继续与国际市场有控制地间接接轨。成品油价格既要反映国际市场石油价格变化和企业生产成本，又要考虑国内市场供求关系；既要反映石油资源稀缺程度、促进资源节约和环境保护，又要兼顾社会各方面承受能力。具体来说，国内成品油出厂价格以国际市场原油价格为基础，加国内平均加工成本、税金和适当利润来确定。当国际市场原油一段时间内平均

---

[1] 郭薇：《〈可再生能源法〉：全额保障性收购可再生能源》，《中国环境报》2009 年 12 月 21 日。
[2] 田磊：《〈可再生能源法〉：修订的双重诉求》，《南风窗》2009 年 9 月 22 日。

价格变化超过一定水平时，相应调整国内成品油价格。一年来的情况表明成品油税费改革平稳实施，成效显著。① 这标志着酝酿多年的成品油价格和税收改革取得实质性进展，对规范政府收费行为，公平社会负担，促进节能减排和结构调整，依法筹措交通基础设施维护和建设资金，促进交通事业稳定健康发展，都具有重大而深远的意义。

能源资源是社会经济发展的基础性战略资源，为加强各方统筹协调，强化国家能源发展的总体规划和宏观调控，近年来，我国在调整和完善国家能源管理体制和决策机制方面接连迈出重要步伐。

第一步：2005 年 5 月，为加强对我国能源战略规划和重大政策制定等前瞻性、综合性、战略性工作的领导，国务院决定成立以温家宝总理任组长的国家能源领导小组，成员包括 13 位国家主要部委领导，主要任务是研究国家能源发展战略和规划以及能源开发与节约、能源安全与应急、能源对外合作等重大政策，下设办事机构"国家能源领导小组办公室"。

第二步：为进一步加强能源行业管理，改变多头管理、分散管理、协调性差的局面，作为国务院机构改革的重要组成部分，2008 年 3 月国务院决定成立由国家发展和改革委员会（发改委）管理的国家能源局，不再保留国家能源领导小组及其办事机构。作为国家主要能源管理部门，国家能源局具体职责包括：拟订能源发展战略、规划和政策，提出相关体制改革建议；实施对石油、天然气、煤炭、电力等能源的管理；管理国家石油储备；提出发展新能源和能源行业节能的政策措施；开展国际能源合作等。②

第三步：为进一步加强能源战略决策和统筹协调，作为 2008 年国务院机构改革的后续，2010 年 1 月正式成立由温家宝总理与李克强副总理分别担任主任与副主任的国家能源委员会，发改委、科技部、工信部、财政部、国土资源部、环保部、交通运输部、水利部、电监会等 21 个中央和国家部委的负责人担任委员，设立由发改委主任与国家能源局局长分别兼任主任与副主任的国家能源委员会办公室，办公室具体工作由国家能源局承担。国家能源委员会的主要职责是：负责研究拟订国家能源发展战略，审议能源安全和能源发展中的重大问题，统筹协调国内能源开发和能源国际合作的重大事项。

我国能源发展正处于一个承前启后的关键时期，日益复杂的国际能源形势和艰巨的国家能源战略使命，需要我国从高层次上加强战略决策和统筹协调。国家能源委员会的适时成立，对构筑稳定、经济、清洁、安全的能源供应体系将发挥积极作用。③ 国家能源局是国家能源委的专门办事机构。作为我国目前最高规格的能源机构，国家能源委员会既有权威性，又有能源局这个国家能源主管部门作为执行平台，就能在指导国家能源

---

① 韩洁、罗沙：《成品油税费改革一年来预期目标顺利实现》，人民网 2008 年 12 月 18 日，http：// finance. people. com. cn/GB/10640588. html。

② 刘倩如：《国家能源局正式运作，中国能源行业统筹管理值得期待》，《国际石油经济》2009 年第 1 期。

③ 《国家能源委成立透出新信息》，《人民日报》2010 年 1 月 28 日。

与经济、社会、环境协调发展的战略决策上发挥更有效的作用，也有利于国家能源局进一步发挥在全国能源行业管理的职责，由此今后我国能源领域大政方针的制定及贯彻也具备有更得力有效的体制基础，明显有助于缓解我国目前的能源瓶颈，提高我国能源的战略管理能力。

3. 石油战略储备体系与机制初步形成

为应对国内能源对外依赖持续增加的趋势，2001年5月发布的国民经济与社会发展第十个五年计划能源发展重点专项提出：为保证石油供应安全，提高政府调控国内石油市场的能力，要加快建立国家石油储备制度，逐步形成我国完备的石油储备体系，"十五"期间要争取建成一定规模的国家战略储备能力。同时，鼓励企业扩大商业石油储备。①

2003年我国正式启动国家战略石油储备基地的建设工作。2004年3月开始，国家第一期选定的四个战略石油储备基地——浙江的宁波镇海和舟山岱山、山东的青岛黄岛和辽宁的大连新港相继开工。其中镇海和青岛黄岛储油基地的建设进度较快，2005年镇海储油基地一期工程基本竣工。同时国家第二、三批的石油战略储备基地选址工作也在加紧进行。2008年不期而至的金融危机使国际油价急转直下，为我国石油企业开展战略石油储备创造了难得的机遇。我国抓住国际油价由高走低的良机，增加了石油进口，充实石油储备，2008年我国累计石油进口21853万吨，比上年度增长10.9%。②到2008年年底，一期工程的四大基地均已建成并开始注油运营，一期工程的石油总储备量为1640万立方米，约合原油1400万吨。2009年9月，位于新疆独山子等地的第二期战略石油储备基地规划也相继完成规划并开工建设，第二期战略石油储备基地库容将达2680万立方米，约合原油2300万吨。第一、二期战略石油储备基地工程完成后，我国的战略石油储备可用天数分别达到20天和30天。与此同时，我国能源企业的商业石油储备建设也抓紧推进。2008年12月，中石油位于新疆鄯善的国家级原油商业储备库一期工程建成并开始注油。一期工程由10座单罐容积为10万立方米的储油罐组成，工程总规模为100万立方米，总投资65亿元，主要用于储存西部原油管道输送的哈萨克原油和新疆原油。此外，中石化位于镇海岚山的商业原油储备基地工程也通过中交验收，岚山基地的库容约为380万立方米。这标志着以国家战略储备和商业储备相结合的石油储备体系逐步形成。

与之相配套的石油储备管理机制也在抓紧建设。2007年12月，国家石油储备中心正式挂牌成立。该中心的宗旨是为维护国家经济安全提供石油储备保障，其职责是行使作为出资人的权利，负责国家石油储备基地的建设和管理，承担战略石油储备的收储、轮换和动用任务，检测国内外石油市场的供求变化。国家发改委正在加紧起草《石油

---

① 海松：《中国完善综合石油储备体系》，《国际石油经济》2009年第1期。
② 崔民选主编：《中国能源发展报告2009》，社会科学文献出版社2009年版，第109页。

储备管理条例》，这一条例将对石油储备设施的所有权、运作方式、保障实施等进行规范。它和国家石油储备中心一起，推动我国石油储备的制度化、法律化、规范化，成为国民经济发展所需能源资源的有利保障。

4. 新能源产业的迅猛发展与存在问题

2003 年以来，以石油为代表的国际能源资源价格高涨在很大程度上推动了国际社会寻找可替代能源的努力，并由此推动了新能源产业的发展。新能源产业主要是相对于传统的碳氢能源产业而言，目前人们所说的可再生能源或可替代能源主要是指石油、天然气、煤炭等化石燃料以外的能源，除水力发电外，主要包括风能、太阳能、水能、生物质能、地热能、海洋能等非化石能源。

实际上，对我国而言，在发展碳氢能源之外的可替代能源的同时，还需要发展与碳氢能源有关的一些清洁技术，以实现保护环境、降低碳排放的目标。为扶持和推动新能源产业的发展，我国于 2005 年 2 月出台了《可再生能源法》，2009 年 8 月又对该法做了进一步的修订。与此同时，还出台了一系列配套的政策法规和实施细则。2006 年国家发改委先后颁布了《可再生能源产业发展指导目录》、《可再生能源发电有关管理规定》、《可再生能源发电价格和费用分摊管理试行办法》。同年 6 月，国家财政部也出台了《可再生能源专项资金管理暂行办法》；11 月份，国家发改委与财政部联合发布了《促进风电产业发展实施意见》。2007 年 5 月，国务院批准成立了国家核电技术公司，并公布了《国家核电发展专题规划》和《核电中长期发展规划（2005—2020 年)》。同年 9 月，国家发改委公布了《可再生能源中长期发展规划》，提出我国可再生能源年利用量占能源消费总量的比重要从目前的 8% 提高到 2020 年的 15%，2020 年可再生能源年利用量要达到 6 万亿吨标准煤[①]，并确定水电、生物能、风能、太阳能等作为我国可再生能源发展的重点领域。根据相关规划，到 2020 年，我国水电的总装机容量将达到 3 亿千瓦，生物能的装机总容量将达到 3000 万千瓦，生物燃料乙醇的年利用量将达到 1000 万吨，生物柴油的年利用量达到 200 万吨；全国风电装机总容量将达到 3000 万千瓦，包括建成若干个风电基地和风电大省；太阳能热水器总集热面积将达到 3 亿平方米，太阳能发电总容量达到 180 万千瓦；核电运行装机总容量达到 4000 万千瓦；地热能的年利用量达到 1200 万吨标准煤。

在国家有关政策的推动和激励下，我国的新能源产业近年来取得突飞猛进的发展。2006 年和 2007 年我国的风电装机容量分别为 464.3 万千瓦和 590.6 万千瓦，年均增长 148%，2007 年新增装机容量为 296.17 万千瓦，在建容量为 420 万千瓦；2008 年风电装机容量达到了 1000 万千瓦。太阳能领域，2007 年我国太阳能集热器年产量达 2300 万平方米，总保有量达 10800 万平方米；光伏发电设备新增装机容量 26 兆瓦，总装机容量为 106 兆瓦。光伏产能仅次于德国、日本，90% 以上的光伏电池组件和系统销往国

---

① 崔民选主编：《中国能源发展报告 2009》，社会科学文献出版社 2009 年版，第 186 页。

外。在生物能利用方面，2007年我国生物能发电累计装机容量220万千瓦；2004年国家发改委指定了四家企业从事燃料乙醇的试点产生，目前我国已成为世界第三生物燃料乙醇生产国；2007年以来，中海油、中石油等相继启动了生物柴油项目建设，预计2010年生物柴油产量将达到200万吨。核电领域，2006年我国核电总发电量为548.45亿千瓦，2007年六座核电站13台机组的发电量已达906.8万千瓦。此外，还有多个在建项目，其中三门核电项目采用了世界上最为先进的第三代核电技术。① 在传统能源产业结构调整方面，主要是推动原煤气化和煤转油技术，以及天然气和煤层气的使用等。以天然气为例，2000～2008年我国使用天然气的年均增长率在15%以上。截至2008年年底，全国天然气消费市场已扩展至30个省市区的280多个地级市，超过10亿立方米的省市区达到20个。据估计，2009年全国天然气总需求大约在930亿～950亿立方米之间。②

需要指出的是，新能源产业在快速发展的同时，也还存在一系列的问题。首先是部分行业发展缺乏合理的规划和论证，导致行业内部过度竞争或产能过剩。以风电为例，风电虽然是可再生的清洁能源，但由于近年来风电项目"一窝蜂"上马，致使风电产能严重过剩。据有关专家估计，"2008年新建的风力发电设备中，有1/3左右未能连上输电线，因此发挥不了作用"③。在太阳能领域，我国的太阳能光伏电池年产量最近几年平均增幅达200%，多晶硅等生产已严重过剩。国内生产太阳能的企业达3000多家，但并未形成一个完整的产业链。"90%以上的原料和设备进口，90%以上的产品出口，……中国成了另一个'世界加工基地'。"④ 其次是一些盲目上马的新能源技术不适合中国国情，或者技术仍然不够完善。以液化煤技术为例，每液化1吨煤，就要从地下蓄水层抽出6.5吨水，同时向空中排放3吨多的二氧化碳，其环境代价和成本未免过于高昂。⑤ 生物燃料虽然是一种有效的可替代能源，但对于我国这样一个耕地缺乏的国家来说未必理想。正如有美国学者所说，"任何需要优质耕地的生物燃料都要比汽油还糟糕，比玉米乙醇轻一点的灾难仍然是灾难"，据估计，越野车加满一箱乙醇汽油所需的谷物足够一名饥民吃上一年。⑥ 最后是新能源价格居高不下，国内关于新能源产业的配套政策和基础设施仍不够完善。新能源虽然具有可再生性，并且污染较小，但是往往经济成本较高，因此在商业化应用时存在较大障碍。即便是在技术先进的德国，太阳能电力的价格也是普通电力价格的四倍多。因此，大多数新能源项目依赖于国家的政策扶持和财政补贴，但"关键是在这种补贴上长大的新能源缺乏在市场上竞争、生存的能力，也缺乏对资金的吸引力"。⑦ 此外，风电和太阳能发电等还存在着不稳定性，无法

---

① 郝鸿毅主编：《"后危机时代"石油战略》，中国时代经济出版社2009年版，第280～283页。

② 孙岩冰、王秀强：《天然气遭遇"高雪压"》，《中国石油石化》2009年第23期。

③ 《一窝蜂上马使中国风力发电站严重过剩》，（日本）《东洋经济》周刊2009年10月3日。

④ 郝鸿毅主编：《"后危机时代"石油战略》，中国时代经济出版社2009年版，第197页。

⑤ 华衷：《中国煤炭巨人的两张面孔》，英国《卫报》2009年11月15日。

⑥ 迈克尔·格伦沃尔德：《关于替代能源的七个神话》，美国《外交政策》2009年10月9日。

⑦ 张抗：《三问新能源》，《中国石油石化》2009年第20期。

大规模储存。而且一些新上马的发电场无法接入电网，生产的电力也无法进入市场。因此，国内一些城市在安装风电装置之后，仍然无法摆脱对煤电的依赖。[①] 在清洁能源的推广方面，虽然我国的天然气市场发展很快，但是建设天然气管道的过程中忽视了调峰机制和储气库的建设，导致 2009 年年底不少城市出现了大面积"气荒"现象。

三、中国国际能源战略的新发展

在经济全球化日益推进、国家间经济相互依赖不断深化的今天，中国的能源安全与世界的能源安全紧密联系。中国的能源发展离不开世界，世界的繁荣也离不开中国的能源安全。要解决中国能源问题，除了立足国内、多元发展、节能减排外，还必须顺应经济全球化潮流，内外并举，实施全球资源战略，开展国际能源互利合作。突如其来的全球金融危机既给中国的发展带来了严重困难，也为中国推进海外经营、扩大国际能源合作创造了有利空间。

1. 中国国际能源战略发展的三个阶段

改革开放以来我国国际能源合作战略大致上经历了三个发展阶段。1978～1993 年是第一阶段，这是我国国际能源发展战略的探索与形成阶段。建国初期的贫油国到 1963 年实现石油供应基本自给，1978 年我国成为世界第八大产油国，而且有少量出口到日本等地。改革开放后，我国对外能源合作逐渐酝酿起步。1979 年中美建交前后，能源成为中美共同推动的合作领域之一。[②] 20 世纪 80 年代能源是中国和欧共体开展科技合作最早的领域，1982 年中国和欧共体签署了第一个能源合作项目合同。[③] 1985 年我国石油净出口达到顶峰（3540 万吨）。不过在 80 年代，我国能源领域国际合作主要还停留在"引进来"的阶段，在当时能源资源供应充足的情况下，利用国内外两种资源的意识尚未形成。随着改革开放后社会经济的腾飞，我国的能源资源消费量持续攀升。其中，石油在能源消费结构中的比重持续上升，然而国内石油生产在整个能源消费结构中的比重却在不断下降。1993 年，我国成品油进口量第一次超过石油出口量，开始成为石油纯进口国。由于石油供应结构的变化，传统的单靠国内能源供应的思路已经不能适应形势发展的需要，中央及时地调整我国能源发展思路，提出充分利用国内外两种资源和两种市场发展、实施"走出去"战略的方针。1993 年，中石油中标秘鲁塔拉拉油田 6/7 区项目，同时在泰国获得邦亚区块石油开发作业权，拉开了中国石油业进军海外市场的帷幕。同年 12 月，江泽民同志在主持召开中央财经领导小组工作会议上，

---

① 《中国风场供电秘而不宣的尴尬》，美国《华尔街日报》2009 年 9 月 28 日。

② 肖炼：《中美能源合作前景及对策》，世界知识出版社 2008 年版，第 23～28 页。

③ 余建华：《欧盟对外能源合作若干问题探析》，《国际问题论坛》2006 年第 3 期。

提出"稳定东部、发展西部，国内为主，国外补充，油气并举，节约开发并重"的能源发展方针。① 至此，我国能源产业发展发生转折性的历史变化，我国国际能源合作的"走出去"战略开始形成。

1994～2005 年为第二阶段，这是中国国际能源发展战略的稳定推进时期。为配合"走出去"战略的有效实施，国家专门成立了国家石油化学工业局，打破石油行业的分割垄断，组建了中石油、中石化、中海油和中化集团，并鼓励和支持企业集团参与海外合作。1994 年中海油参股美国阿科公司的马六甲油田合同签订，这是中国首次投资海外油田，1995 年中海油从印尼马六甲油田运回中国产自海外第一批份额原油。1996 年，中石油在苏丹打出第一块高产油井。1997 年，中石油又获得哈萨克斯坦阿克纠宾石油公司 60.3％的股权，获准经营并开采其所属的油田。同年，中石油还获得了在委内瑞拉的石油开采作业权。

我国国际能源合作的"走出去"战略也向"多元化"路线发展。我国积极参加国际能源合作对话。1994 年以来我国参加亚太经合组织能源合作与对话，1997 年我国还举办了第十五届世界石油大会。2000 年，我国开始参加国际能源论坛。进入 21 世纪以后，我国的经济加速发展，能源对外依存度不断增加。2001 年公布的《国民经济和社会发展第十个五年计划纲要》明确提出"多元化"国际能源安全战略，规定"积极利用国外资源，建立海外石油、天然气供应基地，实行石油进口多元化"②。2001 年，财政部、外经贸部发布了《对外承包工程风险专项资金管理暂行办法》；2004 年，两部委又印发了《关于做好 2004 年资源类境外投资和对外经济合作项目前期费用扶持有关问题的通知》；发改委和中国进出口银行制定了《关于对国家鼓励的境外投资重点项目给予信贷支持政策的通知》；商务部和外交部还联合发布了首批《对外投资国别产业导向目录》。③ 在国际能源合作"多元化"战略的指导下，我国能源资源企业在对外融资、勘探开发、技术合作以及管道建设等方面都取得了不菲的成绩。

2006 年以来为第三阶段，这是我国国际能源合作战略走向全面完善的时期。2005 年，中海油收购美国优尼科石油公司遭到强大的政治反对，致使收购流产。这一事件促使我们对"走出去"战略进行反思，也使我们更加清醒地意识到国际能源形势发生的深刻变化。2006 年 7 月，在八国集团同发展中国家领导人举行的对话会议上，中国国家主席胡锦涛指出，"为保障全球能源安全，我们应该树立和落实互利合作、多元发展、协同保障的新能源安全观"。④ 他强调，中国能源安全与全球能源安全密不可分，中国能源获取不以别国利益减损为代价；中国将加强与各国能源政策的协调，实现能源供应的全球化和多元化，确保稳定的可持续的国际能源供应及合理的国际能源价格；中

247

---

① 夏义善、傅全章主编：《中国国际能源发展战略研究》，世界知识出版社 2009 年版，第 13 页。
② 《国民经济与社会发展第十个五年计划纲要》，《人民日报》2001 年 3 月 18 日。
③ 夏义善、傅全章主编：《中国国际能源发展战略研究》，世界知识出版社 2009 年版，第 17～18 页。
④ 吴绮敏等：《胡锦涛在八国峰会上提出新能源安全观》，《人民日报》海外版 2006 年 7 月 18 日。

国尤其注意加强与各国在节能技术上的研发合作，促进能源多元发展；中国将同世界各国一道，共同维护能源安全稳定的良好政治环境。这一阶段，在中央政策的有力支持和指导下，中国能源资源企业加大了"借船出海"的力度，积极、全面、广泛地参与国际能源资源合作，国内有关部门则予以相应的积极配合与协调。2006 年，国家发改委会同商务部、财政部、海关总署等联合制定《境外投资产业指导政策》、《境外投资产业指导目录》，明确将石油、天然气作为境外投资类优先项目。外交部也将"促进能源外交关系，帮助能源企业开辟国际市场作为外交工作的重点之一"①。

总之，这一阶段中国能源企业的海外经营更为老练，国际能源战略合作也更趋成熟。在建设和谐世界的理念和新能源安全观的指导下，中国本着互利共赢、共同发展的精神，与能源生产国和消费国、国际能源组织和跨国能源公司等各方开展全方位、多领域、多层次的交往与协作，在建立我国清洁、安全、经济、可靠的全球能源保障体系的同时，与国际社会共同追求全球能源安全的稳定体系。

2. 中国国际能源战略合作的新发展

从 1993 年向海外"走出去"开始，我国的国际能源资源战略合作日趋成熟。目前，中国石油企业已在全球 50 多个国家开展 100 多个国际油气合作项目。据有关统计显示，截至 2008 年年底，中国企业累计获得境外石油剩余探明可采储量超过 12 亿吨，天然气剩余可采储量超过 2200 亿立方米。2008 年中国企业境外原油权益产量约 4500 万吨，天然气权益产量约 60 亿立方米。三大国有石油公司构成了海外能源合作的主力军，中石油的海外油气投资已扩展到近 30 个国家，业务遍及中亚、非洲、拉美等产油区，2008 年的境外原油作业量达到 6200 万吨，天然气作业量达 67 亿立方米。中海油的境外油气业务也遍及 11 个国家，在东南亚等地拥有稳定的油气产能。中石化的境外油气投资涉及 20 多个国家和地区，2000 年的境外权益产量达 900 多万吨。② 值得强调的是，中国的国际能源合作战略正在呈现出一些令人注目的新特征。

首先，国际能源合作对象的多元化即全方位地开展国际能源合作。中国海外能源合作并不仅仅局限于同中东、中亚、拉美等地区的能源资源生产国之间的合作，也和发达与发展中国家的能源消费国之间开展了密切的合作。为弥补炼能不足的缺陷，2009 年 7 月 10 日，中石油收购新日本石油大阪炼厂 49% 的股权。2009 年 7 月 15 日，中国科技部、国家能源局和美国能源部在北京宣布共同成立中美清洁能源联合研究中心，两国将共同投入 1500 万美元作为启动经费，用以促进中美科学家和工程师在节能建筑、清洁能源等领域的合作研究。2009 年 8 月 10 日，中国华能集团与美国杜克能源公司签署了合作备忘录，双方合作共同开发可再生能源和清洁能源。此外，中石化集团下属公司与韩国国家石油公司签署战略合作谅解备忘录，以加强在海外勘探、原油贸易、联合储

---

① 夏义善、傅全章主编：《中国国际能源发展战略研究》，世界知识出版社 2009 年版，第 23 页。
② 潘继平等：《中国境外油气勘探开发的机遇、挑战和对策》，《国际石油经济》2009 年第 5 期。

备、员工培训等领域的合作。2009 年 6 月 30 日，中石油与英国石油公司（BP）联合投标伊拉克最大的油田——鲁迈拉油田技术服务合同获得成功。2009 年 11 月 3 日，中石油、BP 与伊拉克南方石油公司签署鲁迈拉油田技术服务合作协议。中国能源业和其他能源消费国之间的合作将有助于消除国际能源合作中的"非经济因素"，有助于形成合作共赢的国际能源资源新格局，有助于改善企业"走出去"的海外环境。正像有学者所说："中石油和 BP 以联姻方式进行竞标，不仅减少了伊拉克政府对一家外国石油公司垄断石油市场的顾虑和意见分歧，也减少了国际社会的担忧，消除了其他因素对竞标的影响。"① 在能源运输领域，除了传统的海路运输之外，我国还先后与周边国家合作，着手构建东北中俄原油管道、西北中国—中亚油气管道和西南中缅油气管道的陆路能源运输格局，为中国的能源安全提供了有力的保障。

其次，国际能源合作方式的多元化即多层次地参与国际能源资源合作。中国的国际能源与资源合作已突破单一地在国际市场上买油、买气的局面，而是广泛地参与到能源资源的勘探、生产、加工、流通和消费等各个环节。在不少合作中，中国能源业通过获取股份的办法来实现自己的权益，其生产的产品也不完全直接运回国内。在这方面，成功的例子不胜枚举。2009 年 4 月 2 日，中石化收购了道达尔公司位于加拿大阿尔伯达省"北方之光"油砂项目 10% 的股权，该项目总面积约 184 平方公里，可采原油储量为 10 亿吨，总投资约 45 亿加元。6 月 24 日，中石油又以 10 亿美元的价格收购新加坡石油公司 45.51% 的股份。7 月，中石油和中石化联合收购了美国马拉松石油公司持有的安哥拉石油区块 20% 的收益。8 月 18 日，中石化又以每股 52.8 加元的价格成功收购了总部位于瑞士的阿德克斯石油公司，收购总价值达 72.4 亿美元。由于阿德克斯在伊拉克、尼日利亚等地拥有 20 多个勘探开发区块，因而中石化收购阿德克斯后，尼日利亚的石油可以供应欧洲市场，减少欧洲对中东石油的依赖，中国则可以从中东多购买石油。值得一提的是，在国际金融危机给能源资源国造成石油收入下降、资金压力增大的形势下，2009 年中国与资源国的政府间合作取得重大进展，先后与哈萨克斯坦、俄罗斯、巴西等国签订了相关贷款合作协议，开创了"政府指导，商业运作，金融促贸易，贷款换石油"的互利双赢新模式。这种国际能源合作新模式将消费国和资源国的利益更紧密地联系在一起，有利于中国未来油气进口多元化和供应安全，也使资源国获得了缓解融资压力的宝贵资金②，这不仅有助于共同应对国际金融危机的冲击，而且对全球石油行业的稳定发展具有重要作用。

再次，国际能源合作渠道和路径日益机制化、长期化。在近年来中国政府、中国能源企业开展的一系列海外合作项目中，有很大一部分都属于长期的战略性合作项目。在 2008 年中方与哈萨克斯坦国家原子能公司达成的铀矿开采协议中，未来 25 年"伊尔科利出产的所有铀都将用于满足中国核能领域的需求"。根据 2009 年 1 月 9 日中海油与道

---

① 张皓雯、刘敏：《中国新"石油之路"全解析》，《国际先驱导报》2009 年 7 月 30 日。

② 吴谋远、金焕东：《中国企业 2009 年海外油气上游投资概述》，《国际石油经济》2010 年第 1 期。

达尔公司签署的液化天然气购销协议，从 2010 年起，道达尔公司将以现货交易和长期供货协定两种方式向中海油供应大约 100 万吨液化天然气，合同期限为 15 年。根据 2009 年 2 月 17 日中俄领导人达成的"贷款换能源"协议，俄罗斯将在未来 20 年内每年向中国输出 1500 万吨原油。在 8 月 18 日埃克森美孚和中石油签署价值达成的 410 亿美元液化天然气合作协议中，埃克森美孚公司每年将从澳大利亚"高更"气田向中石油提供 225 万吨液化天然气，协议期限为 20 年。此外，我国和一些国家及区域合作组织的能源合作也日趋机制化、常态化。比如，2008 年 7 月中俄副总理及能源谈判机制正式启动，成为中俄总理定期会晤机制在能源领域的延伸。中美之间机制化的能源合作通道在 2009 年下半年更趋畅通：7 月 15 日双方签署《中美清洁能源联合研究中心合作议定书》；7 月 27 日首轮中美战略与经济对话以清洁能源合作为主要议题，双方签署《中美清洁能源和气候变化合作谅解备忘录》；10 月 29 日双方签署《促进建设中美能源合作项目谅解备忘录》；11 月 17 日，作为奥巴马总统访华期间发表的《中美联合声明》中关于推进清洁能源合作的内容，双方签署《中美关于在页岩气领域开展合作的谅解备忘录》、《中美关于建立可再生能源伙伴关系的合作备忘录》和《关于中美能源合作项目的谅解备忘录》三项政府部门间合作文件。此外，中非之间、中阿之间也已形成关于能源战略合作的基本框架。

最后，互利共赢、共同受益的国际能源合作原则。中国在阿富汗的矿业投资既出于中国的资源需求，对于阿富汗的重建同样意义重大，它不仅能够为阿富汗人提供新的就业机会，还将增加阿富汗政府的财政收入。阿富汗矿业部长就曾表示，"用以满足中国工业基地需求的项目将使阿富汗政府收入在五年内增加两倍"①。再如，2009 年中缅两国签署的《关于建设中缅原油和天然气管道的政府协议》和《关于开发、运营和管理中缅原油管道项目谅解备忘录》同样是一个双赢的协议。一方面，协议有助于缅甸的油气资源出口到中国，增加中国的油气资源供应，同时有助于缓解中国能源运输的"马六甲困局"；另一方面中缅油气管道也使缅甸获得了稳定的油气出口市场，并且可以从原油过境中获利，同时还有助于缅甸石油天然气工业的发展和管道沿线地区的社会经济发展。同历史上丝绸之路发挥的作用一样，2009 年 12 月贯通的中国—中亚天然气管道也是一个惠及土、乌、哈、中的"多国共赢的项目"。中国—中亚天然气管道西起土库曼斯坦和哈萨克斯坦边境的格达伊姆，东到中国新疆的霍尔果斯，管道全长 1833 公里，中途管道在乌兹别克斯坦境内 529 公里，在哈萨克斯坦境内 1300 公里，中国境内 4 公里。在未来 30 年内，土库曼斯坦将通过这一管道每年向中国提供 300 亿立方米的优质天然气。管道的建成不仅有效地推动了我国天然气供应的多元化，也有助于我国能源结构的调整与完善。而对于中亚国家来说，管道建设不仅可以增加当地财政税收，促进就业，还可以促进相关领域产业的发展。据统计，管道建设期间，累计向乌兹别克斯坦政府上缴各类税费约 1.5 亿美元，占乌兹别克斯坦政府 2008 年财政收入的 2.3%；

---

① 本·法默：《中国正在向阿富汗注入大量资金》，英国《每日电讯报》2009 年 11 月 22 日。

向哈萨克斯坦政府累计上缴各类税费约 8.3 亿美元，约占哈萨克斯坦政府 2008 年财政收入的 3%。①

　　概言之，通过实践"新能源安全观"和互利共赢的双边或多边合作，我国的国际能源合作战略得以全面推进，取得了非凡的成就，昭示着中国的国际能源合作战略不仅能够满足本国经济和社会发展的需求，也有利于世界的能源安全，同时给世界各国带来发展机遇和广阔的发展空间。

大事记 9 - 1　2009 年中国能源资源领域大事记

日期	重大事件
1 月 1 日	我国成品油税费改革开始实施。
1 月 9 日	中海油与法国道达尔公司签署为期 15 年的液化天然气购销协议，从 2010 年起后者将以现货交易和长期供货协定方式向前者每年供应约 100 万吨液化天然气。
2 月 7 日	包括 1 条干线和 8 条支线的西气东输二线工程开工，工程总长 8700 多千米，设计年输气能力为 300 亿立方米，预计总投资 1422 亿元，计划于 2011 年全线建成投产。
2 月 17 日	中石油分别与俄罗斯石油管道运输公司、俄罗斯石油公司签署合作协议。俄方将在未来 20 年内向中国年输出 1500 万吨原油，并建设斯科沃罗季诺到中国边境的管道。中国国家开发银行与两家俄罗斯公司签署总额为 250 亿美元的长期贷款协议。
2 月 18 日	中国与委内瑞拉签署 12 项合作协议，将两国联合投资基金增加至 120 亿美元。委石油公司每日向中石油提供 8～20 万桶原油，用以支付两国开发银行之间的债务。
2 月 19 日	中石化与巴西国家石油公司签署原油贸易合作协议，2009～2010 年中石化从巴西进口 300～500 万吨原油。中石化、国家开发银行、巴西国家石油公司同时签署《关于加强石油贸易和融资合作的谅解备忘录》。
3 月 11 日	中国绿洲石油公司与伊拉克北方石油公司合作开发的伊拉克艾哈代布油田项目开工，中方向该项目投资约 30 亿美元，预计 3 年内原油日产量可达 2.5 万桶。
3 月 18 日	埃克森美孚化工公司宣布在上海建立研发中心，该项目投资总额达 7000 万美元，预计 2010 年建成运营，这是其在美欧之外建立的全球第三大研发中心。
3 月 26 日	中石化宣布，公司所属上海白沙湾原油商业储备基地及油库二期工程建成中交，该工程由 4 座 15 万立方米的原油储罐组成。
3 月 26 日	中缅双方签署《关于建设中缅原油和天然气管道的政府协议》。根据协议，缅甸若开邦沿岸以外海域 A1、A3 油气区块的天然气将通过管道输往中国。预计 2013 年开始供气，年输气能力将达到 100 亿立方米。
4 月 1 日	中石化与科威特油田公司签署为期 5 年价值 3.5 亿美元的 5 台钻机服务合同。
4 月 2 日	道达尔公司宣布，中石化收购道达尔公司位于加拿大阿尔伯达省"北方之光"油砂项目 10% 的股权，该项目可采原油储量为 10 亿吨，总投资约 45 亿加元。
4 月 16 日	中石油与哈萨克斯坦国家油气股份公司、中亚石油公司分别签署《中石油与哈萨克国家油气股份公司关于扩大石油天然气领域合作及 50 亿美元融资支持的框架协议》和《中石油与哈萨克国家油气股份公司联合收购曼格什套油气公司的协议》。
4 月 26 日	中海油与同煤集团签署山西大同煤基清洁能源项目合作协议。该项目计划投资 300 亿元，用于建造年产 40 亿立方米煤制气、汽柴油等产品的工厂和设施。
5 月 7 日	国家发改委发布《石油价格管理办法（试行）》通知。

---

① 孙艳莉：《管通丝绸之路：西出阳关瑞气来》，《中国石油石化》2009 年第 24 期。

5 月 25 日	国家能源局发布《中国能源发展报告 2009》，这是国家能源局自成立以来发布的第一份能源行业分析报告。
6 月 16 日	中石油与缅甸联邦能源部签署《关于开发、运营和管理中缅原油管道项目的谅解备忘录》，双方同意由中石油负责中缅原油管道项目的设计、建设、管理和运营，该管道设计输送能力为每年 2200 万吨。
6 月 24 日	中石油宣布以 10 亿美元的价格收购新加坡石油公司 45.51% 的股份。
6 月 30 日	中石油与英国石油公司联合投标伊拉克鲁迈拉油田技术服务合同获得成功。
7 月 10 日	中石油收购新日本石油大阪炼厂 49% 的股权。
7 月 15 日	中国科技部、国家能源局和美国能源部在北京宣布共同成立中美清洁能源联合研究中心，两国共同投入 1500 万美元作为启动经费，用以促进中美科学家和工程师在节能建筑、清洁能源等领域的合作研究。
7 月 20 日	中海油与中石油联合收购美国马拉松石油公司持有的安哥拉超深水区石油区块 20% 权益。
7 月 27 日	中石油与厄瓜多尔国有石油公司签署协议，未来两年内，厄瓜多尔国有石油公司每月将向中石油提供 288 万桶原油，中方则预先支付 10 亿美元用于购买原油。
7 月 28 日	中海油与澳大利亚麦格理投资银行就 40 万吨/年煅后焦余热综合利用项目达成合作协议，这一"碳交易"项目位于惠州大亚湾石化工业园区。
8 月 6 日	江南航天集团投资的贵州省首个以疯麻树等为原料的万吨级生物柴油项目投产，该项目将逐步建成每年 10 万吨生物柴油产能。
8 月 8 日	甘肃酒泉风电基地一期工程正式开工建设。按照规划，"十一五"末酒泉风电基地将建成 516 万千瓦的装机容量；"十二五"末将建成 1271 万千瓦的装机容量。
8 月 18 日	埃克森美孚和中石油签署价值达 410 亿美元的为期 20 年液化天然气合作协议，埃克森美孚公司每年将从澳大利亚高更气田向中石油提供 225 万吨液化天然气。
8 月 18 日	中石化成功收购总部位于瑞士的阿德克斯石油公司，收购总价值达 72.4 亿美元。阿德克斯在伊拉克、尼日利亚等地拥有 25 个勘探开发区块。
8 月 31 日	中石油以 17 亿美元的价格收购加拿大阿萨巴斯卡油砂公司位于阿尔伯达省麦凯河和多佛两个项目 60% 的股份。
8 月 31 日	中海油与卡塔尔石油公司在多哈签署卡塔尔海上 BC 区块勘探与产品分成协议。
9 月 4 日	东海大桥风电场首批 3 台机组正式并网发电，该项目总装机容量 102 兆瓦，总投资 23.65 亿元。
9 月 24 日	中石化集团下属公司与韩国国家石油公司签署战略合作谅解备忘录，以加强在海外勘探、原油贸易、联合储备等领域的合作。
9 月 27 日	中油国际公司与瑞士纳夫塔兰公司签署股份转让协议，获得后者在伊朗南部阿扎代甘油田开发项目中 70% 的股份。
10 月 8 日	中石油与伊拉克国有南方石油有限公司、英国 BP 石油公司就开发鲁迈拉油田项目签署合作协议，项目投资规模将超过 150 亿美元，合同开采期限为 20 年，计划将该油田日产量从当前的 95 万桶增至 285 万桶。
11 月 4 日	中石油与美国埃克森美孚石油公司达成购买液化天然气的合同。根据合同，中国每年将从埃克森美孚石油公司位于巴布新几内亚境内的气田获得 200 万吨液化气。
11 月 13 日	中海油与卡塔尔天然气运营有限公司签订合作协议，卡塔尔天然气公司计划从 2013 年开始，每年向中海油增加供应 300 万吨液化天然气。
11 月 24 日	中石化与越南石油总公司在河内签署原油和石油产品经营合作协议，协议包括原油贸易、原油和天然气开采等项目。
12 月 11 日	中石油与马来西亚国家石油公司、法国道达尔公司联合投标伊拉克哈法亚油田技术服务合同获得成功。
12 月 14 日	中国—中亚天然气管道正式投产通气，该管道途经土库曼斯坦、乌兹别克斯坦、哈萨克斯坦和中国，全长 1833 公里，四国元首一起出席管道建成投产仪式。

第十章 中美关系：
积极推进合作努力建立互信

金融危机凸显了中美两国在广泛的领域存在利益交织，双方拓展和深化各领域的合作存在巨大的驱动力，而美国转嫁危机的做法也在一些领域导致与中国的矛盾冲突。更重要的是，中国崛起步伐在形势的推动下呈加快之势，加深了美国维护单极世界体系方面面临的危机感。然而，中美双方在价值观和一些战略利益上的深刻分歧不会轻易消除，它仍然会对中美关系的发展构成某种制约。机遇和挑战并存，把握机遇，推动合作，是未来中美关系发展的长久课题。

一、金融危机后中美力量对比发生变化

1. 美国及西方对国际体系主导力下降

2008 年至 2009 年爆发的国际金融危机，就其规模而言，堪称 20 世纪 30 年代大萧条以来最严重的一场金融危机，虽然这场危机在各国宏观政策以及国际政策协调的作用下得到控制，没有从根本上动摇第二次世界大战后形成的以美国为核心、西方国家为主导的世界政治经济秩序，但是其所推动的国际力量对比的变化，对于世界秩序的未来发展具有深远的影响，对于中美力量对比变化也具有重要的意义。

这场危机给国际力量对比带来的最突出变化，就是以美国为首的西方世界塑造世界秩序的能力受到一定程度的削弱。而发展中国家、特别是包括中国在内的新兴经济体的国际影响力得到相应提升，在推动世界政治经济秩序变革方面表现得更为积极主动。这场金融危机源自美国，波及所有西方发达国家，充当世界货币的美元不断贬值、诸多号称"百年老店"的西方大企业不是倒闭就是陷入债务危机，一些西方国家的政府因债台高筑而破产、大量失业人口涌现、贸易保护主义沉渣泛起、各种社会矛盾加剧，种种与危机相伴的现象，给美国和其他西方国家带来沉重经济打击的同时，也严重削弱其维护旧世界秩序的能力，在西方和世界其他区域再度引发对"美国模式"资本主义制度的反思。相比之下，中国、印度等新兴市场经济体在危机应对中表现良好，不仅保持了本国经济的增长速度，也为发达国家走出危机创造了重要的条件，对国际经济起到了稳

定作用。随着国际影响力的增强，这些新兴经济体也提出改革国际金融体系，要求增加自身话语权。为了避免美国利用美元贬值等手段转嫁危机，不少发展中国家还积极探索建立新的地区经济体系或货币体系。八国集团被二十国集团所取代，标志着西方发达国家经济实力和话语权的相对下降、发展中国家经济实力和话语权的相对上升。在 2009 年，这种力量对比的变化，也通过中美力量对比的变化反映出来。

这次国际金融危机源于美国的次贷危机，对作为世界货币的美元的地位带来了严重冲击，还在小布什任期，美国政府就提出达 7000 亿美元的高额救市计划，奥巴马政府上台后，更是推出了昂贵的健康福利计划和产业调整计划，此外，伊拉克和阿富汗的反恐战争也像无底洞一样吸纳着大量的财政，因此，美国财政赤字越滚越大，2009 财年赤字达到了创纪录的 1.41 万亿美元。美国政府凭借美元是世界货币这一特殊地位，通过印发钞票来填补国内反危机计划和国际反恐战争的资金漏洞，在很大程度上造成了美元持续贬值和国际货币体系的动荡，为了应对美国政府这种转嫁危机的做法，其他国家不得不考虑美元之外的国际结算方式，欧元和人民币都成为候选的储备货币。面对这种局面，连世界银行行长佐利克都认为，美元作为唯一储备货币的地位将会衰退，美国靠美元主宰一切的时代行将结束。[①]

在美元地位受到冲击的同时，金融危机还对美国维持单极世界秩序的能力带来影响。国内舆论呼吁政府把精力转向金融危机带来的种种国内经济社会领域的挑战，要求从伊拉克和阿富汗撤军的呼声十分强烈，对于政府维持反恐战争的庞大预算极为不满。美国战略界在对小布什时期单边主义对外政策进行反思的同时，孤立主义和多边主义的主张均有不同程度的抬头。正是在这种形势下，奥巴马政府制定了从伊拉克分阶段撤军的计划，在核不扩散问题上谋求缓和与朝鲜、伊朗等国的关系，并提出了所谓"多伙伴"的外交新路线。

2. 中国对世界经济影响力增大

与美国的情况相比，这场金融危机虽然对中国的出口依赖型经济造成较大冲击，但由于中国的金融体系相对独立于国际金融体系，中国政府又迅速推出 6000 亿美元经济刺激计划，不仅有效控制了金融危机的影响，还通过成功保持较高的经济增长率，为世界经济的稳定做出了贡献，使得自身的国际地位和国际影响进一步有所提高。

2009 年，中国是二十国集团当中经济增长最快的国家，中国就名义国内生产总值（GDP）而言是世界第三大经济体，仅次于美国和日本。俄金融审计公司战略分析部经理伊戈尔·尼古拉耶夫指出，中国不仅在廉价劳动力方面具有优势，还正学着生产高科技产品，加工业也在积极发展。美林公司的尤利娅·采普利亚耶娃指出，2007 年美国占世界产值的 20%，中国占 12%，但这种差距正在急剧缩小，工业领袖易位的期限已被提前到 2016 年～2017 年。美国环球通视有限公司的首席分析师纳里曼·别拉韦什也

---

① 新华网 2009 年 9 月 29 日，http：//news. xinhuanet. com/fortune/2009－09/29/content_ 12123468. htm。

认为，美国工业目前所面临的深重衰退意味着将提前几年被中国赶超。[①]

不仅如此，中国的国际金融地位明显提高，10 年前，没有一家中国银行跻身世界最大 20 家银行之列，而到 2009 年，就公司市值而言，中国已拥有世界上三家最大银行。此外，中国还是一个在世界各地经济联系不断扩展的主要债权国，在 2009 年，中国保持着美国最大的债权国的地位。从分散美元风险和自身战略发展的需要出发，中国凭借手中 2 万亿美元的外汇储备，从非洲、中东到东南亚，在世界各地购买具有战略意义的矿产资源公司的股权，并利用无条件的融资和贷款援助发展中经济体。由于经济萎缩，全球需求下降、价格不断下跌，为中国扩大对外经济影响力提供了有利环境。美国战略界人士指出："在危机时期，力量对比就是这样悄悄地发生变化的。这些贷款是一个例子，表明世界上的经济实力正向新的地方转移，中国人正变得更加活跃。"[②]

随着中国实力的增强，中国对世界经济秩序提出具体合理的改革主张。2009 年 1 月，温家宝总理在瑞士达沃斯世界经济论坛上指出，金融机构为追求利润而过分扩张以及长期低储蓄、高消费的不可持续的发展模式，教训了美国和西方强国。在温家宝的讲话之后，中国央行行长周小川提出了一项建议，即用一种"与单个国家无关、能够长期保持稳定、从而消除利用基于信用的国家货币所造成的固有缺陷的"货币取代美元作为国际储备货币。在过去几个月中，中国与阿根廷、印尼和韩国等 6 个国家签订了将近 1000 亿美元的货币互换协议。中国现在以人民币形式持有其中一些国家的外汇储备。美国前国务卿基辛格称，作为美国最大的债权人，中国对美国的经济杠杆作用是"史无前例"的，中国官员现在感觉比以往能更自由地或公开或私下给予美国建议。[③]

上述种种迹象，在国际上引发了关于中国取代美国领导地位的讨论。"金融大鳄"乔治·索罗斯 2009 年 10 月在匈牙利布达佩斯中欧大学发表系列演讲时指出，金融危机在短期内对所有国家都产生了负面影响，但从长远看，美国将输得最多，中国则可能是最大赢家，美中之间相对地位正发生结构性交替，世界面临在美国代表的"国际资本主义"和中国代表的"国家资本主义"这两个不同经济组织形式中进行选择的局面。[④]

在近现代历史上，大国兴衰和国际体系领导权的转化往往引发国际秩序的动荡甚至大规模战争。基于这种历史经历，许多西方观察家们往往带着担忧的眼光观察中国的发展和中美力量的消长。2009 年，中美关系更多展现出在应对金融危机过程中的共同利益和相互协调的一面，实际上，金融危机凸显了中美经济关系高度依赖的本质，这从中国增持美元债券的行动中得到体现。

---

① 奥莉加·阿列克谢耶娃：《中国将得到领骑的黄马甲》，俄罗斯报纸网 2009 年 8 月 3 日，转引自新华社莫斯科 2009 年 8 月 4 日俄文电，http：//www. cetin. net. cn/cetin2/servlet/cetin/action/HtmlDocumentAction；jsessionid = 7734A78CAABC7678355540521407B92B？baseid = 1&docno = 392045。

② Abraham Denmark et. al. ："China's Arrival：A Strategic Framwork for a Global Relationship"，Report by Center for a New America Security，September 22，2009.

③ Henry A. Kissinger："Rebalancing Relations With China"，*The Washington Post*，August 19，2009.

④ http：//www. ft. com/cms/s/668e074a-bf24 - 11de-a696 - 00144feab49a. html.

3. 中美经济相互依存关系发生变化

长期以来，中国对美贸易一直保持顺差，随着美国人购买从中国进口的廉价商品，美元流入中国，中国又反过来用这些美元投资于美国的债务和抵押贷款相关证券，美元资产在中国的官方外汇储备中的比重相当高，2009 年，中国的外汇储备超过 2 万亿美元，其中 70% 都是美元资产。但是金融危机爆发后，随着美国住房价格下跌和失业率上升，美国消费者削减开支，这种转变也抑制了中国经济的增长势头，美元贬值的压力也将中国外汇储备置于风险当中。

虽然通过实施财政刺激计划，中国弥补了部分失去的出口需求，但金融危机暴露了中国出口依赖型的经济发展模式的弊端，将中国转变增长模式、刺激国内消费、分散美元风险等问题提上了议事日程。2009 年，中国逐步开始在与几个贸易伙伴的交易中推广使用人民币替代美元计价，9 月购入 500 亿美元的国际货币基金组织（IMF）债券，以此提升其在该机构的影响力并加强美元以外货币所发挥的作用。然而，中国并未寻求消除美国或欧洲在世界银行和国际货币基金组织中的主导地位。中国虽然并不满意美元在全球贸易体系中的主导地位，但并不想拆美国经济的台。因为美元贬值只会令中国手中的巨额美元储蓄大幅缩水，从而对中国的经济构成冲击。

中国国内也有减持美元的呼声，特别是将减持美元作为对美国向中国台湾出售武器或声援新疆、西藏分裂势力的惩治手段。实际情况却是，中国政府在金融危机期间继续增持美国国债。在 2008 年，中国超过日本，成为美国国库券最大的持有方。直到 2009 年年底，中国仍然保持着这个地位，所持美国国库券的价值超过 8000 亿美元。以至哈佛大学教授尼尔·弗格森感叹，"历史上，除美国之外，没有哪个国家买入的美元超过中国"[1]。应当说，中国在金融危机期间增持美国国债的做法，对于稳定中美两国经济和世界金融秩序，起了十分重要的作用。奥巴马政府则在幕后支持中国在国际经济舞台谋求更多发言权，例如支持在国际货币基金组织（IMF）为中国和其他主要新兴经济体增加 5% 的投票权，希望通过此举换取中国的承诺，保证其今后延续经济衰退时期的做法：更多地依赖消费支出，并减少对美出口的依赖，以推动经济增长。对此，《日本经济新闻》中国总局局长品田卓评论道，从防止美元资产贬值的角度看，中国希望美国经济早日恢复。而美国也希望中国这个巨大的消费市场早日强大起来。两国之间一荣俱荣，一损俱损。[2]

不过，中美双方在国际经济体系中所处的不同地位，使其对金融危机成因的理解存在不同，这通过两国贸易纠纷等方面反映出来，而人民币汇率则成为中美关系的焦点。

---

① 参阅：Steven Dunaway："The U. S. - China Economic Relationship: Separating Facts from Myths"，Website of Council on Foreign Relations，November 16，2009. http://www.cfr.org/publication/20757/；Niall Ferguson and Moritz Schularick："The Great Wallop"，*The New York Times*，November 15，2009。

② 品田卓：《"美中时代"如履薄冰》，《日本经济新闻》2009 年 11 月 18 日。

在美国，美中贸易失衡被视为经济危机的一个根源，分析人士认为，中国从对美出口中获利逾万亿美元，大量资金源源不断地从中国流入美国证券市场，从而引发了导致经济危机的信贷和房地产泡沫。在来自中国的资金的推动下，普通房贷率降至历史最低点，并产生了一个以抑制投资者追求收益率更高的抵押投资愿望为目标的次级抵押产业。中国由于注重出口和积累过多的外汇储备（这样做有可能导致金融泡沫）而受到广泛批评。尼尔·弗格森与柏林自由大学教授莫里茨·舒拉里克撰文指出，汇率严重低估的人民币是当今世界经济中关键的金融"扭曲"现象。如果这种现象长久持续下去，中国可能会失去导致其经济成功的真正基础——开放的全球贸易制度。① 基于这种判断，美国国内始终存在对人民币汇率升值的要求，奥巴马政府为了讨好国内劳工阶层，甚至针对部分中国产品采取贸易保护主义政策，例如2009年11月宣布对从中国进口的钢管征收99%的惩罚性关税。

在中国方面看来，金融危机主要是美国和欧洲对于金融业疏于监管造成的，中美贸易失衡的因素是次要的，而且中美贸易失衡不应只归咎于人民币汇率被低估，美国控制可用于军事目的的高科技产品对中国出口，也是造成失衡的一个重要原因。在2009年中美高层之间的交流中，中国方面致力于让美国取消这些关税壁垒，也鼓励中国企业积极寻求向美国高科技企业购买新技术的有利时机。作为对奥巴马政府贸易保护主义政策的回应，中国商务部宣布对从美国进口的棉纶6切片大幅征收反倾销税。

尽管中美经济相互依存关系出现变化，但是美国的经济总量仍然是中国的4倍左右，人均GDP超过中国的10倍以上，高技术和信息领域的优势更为领先。因此，美国作为头号世界强国的地位将在较长时期内得以保持，中国对美国经济的依存度仍然大于美国对中国市场的依存度。而中美力量对比"总体未变、局部有变"的态势同样影响到国际体系内发达经济与发展中经济的相互力量对比。因此，中国应当实事求是，把稳定中美关系继续作为对外关系的重点政策目标；同时，美国方面也应理性应对双边和多边力量对比变化，把维护中美关系作为其世界战略的重要组成部分。

二、中美高层交流与奥巴马总统访华

1. 中美高层互访展示双边关系重要性

在上述背景之下，中美高层交往成为2009年中美关系的突出亮点并呈现如下特点：

一是中美高层互访达到空前的频率，而且几乎覆盖中美两国政府的所有部门。2月20～22日，美国国务卿希拉里·克林顿访问中国。4月1日，中国国家主席胡锦涛在伦敦出席二十国集团金融峰会期间，与美国总统奥巴马举行了第一次会晤。5月底6月

---

① Niall Ferguson and Moritz Schularick："The Great Wallop"，*The New York Times*，November 15，2009.

初，美国众议院议长南茜·佩洛西和奥巴马总统的特使、财政部长蒂莫西·盖特纳相继访问中国。7月27～28日，中美两国在美国首都华盛顿举行首轮战略与经济对话，胡锦涛的特别代表、国务院副总理王岐山和国务委员戴秉国与奥巴马的特别代表、国务卿希拉里和财长盖特纳共同主持了为期两天的对话，中方参加对话的高级官员包括中国财政部长、人民银行和进出口银行的行长、银监会主席、证监会主席、驻美大使、国务院副秘书长、外交部、人力资源和社会保障部、交通部、农业部、商务部、卫生部等部长级高官。美国高级官员包括白宫经济顾问委员会主席、白宫管理与预算办公室主任、美国贸易代表、国家经济委员会主席兼总统经济政策助理、美联储、联邦存款保险公司、证券交易委员会、商品期货交易委员会等部门的主席、进出口银行董事长兼总裁、农业部、劳工部、运输部等部长。9月7～13日，全国人民代表大会常务委员会委员长吴邦国访问美国。9月22日，胡锦涛主席在赴美国出席联合国气候变化峰会、第46届联合国大会一般性辩论以及二十国集团匹茨堡峰会等会议期间，在纽约与奥巴马总统举行了第二次会晤；10月24～11月3日，中央军委副主席徐才厚访问美国。11月15～18日，奥巴马总统对中国进行访问，与胡锦涛主席进行第三次会晤。

二是美国政要的访华日程安排体现了美国对东亚地区和中国的高度重视。按照惯例，新上任的美国总统和国务卿往往选择欧洲和盟国作为出访的首选地。但是奥巴马政府上台后，国务卿希拉里在2月份首先访问的却是包括中国在内的东亚四国（其他三国分别为日本、印度尼西亚、韩国）。11月奥巴马对包括中国在内的东亚四国（其他三国分别为日本、新加坡、韩国）的访问行程，同样有引人关注的地方。当白宫于10月7日公布了奥巴马亚洲之行的行程后，敏感的日、韩等国媒体立即注意到了奥巴马"在中国逗留时间最长"这个细节。韩国《国民日报》网清楚地计算出："奥巴马只在韩国和日本各停留一晚，但却在中国逗留3宿4日"。日本《朝日新闻》等报纸指出，虽然奥巴马把日本作为亚洲之行的首选对象，表明美国新政府在日本新政府上台后将继续重视日美关系，但是其访问中国的时间更长，可以被看做是重视中国的一个重要姿态。①

三是双方高层交流的基调是加强合作、缩小分歧。在访问中国期间，奥巴马总统在上海和北京发表的讲话中，都表示美国欢迎"强大、繁荣、在世界上发挥更大作用的中国"，认为两国的接触对于增进相互信任和了解十分重要，符合美中双方利益，呼吁加强两国间的对话和磋商，就经济、安全及区域和全球性问题进行有效合作。对于奥巴马的这个态度，胡锦涛主席则强调中国是一个致力于走和平发展道路的国家，致力于建设一个和谐世界，欢迎美国成为致力于地区和平、稳定和繁荣的太平洋国家。再如，以往历届美国政要在访华前谈论人权问题几成惯例，然而2009年访华的美国政要都试图淡化这一问题。1995年，希拉里以美国第一夫人的身份参加在北京举行的世界妇女大会时曾猛烈抨击中国人权纪录，她担任参议员时也多次指责中国人权，然而，当她作为奥巴马政府的国务卿在华访问期间，却公开表示希望人权、台湾和西藏问题"不会妨

① 环球网2009年10月9日，http://world.huanqiu.com/roll/2009-10/597014.html。

碍其他更广泛问题的解决"。对于希拉里的这种表态，西方媒体在惊讶之余，认为这种态度说明美国正在准备加强同中国在一系列全球和地区性的问题上的合作，使得人权问题退居更次要的地位。自奥巴马就职以来因为没有在"人权"等方面上对中国采取强硬姿态，而饱受国内保守派人士的批评。

美国国会众议院议长佩洛西在对华"人权问题"上的态度转变是又一个重要例子。从1986年首次当选美国联邦众议员以来，佩洛西在中国问题上一直持强硬立场，经常攻击中国的所谓"人权问题"，甚至在其官方网站上宣称："希望将贸易同改进人权标准挂钩。"而在这次访问中国时，佩洛西也不再谈人权而专谈气候问题，希望中美在温室气体排放问题上达成共识。佩洛西对中方在应对国际金融危机、加强节能减排、发展可再生能源等方面所做的努力表示赞赏，还表达了美国国会议员们对中国快速发展的祝贺和钦佩。她还表示将致力于推动美国众议院与中国全国人大关系的发展。佩洛西访华前，美国众议院还通过了一个决议，要求促进中美经贸，鼓励学习中文。美国媒体在评论佩洛西此次访问时说，"她的态度正在从一个极端向政治光谱的中间地带转移，这对提升中美关系是件好事"。

2. 中美高层交往达成重要成果

2009年中美高层交往的成果主要表现在如下方面：一是高层交流机制化得到进一步发展。在小布什政府时期，中美两国启动了中美经济对话，重点关注两国之间经济关系存在的问题，此后又进行中美战略对话，意在发展两国战略和安全界的交流和联系。2009年7月举行的中美战略与经济对话是两国上述对话的延续，与小布什政府时期不同，中美战略与经济对话采取"一个对话，两个轨道"的方式，把经济对话和战略对话合二为一，可以把战略问题和经济分歧统筹考虑，反映了新形势下两国关系的深度与广度。

这次战略与经济对话的议题涵盖了国际金融危机、核扩散、流行病防治、环境问题、地区热点问题、中美军事互信等诸多领域，取得了如下主要成果：一是确定了奥巴马总统于年内访问中国的事宜；二是同意两军扩大各个级别的交往；三是鼓励两国人文交流与合作，特别是青年之间的交流；四是决定恢复中美之间关于人权问题的对话。在共同应对金融危机方面，双方同意各自采取措施促进本国经济平衡和可持续增长，确保经济复苏的实现。这包括增加美国的储蓄以及提高消费对中国GDP增长的贡献；双方还同意通过共同的努力建设强有力的金融体系、完善金融监管；并表示支持更加开放的贸易和投资、反对保护主义，以推动经济增长、创造就业、促进创新；还同意就改革和加强国际金融机构开展合作，增加包括中国在内的新兴市场和发展中经济体的发言权和代表性。双方还签署了一份加强气候变化、能源和环境合作的谅解备忘录。有评论认为，首轮中美战略与经济对话议题过宽，缺乏焦点，看不到实质性成果。然而也有专家指出，如果没有类似战略与经济对话这种双边高级别建立信任的互动，具体问题进展的可能性则更为渺茫。还有一些外国评论者则将中美战略与经济对话看做是"两国集团"

体制的实际启动。①

高层交往推动中美在全球重大问题上达成共识。2009 年 11 月 17 日在北京签署的《中美联合声明》，比较集中地反映了这一点。《联合声明》认为，中美在事关全球稳定与繁荣的众多重大问题上的合作基础更加广泛，肩负的共同责任更加重要，主张进一步加强协调与合作，共同应对挑战，为促进世界和平、安全、繁荣而努力。双方重申致力于建设 21 世纪积极合作全面的中美关系，采取切实行动稳步建立应对共同挑战的伙伴关系，培育和深化双边战略互信对新时期中美关系发展至关重要，并承诺尊重彼此的核心利益，对于有关分歧应本着平等和相互尊重的精神加以处理。在声明中，美国方面重申奉行一个中国政策、遵守中美三个联合公报的原则，明确表示"欢迎一个强大、繁荣、成功、在国际事务中发挥更大作用的中国"，并期待台湾海峡两岸加强经济、政治及其他领域的对话与互动，建立更加积极、稳定的关系。而中国方面也表示将始终不渝走和平发展的道路、奉行互利共赢的开放战略，并欢迎美国"作为一个亚太国家为本地区和平、稳定与繁荣做出努力"。声明承诺两国将在全球公共卫生、农业、航空航天等领域进一步开展合作，采取具体措施推进两军关系持续可靠地发展。

2009 年《中美联合声明》是继中美 1972 年《上海公报》、1979 年《建交公报》、1981 年《八一七公报》和 1997 年《中美联合声明》之后，又一反映两国关系发展状况的重要政治文件。该文件在三个公报发展中美关系的各项原则前提下，进一步突出中美为应对全球性挑战的合作、建立和深化双边战略互信。美国有学者认为，这份联合声明是有史以来中美两国签署的涉及领域最广的文件。② 正是基于《中美联合声明》所体现的中美高层共识，才会有中美对 2009 年 12 月举行的哥本哈根气候大会上合作推动气候问题决议的签署。

3. 中美关系发展前景起伏跌宕

虽然 2009 年可以被看做奥巴马上台后中美关系经历的"蜜月期"，但是两国关系发展并非一直都风平浪静，其前景仍有隐患，其趋势仍起伏曲折。

2009 年 2 月 25 日，美国国务院发表了《2008 年国别人权报告》，再次对包括中国在内的世界 190 多个国家和地区的人权状况横加指责。次日，中国国务院新闻办公室针锋相对地发表《2008 年美国的人权记录》，揭露美国在对别国人权状况横加指责的同时，却对自己内部以及海外军事行动中存在的种种践踏人权的事实熟视无睹。

2009 年 3 月初，两国又因"无暇号"事件陷入矛盾当中。美军侦察船"无暇号"和"胜利号"违反国际法，擅闯属于中国经济专属区的南海水域，5 艘中国船只与之对

---

① 参阅：Drew Thompson："Time Both Sides Got to Work High-level Meetings Improve Tone for Possible Progress"，*The Washington Times*，July 31，2009；文章："日本逐渐适应中国崛起 不想做旁观者"，新华网 2009 年 8 月 3 日，http：//news. xinhuanet. com/world/2009－08/03/content_11818244. htm。

② Jonathan Weisman and Ian Johnson："U. S. , China in Strained Diplomatic Embrace"，November 18，2009.

峙，美国政府竟然指责中国在公海挑衅，然而连美国国防部官员都承认这两艘侦察船在南海活动的目的是搜集中国的情报。① 美国《华盛顿观察》的一篇分析文章指出，"无暇号"事件是五角大楼向奥巴马政府敲响的警钟，提醒其不要忘记中国在海洋上的崛起。还有分析指出，美国军方把"无暇号"事件的责任推到中国方面，意在通过激化美中矛盾，使奥巴马政府构思的美中"战略接近"前景变得复杂。②

新疆"7·5"事件发生后，奥巴马政府低调应对，国务卿希拉里发表声明，对事态的发展表示关注，要求双方尽量克制；美国国务院发言人在回答记者提问时多次声明没有收到关于中国政府镇压维吾尔族人的消息。但是，美国国内一些舆论污蔑中国对包括维吾尔族人在内的少数民族进行压迫，对世界维吾尔人大会等民族分裂组织的活动予以声援，要求美国政府介入新疆事务，企图对奥巴马政府的对华政策施加压力。③

2008 年 5 月以来，台海两岸关系出现和平发展趋势。即使在此背景下，小布什政府宣布向台湾当局出售价值 64 亿美元的武器装备，给两岸关系和中美关系的健康发展蒙上了阴影。奥巴马上台后，继续面临怎样处理对台军售的棘手问题。出于集中精力应对国内经济问题以及在广泛领域谋求中国政府的配合等考虑，奥巴马政府没有立即把对台军售摆到议事日程上来，但是毫不隐讳将继续对台军售计划的意向。2009 年 2 月 13 日，美国国务院资深官员在接受媒体采访时公然表示，奥巴马政府不会停止对台湾军售，他说："美国会持续履行对台湾的义务，协助台湾防御所需。美国的基本政策不会有重大改变，因为这项政策一直很成功，也维持了和平。"④ 据英国路透社报道，美国负责国防贸易的代理助理国务卿帮办科瓦奇在 2009 年年底表示，奥巴马政府正在酝酿新一轮的对台军售。对此，中国外交部随即进行了猛烈抨击。到 2009 年年底，美国政府决定对台湾出售这批军事装备。中美关系再次蒙上深重的阴影。

奥巴马政府在西藏问题上也表现出延续前任政策的迹象。在奥巴马总统将于 2009 年 11 月访问中国之前，达赖喇嘛于 10 月 6～9 日蹿访美国，把奥巴马是否与这位流亡的西藏宗教领袖会晤的问题摆到了桌面上。奥巴马的前任老布什、克林顿以及小布什都曾以总统身份接见过达赖。实际上，奥巴马本人在 2005 年也曾以伊利诺伊州参议员的身份与达赖会晤过，2008 年总统大选时，他也曾有意会见达赖，因会面日程与选举冲突而未能实现。然而这一次，奥巴马打破美国总统会见达赖的惯例，拒绝会见达赖。舆论普遍认为奥巴马这样做，是为了为访问中国营造一个良好的气氛，因为中国政府向来反对任何国家领导人和政府官员会见达赖，认为这种行为是插手中国内部事务的一种表现。美国政府并没有放弃利用达赖这张牌来牵制中国的崛起，或者漠视国内支持达赖的

261

---

① 环球网 2009 年 3 月 11 日，http：//mil. huanqiu. com/china/2009 - 03/400315. html。

② 参阅：《环球时报》2009 年 3 月 18 日。

③ Nicholas Bequelin："Behind the Violence in Xinjiang"，*The New York Times*，July10，2009；Ellen Bork，"The Right Way to Help the Uighurs"，*Washington Post*，July10，2009.

④ 新华网 2009 年 2 月 16 日，http：//news. xinhuanet. com/mil/2009 - 02/16/content_ 10821780. htm。

舆论。舆论普遍预期奥巴马会把与达赖的会晤安排到其对中国的访问之后。果然，在10月举行的奥巴马访问亚洲吹风会上，白宫发言人宣布总统会在将来某个适当时候会见达赖。尽管如此，奥巴马推迟会见达赖的举动，仍然引起一些国会议员的强烈不满，他们指责奥巴马向中国屈服、在宗教问题上开倒车。奥巴马为了国内政治的需要，仍然把会见达赖作为一张政治牌来平衡国会的反对力量。

4. 美国力图抑制中国战略影响力

中美之间的这些摩擦，反映了中美经济上的高度相互依赖以及在应对全球重大挑战方面的合作需要，并不能化解两国之间的长期分歧以及战略互信缺失。尽管美国战略界不可能从根本上改变对中国政治制度的歧视，但是，金融危机后的国际环境使这种歧视变得更加难以自圆其说。保守派人士把中国在应对金融危机过程中显示的发展模式优势和中国国际影响力增强，看做是对美国全球霸权构成的挑战。

在军力发展上，美国新安全研究中心2009年9月份发表研究报告《中国登场：创建一种全球关系的战略构架》指出，北京宣布2009年的军事预算增加17%，在面对严峻的经济环境中保持中国军事现代化的坚定承诺。[1] 另一位战略界人士指出，在中国增强军力的各大领域中，美国特别担心中国核武器的现代化以及获得先进的太空、反太空、网络战和常规作战的能力，可能限制美军进入西太平洋地区。中国在此类领域正在采取一种"不对称"做法，即谋求利用或者使美国出现军事上的弱点。[2]

美国战略界担心中国正在从一个陆权强国转变为一个海权强国。美国战略界人士提出，中国海洋战略正在越来越多地把眼光扩大到台湾以外，中国正在通过在太平洋和印度洋实施"两洋战略"来增进自己的全球影响。他们认为，中国海军远洋实力的增强主要是受其经济增长对海外能源需要的刺激，为了有能力保护重要的海上航道。中国越来越多地插手印度洋事务并在巴基斯坦、斯里兰卡和缅甸沿海建立港口，这将会在今后几年造成重大的地缘战略影响。[3] 他们担心，国际金融危机后中国在军事上变得更加敢作敢为。美国军舰"无瑕号"在海南岛附近遭到中国海军和一些商船"挑衅性的骚扰"，正是中国在南中国海更加大胆行事的一种模式的一个组成部分。[4] 针对中国的海权发展趋势，美国战略界提出了种种对策。有些人主张采取竞争战略，使中国卷入其无法获胜、成本又高的军备竞赛；有人主张提高中国开发和部署先进战略能力的政治和经

① Abraham Denmark ed. al. : "China's Arrival: A Strategic Framwork for a Global Relationship", Report by Center for a New America Security, September 22, 2009.

② Philip C. Saunders: "Managing Strategic Competition with China", *Strategic Forums*, No. 242, July 2009, pp. 1 – 10.

③ Abraham Denmark ed. al. : "China's Arrival: A Strategic Framwork for a Global Relationship", Report by Center for a New America Security, September 22, 2009.

④ Abraham Denmark ed. al. : "China's Arrival: A Strategic Framwork for a Global relationship", Report by Center for a New America Security, September 22, 2009.

济成本，或者将美中两国的经济和战略合作与中国在战略武器项目上保持克制挂钩，在中国为维持国内稳定而需要经济快速、持续增长这件事上做文章。① 2009 年春，在朝鲜再次进行核试验引发朝核危机之后，美国政府向亚太地区进行了大规模军事集结。美国政府实际上很清楚朝鲜目前尚无能力对美国本土造成核威胁，这样重大的军力调整，实际上是针对中国正在成为亚太地区主导国家的发展趋势而做出的反应，是与奥巴马政府上台后"重返亚洲"的一系列措施相配合的。

美国利用中国国内的民族问题也有战略考虑。美国战略界专家指出，从巴勒斯坦、伊朗、阿富汗到巴基斯坦的北纬 20～40 度之间地区即所谓"危机之弧"，对中国具有重要的地缘政治意义。在世界金融危机的后期，华盛顿加强其在整个欧亚大陆的军事态势，以便对中国、俄罗斯和印度三个新兴地缘经济强国形成牵制。利用新疆和西藏的暴乱反映了美国的战略考虑。美国国家民主基金会在新疆"7·5"事件中扮演了决定性的角色。美国的干涉与所谓的侵犯维吾尔族人权并无重大关系，却同新疆的地缘政治战略位置有很大关系。②

三、美国战略界及国际舆论对中美关系的重新定位

1. 美国战略提出"G2"和"战略再保证"等概念

虽然奥巴马政府在中美关系的一些领域表现出延续前任做法的迹象，但是世界形势的变化以及中美力量对比的变化，却决定了中美关系不可避免地要迈向一个新的发展阶段，美国战略界关于"G2"、"中美国"、"战略再保证"的战略争论，反映了面对新的形势，美国对华政策正在酝酿重大的调整。

所谓中美"两国集团"的概念，简称为"G2"，最早出现于 2006 年，是美国经济学家唐纳德·斯特拉齐姆率先提出来的。他认为，中国的迅速崛起对美国主导的单极世界格局带来深刻的冲击，全球许多重大问题的解决，单靠美国的力量已经力不从心，越来越需要美中两国进行合作，通过共同努力来加以应对，这种情况在经济领域表现得尤为突出，以至于中美关系成为全球经济关系中最重要的双边关系。在某种意义上，G2由于强调中美负有共同应对全球性挑战的责任，也被理解为是某种关于"中美共治"的倡议。

与 G2 概念相比，"中美国"作为一个概念，更为强调的是中美经济关系的共生性。

---

① Philip C. Saunders："Managing Strategic Competition with China"，*Strategic Forums*，No. 242，July 2009，pp. 1 - 10.

② 阿尔弗雷多·哈利费—拉默：《新疆不可告人的议程：石油、天然气和输油管道》，墨西哥《每日报》2009 年 7 月 19 日，转引自《参考消息》2009 年 7 月 21 日。

提出这个概念的美国经济史学家尼尔·弗格森认为，中美两个经济体加在一起，已经成为世界经济的关键推动力，两国不仅国土面积占世界陆地表面积的 13%，拥有世界上大约 1/4 的人口，而且从 1998 年到 2007 年，贡献了全球经济产出的 1/3 以及世界经济增长的 2/5。所谓"中美国"，指的是出口导向的中国经济和过度消费的美国经济结合，彼此相辅相成，2000 年至 2008 年是这种共生关系的全盛时期，中国得以把国内生产总值增至原来的四倍，出口增至原来的五倍，进口西方技术并为农村贫困人口创造了数千万个制造业工作岗位。这种关系也使美国能够更多地消费，更少地储蓄，并且维持着低利率和稳定的巨量投资。

美国彼特森国际经济研究所所长伯格斯腾也是 G2 说法的提出者之一。他在中美战略经济第四轮对话会议闭幕后表示，如果美国要鼓励中国在全球经济中承担更多责任，就应该和中国分享全球经济的领导地位。曾经担任民主党卡特政权国家安全事务助理的布热津斯基，是最早正式建议奥巴马政府采纳美中两极体制的战略家之一。在 2009 年 1 月中旬奥巴马正式宣示就职前夕，他发表了一篇建议中美基于全面伙伴关系构建 G2 特别关系的文章，指出中国的崛起使人们无法再忽视这个国家，美国严重依赖中国，这一事实要求两国进行相应的制度化合作。他认为，仅在较大规模的多国集团框架（"G13"或"G20"）内进行必要的磋商并不够，中美两国高层还应当更深入地举行定期的非正式会谈。不仅讨论双边议题，而且还要讨论"世界大事"，在诸如中东冲突、削减核武器、反恐、气候变化等国际问题上加强合作。值得一提的是，美国国内关于 G2 的主张显然具有跨党派的特点，不仅民主党内有人支持，共和党也有人呼吁。3 月，曾任小布什政府国务院常务副国务卿、现任世界银行行长佐利克在一篇名为"经济复苏需要 G2 来支撑"的论文中，极力主张美中两国必须发挥引导性的合作以解决经济问题，甚至提出，"如果没有强大的 G2，20 国集团最终还是会令人失望"。

总的来说，在美国战略界倾向于 G2 构想的人大都关注美中经济关系，认为美国和中国在经济上有着千丝万缕的联系，应该成为战略上的伙伴，而不是陷入你死我活的竞争。双赢合作是一个完全可以实现的目标。中国经济正在以令人羡慕的速度保持着增长，许多人希望借此能让全球（及美国）经济重新实现增长。他们相信，中国经济保持增长势头将有利于推动中国国内的政治改革。随着时间的推移，中国会愿意参与甚至维护亚洲地区秩序。在美国，这些人往往被称为实用主义者，以区别于那些认为中美力量对比的变化必然导致两国争夺霸权的人，后者当中也不乏赞成同中国进行合作的主张，所不同的是，后者只是把合作当做一种战术看待，对于构建新型中美关系的重要战略意义充耳不闻。

2009 年 10 月美国国务院常务副国务卿詹姆斯·斯坦伯格在华盛顿的一次演讲中特别提出"战略再保证"口号，从中可以了解到对华政策务实派对中国战略影响力的双重判断。奥巴马总统 2009 年 11 月访问亚洲四国时再次提出对中国的"战略再保证"，他在东京、上海和北京发表的演讲中，多次表示美国不会对崛起的中国实行封锁政策，敦促中国承担"负责任的角色"。在某种程度上，"战略再保证"继承了小布什政府

"负责任的利益攸关方"概念的内涵，后者由佐利克在担任小布什政府的副国务卿时提出，旨在支持中国崛起成为一个全球经济和军事大国，同时促使它在国际海域从事商业交易或军事行动时都遵守国际规范。斯坦伯格在描述这一概念时说："战略保证必须设法突出和强调共同利益之所在，同时以直接的方式着手化解不信任产生的根源，无论是政治、军事或经济问题。"结合奥巴马政府要员 2009 年对人权问题、达赖、新疆问题等的低调反应，有评论认为这一口号可能意味着一条新的对华政策路线。鉴于长期以来是美国对华政策中合作与防范并存的对冲性，而"战略再保证"实际上是要中国确保不挑战美国的全球和地区主导地位。①

然而，中美两国政府高层都尽量避免引起外界关于 G2 的联想。温家宝总理明确表示中国不会同美国搞所谓"共治"，而奥巴马政府也把美中关系定位为其多伙伴全球战略的一个方面。美国前国务卿基辛格指出，一种中美全球统治机构不符合任何国家或整个世界的利益，在现在这个首要着眼于全球性前景的时刻，受到排斥的国家可能会偏向国家主义的圈子。② 尽管如此，G2 的提出还是引起了美国保守势力的担忧，他们否定 G2 的可行性，指责这种构想将会使美国的利益受损。中美经济关系的可持续性是一个错误的假设，经济利益的巧合，最终将被政治分歧和大国敌对所覆盖，固有的世界体系无法满足新兴大国的现代化和军事化要求。③ 尼尔·弗格森也对其提出的"中美国"概念加以纠正，他和柏林自由大学教授莫里茨·舒拉里克指出，"中美国"显然更有利于中国，而非美国。他们把这称为"10 比 10"的局面，即中国获得了 10% 的经济增长，而美国得到的是 10% 的失业率。他们指出，若想世界经济恢复平衡，纠正美中之间的经济失衡状况，必须放弃"中美国"概念。④ 这种观点后来也成为美国某些人用来指责中国应对金融危机根源负责的"危机转嫁论"。

2. 国际舆论担心"中美共治"局面出现

与此同时，一些亚太国家也担心美国失去在东亚的主导地位，使自己不得不屈从于中国的影响。新加坡前总理李光耀的言论比较具有代表性。2009 年 10 月 28 日，李光耀在美国—东盟商业理事会获颁终身成就奖仪式上说，如今中国已崛起为亚洲无可匹敌的力量，再过二三十年，中国庞大的体积将使得包括日本与印度在内的整个亚洲，都不可能在分量与国力上与之抗衡，所以需要美国来对中国加以制衡。他认为，不论要经历怎样的挑战，美国的核心利益都要求它继续主导太平洋地区，放弃这个地位将减弱美国

---

① Kelley Currie："The Doctrine of 'Strategic Reassurance' —— What does the Obama Formula for U. S. - China Relations Really Mean?" October 22, 2009, http：//online. wsj. com/article/SB10001424052748704224004574488292885761628. html.

② Henry A. Kissinger："Rebalancing Relations With China", *The Washington Post*, August 19, 2009.

③ Christopher M. Clarke, "US - China Duopoly Is a Pipedream", Yale Global Online, 6 August 2009, http：//yaleglobal. yale. edu/content/us-china-duopoly-pipedream.

④ Niall Ferguson and Moritz Schularick："The Great Wallop", *The New York Times*, November 15, 2009.

在全球的影响。他警告说，如果美国没有意识到亚太地区是未来的经济活动中心而失去了在这里的经济优势或在太平洋地区的领导力，它就会失去其世界范围的领导地位。①

作为美国在亚太地区的主要盟国，日本对 G2 概念的提出极为担忧。日本舆论界认为本国在亚太地区以及全球事务中正在被边缘化。《产经新闻》对奥巴马总统没有要求中国在扩充军备上"自律"并提高军费透明度表示担心，其社论指出，从阿富汗、巴基斯坦问题到打击索马里海盗，美国期望中国能够发挥作用，中国却把这视为是美国容忍其扩充军备和进入海洋，这将导致与中国存在领土与领海主权争议的印度和东南亚加剧军备竞赛的危险性增大，对日本来说是个重大的问题。社论说，美国过去一直是把日美安保体制作为亚洲战略的基轴之一，然而为了应对全球问题，美国将重心改为与中国进行合作，日本应当巩固日美同盟，并阻止美中 G2 单独行动。② 不过，《每日新闻》社论却断言，美中深化合作并不会一帆风顺，日本也没必要担心因 G2 导致自己被埋没，虽然解决北朝鲜问题的关键在美中两国，但在经济和地球环境等领域，美中若离开日本，就会发觉难题非常多。③

欧盟成员国对于 G2 构想的态度也比较复杂，一方面也担心被边缘化，另一方面又意识到全球问题离不开中美合作。德国外交政策网站 2009 年 7 月 16 日刊登题为《担心被降低地位》的文章，指出布热津斯基关于 G2 的建议在欧洲引发深切担忧，尽管他的构想把 G2 和美欧关系以及美日关系放在同等重要的地位，但是中国影响力的快速增加让人预感到，G2 在长期内可能会获得决定性作用，世界政治问题或许不再由大西洋两岸而是由太平洋两岸共同决定。不过，德国马歇尔基金会的中国问题专家安德鲁·斯莫尔并不这样悲观，他认为，欧洲能从中美关系中获益。如果这两个大国之间没有交流，才是令人担忧的事，因为在气候保护等议题上要取得进展，就需要中美之间进行协调。他指出，G2 对欧洲的威胁，不在于美国和中国私下协商问题，真正的威胁在于，双方没有达成协议使任何问题都解决不了。④

对于 G2 主张，俄罗斯国家杜马外交委员会主席康斯坦丁·科萨切夫的反应则比较冷静，他指出，中美经济领域的接近不可避免，双方越来越相互依赖是构建这种对话机制的先决条件。科萨切夫不赞同所谓中美企图瓜分世界的说法。他指出：中美两国的经济实力仍不足以瓜分世界，印度、日本、俄罗斯等其他大国都有能力在世界上占据重要地位。倘若中美在经济领域协调行动，将对世界经济复苏产生巨大作用，对于俄罗斯而言也不失为一件好事。俄罗斯没必要对此过分担忧，中国除了与美国合作外，还要从俄罗斯购买原料、能源和其他产品，而美国也对与俄罗斯在航天航空等高科技领域展开合

---

① 中国网 2009 年 10 月 29 日，http：//www. china. com. cn/international/txt/2009 - 10/29/content_ 18790234. htm。

② 文章：《美国容忍中国扩充军备令人遗憾》，日本《产经新闻》2009 年 11 月 19 日。

③ 社论：《美国肩负敦促中国负责的责任》，日本《每日新闻》2009 年 11 月 18 日。

④ 德国《明镜》周刊网络版 2009 年 7 月 27 日，转引自《参考消息》2009 年 7 月 30 日。

作感兴趣，可以预期，中美、美俄和中俄合作有望互不干涉各自发展。①

　　简言之，国际金融危机之后，美国主导的世界格局受到一定程度的削弱，中国等新兴大国对世界秩序的影响力有所上升，参与全球治理的意愿和能力有所增强。金融危机凸显了中美两国在广泛领域的利益交叉，双方拓展和深化各领域合作仍有较大潜力。但是，美国转嫁危机的做法导致与中国的矛盾和利益冲突激化。更重要的是，中国崛起步伐呈加快之势，加重美国维护单极世界体系的危机感。从 2009 年中美高层交流的情况来看，美国国内反思单边主义、注重国际合作、主张对中国奉行接触政策的力量，对美国对外战略和对华政策具有越来越大的影响，这种局面有利于中美关系的发展。而中美双方在价值观和战略利益上的深刻分歧不会消除，仍然对中美关系发展构成制约。美国国内保守势力和国际上其他一些国家对于美国霸权衰落和中国地位迅速上升的担忧，推动着奥巴马政府采取措施挑战中国的核心利益并压制中国崛起。因此，中美关系如何建立互信、减少冲突，是中美关系的长久课题。

大事记 10－1　2009 年中美关系大事记

日期	重大事件
2009 年 1 月 1 日	布热津斯基在纪念中美建交 30 周年研讨会上提出中美应形成"G2"的观点。
2 月 20 日～22 日	美国国务卿希拉里·克林顿访问中国。
2 月 25～26 日	25 日，美国国务院发表了《2008 年国别人权报告》，对包括中国在内的世界 190 多个国家和地区的人权状况进行指责。26 日，中国国务院新闻办公室针锋相对地发表《2008 年美国的人权记录》，对美国存在的种种践踏人权的事实加以揭露。
3 月初	先后有 5 艘中国船只在南海与闯入中国专属经济区水域的美国侦察船"无暇号"和"胜利号"对峙。
4 月 1 日	中国国家主席胡锦涛在伦敦出席二十国集团金融峰会期间，与美国总统奥巴马举行会晤。
5 月 30～31 日	美国众议院议长南茜·佩洛西访问中国。
5 月 31～6 月 3 日	奥巴马总统的特使、财政部长蒂莫西·盖特纳访问中国。
7 月 27～28 日	首轮中美战略与经济对话在华盛顿举行。
9 月 7～13 日	全国人民代表大会常务委员会委员长吴邦国访问美国。
9 月 22 日	胡锦涛主席在赴美国出席联合国气候变化峰会、第 46 届联合国大会一般性辩论以及二十国集团匹茨堡峰会等会议期间，在纽约与奥巴马总统举行会晤。
10 月 24～11 月 3 日	中央军委副主席徐才厚访问美国。
11 月 4 日	美国商务部宣布对中国输美金属丝网托盘实施惩罚性关税，5 日，又裁定，对中国输美油井管征收最高 99% 的反倾销税。
11 月 15～18 日	奥巴马总统访问中国。17 日，《中美联合声明》在北京发表。

---

① 俄罗斯塔斯社 2009 年 7 月 29 日电。

第十一章　睦邻友好：
充实中日互惠增进东亚互助

2009 年伊始各种不稳定因素纷纷凸显，到年终东亚合作平稳发展，整个东亚地区形势经历了一个转圜起伏的过程。中日双方妥善处理分歧而拓展战略互惠关系，朝鲜半岛局势经历朝鲜发射卫星和二次核试的危机后重新出现对话契机，中国与东盟合作关系也准备在"10+1"的框架内进入自由贸易区。2009 年，在共同应对金融危机的背景下，东亚地区合作不断获得稳定发展。

一、中日关系结束徘徊，取得新进展

1. 中日战略互惠关系得到新的充实

在打破小泉执政时期的 5 年僵局后，中日两国政府达成的共识即"构筑'基于共同战略利益的互惠关系'，实现中日两国和平共处、世代友好、互利合作、共同发展的崇高目标"。① 这个共识的确立表明双方开始在战略层面对两国关系进行定位和运筹。此后，两国政府不断采取行动，维护中日关系来之不易的改善局面，不断推进和充实这种"战略互惠关系"。2007 年 4 月，温家宝总理访问日本，中日双方发表联合新闻公报，就战略互惠关系的基本精神和基本内涵达成共识，还达成具体合作成果。2007 年 12 月，福田首相访华的"迎春之旅"，加强双方关于"战略互惠关系"的政治意愿，决意"不断丰富中日战略互惠关系的内涵"。2008 年 5 月中国国家主席胡锦涛访日，双方签署《中日关于全面推进战略互惠关系的联合声明》，成为中日建交以来第四个指导两国关系的重要文件，标志着中日关系进入新的发展时期。

进入 2009 年，中日战略互惠关系在以下几个方面得以展开和充实：

第一，共同抗击金融危机的影响，采取实际行动共同推进东亚地区合作和发展。中日两国都是世界主要经济体，是东亚地区的第一和第二大的经济体，中国是日本最大的

---

① 《中日联合新闻声明》，新华网，2007 年 4 月，http：//news. xinhuanet. com/world/2007 - 04/11/content_ 5964574. htm。

贸易伙伴，日本是中国第三大贸易伙伴，双方加强经贸合作不仅有利于尽早克服国际金融危机对自身的冲击，还推动世界经济和东亚经济复苏。中日两国意识到自己在金融危机背景下的国际责任，实施大规模的经济刺激计划和积极的财政货币政策，通过加强合作来带动东亚地区经济尽早走出衰退的阴影。

2008 年年底，中日双方在日本福冈举行的中日韩三国首脑峰会上决定联手向东亚外汇储备库注资，加快清迈倡议的多边化进程。进入 2009 年后，双方积极合作落实这一决定。2009 年 2 月在泰国普吉岛举行 "10+3" 特别财长会议上，拟议中的外汇储备库从 800 亿美元扩大到 1200 亿美元。5 月，"10+3" 财长会议就清迈倡议多边化要点达成共识。2009 年年底 "10+3" 财长和央行行长以及香港金融管理局总裁宣布正式签署清迈倡议多边化协议。中国（包括香港在内）出资比例占 32%，合计出资 384 亿美元，日本和韩国出资比例分别占 32% 和 16%，东盟十国则出资 20%。在借贷乘数方面，中国内地与日本的乘数都为 0.5，而东盟十国的借贷乘数则最低可达 2.5，最高可达 5，这表明中日两国贡献多而索取少，两国合作为稳定亚洲经济承担起更大责任。

中日双方不断协调各自应对金融危机的国内政策，通过元首对话、互访和高层经济对话夯实应对金融危机的共识。在伦敦 20 国集团峰会上，中日两国元首一致强调要加强合作、齐心协力、共克时艰，要采取具体措施保持双边贸易额的稳定，调整贸易和产业结构，加强信息、环保、高技术等领域合作，培育新的经济增长点和实施大规模的经济刺激计划。双方还承诺，共同支持本地区有关国家应对国际金融危机冲击，推动东亚自由贸易区建设，扩大区域共同市场，推动区域经济金融合作。在 4 月底，麻生首相访问中国，双方将应对金融危机的元首伦敦共识付诸实施，同意共同采取措施，以扩大内需为中心，推进宏观经济政策，防止贸易保护主义，并对亚洲其他各国提供支援。

此外，双方同意进一步推进环保、能源、气候变化等方面的合作，涉及水、大气、废品处理与循环使用以及清洁煤技术的环保项目多达 505 项。双方还将就开发下一代的移动电话技术进行对话，加强在信息通讯领域的合作。2009 年 6 月在东京举行第二次中日高层经济对话会议，双方就世界经济金融形势、贸易投资合作、环境能源合作、全球变暖，以及区域与国际经济等问题深入交换意见，并签署为亚洲发展中国家建设基础设施的合作备忘录。据日本外交部的声明，日本国际合作银行和中国进出口银行将联合向第三国 "提供财政援助"。双方还在保护知识产权、食品安全和防灾等领域进行合作达致协议，在 10 个领域签署了合作备忘录。这些都是中日双方为应对金融危机而达成的具体的合作协议和经济方案。可以说，这次高层经济对话会议为中日双方确定了当前和今后一个时期两国经贸合作的目标。鸠山就任日本首相后，胡锦涛主席出席匹兹堡峰会期间与他进行了会见，双方同意两国政府应该承前启后，加强在金融危机中的合作。中日在共同应对金融危机上的合作大大充实了中日战略互惠关系。

第二，中日高层会晤机制化和频繁化，各种对话和交流机制增强两国的对话和互信。两国领导人保持经常性往来和会晤，加强政府、议会、政党间的交流和战略对话机制，是构筑战略互惠关系的重要手段和途径，它有利于就双边关系和各自内外政策及国际形势加强沟通，有助于提高双方的政策透明度。在 2007 年 4 月的《中日联合新闻公报》和 2008 年 5 月的《中日关于全面推进战略互惠关系的联合声明》中，中日双方都将加强领导人和高层对话作为增进政治互信的重要一环。2009 年，在推进战略互惠关系的框架下，中日高层的双边会晤呈现出机制化的趋势，在国际多边场合会晤呈现出频繁化的势头。

2009 年 1 月 9 日，中日在东京举行了第九次战略对话。外交部王光亚副部长与日本外务省薮中三十二次官就双边、地区以及重大国际问题展开坦诚、深入、务实的交谈并达成广泛共识，并希望通过在双边、地区和全球事务中的沟通、协调与合作，推动中日战略互惠关系在新的一年取得新的发展。3 月 20 日，日本防务大臣浜田靖一访华，中日防务部门发表联合新闻公报，就双方在今后防务交流方面达成 10 项共识。同月 26 日，中国全国人大与日本参议院定期交流机制第三次会议在东京举行，双方表示将继续以交流机制为平台，发挥议员联系民众的优势，努力促进两国民众的相互了解和友好感情，并商定于 2010 年在中国举行交流机制第四次会议。3 月 31 日，中国中央政治局常委李长春访问日本。在 4 月初的伦敦 20 国峰会上，中国国家主席胡锦涛和日本首相麻生进行了会晤，会谈内容涉及中日双边关系、国际金融体系改革、东亚地区合作和朝鲜即将进行的"卫星发射"等国际和地区重大问题。在伦敦峰会上，双方将麻生对中国的访问时间定在了 4 月底，这次访问是对胡锦涛主席访日的回访，本来预定为在 2008 年年内实现回访，但由于福田突然辞职而推迟，这也是麻生第一次以首相身份访问中国。访华期间，温家宝总理和胡锦涛主席先后与麻生进行了会晤。

中日第二次高层经济对话于 2009 年 6 月在东京举行。首次中日高层经济对话是温家宝总理在 2007 年 12 月访日时启动，对话机制的主要任务一是交流两国经济发展战略和宏观经济政策；二是协调跨部门经济合作事宜，探讨合作中相互关切的重大问题；三是加强在重大地区及国际经济问题上的政策沟通，促进两国更广领域的合作。2008 年 5 月胡锦涛访日时，中日双方商定第二次会议定于当年秋天举行，但由于金融危机爆发和日本政府换届等原因，第二次高层经济对话最终于 2009 年 6 月在东京召开，中国国务院副总理王岐山和日本外务大臣中曾根弘文共同主持并取得多项具体成果。接着中日第十次战略对话于 6 月 24 日又在北京举行，外交部副部长王光亚与日本外务省事务次官薮中三十二主持了对话，这与第九次战略对话仅仅相距 5 个多月。9 月，在匹兹堡 20 国集团峰会期间，胡锦涛主席与日本新首相鸠山实现了第一次会晤，紧接着 10 月鸠山出席中日韩峰会期间对中国进行了访问，与中国领导人再次会见。11 月 20 日，杨洁篪外长访问了日本，会见了日本首相、参众两院议长、日本外相和日本各党人士。中日双方同意组成新一届中日友好 21 世纪委员会，中方首席委员由唐家璇担任，日方首席委员由西室泰之担任，委员会将于明年初举行首次会议。12 月 10 日，以日本民主党的干事长小泽一郎为团长的日本民主党代表团访问中国，代表团的规模之大超出以往任何一次访问。胡锦涛与小泽一郎一致同意，要不断健全和完善两党交流机制，把这一机制打造成两国执政党开展对话、增进互信、促进合作、共谋发展的重要平台。4 天之后，国家副主席习近平对日本进行了正式访问，会见了日本首相、两院议长、各政党高层官员、日本天皇，以及日本各界人士，习近平的访问为 2009 年中日的高层互访划上一个圆满的句号。总体看来，2009 年中日之间的高层会晤、外交部门的交流、政党交流和民间交流都是非常活跃的一年。

第三，中日防务和军队交流取得新的进展和深化，这大大改善了双方的互信。中日两国历史上曾发生过战争，如今中国的国力正在迅速增强，日本作为美国的军事盟友一直在战略上充当美国防范中国的马前卒，它本身也正在追求政治大国的地位，彼此都怀有很深的防备心理。消除彼此的戒心，建立战略互信就成了双方构建战略互惠关系的重要课题，而进行防务交流则是建立战略互信的基本手段。2007 年 4 月发布的《中日联合新闻公报》将"加强防务对话与交流，共同致力于维护地区稳定"作为中日战略互惠的五个基本内涵之一。2008 年 5 月的《中日关于全面推进战略互惠关系的联合声明》将"加强安全保障领域的高层互访，促进多层次对话与交流，进一步加深相互理解和信任"作为增进政治互信的三大举措之一。自 2006 年 10 月中日关系打破僵局后，中日之间的安全防卫交流随即展开，根据双方领导人达成的协议，实现了防务部门的部长互访、军队高层互访、军舰互访和防务安全磋商。进入 2009 年，中日之间的防务交流取得了新的进展和深化，并开始探讨在防务领域展开具体合作。

根据 2007 年 8 月中国国防部长与日本防卫大臣会晤及 2008 年 5 月中日两国领导人会晤达成的共识，应梁光烈国防部长的邀请，日本防卫大臣浜田靖一于 2009 年 3 月 20 日至 21 日访华。在访问过程中，浜田拜会了全国人大委员长吴邦国，与梁光烈国防部长举行了会谈，还参观了北京军区步兵 196 旅。梁光烈部长与他就中日防务交流达成 10 项共识，同意在以下三个方面加强沟通与合作①：一，加强防务部门和军队的对话和联络机制。双方同意于 2009 年内在东京举行防务部门的防务安全磋商，并在此基础上加强政策部门间的沟通，就国际维和、抵御自然灾害、反海盗等两国间的共同课题交换意见，特别是在亚丁湾、索马里海域进行的反海盗行动中，推动情报信息交换等方面的合作；双方同意就尽早建立中日防务部门间海上联络机制，继续举行磋商，2009 年上半年在东京举行第 2 次专家组磋商。二，加强防务部门及军队高层的互访。作为对浜田防卫大臣访华的回访，梁光烈国防部长将在 2009 年内访日；作为 2008 年以来中国空军司令员、海军司令员、副总参谋长访日的回访，日本陆上自卫队参谋长、海上自卫队参谋长、航空自卫队参谋长在本年度内或双方方便的时候分别访华；在 2007 年和 2008 年实现舰艇首次互访的基础上，继续进行舰艇互访，中国海军舰艇将在 2009 年内访日。三，加强两国军队的交流。双方将就开展中国人民解放军大军区与日本陆上自卫队方面间的交流进行探讨；继续实施各种框架下的校官和尉官交流；推进中国国防大学、军事科学院同日本防卫研究所，中国人民解放军南京理工大学、大连舰艇学院等院校同日本

---

① 中日两国防务部门联合新闻公报（全文），新华网，2009 年 3 月 20 日 http：//news. xinhuanet. com/newscenter/2009 - 03/20/content_ 11044908. htm。

防卫大学之间的交流，加强研究、教育部门间的交流；为了落实以上交流，双方军队将加强工作层协商，双方将就开展包括日本联合参谋部（日本称统合幕僚监部）在内的各军种间参谋对话进行探讨。

2009 年 11 月 5 日到 9 日，中国海军训练舰"郑和"号对日本进行了访问，来自中国海军军事院校的 230 名学员随船出访，这为梁光烈部长对日本的回访营造了良好的气氛。11 月 26 日至 12 月 1 日，梁光烈部长访问了日本，这是自 2007 年 8 月曹刚川之后，中国国防部长再次访日。访问期间，梁光烈部长与北泽俊美防卫大臣举行了会谈，并拜会了鸠山由纪夫。双方高度评价自 3 月以来，两国防务交流在各层次、各领域的进展情况，并一致同意，今后将努力通过持续稳定的防务交流，进一步增进相互理解和相互信任，推动中日战略互惠关系的全面发展。双方同意进一步落实 2009 年 3 月双方达成的共识。对于因日本政府换届和其他原因而延误的第九次防务安全磋商和第二次建立海上联络机制的联合工作组磋商，双方一致同意，尽早在东京举行第九次防务安全磋商和第二次联合工作组磋商，并且每年都要举办防务安全磋商，还要适时举行部门领导人磋商。关于防务部门领导人互访。双方同意，作为对梁光烈国防部长访日的回访，日本防卫大臣将于 2010 年内访问中国；继续开展中国人民解放军总参谋长、副总参谋长、军种司令和日本自卫队各参谋长的互访。日本陆上自卫队参谋长将于 2010 年内访问中国，中方拟考虑派高级军事代表团访日；继续开展舰艇互访，日本海上自卫队训练舰队将于 2010 年内访问中国。双方还决定，从 2010 年开始开展中国人民解放军大军区与日本陆上自卫队方面之间的交流。适时举行海上联合搜救训练，并就灾害救援、联合国维和行动等非传统安全领域开展经验交流与合作交换意见（包括就开展两国人道救援、救灾联合训练等具体合作交换意见），开展各专业领域人员交流，加强双方在多边安全框架中的合作，这表明中日防务交流已经开始走向具体的合作。最引人瞩目的是，梁光烈还首次登上日本海上自卫队的宙斯盾级驱逐舰参观。日本防卫大臣滨田靖一在 3 月份的访华中，向中方提出让即将派驻索马里海域参与反海盗活动的日本海上自卫队与中国海军展开互动，具体内容就是让指挥舰队的中日军官们乘搭直升机进行互访活动，以拉近中日部队的距离，加强反海盗的效率。所有这些都表明中日之间的防务交流正在顺利地进行，并且为中日两国增强战略互信奠定良好的基础。

第四，中日较好地处理敏感问题的分歧和摩擦，使中日关系的氛围得到改善。中日之间存在的历史问题、领土争端问题、台湾问题等对中日关系的稳定发展常常带来干扰。中日双方较好地处理这些敏感问题，是中日战略互惠关系在 2009 年平稳发展的一个重要原因。2009 年伊始，中日在东海油气田问题上发生了外交上的龃龉，日本《产经新闻》指责中国违反了去年 6 月的中日协议，已对东海天外天油气田进行了钻探工作，但中国外交部发言人随即驳斥说，"天外天"等油气田位于无争议的中国管辖海域，对有关油气田进行开发活动是行使中方固有的主权权利。2009 年 2 月 4 日，日本《产经新闻》报道，日本海上保安厅从 2 月 1 日起加强对钓鱼岛的"警备体制"，并开始在钓鱼岛海域常驻可搭载直升机的 PLH 型巡视船。中国外交部与日方进行了交涉，并再次声明，钓鱼岛及其附属岛屿自古以来就是中国的固有领土，中国对此拥有无可争辩的主权。如果日方在钓鱼岛问题上采取升级举动，中方将不得不做出强烈反应，日方对此应有清醒认识。在麻生首相访华前一周，又以"内阁总理"名义向靖国神社献供品，中国外交部表示"严重关切和不满"，呼吁日本政府在靖国神社问题上"务必谨言慎行，妥善处理"。日本外交部也反复强调这不会影响麻生的访华，并表示不会有进一步的行动。在中日领导人的会晤中，胡锦涛和温家宝也向麻生呼吁，要妥善处理历史问题。日本的鸠山新内阁上台后，对历史问题做出了更为明确的承诺，决意不参拜靖国神社。10 月份，日本 50 多名政坛人物参拜了靖国神社，不过，首相鸠山由纪夫和其内阁成员并没有出席。这也并没有使得中日关系受到大的影响。

2. 战略互惠关系的新特点

第一，在东亚合作和金融危机的背景下发展中日战略互惠关系。2008 年爆发的金融危机，使中国经济对日出口和日本对中国市场的依赖度进一步显现出来。为了确保双边贸易保持平稳发展，促进各自国内的经济刺激计划和经济结构调整，中日通过元首对话和互访、双边的对话来协调各自的经济政策，并将中日合作纳入到推动东亚区域合作进程中来，通过东亚一体化的提升来增强抵御金融危机的能力。如何应对金融危机，成为中日双边合作的最大议题，并且通过双边各个层级的对话协调。比如，中国发展新一代通讯技术对日本公司来说就是一个巨大的机遇，中日共同应对金融危机不仅使得中日战略互惠关系的基础得以扩展，更是惠及了东亚地区合作。2008 年 12 月和 2009 年 10 月的中日韩高峰会议是中日联合韩国，推动东亚金融合作来应对金融危机的重大举措。可以说，中日合作对推动清迈协议的多边化进程发挥了重大作用，东亚外汇储备库的建立是中日双边合作与东亚区域合作结合的佐证，也是中日战略互惠关系深化的新特点。

第二，防务合作和交流成为中日两国构建战略互惠关系的新亮点。安全关系是国家关系的核心，一般来说，在双边关系中，军事和防务关系往往是最先受到损害，又往往是最后恢复的部分。但是，中日战略互惠关系的深化似乎有所不同，伴随着中日关系僵局的打破和中日政治关系的转暖，防务交流的恢复几乎与政治关系同步展开。进入2009 年后，虽然因达赖和热比娅访日受到干扰，但日本防卫大臣和中国国防部长实现了互访，中国军舰访问了日本，按照计划，日本军舰 2010 年将对中国进行第二次回访。中日防卫交流也没有因为钓鱼岛问题而受到大的影响，在防卫交流中达成的一系列共识和声明不仅使得中日防卫交流具有了法律基础和机制保障，而且强化了中日之间的战略互信。日本对防卫安全交流机制化持积极的态度，在 2009 年的国防部长互访中，中日就军事院校和军官交流、军事将领互访、军舰互访等都做出安排，为中日防卫交流进一步发展奠定基础，成为中日战略互惠关系在 2009 年的突出亮点。

第三，双方在处理敏感问题上已经更加理性和成熟，对彼此核心利益体现更多的相互理解。2009 年的中日关系，尽管仍然存在着若干复杂敏感的老大难问题，但双方均能以较为理性、克制的态度应对，未任其妨碍两国关系大局，这也成为中日构建战略互惠关系的一个新特点。在历史问题上，继小泉之后的几任首相都没有再去亲自参拜靖国神社，日本政府对靖国神社的表态也日益明朗，从安倍首相的"模糊"政策到福田首相的明确拒绝，再到麻生首相赞成"分祭"论，都表明日本政府已经认识到参拜的危害。① 在鸠山内阁任期内，当日本在野政治人物参拜靖国神社时，鸠山明确要求内阁成员不能参拜，使得日本政府不参拜的立场得以确立。在东海油气田问题上，中日双方于2008年6月达成共识，确定了共同开发的海域，在春晓油气田问题上，中国企业欢迎日本法人按照中国对外合作开采海洋石油资源的有关法律，参加对春晓现有油气田的开发，但这并不会影响春晓油田主权归属中国的事实。此后，虽然中日双方在东海油气田开发问题上还存在着不同观点，但一直保持着沟通和磋商。在钓鱼岛问题上，中日两国存在着对立的观点，但没有让此问题影响大局。可以说，双方更加理性地处理和面对敏感问题已经成为构建战略互惠关系的一个新特点。

第四，日本政局变化有助于中日战略互惠关系的发展。2009年8月底，日本民主党在众议院大选中取得空前胜利，获得全部480个议席中308席，超过控制众议院各个常设委员会的绝对稳定多数269席，而自民党从选前的300席降为119席，议席减少了60%，日本的政治生态也因此而发生了重大变化，被自民党长期执掌的政权落入民主党之手，自民党一党独大的"一九五五年"政治格局被两党竞争的格局取代。民主党对外交政策和区域合作提出一些新的设想。在历史问题上，鸠山在胜选前曾多次表示，他一旦出任日本首相，将不会参拜靖国神社，并会要求其他内阁大臣"自律"，即自我约束。他还提议研究建立与宗教和各类战犯无关的阵亡者纪念碑，并要清算战争罪行等。在东亚区域合作问题上，鸠山也提出建立类似"欧洲共同体"的"东亚共同体"，及类似"欧元"的"亚元"等。民主党主张调整自民党向欧美一边倒的政策，希望加强与亚洲国家友好合作。民主党上台后，这些设想也部分得到落实，鸠山内阁成员不再参拜靖国神社，日本外交也出现微调，如在印度洋停止对美国军舰的油料供应，强调与东亚国家的交往和合作，改善与东亚地区国家的关系。当然，日本仍以美日同盟为首，美国仍是日本外交的重中之重。另外，日本国内政局的变化，确实推动中日战略互惠关系的进一步发展。日本国内政局改变对中日关系的正面影响，是2009年中日战略互惠关系深化的又一特点。

3. 中日战略互惠关系的稳定性增强

2000年以来，中日关系几度反复处于不稳定状态。这对于两国的各自利益和亚洲地区稳定都带来消极后果。2009年中日关系从不稳定转向稳定状态，其原因应当从全局和长远的趋势来加以分析。

首先，中国的发展和崛起增强了中日经济关系的互补性，还增强了在地区和国际事务上中日"合则两利、斗则两伤"的战略关系。中日经济关系的互补性是中日关系保

---

① 孙承：《中国的发展与中日关系》，《日本学刊》2009年第2期，第42、43页。

持稳定的根源。一方面，中国从日本获得资金和技术，另一方面，中国为日本经济稳定提供了市场和低成本劳动力。日本企业界普遍认为，同中国的经济贸易关系是日本走出长期停滞的重要因素，中国经济增长拉动日本出口增长已成为日本经济景气的重要条件。中国的发展不仅使得两国的传统产业结构具有互补性，而且推动形成中日共生的国际分工格局。① 在金融危机后，中日两国共同应对经济衰退，是两国经济结构互补的必然结果。

随着中国实力的增强和国际地位的上升，中日两国相互影响、相互制约和相互倚重的战略关系也日益增强，成为两国最重要的双边关系之一。中国正在努力通过和平发展实现民族复兴和国家富强，日本则希望获得政治大国的地位，实现从战败国向正常大国的转型。如果相互拆台和敌对，双方都很难通过和平发展达到各自的战略目标，难以在国际事务中发挥各自应有的作用。长期和平友好合作成为双方的唯一选择，这一点在金融危机后更加凸显。由于金融危机后中国的国际地位明显提升，对世界经济复苏的作用日显重要，日本在各种地区和全球性事务中对中国的战略需要上升，不得不在历史问题和领土、领海争端问题上克制其过分言行。干扰中日战略互惠关系的杂音有所减少，中日双方各个层面的交流安排得以顺利进行，双方政治互信和国民感情都得以深化。

其次，中日两国政府是推动中日战略互惠关系深化的主导力量。本世纪初中日关系出现困境的主要原因是日本小泉政府和右翼势力纠缠历史问题兴风作浪所致。经过近十年反复曲折，日本方面认识到，没有良好的中日关系，日本就难以在东亚地区发挥作用，也难以实现其向正常大国的转变。自安倍政府以来，中日两国政府对于共同努力构建战略互惠关系的立场趋于一致。2009 年民主党上台后，对中日关系采取更加积极的态度，中日两国政府的主导作用更加明显。

中日两国政府的作用主要体现为通过双方政府达成的关于双边关系的文件来规划和指导中日战略互惠关系的构建。两国政府在战略层面对双边关系进行定位和运筹，围绕战略互惠关系达成多份文件。温家宝总理访日时发表的《中日联合新闻公报》确认了2006 年 10 月安倍首相访华时双方提出的目标，即努力构筑"基于共同战略利益的互惠关系"，并就构筑战略互惠关系达成若干共识。在胡锦涛主席访问日本时，双方签署了中日之间第四份政治文件——《中日关于全面推进战略互惠关系的联合声明》和《关于加强交流与合作的联合新闻公报》。根据这两项文件，中日韩三边高峰会议作为充实战略互惠关系的一项重要举措得以提出，并举办了 2008 年 12 月在日本福冈和 2009 年10 月在北京举办的中日韩高峰会议。中日韩高峰会议是 10+3 合作体系的重大进展，也是中日战略互惠关系的拓展，对于中日关系的发展具有深远影响。

最后，全球化以及全球治理体系的变化和发展，要求中日之间构建互利的战略合作关系。金融危机后，全球治理的性质悄然发生变化，西方垄断的治理机制正在向发达经济—发展中经济对话合作的方向转变。大国关系中合作与竞争共存的格局更加凸显。中

275

---

① 孙承：《中国的发展与中日关系》，《日本学刊》2009 年第 2 期，第 38、39 页。

日之间的经济互补性以及东亚地区的合作机制不断发展，成为全球治理体系的重要组成部分。

在此背景下，中日关系的内涵正在发生着深刻的变化，中日之间历史问题依然存在，但是在双边关系中的地位和影响力逐渐下降。对全球经济、环境问题、气候变化、能源问题、传染病及公共卫生问题、恐怖主义等一系列问题上的中日共同利益，双方建立互利互补的战略合作关系，共同面对全球和地区问题的挑战。东亚地区合作必须得到中日两个国家的合作参与和支持才能顺利推进，这不仅是整个东亚地区的要求，也符合中日双方的根本利益。中日关系的发展方向与世界发展潮流相一致，是中日构建战略互惠关系的时代要求。

二、朝核问题跌宕起伏半岛局势保持稳定

1. 半岛紧张局势的升级和朝核问题的波折

2009 年，朝核问题和朝鲜半岛局势以紧张和敌对行动开始，以朝美直接双边对话而结束。1 月 13 日，奥巴马就职典礼前一个星期，朝鲜外务省发表谈话说，朝鲜半岛核问题是美国敌视朝鲜政策和核威胁产生的，实现朝鲜半岛无核化，维护东北亚地区和世界和平与稳定是朝鲜的一贯立场，但只有在美国消除对朝鲜的核威胁以及美国不再对韩国提供核保护伞的时候，朝鲜才会放弃核武器。朝鲜人民军总参谋部 1 月 17 日宣布，由于韩国李明博政府继续执行对朝敌视政策，朝鲜将同韩国进行"全面对抗"。这奠定了 2009 年朝核问题和半岛局势的基调，一方面，半岛局势将会更加对抗和紧张，另一方面，朝鲜将积极谋求与美国的关系正常化。3 月 9 日，代号为"关键决心"的美韩年度联合军演开始，朝鲜对这次规模空前的军事演习做出强烈反应，朝鲜人民军最高司令部下达命令，要求做好一切战斗准备，随时歼灭入侵之敌。3 月 12 日朝鲜通报国际海事组织，将于 4 月 4 日至 8 日发射卫星。朝鲜半岛局势紧张升级。

2009 年 4 月 5 日，朝鲜中央通讯社 5 日报道，朝鲜于当地时间 5 日 11 时 20 分（北京时间 10 时 20 分）在位于咸镜北道花台郡的东海卫星发射场成功发射"光明星 2 号"试验通信卫星。报道说，"光明星 2 号"卫星利用朝鲜研制的"银河 2 号"三级运载火箭发射升空，卫星发射 9 分 2 秒后准确进入轨道。卫星以 40.6 度轨道倾斜角进入距地球最近距离 490 公里，距地球最远距离 1426 公里的椭圆形轨道，轨道运行周期为 104 分 12 秒。这是朝鲜自 1998 年 8 月宣布发射了"光明星 1 号"后第二次发射卫星。朝鲜此举在国际上掀起轩然大波。美国、日本、韩国和俄罗斯纷纷做出反应。正在捷克访问的奥巴马总统立即发表声明，对朝鲜的行为表示谴责，并称美国将继续通过六方会谈实现朝鲜半岛无核化，降低紧张程度。美国军方对朝鲜的发射进行评估，认为这是一次失败的发射，没有物体进入轨道，没有碎片落入日本，发射载体也不对北美或夏威夷构成

威胁。日本表示，即使朝鲜发射的是"人造卫星"，也违反了联合国安理会要求其"停止一切与弹道导弹有关的活动"的决议。韩国认为，朝鲜的发射活动违反了联合国安理会相关决议，是威胁朝鲜半岛和东北亚安定与和平的行为，韩国政府对此表示失望。而俄罗斯则表现出超然的态度，"我们呼吁所有相关国家，在这种复杂形势下，依据客观数据对朝鲜已经进行的发射性质进行评估，并在各自的行为中表现出克制"。欧盟就朝鲜发射卫星一事做出评论，认为此举"给地区稳定再添紧张气氛"。2009 年 4 月 13 日，联合国安理会通过主席声明，认为朝鲜发射活动违背了安理会第 1718 号决议，并要求朝鲜不再进行进一步的发射活动。朝鲜随后发表声明，拒绝接受安理会主席声明，宣布退出朝核问题六方会谈，并将按原状恢复已去功能化的核设施。29 日，朝鲜外务省发言人发表声明说，如果联合国安理会不就侵犯朝鲜自主权的行动"赔礼道歉"，朝鲜将进一步采取自卫措施，再次进行核试验和试射洲际弹道导弹。随后，美国国务院发出警告，要求朝鲜不要再次进行核试验以及洲际弹道导弹试射活动，否则势必受到国际社会的进一步孤立。

朝鲜的第二次核试验加剧了半岛的紧张局势。2009 年 5 月 25 日，朝鲜中央通讯社发表新闻公报宣布，朝鲜当天"成功地进行了一次地下核试验"，这是朝鲜继 2006 年 10 月首次地下核试验后再次进行核试验。世界各国尤其是六方会谈相关各国做出了强烈反应。美国总统奥巴马于当地时间 25 日凌晨发表书面声明，斥责朝鲜"公然违反联合国决议"，进行核试验并发射短程导弹"是对国际社会的直接的和粗暴的挑战"，"对国际和平与安全构成了严重威胁"，他对此表示"严重关切"。几个小时后，白宫又发表声明说，奥巴马已经与日本首相和韩国总统通过电话，协调三方在应对东北亚安全威胁问题上的立场。希拉里则分别与日、韩、中、俄四国外长通了电话或交换了立场。她强调，当日本和韩国受到朝鲜的核威胁时，美国将提供保护。美国军方更是发出战争恫吓，做出了相应的军事部署，朝美之间的紧张局势进一步升级。韩国也谴责了朝鲜，称朝鲜的第二次核试验是无法容忍的挑衅行为，并于第二天宣布正式全面加入"防扩散安全倡议"。朝鲜人民军驻板门店代表部再二天发表声明说，韩国正式加入"防扩散安全倡议"把朝鲜半岛局势"拖入了战争状态"。日本做出的强烈反应也不亚于美国，竭力主张对朝鲜采取严厉措施，正是在日本的强烈要求下，安理会当天下午即就朝鲜核试验问题召开了紧急会议，并发表了措辞严厉的声明。声明认为，朝鲜核试验违反了安理会 2006 年通过的第 1718 号决议，安理会对此表示"强烈反对和谴责"。

围绕着联合国安理会可能实施的制裁，朝鲜与各国之间的矛盾尖锐化。在 2009 年 5 月 29 日，朝鲜外务省发言人当天发表谈话说，如果联合国安理会因朝鲜进行核试验对其实施制裁，朝鲜将采取进一步自卫措施。朝鲜既不是《不扩散核武器条约》的成员，又没有加入《导弹及其技术控制制度》，朝鲜发射导弹和进行核试验不违反任何国际法。对此，美日等国强烈要求对朝鲜实施严厉的制裁。6 月 12 日，联合国安理会终于通过了 1874 号决议，对朝鲜的核试验表示"最严厉的谴责"，并要求朝鲜今后不再进行核试验或使用弹道导弹技术进行任何发射，早日回到《不扩散核武器条约》框架中来，立即全面执行第 1718 号决议，以"全面、可核查和不可逆的方式放弃所有核武器和现有的核计划，立即停止一切有关活动"。决议对限制朝鲜进出口武器、检查进出朝鲜的船只、在公海检查与朝鲜有关的船只及防止外部资金流入朝鲜并被用于研发导弹和核武器等做出了明确规定，并要求所有联合国会员国在相关问题上予以合作。这份联合国决议对朝核问题在严厉制裁与积极转变局势之间保持适当平衡，但并没有缓和紧张的局势。第二天朝鲜就做出反应，坚决反对和谴责联合国安理会通过的这份决议，并宣布在"与美国开始全面对抗的情况下"采取 3 项措施：新近提取的钚将全部实现武器化；开始进行浓缩铀作业；朝鲜把美国及其追随者的封锁视为战争行为，并将采取坚决的军事对应措施。美日韩等国一方面宣布延长对朝鲜的经济制裁，一方面开始大张旗鼓地拦截朝鲜的"可疑"船只、发布金融警告，增加导弹防御系统部署。朝鲜也在 7 月 2 日和 4 日分别发射了多枚岸舰导弹，以震慑美国及其盟国可能的海上拦截。美国又推动安理会朝鲜制裁委员会公布了针对朝鲜的具体制裁措施，包括冻结 5 家朝鲜实体的资产；冻结 5 位朝鲜官员的资产并禁止其出国旅行；禁止世界各国为朝鲜提供可能会被用于制造弹道导弹的两种关键原材料等。

至此，朝核问题和半岛局势达到了激化的程度，开始沿着两个方向发展。一个是危险的方向，朝鲜开始朝着获取核武器的方向迈进，开始提取核燃料。在 9 月 3 日朝鲜提交给联合国的信中提到，如果联合国安理会的"某些常任理事国将制裁摆在对话前面"，朝鲜也将放弃对话，采取强硬的核遏制力措施进行自卫。朝鲜公开表示其铀浓缩试验已进入最后阶段，铀燃料棒再处理同时也已进入最终阶段，并正在把已取得的钚武器化。11 月初，朝鲜中央通讯社再次公开表示，朝鲜已经在 8 月底完成了 8000 根乏燃料棒的再处理工作。提取核燃料是制造核武器的关键步骤，朝鲜突破核燃料提取技术，意味着距离真正的核武器不远了。另一个是缓和的方向，朝美双方也开始相互试探对话的可能。事实上，朝美双方都不断表示出要对话的愿望，只是双方基于对话的战略考虑不同。

美方从奥巴马上任的第一天就表示，愿意与朝鲜进行直接的对话来解决双边的分歧。[①] 此后，美国又表示它不仅愿意与朝鲜解决核与导弹的问题，还愿意与朝鲜签署和平协议。国务卿希拉里在首次亚洲之行前夕的一次演讲中谈到，"如果朝鲜真地愿意完全和可核查地放弃核计划，奥巴马政府愿意实现双边关系的正常化，签署永久性的和平条约来取代半岛长期停战协定，通过援助来满足朝鲜人民的能源需求和其他经济需求"[②]。即使朝鲜进行卫星发射和第二次核试验，美国仍不忘为朝鲜提供一个弃核的"积极愿景"。美国朝鲜问题特使博斯沃思在 2009 年 6 月 9 日谈到，"我们无意入侵朝

① Stephen W. Bosworth："Remarks at the Korea Society Annual Dinner", Washington, DC, June 9, 2009, http：//www. state. gov/p/eap/rls/rm/2009/06/124567. htm.

② Hillary Rodham Clinton： "U. S. – Asia Relations：Indispensable to Our Future", *Remarks at the Asia Society*, February 13, 2009, http：//www. state. gov/secretary/rm/2009a/02/117333. htm.

鲜，或者通过武力改变其政权，我们反复清楚地向朝鲜表明，我们相信谈判和对话是获得全面和可核查的半岛无核化目标的最好手段。……总之，我们仍然愿意与朝鲜进行认真的谈判"。他还强调，朝鲜必须遵守国际准则和尊重人权才能加入国际社会，朝鲜半岛的前景应该用一个和平的机制代替停战协定，各国之间，也包括美国和朝鲜之间应该建立一个正常和相互联系的关系。① 6 月 11 日，在参院外交关系委员会作证时，博斯沃思进一步强调美国仍然愿意与朝鲜进行接触，也愿意在六方框架内与朝鲜进行双边接触。他再三强调，美国对朝鲜没有敌意，也不打算通过武力来改变朝鲜政权，并且美国仍然致力于 2005 年的 "9·19" 六方联合声明的实施。② 在这次证词中，博斯沃思还第一次发出了他愿意本着接触的精神访问朝鲜的信息。6 月 16 日，奥巴马在会见韩国总统李明博时表示，美国为朝鲜提供了另外一条道路，通过和平和经济机会的道路，包括全面融入到国际社会，只要朝鲜能够做到全面和可核查的弃核。"我们更愿意通过谈判和接触为朝鲜提供一条和平共存的道路"。③

从朝方来看，它一直在争取与美国建立双边关系和实现关系正常化。2009 年 7 月 27 日，朝鲜外务省发言人重申朝鲜将不参加朝核问题六方会谈，但却认为还有其他对话方式可以解决问题，不过他没有说明有何种对话方式。8 月份克林顿突访平壤，朝鲜政府释放了在 4 月份扣留的两名非法越境的美国记者，表达与美国进行双边会谈的愿望。9 月 28 日，朝鲜代表在联大一般性辩论发言中说，朝鲜半岛无核化进程取决于美国是否改变对朝的核政策。在温家宝总理 10 月份访问朝鲜的时候，金正日表示，通过朝美双边会谈，朝美之间的敌对关系必须转变为和平关系，朝方愿视朝美会谈情况，进行包括六方会谈在内的多边会谈。11 月 2 日，朝鲜外务省发言人再次表示，只有首先进行朝美对话，找到实现朝鲜半岛无核化的途径，朝鲜才会进行包括六方会谈在内的多边会谈。在克林顿访朝和朝鲜释放两名美国女记者后，朝鲜局势渐渐平息。美国和朝鲜经过沟通就博斯沃思访朝达成了一致，并在奥巴马访韩时宣布这一消息。12 月 8 日到 10 日博斯沃思访问朝鲜，标志着美国对朝政策调整进入实际操作阶段。

2. 中国努力维护半岛局势稳定

朝鲜半岛与中国东北地区唇齿相依、一衣带水，中国推行的睦邻、安邻、富邻的外交政策，希望朝鲜半岛能维持和平、发展、繁荣与稳定。对于朝核问题，中方一贯主张半岛无核化，反对核扩散，主张通过对话谈判和平解决朝鲜半岛核问题，以维护朝鲜半

279

---

① Stephen W. Bosworth："Remarks at the Korea Society Annual Dinner"，Washington，DC，June 9，2009，http：//www. state. gov/p/eap/rls/rm/2009/06/124567. htm.

② Stephen W. Bosworth："North Korea：Back at the Brink？"，Testimony Before the Senate Foreign Relations Committee，Washington，DC，June 11，2009，http：//www. state. gov/p/eap/rls/rm/2009/06/124657. htm.

③ Rose Garden："Remarks by President Obama and President Lee Myung‐bak of the Republic of Korea in Joint Press Availability"，The White House，June 16，2009，http：//www. whitehouse. gov/the_ press_ office/Remarks-by-President-Obama-and-President-Lee-of-the-Republic-of-Korea-in-Joint-Press-Availability.

岛和东北亚的和平安全。中国反对朝鲜进行核试验，不希望任何一方采取任何可能使局势恶化的行动，也希望有关各方冷静应对，坚持通过对话谈判解决问题，避免采取可能导致局势进一步升级或失控的行动。中国始终积极主张通过六方会谈来解决朝核问题。整个 2009 年里，中国都在努力维护半岛局势的稳定，推动朝核危机向好的方向发展。这体现在朝鲜发射卫星、第二次核试验等危机的解决中，中国还通过发展与朝鲜的关系来维护半岛局势的稳定。

在朝鲜发射卫星后，美国主张联合国安理会对朝鲜目前从事的发射活动做出"强烈、有效的"回应，旨在告知朝鲜类似的发射活动不可以再次发生。朝鲜必须停止此类行为和活动。① 事实上，施压和制裁无助于实现朝鲜半岛无核化，中国主张继续通过外交途径推动朝鲜半岛无核化进程，呼吁各方保持冷静克制，共同维护地区和平稳定的大局，并为朝核问题的解决发挥建设性的作用。在朝鲜宣布成功发射"光明星 2 号"试验通信卫星后，联合国安理会于当日下午召开了紧急会议讨论朝鲜发射问题。美日强烈要求联合国做出强硬决定，而中国主张安理会应顾全大局，安理会决议应有助于维护安理会成员的团结，有助于维护朝鲜半岛和东北亚的和平稳定，有助于维护六方会谈的进程。中方通过双边、多边的渠道，在安理会内外与有关各方进行多次非正式磋商，终于在 11 日就安理会关于朝鲜发射问题的主席声明草案内容达成了一致，提交给安理会全体成员审议。中国常驻联合国代表张业遂对媒体谈到，"我们一直认为安理会的反应应该是慎重的、适度的"，这样才能切实维护朝鲜半岛局势的和平与稳定，有利于推动六方会谈的进程。安理会声明通过后，朝鲜拒绝接受安理会主席声明。中国一方面继续发展同朝鲜的友好合作关系，另一方面也多次发表声明，希望朝鲜也能着眼大局和长远，保持冷静和克制。

朝鲜核试验将半岛局势进一步推向激化，美日韩等国纷纷对朝鲜表示出强烈的愤慨和批评，也纷纷主张对朝鲜采取更加严厉的措施。中国一方面表示坚决反对朝鲜再次进行核试验，批评朝鲜此举违反了安理会相关决议，损害了国际核不扩散体系的有效性，也影响了东北亚地区和平与稳定。对于"防扩散安全倡议"，中国赞同该倡议防扩散的宗旨，但是对其没有完全排除在国际法范畴外采取行动表示关切，这也是中国对韩国宣布正式加入"防扩散安全倡议"的回应。另一方面，中国呼吁包括朝鲜在内的各相关方保持克制和冷静，坚持通过对话和和平方式解决有关问题，防止半岛局势进一步恶化。中国积极呼吁有关各方推动六方会谈尽快恢复。对于安理会通过什么样的决议，中国始终认为应通过一个适度、平衡的决议，应有利于朝鲜半岛无核化进程及东北亚和平与稳定大局，并本着负责任的、建设性态度参与了有关讨论，并为通过一个适度、平衡的决议做出了贡献。中国强调，朝鲜是一个主权国家和联合国会员国，其主权、领土完整与合理安全及发展利益应得到尊重，朝鲜在重返《不扩散核武器条约》后应享有缔

① 赵毅、蒋国鹏：美国希望联合国安理会强烈回应朝鲜的发射活动，新华网，2009 年 4 月 7 日，http：//news. xinhuanet. com/world/2009－04/07/content_ 11140192. htm。

约国和平利用核能的权利。中国呼吁以和平、外交和政治方式解决当前的问题，各国避免采取可能使紧张局势升级的任何行动，朝鲜立即无条件重返六方会谈。在对朝鲜实施制裁的问题上，中国认为安理会行动不应影响朝鲜的民生和发展，不应影响对朝人道援助。决议还为朝鲜留下了回旋余地，如果朝鲜对安理会决议执行得好，可以暂停和解除对朝制裁问题。当然，对于朝鲜无视国际社会普遍反对而进行核试验，中国持坚决反对的态度，并对决议投了赞成票。

在朝核试验后，中国积极与美国等有关各方保持通话和协商，照顾到了各方的利益和立场，并积极推动六方会谈的重启。胡锦涛主席同奥巴马总统在 6 月 3 日通了电话，就朝核局势交换了意见。中国还与各方保持外交互访和联络，为恢复六方会谈和朝核问题的解决创造条件。6 月 9 日，六方会谈韩国代表团团长魏圣洛访华，外交部长杨洁篪、副部长武大伟分别与他会见，就朝鲜半岛核问题和其他共同关心的问题交换意见。7 月，武大伟副部长对俄罗斯、美国、日本和韩国进行访问，同四国有关方面就朝鲜半岛核问题、东北亚局势以及六方会谈等共同关心的问题广泛深入交换意见。各方一致同意要继续致力于通过对话协商解决有关问题，致力于推动六方会谈能够重新启动。中国从推动六方会谈的考虑出发，对朝美直接双边对话也持积极的推动态度，9 月初，美国对朝政策特别代表斯蒂芬·博斯沃思和朝鲜外务省副相金永日同时访华，与中国外交部官员会晤，为 12 月份博斯沃思访朝创造条件。中方多次表示欢迎朝美双边对话，这些对话应该在六方会谈框架下进行的，应该有助于推进六方会谈进程，是六方会谈总进程中的一部分。在博斯沃思访问朝鲜后，中方表示，希望此举有利于重启六方会谈，并呼吁各方抓住时机尽快恢复六方会谈。

中朝关系发展是半岛稳定的重要因素。2009 年是中朝建交 60 年，也是中朝友好年，国务委员戴秉国和国务院总理温家宝先后访朝，为朝核问题重新回到对话轨道发挥积极作用。戴秉国国务委员于 9 月份以胡锦涛主席特使的身份访问朝鲜，向朝鲜最高领导人金正日转交了胡锦涛主席的亲署信。双方一致表示，将进一步加强两国各领域交流与合作，推动中朝友好关系不断向前发展。朝方向中方表示，将继续坚持无核化目标，致力于维护半岛和平稳定，愿通过双边及多边对话解决有关问题。这次访问恰逢朝鲜宣布成功进行试验性铀浓缩，乏燃料棒再处理已进入最终阶段，各方十分关注。

温家宝总理访问朝鲜则是中国总理时隔 18 年的再次访朝，受到朝方隆重、热烈、高规格欢迎。朝鲜党和国家最高领导人金正日等集体到机场迎接，沿途数十万平壤市民夹道欢迎。温总理同金正日等朝鲜领导人会谈、会见，共同总结回顾 60 年来中朝关系发展历程，规划两国关系的未来。双方商定，将以建交 60 周年为新的起点，继续本着"继承传统、面向未来、睦邻友好、加强合作"的精神，在相互尊重、平等相待基础上，保持高层交往、深化经贸等领域务实合作，加强在重大问题上的沟通协调，推动中朝睦邻友好合作关系不断向前发展，更好地造福两国人民，促进地区的和平、稳定和发展。两国还签署了两国政府经济技术合作协定等一系列合作文件，并宣布新建中朝鸭绿江界河公路大桥。为庆祝中朝建交 60 周年和中朝友好年，双方举办丰富多彩的文化活

281

动。温总理与金正日总书记共同观看朝版歌剧《红楼梦》，还一同出席建交60周年活动和中朝友好年闭幕式。关于朝核问题，双方达成了重要共识。温总理强调坚持朝鲜半岛无核化目标、维护半岛和东北亚和平稳定，符合包括朝方在内的有关各方的利益。通过对话协商实现半岛无核化，是国际社会的普遍共识，也是解决朝核问题的必由之路。六方会谈是实现上述目标的有效机制，应予坚持。金正日表示，实现半岛无核化是金日成主席的遗训，朝方致力于实现半岛无核化的目标没有改变。通过朝美双边会谈，朝美之间的敌对关系必须转变为和平关系。朝方愿视朝美会谈情况，进行包括六方会谈在内的多边会谈。

中国积极推动朝鲜走出孤立的困境。在2009年10月中旬北京举行的第二次中日韩三边高峰会议上，温家宝总理呼吁韩日与朝实现关系正常化，帮助朝鲜走出孤立和困境，从而为解决朝核问题创造条件。中朝两军的关系也有所进展，中国国防部长梁光烈于11月访问朝鲜，巩固和发展两国传统友谊，中朝两国武装力量之间的友好交往得以增强。中朝关系发展对半岛局势稳定和朝鲜重返对话解决核问题轨道至关重要。中朝关系的发展有助于推动朝鲜融入国际社会，使朝鲜的安全和经济问题在国际合作的框架内得以公平解决。

282

3. 国际社会的评价

朝鲜试射导弹尤其是朝鲜的第二次核试验，引起国际社会的强烈反应，对于中国发挥的作用，世界不同的国家和媒体也从不同的角度和立场做出了不同的评论。概括起来，以下几种观点值得关注：

第一，认为朝鲜第二次核试验是维持半岛无核化努力的失败，美日韩等国要反省自己的对朝政策，中国也不应把朝核问题当做朝美之间的事情，朝鲜拥核对中国同样不利，中国需要强调自己的利益关切。本次朝核危机也可能是中国的潜在机遇，中国可乘势推动东北亚格局的重组。在朝鲜第二次核试验后，许多国家及其媒体都注意到了中国的"严厉"言辞，认为中国的政策可能会发生转变，会支持联合国通过对朝制裁的决议，但不会发生很大的转变。

第二，强调中美合作是解决朝核问题的关键。这种观点认为，打破当前朝核僵局的关键是中美在联合国和其他机构联合行动，华盛顿拥有平壤最想要的东西，而中国对朝鲜拥有最直接的影响力。朝鲜第二次核试验使得中美合作处于亚洲政治事务乃至世界政治事务的中心，它将考验中美合作的性质和程度。在联合国通过对朝制裁的决议后，共同社发表的评论认为，美国和中国主导了这次安理会内的谈判，这象征着美国G2时代的到来。美国常驻联合国代表苏珊·赖斯也在白宫发表讲话，认为这反映出安理会"前所未有"的立场，是一种"创新"，它将对朝鲜非法出口核技术形成遏制。

第三，关于中国在朝核问题上的作用，一种观点认为此次朝核危机表明中国的作用是有限的，但另一种观点认为，中国对朝制裁力度是决定未来形势发展的关键因素，中国是唯一与朝鲜保持接触、又拥有重要影响力的国家，中国的作用仍然不可替代。当然，国际舆论还有许多关于朝核问题和中国作用的观点，总的来看，朝核问题的久拖不决和反复已经使得国际舆论的观点更加多种多样，这其中既有对中国批评的，也有积极肯定的。但不管怎么说，世界舆论普遍认为，要彻底解决朝核问题不能离开中国的参与。

三、中国推动东亚区域合作取得新进展

1. 金融危机对东亚地区合作的影响

东亚"10+3"合作体系实际上包括四个组成部分，或者说有四个轮子驱动①：第一个轮子是"10+3"，即整个东亚范围的对话与合作；第二个轮子是"10"，即东盟自身的发展与合作；第三个轮子是"10+1"，即东盟"10"国分别与中日韩之间的对话与合作；第四个轮子是"3"，即中日韩之间的对话与合作。东亚地区合作秩序就是东亚区域合作机制形成的先后顺序，即东亚地区合作体系中不同合作机制发展程度的差异。处于领先地位和合作程度最深的是东盟自身（"10"）的区域一体化。处于第二梯次的是东盟与中日韩三国的"10+1"合作进程，它仅次于东盟自身的区域一体化合作，而在这三个"10+1"合作中，中国与东盟的合作是发展最快的，日本、韩国与东盟的合作紧随其后。与"10+1"合作相比，"10+3"合作的进程则相对缓慢一些，处于第三个梯队。处于最后一个层次的合作则是中日韩三个大国之间的合作机制，这一机制虽然已经建立，2008年金融危机前三国领导人除了在峰会期间举行会晤之外，并没有取得实质性的进展。此外，东亚的地区合作秩序还包括APEC和"10+6"对话两个合作机制，也有一些次区域的合作机制，比如大湄公河次区域经济合作、泛北部湾区域经济合作、广西北部湾经济区等，这些都是东亚地区合作秩序的有益构成。东亚的地区合作秩序具有不同于世界任何其他地区的鲜明特点，这是由东亚地区复杂的国际关系、力量格局以及历史问题和现实争议问题所决定的，其最突出的特点就是东亚地区合作是区域内的小国合作带动大国合作。东盟"10"国通过自身的一体化与合作而逐渐带动了"10+3"合作体系，现在又扩展到了"10+6"的范围，即所谓"小马拉大车"。

金融危机对这种地区合作秩序带来冲击并引起结构性的变化。首先，金融危机显现出东亚地区经济的增长秩序和发展秩序是以中国为龙头的多中心增长模式。经济增长的原动力是地区经济秩序的核心问题。金融危机后，中国成为东亚地区的全球供应链中心，并且以中国市场带动东亚经济发展乃至日本的经济复苏。同时，包括中国在内的东亚经济也暴露出对西方市场的过度依赖。其次，中日韩三国更加主动地相互合作推动东

---

① 臧秀玲：《东亚地区主义及其发展趋势——以"10+3"合作机制为视角》，《当代亚太》2004年第9期，第33页。

亚地区合作。此次金融危机使一直处于薄弱环节的中日韩三国合作出现积极进展，表明东亚地区合作的重心从东盟向中日韩三国合作转移。具有标志性意义的中日韩三国福冈首脑会议和中日韩领导人北京峰会，表明东亚合作中"小马拉大车"局面正在发生变化。2008 年金融危机要求东亚大国担负更大的责任，把东亚地区合作推向前沿。最后，从经济比重上看，中日韩三国的经济总量占东亚整体的 75%，三国外汇储备分别居世界第一位（中国）、第二位（日本）和第六位（韩国）。中日韩三国不仅是东亚地区的核心，也是世界经济未来的重心。尽管中日韩三国合作机制处于起步阶段，但是它已经引起东亚地区合作从"10+3"到"3+10"的重大转折。

金融危机后，美国对东亚地区合作的态度发生转变，奥巴马政府希望更多参与东亚事务。小布什时期美国对东亚合作一直态度消极，认为东盟"10+3"是一个没有效率的地区组织，对东南亚地区的关注集中于安全事务，对东亚地区合作几乎不加参与。美国与东南亚国家一般只发展双边关系，对发展与多边关系似乎没有兴趣。"9·11"事件后，美国的反恐战争和中东政策使东南亚穆斯林对美国积怨颇深。尽管美国出于反恐的需要设法与东盟改善关系[1]，但东盟国家仍然认为美国没有长期一贯的东盟政策。奥巴马政府入主白宫后，国务卿希拉里第一次出访就前往东亚四国日本、印尼、韩国和中国。在访问东盟总部时，希拉里表示美国支持东亚地区合作，并启动签署《东南亚友好合作条约》的国内程序。这是美国对东盟政策的一个重大调整。2009 年 7 月份出席东盟地区论坛时，希拉里高调提出美国"重返"东南亚。11 月份，美国总统奥巴马出席 APEC 峰会时，与东盟国家领导人集体会见，展现出重视东南亚的姿态。

金融危机后，在东盟主导东亚合作的地位不断下降的背景下，大国纷纷提出对东亚合作的构想。日本鸠山内阁提出"东亚共同体"设想，以欧洲共同体为蓝本，将"亚洲共同货币"作为东亚共同体的支柱，并仿效欧洲一体化的"法德轴心"，以中日合作来主导推进东亚一体化。澳大利亚也提出了"亚太共同体"设想，希望在 2020 年前打造一个类似欧盟的"亚太共同体"，协调经济、安全、政治等各种问题。该共同体可以囊括东盟 10 国、中国、日本、韩国以及澳大利亚、印度、新西兰，并为美国的加入敞开大门。与日本版本不同的是，澳大利亚版本明确主张将美国包含在内。这两种版本的出现也是大国对东亚合作主导权的竞争。今年的东盟系列峰会上，这两种版本被大家所关注，也表明了东盟对东亚合作进程的主导地位下降和大国主导作用的上升。

2. 中国与东盟：患难与共、合作双赢

中国与东盟国家在抗击金融危机的过程中同舟共济、患难与共，积极通过双边合作来实现双赢。这主要体现在中国推动东亚区域外汇储备库建设、中国—东盟自贸区的建立，中国总理温家宝在金融危机之中两次出席东盟系列峰会并提出援助东盟的方案。中国推动东亚合作抵御金融海啸的主要举措包括：

---

① The Asia Foundation: *"America's Role in Asia: Asian And American Views"*, 2008, p. 41.

其一，中国主张和推动建立区域外汇储备库，为东亚国家提供资金支持以抵消金融危机的冲击。建立东亚区域外汇储备库，可以将整个区域原先松散的双边援助网络提升为较为紧密的多边资金救助机制，提升区域财金合作水平，有助于维护本地区经济金融稳定，增强本区域抵御金融风险的能力。成员国在遇到流动性困难时可以从储备库中获得资金支持，在储备库的运转中还会加强区域经济监测，有助于提高本地区危机预警能力，进一步增强防范危机能力。"2007年中国提出建立东亚外汇储备库，各方对这个建议给予了正面反应，但对如何落实，各方尚在商讨之中"。① 金融危机凸显了建立东亚外汇储备的必要性和紧迫性。中日韩第一次首脑会议同意，加强三国在东盟与中日韩（"10+3"）金融领域的合作，加快《清迈倡议》多边化进程，尽快建立区域外汇储备库。2009年2月22日东盟与中日韩（"10+3"）特别财长会在泰国普吉岛举行。会议审议并通过《亚洲经济金融稳定行动计划》，将区域外汇储备库规模从以前商定的800亿美元扩大至1200亿美元。中日韩分担其中的80%，其余20%由东盟国家负担，东盟各国的出资额将根据经济发展水平而协商决定。②

2009年5月3日，第十二届东盟与中日韩（"10+3"）财长会议在印度尼西亚巴厘岛召开，会议就区域外汇储备库的出资份额、借款方式和监督机制等要素达成共识，一致同意尽快建立独立的区域监督机构，以监控和分析区域经济状况并支持区域外汇储备库决策。会议还要求制定储备库运作细则和执行方案。13国财长同意成立专家咨询委员会，与亚洲开发银行和东盟秘书处紧密合作，加强现有监督机制，构建区域外汇储备库的监督机制框架。会议还决定建立区域信用担保和投资基金，以促进亚洲企业债券市场的发展。为了支持区域内企业发行本币债，在亚洲开发银行名下设立新的基金，其最初规模为5亿美元并随着今后需求增加而扩大。会议设定的区域外汇储备库将在2009年年底前正式成立并运作。事实上，自2008年10月国际金融危机蔓延以来，中国在《清迈倡议》框架之外与部分东亚成员签订了总规模为3600亿元人民币的双边本币互换协议，为这些国家提供流动性支持。此次中国决定向区域外汇储备库出资384亿美元，是在双边协议基础上，向多边协议再次注资。2009年10月24日第十二届东盟与中日韩峰会上，温家宝总理大力倡议年内签署《清迈倡议》多边化协议，建成区域外汇储备库；建立独立的区域经济监测机构；推进亚洲债券市场建设；宣布中国愿为区域信用担保和投资机制提供2亿美元资金支持，增强本地区防范和抵御风险的能力。在中国的大力推动和各国的合作下，各国领导人批准了"10+3"财长会议在印尼巴厘岛通过的协议，决定在年底前实施规模为1200亿美元的《清迈倡议》多边化协议，并且建立一个独立的区域经济监测机构。会议同意为促进亚洲企业债券市场的发展而建立最初规模为5亿美元的区域信用担保和投资机制基金。2009年年底，东亚外汇储备库按照

285

---

① 张蕴岭：《对东亚合作发展的再认识》，《当代亚太》2008年第1期，第5页。

② Tim Johnston："East Asia Moves to Counter Slowdown", in *Finical Times*, February 22 2009, http：// www.ft.com/cms/s/0/6a8cf682-0113-11de-8f6e-000077b07658.html.

年初设想如期建立。

其二，中国—东盟自贸区如期建立也体现出中国与东盟共同反对贸易保护主义，通过经贸合作和共同发展来克服金融危机的决心。金融危机对世界贸易造成了巨大的影响，东亚区域内国家之间的贸易也受到了很大的影响。如果区域内各国推行了一条以邻为壑的贸易保护主义政策，无疑使各国经济雪上加霜，难以复苏。中国和东盟各国坚定反对贸易保护主义，自贸区谈判没有因为危机而拖延。中国与东盟已于 2004 年和 2007 年签署了《货物贸易协议》和《服务贸易协议》。2009 年 8 月 15 日，第八次中国—东盟经贸部长会议在泰国曼谷举行，商务部陈德铭部长与东盟 10 国的经贸部长共同签署了中国东盟自贸区《投资协议》，为中国—东盟自贸区的如期建成完成了最后一个主要谈判任务。《投资协议》致力于在中国—东盟自由贸易区下建立一个自由、便利、透明及公平的投资体制，通过双方相互给予投资者国民待遇、最惠国待遇和投资公平公正待遇，提高投资相关法律法规的透明度，为双方创造更为有利的投资条件和良好的投资环境，并为双方的投资者提供充分的法律保护，从而进一步促进双方投资便利化和逐步自由化。中国—东盟自贸区包括商品贸易、服务贸易和自由投资，《投资协议》是中国—东盟自贸区的三大组成部分之一。在 2009 年 10 月东盟系列高峰会议上，中国总理温家宝倡议充分发挥中国—东盟自贸区的作用，提出推进自贸区建设的若干设想：于 2010 年举办中国—东盟自贸区论坛，与东盟共建自贸区商务门户网站；在东盟国家建立经济合作区，不断扩大中国对东盟投资；保护知识产权，消除技术性贸易壁垒，建立统一的动植物进出境检验检疫体系等。

2010 年 1 月 1 日，中国—东盟自贸区如期建立，涵盖了 11 个国家、19 亿人口、6 万亿美元的 GDP，是继欧盟、北美自由贸易区之后建成的世界第三大自由贸易区。根据《中国—东盟全面经济合作框架协议》，中国对东盟的平均关税将于 1 月 1 日起从之前的 9.8% 降至 0.1%，而东盟 6 个旧成员文莱、印度尼西亚、马来西亚、菲律宾、新加坡、泰国，对中国的平均关税将从 12.8% 降低到 0.6%，4 个新成员越南、老挝、柬埔寨和缅甸，将于 2015 年实现 90% 零关税的目标。可以预期，这一源起于 20 世纪末亚洲金融危机的区域性经济架构，将在这一波全球性金融危机中为中国和东盟国家带来经济复苏的持续动能。中国和东盟建立自贸区是对本地区经济一体化的重要贡献，再次向世界发出正面信号，即金融危机并没有阻碍中国和东盟在贸易自由化和市场开放进程上的步伐。这充分显示了中国同东盟各国携手抗击金融危机、推进贸易投资自由化、共克时艰和互利共赢的坚强决心，把中国—东盟战略伙伴关系提升到一个更高的水平。

其三，温家宝总理年内两次出席东盟系列峰会，提出了援助东盟国家抗击金融危机和推进双边关系的举措。温总理之所以两次出席东盟系列峰会主要是因为泰国国内局势的动荡使得原本于 4 月召开的推迟到了 10 月，温总理两度赴会，不仅给东盟各国带来了信心和希望，也提出了中国援助东盟国家和推进双边关系的具体措施。第一次赴会是在金融危机最严冬的时刻，温总理广泛接触了与会的各国家元首，向他们介绍了中国国内的经济刺激计划，并带去了中国应对金融危机的信心。虽然这次重要的会议没有如期举行，但温家宝总理和中国政府用实实在在的言行展示了中国对推进东亚合作的真心、信心和决心。人们完全可以期待，中国将尽最大努力与东亚各国一道，击退金融危机带来的经济衰退。回国后，中方在北京约见了东盟十国驻华使节，向他们通报中国政府加强中国—东盟全面合作的设想和建议。

2009 年 10 月，温家宝总理二赴泰国，出席第十二次东盟与中日韩系列领导人峰会，在这次系列会议上，温家宝总理不仅给人们带来了中国经济回升向好的趋势得到巩固的好消息，还提出了援助东盟各国抗击金融危机、扩大域内贸易和投资、深化各领域合作的六项新倡议。其中包括：配合中国—东盟自贸区的建设，加快基础设施的建设，尽快商定《中国—东盟交通合作战略规划》优先项目，尽早就《中国—东盟海关合作谅解备忘录》达成一致，签署《中国—东盟区域航空运输协定》，构筑互联互通的区域基础设施网络；宣布中国—东盟投资合作基金首期基金 10 亿美元募资工作已近完成，年内可开始投资动作。2009 年 4 月，温家宝总理代表中国政府宣布，设立总规模 100 亿美元的中国—东盟投资合作基金，向东盟提供 150 亿美元信贷支持，其中优惠性质贷款额度在上次 17 亿美元的基础上增加 50 亿美元，进一步加大对东盟国家的金融支持；深化农业和农村合作。积极推进"中国—东盟粮食综合生产能力提升行动计划"，帮助东盟提高粮食生产水平。实施"中国—东盟农村发展推进计划"，帮助东盟国家增强农村综合发展能力；促进可持续发展。尽早通过《中国—东盟环保合作战略》，加强在生物多样性保护、生态保护、清洁生产、环保产业、新能源和可再生能源等领域的合作。中国将在未来 3 年内为东盟国家培训 100 名环境官员；加强社会文化交流。中方愿同东盟在防控甲型 H1N1 流感、防务、文化、教育、旅游、打击跨国犯罪等领域加强合作；尽快建成"中国—东盟中心"。等等。上述系列措施对东盟经济是"雪中送炭"，有力地支持他们抗击金融危机的努力。

3. 妥善处理南海争端，维护合作关系

2009 年，在中国与东盟合作抗击金融危机的同时，南海岛屿争端也不断升温，南海相关各国围绕着南海岛屿主权的归属展开了一场较量。其中的美国因素逐渐显现。虽然这一问题没有对中国—东盟合作大局产生严重负面影响，却预示着南海岛屿争端复杂化的前景。

南海争端升温和"无暇号"事件，使南海地区出现空闲复杂的局面。2009 年 2 月 2 日，菲律宾众议院通过名为"关于划定菲律宾群岛基线"的法案，企图将南沙群岛的所谓"卡拉延群岛"和中沙群岛的黄岩岛划入菲律宾海岸基线范围内。1 月 28 日菲律宾参议院通过"法案"，将这些岛屿列为菲律宾的"离岸领土"。按照《联合国海洋法公约》"岛屿制度"的相关规定，"岛屿是四面环水并在高潮时高于水面的自然形成的陆地区域；不能维持人类居住或其本身的经济、生活的岩礁，不应有专属经济区或大陆架；岛屿的领海、毗连区、专属经济区和大陆架应按照本公约适用于其他陆地领土的规定加以确定"。划入"海岸基线"和列为"离岸领土"的差别是很大的。如果按照众议

院的法案，则菲律宾不仅在这些岛屿周围拥有 12 海里的领海主权，还拥有从基线算起 200 海里的专属经济区；如果按参议院的法案，则意味着只宣示拥有主权。2009 年 3 月 10 日，阿罗约总统签署该项"法案"。马来西亚和越南在南海岛屿问题上争相表演。3 月 5 日，马来西亚总理巴达维登陆南沙群岛的弹丸礁（马来西亚称拉央拉央岛）和光星仔礁（马来西亚称乌比乌比礁），首次以总理兼国防部长的身份宣示马来西亚拥有其"主权"。越南更是动作频频。5 月 6 日，越南不顾中国反对，联手马来西亚向联合国提交 200 海里外大陆架"划界案"。在中国常驻联合国代表团于第二天向联合国秘书长潘基文提交照会，郑重要求大陆架界限委员会按相关规定不审议马来西亚和越南联合提交的 200 海里外大陆架"划界案"后，越南又于 5 月 8 日再次向联合国大陆架界限委员会单独提交了南海"外大陆架划界案"。

美国海军测量船"无暇号"与中国船只在南海的冲撞事件，增加了南海争端的不确定因素。2009 年 3 月 4～8 日之间，美国海军测量船"无暇号"在中国专属经济区进行针对中国的"非法作业"，具有明显的"间谍船"行为。"无暇号"不仅不听中方人员的劝阻，反而用高压水龙头对中国船只和人员进行扫射，造成双方长时间的紧张对峙。事发之后，美国国务院和国防部却"恶人先告状"，抗议和诬蔑中方违反国际法骚扰美方船只。中方则对此进行反驳并向美方提出严正交涉。就在南海"对峙"之前一周，中国黄海上一艘中国护卫舰也曾监视过一艘进入中国专属经济区的美国海监船。美方在南海局势升温的敏感时刻大肆渲染这次事件，暗含着对南海局势"火上浇油"的企图。

在南海利用和制造复杂形势，与美国在金融危机后"重返亚洲"的战略调整有关。2009 年 7 月 22 日，美国国务卿希拉里·克林顿在泰国普吉岛出席以往美国屡屡缺席的东盟区域论坛（ARF）时高调宣布："美国回来了"①，还签署了美国束之高阁 17 年之久的《东南亚友好合作条约》（TAC）。美国的东南亚政策出现明显的转变。希拉里还与泰国、越南、柬埔寨和老挝四国外长举行了"美国与湄公河下游国家部长级会议"。② 在 11 月份的 APEC 会议期间，美国还与东盟十国举行了首次美国—东盟峰会。从开放合作发展的角度看，中国与其他亚洲国家一样欢迎美国参与东亚区域合作。可是美国在南海问题上的暧昧态度，实际上是在干扰东亚地区合作机制的顺利发展。值得注意的是：南海局势升级后，日本、印度等大国出于各自战略需要，也染指和插手南海地区事务，力图使南海问题进一步国际化、复杂化，成为南海争端中潜在的不稳定因素。

在这样的复杂环境中，中国坚持维护国家主权和维护东亚地区合作并行不悖的努

---

① Mark，Landler："Asia Trip Propels Clinton Back into Limelight"，*New York Times*，July 24 2009，www. nytimes. com/2009/07/25/world/asia/25diplo. html.

② *Joint Press Statement of the U. S. - Lower Mekong Ministerial Meeting*，Bureau of Public Affairs，Office of the Spokesman Washington，D. C. July 23，2009，http：//www. state. gov/r/pa/prs/ps/2009/july/126377. htm；Jakkapun，Kaewsangthong Charles，McDermid："Clinton Talks Tough in Thailand"，*Asia Times*，July 26 2009，www. atimes. com/atimes/Southeast_ Asia/KG26Ae02. html.

力。南海争端升温和不稳定因素增多有其特定背景和原因。一是《联合国海洋法公约》规定的，缔约国向联合国大陆架界限委员会提交大陆架划界方案的最后期限（5月13日）日益临近，南海争端各国都借此来进行主权宣示。二是随着中国海军现代化的进行和实力的增强使得争端各国都希望抢占南海争端的先机。三是美国对华军事侦察活动增多。面对着这一局面，中国政府始终坚持奉行搁置争议、共同开发的原则，强调2002年南海各方行为准则，维护与东盟和邻国的合作关系。中方首先做出外交努力，捍卫国家主权和领土完整。对于越、马、菲三国不断蚕食中国南海主权的事实，中方一次又一次坚定地宣布，中国对南海诸岛及其附近海域拥有无可争辩的主权，中国与相关各国对南海诸岛不存在争议，越方、马方和菲方的上述做法是非法和无效的。关于越南和马来西亚提交大陆架划界方案的问题，中方认识到他们提交方案的无效性和不能通过审核。划界委员会审核的基本前提就是所申请的大陆架不能存在争议。中国只是在东海提出了主权声明，在南海只是提出了相关信息，并保留进一步提出主权声明的权利，中方不希望南海局势复杂化。对于越、马的申请，中国常驻联合国代表团向联合国提出照会表明，该"划界案"侵害了中国在南海的主权、主权权利和管辖权，中国政府按照《联合国海洋法公约》和《大陆架界限委员会议事规则》的相关规定，郑重要求大陆架界限委员会按相关规定不审议上述"划界案"。

为了进一步捍卫国家领土和主权完整，又不至于引起局势的进一步升温，中国派出了国内最大的渔政船——中国渔政311船于3月14日从海南三亚开赴南海执行渔政管理任务，途经各争端海域，宣示中国主权。中国并没有派出军舰，而是派出了渔政管理船只，表明中国是本着合作的意愿来妥善处理南海问题。中国还一直恪守《南海各方行为宣言》，反复表示愿通过协商妥善解决有关争议，希望有关各方切实遵守《南海各方行为宣言》，不要采取可能使争议复杂化、扩大化的行动，共同维护南海地区的和平与稳定。对于2009年南海局势的升温，中国的举措可谓是有理、有利、有节，既维护了国家尊严，又维护了东亚合作的大局。但是，2009年的事实也表明，南海问题在中国与相关各国进行合作的未来进程是难以回避的。

大事记 11-1 2009 年东亚地区合作的进展

日期	重大事件
1月9日	中日第九次战略对话在东京举行。双方就中日关系以及重大国际和地区问题坦诚、深入、务实地交换了意见，达成广泛共识。
2月20日	以"强化中日战略互惠合作，增进两国人民相互理解"为主题的中日执政党交流机制第四次会议在东京举行。
2月22日	东盟与中日韩（"10+3"）特别财长会在泰国普吉岛举行，财政部谢旭人部长率团参加，会议通过《亚洲经济金融稳定行动计划》，将筹建中的区域外汇储备库规模从800亿美元扩大至1200亿美元。
3月20日	日本防卫大臣浜田靖一访华，中日两国防务部门发表联合新闻公报，就防务交流方面达成10项共识。
3月26日	中国全国人大与日本参议院定期交流机制第三次会议在东京举行。

289

3月29日	中共中央政治局常委李长春抵达东京访问日本。
4月5日	朝鲜宣布于当地时间5日11时20分（北京时间10时20分）成功发射"光明星2号"试验通信卫星，这是朝鲜自1998年8月宣布发射了"光明星1号"后，第二次发射卫星。
4月29～30日	日本首相麻生太郎访问中国，胡锦涛会见了麻生太郎，温家宝与其会谈。
5月3日	第十二届东盟与中日韩（"10+3"）财长会议在印尼巴厘岛召开，会议就区域外汇储备库的出资份额、借款方式和监督机制等要素达成共识，并同意尽快建立独立的区域监督机构，设定外汇储备库在2009年年底成立。
5月25日	朝鲜宣布于当天"成功地进行了一次地下核试验"，这是朝鲜继2006年10月首次地下核试验后再次进行核试验，安理会于6月12日通过了关于朝核问题的1874号决议。
6月7日	第二次中日经济高层对话在东京举行。双方重点围绕经济金融形势、贸易投资合作、环境能源合作、地区及国际经济问题等四大议题深入交换了意见。
6月24日	第十次中日战略对话在京举行。
9月21日	国家主席胡锦涛在纽约会见日本首相鸠山由纪夫，胡锦涛就中日关系发展提出5点意见。
10月5日	温家宝总理访问朝鲜，在平壤同朝鲜劳动党总书记、国防委员会委员长金正日会谈，双方就中朝关系和推进朝鲜半岛无核化达成重要共识。
10月10日	胡锦涛、温家宝分别会见来京参加中日韩第二次领导人会议的日本首相鸠山由纪夫。
11月19～22日	外交部长杨洁篪访问日本。
10月24日	温家宝总理出席第十二届东盟与中日韩峰会，宣布了中国对东盟的援助措施。
11月26日～12月1日	国防部长梁光烈访问日本。
12月8～10日	美国朝鲜问题特使博斯沃思访问了朝鲜。
12月10日	中共中央总书记、国家主席胡锦涛在北京会见了以民主党干事长小泽一郎为团长的日本民主党代表团主要成员。
12月14～16日	中国国家副主席习近平访问日本。

第十二章 稳定周边：
扩大中俄合作维护地区安全

中俄战略协作伙伴关系在中国对外合作关系中占有极为重要的位置，是地区安全、稳定、和平与发展的重要条件，也是世界秩序多极化发展的有力保障。2009 年作为中俄建交 60 周年纪念年和中国俄语年，两国都致力于继续强化和发展双边关系。中俄经贸虽然因国际金融危机受到影响，但能源、科技领域的发展进一步扩大和加强。同时，中国和中亚的油气合作取得新的历史性突破。中亚—南亚地区安全形势面临严峻挑战，中印两国关系的稳定发展对遏制南亚局势恶化具有明显作用，但是也存在着潜在的不稳定性。面对中亚—南亚形势，中国政府具有自己明智的抉择：促使局势向和平、稳定和发展的方向转变。

一、中俄深化合作机制

1. 能源技术合作迈出新步伐

国际金融危机和莫斯科切尔基佐沃市场关闭事件使 2009 年中俄经贸规模较之上一年大幅下降，贸易总额约 400 亿美元，比上年下降 160 亿美元。① 两国经贸结构却由此得到相应调整，灰色通关遭到进一步打击，为今后两国经贸的良性发展提供了新的条件。俄罗斯对华投资的重要项目是参与连云港二期核电站建造工程和中国快中子商业反应堆建设工程，前者在胡锦涛主席 2009 年 6 月中旬访问俄罗斯时签署双边协议，后者在俄罗斯总理弗拉基米尔·普京 10 月中旬访华时由俄罗斯原子能建设出口公司与中国原子能科学研究院以及中国原子能工业有限公司联合签署共建合同。这两个大项目使俄罗斯对华机电产品出口下降趋势有所缓解。科技领域合作进一步深化是两国能源、技术合作全面开展的重要环节。俄罗斯总统梅德韦杰夫指出："田湾核电站二期工程的建造

---

① 俄驻华商务代表：俄中贸易额未能达到两国首脑预定的目标，http：//www.rusnews.cn/ezhongguanxi/ezhong_ jingmao/20091201/42649702. html。

工作给予两国能源合作以重要意义。"①

2009 年 2 月 17 日中俄两国签署贷款换原油合同。其内容一是中国开发银行以优惠的固定利率（年 6%）放贷 250 亿美元给俄罗斯两家公司；二是俄罗斯将在 2011 至 2030 年每年通过斯科沃罗季诺—大庆支线向中国输油 1500 万吨，原油价格以阿古斯和普拉茨（Argus и Platts）发布于科兹明诺港的牌价为基准，每月调整一次。② 三是"斯科沃罗季诺—大庆"支线于 2009 年开建，以保证从 2011 年起顺利实施新的石油长期供应合同。关键是双方在悬而未决的石油定价机制问题上取得重要突破，达成双方均能接受的立场，其意义远远超过合同本身。

这是俄罗斯同中国迄今为止签署的最大规模的长期贷款协议和石油供应合同，合作取得了令双方满意的成果。也应该看到，相对于俄罗斯计划东向出口石油 8000 万吨规模，每年向中国稳定出口 1500 万吨的规模只是中俄油气合作一个新的阶段或起点，除了表明两国在石油供需领域的合作取得新的战略性突破之外，也展示出两国在这一领域积极的务实合作前景和巨大潜力。其中仅"斯—大"支线就有扩大石油运能至每年 3000 万吨的潜力。③ 2009 年 4 月 27 日，"东西伯利亚—太平洋"石油管线中国支线俄罗斯境内到中国边境的部分破土动工。根据计划，整个支线将于 2010 年年底完工，2011 年开始输油。

贷款换石油效应也扩大到了天然气合作领域。2 月中旬俄罗斯总统梅德韦杰夫在给胡锦涛主席的信中表示，俄罗斯天然气工业股份公司和中国石油天然气集团公司就可能向中国供应俄罗斯天然气问题尽快进行磋商。④ 5 月，俄政府表示将在胡锦涛主席 6 月访问俄罗斯期间提出对华供气建议。6 月 17 日，俄中双方签署天然气领域合作谅解备忘录，从而推动俄中两国主管部门之间，以及俄天然气工业公司和中国石油天然气公司之间的谈判。与此同时，在俄罗斯联邦总统德米特里·梅德韦杰夫与中国国家主席胡锦涛会晤结束后发表的联合声明确认，俄罗斯将参与田湾核电站二期建设工程和中国快中子商业反应堆建设工程。9 月底，俄罗斯天然气工业公司和中国石油天然气集团公司（简称中石油）草签了俄罗斯向中国出口天然气的文件，这是对中石油 2006 年与之签署的战略合作和供气框架协议的深化。12 月下旬，以副总裁亚历山大·梅德韦杰夫为首的俄罗斯天然气工业公司代表团对中国进行了为期五天的访问，期间与中石油举行了 2009 年最后一轮谈判，进行了"西线"和"东线"向中国输出俄罗斯天然气的协商，并签署关于俄罗斯向中国供应天然气基本条件的协议，其中还包括确定俄对华输气基本

---

① 俄总统称必须加紧就可能向中国供气问题进行磋商，http：//www. rusnews. cn/ezhongguanxi/ezhong_jing mao/20090218/42412035. html。

② Е. Позднякова：Нефтепровод ВСТО－1－заложник российско-китайской дружбы，http：//www. centrasia. ru/newsA. php？st=1240949100，29. 04. 2009.

③ Елена Мазнева：Нефть на 20 лет вперед，Ведомости http：//www. vedomosti. ru/newspaper/article. shtml？2009/02/18/182314.

④ 俄总统称必须加紧就可能向中国供气问题进行磋商，http：//www. rusnews. cn/ezhongguanxi/ezhong_jingmao/20090218/42412035. html。

商业和技术条款。中方给予该公司在中国境内出售天然气的权利，俄罗斯天然气工业公司在天然气价格制定方面把在中国市场销售天然气的获利计算在内。①

2009年中俄科技合作的另一个重要项目是中国首个火星探测器"萤火一号"将与俄"福布斯—土壤"火星探测器一起搭载俄运载火箭发射升空，在飞行约11个月后到达火星并开展相关探测研究。中国技术也开始影响俄罗斯社会经济生活，中国的高速铁路技术进入莫斯科—圣彼得堡高铁项目，中国的造船技术开始成为符拉迪沃斯托克在建中俄合资超级船厂的重要技术资源。

2009年中俄能源科技合作的主要特点在于，第一，趋向于能源和科技各部门、各领域全面合作。合作不仅在油气领域取得突破，而且再度开启电力合作的大门，并将合作扩大到煤炭、炼油、能源化工、新能源、拓展宇宙、高铁建设和大吨位造船等资源和高新技术领域。第二，在国际金融危机条件下，两国合作动力进一步增强，利益"互换"和"互利共赢"意识明显增强，表现出更多的谈判耐心和合作的灵活性，从而使得诸如石油天然气定价机制谈判的障碍实现突破。第三，中国投资、中国技术开始成为俄罗斯市场具有优势和吸引力的重要资源。第四，最为可贵的是，中俄两国政府和企业主体合作的互信度和主动性明显提升，合作的资源互补潜力进一步显现。上述特点表明中俄两国能源科技合作进入良性发展轨道

2. "俄语年"促进中俄双向文化交流

继2006年举办中国"俄罗斯年"之后，中国于2009年又迎来"俄语年"活动，举办中国俄语年（2009）和俄罗斯汉语年（2010）活动的决定是由中俄两国领导人做出的，在俄语年框架内，两国计划安排的大型活动50项，实际活动超过200项，其中包括举办俄语歌曲比赛，用普希金、托尔斯泰和陀斯妥耶夫斯基等大师语言开通的俄文博客，来自中国学术界俄语专家参与的学术研讨会，针对中国中学生和大学生组织的各种竞赛和奥林匹克竞赛，在中国剧场组织的音乐和文学表演节目，俄罗斯古典文学作品出版展览会，在中国宣传关于俄罗斯高等教育信息、俄语教师赴俄进修，为中国大学、中学出版经典俄语教材等活动。其中具有重要意义的事件是两国互设科学和文化中心。除此之外，中国开设滚动播出的俄语节目电视频道、扩大俄语教学网站分布点和扩大俄语电视剧、电影、文艺节目及原版歌曲、苏联歌曲、音乐的传播。俄罗斯教育部还设立为中国学生提供的语言和文学专业高等院校全额奖学金。2009年2月15日中国就举办了首个中俄中学生联欢活动，两国中学生都表现出较高的文化和语言表演能力。

2009年3月27日，中国俄语年开幕式在北京隆重举行，俄罗斯副总理茹科夫正式访华出席了开幕式。俄罗斯政府总理普京和中国国务院总理温家宝分别为开幕式发来贺电。同一天，由"俄罗斯世界"基金会在中国建立的第一个俄语中心在北京外国语大

---

① 中方给予俄气公司市场准入可促双方在价格上达成一致，http://www.rusnews.cn/ezhongguanxi/ezhong_ jingmao/20090218/42412251.html。

学成立。5 月 13 日，由"俄罗斯世界"基金会授权，俄罗斯的布拉戈维申斯克国立师范大学俄语中心长春大学基地成立并揭牌。作为中国"俄语年"重要活动内容，俄方还在中国东三省其他学校建立俄语基地。俄语中心将为当地的俄语爱好者培训俄语，为教师提供进修机会，基金会免费为中心提供系列教材、教学参考书以及包括文学和艺术在内的一系列后续文化资料。"俄罗斯世界"基金会还在成都和澳门建立俄语中心，并将在上海和广州开办俄语中心，对香港的俄语教学活动给予赞助。俄语中心将促进俄语和俄罗斯文化在这些地区的推广，它们从基金会取得包括俄罗斯古典和当代文学作品、教科书以及图画书在内的大量书籍，并对学习和研究俄罗斯语言的学生和教师给予支持。俄罗斯副总理茹科夫对此给予很高评价："俄语中心的成立将大大推进俄中两国教育领域的合作，有助于两国人民更好地了解两国悠久灿烂的民族文化。"① 中国国家广播电影电视总局主办的"情动俄罗斯"活动是中国"俄语年"的另一项重要活动，通过歌曲这一纽带使中俄两国民众的情感交流再度深化，更加接近。"情动俄罗斯"活动持续数月，并在北京举行了隆重的颁奖仪式。2009 年 10 月 13 日，俄罗斯总理普京在出席俄语年闭幕式上发表讲话认为："中国朋友获得了很好的加深对俄罗斯文化了解的机会，并阅读到俄罗斯杰出语言大师们的作品"。

值得一提的是，2008 年 12 月，俄罗斯文化部部长在访华期间签署了俄罗斯联邦文化部和中华人民共和国文化部 2009～2010 年合作纲要。《纲要》中列入了俄中两国计划定期轮流举办大型文化活动、文化日、文化周和电影周，相互参与在两国举行的国际艺术联欢节和电影节等活动。双方决定把在"国家年"框架内获得巨大社会反响的一些活动变为经常性的项目，其中包括俄中青年学生联欢节、俄中高等学府校长论坛、在两国中学和大学的学生中间举办俄语和汉语知识竞赛、两国高校教育服务展览，等等。此外，在北京 2008 年奥运会后，两国实施每年轮流举办中俄（俄中）青少年运动会的活动。而这些都是落实中俄睦邻友好合作条约 2005～2008 年行动计划产生的结果（包括举办"国家年"）。显然，"语言年"的举办将促进中俄战略协作伙伴关系新的提升，这既是落实中俄睦邻友好合作条约 2009～2012 年行动计划的一部分，又将为中俄关系新的提升建立条件。

3. 叶卡捷琳堡峰会开启金砖四国战略合作机制

2009 年 6 月 16 日下午，金砖四国（中国、巴西、俄罗斯和印度）首次正式首脑会议在叶卡捷琳堡举行。虽然整个会议过程只有短短的数小时，但本次会议的意义足以引起全世界的关注。与会领导人讨论的议题包括：应对国际金融危机冲击、20 国集团峰会进程、国际金融机构改革、粮食安全、能源安全、气候变化、"金砖四国"对话的发

---

① 俄副总理茹科夫在北京开启俄语中心，http：//www. rusnews. cn/ezhongguanxi/ezhong_ wenjiao/20090327/42437806. html。普京出席中国"俄语年"闭幕式 . http：//www. rusnews. cn/ezhongguanxi/ezhong_zhengzhi/20091013/42606244. html。

展，等等。会议发表的联合声明阐述四国首脑对一系列重大国际问题的共识包括：其一，强调 20 国峰会在反金融危机中发挥中心作用。一方面，四国抵制发达国家控制和操纵国际金融制度和体系的传统做法；另一方面，四国主张由更多的发展中国家参与重建国际金融制度，使这个制度具有普遍代表性、有效性和可持续性。四国强调建立稳定、可预测、多元的外汇体系，强调发达国家应加强对世界上最穷国家提供经济援助，强调国际贸易和外国直接投资对于恢复世界经济的重要作用，强调合作，政策协调和政治对话的重要意义。其二，四国支持国际能源领域的安全合作，包括生产者、消费者和过境国之间的合作，建立新的能源基础设施，取向于对能源新的投资，致力于加强提高能源效率。其三，支持改革联合国机构，提高联合国的效率，其中包括支持印度和巴西在国际事务中发挥更大的作用。其四，支持在联合国框架内同全球威胁和挑战作斗争，既包括反对国际恐怖主义，反对有组织犯罪和毒品交易，也包括同全球气候变暖等生态灾难进行斗争。其五，致力于全球粮食安全。金融危机导致国际粮价波动，从而威胁全球粮食安全。各国政府需要为农业提供补充资源，需要大力利用现代农业技术，完善农业基础设施，保证粮食渠道的畅通。同时强调发达国家需要承担更多的责任，包括向发展中国家在食品生产领域提供资金和工艺技术支持等。

金砖四国是新兴国家，国土总面积占世界领土总面积的 26%，人口占全球总人口的 42%。重要的是，虽然四国经济发展的条件和潜力各不相同，经济发展的动力强弱有别，但在过去的 7～8 年间，四国的经济发展速度大大超出了世界平均发展水平，国际影响力与日俱增。同样，虽然国际金融危机使得像俄罗斯这样的油气大国遭遇严重经济困难，但显而易见，金砖四国仍然保持着自身的经济发展潜力和优势。重要的是，金砖四国影响的提升是在国际金融危机极大冲击美国在国际金融领域的控制和操纵地位，美元作为国际储备货币的霸主地位面临严峻挑战之际。

总之，作为解决国际问题新的重要形式的金砖四国会议符合国际社会的共同利益和期待，叶卡捷琳堡会议成为重大历史事件的意义在于它将成为四国长期合作的开端。四国将以循序渐进、积极务实、开放透明的方式推动相互间对话与合作，不仅使之符合新兴市场国家和发展中国家的利益，而且使之在争取自身更多话语权的同时有利于建设一个持久和平、共同繁荣的和谐世界。

二、上海合作组织拓展合作领域

1. 提升地区安全保障能力

为提升地区安全保障能力，上海合作组织 2009 年继续举行年度例行的反恐演习。2009 年 4 月 6 日，上海合作组织在塔吉克斯坦首都杜尚别以南 30 多公里处的法赫拉巴德军演中心举行名为"诺拉克反恐—2009"的联合反恐演习。除了乌兹别克斯坦，上海合作组织其他成员国派出军事人员和军事装备参加这次军演，中国参加了演习联合指挥部的工作。按照反恐联合演习司令部的方案，假想的三股国际恐怖主义武装从阿富汗进入塔吉克斯坦境内企图破坏电子化学工厂，开辟毒品走私通道，劫持人质和飞机，从而造成塔吉克斯坦和整个中亚局势动荡。演习的具体任务是上海合作组织成员国部队进入塔境内协同作战，粉碎恐怖主义武装破坏化工厂的意图，阻断恐怖主义分子增援并实施空降解救被劫持的人质、飞机和攻击恐怖主义武装。参演的多国部队人员达数百人，参演的军事装备包括强击机、武装直升机和重型装甲车。4 月 18 日，军演进入最后阶段，由俄、塔、哈组成的反恐联合编队完成对恐怖主义分子的包围、封锁，对隐藏于山地的恐怖主义武装进行清剿，并成功实施对袭击电子化学工厂的恐怖主义武装的军事打击。反恐演习吸引了联合国、欧安组织代表、美国驻塔吉克斯坦和巴基斯坦大使以及伊朗、俄罗斯和印度驻塔吉克斯坦大使等到场观摩。"诺拉克反恐—2009"演习展示出上海合作组织成员国高超的联合反恐水平和协同作战能力，也显示了上海合作组织全体成员坚决打击地区三股势力，维护地区和平与稳定的信念和决心。

在阿富汗问题上，上海合作组织于 2009 年 3 月 27 日在莫斯科召开首届阿富汗问题特别会议。上海合作组织成员国、观察员国和阿富汗、土库曼斯坦、英国、法国、美国以及北约、欧盟、独联体等 30 多个国家以及包括联合国秘书长潘基文在内的国际组织代表出席了会议。上海合作组织成员国与阿富汗通过了《上海合作组织成员国和阿富汗伊斯兰共和国关于打击恐怖主义、毒品走私和有组织犯罪的声明》及《上海合作组织成员国和阿富汗伊斯兰共和国打击恐怖主义、毒品走私和有组织犯罪行动计划》。关于上海合作组织在解决阿富汗问题中的作用，《声明》认为，依托上海合作组织并吸收有关国家和国际组织就联合应对威胁问题进行定期对话，能够充实和完善打击地区恐怖主义、毒品走私和有组织犯罪的国际机制。① 《行动计划》则强调双方在禁毒、反恐和打击有组织犯罪等领域双方可以采取的有效合作措施，并且，为完善和提高合作机制的效率研究将"联络组"级别提升至外交部司局级的问题，反映双方对加强合作以及提高合作效率的重视和信心。此外，会上通过的《特别会议宣言》在对会议成果表示满意的同时指出："这些成果符合包括联合国、北大西洋公约组织、欧洲联盟、欧洲安全与合作组织、集体安全条约组织、伊斯兰会议组织、亚洲相互信任与协作措施会议等有关国际、地区组织和各国在内的国际社会为打击恐怖主义、毒品走私和有组织犯罪所做的努力。"② 一方面，这些积极成果的产生与近年来"上海合作组织—阿富汗"联络组框架内保持密切磋商和协调相联系，使上海合作组织在一定程度上保持对阿富汗问题的话语权和倡导权，具备了引导地区局势朝着和平与稳定方向发展的能力；另一方面，上

---

① 《上海合作组织成员国和阿富汗伊斯兰共和国关于打击恐怖主义、毒品走私和有组织犯罪的声明》，http：//www. fmprc. gov. cn/chn/gxh/zlb/smgg/t554795. htm。

② 《上海合作组织阿富汗问题特别会议宣言》，http：//www. fmprc. gov. cn/chn/gxh/zlb/smgg/t554794. htm。

海合作组织在处理和解决阿富汗问题上的主张和立场符合国际社会的意愿，从而在世界范围内得到广泛的支持和响应，也提升了自身处理地区问题的信服力和影响力。这次会议显示了上海合作组织已经成为维护本地区和平与稳定、促进共同发展的重要建设性力量，上海合作组织的倡议和号召力已经超越地区范围引起整个国际社会的关注和响应。俄罗斯副外长博罗达夫金认为，上海合作组织已经成为讨论阿富汗及周边地区反恐、打击毒品走私和有组织犯罪问题的有效国际平台。[1]

除此之外，其他相关的安全议题亦经常得到关注和讨论。在叶卡捷琳堡峰会上，上海合作组织成员国首脑们先后签署了《上海合作组织反恐怖主义公约》、《上海合作组织成员国保障国际信息安全政府间合作协定》和《上海合作组织成员国反恐专业人员培训协定》，批准了《上海合作组织关于应对威胁本地区和平、安全与稳定事态的政治外交措施及机制条例》，进一步完善了上海合作组织反恐和维护地区安全的法律基础，增强了加强地区安全的措施、机制和协调能力。此外，在致力于同国际恐怖主义等三股势力，同毒品斗争和有组织犯罪的斗争积极化的同时，亦致力于地区安全形势的稳定、好转，并致力于防范新的突发事件和安全威胁。在 2009 年 10 月 16 日塔什干举行的上海合作组织反恐怖机构理事会第十五次会议上，6 个成员国决定共同采取措施确保 2010 年 5 月举行的中国上海世博会、2010 年 11 月下旬的广州亚运会和 2011 年在哈萨克斯坦举行的亚洲冬季运动会的安全，并根据中国的提议，于 2009 年 12 月在中国召开上海合作组织成员国打击恐怖主义、分裂主义和极端主义情报交流会，加强成员国之间情报和信息交流，防范在先，从而更有利于对三股势力和有组织犯罪的抑制和打击。

2. 中国—中亚能源合作重要突破

2009 年 12 月 14 日，从土库曼斯坦到中国的中亚天然气管道系统开通仪式在土库曼斯坦的萨曼捷普气田举行，土库曼斯坦、中国、哈萨克斯坦和乌兹别克斯坦四国首脑出席了这一隆重开通仪式。中亚通往中国的跨国天然气管道进入运营阶段，土库曼斯坦开始正式向中国出口天然气。根据调整后的计划，土库曼斯坦在 2010 年将向中国输送 130 亿立方米天然气，2013 年将增加到每年 300 亿立方米，成为"中亚能源领域最大的国际方案"。[2]

土库曼斯坦前总统尼亚佐夫 2006 年 4 月访华是中土关系发展史上的重要事件，期间土库曼斯坦与中国签署了为期 30 年的由土库曼斯坦每年供应中国 300 亿立方米天然气的长期供应协定。根据协定，土库曼斯坦将在中亚天然气管道建成之后向中国供应来自阿姆达河右岸气田开采的天然气，并且承诺，在气源不足时土库曼斯坦方面将保证从

---

① 《上海合作组织会诊阿富汗问题，与阿合作初见成效》，http：//mil. cnwest. com/content/2009－03/31/content_ 1926364. htm。

② ДамираШАРИПОВА： ГазопроводКазахстан-Китай： первыйстыксварен 》，http：//www. dknews. kz/article. php？ id＝1893&archid＝60.

其他气田向中国输送额定的天然气。方案的最后确定是在 2007 年 7 月现任总统别尔德穆哈梅多夫访华期间，当时，土库曼斯坦天然气公司同中石油签署了天然气买卖合同，土库曼斯坦总统下属碳氢化合物资源管理利用署同中石油签署了产品分割协议，允许中石油公司在土库曼斯坦指定的阿姆达河沿岸巴格戴雅尔雷科地块从事勘探和开采天然气业务，同时，中国将帮助土库曼斯坦建造两座总加工能力为每年 130 亿立方米的天然气去硫工厂。一个月后，土库曼斯坦举行了中亚天然气管道系统建设开工仪式，中土能源领域重大合作项目从此进入全面实施阶段。

2009 年 6 月，中国同土库曼斯坦在天然气领域的合作取得新的进展。首先，两国签署了一项政府间贷款协议，确定由中国向土库曼斯坦提供 40 亿美元优惠贷款以促进土库曼斯坦阿达姆河流域天然气资源的加速开发。其次，土库曼斯坦天然气公司与中石油签署了一系列其他合作协议，其中包括土库曼斯坦委托中石油参与天然气钻探和另建年加工能力 100 亿立方米的天然气去硫工厂。此外，土库曼斯坦天然气公司与中石油另行签署每年增加供应 100 亿立方米天然气协议。根据土库曼斯坦总统别尔德穆哈梅多夫和中国副总理李克强会谈的结果，土库曼斯坦总统下属碳氢化合物资源管理利用署和中石油补充签署了天然气买卖合同，规定在产品分割协议框架内，得到授权的中国公司将被允许每年在土库曼斯坦—乌兹别克斯坦边境自行销售 100 亿立方米天然气。

中国—土库曼斯坦天然气供应合作也是一个多边的综合合作项目。土—中天然气运输管道因多个过境环节和不同隶属关系成为名副其实的中亚联合天然气管道系统。在土库曼斯坦境内，中亚天然气管道从与之连接的天然气田到土库曼斯坦—乌兹别克斯坦边界全长 188 公里，铺设直径为 1420 毫米的大口径管道，由俄罗斯天然气管道建设公司承建。中亚管道在乌兹别克境内长 530 公里，年运能 300 亿立方米。中亚管道在哈萨克斯坦境内部分由西向南到达中国边境霍尔果斯，建两条并行的直径 1067 毫米、年运能各为 200 亿立方米的管道，总长 1305 公里。哈中天然气管道始建于 2008 年 7 月，分两期进行，第一期第一阶段工程于 2009 年 12 月 12 日建成运营，第二阶段工程将于 2010 年 6 月完成。输气规模从 2010 年 130 亿立方米增加至 2013 年的 300 亿立方米。第二期建设将在 2013 年以后实施，运能 100 亿立方米。这样，哈中管道在建成后输往中国的天然气为 300 亿立方米，而第二期建造的连接哈境内贝内乌—巴佐—吉泽罗尔达—谢姆肯特的 100 亿立方米天然气管道运能则将来自土库曼斯坦或乌兹别克斯坦的天然气用于供应哈南部地区。[①] 哈中天然气管道造价约 70 亿美元，建成后哈、中两国公司将联合经营。2008 年 2 月 15 日，哈萨克斯坦天然气运输公司（属于哈国家石油天然气公司）和亚洲天然气运输公司（属于中石油公司）在股份对等基础上成立"亚洲天然气管道公司"。从前景看，中亚天然气管道的运能尚有巨大潜力，随着土中调整天然气供应计划，中亚天然气管道的运能会有相应的调整。

---

① 《Первая ветвь газопровода "Казахстан-Китай" заработает в конце года》，http：//www. kioge. kz/ru/news/08 - 12 - 2009nur/.

土中天然气供应合作是两国能源领域合作的成功开端，它提供了能源领域开展双边和多边合作的成功经验，为两国能源合作开辟了广阔的前景。土库曼斯坦总统别尔德穆哈梅多夫在 2009 年 12 月 14 日中亚天然气管道开通仪式上的讲话中总结了这个项目的重要意义。第一，中亚天然气管道和其他基础设施建设取得巨大成就。在短短数年时间里，合作各方根据各种生态要求克服种种困难建成了数十个工厂和站点设施，使天然气管道建设符合各种环保参数，性能可靠和安全。第二，这项合作吸收的大量外国投资给予各合作国家的经济发展以强大动力，亦促进了社会和工业基础设施建设。所有这些成就均将服务于人们，有利于增加新的工作岗位和人们的福利，给家庭带来热和光，提高生活质量和水平。第三，实现这一巨大合作项目的"决定因素"是合作各国领导人的"政治意志，英明和远见"，保证了各参加方"利益的平衡"。第四，中亚天然气管道建设不是简单的经济和商业互利的方案，而是具有政治意义的重大事件。"四国天然气管道的开通使我们各国的相互关系载入黄金史册"，将对地区内外局势产生积极影响，"成为亚洲安全的重要因素，为各大洲统一的政治经济联系系统的稳定提供补充（能量）"①，展示了中国与中亚在各领域深化合作的巨大潜力和积极前景。

3. 加强经贸合作，应对新的威胁和挑战

国际金融危机对上海合作组织成员国的经济发展和社会稳定产生较大冲击，如何减少或避免危机影响，加强成员国之间的国际合作就成为上海合作组织各国 2009 年研究和讨论的重要议题之一。在叶卡捷琳堡峰会上，成员国首脑达成广泛共识，一致认为应将保持建设性对话、深化合作和伙伴关系，利用上海合作组织不断增长的潜力和国际威望，共同寻找解决全球和地区问题的有效途径作为首要任务。认为，开展国际合作是应对新威胁和新挑战、克服国际金融危机、保障能源和粮食安全、解决气候变化等问题的重要途径，而严峻的金融形势要求国际社会加强国际金融监管合作，共同防范金融危机风险的积聚和扩散，保持经济形势的稳定。各成员国首脑认识到上海合作组织范围内加强经贸和投资合作的重要性，包括扩大地区交通、通信能力，加强基础设施建设，建立现代国际物流、贸易和旅游中心，成立新型企业，利用创新技术，等等。② 为了帮助上海合作组织一些成员国减少金融危机的冲击，中国国家主席胡锦涛在峰会上承诺，向中亚的上海合作组织成员国提供 100 亿美元信贷支持，同时，中方将组织贸易投资促进团赴各成员国，推动同各成员国的进出口贸易和双向投资。

在 2009 年 10 月中旬北京举行的上海合作组织成员国政府首脑理事会会议上，各成员国政府首脑根据当前国际政治经济形势及其机遇和挑战，就深化上海合作组织各领域

---

① 《 Выступление Президента Туркменистана Гурбангулы Бердымухамедова на торжественной церемонии открытия газопровода Туркменистан-Узбекистан-Казахстан-Китай 》，14 декабря 2009 год，http：//www. turkmenembassy. ru/？ q=node/159.

② 《上海合作组织成员国元首叶卡捷琳堡宣言》，2009/06/17，http：//www. fmprc. gov. cn/chn/gxh/zlb/smgg/t568039. htm。

务实合作、共同应对国际金融危机等问题深入交换意见，达成广泛共识。第一，加紧实现《〈上海合作组织成员国多边经贸合作纲要〉落实措施计划》，认识多边经贸合作对提高各国防范风险的能力，加强上海合作组织经济职能的重要作用和意义。第二，加快启动高科技领域的示范性项目，包括中方提出的"上海合作组织信息高速公路"项目和俄方研发的"上海合作组织成员国使用电子数字签名开展跨境合作"项目。前者可使上海合作组织国家的光纤通信线路整合为统一的区域跨界网络，大大促进经贸合作的发展，有助于在本组织内尽快建立一个经常性的电子商务平台；后者将建立加快货物跨境转运程序。第三，经贸务实合作的全面深入和扩大。上海合作组织范围内的合作项目包括跨国交通运输基础设施、农业技术合作、建立上海合作组织实业家委员会和银联体等平台，成员国间建立统一计量评判标准、技术法规和检验监管，协调解决区域贸易中的产品质量和安全问题，海关关员的培训等等。各个领域的合作不断扩大，不断深入，显示了上海合作组织的地位、影响力和发展潜力的全方位推进。在国际金融危机条件下，上海合作组织成员国之间的凝聚力更趋加强，各成员国在从容应对危机的同时并不忘谋划共同发展大计，展现巨大的生机和活力。

三、中亚—南亚的安全挑战与对策

1. 阿巴安全形势恶化及其影响

2009 年，阿富汗和巴基斯坦愈益成为恐怖主义势力活动的重灾区。阿富汗的基地组织并没有被斩草除根，而塔利班则有卷土重来之势。巴基斯坦的问题很大程度上与阿富汗局势相关。一方面，阿富汗恐怖主义势力向巴基斯坦蔓延，另一方面，美国反恐新战略以及巴基斯坦政府打恐军事行动招致极端势力的残酷报复。

在阿富汗总统大选前后，美国的反恐战略调整前后，阿富汗安全形势始终处于严重的动荡之中。联合国秘书长潘基文在 2009 年 3 月 13 日向安理会提交的阿富汗局势报告中指出，事实证明阿富汗的安全形势越来越严峻，建议将联合国驻阿援助团的任期在 3 月 23 日结束后再延长一年。[1] 据统计，阿富汗反政府武装人员全年实施了 3170 起自杀式袭击或路边炸弹袭击，阿富汗安全部队还挫败了多达 3617 起袭击的图谋，阿富汗国民军在执行反恐任务中共死亡 526 人，其中包括 54 名军官。[2] 而 2009 年美军阵亡士兵人数超过 2008 年。

2009 年阿富汗发生的重大恐怖袭击事件几乎全年不断。2 月，多名塔利班自杀式袭

---

[1] 安国章：《潘基文说阿富汗安全形式日益严峻》，http://world.people.com.cn/GB/1029/42354/8961626.html，2009 年 03 月 14 日，来源：人民网。
[2] 张宁、王岩：《阿富汗今年发生 3000 多起恐怖袭击》，http://news.qq.com/a/20091217/000009.htm。

击者直接闯入阿司法部、财政部等多个部委大楼发动连环爆炸袭击，造成 26 死 50 多伤。8 月，随着阿富汗 20 日总统选举日期的临近，塔利班发动的袭击和自杀式爆炸在驻阿北约联军总部门口及总统府附近都发生爆炸。10 月 28 日，塔利班 8 年来首次袭击了联合国机构。3 名塔利班武装人员向距离中国驻阿富汗大使馆和新华社驻喀布尔分社数百米的一处联合国人员公寓发动袭击，挟持 10 多名联合国工作人员作为人质，最后造成 6 名联合国外籍员工死亡，5 名当地员工受伤。同一天，塔利班武装向喀布尔市中心的使馆区发射多枚火箭弹，其中 1 枚落在离中国驻阿富汗大使馆不到 50 米处，另外 2 枚落在阿唯一一家五星级酒店塞雷纳酒店附近。此前两天，分别有 14 名和 8 名美国驻阿军人坠亡和阵亡，使得 10 月成为阿富汗战争爆发以来美军死亡人数最多的一个月。12 月 18 日，塔利班在阿富汗新政府宣誓就职之际，在首都喀布尔发动了由 20 名"人弹"组成的年内最大规模的针对总统府和其他政府部门的自杀式炸弹袭击。此外，在岁末前一天，8 名美国特工在阿富汗自杀式袭击中丧生，使美中央情报局遭受在阿富汗的最惨重的损失。

上述事件表明，尽管塔利班政权在阿富汗被推翻已有 8 年，有 7 万多美军和北约武装部队驻扎在阿富汗，但塔利班武装并没有被消灭。相反，它利用国家贫困和阿政府屡弱等状况靠着毒品收入从南方卷土重来，从而使美军和北约部队陷入进退两难的境地。问题还在于，不仅基地组织活动能力死灰复燃，活动范围愈趋扩大，而且巴基斯坦的塔利班问题愈益突出，阿、巴两国塔利班势力的联系和互援愈趋频繁和紧密，从而使中亚、南亚地区的安全形势愈具危险性。

巴基斯坦和平研究所的一份安全形势报告指出，2009 年巴境内共发生了 87 起自杀式恐怖袭击，为历年之最，这些恐怖袭击共计造成 1299 人死亡，3633 人受伤。巴基斯坦境内的塔利班甚至有能力派出"双面间谍"，破坏美国中央情报局驻阿富汗的情报站。[①] 从 2009 年 10 月起，巴基斯坦塔利班在伊斯兰堡、白沙瓦、拉瓦尔品第等城市的爆炸袭击事件愈演愈烈。例如，巴基斯坦首都伊斯兰堡的国际伊斯兰大学 2009 年 10 月 20 日接连发生两起自杀式炸弹爆炸，导致至少 7 人死亡、数十人受伤。10 月 28 日，白沙瓦米纳市场发生汽车炸弹袭击，造成 90 多人死亡、200 人受伤。继巴基斯坦海军总部门前 12 月 2 日遭自杀式袭击后，12 月 4 日拉瓦尔品第一座清真寺又遭到恐怖分子的自杀式袭击，造成至少 30 多人死亡、40 多人受伤。12 月 7 日，拉合尔一家市场当晚发生两起爆炸，造成 33 人死亡，90 多人受伤，使巴基斯坦在一天内发生了三起爆炸事件。恐怖爆炸事件频频发生表明，巴基斯坦塔利班势力亦不容小觑，它拥有破坏巴社会和政治稳定的巨大能量。

自奥巴马当选总统后，美国开始将海外"反恐"战略的重点从伊拉克转移到阿富汗，并软硬兼施让巴基斯坦更深入地参与美国的战争行动。2009 年 3 月 27 日，美国总

---

① 高轶军："三美军巴基斯坦被炸死，美军有意总攻塔利班老巢"；http://world.people.com.cn/GB/1029/42361/10924398.html，2010.2.3。

统奥巴马在白宫宣布针对阿富汗和巴基斯坦的新战略。根据这项新战略，美国除将向阿富汗增兵 2 万外，还将军事行动重点转向扩大和训练阿富汗军队方面。美国还将对阿富汗提供援助，加强民事建设，大量增派农业、教育、工程和法律专业等人才，并争取盟国、联合国及其他国际援助组织的帮助。同时，美国将其对巴基斯坦的军事援助集中在军备和训练方面，旨在增强巴方打击恐怖分子的能力，加强在阿、巴边境地带的情报共享和军事合作。它也将与国际组织合作，帮助巴基斯坦缓解经济危机。因此，新战略获得阿、巴两国政府的支持。① 2009 年 5 月 6 日，阿、巴总统与奥巴马在白宫会谈，以新战略为主要议题，就加强三国合作、稳定局势等问题交换意见。2009 年 12 月 1 日，美国总统奥巴马又宣布阿富汗战略调整方案，提出在 2010 年夏季之前向阿富汗增兵 3 万人，并从 2011 年 7 月起逐步从阿撤军。北约也于 2009 年 12 月 7 日举行会议，相应向阿富汗另增 6800 名士兵。② 根据新战略，巴基斯坦作为美国重要反恐盟友的地位进一步上升，在获得美国增加的援助的同时，承担的反恐责任也随之加重，而遭受恐怖主义袭击和破坏的程度也会越来越大。对此，巴基斯坦一方面承诺和美国加强合作，另一方面亦希望美欧的增兵计划"不会对巴基斯坦带来负面影响"。③

作为新战略的实施步骤，美国海军陆战队的 1000 多名官兵在阿富汗军警配合下于 12 月初向塔利班武装的通信基地和后勤补给线发动了代号为"愤怒的眼镜蛇"的军事行动，向有"炸弹集散地"之称的塔利班集聚地发动猛攻，并开始酝酿在新的一年里对阿南部的塔利班武装实施更大规模军事打击方案。巴基斯坦军队于 10 月开始在与阿富汗接壤的南瓦济里斯坦地区实施"拯救之路"军事行动，对塔利班发动军事攻势，并继 4 月之后对塔利班武装盘踞的施瓦特谷地再度实施大规模军事行动。新战略的民事部分包括采用软的一手对塔利班实施分化政策。用北约新秘书长拉斯穆森的话说，就是采取"软硬兼施"的两手战略，一方面进行军事清剿；另一方面寻求与塔利班温和力量展开和谈。④ 除此之外，"新战略"中最为重要的内容是由美欧军方培训和扩大阿富汗的军警武装，使之能够独立承担国家的安全保卫职能，而这一任务的完成与否最终将决定该战略的命运。

2. 中巴、中阿友好关系逆势而上

2009 年，尽管阿富汗和巴基斯坦及其周围中亚—南亚地区的安全形势复杂多变，

---

① 《奥巴马宣布对阿富汗新战略集中打击"基地"组织》，http：//www. china. com. cn/news/txt/2009 - 03/28/content_ 17513990. htm。

② 北约称已有 36 个国家确定向阿富汗增兵 6800 人，http：//news. xinhuanet. com/world/2009 - 12/10/content_ 12620300. htm。

③ 《口头多积极，行动"等等看"》，http：//news. idoican. com. cn/jingmwb/html/2009 - 12/04/content_ 47072958. htm。

④ 《阿富汗大选 安全局势不会随着新总统好转》，http：//www. chinadaily. com. cn/hqpl/2009 - 08/20/content_ 8590234. htm。

中国政府仍然坚持发展双边睦邻友好关系的一贯政策。

其一，加强阿富汗的主权、自主权和发展能力，为过渡到全面的"阿人治阿"做好准备。为此，中国曾关注阿富汗总统大选进程，认为确保大选顺利进行是维护阿富汗政治稳定、实现和平重建的重要基础。中国亦呼吁国际社会从资金、安全等方面提供协助，为大选顺利、平安进行创造有利条件。

其二，国际社会与阿富汗密切配合，采取综合措施和联合行动，有效打击阿境内恐怖活动。上海合作组织在打击恐怖主义、毒品走私和跨国有组织犯罪方面可发挥重要作用，加强上海合作组织与阿富汗有关部门的信息交流与联合执法，加强边界管控，逐步合作共同打击本地区的"三股极端势力"。

其三，国际社会应持续关注阿富汗的社会经济发展和民生问题，支持落实《阿富汗契约》，加快执行其《国家发展战略》；在农业、教育、卫生等领域加大援助力度，改善基础设施，促其改变经济作物种植结构，回到正常的经济发展轨道；切实改善民众生活，实现阿经济良性发展和社会稳定，逐步铲除恐怖主义、毒品走私和跨国有组织犯罪滋生的土壤。

其四，阿富汗邻国应发挥地缘优势，协助阿富汗的重建。国际社会应采取切实行动，支持和促进各类地区合作机制之间的协调，并发挥联合国的主导作用。

其五，继续支持联合国驻阿富汗援助团，加强与阿政府、国际安全援助部队以及援阿各方的联系，支持联合国在阿富汗发挥协调与监督作用。

其六，阿富汗是中国的友好邻邦，中国政府将继续在和平共处五项原则基础上，根据《喀布尔睦邻友好宣言》精神，同阿富汗发展睦邻友好和互利合作关系，加强与有关邻国的合作，继续向阿富汗提供力所能及的帮助，在经贸、海关、禁毒、安全等领域培训人才，帮助阿富汗人民尽快走上和平、稳定和发展的道路。①

中阿关系和友谊源远流长。阿新政府成立以来，两国签署了《睦邻友好合作条约》，建立全面合作伙伴关系。中国积极参加阿富汗的经济重建过程，提供近两亿美元经济援助，免除其全部到期债务，阿援建医院、水利等民生工程，培训千余名各类专业技术人员。两国并在反恐、禁毒领域进行有效合作，通过军援和人员培训等帮助阿建设国民军。在上海合作组织阿富汗问题国际会议上，中国政府再次承诺，将向阿提供的7500万美元优惠贷款全部转为无偿援助，从2009年起分五年实施。②

2009年中巴两国关系继续保持良好发展势头。两国在战略合作领域，在彼此关切的重大问题上相互理解和支持，务实领域合作进展顺利，不断扩大和加强。胡锦涛主席

---

①　康逸、郭瑞：《外交部长在伦敦阿富汗问题国际会议阐述中方立场》，http：//www.gov.cn/jrzg/2010-01/29/content_ 1522208. htm；《宋涛副部长在上海合作组织阿富汗问题特别国际会议上的讲话》，http：//www.mfa.gov.cn/chn/gxh/tyb/wjbxw/t554793.htm，2009年3月27日。

②　《宋涛副部长在上海合作组织阿富汗问题特别国际会议上的讲话》，http：//www.mfa.gov.cn/chn/gxh/tyb/wjbxw/t554793.htm，2009年3月27日。

充分肯定"两国关系是以全天候友谊和全方位合作为特点的战略合作伙伴关系"。① 两国关系具有充分的互信基础，共同维护长期友谊和共同利益的坚定信念。

在防务和安全领域，巴基斯坦成为中国歼—10 战斗机的第一个买家。作为中巴合作"安全城市"计划的一部分，中国公司为巴首都伊斯兰堡制造车辆安检扫描系统，增强巴城市的反恐能力。此外，中国支持巴基斯坦的反恐政策，在法律和技术层面向巴基斯坦反恐提供帮助，并加强两国的防务合作和情报共享。

在政治领域，两国高层交往密切频繁。扎尔达里在 2009 年年内多次访华，总理吉拉尼也成功访华，众议院议长和参议院主席、军方领导人等都相继访华。政党的联系也相当密切。巴基斯坦全力支持中国的民族政策，支持中国在新疆、西藏及其他少数民族地区的经济发展政策。在乌鲁木齐"7·5"事件发生后，巴基斯坦是伊斯兰世界第一个、也是全世界首批明确表态支持并帮助中国的国家之一。巴基斯坦组织了"超规格、大规模、全方位"庆祝中国建国 60 周年活动。巴总统扎尔达里亲自出席中国驻巴使馆举办的国庆招待会，破例同总理吉拉尼一起在总统府举行大型庆祝活动。巴政府发行纪念币、纪念邮票，理论界举行中巴关系专题研讨会，海军、空军、外交部先后同中国驻巴使馆举行联欢，各大媒体全程跟踪报道相关庆祝活动，举国同庆新中国 60 年华诞，"在中国对外交往史上和中巴关系史上都是绝无仅有"②。

在经济技术合作领域，在巴有 11000 多名中国人为巴基斯坦的 120 多个中国在建项目工作，一些重大项目（尼勒姆—杰勒姆水电站、喀喇昆仑公路改造升级、通讯卫星项目、所有的水电项目和核电站项目）合作非常顺利。在基础设施建设和能源方面，中国对巴基斯坦提供了重大援助。中国亦向巴基斯坦农业提供高产粮食种子，2009 年 2 月 21 日，巴总统扎尔达里在访华期间出席了中国湖北省与巴基斯坦信德省友好交流、信德省与湖北种子集团公司杂交种子合作、巴基斯坦政府与中国港湾工程有限责任公司合作、巴基斯坦农业研究委员会与湖北种子集团公司杂交油菜种子合作等四个合作备忘录的签字仪式。此外，在巴经济非常困难的时刻，中国及时向巴基斯坦提供 5 亿美元援助。

总之，中国坚决支持阿、巴政府采取维护和加强本国安全，打击恐怖主义势力的活动，为促进地区安全与稳定提供相应物质援助，确保中国与阿巴边境的安全和通道通畅。

3. 合则两利、斗则俱伤的中印关系

2009 年，中印两国都经历了国际金融危机的严峻考验，全面战略合作伙伴关系保持继续发展的势头，但在某些领域的竞争势头也逐渐上升。

---

① 《胡锦涛在叶卡捷琳堡会见巴基斯坦总统扎尔达里》，http：//www.gov.cn/ldhd/2009 - 06/15/content_1340682.htm。

② 《中国驻巴基斯坦大使：中巴关系继续深化发展》，http：//www.musilin.net.cn/2009/1228/32898.html。

在经贸合作领域，中印贸易额 443.8 亿美元，较之 15 年前的 6 亿美元，增长 70 多倍。虽然因国际金融危机 2009 年的经贸额比 2008 年（517 亿多美元）减少 70 多亿美元，但仍然超过中印两国首脑在 2006 年达成的至 2010 年前贸易额达到 400 亿美元的目标。由此可以看出中印经贸合作的巨大潜力。

在国际领域，两国充分利用二十国集团、金砖四国、上海合作组织和东盟等平台，积极倡导国际金融体制改革，共同推动公平合理的国际经济和金融秩序建设，关注和参与国际社会面临的其他重大挑战，如国际粮食安全、气候变化、环境保护、核扩散，等等。2009 年 12 月哥本哈根气候会议上，中印两国密切合作，与发达国家就世界减排问题展开激烈较量，维护发展中国家的利益。

在军事领域，两军高官进行了多次互访活动。2009 年 4 月下旬，印度参委会主席兼海军参谋长苏里什·梅赫塔海军上将率印海军舰艇访华，参加了在中国举行的多国海军活动和庆祝中国人民解放军海军成立 60 周年的海上阅兵活动。8 月上旬，中国"深圳号"导弹驱逐舰亦访问了印度科钦港。12 月 7 日至 12 日，西藏军区司令员舒玉泰中将率西藏军区边防代表团访问了印度新德里陆军总部等军事机构，拜会了印度陆军副参谋长帕瓦尔达吉中将等高官，与印度军事官员进行了坦诚而深入的交流，就相互关切的问题达成共识。除此之外，中国副总参谋长葛振峰上将和中国国防大学代表团亦先后访问新德里。两军交流增进了互信基础，促进了边境地区的稳定，扩大了两国的反恐合作领域。

在人文领域，两国的交流与交往也取得新的发展。中国 2009 年在印度建立了孔子学院，印度则在中国开办了印度文化中心。2009 年 12 月 21～23 日，由德籍友好人士舒伯特博士、21 世纪中印文化交流中心、中国文化传播中心和印度塔塔财团及泰姬集团联合主办的"水墨聚焦——走进印度当代中国名家书画展"和"中印和谐之音文艺演出"两项活动在新德里举行。印度外交部长克里希纳应邀出席并高度评价中印关系的积极发展，表示将继续致力于两国间全方位的合作，强化双方战略合作伙伴关系。中国外交部长杨洁篪发出贺电，称赞中印友好交流源远流长，表示相信中国艺术家及其作品所展示的中国壮美山川、民族风情和社会风貌将为中印文化交流打开一扇新的友谊之窗。中国驻印度大使张炎在开幕式上发表讲话，强调要以战略和长远的眼光把握两国关系，继续加强两国在各个层面的交流，增进互信，深化互利合作，实现共同发展。① 这两项活动成为 2010 年中印两国建交 60 周年庆和互办国家节等系列活动的良好开端。

在政府层面，两国继续寻求解决边界问题的途径。2009 年 8 月 7 日至 8 日，第 13 次中印边界问题特别代表会晤在印度新德里举行，中国国务委员、中印边界问题中方特别代表戴秉国和印方特别代表、国家安全顾问纳拉亚南在坦诚、友好的气氛中，就解决中印边界问题深入交换意见。会晤虽然没有取得实质性进展，但双方均表示将寻求公平

---

① 王耀东：《2010 年：中印关系面临新起点》，2009 - 12 - 25，http：//news. 163. com/09/1225/08/5RC9L0M3000120GR. html。

合理和双方都能接受的边界问题解决方案，在问题解决之前双方要保持边境的和平安宁。重要的是，两国总理在 10 月 24 日东盟峰会上双边会晤时就边界问题再次达成共识：遵循双方达成的政治指导原则，发挥有关机制的作用，继续通过坦诚对话，逐步缩小分歧，争取不断取得进展，最终达成公平合理和双方都能接受的解决方案。双方要确保边境地区的安宁稳定，因为这有利于解决边界问题，有利于推进其他领域的合作和双边总体关系的发展。两国各界都要为此营造积极、友好的气氛，共同做出不懈努力。①显然，这些立场对于近期中印边界形势的稳定具有重要意义，也是确保中印两国继续积极推进战略合作伙伴关系的基础和动力。

然而，中印关系的负面因素依然存在，印度媒体的不和谐声音和印度军方的强硬姿态给两国关系前景蒙上阴影，甚至影响中印边境地区的稳定和经贸合作的深化。

2009 年 6 月，印度所谓"阿鲁纳恰尔邦"向印度国防部移交了 8 个前方机场的控制权，印军同时增派两个师约 6 万人兵力驻防，使这个地区部署的兵力达到 10 万人。印度 6 月 15 日又正式将 4 架苏—30 战机部署到印度东北部靠近中国边界的地区，并决定向中印边境地区增加部署一个独立炮兵师。为加强对中印边界锡金段争议地区的控制，印度向该地区派遣了俄制 T—72 重型坦克与装甲运兵车。②显然，这是印度军方"强硬派"所为，只是中印关系发展的一个支流。9 月 17 日，印度外交部长克里希纳表示：印度边境地区是安全的。印中都是"成熟的大国"，边界问题上的分歧将通过既定的机制来友好解决。③10 月 4 日，国家安全顾问纳拉亚南亦警告媒体：胡乱炒作会引发意外事件，"制造与邻国的麻烦"。④

2009 年中印经贸合作中出现的问题是印度方面对中国许多投资项目、商品输出采取了从拒绝签证到实施反倾销调查等一系列限制性措施。从 2009 年 5 月中旬起，在印度承建大型电厂和钢厂项目的十几家中资公司无法为其承包项目的施工队伍获得必需的商务签证，从而使履约发生困境。7 月中旬事态进一步恶化，印度内政部决定不再允许中国工程技术人员持商务签证从事项目建设。由于签署赴印度的工作签证必须经印内政部审批，时间长，回复率低，因此印度驻华使、领馆几年来一直采取变通做法，根据印度项目合作方发出的邀请函，向中资公司颁发 3 至 6 个月的"商务签证"，形成了大部分中方公司人员持商务签证在印从事项目建设的状况。印方突然改变"默许"，使中国公司在印度投资产生巨大风险，涉及上百亿美元的一系列基础设施建设项目受阻，既使中资公司蒙受损失，又使印度本身遭受损失。

面对国际金融危机形势，中国出口企业致力于扩大对印度市场的商品出口以弥补对美欧出口的减缓状况，中国玩具、轮胎和铁矿石出口印度的问题随之产生。2009 年 1

① http：//news. sohu. com/20091025/n267715015. shtml.

② 吴强：《中印举行边界问题会晤双方表示保持边境安宁》，广州日报，2009 年 8 月 8 日。

③ 《印度国家安全顾问：印媒乱炒作威胁中印关系》，http：//news. qq. com/a/20090922/000783. htm。

④ 《炒作冲突　印媒应克服"心理障碍"》，http：//cn. chinareviewnews. com/doc/1010/8/7/1/101087149. html？coluid＝137&kindid＝5291&docid＝101087149&mdate＝1107110445，2009－10－04。

月23日，印度政府颁布一项长达6个月的限制进口中国玩具的贸易禁令，并不间断收集中国其他出口产品质量和安全问题方面的数据，陆续向世界贸易组织提起针对中国的一系列反倾销诉讼，旨在对更多中国商品的进口加以限制。此外，印度情报局和国防部以国家安全为由，反对国营电信局使用两家中国公司的通讯设备，并且着手调查中国企业参与一项60亿美元的通讯系统网路工程招标案。[①] 印度对华出口的原料和低附加值的日用品在中国市场销售状况不佳，印度服务业在中国市场也没有取得重大进展，造成印度对华贸易逆差持续加大。

　　总之，中印全面战略合作伙伴关系既有合作，又有竞争；既有发展，又有障碍。一方面，两国有着战略合作互补的需要，另一方面，两国亦有着在具体合作领域实现互利双赢的愿望；一方面，两国有着众多的合作领域和巨大空间，另一方面，两国又有着深厚的合作潜力和巨大的合作前景。中印两国关系将在相互合作、支持、妥协和竞争、矛盾甚至激烈冲突过程中曲折发展。两国政府必须从长远和全局着眼，坚持用谈判和对话的方式处理涉及两国核心利益的重大问题，尽量避免一些敏感问题干扰两国关系的发展大局。中印全面战略合作伙伴关系的特点在于，多层次，高规格，全方位，富有成效，合作的潜力远远超过对抗的危险；中印两国的友谊与合作不断加强，是人心所向，大势所趋，而合则两利，斗则俱伤。印度驻华大使杰尚卡指出：中国和印度不是天生的对手，中国和印度现在已经变得更加务实，它们不会被傲慢与偏见所左右。两国人民为了自身利益都希望与邻国有更好的关系，国家利益决定印度的走向，中国也是如此，两国共同利益联系足够坚固。[②] 这段话说出了两国能够建立长期全面战略合作伙伴关系的本质。

大事记 12 - 1　2009 年中国周边环境相关重大事件记录

日期	重大事件
1月14日	上海合作组织成员国阿富汗问题副外长级磋商在莫斯科举行。时任中国外交部副部长的李辉率代表团出席。各方就打击源自阿富汗的恐怖主义、毒品走私和有组织犯罪等问题深入交换了意见，并达成广泛共识。
2月17日	中俄在北京签署250亿美元石油贷款协议。中国将向俄罗斯提供250亿美元贷款；作为交换，俄罗斯则在20年的期限中，向中国出口3亿吨原油。
2月20日～23日	应中国政府邀请，巴基斯坦总统扎尔达里先后访问湖北和上海，考察中国水利、农业、金融等领域发展情况，旨在推动两国在上述领域的合作。
3月27日	由上海合作组织举行的首次阿富汗问题特别国际会议在莫斯科举行。上海合作组织成员国、观察员国、阿富汗、美国以及联合国、欧盟、北约、独联体等30多个国家和国际组织的代表出席会议。
3月27日	中国"俄语年"开幕式在北京人民大会堂举行。中国国务委员刘延东、俄罗斯副总理茹科夫出席开幕式，中国总理温家宝总理和俄罗斯总理普京总理分别发来贺电。

---

　　① 《印度国防部反对国营电信局使用中国通讯设备》，http：//international. dbw. cn/system/2009/05/16/051917455. shtml。

　　② 周全：《中印关系不为傲慢与偏见左右》，http：//asean. yunnan. cn/html/2009 - 10/30/content_961155. htm。

6月16日~18日	胡锦涛主席对俄罗斯进行国事访问。访问期间，胡锦涛主席同梅德韦杰夫总统举行会谈，出席中俄建交60周年庆祝大会，就经贸、能源、科技、地方和人文等各领域务实合作、合理应对国际金融危机，以及重大国际和地区问题深入交换意见，对在当前形势下进一步推进双边关系发展及重要领域合作提出前瞻性和指导性建议，签署《中俄元首联合声明》和一系列双边合作文件。
6月16日	国家主席胡锦涛在俄罗斯叶卡捷琳堡举行的上海合作组织成员国元首理事会第九次会议上发表题为《携手应对国际金融危机共同创造和谐美好未来》的重要讲话。
6月16日	"金砖四国"领导人在俄罗斯叶卡捷琳堡举行首次正式会晤，就国际金融危机及二十国集团峰会进程、国际金融机构改革、粮食安全、能源安全、气候变化、发展援助、海利根达姆进程以及"金砖四国"对话的未来发展等重大问题交换看法。
8月7日~8日	第13次中印边界问题特别代表会晤在印度首都新德里举行。中方特别代表戴秉国国务委员和印方特别代表、印度国家安全顾问纳拉亚南将进行会晤，双方就政治解决中印边界问题和维护两国边境地区和平安宁事宜深入交换意见，双方还就发展中印战略合作伙伴关系及共同关心的国际、地区及全球性问题进行讨论。
10月12日~14日	应国务院总理温家宝邀请，俄罗斯联邦政府总理普京对中国进行正式访问，同温家宝总理举行中俄总理第14次定期会晤，并共同出席中俄建交60周年庆祝大会暨中国"俄语年"闭幕式。
10月14日	上海合作组织成员国政府首脑（总理）理事会例行会议在北京举行。哈萨克斯坦共和国总理马西莫夫、中华人民共和国国务院总理温家宝、吉尔吉斯共和国总理丘季诺夫、俄罗斯联邦政府总理普京、塔吉克斯坦共和国总理阿基洛夫、乌兹别克斯坦共和国总理米尔济亚耶夫出席。
12月14日	中国国家主席胡锦涛出席在土库曼斯坦阿姆河右岸举行的中国—中亚天然气管道通气仪式。别尔德穆哈梅多夫、纳扎尔巴耶夫、卡里莫夫出席，四国元首致辞后，共同打开管道启动阀门，中国—中亚天然气管道成功实现通气。

第十三章　维稳反独：
打击分裂活动维护民族团结

2009 年，"疆独"势力掀起了新一轮分裂活动的高潮。特别是"7·5"事件的发生，再次凸显分裂主义活动对我国社会稳定与国家统一的严重威胁。本章剖析"7·5"事件发生的根源并阐述我国政府为恢复社会稳定、防止"疆独"扩大国际空间所采取的积极措施。

一、"疆独"蓄谋策划"7·5"打砸抢事件及其影响

1. "7·5"事件和中国政府应对措施

2009 年 7 月 5 日，在中国新疆维吾尔自治区首府乌鲁木齐市发生了震惊世界的打砸抢烧严重暴力犯罪活动。"疆独"分裂分子针对包括汉、维、回等民族的无辜群众进行了惨无人道的袭击。"7·5"事件给各族群众生命财产造成重大损失，给当地正常秩序和社会稳定造成严重破坏。截至 7 月 17 日，共造成 197 人死亡、1700 多人受伤，231 个店铺和 1325 辆汽车被砸烧，众多市政公共设施被损毁。[①] 在"疆独"分裂组织的操纵下，境外"疆独"分子以"7·5"事件为借口，冲击中国驻土耳其、德国慕尼黑等地的使领馆。

针对"7·5"事件性质，我国政府严正指出，它既不是民族问题，也不是宗教问题，而是一起由境外"疆独"分裂组织"世界维吾尔代表大会"（以下简称"世维会"）利用"6·26"广东韶关某玩具厂维、汉族员工冲突事件，蓄意策划、组织的一起严重暴力犯罪事件。

"7·5"事件的疯狂与残忍性质激起维、汉各族民众的强烈愤怒，纷纷谴责实施凶残暴行的暴徒。骚乱发生后，当地所有阿訇均明确谴责暴力行为。中国伊斯兰教协会会长哈吉·希拉伦丁·陈广元 2009 年 7 月 7 日在接受新华社记者专访时表示："暴徒的行为严重地违背了伊斯兰教的基本精神，是严重的违法犯罪行为，我作为中国伊斯兰教协

---

① 《新疆的发展与进步》白皮书，国务院新闻办公室 2009 年 9 月 21 日发布。

会的负责人，对此表示严厉的谴责和非常的愤慨。"①

在这一事件中涌现了许多各民族互相救助的感人事迹和代表人物，许多维吾尔人敞开自家商店或住宅的大门，为汉人提供保护②，包括热心帮助18名群众脱险的维吾尔族老人哈米提·艾合买提，救助了15名遇袭行人的新疆伊斯兰教经学院副院长阿不都热克甫·吐木尼牙孜，安置33名各族群众在家避难的哈萨克族女教师绕亚·沙哈生等。而在后来针对针扎事件的抗议活动中，一些维族群众用汉语高唱国歌，挥动旗子，并高喊"维护民族团结"的口号。

事件发生后，我国中央政府和新疆维吾尔自治区政府立即采取有力措施稳定当地社会秩序。为了迅速恢复乌鲁木齐的社会秩序，中央从各地调集大批特警赴疆参与维护社会稳定。2009年7月7日下午，新疆自治区党委书记王乐泉发表电视讲话，指出，"7·5"事件受伤的无辜群众都得到了很好的医治，承诺政府将对死者全面负责抚恤和安排。对于在事件中财产受到损失的，政府将全力给予帮助，以便迅速恢复生产和经营。受害者要相信和依靠政府来解决问题。与此同时，当地司法机关逮捕了涉嫌参与"7·5"事件的犯罪嫌疑人。对涉嫌参与该事件的犯罪嫌疑人、被告人，司法机关表示将严格按照法律规定，充分保障他们的各项诉讼权利。为了让世界充分了解"7·5"事件的真相，中国政府在事件发生后的第一时间内开放外国媒体赴疆采访报道。

在采取措施消除"7·5"事件带来的各种负面影响的同时，中国政府对来自恐怖组织的各种威胁保持警惕。在"7·5"事件发生后，一些恐怖组织也趁机兴风作浪、制造事端。"基地"组织北非分支机构"伊斯兰马格里布基地"组织、突厥伊斯兰党"等声称要以中国在非洲西北部的众多工人和建设工程为目标展开袭击，替乌鲁木齐死难者报仇。2009年8、9月间，新疆境内的恐怖分子妄图通过制造扎针事件在群众中引起恐慌。新疆自治区政府迅即采取有力措施，抓捕了犯罪嫌疑人，消除了群众恐慌的根源。中国政府也加大了针对"东突"恐怖分子的打击力度。7月9日，中国警方击毙了试图在新疆发动"圣战"的5名恐怖组织成员。

2009年7月8日晚，胡锦涛总书记主持召开中共中央政治局常务委员会会议，研究部署维护新疆社会稳定工作。受党中央、国务院委派，国务委员、公安部长孟建柱2009年9月4日赴乌鲁木齐，检查指导维护稳定工作，看望慰问各族干部群众、部队官兵、公安民警，并实地查看社会治安秩序。他强调，要坚决贯彻落实中央政治局常委会精神和胡锦涛总书记的重要指示，把维护稳定作为当前新疆压倒一切的中心工作，切实维护人民群众正常生产生活秩序，确保新疆和全国社会大局稳定，为各族人民安居乐业创造安宁的社会环境。11月4日以来，中央先后派出三批调研组，深入全疆15个地州市开展调研，就实现新疆经济社会跨越式发展、促进新疆长治久安听取各族干部群众

---

① "中国伊斯兰教协会会长："7·5"事件严重违背伊斯兰教基本精神"，新华网，2009年7月7日。http://www.xj.xinhuanet.com/2009-07/07/content_17031931.htm。

② David Gosset："Xinjiang Serves as Pan-Asian Pivot"，*The Asia Times*，August 19, 2009.

意见和建议。

在党和政府的坚强领导下，新疆逐步克服"7·5"事件带来的各种负面影响。2009 年 9 月 2 日，国务院新闻办举行新闻发布会，邀请新疆维吾尔自治区副主席库热西·买合苏提介绍新中国成立以来新疆政治、经济、文化和社会等方面取得的巨大成就等有关情况。库热西·买合苏提在新闻发布会上指出，随着乌鲁木齐市的局势不断趋于平稳和大局的稳定，新疆的旅游业逐步恢复。在乌鲁木齐举办的一系列重大活动都非常成功。

国际社会对于中国政府应对"7·5"事件的举措多持理解和正面评价。哈萨克斯坦总统战略研究所首席研究员、中国问题研究专家瑟罗耶日金对中国政府的维稳措施表示理解，他认为，任何法治国家都无法容忍打、砸、抢、烧等暴力犯罪行为。巴基斯坦国际问题专家马赫杜姆指出，中国政府为了新疆维吾尔自治区的经济发展和人民生活水平的提高做出了许多努力。中国政府采取措施维护稳定是在"恰当的时间采取的正确步骤"，是每个法治国家的政府都应该做的事情。①

2. 加强各民族团结，加快新疆社会经济发展

"7·5"事件对新疆的社会稳定和经济发展带来了一定的负面影响。国务院新闻办公室 2009 年 7 月 21 日发布《新疆的发展与进步》白皮书，强调"东突"势力严重干扰破坏新疆经济发展。一是使投资环境遭到破坏，外地对新疆投资减少。二是直接冲击新疆旅游业，一时间游客骤然减少，收入大幅下降。三是造成资源分散，大量人力、物力和财力被投入到防范和打击暴力恐怖犯罪上。四是新疆的国际通道建设、对外贸易等受到影响。

然而，新疆的发展并不会因为"7·5"事件而停顿。2009 年 7 月 10 日，新疆维吾尔自治区主席努尔·白克力在会见"7·5"事件后首次到访的外国驻华使节团时指出，中央实施西部大开发战略以来的 10 年，是新疆发展最快、各族人民受益最大的 10 年。新疆生产总值由 1998 年的 1100 亿元增至 2008 年的 4200 亿元。人均 GDP 达 3000 美元以上，在全国排名第 11 位。他同时指出，新疆的发展得益于中央的大力支持。近 10 年来，新疆基础设施建设资金 80% 来自中央政府的财政支持。与此同时，当地的科教文卫事业发展迅速，2008 年全区九年义务教育覆盖率达 100%，农牧民参加新型合作医疗比率达 95% 以上。8 月 9 日，中共中央政治局委员、新疆维吾尔自治区党委书记王乐泉在接受记者采访时说，新疆仍在聚精会神抓经济发展，预定的 2009 年经济目标不动摇。②

新疆自治区人大常委会发挥地方国家权力机关立法职责，成立专门起草小组研究起

---

① "外国学者谈乌鲁木齐'7·5'事件"，《环球时报》，2009 年 7 月 15 日。
② 新华网乌鲁木齐 8 月 9 日电，http：//news. xinhuanet. com/politics/2009 - 08/09/content _ 11853306. htm。

草了《自治区民族团结教育条例（草案）》，并于 11 月 23 日进行了初次审议，旨在通过地方性立法将新疆民族团结教育工作纳入法制化、规范化和日常化管理轨道。

中国政府推出多项政策措施促进新疆经济与社会发展。财政部于 2009 年 3 月 23 日决定代理发行 2009 年新疆维吾尔自治区政府债券，使新疆成为首个发行地方债的省级政府。国务院着手实施一项耗资巨大的计划，修建新疆与中亚国家相连的铁路，还于 2010 年 3 月召开新疆工作会议，全面规划和部署促进新疆社会经济发展的措施。中国银监会主席刘明康 2009 年 12 月在新疆调研考察，强调当前银行业支持和服务新疆发展与维护稳定，支持小企业发展，促进农村金融发展，支持消费，加大信贷支持教育力度，促进提升资源产品附加值和边境贸易，要在这些方面实现突破。①

新疆的社会稳定和经济发展牵动着国家领导人的心。2009 年 8 月 22 日，胡锦涛总书记亲赴新疆维吾尔自治区考察工作。他在新疆自治区党政领导的陪同下，深入乡村、林场、社区、企业和部队营区，实地了解新疆经济社会发展情况。胡主席勉励新疆各族干部群众一手抓改革发展，一手抓团结稳定，加快建设繁荣富裕和谐的社会主义新疆，努力在中国特色社会主义道路上创造新疆更加美好的明天。胡总书记在考察中指出，"要进一步加大对少数民族和民族地区的扶持力度，让乡亲们尽快富裕起来。……，更好带动新疆发展，造福新疆各族人民"②。在 8 月 25 日的新疆维吾尔自治区干部大会上，胡锦涛主席再次强调指出，新疆的问题归根到底要靠加快发展、科学发展来解决。要始终把走科学发展道路、加快发展作为解决新疆问题的根本途径，始终把提高各族人民生活水平作为一切工作的根本出发点和落脚点。要把中央关于加快新疆发展的决策部署同新疆实际紧密结合起来，推动经济社会又好又快发展。

中国政府为促进新疆社会经济发展而采取的政策措施得到国际舆论的肯定，国际社会对于中国少数民族政策的误解有所消除。德国作家伯恩哈德·甘特尔在其致德国媒体的公开信中写道："中国最近若干年付出了巨大的努力，使城市、乡村和其他地方居民的经济得以改善。中国政府成功做到了这些，值得大加赞许。我在去年的中国之行中结识了一个开放的民族，宽容的人民，见识了宗教自由和对包括藏族和维吾尔族在内的少数民族的保护。"③ 巴基斯坦学者马赫杜姆以到乌鲁木齐多次参访的亲身经历指出，那里的维吾尔人与非穆斯林和谐相处，过着平和而幸福的生活，"他们享有完全的宗教自主和自由"。④ 研究中国少数民族问题的美国知名专家格兰德尼，就"7·5"事件接受美国对外关系委员会访谈时发表评论指出，"中国的少数民族政策相当开明"。他认为中国政府在就业等方面始终对少数民族给予特别关照。⑤

---

① 《刘明康：银行业支持新疆经济发展要六个突破》，《证券时报》2009 年 12 月 4 日。
② 《创造新疆更加美好的明天》，《解放日报》2009 年 8 月 26 日。
③ 《外国学者谈乌鲁木齐"7·5"事件》，《新华每日电讯》2009 年 7 月 14 日。
④ 《外国学者谈乌鲁木齐"7·5"事件》，《新华每日电讯》2009 年 7 月 14 日。
⑤ 《美国专家认为中国少数民族政策相当开明》，《人民日报》2009 年 7 月 13 日。

3. 伊斯兰国家对"7·5"事件的反应

尽管西方媒体对于"7·5"事件报道的偏见依旧存在，但总体而言，各国政府和国际组织对"7·5"事件的反应较之对 2008 年拉萨"3·14"骚乱的反应要相对理性和平和。"7·5 事件"后，西方媒体竭力挑拨伊斯兰世界与中国的关系，认为伊斯兰世界的政府和组织对于新疆"7·5 事件"的反应迥然有别于 2006 年的"丹麦卡通讽刺伊斯兰教"事件①，原因在于中国与这些国家的紧密经贸关系以及这些国家内部也面临类似骚乱问题。②

土耳其官方和民间对于"7·5"事件反应比较激烈，对中国进行无理指责。土耳其自称与"东突""同文同种"，以突厥语系国家的盟主自居，一直是"东突"流亡分子的大本营。土总理埃尔多安及其政党鼓吹伊斯兰原教旨主义，希望通过激烈反应获取更多支持。埃尔多安称"我们和新疆的维吾尔人是兄弟"、"我们希望（北京）立即采取符合人权标准的必要措施"等等③，甚至扬言将要求联合国安理会讨论乌鲁木齐"7·5"事件。土耳其外交部长也跟着发表了不适当言论。该国工业部长埃尔贡和一些商会甚至煽动国民全面抵制中国商品。土耳其还抱怨美国、日本和印度等国家，没有利用"7·5"事件向中国政府施加足够压力。土耳其学者包尔汉·库尔奥格鲁对中国的宗教和民族政策大加攻击，他在半岛电视台网站上发表文章称，中国政府在涉及维吾尔族语言、宗教、文化古迹以及其他方面的歧视政策是造成"7·5"事件的真正原因。部分民众也在政府、媒体、学者对事件的误导和渲染下，在一些城市举行了针对中国的游行示威活动。鉴于中国实力的增长和外交压力，也考虑到土中关系的长远发展，土耳其后来逐渐降低了对中国政府的批评调门。

伊朗什叶派穆斯林中的极端势力和"东突"极端分子有较大共性，也指责中国政府对"7·5"事件的处理方式。伊朗的库姆伊斯兰学者协会要求伊朗外交部通过外交渠道和中国政府进行交涉，伊朗政府不得不对此有所呼应。即便如此，有国外学者也认为伊朗对于"7·5"事件的反应远远不及 2009 年 7 月发生在德国法庭的"头巾烈士"事件。当时引发 1500 多名伊朗妇女前往德国驻伊朗大使馆抗议。伊朗首席大法官穆罕默德呼吁起诉德国法庭法官，并要求伊朗外交官在联合国安理会申诉"欧洲国家对伊斯兰价值观的亵渎"④。

其他绝大多数伊斯兰国家官方反应比较理性，只有少数民间激进组织指责中国。巴基斯坦、印尼、阿富汗、埃及、沙特等几乎所有以逊尼派为主的国家，和中国有着密切的政治经济合作，长期与中国保持友好关系，在涉及中国核心利益的问题上都支持中

---

①　"Mute Muslims：Why doesn't the Islamic world Speak up about the Uighurs?"，http：//www.foreignpolicy.com/articles/2009/07/13/mute_muslims.

②　"In the Middle East，Little Outcry Over China's Uighurs"，*Time*，July.17，2009.

③　《土耳其对新疆骚乱反应激烈，部长煽动抵制中国》，《环球时报》2009 年 7 月 10 日。

④　Raphael Israeli："Chinese Uyghur Problem"，*Israel Journal of Foreign Affairs IV*：1（2010）.

国，形成伊斯兰世界的主流意见。但国内的穆斯林群体与"东突"在宗教和教派上有共性，因而其中一些人对"东突"表示同情。

2009年7月22日，巴基斯坦总统扎尔达里在伊斯兰堡会见中国驻巴大使罗照辉时对"7·5"事件予以强烈谴责。例如，总部位于沙特的伊斯兰会议组织企图谴责中国政府"过度使用武力对付维吾尔平民"[1]。但巴基斯坦等国成功挫败了该组织某些人将所谓"维吾尔议题"塞入议程的图谋。巴基斯坦国内维吾尔族人对于政府的决定大多予以理解与支持。7月24日，巴基斯坦著名穆斯林什叶派领袖、"不同宗教间对话委员会"主席沙基尔专程来到中国驻巴使馆拜会罗照辉大使。沙基尔再次谴责乌鲁木齐"7·5"暴力犯罪事件，并表示坚决反对以"世维会"为首的"三股势力"破坏稳定、分裂中国的罪恶企图。他代表巴基斯坦穆斯林及各派宗教人士，对中国政府和人民为维护国家稳定、领土完整和促进和谐社会建设所采取的措施表示理解和支持。巴基斯坦维吾尔人协会领袖在"7·5"事件后立即表示坚决反对此类暴力事件，新疆维吾尔人的生活水平较高，这让巴基斯坦的维吾尔人十分羡慕。[2]

有些国家则避免对"7·5"事件直接表态，如印度和中亚国家。这些国家在经贸、反恐等问题上和中国有着共同利益，而且它们自身也面临着宗教和民族极端主义的冲击，对于中国面临的威胁感同身受。[3] 由于国内穆斯林激进势力的压力，它们不得不避免直接表态。作为海外维吾尔人最大侨居地的中亚地区，各国政府则采取了比较理性与公允的立场，对于中国政府采取措施平息骚乱的措施予以理解。中亚国家，处于自身类似情况以及与中国的经济利益关系，在上海合作组织框架下合作打击三股势力。泛突厥主义思潮在中亚地区20世纪90年代初曾有短暂流行。[4] 随后不久，一些中亚国家领导人如哈萨克斯坦总统纳扎尔巴耶夫认识到泛突厥主义对中亚新独立国家主权会的潜在威胁，接受它则"意味着放弃刚刚获得的独立"[5]。中亚国家自身面对伊斯兰原教旨主义的冲击，对于中国面临的恐怖威胁感同身受。[6] 中亚国家对于在其境内从事分裂和恐怖暴力活动的"东突"组织展开严厉打击。特别是上海合作组织各成员国执行反对"三股势力"的《上海公约》，极大地压缩"东突"组织的生存空间，有效地阻止中亚地区的"东突"分子通过边境向新疆的渗透。上海合作组织发表声明指出，新疆维吾尔自治区是中华人民共和国领土不可分割的一部分，那里发生的事态纯属中华人民共和国内

① "The Silence of the West on Xinjiang", http：//forum. globaltimes. cn/forum/showthread. php？t=1027.
② 《巴基斯坦维族领袖称：新疆的维族人过得比我们好》，《环球时报》2009年7月19日。
③ Preeti Bhattacharji："Uighurs and China's Xinjiang Region", July 6, 2009. http：//www. cfr. org/publication/16870/uighurs_ and_ chinas_ xinjiang_ region. html.
④ Andrew McGregor："Chinese Counter-Terrorist Strike in Xinjiang", *Issue of the CACI Analyst*, 3 July 2007.
⑤ 艾买提·冯瑞："中国新疆维吾尔族群的跨国过程及其分布和动因"，《新疆大学学报》2008年第4期。
⑥ Preeti Bhattacharji："Uighurs and China's Xinjiang Region", July 6, 2009. http：//www. cfr. org/publication/16870/uighurs_ and_ chinas_ xinjiang_ region. html.

314

政。相信中国政府为维护新疆社会稳定而依法采取的措施，能够使当地局势尽快恢复平静，生产、生活秩序恢复正常。

值得关注的是，伊斯兰国家的不少媒体对于"7·5"事件加以歪曲报道，对于这些国家的民众明显误导。这些媒体对于"7·5"事件的反应和解读很不理性。以反美著称的卡塔尔半岛电视台为例，在"7·5"事件后大力宣扬阿拉伯民族主义，向阿拉伯世界的民众传递有关该事件的虚假信息。事件当天，半岛电视台就发表题为《中国警察与穆斯林发生冲突》的新闻报道，并引发了阿拉伯民众对中国的强烈不满。

4. 美国与西方国家对"7·5"事件的反应

总体而言，美国官方对"7·5"事件表态谨慎。美国国务院发言人凯利在事件发生后的 2009 年 7 月 9 日表示，美国对新疆局势深感关切，但到目前为止"未获得中国在新疆对民众镇压的信息"[1]。国务卿希拉里和国会众议院议长佩洛西均出言谨慎。美国总统奥巴马也只是呼吁双方"保持克制"。不过，来自美国国会一些反华议员的杂音仍不绝于耳。7 月 10 日，美国国会人权小组委员会的民主党议员威廉姆·达拉汉和共和党议员唐纳·罗拉鲍彻尔与热比娅、国际组织和观察团体举行了新疆局势听证会。[2] 国会议员德拉亨特等人致信国务卿希拉里，呼吁美国政府强烈谴责中国对维吾尔人的"镇压"[3]。美国国际宗教自由委员会主席里奥要求奥巴马政府立即对华实施制裁措施，包括禁止新疆的产品出口到美国，对新疆政府和安全部门官员实施旅游限制。[4]

"7·5"事件发生后，美国某些智库出现要求美国加大对"疆独"分裂分子支持力度的呼声。美国智库"外交政策倡议"的"民主与人权"项目主任艾伦·博克认为，由于种种原因，美国一直没有独立的新疆政策，也未能给予"疆独"分子像给予藏独、台独等那样的支持，现在到了美国调整其对新疆问题立场的时候了。他还认为，美国政府现在应该做出另一种选择，采取新的举措支持以热比娅为首的"疆独"分子，并针对维吾尔人制定一项"植根于民主和世俗主义"的政策。[5]

在"东突"问题上，欧盟及其他西方国家对"7·5"事件的反应比较谨慎。欧盟现任轮值主席国瑞典外交大臣卡尔·比尔特）表示：欧中全面战略伙伴关系非常重要，从经济危机、气候变化等全球性挑战，到朝鲜半岛、索马里局势等热点问题，欧洲都需要与中国合作；欧盟希望通过与中国对话来弥合双方的分歧。大多数欧洲议会议员也认

---

① "土耳其总理称要给热比娅签证，部长煽动反华"，http：//cn. chinareviewnews. com/crn-webapp/doc/docDetailCNML. jsp？coluid＝7&kindid＝0&docid＝101018641。

② 《美民主基金会扶植热比娅》，《环球时报》2009 年 8 月 10 日。

③ "美国会议员呼吁谴责中国镇压维吾尔人"，http：//www. rfa. org/mandarin/Xinwen/jianyaoxinwen-07072009121324. html。

④ "Religious Freedom Panel Demands Action on Uighurs", The Washington Post, July 15, 2009.

⑤ Ellen Bork："The Right Way to Help the Uighurs", *The Washington Post*, July 10, 2009.

为，鼓励分裂主义不符合欧盟精神。① 欧盟驻华大使赛日·安博坦承，欧洲自身也有少数民族问题，欧洲"也不会喜欢其他政府告诉我们应当怎么做"②。欧盟对于"7·5"事件的定位是："这是中国的内政而非欧洲的事情。"③ 中欧论坛创始人戴维·戈塞特认为，尽管"7·5"事件导致重大伤亡，并使当地居民一度陷入恐慌，但它并不能代表新疆局势的全貌，也不能充分体现新疆近年来的历史。同样，那些维吾尔族骚乱分子也不能代表自治区将近900万的维吾尔族人。④ 澳大利亚、日本等国对于"7·5"事件没有发表过多的公开评论，却暗中为"世维会"主席热比娅提供国际活动的舞台。

尽管与对2008年"3·14"拉萨骚乱事件的报道相比要好一些，但总体而言偏见依旧，歪曲报道仍然大量出现。关于事件的性质，多数西方媒体用了骚乱（Riot）一词，或者干脆说成是"民族问题"。对于事件的深层根源，主要的西方媒体将其归结为诸如"汉人移民以及歧视维吾尔人"、"维吾尔人的宗教和文化被压制"、"新疆资源被掠夺"等等。《芝加哥论坛报》在2009年7月6日的一篇报道中把移民、失业、文化、宗教、压迫和歧视等问题说成是"7·5"事件的深层次原因。对于事件的过程，《纽约时报》7月12日在报道中先是以貌似客观的口吻指出，"关于事件如何出现存在着两种不同的暴力版本、存在两种不同的受害人版本"，接着通过重点采访所谓的"目击证人"来对事件过程进行叙述。对中国警察的维稳举措，西方媒体也不顾事实加以批评，并大量使用诸如"镇压"这样的字眼来描述警察的执法行为。7月7日，英国《伦敦晚报》官网报道乌鲁木齐"7·5"事件时配发了中国中央电视台公布的被暴徒袭击的无辜群众相互安慰的视频截图，图片中是两位被暴徒袭击后满是鲜血的少女，该报的说明却写道："两名女士在被警察攻击后，互相安慰。"⑤ 7月10日《华盛顿邮报》在一篇评论将"7·5"事件与2008年在西藏发生的事件进行对比，称两者都是"和平抗议遭遇暴力镇压"。作者强调，与西藏不一样的地方是，维吾尔人并没有从美国政府明确界定的支持其政治权利、自治与文化认同的政策中受益。美国的利益在于"在维族人中培育民主、世俗政治观念"，如同美国在伊拉克等伊斯兰国家中所做的那样。⑥

西方媒体还对中国与伊斯兰世界的关系竭尽挑拨之能事。美联社在7月13日的一篇报道中说，"对于中国新疆地区的骚乱及随后中国政府对维族穆斯林的镇压，出于经济利益的考虑，大多穆斯林国家表态温和"。对于土耳其总理埃尔多安的"种族屠杀论"，英国广播公司如此评价，"对于土耳其的穆斯林来说，新疆维吾尔人的境遇是自

---

① "部分欧洲议员指出欧盟不应鼓励中国分裂势力"，新华网法国斯特拉斯堡2009年7月15日电。http：//www. xj. xinhuanet. com/2009 - 07/16/content_ 17121126. htm。

② "Why the West is Silent on Rioting in Xinjiang"，The Globe and Mail，July 14，2009.

③ "Why the West is Silent on Rioting in Xinjiang"，The Globe and Mail，July 14，2009.

④ David Gosset："Xinjiang Serves as Pan-Asian Pivot"，The Asia Times，August 19，2009.

⑤ "Uighurs Stage Protests in Turkey，Norway"，http：//www. guardian. co. uk/world/feedarticle/8596263？FORM = ZZNR7.

⑥ Ellen Bork："The Right Way to Help the Uighurs"，The Washington Post，Friday，July 10，2009.

已的穆斯林兄弟在受到压制。这其中也包括土耳其温和的穆斯林，比如总理埃尔多安。"①

二、"三独"势力的国际背景与中国的反制措施

1. "疆独"势力国际化图谋及其国际背景

"疆独"分裂分子一直试图将其影响力向国际社会扩展，但很长时期内并未引起广泛关注。"9·11"事件以来，为避免遭到国际社会的联合反恐打击，境外"疆独"分裂组织纷纷改头换面，意图洗刷掉自身的恐怖色彩。正是在这种背景下，2004年4月，由"世界维吾尔青年代表大会"和"东突国民大会"牵头，联合世界各地的"东突"分裂组织，在德国慕尼黑举行了"世维会"成立大会。"世维会"成立后，分裂分子制定了系统的国际化战略。"世维会"宣称其将走"非暴力"道路，目的在于维护维吾尔人的"人权、民主与民族自决权"，并将促进"东突运动国际化"作为主要任务。如今，境外"疆独"分裂势力正日渐聚集在"世维会"的大旗下。"世维会"正在发展成为"疆独"组织中的主导力量。

2009年以来，"疆独"势力利用"7·5"事件提供的机会，向国际社会大肆推销所谓的"维吾尔民主与人权事业"。"世维会"主席热比娅在"7·5事件"发生后即在美国组织游行示威，还亲自到日本、澳大利亚等国进行歪曲事件真相的宣传。7月28日下午，热比娅出现在日本东京成田机场。29日在东京的一场记者招待会上，热比娅竟称"7·5"事件后有近万名维吾尔族人失踪。8月7日，她率领了一批人在中国驻墨尔本总领馆前示威，8日又在墨尔本电影节上参加关于她本人的纪录片《爱的十个条件》播映仪式。

"世维会"及其头目的分裂造势活动得到西方某些政府和非政府组织的支持。西方大国的支持是"东突"分裂势力生存和发展的主要原因。历史上的所谓"东突"两次"建国"，就与20世纪上半叶年代英国和前苏联的支持有相关。"世维会"第三次大会报告称，"维持与友好国家的关系"是"最为优先的工作"②。其中与美国的关系更是"世维会"工作的重点。美国总统小布什在其任内多次会见该组织主席热比娅，称其为"自由的使徒"。美国国会拨款成立的美国国家民主基金会每年向"世维会"提供活动经费。③ 2007年，"世维会"和"国际维吾尔人权与民主基金会"等"东突"组织通

317

---

① 《中国与伊斯兰世界的关系不容挑拨》，《环球时报》2009年7月16日。
② Dolkun Isa： "Three Years Working Report of the World Uyghur Congress", May 23，2009，http：//www.uyghurcanadiansociety.org/090523.htm.
③ Donald Kirk："Washington Funds its Uyghur 'Friends'", *The Asia Times*，July 18，2009.

过各种途径从该基金会得到 52 万美元。① 该基金会还为"世维会"推行国际化战略提供人才培训。在其赞助下,"世维会"从 2007 年起进行了一年一度的维吾尔领导人民主和人权事务培训计划,其目的是"加强在世界上推动维吾尔民主和人权运动的工作,提高维吾尔民主领袖的能力,加快东突厥斯坦问题在国际法框架下的和平解决"。在这两期培训班上,来自世界各地的 60 多名"东突"骨干分子集中在一起,接受人权、民主、国际法、外交、联合国机制等领域西方专家的系统培训。

2009 年 5 月,美国国会纵容"世维会"在国会大厦召开所谓"第三次代表大会"。美国众议员林肯·迪亚斯—巴拉特、美国参议员希罗德·布朗(Sherrod Brown)等六名议员出席并致辞表示祝贺和支持。在"世维会"三大召开前,国家民主基金会还与"世维会"联袂召开"人权大会",探讨所谓"六十年来中国统治下的东突厥斯坦",将新中国成立以来新疆的经济文化发展污蔑成对维吾尔人的"侵犯和压制"。

"世维会"还得到了不少非政府国际组织的支持。它与"大赦国际"、"人权观察"、"无代表民族与人民组织"等建立了密切的工作关系。在"世维会"的游说推销下,许多国际组织将"维吾尔人权问题"提上议事日程,并通过其网络加以宣传。有些非政府组织甚至为"世维会"提供经费和人员培训,或利用其联合国观察员身份,为"世维会"到联合国讲坛发言牵线搭桥。其中"大赦国际"和"人权观察"最为积极。"人权观察"的比丘林竟称:"从根本上讲,维汉之间的关系是殖民与被殖民的关系。"② "大赦国际"2009 年报告中称中国在新疆的大学里压制维吾尔文化。③ "7·5"事件后,"大赦国际"又要求中国公布被捕人员的情况,释放那些"和平示威人士"。"人权观察"组织则呼吁对乌鲁木齐暴力事件进行"独立的调查和公正的审判"。④

对于国外反华势力支持"世维会"等分裂组织活动的原因,不少国外学者认为,除了对中国的意识形态偏见外,西方欲借新疆和西藏问题遏阻中国崛起,是另一个更为深层次的原因。⑤ 德国《外交政策》网站 2009 年 7 月 24 日的一篇文章一针见血地指出,美、德等国支持新疆乌鲁木齐骚乱旨在削弱中国政府在西部战略要地的影响力。文章还认为,只要中国被来自新疆等地的内部麻烦严重削弱,美国就能长期维护自己的全球霸权。⑥ 德国著名地缘政治学者威廉·恩道尔也认为,美国关心新疆问题,主要的是基于地缘战略考虑。美国看到了新疆位处欧亚大陆腹地的重要战略地位,以及注意到了新疆对于中国与上海合作组织其他成员国展开能源合作的战略重要性。⑦ 因此,从长远

---

① 《反华势力钱袋子:美国民主基金会》,《国际先驱导报》2009 年 7 月 21 日。

② "Clashes in China Shed Light on Ethnic Divide", *The New York Times*, July 7, 2009.

③ Edward Wong:"Clashes in China Shed Light on Ethnic Divide", *The New York Times*, July 7, 2009.

④ "美国会议员呼吁谴责中国镇压维吾尔人", http://www.rfa.org/mandarin/Xinwen/jianyaoxinwen-07072009121324.html。

⑤ 郑永年:《新疆、西藏问题与中国的国际关系》,新加坡《联合早报》2009 年 7 月 28 日。

⑥ "Alliance against Beijing", http://www.german-foreign-policy.com/en/fulltext/56267.

⑦ William Engdahl:"Is Washington Playing a Deeper Game with China?", http://www.marketoracle.co.uk/in...e=article&sid=11961.

战略目标看，美国一定会将"世维会"等组织作为牵制中国的工具。

2. 中美在"疆独"问题上的外交博弈

"世维会"等"疆独"组织的国际化图谋意在扩大分裂势力的国际生存空间。其具体途径是通过外国政府、议会、国际组织的接触寻求国际声援，以及利用国际媒体发出声音来扩大影响。中国政府采取相应的外交行动，压缩"疆独"势力国际生存空间。

从历史上看，"疆独"势力将其大本营设在中亚地区。但随着中国与中亚国家在上海合作组织框架下的密切合作，加大打击恐怖主义、分裂主义和宗教极端主义等"三股势力"，"疆独"分裂势力不得不将其主要活动中心向西方国家转移，并不得不最后沿着土耳其→德国→美国这样的轨迹移动并布局。

美国政府长期以来在"东突"和"疆独"问题上持双重标准。它在"东突"恐怖势力威胁到其国家安全利益，并且需要换取中国对其在阿富汗问题上的合作时，才对"东突"采取有条件打击的立场，如将某个"东突"组织列入其反恐黑名单。更多的时候美国对于"东突"势力暗中纵容和支持，把与"东突"相关的"世维会"等说成是"人权组织"。值得关注的是，美国政府不便公开支持"世维会"的分裂活动，却通过国务院下属的全国民主基金会来从资金和人事等方面扶持"世维会"。美国国务院发言人凯利在"7·5"事件发生后不久承认民主基金会向"世维会"提供经费的事实。美国国会成立的美国国际宗教自由委员会也介入了"维吾尔议题"。针对美国民主基金会资助"世维会"等组织的行为，中国政府有关部门多次予以严正揭露和抨击。

2009 年，围绕关塔那摩"东突"囚犯安置地点的斗争成为我国外交反制"疆独"的重要战场。由于美国在反恐问题上奉行双重标准，对那些并不威胁美国利益的恐怖分子和组织如关塔那摩的维吾尔恐怖嫌犯，美国政府准备予以释放。但美国国会议员比尔·德拉亨特等人以国家安全为理由，不让这些维族人进入美国境内，同时又拒绝把他们遣返中国，"担心"他们回国后会受到"酷刑"。① 在美国放出将关押在关塔那摩基地监狱的"东突"囚犯释放的消息后，"世维会"加大向美国政府和国会的游说力度，反对将这些囚犯引渡回中国，要求给他们一个安全、自由的安置场所。在中国的外交压力下，不论是"东突"组织的主要据点德国，还是移民国家加拿大和澳大利亚，都先后拒绝了美国的要求。加拿大拒绝了奥巴马政府有关让加拿大接收关塔那摩监狱释放的17 名维吾尔族囚犯的要求。总理哈伯的发言人塔尼亚克表示，"加拿大不会接收任何关塔那摩囚犯。无论是维吾尔族囚犯还是其他囚犯，加拿大都不感兴趣"②。美国只好把希望寄托在那些急需经济援助的小国身上。阿尔巴尼亚率先接受 5 名"东突"嫌犯。2009 年 6 月 11 日，美国政府将其释放的 4 名"东突"嫌犯送抵英国 14 个海外领地之一的百慕大。由于美国事先没有与英国沟通此事，让英国外交部大为恼火。当天，中国

---

① 法新社华盛顿 2009 年 6 月 16 日电。
② 英国广播公司网站 2009 年 6 月 5 日报道。

外交部发言人秦刚在太平洋小国帕劳表示愿意接收"东突"嫌犯后说，中国政府反对第三国的接收，要求美国尽快将这些嫌犯移交给中国。① 然而，围绕接收"东突"恐怖嫌犯的斗争仍在继续。2009 年 11 月，美国将 6 名前关塔那摩"东突"囚犯送到帕劳重新安顿。帕劳答应接收的背后是美国允诺向其提供价值 2 亿美元的发展、预算补贴和其他援助。

3. 未雨绸缪防止"三独"势力合流

近年来，"疆独"与"藏独"、"台独"等"三独"势力出现合流势头。自热比娅成为"世维会"领导人以来，"疆独"寻求与"藏独"等势力合流的步伐更是明显加快，而"藏独"势力也越来越乐于与"世维会"进行合作。② 2009 年 4 月 2 日，达赖为热比娅的第二部自传《搏龙斗士》撰写序言。5 月，一些"藏独"分子参加了"世维会三大"。对于"疆独"与"藏独"合流的事实，"世维会"秘书长多里坤·艾沙也不否认："我们和'藏青会'的人士已经有过多年的合作，近 20 到 30 年来我们一直在合作"。③

达赖喇嘛从过去的轻视"疆独"到"7·5"事件后对后者开始刮目相看。2009 年 8 月 6 日，达赖在接受路透社采访时坦承，单从西藏来看，"藏独"形势十分悲观，但如果与"疆独"等问题联系起来，从一个更广的视角来看形势，则有理由感到乐观。④ 达赖加大了与"疆独"势力合作的步伐，两股势力合流的意愿日趋强烈。据德国外交政策网站 2009 年 7 月 24 日的文章称，"举足轻重的维族人士（热比娅）正尝试与达赖喇嘛借助来自德国的支持，建立一个反北京的公开联盟，而流亡藏人组织越来越乐于接受与维族人结盟"⑤。

"7·5"事件后，达赖发表声明，要求中国政府"保持克制"。达赖在声明中称，"对近日来的东突厥斯坦的局势深感痛心和关切"，"恳请中国当局采取克制态度"。"世维会"随后致信达赖，称新疆和西藏为"两个国家"，并谦卑地"恳求"达赖给予协助和支援。信中这样写道，"你们一定获悉最近发生在我们的故土东土耳其斯坦的事情，几乎与去年发生在你们国家被占领一样的情况。……，我们正计划组织一个全球行动日活动。因此，我们希望你们和所有其他遭到中国残酷镇压的受害者，团结在一起，使我们的呼声更大也更强烈。"⑥

---

① 路透社华盛顿 2009 年 6 月 11 日电。

② "Alliance against Beijing", http：//www. german-foreign-policy. com/en/fulltext/56267.

③ "看达赖如何与热比娅沆瀣一气", http：//politics. people. com. cn/GB/1026/10976930. html。

④ "Uighur Unrest Shows China's Failures：Dalai Lama", http：//www. reuters. com/article/worldNews/idUS-TRE57539Q20090806.

⑤ William Engdahl, "Is Washington Playing a Deeper Game with China?", http：//www. marketoracle. co. uk/in … e = article&sid = 11961.

⑥ 《热比娅想拉达赖帮忙》,《环球时报》2009 年 7 月 16 日。

此后，达赖投桃报李，在华沙公开为热比娅辩护，称热比娅像他一样"相信和平与非暴力，不是在搞分裂"①。9月10日，达赖和"世界维吾尔大会"主席热比娅依然在捷克首都布拉格碰头，共同参加了周五在当地举行的"亚洲和平、民主与人权"会议，并站在一起合照。在会后的记者招待会上达赖宣称"中方对热比娅的指控没有根据"，他说，"我与同样在流亡的维族领袖保持着友好的关系。西藏和新疆的问题相同，其根源是没有受到邀请的客人带着武器入侵"。② 10月22日达赖在接受"法国国际广播电台"专访时称，"最近，热比娅在美国传统基金会的会议上，公开表示新疆的未来是要寻求真正、高度的自治。他们完全支持非暴力，我们的想法是愈来愈走到一起了"，"我对热比娅说：你现在可以说是新疆的一名领导人，你应该有责任让全世界的新疆异议分子、流亡人士统一起来，这是你的一个责任"。③

与此同时，台湾岛内的"台独"势力也加入进来，在台湾"8·8"风灾后，以民进党高雄市长陈菊为首，联同南部其他六名民进党籍县市长，邀请达赖赴台"为灾民祈福"。民进党希望借机挑起两岸政治纷争，同时给马英九当局制造难题，引起了中国大陆和岛内民众的强烈抗议。2009年9月17日，陈菊故伎重施，拟邀请热比娅访台参加高雄电影节，并且计划在电影节上播放热比娅的纪录片《爱的十个条件》，其后在各方压力下改为提前数天播放。

"7·5"事件后，日本接连邀请李登辉、达赖与热比娅赴日访问。"三独"甚至开始了与日本右翼势力的合流。中国政府对于日本先后允许李登辉、达赖和热比娅访问的行为，以及台湾岛内"台独"势力串通"藏独"、"疆独"的图谋，都给予了密切关注和坚决打击。"三独"合流的图谋终究是不会得逞的。

三、双管齐下争取新疆局势的国际话语权

1. 抗议日、澳为"疆独"搭建活动平台

"7·5"事件后，日本政府不顾中方反对，为热比娅发放赴日签证，为其分裂活动搭建平台。2009年7月29日，热比娅在自民党总部同参议员卫藤晟一等人举行了会谈，提出希望日本派遣调查团前往实地"了解情况"。日本政府官房长官河村建夫在29日记者招待会上就热比娅访日一事表示，"此次访问不会对日中关系造成恶劣影响，从

① "Exiled Uighur Leader in Japan to Win Global Support", http：//news. theage. com. au/breaking-news-world/exiled-uighur-leader-in-japan-to-win-global-support-20090729－e14j. html.
② 《达赖与热比娅访问捷克首都布拉格，公开握手》，《国际先驱导报》2009年9月14日。
③ 《达赖与热比娅访问捷克首都布拉格，公开握手》，《国际先驱导报》2009年9月14日。

头至尾都是民间行为而非政府行为"①。

2009 年 8 月，澳大利亚墨尔本电影节不顾中方强烈抗议，执意邀请热比娅参加《爱的十个条件》纪录片首映式。该片不顾热比娅多次策划、煽动包括"7·5"事件在内的分裂中国的恐怖活动的事实，通过讲述热比娅与其丈夫、子女的生活经历，对热比娅从"成功商人"到所谓"政治犯"再到"流亡领袖"的过程刻意加以美化。8 月 7 日，热比娅带领"疆独"分子到中国驻墨尔本总领馆外抗议。8 日出席宣扬她生平的电影《爱的十个条件》首映式。在电影放映现场，澳大利亚政客公然宣扬要帮助"解放东突厥斯坦"。澳外长史密斯就此事辩称，澳社会的本质就是"允许不同观点的表达"。环球网一项调查表明，近 1.4 万名受访者中，约有 87% 的人认为中国应"采取实际手段报复澳大利亚，比如抵制赴澳旅游和留学"②。为抗议热比娅出席墨尔本电影节，威尼斯电影节金狮奖得主贾樟柯和香港导演唐晓白撤回参展影片。

中国政府对这些公然为热比娅搭建反华舞台的外国政府传递出明确的信息，即中国政府绝对不能容忍它们支持分裂中国领土的行为。2009 年 7 月 14 日，中国外交部新闻发言人秦刚在记者会上表示，中国强烈要求有关国家停止向包括"东突"势力在内的"三股势力"提供任何形式的资助和支持。7 月 27 日，中国驻日本大使崔天凯在接受记者集体采访时指出，热比娅是犯罪分子，希望日本政府将心比心。③ 中国外交部副部长张志军 7 月 31 日召见澳大利亚驻华大使芮捷瑞，就澳方允许热比娅访澳提出严正交涉，对澳方此举表示强烈不满和坚决反对。中国驻澳大利亚使馆官员正告澳大利亚全国媒体俱乐部，要求其撤销对热比娅的演讲邀请，以免损及中澳关系。

2. 以细致外交工作促使各国理解新疆局势

中亚地区是中国防止"疆独"势力推行国际化图谋的第一道防线。中国政府通过在上海合作组织框架内的反恐合作，取得了这些国家对于中国打击"疆独"势力的理解与支持。中亚国家依法对在本国境内从事分裂活动的"疆独"分子给予了有力的打击。2009 年 8 月 10 日，吉尔吉斯斯坦境内的"疆独"分子在首都比什凯克举行示威活动，当地"疆独"分裂势力头目阿克巴罗夫及其副手纳思伊洛夫在示威时污蔑中国政府奉行"国家恐怖主义"并企图"清除"维吾尔人。吉尔吉斯斯坦警方对这两人实施了逮捕。④

中国政府还向伊斯兰国家展开更加细致的外交工作。"7·5"事件后，"世维会"利用伊斯兰世界与新疆维吾尔族人的宗教联系以及对事件的缺乏了解，向这些国家与地区的人们歪曲事实真相，以企寻求同情与支持，对中国与伊斯兰世界的关系带来了困扰。针对阿拉伯国家和伊斯兰世界对"7·5"事件的关注，中国政府适时派出外交官

---

① 中评社北京 2009 年 7 月 29 日电。

② 《87% 的中国网民要求抵制赴澳旅游和留学》，《环球时报》2009 年 8 月 10 日。

③ 路透社东京 2009 年 7 月 27 日电。

④ 《吉国逮捕两名"疆独"头目力量很小不成气候》，《环球时报》2009 年 8 月 11 日。

针对这些国家和地区开展工作。中国中东问题特使吴思科在推动中东和平进程的同时也向中东国家解释中国应对"7·5"事件的相关举措，使这些国家逐渐理解中国政府稳定新疆的行为。

中国政府还积极邀请外方人士亲临新疆实地考察。应新疆维吾尔自治区人民政府邀请，来自多哥、科威特、沙特阿拉伯、土耳其、欧盟和美国等 26 个国家和地区的驻华使节 2009 年 8 月 10 日抵达乌鲁木齐开始为期 5 天的访问。他们通过参观、座谈等形式了解新疆经济社会发展情况以及"7·5"事件真相。努尔·白克力在会见中介绍了近年来新疆政治经济发展、民族宗教政策、民族文化遗产保护，以及各民族和谐相处、共同建设家园等情况。使节团团长、多哥驻华大使诺拉纳·塔·阿马表示，中国中央政府和新疆地方政府保持了高度克制，采取有效措施迅速平息事件，各国政府对中国政府采取的措施表示充分理解和支持，"各国使节很高兴地看到中国政府为促进新疆可持续发展所付出的努力"①。

在中国政府的外交努力下，"世维会"骨干分子的国际化活动受到遏制。"世维会"秘书长多里坤·艾沙的活动长期被局限在欧洲之内。"7·5"事件后，艾沙企图到韩国访问，但在仁川国际机场遭扣押，三天后不得不狼狈离开。印度政府也拒绝发给热比娅访印签证。这些都有效打击了"疆独"分裂势力的嚣张气焰。

3. 与"疆独"势力争夺国际话语权

"7·5"事件发生，"世维会"利用现代传媒技术加大宣传，其下属"东突信息中心"和"世维会"网站以维语、英语、中文、德语、日语等多种语言，大肆制造谣言，向西方主流媒体投送大量文章、影像制品等材料，进行歪曲事实的宣传。《华尔街日报》专门登载热比娅的文章《维吾尔的真实故事》，将这起暴力事件说成是"和平集会"，称"有几百名维吾尔族人在行使他们抗议的权利时死亡"②。英国《卫报》刊登热比娅的文章《维吾尔民权运动》③，为"世维会"的宣传攻势提供平台。2009 年 7 月 6 日，热比娅接受卡塔尔半岛电视台专访，手持 2009 年 6 月国内湖北警方处理群体性事件的一张照片，谎称这是乌鲁木齐军队在镇压维族民众。"世维会"7 月 8 日在德国慕尼黑召开新闻发布会，造谣称 800 多维吾尔族人死亡。

为了消除西方媒体大量歪曲报道的恶劣影响，中国政府在第一时间内将事件的真实状况向世界公布。新疆自治区政府迅速在乌鲁木齐市海德酒店成立了接待外国记者的新闻中心，方便到访记者了解事件的最新进展。新闻中心 24 小时开放，并提供 50 余条网线为境内外记者提供上网发稿便利。新疆自治区政府随后多次在第一时间内召开新闻发布会，公布最新死亡人数等信息。在 7 月 7 日中国外交部举行的例行记者会上，各家媒

323

---

① 《外国驻华使团"7·5"事件后首访新疆》，新华网乌鲁木齐 8 月 10 日电。

② "The Real Uighur Story", *The Wall Street Journal*, July 8, 2009.

③ "A Civil Rights Movement for Uighurs", *The Guardian*, July 14, 2009.

体都收到录有暴乱场面的 DVD 光碟。中国政府在事件发生数小时后，就邀请外国记者赴乌鲁木齐实地采访报道。中国外交部长杨洁篪在与土耳其外交部长达武特奥卢就"7·5"事件进行的电话交谈中，特地邀请土耳其传媒前往乌鲁木齐骚乱地区参观。

由于政府和媒体的主动出击，尽管外国媒体对"7·5"事件的报道仍有偏见，但相对于拉萨"3·14"事件后外国媒体一边倒而中国媒体失声的状况，还是有了相当大的改变。中央电视台和新华社的报道被外国媒体广泛引用。日本广播协会（NHK）中国总局局长桥本明泽如此评价："这次事件中国政府对外很透明，进步很大。"① 法国驻华大使苏和高度评价中国在处理"7·5"事件时对境外媒体采取的开放态度。中国政府展现公开透明的意愿给他留下"深刻印象"。② 英国广播公司网站 7 月 7 日报道指出，中国政府一开始试图阻止对暴力现象进行报道。这次在新疆的政府做法与 2008 年西藏发生骚乱事件后有所不同，中国当局能够更加自信地控制国内外对事件的报道。7 月 8 日，日本《产经新闻》报道称，"令外国记者震惊的是，中国当局开设了新闻中心，允许对外传递信息及市内采访，还负责提供官方拍摄的影像资料"③。

针对西方某些敌对势力对"7·5"事件的歪曲报道，我国驻英大使傅莹在英国主流报纸《卫报》上撰文《统一的意识流淌在中国人的血脉中》，向西方读者介绍新疆的历史和真实的社会现状。她指出，尽管发生了"7·5"事件，但包括维吾尔族在内的中国人民坚决拒绝暴力，渴望恢复正常的生活秩序。④ 据不完全统计，仅 2008 年和 2009 年两年间，傅莹就在英国媒体上至少发表了 8 篇文章（不包括公开演讲）。其中 2008 年 4 月 13 日在英国媒体《星期日电讯报》上发表的《假如西方可以倾听中国》一文，针对西方某些人对于拉萨骚乱事件和北京奥运会伦敦传递受干扰风波，讲述中国人对此的看法，引起热烈反响。

为了向世界展示真实的新疆，2009 年 7 月 13 日，英文环球网开通了国内首家全面介绍新疆的引文网站——真实新疆网，下设新闻、宗教、文化、旅游、图片、视频等频道，提供关于新疆的最新资讯、直观新疆经济社会的发展变化，与全球读者建立起直接沟通的平台。

大事记 13 - 1　2009 年与维稳反独有关的重大事件

日期	重大事件
5 月 21 日至 25 日	"疆独"组织"世维会"在美国华盛顿国会大厦召开所谓"三大"。
6 月 26 日	广东省韶关市旭日玩具厂发生因网络谣言引起的维、汉员工冲突刑事案件。

① 《从"3·14"到"7·15"，西方媒体偏见没有改变》，《国际先驱报道》2009 年 7 月 9 日。
② "法国大使高度评价中国在处理'7·5'事件时对外国媒体采取的开放态度"，http://world. people. com. cn/GB/57506/9646548. html。
③ 《中国政府展开宣传攻势，表现出能够控制局面的自信》，日本《产经新闻》2009 年 7 月 8 日。
④ "Unity is Deep in China's Blood", *The Guardian*, July 13, 2009.

续表

7月5日	在"世维会"策划下，乌鲁木齐发生打砸抢烧严重暴力犯罪事件。我国政府采取有力措施恢复社会稳定。
8月22日至25日	胡锦涛主席亲自赴新疆，就做好新疆发展和稳定工作进行调研。
2009年11月4日以来	中央先后派出三批调研组，深入全疆15个地州市开展调研，就实现新疆经济社会跨越式发展、促进新疆长治久安听取各族干部群众意见和建议。
9月21日	国务院新闻办公室发布《新疆的发展与进步》白皮书，阐述"东突"分裂势力对新疆的危害以及中国政府的政策。
8月	陈菊邀请达赖喇嘛赴台进行所谓"赈灾祈福"。

第十四章 伟哉中华：
庆典辉煌夺目国力举世震撼

以中华人民共和国建国 60 周年国庆庆典为代表，中国在 2009 年，以多种不同方式向世界全面展示了国家的软硬实力和国际影响力。国庆庆祝活动的成功举办，不仅在国内激发出被称为"庆典精神"的爱国热情、自信心和民族精神，而且得到国际舆论的广泛关注，国际社会对中国所取得的发展成就和国际地位予以高度肯定与赞扬。

一、国庆阅兵展示中国国防强大实力

举世瞩目、举国关注的国庆 60 周年阅兵，是进入 21 世纪以来我国进行的最大规模国防力量检阅行动。此次阅兵在总体规模、装备质量、力量架构等方面均有重大突破，充分显示出伴随综合国力提升，我国国防力量的跨越式发展，极大地提升了国民自信、振奋了民族精神、激发了爱国热情。国庆阅兵前后分别进行的海军、空军建军 60 周年庆典，则从多角度充分展现了我国海空防务实力的巨大提升，以及我国在创新国际防务理念、推进世界和平方面的积极作用。尽管和平与发展已成为主要的外部环境，但军事实力依然是大国展现自身实力、确保自身地位和国际认同的决定性力量。2009 年的国庆阅兵和海、空军建军庆祝活动构成一个整体，既是对我国国防现代化建设伟大成就的全面检阅，也是我国综合国力和对外战略影响力的充分展示。

1. 阅兵式盛况空前，展示新装备新兵种

2009 年 10 月 1 日早 10 时许，中共中央总书记、国家主席、中央军委主席胡锦涛同志乘车沿长安街依次检阅由中国人民解放军陆海空三军和人民武装警察部队、民兵预备役部队组成的 44 个地面方队。10 月 1 日早 10 时 37 分，阅兵分列式开始。由陆海空三军仪仗队组成的方队，护卫着中国人民解放军军旗走在最前面。随后，由军区、军兵种、武警部队和总部直属部队以及北京市民兵预备役部队 8000 余名官兵组成的 13 个徒步方队，依次通过天安门广场，接受祖国和人民检阅。

14 个徒步方队由陆、海、空、二炮、武警和后备力量 6 大阵容组成，展现了共和国武装力量的全貌。陆军阵容由 3 个方队组成，分别是陆军学员方队、步兵方队和特种

兵方队。海军阵容由 3 个方队组成，分别是海军学员方队、水兵方队和海军陆战队方队。空军阵容由 2 个方队组成，分别是飞行学员方队和空降兵方队。第二炮兵阵容由二炮学员方队组成。武警阵容由武警方队组成。后备力量阵容由 2 个方队组成，分别是女民兵方队和预备役方队。三军仪仗队方队和三军女兵方队为合成方队。其中特种兵方队由北京军区某集团军特种兵大队组成，在国庆阅兵中是第一次亮相。三军女兵方队是这次阅兵中人数最多的方队，也是世界近代阅兵史上规模最大的徒步方队，以白求恩军医学院学员为主体组建的这一方队达到 378 人。

徒步方队之后，由坦克、战车、火炮、导弹等组成的 30 个装备方队整装进发，以崭新的阵容接受检阅。这些装备全部为我国自主研制和生产，90% 是第一次公开展示。机动雷达方队、后勤装备方队、巡航导弹方队都是首次在国庆首都阅兵中组队亮相。最后通过天安门广场的是代表中国战略打击力量的核导弹方队。

在地面方队通过天安门广场后，由陆海空三军组成的 12 个空中梯队呼啸而至，预警机、轰炸机、加受油机、歼击机、直升机等 151 架飞机低空飞过天安门广场。最后，由我国第一批女战斗机飞行员驾驶的教练机梯队，在天际上拉出 5 道彩烟，也为阅兵式拉上帷幕。

在阅兵式上，人民解放军各主要军种都展示了新装备和新兵种，成为广受各界关注的新亮点。陆军，是中国人民解放军的中坚力量。经过几代人的不懈奋斗，我军已基本形成以新型主战装备为骨干，电子信息装备和保障装备相协调，具有中国特色的陆军现代化武器装备体系。此次参阅的 99 式、96A 型主战坦克，新型履带式步兵战车，05 式、07 式履带自行榴弹炮、远程火箭炮、轮式迫榴炮、轮式自行突击炮等方队，充分体现出我国陆军主战装备大威力、综合性的火力配系，以及自行化、装甲化的发展趋势。

由野战手术车、主食加工车、净水车、加油车和重型站台车编成的后勤装备方队，是国庆阅兵装备方队中的一个独特团队。这是后勤装备部队首次在国庆阅兵中亮相。方队展示了中国军队第二代后勤装备，所有的受阅装备都安装了数字化终端，野战手术车还连通了全军医疗卫生网，可以实施远程视频"会诊"。这些新一代后勤装备能够适应各种复杂气候、地形和道路，操作简单，作业安全。后勤装备方队的亮相，表现出中国军队初步形成了以机动装备为主体，以车载化、标准化、野战化为特征的后勤装备体系，具备强大的保障能力和机动性能。

"空警 2000"预警机作为空中梯队的领机，集中体现中国空军在装备建设上的重大成就。"空警 2000"、"空警 200"等预警机的列装，使我国空军在现代信息化作战中，能够同时引导多批空中平台和地面防空系统进行作战，迅速整合空中力量，形成整体作战能力。因此，预警机对于中国军队作战能力的提高，具有不可替代的作用。预警机是空中作战的大脑，歼击机、歼击轰炸机以及轰炸机体系，则是空中打击的长臂。以歼—10、歼—11 和歼轰 7 为代表的国产三代机全面亮相国庆阅兵，标志着中国已经具备了自主研发第三代作战飞机的能力。无人化是世界军事装备发展的一个重要趋势。其中无人机的发展已经成各主要国家空军装备建设的重要方面。中国的无人机部队紧跟世界军事前沿，发展速度十分迅猛。国庆阅兵方队中首次展示的无人机，充分体现了中国军队在空中智能控制、精确测控、计算机信息处理等方面的技术进步。

长剑—10 巡航导弹方队的首次亮相，是第二炮兵部队装备展示的新亮点。巡航导弹是一种精确制导的武器，也是精度较高的精确打击武器。参加阅兵的第二炮兵某旅是全军首支陆基巡航导弹部队，武器装备具有信息化程度高、机动性能好、反应速度快、突防能力强、命中精度高等突出特点。对我国巡航导弹的展示，标志着中国军队在精确打击能力方面的跨越式发展，也填补了在此类导弹武器研制及中远程精确打击力量上的空白。

反恐防暴等处置非传统安全问题的装备，在近年受到各方广泛的关注，我国在此方面的建设不断取得新的进展与成就。受阅装备方队中的 08 式武警轮式装甲车方队及"雪豹突击队"反恐部队，是应对上述领域新挑战的重要力量。此次展示的 08 式防暴装甲车是经过多次改良的车型，主要用于反恐和处置各种危及社会治安和稳定的突发事件。自 2002 年 12 月组建以来，"雪豹突击队"先后圆满完成了北京奥运会等大型活动安保、系列反恐的演习任务，并曾在中俄联合反恐等国际性演习场上亮相。

2. 历次阅兵式特点比较体现国家战略转型

新中国成立 60 年来，共举行过 14 次国庆阅兵，从历次阅兵举行的时间、规模、效用的对比上，反映中国国防力量的提升和国家安全战略的转型。

从时间和规模上看，历次阅兵式的变化趋势是用时逐渐缩短、受阅人数逐渐减少。1949 年开国大典阅兵历时 2.5 小时，是 13 次国庆阅兵用时之冠。1950 年的阅兵人数最多，受阅部队人数达到 2.4 万多人，此次阅兵包括庆祝游行共用时 3 小时 25 分钟。之后受阅人数和用时逐渐减少，并稳定在 1 万人与 1 小时左右。改革开放后，1984 年国庆 35 周年阅兵用时 56 分钟，10370 人受阅；1999 年国庆 50 周年阅兵用时 1 个多小时，1 万 1 千余人受阅。[①] 此次 60 周年阅兵，参阅人员进一步减少，阅兵时间也进一步压缩。60 周年国庆受阅人数为 8000 余人，参阅地面装备 500 余台，参阅飞机 150 余架，阅兵式和分列式两个步骤总时间约 66 分钟。[②] 这种趋势反映出 60 年来，我国国防力量从数量规模型向质量效能型转变的阶段性特征，以及我国战略环境逐步改善的总体趋势。

在人数和时间缩短、稳定的同时，受阅部队的军兵种数量和装备方队数量不断提升。以参阅军种为例，1949 年开国大典阅兵式上，海军的受阅装备数是零，到 1999 年 50 周年阅兵海军有 6 个方（梯）队受阅，再到这次 60 周年阅兵，海军一共派出 8 支方

[①] 唐伟杰：《盘点新中国历次国庆阅兵之最》，中国新闻社 2009 年 7 月 22 日。
[②] 黄子娟：《国庆新闻中心和国庆阅兵联合指挥部举行新闻发布会》，人民网，http：//military. people. com. cn/GB/8221/84385/134407/140774/10105552. html，2009 年 9 月 23 日。

（梯）队受阅。海军武器装备实现了由零到有，由有到多到好的发展过程。① 在数量和规模上，50年代的国庆阅兵方队都不多，国庆10周年是35个方（梯）队，其中地面方队29个，空中梯队6个；国庆35周年有46个方（梯）队受阅，其中地面方队42个，空中梯队4个；国庆50周年时，地面方队是42个，空中梯队10个，一共52个方（梯）队。国庆60周年阅兵与之前13次阅兵相比，参阅的总方（梯）队达到56个，其中徒步方队14个，装备方队30个，空中梯队12个，是新中国历次国庆阅兵中方（梯）队最多的一次。此次阅兵步兵方队只有1个，而开国大典阅兵时有12个步兵方队。即便与10年前的1999年国庆阅兵相比，此次阅兵也减少了徒步方队，增加了装备方队；减少了陆军方队，增加了海军、空军、二炮等兵种方队；减少了参阅兵力总体规模，增加了高技术和特种兵方队。上述参阅人数与装备数量的此消彼长，体现了我军的建设由数量规模型向质量效能型、由人力密集型向科技密集型转变的思想，体现了我军机械化、信息化复合发展的特色。

从60年来中国阅兵的时间选择上，也体现我国国防力量在应对国际战略格局变化中的重要作用。从1949年到1959年，每年10月1日都要举行国庆阅兵。频密的阅兵与国庆庆典，反映出建国初期应对周边复杂形势，凝聚民心，构建国家认同的迫切需求。1960年9月，中共中央、国务院本着勤俭建国的方针，对国庆制度进行改革，实行"五年一小庆，十年一大庆，逢大庆举行阅兵"。此后，连续24年没有举行国庆阅兵。这段空白期的出现，除了"文革"因素的影响外，东西方冷战加剧给我国带来的巨大安全压力也不可忽视。而1984年恢复阅兵，正是冷战逐步缓解，中国改革开放的重要机遇期。50周年和60周年阅兵都是在总体和平的外部环境下进行的。

冷战时期停阅与和平时代阅兵，看似矛盾，却恰恰生动地反映出我国国防力量在不同历史阶段的战略作用，以及我国国际地位的不断提升。在东西方对抗时期，我国同时面对多方面的实际安全威胁，国防力量长期处于战备的重压之下。此时，选择停阅，一方面可保持战略力量实力和使用方向的模糊性，同时也与这一阶段国家总体实力的变化和战略判断有关。冷战缓和以及结束后，和平与发展成为世界格局的总体特征。我国对外部环境的战略判断也进行了巨大的调整。近30年来的3次阅兵，从对外作用来看，其单纯军事意义相对下降，更多的是综合国力展示以及确保国家核心利益的决心宣示。同时，在我国融入世界的过程中，阅兵更多成为中国提高军事透明度的窗口，表达战略意图的渠道，以及展示推动世界和平意愿的平台。因此，和平时期的阅兵，恰恰反映出中国对自身实力迅速提升的自信以及维护世界和平与安全的意愿。

2009年的新中国60周年阅兵式充分反映了中国军事力量结构和国防战略的重大变革。

第一，改革开放后成长的新一代官兵成为中国国防力量的中坚。这次国庆阅兵共8000余人参阅，受阅部队的主体是"80后"、"90后"新一代官兵。以首次受阅的16

---

① 刘江平：《中国海军舰艇未来发展前瞻》，《瞭望》2009年10月3日。

名战斗机女飞行员为例，她们全部是"80后"军人，当中最大的24岁，最小的21岁。总体上看，受阅部队的人员素质跃升十分巨大，在受阅的地面方队中，大专以上学历的已占36%，他们过硬的军政素质、较高的文化水平和朝气蓬勃的精神面貌，得到民众的广泛认可。受阅部队中绝大部分官兵参加过重大演习、国际维和、抢险救灾等重大任务，这些充分显示出我国的国防和军队建设事业后继有人、充满生机。

第二，信息化建设取得跨越式发展。面对当前世界新军事变革挑战，"从机械化向信息化迈进"是我国国防力量建设的重要目标和迫切需求。此次阅兵，显示出近十年来，中国国防和军队建设在信息化方面的重要进步和丰硕成果。装备方队中所展示的陆军坦克、步兵战车和火炮等主战装备，都有一个共同的特点，即在火力、机动和防护等传统性能得到极大提升的基础上，增加了信息化元素。首次登场受阅的机动雷达方队、通信兵方队、无人机方队，不仅体现出这些信息化部队在军队体系中地位和重要程度的提升，也反映出我军电子化、数字化、网络化建设的新成就。这些信息化装备的展示及列装部队，充分反映出中国军队已构筑起新型信息化作战体系。

第三，远程防卫、积极防御能力取得巨大提升。第二炮兵展示的东风15、东风11常规导弹、东风21、东风31战略导弹以及长剑10巡航导弹，其射程、任务各不相同，显示第二炮兵部队已形成了型号配套、射程衔接、打击效能多样的作战力量体系，能够全天候、全方位对多种类目标实施精确打击。同时，空军展示的红旗9、红旗12等地空导弹，则具有有效的远程中、高空防空能力，具备多目标攻击、快速反映以及良好的抗干扰能力。战略导弹及防空导弹体系的完善、打击手段的多样、机动生存能力的提升、武器攻防范围的扩展，反映出我国国防力量在战略防御、反击能力上取得了长足的进步。

第四，国防能力的体系化、多样化特征凸显。60周年阅兵的一个重要特点是，具有体系作战节点性质的装备及兵种大量出现。这一特点突出地表现出，我国的国防力量建设，已经超越单件装备或单一兵种优化主导的阶段，已形成具有综合作战、反应能力，能够适应多样化任务的国防体系。在阅兵中，预警机、机动雷达、无人机、通信车等信息化装备作为关键节点居于体系对抗的核心，与主战坦克、远程压制武器、伞兵战车、两栖战车、歼击机、歼击轰炸机等快速反应力量一起，构成应对多种任务的综合作战体系。装备方队展示的综合化、自行化、标准化装备体系，则展示了中国军队着眼多样化任务的完成，推进保障体制一体化、保障方式社会化、保障手段信息化、后勤管理科学化的最新成就。

第五，我国国防力量对国际和平与安全做出巨大贡献。国庆阅兵不仅是对国防力量的展示，也反映出中国军队承担国际责任，在维护世界和平与安全方面发挥的重要作用。例如，"雪豹突击队"及08式装甲车方队是武警部队第一次带装备受阅，既体现了我国和世界共同反对全球性恐怖势力的姿态和决心，同时也向世界展示我国处置恐怖及突发事件，维护社会稳定的能力。同时，受阅方队中许多官兵是曾经参加联合国维和任务的"蓝盔"部队，这反映出10余年来，中国军队走出国门维护世界和平的光辉历程。同时，此次阅兵本身也是我国提高对外"军事透明度"的重要举措，得以使外界更多地了解我国国防和军队建设情况，了解中国军队发展的目的、意义以及对世界和平的作用。

3. 走向远洋：海军 60 周年检阅和亚丁湾护航

2009 年 4 月 23 日，是中国人民解放军海军成立 60 周年纪念日，人民海军于 4 月 20 日至 23 日在山东省青岛市及其附近海域举行多国海军活动。此次活动的主题是"和谐海洋"，旨在加强海上安全合作，共创和谐海洋环境。活动包括多国舰艇海上阅兵式、多国海军高层研讨、舰艇专业交流、文化体育交流和海上舢板比赛等多项活动。纪念人民海军成立 60 周年多国海军活动为来华的各国海军领导人和官兵提供了多层次、全方位和面对面的交流平台，这也为实现中国海军倡导的和谐海洋观念打下坚实基础。

2009 年 4 月 23 日下午，中国海军举行了人民海军历史上最大规模的海上阅兵，也是中国第一次举办多国海军检阅活动。阅兵分为海上分列式和海上检阅两部分，历时近 1 个小时。胡锦涛主席乘坐"石家庄"号导弹驱逐舰，检阅中外舰艇。由长征 6 号、长征 3 号核动力潜艇和长城 218 号、长城 177 号常规动力潜艇组成的潜艇群首先接受检阅，随后，由"沈阳"号导弹驱逐舰等 5 艘舰艇组成的驱逐舰兵力群，由"舟山"号导弹护卫舰等 7 艘舰艇组成的护卫舰兵力群，以及导弹艇群组成的舰艇编队以单纵队通过阅兵舰，电子侦察机、警戒机、歼击机和直升机组成的空中编队按批次跟进飞行，一一接受检阅。中方受阅部队共计 25 艘舰艇、31 架飞机，分为 4 个舰艇群和 9 个空中梯队。它们全部是中国自主研制的装备，其中核动力潜艇、"兰州"号导弹驱逐舰等是中国海军的最新型装备。

来自俄罗斯、美国、印度、韩国、巴基斯坦、新西兰、新加坡、泰国、法国、孟加拉国、澳大利亚、巴西、加拿大、墨西哥等 14 国海军 21 艘舰艇汇聚黄海，以作战舰艇、登陆舰艇、辅助船、训练舰的先后顺序，接受阅兵舰的检阅。这些舰艇是从 4 月 18 日晚起陆续抵达中国青岛。其中近一半军舰曾访问过中国，有的还曾与中国海军进行过联合军事演习。

2009 年 4 月 21 日，29 个国家的海军代表团团长出席了在青岛举行的为期 1 天的"和谐海洋"多国海军高层研讨会，中国海军司令吴胜利上将就构建"和谐海洋"提出了五点倡议：坚持联合国主导，建设公正合理的海洋；坚持平等协商，建设自由有序的海洋；坚持标本兼治，建设和平安宁的海洋；坚持交流合作，建设和谐共处的海洋；坚持敬海爱海，建设天人合一的海洋。这些倡议与研讨会"和谐海洋"的主题一致，得到了各国海军将领的认同与响应。

"和谐海洋"的提法引起与会各国海军领导人的积极回应。法国太平洋海区司令维绍在研讨会期间指出，在 21 世纪，没有任何一个国家能够单独应对海上安全威胁。国外海军代表普遍认为，各国目前面临国际恐怖主义、海盗、自然灾害等一系列威胁和挑战，有效应对这些问题必须加强各国间的合作，尤其是海上合作。海上安全合作需要建立一个有效的协调机制，以协调各国的行动。

2008 年 12 月 26 日，由"武汉"号、"海口"号导弹驱逐舰和"微山湖"号远洋综合补给舰组成的首批护航编队从三亚起航，挺进亚丁湾、索马里海域，揭开中国海军远洋护航的序幕。截至 2009 年 12 月 25 日上午 6 时，中国海军已先后派出 4 批护航舰艇，为 149 批共 1329 艘次商船提供护航和掩护，其中香港地区船舶 374 艘，台湾地区船舶 18 艘，外国船舶 405 艘；完成两艘船舶接护任务；共实施解救被海盗追击船舶行动 15 次，解救我国船舶 8 艘、外国船舶 13 艘。一年来，护航编队灵活采取护航方式，科学组织兵力行动，果断处置突发事件。对数百艘可疑船只进行了驱离、警告，逼退了百余起可疑船只的袭击，成功解救被海盗追击的中外船舶 20 艘，确保了被护船舶 100% 安全，军舰自身 100% 安全。成为维护亚丁湾水域和平安全的一支重要力量，赢得了国内外的广泛赞誉。

亚丁湾护航，是中国海军履行国际责任，走向蓝水的重要一步。中央军委委员、海军司令员吴胜利在首批护航编队的出征仪式上指出："海军舰艇编队执行此次护航任务，是我国首次使用军事力量赴海外维护国家战略利益，是我军首次组织海上作战力量赴海外履行国际人道主义义务，是我海军首次在远海保护重要运输线安全。"① 护航一年来，我军远洋护航编队依据联合国决议和国际法，依法履行护航使命，编队官兵以顽强的作风、过硬的素质和高度的事业心、责任感，在亚丁湾充分展现了我国负责任大国形象，充分体现了人民海军应对多种安全威胁、完成多样化军事任务的决心和能力，为维护国家利益、保护过往船舶安全发挥了积极重要作用。

在亚丁湾护航期间，我国海军的实力得到了充分检验。护航中，人民海军首次组织舰艇、舰载机和特种部队多兵种跨洋执行任务，有效维护了国家战略利益，充分展现了我国海军完成多样化军事任务的决心和能力；首次全程不靠港、远海长时间执行任务，刷新了人民海军舰艇编队连续航行时间和航行里程、舰载直升机飞行架次和飞行时间的纪录，实际检验了海军部队建设成果；首次持续高强度在远离岸基的陌生海域组织后勤、装备保障，积累了远海综合保障经验。②

利用护航契机，中国海军舰艇编队还以"和平、开放、合作、和谐"为基本理念，积极开展与外军护航编队的交流与合作，相继与美国 151 特混编队、欧盟海军 465 护航编队、俄罗斯海军护航编队、北约海军 508 护航编队、韩国护航舰艇等开展了登舰互访交流，同时还进行了中俄联合护航、中俄联合军演、中荷青年军官驻舰交流等，创造了中国海军在海外执勤中开展多边交流的多项新纪录，向世界展示了一个重道义、负责任的大国形象。

一年来，中国海军的护航行动已进入有序接替、常态化运行阶段。2009 年 11 月 30

---

① 虞章才、吴登峰："建设和谐海洋新航程"，中华人民共和国国防部网站，http：//www. mod. gov. cn/reports/201001/hhvb/2009－12/30/content_ 4119027. htm，2009 年 12 月 30 日。

② 钱晓虎、徐锋：《挺进"深蓝"的中国海军》，《中国青年报》2009 年 12 月 26 日。

日，联合国安理会举行公开会议通过第 1897 号决议，将在索马里海域打击海盗和武装抢劫行为的授权延长 12 个月至 2010 年 11 月 30 日。我国护航编队将继续加强与各国护航舰艇的交流与合作，保护我国海上重要运输线安全，同时积极向航经这一海域的外国船舶提供必要的人道主义救援，一如既往地履行好负责任大国的国际义务。①

从庆祝活动以及亚丁湾护航的成功可以看出，经过 60 年的建设，中国海军已逐渐从近海防御的"绿水"型海军向远洋防卫的"蓝水"海军迈进，成为与国防实力相匹配的重要战略力量。特别是近年来，海军在装备体系、力量投送、承担国际安全责任等方面都取得了长足的进步。

第一，人民海军在装备建设上取得跨越式发展。《2008 年中国的国防》白皮书指出，经过 60 年的建设，海军已初步发展成为一支多兵种合成、具有核常双重作战手段的现代海上作战力量，初步形成以第二代装备为主体、第三代装备为骨干的武器装备体系。近年来，海军主战装备加快更新换代。以重大装备建设为牵引，加大原始创新、集成创新和消化吸收再创新力度，新型装备批量入列，海军武器装备现代化水平大幅提升。同时，海军通过优化整合装备技术保障力量，积极探索装备保障军民融合，进一步提高了海军装备管理水平。

第二，海军的远程打击及远洋力量投送能力大为加强。海军航空力量是进行远程打击、确保海上安全的重要基石，第二次世界大战以来的海上军事行动经验充分证明，没有制空权就没有制海权。近年来，我军在这一领域进行了大力的建设，并取得了丰硕的成果。此次参阅的新型歼击轰炸机、电子侦察机、反潜机、预警巡逻机、空中加油机自 20 世纪 90 年代起陆续装备部队。这些装备体系完整，航程远，打击威力强，进一步拓展了海军航空兵活动范围，并为水面舰艇部队夺取远洋制海权奠定了支撑。另外，此次参加受阅的昆仑山号船坞登陆舰是我国自主研制的两栖船坞登陆舰的首舰。昆仑山舰的服役，填补了我国国内两栖船坞登陆舰的空白，更新了我军传统登陆作战理念，标志着我海军在中远海投送两栖作战兵力的能力有了较大程度的提升。

第三，人民海军的对外影响力不断提升。海军作为国际性军种，在广阔的大洋中应对传统与非传统安全问题，离不开与世界各国海军的交流，离不开务实有效的合作。近年来，海上军事交流越来越成为中国对外军事交往的重要形式。1985 年 11 月，中国军舰首次出访，穿过马六甲海峡，访问了南亚的巴基斯坦、斯里兰卡和孟加拉三国。此后，中国海军越来越多地进行外交出访，参加国际联合军演，执行国际人道主义任务，并不断突破对外交流的广度和深度。2002 年 5 月～9 月，由"青岛"号驱逐舰和"太仓"号补给舰组成的中国舰艇编队首次完成环球航行访问任务。2007 年 9 月，中国军舰首次与英国航空母舰在大西洋海域举行联合军事演习，向外界展示了务实交流与合作的水平。2009 年 3 月，中国的"广州"号导弹驱逐舰赴巴基斯坦参加了"和平—09"多国联合军演。在这次行动中，中国海军首次派出特战分队参与了陆上反恐演习，与外

333

① 中华人民共和国国防部网站：《我海军护航编队纪念护航行动一周年》，2009 年 12 月 26 日。

军的海上反恐合作交流又有了新的拓展。据统计，过去 60 年中，中国海军已先后派出
33 支舰艇编队共 40 多艘军舰，出访了五大洲的 30 多个国家。① 同时，中国海军针对海
军遂行非战争军事行动任务重、领域广、要求高的实际要求，海军注重在实践中锻炼部
队、提高能力，确保舰艇编队出访、海上联合军演、多国海军活动和海上救援、抗震救
灾、奥运安保等一系列重大任务圆满完成。2009 年组织舰艇编队远赴亚丁湾、索马里
海域护航，更扩大了中国海军的国际影响。

4. 经略制空：空军建军 60 周年检阅

2009 年 11 月 11 日，是中国人民解放军空军建军 60 周年纪念日。党中央、中央军
委高度重视空军 60 周年庆祝活动，并做出重要指示与总结。2009 年 11 月 8 日，胡锦涛
同志在会见空军老同志、英雄模范和飞行员代表时总结指出，60 年来，人民空军走过
了光辉的发展历程。在党中央、中央军委的坚强领导下，在全国各族人民的大力支持
下，经过空军官兵的不懈奋斗，空军建设取得了巨大成就。人民空军为维护国家主权、
安全、领土完整，为保护人民生命财产、推进社会主义现代化建设，建立了卓著功勋，
做出了重要贡献。胡锦涛强调，当前，国防和军队现代化建设面临新的形势和任务，空
军建设和发展也处在关键时期。要继承和发扬我党我军优良传统，大力培育当代革命军
人核心价值观，努力建设先进军事文化。要按照攻防兼备的要求，大力加强军事力量体
系建设。要深入研究新形势下空军建设的特点规律，全面加强部队建设，不断开创空军
建设的新局面，谱写空军发展的新篇章。

11 月 11 日，中国人民解放军空军成立 60 周年庆祝大会在北京召开，大会邀请空
军建设发展不同时期英模单位和个人代表、女飞行员代表等 1100 人参加。中共中央政
治局委员、中央军委副主席郭伯雄，中共中央政治局委员、中央军委副主席徐才厚出席
大会。郭伯雄在讲话时强调，空军作为我国军事力量的重要组成部分，在维护国家安全
和发展利益，履行新世纪新阶段我军历史使命中，地位十分重要，责任十分重大，使命
十分光荣。空军建设要坚决落实胡锦涛同志关于新形势下国防和军队建设的重要论述，
着眼全面履行我军历史使命，继承发扬我党我军优良传统和作风，在新的起点上推动空
军建设科学发展，努力建设一支与履行新世纪新阶段我军历史使命要求相适应的强大的
人民空军。

2009 年 11 月 15 日，中国人民解放军空军在位于北京北郊的沙河机举行飞行和跳
伞表演，庆祝人民空军成立 60 周年。上午 10 时整，6 架歼—7GB 战机以两个三机编队
拉开飞行表演序幕，随后 4 架歼—10 战机进行了精彩的特技飞行表演。这次表演是
歼—10 战机列装八一飞行表演队以来首次公开亮相，同时也是歼—7GB 战机退出八一
飞行表演队的谢幕演出。随后，空军跳伞运动大队 15 名队员，依次进行了以"开路先

---

① 吴陈、全晓书、黄书波："中国海军正加快融入国际社会的步伐"，新华网， http：//news. xinhuanet. com/
newscenter/2009 - 04/20/content_ 11222154. htm，2009 年 4 月 20 日。

锋"、"彩虹当空"、"欢庆盛典"、"仙女下凡"为主题的跳伞表演。

同日，为庆祝人民空军成立 60 周年，空军武器装备静态展示在北京举行。这次参加展示的武器装备以人民空军参加国庆 60 周年阅兵的装备为主，基本涵盖了航空兵、地面防空兵、空降兵、雷达兵等空军主要兵种的主要装备，具体包括：空警—2000 大型预警机、空警—200 预警机、轰油—6 加油机、轰—6H 轰炸机、歼—11 战斗机、歼—10A 战斗机、歼—10 双座机战斗机、歼轰—7A 歼击轰炸机、歼—8D 战斗机、歼—8F 战斗机、歼—7GB 战斗机、教—8 教练机、直—8K 直升机、伞兵战斗车、红—9 地空导弹武器系统发射车等。

利用空军建军 60 周年契机，我国空军通过国际论坛的形式，着力推动多国军事外交平台的构建，倡导"和谐空天"理念，展示人民空军崭新的形象。2009 年 11 月 6～7 日，中国人民空军成立 60 周年"和平与发展国际论坛"在北京举行。35 个国家的 24 位空军领导人和 11 位空军领导人代表出席，这在空军历史上尚属首次。参会代表团对 21 世纪空军的建设与发展进行了热烈的探讨和交流。胡锦涛同志在会见参加人民空军成立 60 周年庆祝活动的各国空军代表团团长时强调，中国将继续秉持和平、发展、合作的理念，坚持和平开发利用空天，积极参与国际空天安全合作，推动建设互利共赢、安全和谐的空天环境，促进人类和平与发展的崇高事业。会上，中国空军司令员许其亮上将发表主旨演讲，并在演讲中提出共建和谐空天的"五项主张"，即：共同树立空天安全新理念；共同推动空军交往和互信；共同建立空天规范和秩序；共同履行和平使命；共享空军文化与荣耀。

随着空天安全的重要性不断提升，世界各国空军都有增进了解、增加信任、相互沟通、进行合作的强烈愿望。我国空军主办的此次国际论坛，为各国空军相互交流、缓解误解、加强空天合作、增加军事透明度提供了良好的平台。此次国际论坛的举行与"五项主张"的提出，充分体现了中国空军致力于与世界各国空军共建"互利共赢、安全和谐"空天环境的务实态度和宽广胸襟，是中国政府和军队秉持和平、发展、合作理念，积极推动和谐世界建设的重要举措。同时，在与国外军事同行的探讨中，主动提出空天战略的新主张，展示空军部队及新装备风采，都体现出中国空军更加开放、更加自信的新形象。

中国空军发展的方向是建设战略空军，强化"空天"思维，构筑一体化战略防卫能力。2008 年中国国防白皮书中指出，经过近 60 年的建设，空军已初步发展成为一支多兵种组成的战略军种，具备了较强的防空和空中进攻作战能力，一定的远程精确打击和战略投送能力。[①] 从建军 60 周年的空中飞行表演，装备展示上看，中国空军已形成以第三代主战装备为骨干的空中作战体系，战斗力水平有了质的飞跃，空军的内在结构从传统的国土防空性空中力量，向实施积极防御，具有一体化打击能力的战略性空军

335

---

① 中华人民共和国国务院新闻办公室：《2008 年中国的国防》，中华人民共和国国务院新闻办公室，2009 年 1 月，第 35 页。

转变。

目前，中国空军已经发展成为一支以航空兵为主，地空导弹兵、高射炮兵、雷达兵、空降兵等组成的高技术军种，形成了现代化的防御体系。空军拥有门类齐全、功能配套的作战飞机，能以其超远程、高速度、全天候的作战能力，在全空域、大纵深、超视距范围作战，特别是电子战、空中加油的使用，大大提高了远程空中打击和抗电子干扰、适时遂行作战的能力。特别值得注意的是，2009 年 11 月，我国航空工业部门表示，200 吨级的军用大型运输机将与 2010 年实现首飞；空军副司令员何为荣透露，中国的四代战机将在未来 8 到 10 年之内面试。上述两则消息，都体现出中国空军的远程力量投送能力和装备建设将在未来一段时期内取得重要进步。

同时，因应当前世界空军广泛关注的空天化发展趋势，我国空军着力强化"空天"一体思维，将航空、航天、信息等多种力量整合，形成超越大气层内空间尺度的多维空天战略。随着航天科技的发展与国际安全形势的变化，空天领域正成为新的战略利益空间、战略竞争舞台和战略控制高地。在这种背景下，中国空军不仅要维护领空安全，还须关注外层空间安全，在一个更大的范围内营造中国的安全环境。和平与发展国际论坛中，我国空军提出的"五项主张"，充分展示出中国对自身空天战略的系统思考。空军司令员许其亮表示，中国需要建设一支与我国国际地位相称、与维护国家安全相适应，全面遂行战略战役任务、有效履行我军历史使命，"空天一体、攻防兼备"的现代化空军。①

5. 国庆阅兵式反映中国军事透明度的提高

国庆 60 周年之际举行的盛大阅兵仪式是中国提高军事透明度的具体体现。近年来，中国军事力量的开放透明程度不断提高，主要目的是增进广大人民群众对国防和军队建设的了解，增进世界各国人民对中国国防政策的了解，促进各国军队之间的相互信任。2008 年 5 月，中国国防部正式建立新闻发言人制度。新成立的国防部新闻事务局，采取定期或不定期举行发布会、书面发布等方式，发布军队的重要新闻。此次国庆阅兵本身就是中国提高军事透明度的重要举措之一。中国向境内外媒体开放了阅兵村，就是为了让外界更多地了解中国国防和军队建设情况，了解中国此次阅兵的目的、意义和准备情况。但需要指出的是，透明是相对的概念，每个国家都是根据自身的国家利益，自主决定对外透明的方式和原则。世界上没有一个国家在军事上是绝对透明的。军事机密事关国家安全，各国都设有军事禁区，一些国家还对武器装备技术出口实施管制。但这并不是说，不同国家之间、军队与军队之间不能交流、不能沟通，不能增进相互信任。②对于维护和平至关重要的透明是战略意图的透明。中国的战略意图十分清晰，就是始终

---

① 许其亮、邓昌友：《建设一支与履行新世纪新阶段我军历史使命要求相适应的强大的人民空军——庆祝中国人民解放军空军成立 60 周年》，《求是》2009 年 11 月。

② 胡昌明：《大阅兵的和平底色》，《瞭望》新闻周刊 2009 年第 40 - 41 期。

坚持走和平发展的道路，奉行防御性的国防政策，不对任何国家构成威胁。

中国适度增加国防经费投入是与国防需求和国民经济发展水平相适应的。中国是发展中社会主义的大国，幅员辽阔，人口众多，世界上陆地边界最长，邻国最多、跨界民族众多，周边安全环境十分复杂，尚未实现完全统一，维护国家主权、安全、领土完整的任务非常艰巨，需要建设与国家安全和发展利益相适应的巩固国防和强大军队，适度增加国防费投入是完全正当合理的。为了适应世界新军事变革，中国需要加大对军队机械化和信息化复合发展的投入，大力推进中国特色军事变革，适当增加高科技武器装备及其配套设施，提高军队打赢信息化条件下局部战争的核心军事能力。为了适应经济社会发展和居民生活水平提高的新形势，中国军队的生活待遇需要得到正常改善。为了适应完成多样化军事任务的新需求，中国需要适当加强军队抢险救灾、反恐维稳等非战争军事行动能力建设，进一步加大投入，配备必要的装备设施，组织开展必要的专业训练和演习，改善边海防等艰苦地区部队执勤、训练和生活条件，这些都需要大量的经费作为保障。为了适应中国积极参与国际合作、履行国际责任的新要求，不断加强和扩大对外军事交流与合作，广泛参与联合国维和、国际反恐、紧急救援、打击海盗、区域安全合作等活动，中国也需要逐步增加国防经费投入。① 需要特别指出的是，中国国防经费总额、军人人均数额，仍低于世界一些主要大国的水平。2007 年，中国年度国防费相当于美国的 7.51%、英国的 62.43%。军人人均数额是美国的 4.49%、日本的 11.3%、英国的 5.31%、法国的 15.76%、德国的 14.33%。从国家国防负担的相对比例看，中国国防费仅占国内生产总值的 1.38%，而美国占 4.5%、英国占 2.7%、法国占 1.92%。②

一个国家的军事力量是否构成威胁，并不取决于其军事实力的强弱，主要取决于其奉行何种政策。中国的悠久历史表明，中华民族是一个爱好和平的民族。中国奉行防御性的国防政策，国防建设的基本目标是抵御外来侵略，制止武装颠覆和分裂行径，保卫国家的主权、统一、领土完整和安全，确保全面建设小康社会的顺利进行。中国已经把和平发展作为基本国策确定下来，并且正在致力于建设持久和平、共同繁荣的和谐世界。为了有效维护国家安全，并对世界和平做出贡献，中国必须不断提高军队的作战能力，特别是要努力提高军队应对多种安全威胁、完成多样化任务能力。中国的国防和军队建设不针对任何特定的国家，不对其他任何国家构成威胁。中国政府坚定支持国际军控、裁军与防扩散的努力，主张在全球范围内最终实现全面禁止和彻底销毁核武器，致力于外空非武器化和防止外空军备竞赛，成为推进国际军控与裁军的重要力量。新中国60 年历史已经证明，中国的军队是维护世界和平稳定的重要力量。③

在新的历史时期，中国适度发展军事力量是中国积极承担国际责任的必然要求。当

① 卫和：《透析中国国防费》，《人民日报》2009 年 3 月 7 日。
② 中华人民共和国国务院新闻办公室：《2008 年中国的国防》，2009 年 1 月。
③ 胡昌明：《大阅兵的和平底色》，《瞭望》新闻周刊 2009 年第 40－41 期。

代中国与世界的关系发生了历史性变化。中国需要一个和平稳定的国际发展环境；世界的发展也需要一个繁荣强大的中国。作为国际社会的一员，中国有必要为维护世界和地区和平与稳定而承担力所能及的国际责任。自 1990 年以来，中国先后派出 1.3 万名官兵，参加了联合国 18 项维和行动，是联合国安理会常任理事国中派出维和部队最多的国家之一。近年来，中国军队更加积极参加联合国维和、联合反恐军演、国际灾难救援，派海军舰艇赴亚丁湾索马里海域护航等，这些对于维护世界和平稳定、促进共同发展、展现负责任大国形象发挥了重要作用，也受到国际社会的好评。目前中国军队在海外没有任何军事基地。中国军队执行国际维和或海上护航任务，都是按照联合国安理会的有关决议实施的。中国作为联合国安理会的常任理事国，作为国际社会负责任的大国，肩负着维护世界和地区和平与稳定的国际责任。今后，中国军队还将根据需要和可能，为维护地区和世界的和平与稳定提供力所能及的支持和帮助。

二、国庆游行庆典展现雄厚国力

60 周年国庆庆典是对我国国力和国际地位的综合展现，通过庆祝活动，充分展示了新中国成立 60 年来特别是改革开放以来取得的巨大成就，以及全国各族人民团结奋斗、开拓进取的精神风貌。胡锦涛同志的重要讲话站在时代和全局的高度，对中国的发展进行了回顾、总结与展望。盛大的群众游行与国庆晚会展现了中国在总体发展思路、经济实力水平、科技创新能力等领域的重要成果，凸显各民族团结统一、社会和谐稳定的总体氛围。国庆庆祝活动的成功举办，不仅在物质层面展现出国家实力的提升，也留下一笔重要的精神财富。"庆典精神"所激发的爱国热情、自信心和民族精神，将成为推动中国前行的巨大精神力量。

1. 国庆游行彰显 60 周年巨大成就

盛大游行展现中国各领域重要成果与综合国力水平。60 周年国庆阅兵分列式进行后，11 时 22 分，以"我与祖国共奋进"为主旨的群众游行开始。游行分"奋斗创业"、"改革开放"、"世纪跨越"、"科学发展"、"辉煌成就"、"锦绣中华"、"美好未来"7 个部分，由 36 个方阵、60 辆彩车和 6 节行进式文艺表演组成，4000 多人的军乐团、民乐团、合唱团现场演奏演唱。10 万各界群众参加了此次盛大游行。[①]

游行首先展现出我国发展思想的继承与创新。在首先走过广场的仪仗方阵之后，"奋斗创业"、"改革开放"、"世纪跨越"、"科学发展"4 个主题的游行方阵簇拥着毛泽东、邓小平、江泽民、胡锦涛同志的巨幅画像分别经过天安门。这四个方阵表现了在建

---

① 新华社："共和国成立 60 周年大会隆重举行：胡锦涛发表讲话"，中华人民共和国中央人民政府网站，http://www.gov.cn/ldhd/2009 - 10/02/content_ 1431682. htm，2009 年 10 月 2 日。

国 60 年来，毛泽东思想、邓小平理论、"三个代表"重要思想和科学发展观的思想内涵贯穿始终，与时俱进的历程，反映出党中央坚强领导下，全党全国各族人民为实现国家富强、民族振兴、人民幸福、社会和谐而不懈奋斗的豪迈气概。

新中国 60 年来特别是改革开放 30 年来的建设成就，是游行着力展示的重点。在以"辉煌成就"为主题的游行方阵中，"农业发展"、"工业发展"、"生态环保"、"民主政治"、"科技发展"、"文化繁荣"、"和谐家园"等彩车方阵从不同角度全面展现了 60 年来我国在经济建设、科技创新、社会和谐等方面重大成就，折射出我国不断提升的综合国力水平。

以"锦绣中华"为主题的游行方阵中，依次通过观礼台的，既有 56 个民族群众载歌载舞的方队，也有在巨轮造型的"团结奋进"号彩车引领下，代表着各省、自治区、直辖市，香港特别行政区、澳门特别行政区和台湾地区的 34 辆彩车。方队展现出我国民族团结统一，各区域向协调发展迈进。最后，全部由青少年组成的以"美好未来"为主题的游行方阵在"未来号"彩车引领下通过观礼台，昭示着中国特色社会主义事业薪尽火传、后继有人。

国庆晚会体现党与群众血脉相连，全国上下团结统一、和谐稳定。2009 年 10 月 1 日晚，首都各界群众 8 万余在北京天安门广场举行盛大联欢晚会，热烈庆祝中华人民共和国成立 60 周年。党和国家领导人胡锦涛、江泽民、吴邦国、温家宝、贾庆林、李长春、习近平、李克强、贺国强、周永康登上天安门城楼，同各界群众欢度国庆之夜。整场表演结合焰火燃放，联欢晚会时长一百分钟。

晚会分序章及四个篇章，分别是《这是伟大的祖国》、《是我生长的地方》、《在这片辽阔的土地上》和《到处都有明媚的阳光》，表演板块包括"和谐中国"、"腾飞中国"、"崭新中国"以及最后的高潮部分"同歌共舞"。晚会充分体现群众联欢的自主性和欢愉感，各篇章分别表现了我国各族人民亲如一家、团结奋进；各族人民对祖国的挚爱之情、改革开放、科学发展新成就；祝愿和平、继往开来等重要内容和主题。晚会运用了高科技手段，气势恢弘。在天安门广场，4028 棵多彩"发光树"组成了 9000 平方米的"光立方"主题表演区。① 长安街中心路段和天安门广场东西两侧，共有 13 个联欢表演区。广场南侧设有一面长 90 米、高 25 米的巨型烟花绘画网幕，蔚为壮观。天安门广场东西两侧的 56 根民族团结柱，各具特色，象征着我国各族人民的团结一心。

晚会上，党和国家领导人与群众共同联欢，体现了党中央与人民群众血脉相连，共庆共和国生日、共祝祖国繁荣昌盛的喜庆氛围，反映出中国团结统一、和谐稳定的信息。晚会进入第四篇章，在《青年友谊圆舞曲》的伴奏下，胡锦涛、江泽民等党和国家领导人从天安门城楼来到群众联欢表演区，与各族群众一起共舞，将联欢晚会的气氛推向最高潮。之后，胡锦涛、江泽民等领导同志同全场群众一起高唱《歌唱祖国》，同

339

---

① 新华社："胡锦涛等党和国家领导人与群众一起观看联欢晚会"，中华人民共和国中央人民政府网站，http：//www.gov.cn/ldhd/2009－10/02/content_1431682.htm，2009 年 10 月 2 日。

时，主题为"光耀中华"的焰火表演在天安门广场与北京的 18 个区县进行，共持续了 18 分钟。

2. 胡锦涛展望中国未来广阔前景

胡锦涛同志的国庆庆典讲话总结了新中国 60 年建设成就、战略定位和广阔前景。2009 年 10 月 1 日，在检阅三军方队后，胡锦涛主席登上天安门城楼，发表重要讲话。胡锦涛的讲话首先总结了 60 年来我国各族人民在以毛泽东同志、邓小平同志、江泽民同志为核心的党的三代中央领导集体和党的十六大以来的党中央领导下，战胜各种艰难曲折和风险考验，取得了举世瞩目的伟大成就。

在总结成就的基础上，讲话体现了对中国发展道路的信心。胡锦涛指出，新中国 60 年的发展进步充分证明，只有社会主义才能救中国，只有改革开放才能发展中国、发展社会主义、发展马克思主义。中国人民有信心、有能力建设好自己的国家，也有信心、有能力为世界做出自己应有的贡献。

讲话从发展道路、国家统一、外交、安全等层面对我国未来的总体发展战略进行了概括。胡锦涛指出，我们将坚定不移地坚持中国特色社会主义道路，继续解放思想，坚持改革开放，推动科学发展，促进社会和谐，推进全面建设小康社会进程；坚定不移坚持"和平统一、一国两制"的方针，保持香港、澳门长期繁荣稳定，推动海峡两岸关系和平发展；坚定不移坚持独立自主的和平外交政策，推动建设持久和平、共同繁荣的和谐世界；中国人民解放军和人民武装警察部队要发扬光荣传统，加强自身建设，切实履行使命，为维护国家主权、安全、领土完整，为维护世界和平再立新功。

胡锦涛展望了中国未来发展的广阔前景。他指出，展望未来，中国的发展前景无限美好。全党全军全国各族人民要更加紧密地团结起来，高举中国特色社会主义伟大旗帜，与时俱进，锐意进取，继续朝着建设富强民主文明和谐的社会主义现代化国家、实现中华民族伟大复兴的宏伟目标奋勇前进，继续以自己的辛勤劳动和不懈奋斗为人类做出新的更大的贡献。

2009 年 10 月 6 日，胡锦涛总书记在人民大会堂会见筹办国庆系列活动的有关工作机构负责同志和工作人员、演职人员、受阅部队官兵代表，并发表重要讲话。胡锦涛对 60 周年国庆体现出的庆典精神进行了系统的总结。他指出，国庆 60 周年系列活动充分展示了新中国成立 60 年来特别是改革开放以来取得的巨大成就；全国各族人民团结奋斗、开拓进取的精神风貌；人民军队威武之师、文明之师、胜利之师的良好形象。庆典极大地增强了海内外中华儿女的自信心和自豪感，也受到了国际社会的广泛好评。胡锦涛在讲话中特别提出，这次国庆系列活动的成功举办，留下了一笔宝贵的精神财富，应当认真总结、倍加珍惜、大力发扬。尤其要把广大人民群众在活动中激发出来的爱国热情和伟大民族精神，进一步引导到建设中国特色社会主义伟大事业上来，继续解放思想、坚持改革开放、推动科学发展、促进社会和谐，为全面建设小康社会、实现中华民族伟大复兴而不懈奋斗。

3. 庆典精神意义深远激发民众爱国激情

新中国成立 60 周年的盛大庆典，以突出的主题、鲜明的特色、精锐的装备、宏大的阵容、壮观的场面、磅礴的气势，向全中国和全世界集中展示 60 年来新中国建设取得的伟大成就，集中展示了中国各族人民团结奋斗、开拓进取的精神风貌，集中展示了人民军队威武之师、文明之师、胜利之师的良好形象，极大地振奋了民族精神、激发了爱国热情，极大地增强了海内外同胞的自信心和自豪感。与以往历次国庆庆典相比，60 周年国庆庆祝活动集中体现了进入 21 世纪后我国综合实力的迅速提升，反映出我国逐渐崛起为强国的历史轨迹。

在规模上，60 周年庆典创下多项历史之最。在国庆游行中，"国旗方阵"的 1949 名男青年高擎面积近 600 平方米的五星红旗，这是国庆游行历史上最大的五星红旗。8 万多青少年在天安门广场展示了 41 幅、49 次变化的文字和图案背景，这是历次国庆庆典中最多的。庆典上采取了合唱团、联合军乐团、民族打击乐团相结合的形式，这在国庆群众游行中是首次采用，在世界上也是首创。演唱演奏队伍的整体规模也是历次国庆之最，达到 4300 多人。①

游行队伍展示的阶层变化，也体现出我国经济建设力量和社会群体日益多样化的趋势。改革开放前的国庆游行队伍，多以展示"工、农、兵"为主。1984 年和 1999 年庆典，知识分子、科学技术人员等群体得到了重点展示。而 60 周年庆典，群众游行队伍所体现的社会群体空前丰富。例如，当产业工人代表组成的"工业发展"方阵走过天安门前时，游行队伍中的农民工代表格外引人注目。这是农民工群体首次出现在国庆群众游行队伍中，表现了我国建设主体、城乡关系以及经济社会结构的巨大变化。

60 周年庆典中参阅装备的高科技水平也代表了我国综合国力的提升，国庆游行中所体现出的科技创新十分引人瞩目。在低碳经济成为世界潮流的大背景下，体现环保理念的科技展示成为一大亮点。新能源汽车的加盟，凸显了本次庆典的"绿色"特征。国徽彩车便是在电动车平台上搭建而成，而体现生态环保主题等的多部彩车则是混合动力车。参加今年国庆游行的 60 辆彩车中，有过半数使用了 LED 显示屏设备，在 10 年前的国庆 50 周年庆典上，仅有两辆彩车装有这种设备，而且其中的发光芯片还全部为进口。10 年后，彩车上的这些 LED 显示屏不仅突破了形状上的限制，有球形、弧形等不同形状，还提高了亮度和清晰度，其中更重要的是发光芯片全部为国产。

60 周年庆典是中国软实力的展现和提升，它所凝聚的庆典精神激发中国人民的爱国热忱并长远影响青年一代的精神风貌。60 周年庆典精神可概括为四个方面：高举旗帜、爱党爱国；昂扬向上、开放自信；敬业奉献、开拓创新；团结奋进、继往开来。"高举旗帜、爱党爱国"体现了全国各族人民对党的热爱、对祖国的忠诚，对在中国共产党领导下走中国特色社会主义道路、实现中华民族伟大复兴的强烈认同感。"昂扬向

---

① 李江涛、黄海、张舵：《国庆群众游行将创下多项历史之最》，新华社 2009 年 9 月 30 日。

上、开放自信",则体现了全国各族人民对全面推进改革开放和社会主义现代化建设,取得举世瞩目伟大成就的强烈自豪感。"敬业奉献、开拓创新",体现了全国各族人民自觉把个人的进步与国家的发展紧密联系起来,立足本职、爱岗敬业、无私奉献,以改革创新精神推进各项工作,在全面建设小康社会进程中建功立业的强烈责任感。"团结奋进、继往开来",体现了全国各族人民紧密团结在以胡锦涛同志为总书记的党中央周围,全面贯彻党的基本理论、基本路线、基本纲领、基本经验,坚定不移地走中国特色社会主义道路,迎难而上、共克时艰,奋力开创中国特色社会主义事业新局面、实现中华民族伟大复兴的强烈使命感。①

60 周年盛大庆典通过对我国建设巨大成就的精彩缩影,成为一次极为生动形象、具有强烈感染力的中国特色社会主义教育,极大地振奋了民族精神、激发了爱国热情,增强了海内外中国人的自信心和自豪感。国庆期间,全国各族人民通过各种方式积极参与和支持国庆系列活动。据统计,全国有 2 亿多人次参与 "100 位为新中国成立作出突出贡献的英雄模范人物和 100 位新中国成立以来感动中国人物"评选活动和第二届全国道德模范评选表彰活动,3.63 亿人次参加 "爱国歌曲大家唱"群众性歌咏活动。② 中国重要新闻网站新华网推出了 "网民留言祝福中国"活动,仅仅 20 多天时间,就有近 300 万网民在这里送出美好祝愿。新浪网推出的 "互动中国心"全球华人签名祝福,截至 2009 年 10 月 5 日 10 时,就有 130 多万网友签名留言送上祝福。③ 同时,各地利用国庆契机,大力进行爱国主义教育,提升民众对国家的认同和建设成就的认知,提高了广大人民群众的自信心和民族自豪感,得到了普遍的热烈响应。例如,武汉市在国庆期间,鼓励居民家庭挂国旗,政府向市民赠送了 10 万面国旗,每个中心城区选择 60 条道路、600 幢临街楼宇、6000 个临街居民家庭悬挂国旗。武汉三镇处处国旗飘扬,构成人民庆祝祖国 60 华诞的一道特别风景。④

港澳同胞、海外侨胞也积极举行多种活动,表达对祖国 60 周年的祝福之情。香港特别行政区政府于 2009 年 10 月 1 日上午在香港会议展览中心举行盛大酒会,庆祝中华人民共和国成立 60 周年,香港各界人士共约 4000 人出席酒会。即将迎来回归 10 周年庆祝的澳门特区政府、中央驻澳机构以及澳门文艺团体、民间社团在 10 月 1 日举办了丰富多彩的活动,庆祝新中国 60 华诞。澳门特区政府在新口岸金莲花广场举行隆重的升国旗仪式,解放军驻澳部队、澳门学界和社团等也分别举行了升国旗仪式。来自内地和澳门的艺术工作者以多场文艺演出庆祝中华人民共和国成立 60 周年。

① 李长春:《把新中国成立 60 周年庆祝活动的宝贵精神财富转化为开创中国特色社会主义事业新局面的强大精神力量》,《人民日报》2009 年 10 月 26 日。

② 李长春:《把新中国成立 60 周年庆祝活动的宝贵精神财富转化为开创中国特色社会主义事业新局面的强大精神力量》,《人民日报》2009 年 10 月 26 日。

③ 李建平、邹大鹏:《中国互联网吹响爱国主义"号角"》,新华网,http://news.xinhuanet.com/politics/2009-10/05/content_ 12183616. htm,2009 年 10 月 5 日。

④ 杨立峰、戴绍志:《各地群众以各种方式喜迎国庆祝福祖国》,新华社 2009 年 9 月 30 日。

三、国际社会高度关注中国国庆 60 周年庆典

国际舆论高度关注中国国庆 60 周年庆典，从不同视角出发对庆典活动进行了及时、全面的报道。

1. 发展中国家媒体向中国表达衷心祝福

在新中国 60 华诞之际，巴基斯坦、朝鲜、伊拉克、津巴布韦、墨西哥等发展中国家媒体反响热烈，高度评价新中国 60 年来取得的伟大成就，对新中国 60 周年庆典予以衷心祝福。

巴基斯坦媒体对中国国庆庆典活动进行了全面报道。在 2009 年 10 月 1 日中国国庆阅兵当天，巴基斯坦国家电视台和许多私营电视台均以不同形式播放了阅兵的精彩片段，评论员使用最多的词就是羡慕、骄傲和振奋。该国乌尔都文和英文大报均以至少一个整版的篇幅刊登中国的新闻。英文报纸《每日邮报》在中国国庆当天更是用 4 个整版报道有关中国的新闻。巴基斯坦社会各界举行形式多样的活动，庆祝中华人民共和国成立 60 周年。2009 年 10 月 3 日，巴基斯坦总统扎尔达里和总理吉拉尼在总统府联合举行招待会，把一系列庆祝活动推向高潮。①

朝鲜《劳动新闻》2009 年 10 月 1 日发表题为《自豪的斗争和前进的 60 年》的文章，盛赞新中国成立 60 年来取得的辉煌成就，表示将继续加强和发展朝中友好关系。文章说，中国人民在中国共产党的领导下，在政治、经济、文化等社会生活的各个领域取得了变革性的发展，国家面貌焕然一新。朝鲜人民衷心祝愿中国人民今后取得更大成就。②

柬埔寨《星洲日报》2009 年 10 月 2 日头版刊发了以"大国崛起、展示自信——中国最大规模阅兵"为标题的报道，配发中国现代化军事装备通过天安门城楼接受党和国家领导人检阅的照片。《柬华日报》2009 年 10 月 2 日头版通栏标题为"新中国成立60 周年庆典隆重举行"，详细充分地报道了天安门广场举行庆典活动的壮观景象。

泰国《亚洲日报》2009 年 10 月 1 日发表题为《中国特色的社会主义道路愈走愈宽广》的社评说，伟大的中华人民共和国走过了 60 个年头。这是光辉的 60 年、艰辛的60 年、胜利的 60 年、无比骄傲的 60 年。具有中国特色的社会主义道路是一条适合中国文化、中国国情的道路，是一条真正将中国人民引向逐步小康富裕的道路，是一条真正能使中国走向繁荣昌盛的道路。

伊拉克《兄弟报》在要闻版以头条半版篇幅介绍中国 60 年来的经济成绩。《人民

---

① 李敬臣：《巴基斯坦各界举行系列活动庆祝中国国庆》，新华社 2009 年 10 月 4 日。
② 雷东瑞：《海外媒体热议新中国盛世盛典》，新华社 2009 年 10 月 1 日。

之路报》开辟专版介绍中国发展，并在题头按语中写道，"自 1949 年建国以来，新中国在中国共产党的领导下走过了 60 年历程，不断取得令人瞩目的发展，中国从贫穷转变为一个繁荣富强的国家，令人赞赏"。《时间报》对中国驻伊拉克大使常毅进行了专访，"和平"电视台播放了专访大使的节目以及新中国各个时期的新闻图片，向伊拉克民众介绍两国友好关系的发展。

阿拉伯联合酋长国《宣言报》以"中国历史上最大的一次力量展示"为题，报道在天安门广场举行的盛大庆典。文章说，群众游行和阅兵式的规模是史无前例的，充分显示中国正在以世界强国姿态重返国际舞台。该国《海湾报》也刊登了题为"中国展示军事力量，强调其在国际舞台上地位上升"的国庆阅兵消息。文章说，大阅兵和群众游行可用"壮丽、辉煌"来形容，军事力量的展示足以向世人证明，中国作为一个资源雄厚的国家，国力在不断提升。①

津巴布韦第一大报《先驱报》发表署名评论说，经过 60 年艰苦奋斗，中国不仅在经济上取得了辉煌成就，在政治上也更加成熟。自从津巴布韦人民开始从事民族解放斗争以来，中国就成为津巴布韦全天候的朋友，津巴布韦独立后，两国和两国人民之间的这种友谊得到了进一步提升。评论说，津巴布韦人民祝贺新中国 60 年取得的巨大成就，愿津中两国友谊不断加强，更上一层楼。②

2. 国际媒体大量报道中国伟大复兴的新气象

中国国庆 60 周年庆典活动规模恢弘、气氛热烈，展现了文明古国伟大复兴的新气象。一些国外媒体从这个角度对中国国庆 60 周年庆典进行了报道。

美国彭博新闻社在报道中说，数以百计的导弹和坦克，以及 20 万人参加了长安街上的阅兵和游行活动。其中，有 52 种新武器参加阅兵，另外还有盛大的花车游行以及领导人的巨幅画像。报道认为，中国盛大的国庆庆典展示了这个国家不断上升的国际影响力。中国在国际舞台上获得了全新声望。目前中国每天全国的产出是 50 年前一年的产出量，让 3 亿人脱离了贫困。到 2010 年，中国将超过日本成为世界第二大经济体，2027 年可能超越美国。③

美联社报道称，中国庆祝共产党执政 60 周年，向世界展示力量。这是建国以来最大规模的阅兵游行，参加人数超过 10 万。在两个多小时的阅兵仪式中，100 多架飞机在天空中以阵队形式掠过。阅兵后，60 辆花车组成了不同方阵，庆祝去年北京奥运会、中国载人航天计划和其他标志性成就，学生们整齐地通过翻花组成图案和标语口号，背景极为丰富。这一盛事是为了凸显中国领导人所称的"民族的伟大复兴"。

美国国家公共电台则认为，中国"炫目的"建国 60 周年大庆将使"世界其他国家

---

① 卢鉴：《海外媒体热议新中国成立 60 周年庆典活动》，新华网 2009 年 10 月 2 日。

② 雷东瑞：《海外媒体和专家学者高度评价新中国 60 年光辉业绩》，新华网 2009 年 10 月 7 日。

③ 吴翔：《外媒热评中国国庆庆典：复兴、自信、爱国》，中新网 2009 年 10 月 1 日。

无法移开目光"。美国最火、收视率屡创纪录的"超级碗"表演规模也只能比得上中国此次庆典仪式的一部分。

《今日美国报》提到了国庆期间中国的一系列庆祝活动。报道称，在国庆庆典的阅兵仪式上，中国将展示最新国产武器装备，包括核导弹、弹道导弹、战斗机及雷达系统。中国人民解放军的 8000 名士兵将领衔庆祝队伍，18 万群众游行队伍紧随其后，最后是 60 辆彩车共襄盛举。中国精心策划的一系列庆祝活动，将把自 4 月份在全国范围内开始的"爱国主义教育"推向高潮：一个例子就是"红歌大赛"。在北京人民大会堂，一场规模宏大的音乐剧《复兴之路》向人们诉说着中国 60 年来激动人心的往事。为庆祝 60 周年国庆，最成功的文艺作品无疑是电影《建国大业》，它必将勇夺中国电影票房冠军——即便是好莱坞，也无法做出明星阵容如此庞大的电影。①

法新社在报道中称，隆重的庆祝仪式展示了中国作为全球大国的复兴。文章说，中国每 10 年都会举行一次大庆，今年的庆典盛况空前，甚至超过北京奥运会开幕式。法新社认为，中国政府希望借此传达一个清楚的信息：作为世界第三大经济体的中国，已经重新成为一支自豪而不容忽视的国际力量。

加拿大《多伦多星报》称："北京正马不停蹄地准备一场与炫目的 2008 年奥运会开幕式不相上下的盛会。"文章指出，这或许只是一场生日集会——但从中国媒体的报道来看，这将是世界迄今所见最大的生日派对。

3. 国际媒体报道中国人民通过庆典激发的爱国热情

新中国成立 60 年来，尤其是改革开放以来取得的发展成就和国际地位让中国人民备感自豪。国外媒体普遍认为，中国通过国庆 60 周年庆典极大激发了广大人民群众的爱国热情。

新加坡《海峡时报》、《联合早报》等媒体认为，中国国庆狂欢热度超过北京奥运，国庆日不仅是中国对外形象的又一次集中展示，更对凝聚国人前进信心具有重大意义。他们注意到，近期中国主流网媒设置栏目让亿万网民表达热情，部分祝福祖国专题的留言速度甚至达到以秒计，每日顶帖超过百万篇。《海峡时报》报道说："很多人将通过高清电视观看国庆阅兵。素有爱国传统的中国人开始抢购国旗。与此同时，上万对情侣决定在国庆假期完成终身大事。"《联合早报》称，此次国庆庆典彰显了 60 年的建国成就并向民众灌输爱国热情。

路透社在报道中说，中国在首都以展示走正步的部队、彩车以及核导弹来庆祝它的崛起。庆祝活动以鸣放礼炮和升国旗作为开始。接着官兵徒步方队、坦克和导弹、60 辆彩车以及 10 万名训练有素的群众接受了检阅。很多中国公民对这一刻感到自豪，他们在电视上见证了这一宏大场面。来自广东省的一名 25 岁商人裴成杰（音）说："我对今天的阅兵感到非常自豪。可以看出我们的国家越来越强大。"中国政府希望这次国

---

① 吴翔：《外媒聚焦 60 年国庆：世界将无法移开目光》，中新网 2009 年 10 月 1 日。

庆活动意义深远，即借此说明共产党的领导和高速发展仍是正确的发展模式，将带动世界第二大经济体迈向繁荣富强，并推动中国成为超级大国。

法新社注意到，在阅兵式后是五彩斑斓的群众和花车游行。人们唱着整齐的歌曲，显示出中国组织人力资源的能力。国家体育明星刘翔、李宁等人也参加了花车游行。然后是毛泽东、邓小平、江泽民和胡锦涛等领导人的巨幅画像通过广场，背景板打出了各种标语。报道说，随着各项国庆活动的展开，中国的爱国主义情绪达到了数月来的顶点。

时事社报道称，中国 2009 年 10 月 1 日迎来 60 周年国庆。上午 10 时，有数十万人参加的国庆庆典活动在天安门广场拉开帷幕。中国国家主席胡锦涛在讲话中呼吁建设和谐的社会主义现代化国家。去年以来西藏和新疆相继发生了民族对立事件，因此庆典的主题强调了 56 个民族的团结。庆典还有另一个目的：弘扬国威。

美联社认为，国庆庆典激起了中国人民的爱国心。这个美好的时刻让中国人民感到骄傲，中国摆脱了 60 年前的战争、贫穷，成为一个生机勃勃的世界第三大经济体。美联社采访了一位 79 岁的退休理发师，他住在天安门北侧的一个胡同内，他通过广播收听了天安门举行的庆祝活动，并表示："这向世界展示我们现在强大了，不仅生活水平好了，而且我们的军事力量也进步了。"

《今日美国报》在报道中特别提到一位 28 岁教师陈莹（音）的话。她是一名中国共产党员，在看过《建国大业》后说自己受感动与鼓舞："电影结束时，当五星红旗冉冉升起，我感到无比自豪。"

美国国家公共电台在分析中指出，此次中国建国 60 周年游行的目的是为了增强国人的士气，提倡爱国主义精神。它特别注意到了一个细节：天安门广场上空"沐浴在明亮的灯光中"，爱国歌曲《歌唱祖国》的歌声也飘荡在广场上。这首歌的最后一句歌词是"从此走向繁荣富强"。①

4. 国际媒体特别关注阅兵式显示的中国军事实力

世界各国均将此次国庆阅兵视为评估中国军事实力的绝佳机会。各国媒体纷纷聚焦中国展出的先进国产军备，普遍认为阅兵显示中国军事实力日益强大，在军事现代化的进程中，中国将更多关注质量而不是数量。

路透社称，2009 年 10 月 1 日，为庆祝中华人民共和国成立 60 周年华诞，北京天安门广场成了展示中国高科技成果的舞台。中国通过举行隆重的阅兵仪式、展示核导弹等先进武器等活动，向世界显示中国日益繁荣的经济与不断增长的国力。

德新社注意到此次阅兵成为中国军队提高透明度的一个重要组成部门。报道说，此次阅兵将彰显中国寻求和平发展的积极形象，展示军事实力，同时提升中华民族的自尊心和自豪感。

① 吴翔：《外媒聚焦 60 年国庆：世界将无法移开目光》，中新网 2009 年 10 月 1 日。

共同社报道称，中国 2009 年 10 月 1 日迎来建国 60 周年，在北京市中心时隔 10 年举行了大规模的阅兵，射程几乎可涵盖美国全境的"东风 31A"新型洲际弹道导弹首次公开亮相。中国通过此次大规模阅兵并公开最新武器，有意向世界展示中国建国 60 年来，已成为军事与经济实力俱不可小觑的"世界大国"。此次阅兵中除了新型巡航导弹、空中预警机等首次亮相外，由中国自主研发、性能可与美国 F—16 战机相媲美的尖端战机"歼 10"也作为中国军事现代化的象征出现。日本放送协会（NHK）10 月 1 日称，中国政府今天在北京天安门广场举行了庆祝新中国成立 60 周年的盛大庆典活动，并举行了阅兵式，展示了最先进的武器装备。在阅兵式上，陆海空三军士兵和导弹部队士兵的方队首先入场，接着新型坦克和装甲车以及射程超过 1 万公里的"东风—31A"最新型洲际弹道导弹等相继亮相，向国内外展示了中国人民解放军武器装备的现代化水平。①

韩联社报道称，在中国北京天安门广场举行的中国国庆阅兵，展示多项高科技武器，显示了中国强大的军事力量。这次阅兵首次展示了中国自制的预警机和空中加油机等 52 种新型武器，其中 90% 的武器为首次亮相。人民解放军这次展示了洲际战略核导弹、可携带核或常规弹头的地对地中远程导弹、巡航导弹、两种地对地导弹等共 5 种 108 枚新型导弹。北京的外交消息人士说，"中国平时一直不愿公开新型武器。这次阅兵对世界各国的军事情报人士而言，是一次了解中国国防实力的好机会"。

美国《华盛顿邮报》题为"中国节日庆祝活动展示力量"的报道说，在阅兵仪式上，中国首次展示了由自己研发制造的空中雷达预警机、中程和远程导弹等多种新型武器，集中展示了中国最近 10 年来军事建设的成就，也体现出中国军事建设的透明度。而胡锦涛主席的讲话，则展示了中国未来走开放、团结和繁荣道路的决心。美联社则认为，中国将通过阅兵发出一个强有力信息，即不要低估北京捍卫自己在国内外利益的决心。

英国《卫报》指出，建国 60 周年国庆这次阅兵，是中国迄今以来对其先进军事装备最大规模的展示。专家认为，中国借阅兵做了一次成功的宣传攻势，即虽然整体上还落后于美欧，但中国的军工实力正在稳步增强。英国《泰晤士报》称，2009 年 10 月 1 日，中国上演了精彩绝伦的 60 周年国庆大典。国庆庆典仪式的重头戏是阅兵，显示中国军队的现代化进程正在大踏步向前迈进。报道注意到，这次参加阅兵的士兵总数为 8000 人，少于 1999 年阅兵总数的 1.1 万人。这意味着，在军事现代化的进程中，中国将更多关注质量而不是数量。

但是，也有一些西方媒体仍然戴着有色眼镜，歪曲中国国庆阅兵的目的与意义，猜忌中国的战略意图，继续炒作"中国军事威胁论"。英国《经济学家》周刊在一篇题为《中国在世界的地位》的文章中称，以"和平崛起"自居的中国通过展示军事实力方式来庆祝生日令人意外。中国自身的世界观没能跟上其实力的增长。对于那些对中国崛起

347

---

① 《外媒聚焦阅兵：中国军事现代化更多关注质量》，中新网 2009 年 10 月 1 日。

的方向感到忧虑的人来说，这个国家令人不安。① 《日本经济新闻》称，中国国防费用连续 21 年呈两位数增长，迅猛的军备扩张也招致了周边国家的担忧。② 美国《华尔街日报》载文认为，目前，美国的军事力量显然在亚太地区处于优势地位，但是中国正在迅速赶上。中国的国家利益范围和军事能力不断扩大一事表明，中国在亚洲及以外地区与美国发生小冲突的可能性会增大。③

一些西方媒体借中国国庆 60 周年阅兵之机炒作"中国军事威胁论"，只是国际媒体在这次中国国庆报道中的支流，对中国的国际形象和国际舆论环境并未造成重大负面影响。这也表明，中国的软实力有了显著提高，国际舆论也越来越尊重中国的国际地位，依据基本事实对中国的发展进程展开报道。

四、中国软力量的新发展

中国的硬实力不仅崛起的速度快，而且规模大，而中国的软实力提升的速度缓慢，而且质量也不高。所以，我们不得不正视中国软实力相对落后的现实。不过，中国的崛起并不是单纯的硬实力崛起，而是在硬实力崛起的同时软实力也相应地得到提升。硬实力与软实力协调发展，才能真正体现中国国际地位的提升。发展软实力是中国的一项长期的战略任务，但究竟如何发展中国软实力遭遇到了不少困惑，中国软实力的短板随着中国硬实力特别是经济实力的不断增强而日益突出。2010 年，中国软实力的发展出现若干新的亮点。

1. 2010 年法兰克福书展：中国文化"走出去"的集中展示

法兰克福书展是 1949 年由德国书业协会创办在德国举办的国际性图书展览，是世界上最大的图书博览会，有"世界出版业奥林匹克"和"世界出版业奥斯卡"之称，每年 10 月第一个星期三至第二个星期一在法兰克福举行，为期 6 天。其展览宗旨是：允许世界上任何出版公司展出任何图书。从 1988 年开始，书展都会邀请一个国家作为主宾国，第一次是由意大利担任。一旦成为主宾国，书展便会花一年的时间在德国及书展上全力推广该国的文化和历史，以增强该国在德国及欧洲的影响力。中国担当 2009 年第 61 届法兰克福书展的主宾国。参展的主要目的是：展示图书、洽谈版权交易、洽谈合作出版业务；了解欧洲、世界图书的出版及电子传媒市场的发展趋势；学习国外的广告技术和数字印刷技术；学习欧洲、世界图书的出版和电子媒体行业的营销策略、手段。法兰克福书展是全世界规模最大的书展，它对于世界图书出版文化事业具有极大的

---

① 《中国在世界的地位》，英国《经济学家》2009 年 10 月 1 日。
② 《60 岁的中国能否有所改变》，《日本经济新闻》2009 年 10 月 1 日。
③ 成斌：《人民解放军举行阅兵式》，《华尔街日报》网站 2009 年 9 月 29 日。

影响力；它还是全球最重要的国际版权交易市场，据统计，每年在书展上达成的版权交易份额约占世界全年总量的75%。正是这样，各国都非常重视参加法兰克福书展。

第61届法兰克福书展于2009年10月14～18日举行。这是新中国成立60年来第一次以主宾国身份亮相国外书展，也是中国继北京奥运会后最重要的对外文化展示活动，更是1949年以来中国出版业在海外举办的最大规模出版文化交流活动。因此，从政府到媒体，都对有着600年历史的法兰克福书展给予了高度关注，并希望通过这一重要文化平台向欧洲乃至全球传播中国文化。为此，中国派出强大的阵营共274家出版单位参展，以及知名作家余华、苏童、毕飞宇、莫言、香港的也斯，台湾龙应台、张大春、杨照和一批重要学者都参加本次书展和围绕书展而举办的一系列文化活动。实际上，自2008年中国与土耳其举行主宾国交接仪式至2009年10月18日书展闭幕，中国在历时一年的时间里共举办逾六百场主宾国活动，涉及版权贸易、作家交流、中国非物质文化遗产表演以及演出和展览等。在书展举办的4天时间里，中国重点筹备了九场活动，包括中外出版高层论坛、中外经济学家论坛、华文出版论坛、中德文学论坛四场高端论坛以及"中国之夜"、"中国文学之夜"、"欢乐中国风"三场主题之夜活动。

这一系列涉及出版、广播电视、艺术展览、文艺演出等的带有浓郁中国特色的活动，是中国文化的一次整体展示和集中亮相。中国作为主宾国所举办的这些活动展现了"中国特点"：以图书、出版为载体，展示从甲骨文至互联网时代的中国出版史、文明史、科技史、思想史和文学史，展示当代中国的文化、政治以及对文化传统的继承与发扬，展示当代中国出版业以及相关的文化成就与风貌，主题馆的设计可谓别具创意；中国国家副主席习近平出席开幕式，开幕式可谓盛大华美；以上海歌剧院交响乐团为班底，邀请郎朗、魏松、唐俊乔等以及德国多特蒙德音乐厅合唱学院童声合唱团参演，共同为开幕式晚会奉献一台既能展现中国音乐发展水平，又能体现中国的国际视野和国际合作精神的音乐会，开幕晚会可谓独具匠心。诺贝尔经济学奖得主将与中国著名经济学家和中国实业界领袖一道，探讨中国的经济改革与发展；国际出版巨头围绕中国与世界出版的交流与合作交锋论道；中国京剧、传统杂技、醒狮表演等文化演出活动，展示了中国非物质文化遗产的无限魅力；中国电影展、中国当代建筑图片展、中国传统木版水印展、传统的复活——中国绘画艺术展、中国当代美术精品展、中国百姓家庭照片展、中国剪纸艺术展等，再现了中国艺术的发展史，使国际社会在"感知中国"中宛如身临中国历史的"桃花源"之中。

法兰克福书展除了各种展示活动外，还有一个重要的内容就是洽谈版权交易、洽谈合作出版业务。众所周知，长期以来，中国出版业以引进版权为主，引入输出比最高达到15：1。2005年是中国出版业在法兰克福书展上的转折点，这一年中国参展品种有1000种，到2008年即猛增到7000多种，当年内地出版的图书近28万种，比2007年增加了11%，版权输出从2005年的1300种增加到2008年的2440种。中国在本届书展中版权贸易业获得了不错的收成，向外输出版权2417项，版权贸易由逆差转为顺差。从输出对象国来看，以前主要是中国周边国家特别是儒家文化圈国家和地区。但是，通过本届书展的展示，欧美等出版发达国家从中国引进的数量比以往有很大增长。此外，外国出版商对中国题材和中国书籍的兴趣在增加，有关中国经济、中国道路、中国模式等的图书非常抢手；传统的版权输出"大户"中国文学、传统文化、汉语教材等也保持了稳定增长的态势。

致力于"用外文说明中国，以图书沟通世界"的外文出版社（简称外文社）在书展期间更是着力推介中国文化。外文社参展图书近 700 种，涉及中、英、法、西、德、日、俄、阿、韩等 9 个文种。其中，对外新版图书达到 280 多种。《跨越三千年的中国出版：从甲骨文到 E-Publication》、《百科中国》多媒体项目、《中华人民共和国 60 年历史速查》、《中国》（2009 年版），以及《中国哲学史》、《中国道教史》等学术中国系列丛书、21 世纪中国当代文学书库系列丛书，都以作者、作品的权威性，以及译文质量的权威性被重点展出。英文版《百科中国》是一部集文字、图片、音频、视频于一体的电子图书，集纳了外文社 60 年来出版的大量外文图书资料以及最新的信息数据，总计 150 万字、2000 多张图片，以及近百个视频音频文件，以互动的形式，向国外读者生动地展示了中国的政治、经济、历史、地理，以及科技、艺术和当代中国生活。

书展期间举办的几场重要文化活动，特别是由中国国际出版集团（又称中国外文局）和孔子学院总部共同主办的"国际汉学与当代中国"论坛，吸引了众多关注中国发展、喜爱中国文化的外国观众。活动区座无虚席，周围更是围满了站立听讲的观众。这都体现了中国文化的巨大魅力。欧洲著名汉学家施寒微、施舟人、白乐桑和上海社会科学院黄仁伟出席论坛，分别就"现状与趋势：欧洲汉学与汉语教学"、"传承与创新：中国文化的翻译与表达"、"交流与对话：汉学与快速发展的中国"等议题发表了主题演讲。演讲嘉宾重点探讨了在当前全球化和信息化背景下，面对快速发展的中国，欧洲汉学研究与汉语教学的新发展、新变化和新趋势；分析了汉学研究、汉语教学在促进中外文化交流中所发挥的独特作用。正如周明伟在致辞中所说，在当今全球化和信息化的背景下，中国的改革开放与快速发展引发了国际社会的广泛关注。中国在过去 30 年来取得的巨大成就，富有开创性的中国道路和中国发展模式令世界瞩目。如何认识和理解快速发展变化的中国，成为当前国际学术界的热门话题，汉学正在成为国际化的显学，吸引各方的关注。站在人类跨文化交流的角度，我们期待国际汉学在深入研究中国传统文化的同时，更多关注对当代中国的研究。也正因为如此，国际学术界不仅对中国现代化发展道路直接表达出浓厚的兴趣，而且更重要的是对支撑这种发展道路的文化进行了深入的研究，并认为中国"'和而不同'原则定将成为重要的伦理资源，使我们能在第三个千年实现差别共存于互相尊重"①。所以，西方的思想家们倡导新人文主义以防止拜物教的无限扩张，极力主张到东方中国的古老文明中去寻找，并从中国传统思想中获得其精神来源。②

---

① 转引自乐黛云：《21 世纪的新人文精神》，《学术月刊》2008 年第 1 期。

② 楼宇烈著：《中国的品格》，南海出版社 2009 年版，第 50～51 页。

2. 世界传媒峰会：展现中国开放姿态的重要机遇

号称"媒体奥运会"的世界媒体峰会于2009年10月8～10日在北京举行，这次峰会由新华社牵头，联手美联社、路透社、俄塔社、共同社、英国广播公司、新闻集团、时代华纳和谷歌共同发起，由新华社承办，来自世界各地通讯社、报刊、广播、电视、网络等不同媒体形态，来自70多个国家和地区的170多家传媒机构参加了峰会。峰会以"合作、应对、共赢、发展"为主题，将全面分析世界传媒业的现状和发展趋势，探讨在国际金融危机、迅速变化的受众需求和不断涌现的高新技术背景下，全球传媒机构面临的一系列重大问题。这次峰会是世界媒体发展史上尚无先例的聚会。与会者将就包括世界媒体的挑战、合作和机遇；传统媒体与新兴媒体；金融危机与媒体的应对；全球媒体并购；数字化多媒体时代的冲击与机遇等重要议题展开了讨论。

新华社承办世界媒体峰会受到与会各方的积极回应，充分说明了一个开放的中国对世界产生的举足轻重的影响。世界媒体峰会的议题所具有的广泛性和普适性，也从一个侧面反映出中国开放、包容的姿态。与会各国媒体代表对峰会的期待，也使和而不同、兼容并蓄的中华传统文化凸显出它的价值。世界媒体峰会的成功举办，更是世界透过媒体看中国的契机，反映并代表着中国社会主流形态的中国媒体向外国同行展示的，不仅是日趋先进的设备和日益国际化的报道水平，更是中国社会与时俱进、锐意创新、与媒体互动发展的生动注脚。当时参会的媒体巨头们都对中国的开放给予了高度的评价。日本共同社中国总局长加藤靖志说："我们感受到了'变化中的中国'。"加藤靖志过去两年来一直致力于有关中国的繁忙报道——"5·12"汶川特大地震、乌鲁木齐"7·5"事件、北京奥运会、中国海军成立60周年海上阅兵等，这些事件和活动特别是这次媒体峰会，"中国表现出了积极的信息公开态度，这在以前是不可想像的"。英国《泰晤士报》北京分社社长马珍自20世纪80年代起就开始报道中国，在她看来，中国向外国媒体的开放速度"令人惊叹"，"中国政府对媒体开放程度'有很大的进步'，相较以前大为宽松"。20世纪80年代初，常驻北京的外国记者只有90多人，每年来华采访的不过几百人。而今，已有来自55国405家新闻机构的700多名外国记者在北京、上海、广州、重庆、沈阳常驻，每年来华采访的有3000至5000人，奥运会期间更多达2万余人。从中国首次宣布建立新闻发言人制度到现在在互联网上公布各部门和机构的新闻发言人联系电话，从外国记者可以列席旁听中国"两会"开、闭幕式到他们可以旁听讨论会并在会后采访；从2005年5月外交部外国记者新闻中心成立到2008年10月《中华人民共和国外国常驻新闻机构和外国记者采访条例》正式实施；从中纪委、中联部邀请外国记者参观到国防部开通中英文网站等，中国的变化让外国记者感到了在华工作的便利。

韩国《中央日报》北京分社社长张世政将世界媒体峰会视为"一个值得所有外国媒体珍惜的好机会"。韩国联合通讯社北京分社社长赵诚大说："在新的媒体环境和金融危机的情况下，我们希望通过这次机会看到各国媒体怎样应对媒体环境变化，加强媒体之间的实质的交流和合作。"俄塔社社长伊格纳坚科说："世界媒体峰会是世界传媒界具有标志性意义的重要事件，将为扩大各国媒体之间的联系及合作做出举足轻重的贡献。"联合早报总编说：召开媒体峰会意味中国媒体跨出一大步。新加坡《联合早报》总编辑林任君当时在接受新华网专访时说，胡锦涛主席出席世界媒体峰会表明中国政府对此次峰会的重视，随着峰会的召开，中国媒体发展将向前跨出一大步。他说，他参加过很多的国际会议，但此次峰会能邀请到世界这么多知名媒体参加，声势浩大，给他留下了深刻的印象；中国是一个日益强大的国家，中国媒体的影响力也必将不断扩大。意大利安克罗诺斯媒体集团总裁朱塞佩·马拉称赞世界媒体峰会，为世界媒体提供一个合作与交流的平台。凤凰卫视主席刘长乐说，新华社承办世界媒体峰会，显示了中国媒体领导者的清醒头脑和中国媒体走向世界的开放姿态。峰会成功举办，完成了业界许多人想办而办不成的事，特别是西方主流媒体能与中国媒体坐在一起，共同讨论当前面临的生存和发展问题，很了不起！新闻集团董事长兼首席执行官默多克向媒体称赞中国的快速发展。他说："一份报纸希望在全球畅销最快捷的办法，就是把中国放在头版。"他对于中国媒体产业的未来发展充满信心，称"世界希望中国取得成功"，中国媒体业目前蕴含着拓展国际影响力与收益的绝佳机会。时代华纳特纳广播集区总裁马可宝也表示："中国在传媒业方面是个巨大且日益壮大的市场，并将成为全球传媒产业的领导者。"中国的发展及其与世界的融合，是更重要的新闻。中国的媒体几乎覆盖了世界上最重要的国家，在世界媒体发展的进程中扮演着越来越重要的角色。BBC 全球新闻总裁山姆布鲁克则以各类数据，分别列举了在全球通信变革中，中国各种新媒体蕴含的市场空间。

媒体进入了数字化多媒体时代，媒体格局发生深刻变化，受众需求日益多元化。广播、电视、报刊、通讯社、互联网等媒体面临空前挑战，同时也迎来了难得的机遇，各媒体间既相互借鉴又相互融合，既相互合作又相互竞争。面临共同的问题，各国媒体有必要携手团结，展开对话，探讨生存和发展之路。北京举办首届世界媒体峰会表明：其一，中国媒体已经自信地走向世界，并有能力与世界各国媒体一道传播和平、发展、合作、共赢、包容理念，并致力于推动人类和平与发展的崇高事业，促进世界各国同舟共济、加强合作以推动世界经济复苏和健康稳定发展；其二，中国政府在促进新闻信息真实、准确、全面、客观传播等方面，愿意同国际社会一道做出自己的贡献，一个开放的中国正在走向世界；其三，中国的发展更需要国际知名媒体深入、全面地了解，从而对中国形成客观、审视的认识。由此可见，中国的国际传播力虽然还比较弱小，但在"走出去"的同时也要"请进来"，两方面都体现了中国软实力在自信中的提升。

3. 孔子学院成为中国软实力传播的最亮品牌

孔子的学说传到西方，是从 400 多年前意大利传教士把记录孔子言行的《论语》一书译成拉丁文带到欧洲开始的。而今，孔子学说已走向了五大洲，各国孔子学院的建立，正是孔子"四海之内皆兄弟"、"和而不同"以及"君子以文会友，以友辅仁"思想的现实实践。为了在国际社会推广汉语和传播中国文化，从2004年11月开始在世界各国设立孔子学院。孔子是中国传统文化的代表人物，选择孔子作为汉语教学品牌是中国传统文化复兴的标志。中国政府在1987年成立了"国家对外汉语教学领导小组"，简称为"汉办"，孔子学院就是由"汉办"承办的。孔子学院是以传播中国语言文化、支持当地中文教学为基本任务的非营利性社会公益机构，遵守所在国的法律和法规，接受所在国教育行政部门的监督和检查。孔子学院自2004年开始设立以来，在传播汉语、传播中国文化、实行跨文化交流方面发挥了不可替代的作用，成为中国软实力传播的主要品牌之一。

孔子学院已经成为传播汉语的重要载体。语言是文化的有机组成部分，是文化的载体，世界文明的多样性在很大程度上表现为世界语言的多样性。目前英语及其所承载的文化是强势的，随着英语的传播和使用，英语文化承载的价值观念也在不断向全世界扩展，互联网上的信息85%是用英语传播的。这种情形，对于汉语和汉语所承载的价值观念而言是一个巨大的挑战。中国的崛起，不只是硬实力的崛起，还需要以文化为核心内容的软实力的崛起。今天，中国的综合国力有了显著提高，中国走和平发展之路，必然在重视经济、科技、国防等硬实力建设的同时，更加重视软实力建设，追求本民族的文化和价值观对其他民族的吸引力与文化感召力；必然更加重视与其他民族和国家的沟通，加强文明间的对话，以减少偏见，消弭隔阂，消弭误解。在一定的意义上说，中国发展所需要的良好外部环境也是建立在国际社会对中国人民及其文化的认知、理解和喜爱之上的。在这个方面，传播汉语的作用是无可替代的。

几年来，孔子学院建设快速发展，已成为世界各国人民学习汉语的园地，在中外双方的共同努力下，在世界各国人民的热情关注和大力支持下，截至2009年11月，中国已在88个国家和地区建立了282所孔子学院和272个孔子课堂。此外，还有50多个国家的250多个机构提出申请，包括一些世界一流大学。孔子学院（课堂）采取因地制宜、灵活多样的办学形式，面向大中小学、社区和企业，传授汉语。2009年共开设各类汉语课程8000多班次，注册学员23万人，比上一年度年增加10万人。建立孔子学院不是终极目标，而是期望搭建一个汉语传播平台，依托它对所在地区开展汉语培训，传播汉语，是汉语和汉语所承载的中国文化及其价值理念被世界上越来越多的人们所认同和接受。

孔子学院带动中国对外文化传播出现新的突破。中国是具有五千年悠久历史和灿烂文化的国家。中国的历史文化不仅属于中国，也属于世界，中国理应对世界文化发展做出自己的贡献。但是，从目前看，中国对外文化交流和文化传播严重"入超"，"文化赤字"非常严重，在世界上表现中国核心价值观、悠久历史、灿烂文化的文化产品及中国文化的对外影响力仍然有限，中国文化的对外影响力与中国的国际地位及经济社会发展水平相比还有不小差距。从文化产品对外贸易来看，中国主要的文化产品贸易都存在着严重的逆差。根据中华人民共和国新闻出版总署发布的2005年、2006年和2007年的《全国新闻出版业基本情况》报告显示，中国在主要的文化产品贸易方面，没有任何优势。图书、报纸、期刊等平面媒体产品，三年出口与进口的比例情况是，2005年和2006年基本持平，大约在1∶5之内，但是2007年却超出了这一比例，达到1∶5.57。显然，中国的贸易逆差在扩大，特别是期刊的逆差最大，最高时进口竟然是出口的近50倍。同样，在音像制品、电子出版物等方面，进口对出口的比例也在扩大，2005年是9.16倍，2006年上升到10.87倍，2007年进一步攀升到20倍。从贸易额来看，2005年中国文化产品的对外贸易额逆差是14853.16万美元，2006年上升到17256.39万美元，2007年则跃升到21477.73万美元。由此可见，中国文化产品对外贸易额的逆差呈逐年上升的趋势。直到2008年，从金额来看逆差略有回落，但也达到了20574.15万美元。① 文化贸易逆差反映出中国对外文化传播存在着十分突出的"软肋"。

不过，2009年中国的对外文化传播可以说是逆势而上，尤其是在法兰克福书展上，中国实现了版权贸易由逆差转为顺差的转变，这是中国文化产品贸易的一个重要"拐点"。与此同时，世界各地的孔子学院在中国对外文化传播方面发挥了重要的助推作用。2009年，在中外双方的共同努力下，各国孔子学院在中国对外文化传播活动方面做出重要贡献。尤其是孔子学院不再仅仅是教授汉语，而是向当地民众热情提供文化咨询服务，而且这些活动开展得有声有色。例如，德国柏林自由大学孔子学院举办了50多个中国文学艺术、经贸投资等专题讲座和研讨会，吸引了4000多名当地市民参加；丹麦哥本哈根商务孔子学院为企业界、商界提供商务咨询、研讨和考察等活动；新西兰奥克兰大学孔子学院与新西兰贸易部合作，为参加2010年上海世博会的公司企业编写中国经济文化习俗手册；英国伦敦中医孔子学院举办中医养生、中华文化体验等11大类的活动198场次，参加者达8万多人；澳大利亚墨尔本大学孔子学院面向政府部门、跨国公司及专业人士举办71个高层次文化经贸讲座，学员1200多人，等等。这些活动为中国对外文化传播、推动跨文化交流、增进中国人民与各国人民的友谊做出了积极贡献，受到世界各国的广泛欢迎。

4. "中国模式"之争揭示中国制度软力量的新突破

近年来，特别是全球性金融危机爆发之后，西方主要国家都深受金融危机的影响而陷入困境，但唯独中国似乎独善其身，以及中国共产党领导下的人民政府在应对汶川特大震灾和举办北京奥运会上展现出的"举国体制"，让全球对中国政治体制刮目相看。在这种情形下，国内外普遍热议"中国模式"。

当雷默提出"北京共识"以后，学术界讨论"北京共识"大多持肯定的态度，认为"北京共识"揭示了"中国模式"的实质。特别是在成功应对金融危机之后，国际社会和国内学术界更加肯定"中国模式"的巨大作用和世界意义。但是，在2009年下半年，国内学术界对"中国模式"这一概念的看法变得越来越谨慎，甚至有学者反对

---

① 以上数据均来自中华人民共和国新闻出版总署发布的相关各年的全国新闻出版业基本情况。

提"中国模式"一词。当然，持肯定看法的学者仍然是主流，并认为"中国模式"是中国作为一个发展中国家在全球化背景下实现社会现代化的一种战略选择，它是中国在改革开放过程中逐渐发展起来的一整套应对全球化挑战的发展战略和治理模式①，是中国"改革开放的经验总结"。②

"中国模式"遭热议有着十分特殊的历史和国际经济背景。中国在计划经济时代基本上沿用的是"苏联模式"。苏联解体之后，福山提出了"历史总结"之说，认为西方资产阶级民主自由制度是人类社会发展的"终极理想"。与此同时，中国开始从计划经济向市场经济过渡，中国社会经济的过渡似乎在实践上应验福山的观点，以为中国也会走向"华盛顿共识"。然而，与福山预料相反，中国没有走向自由市场经济，而是走向了可调控的市场经济，这种类型的市场经济，不仅使中国成功地应对了1997年的金融危机，而且也实现了经济的腾飞。所以，在进入新世纪以后，西方学者也开始认真地研究中国的发展模式。早一点有雷默提出的并认为可以超越"华盛顿共识"的"北京共识"，即"是一个涉及经济、政治、社会、国际关系等多个领域的新的发展模式"。③而在2009年全球金融危机见底之时，英国学者马丁·雅克在审慎考察中国的发展历史之后，在《当中国统治世界》一书中深刻地剖析了"中国模式"的内涵。④

国内学术界一部分学者不同意用"中国模式"这一概念，主要有两方面的原因。一是认为中国的发展还没有形成一种模式。持这种观点的认为，所谓模式就是固定成形的，其内部构型也是相对稳定的。中国的发展一直就是像邓小平所说的那样，"摸着石头过河"，从来就没有固定成形的内涵，所以说，根本没有所谓的"中国模式"。对这一看法也有两种理解。或者中国的发展确实是没有成形的模式；或者如一些西方学者所说的那样，中国没有按照西方的模式发展，没有认同西方的政治理念，因而中国就没有模式，而是一种实用主义的发展方式。但是话又说回来，"中国模式"不是一种固定的模式、方法或道路，而是不拘于任何一种成法的思维方式与实践精神，是一种什么好就拿来，有多少好就拿多少的'拿来主义'。这正是"中国模式"成功的关键。

不同意用"中国模式"的另一种观点认为，中国的发展的确已经形成了一种独特的模式，但不能直接用"中国模式"，因为用这一概念就很容易成为西方"中国威胁论"的又一重要依据。在持这种观点的学者看来，长期以来，现代化发展道路只有一种，那就是西方模式，如果我们用"中国模式"来概括中国的现代化发展战略，就意味着现代化除了西方模式之外还有另外一种模式。这显然超出了西方思维中所接受的范

355

---

① 俞可平、黄平、谢曙光、高健著：《中国模式与"北京共识"———超越"华盛顿共识"》，社会科学文献出版社2006年版，第96页。

② 郑永年：《国际发展格局中的中国模式》，《中国社会科学》2009年第5期。

③ Joshua Cooper Ramo："The Beijing Consensus", The Foreign Policy Center, May, 2004.

④ See Martin Jacques：When China Rules the World：The Rise of the Middle Kingdom and the End of the Western World, London：Pengium Books Ltd, 2009.

围，因而会被西方视为对西方价值的挑战和竞争，进而认为"中国模式"是对西方的威胁。① 但是，全球化并不是趋同化，现代化也不是西方化。全球化强调的是"和"而不是"同"，现代化也不是"西化"，因而不同国家的现代化应该有各自不同的路径和模式。因此，别拿西方标尺衡量中国模式。

中国模式在西方已经讨论了多年，但中国模式的内涵究竟是什么，它有什么特征，迄今为止还没有一个统一的说法。而大多数学者尤其是西方学者在探讨中国模式时，往往只是从经济的角度来分析，而刻意回避中国模式的其他方面。实际上，中国模式不仅突出表现在确保中国经济成功方面，而且在政治、社会、文化方面同样也体现了中国特色。有学者甚至提出，中国的经济模式正是由中国的政治模式促成的②，而中国的政治模式则是中国社会模式的结果，中国的社会模式则是中国模式的内核③。因此，讨论中国模式必须进行综合考察。

即便是从经济角度来讨论中国模式，也没有真正揭示中国经济模式的实质性内容，大多数学者只是看到经济高速增长的表象，而没有发现中国经济模式内在要素。也就是说，中国经济高速增长的原因究竟是什么，并没有完全搞清楚。西方媒体包括相当一部分学者在理解中国经济高速增长和中国经济崛起的奇迹之时，往往只是从表面现象来解释，并提出了所谓的"廉价劳工论"、"外资推动论"、"出口拉动论"、"威权政府论"等，但这都不是根本的东西。支撑中国经济高速增长的可能并没有那样简单。支撑中国经济高速增长还包括公有制为主体、多种所有制经济共同发展的基本经济制度；市场对资源配置的基础作用和政府宏观调控的作用相互配合的调节体制；按劳分配为主体、多种分配方式并存的分配制度；"引进来"和"走出去"结合对外开放体制等④。实际上，支撑中国经济高速增长的是中国社会主义市场经济的内在要素，即：国家对土地的控制权和民间的有限土地使用权；国有金融和大型企业及事业机构；以家庭和社区中小企业为基础的自由的劳动力市场；以家庭和社区中小企业为基础的自由的商品—资本市场。⑤ 这四大要素的合力作用才促成了当今中国的经济奇迹，或者说，这四个方面也正是中国经济模式的关键要素。

中国的经济模式是由中国独特的政治体制而生的，所以单论中国的经济模式必须要讨论中国的政治模式。不过，西方在讨论中国政治模式时总是带着有色眼镜来看问题的，并且总是拿西方的标尺来衡量中国，认为中国政治是"不民主"、"不透明"，是"极权主义模式"。⑥ 但是，中国的民主是中国文化发展的产物，它包括四个方面的内

① 郑永年：《国际发展格局中的中国模式》，《中国社会科学》2009 年第 5 期。

② 郑永年：《国际发展格局中的中国模式》，《中国社会科学》2009 年第 5 期。

③ 潘维：《当代中华体制——中国模式的经济、政治、社会解析》，载潘维主编：《中国模式：解读人民共和国的 60 年》，中央编译出版社 2009 年版，第 59 页。

④ 刘宝三：《关于"中国模式"的几点思考》，《江汉论坛》2009 年第 4 期。

⑤ 潘维：《当代中华体制——中国模式的经济、政治、社会解析》，载潘维主编：《中国模式：解读人民共和国的 60 年》，中央编译出版社 2009 年版，第 10 页。

⑥ ［德］埃里克·弗拉特："中国的傲慢"，《明镜》周刊 2010 年 2 月 23 日。

容：现代民本主义的理念；强调功过考评的遴选机制；先进、无私、团结的执政集团；独特的政府分工制衡机制。这四个方面构成了中国的"民本"政治模式。①

中国的社会模式是中国政治模式的直接原因。中国的的社会模式也由四个支柱构成：分散流动的家庭构成中国社会的基本单元；平等的社区和单位构成了中国的社会网络；社会网络和行政网络天然重合，在基层彼此嵌入，相互依存，形成弹性开放的立体网络；家庭伦理观渗透社会组织和行政管理的逻辑。② 由此可见，在中国国家与社会之间的关系，不像西方的国家与"市民社会"之间的关系那么紧张，西方的市民社会是在与国家的对立中获得生命力的，而中国的社会网络构成的"公民社会"是作为国家行政部门的一个重要补充而存在的。

中国模式作为一个多方面的集合体，从不同的角度，有不同的看法；对不同的国家，也有不同的借鉴意义，从而也使中国模式获得了新的生命力。第一，中国经济高速发展的经验为广大发展中国家摆脱贫困提供了借鉴意义；第二，中国的市场经济和渐进改革提供了与俄罗斯东欧中亚国家不同的成功转型经验，从而引起了这些国家的反思；中国的和平崛起为大国成长提供了跳出"历史周期律"的可能路径；中国模式成功应对全球金融危机也引起了西方发达国家的广泛关注。可见，中国模式对世界各国产生这样或那样的影响，这是客观的，也是积极的，是中国对世界发展的贡献。

当然，中国模式还不成熟、不完善，包括创新动力不足，技术进步不快；资源短缺，环境污染，压力加大；贸易摩擦不断、出口受阻、国际竞争激烈、外贸条件恶化、外贸顺差过大、外贸依存度太高；工业、城市、东部地区发展快，农业、农村、中西部发展滞后，"三农"问题严重，城乡、地区发展差距扩大；收入差距扩大，发展成果分享不均；公共品供给不足，看病难、买房难、上学难、就业难，生产安全和社会治安问题比较严重；农民、农民工、下岗职工等弱势群体问题比较突出；民主、法制不健全，诚信缺失、道德失范明显，政府有些不该管的事仍然还在管，有些该管的事又没有管好，腐败现象也比较严重，等等。也正因为如此，中国现在提出一系列新的理念，包括提出树立和落实科学发展观，构建社会主义和谐社会，以充实和完善现行的经济模式。③ 郑永年前不久撰文指出，金融危机告诉人们，无论是要解决危机，还是要长期的发展，都不能依赖于西方市场，不能依赖于西方的消费者，必须主要依靠自己，就是说要建设一个内需经济体。内需和外贸是持续经济发展的两条腿。④ 这正体现了中国模式的生命力所在。

357

---

① 潘维：《当代中华体制——中国模式的经济、政治、社会解析》，载潘维主编：《中国模式：解读人民共和国的60年》，中央编译出版社2009年版，第26页。

② 潘维：《当代中华体制——中国模式的经济、政治、社会解析》，载潘维主编：《中国模式：解读人民共和国的60年》，中央编译出版社2009年版，第62页。

③ 庄俊举、张西立：《近期有关"中国模式"研究观点综述》，《红旗文稿》2009年第2期。

④ 郑永年：《中国在危机中重新寻找发展模式》，《联合早报》2009年2月3日。

大事记 14 - 1　2009 年国庆与相关事件大事记

日期	重大事件
1 月 6 日	中国海军赴亚丁湾首批护航舰艇编队开始首次护航行动。
4 月 2 日	中国海军第二批护航舰艇编队"深圳"舰、"黄山"舰从湛江起航,并于 4 月 16 日接替首批编队执行护航任务,标志着中国海军护航行动进入有序接替阶段。
4 月 21 日	29 个国家的海军代表团团长出席了在青岛举行的为期 1 天的"和谐海洋"多国海军高层研讨会,中国海军司令吴胜利上将就构建"和谐海洋"提出了五点倡议。
4 月 23 日	庆祝人民海军建军 60 周年海上阅兵式在青岛举行。阅兵分为海上分列式和海上检阅两部分,历时近 1 个小时。胡锦涛主席乘坐"石家庄"号导弹驱逐舰,检阅中外舰艇。
4 月 28 日	中国海军首批护航舰艇编队圆满地完成护航任务返回三亚,开创了首次组织舰艇、舰载机和特种部队多兵种跨洋执行任务、首次与多国海军在同一海域执行任务并开展登舰交流和信息合作、首次持续高强度在远离岸基的陌生海域组织后勤、装备保障等海军发展史上多个第一。
7 月 16 日	中国海军第三批护航舰艇编队"舟山"舰、"徐州"舰、"千岛湖"舰从浙江舟山军港起航,并于 8 月 1 日开始正式执行护航任务。
10 月 1 日	首都各界庆祝中华人民共和国成立 60 周年大会在北京天安门广场隆重举行,20 万军民举行了盛大的阅兵仪式和群众游行。中共中央总书记、国家主席、中央军委主席胡锦涛检阅受阅部队,并发表重要讲话。
10 月 1 日晚	首都各界群众 8 万余人在北京天安门广场举行盛大联欢晚会,热烈庆祝中华人民共和国成立 60 周年。党和国家领导人同各界群众欢度国庆之夜。联欢晚会时长一百分钟。
10 月 1 日	中华人民共和国中央军事委员会主席胡锦涛签署通令,嘉奖参加国庆受阅的解放军和武警部队全体官兵、民兵、预备役人员。
10 月 5 日～10 日	参加国庆 60 周年阅兵的地面受阅部队 5 日开始以铁路输送、摩托化机动等方式,从北京郊区两个机场(阅兵村)分批撤离,所有受阅部队于 10 月 10 日回撤完毕。
10 月 6 日	胡锦涛总书记在人民大会堂亲切会见筹办国庆系列活动的有关工作机构负责同志和工作人员、演职人员、受阅部队官兵代表,并发表重要讲话。
10 月 8～10 日	世界媒体峰会在北京举行,峰会由新华社牵头,联手美联社、路透社、俄塔社、共同社、英国广播公司、新闻集团、时代华纳和谷歌共同发起,由新华社承办,来自世界各地通讯社、报刊、广播、电视、网络等不同媒体形态,来自 70 多个国家和地区的 170 多家传媒机构参加了峰会。
10 月 14～18 日	第 61 届法兰克福书展的在德国法兰克福举行,中国作为主宾国参展,这是新中国成立 60 年来第一次以主宾国身份亮相国外书展,也是中国继北京奥运会后最重要的对外文化展示活动,更是 1949 年以来中国出版业在海外举办的最大规模出版文化交流活动。
10 月 30 日	中国海军第四批护航舰艇编队"马鞍山"舰、"温州"舰从浙江舟山军港起航,执行接替护航任务。
11 月 6 日～7 日	中国人民空军成立 60 周年"和平与发展国际论坛"在北京举行。35 个国家的 24 位空军领导人和 11 位空军领导人代表出席。中国空军司令员许其亮上将发表主旨演讲,并在演讲中提出共建和谐空天的"五项主张"。
11 月 11 日	中国人民解放军空军成立 60 周年庆祝大会在北京召开,大会邀请空军建设发展不同时期英模单位和个人代表,女飞行员代表等 1100 人参加。
11 月 15 日	中国人民解放军空军在位于北京北郊的沙河机举行飞行和跳伞表演,庆祝人民空军成立 60 周年。

第十五章　与时俱进：
外交不断突破战略持续创新

在 60 年的历史进程中，中国对世界的认识、中国的外交理念与实践都发生了巨大的变化。以改革开放启动为界，中国外交路线实现了一条革命外交向和平外交、从意识形态外交向国家利益外交转变。21 世纪初，全方位外交布局进一步充实和完善。总结60 年成功的外交经验，可以概括为四个方面：把握时代潮流，抓住战略机遇；坚持核心利益，扩大共同利益；坚持韬光养晦，积极有所作为；统筹两个大局，服务国家发展。

一、新中国外交 60 年的特点转变

1. 从革命外交向和平外交转变

对时代主题的认识是最高层次的国家战略判断，它是制定和调整对外战略的基本依据。随着和平与发展的时代观代替战争与革命的时代观，建国后外交战略中的革命色彩逐渐淡化，对抗冲突意识逐渐被和平合作意识所取代，积极主动全面地融入现存的国际体系。

时代观的转变是中国外交路线转变的根本前提。时代主题是指历史大时代的核心内容，它反映特定历史时期世界上主要矛盾发展的基本态势、国际社会的基本特征及其演变趋势。对时代主题的判断是一国选择发展道路、制定国家发展战略最基本的依据，也是一国制定外交战略的基本依据。[①] 建国后我国时代观走过了战争与革命的时代观向和平与发展的时代观转变的路线，这种转变是我国外交战略调整的基础。

建国前夕至改革改革开放前，由于冷战的国际环境，中国领导人不得不判断战争不可避免，世界处于革命和战争的时代。早在抗战时期，毛泽东同志在《新民主主义论》中就提出"现在的世界是处于革命和战争的新时代"。建国后的 50、60 和 70年代，中国领导人坚持认为："不是革命制止战争，就是战争引起革命"，成为对当

---

① 黄仁伟等著：《中国和平发展道路的历史选择》，上海人民出版社 2008 年版，第 20 页。

时世界形势的总体判断。在"战争与革命"的时代观下，对革命形势的估计过于乐观，对战争危险性的估计过于乐观。中国外交围绕着支持民族解放运动和揭露帝国主义战争阴谋两大任务展开，从而被界定为"革命外交"。在战争与革命的时代观指导下，我国过高估计战争爆发的可能性，认为世界大战迫在眉睫，中国的内政和外交都表现出较为强烈的对抗和革命色彩。这表现在具体的外交战略和政策中，始终有一个"反对"的目标。其次，以支援别国革命的形式来牵制外部威胁。最后，以武力的方式保卫和平。到 20 世纪 70 年代，反霸成为中国外交的中心任务，但是本质上仍然是革命外交的继续。从历史的角度来看，革命外交也有其客观的必然性，因为当时中国不得不在极其困难和危险的局面下面对世界，不得不在孤立的状态下艰难支撑外交局面。

20 世纪 70 年代后期，世界形势发生深刻变化：东西方对峙格局出现缓和，多极化趋势开始显现，发展经济成为各国的普遍愿望。以邓小平为代表的中国领导人站在战略的高度上对时代主题做出了全新的、历史性的概括，提出和平与发展是世界的两大主题。1977 年，邓小平同志首次提出"国际形势是好的，我们有可能争取多一点时间不打仗"。① 1978 年 12 月，邓小平同志在党的十一届三中全会上指出，战争是可以避免的。到 1982 年，邓小平同志进一步提出世界大战有可能避免，和平与发展是当代两大主题。这一论断在党的十三大上概括为"时代主题"。在新的时代观指导下，中国对国际发展态势趋势形成新的认识。求和平、谋发展、促合作成为中国外交的根本出发点。此后，和平与发展的时代主题在历次党的代表大会报告中得到反复重申，这不断推进着我国和平外交的发展和完善。

时代观的转变促成中国的革命外交路线转变为独立自主的和平外交路线。1978 年以后，在邓小平同志的战略思想指导下，中国主动调整外交政策，放弃"革命外交"的方针和具体做法，开始奉行独立自主的和平外交政策，实现了外交目标的战略转变。

独立自主的和平外交政策主要包括若干基本原则：中国从本国人民和世界人们的长远利益和根本利益出发，把反对霸权主义、维护世界和平，发展各国友好合作和促进共同经济繁荣作为自己对外工作的根本目标。主张世界上所有国家不分大小、贫富和强弱，一律平等，世界上的事应由各国协商解决，而不能由一两个超级大国说了算，中国自己决不称霸，也坚决反对来自任何方面和以任何形式出现的霸权主义。中国在任何时候和任何情况下都坚持独立自主，对一切国际问题都根据其本身的是非曲直决定自己的态度和对策；中国决不依附于任何一个超级大国，也决不同它们任何一方结盟或建立战略关系。中国恪守互相尊重主权和领土完整、互不侵犯、互不干涉内政、平等互利、和平共处五项原则，并在此基础上同世界各国发展正常关系，和睦相处，友好合作，不以社会制度和意识形态异同来决定亲疏好恶。中国坚持不结盟原则，我们决不依附于任何一个超级大国，也决不同它们任何一方结盟或建立战略关系。上述原则是对革命外交的

---

① 《邓小平文选》第 2 卷，人民出版社 1994 版，第 77 页。

扬弃，也是和平外交的起点。

和平与发展的时代观决定了中国外交身份的转变。我国不再是现存国际秩序的挑战者、对抗者、革命者，而是以参与者、建设者、改革者的身份逐步融入现存国际体系之中。最典型的是中国从联合国为代表的国际组织和国际机制的局外人，转变为联合国体系的主要参与者。1971 年中华人民共和国恢复在联合国中的合法席位，但是对现存国际体系仍然是有保留地参与。随着改革开放启动，中国对国际体系的观念发生根本性变革。中国开始全面参加联合国几乎所有的政府间组织，进而全方位参与现存国际体系的运转和建设。1982 年中国开始参加裁军谈判会议工作，1983 年中国派出专职裁军事务大使常驻日内瓦，1984 年中国成为国际原子能机构的正式成员国。自 20 世纪 90 年代以来，中国更是全面参与大量的全球性和地区性国际机制。至 1996 年，中国参与 51 个政府间国际组织，而且参与程度大大加深。[①] 2001 年 12 月 11 日中国成为世界贸易组织成员，是中国融入国际体系的重要里程碑。中国还签署了大量的国际公约和条约，涉及军备控制、不扩散、人权、环境、反恐等多个领域，中国接受和加入了越来越多的国际制度，认可其所承载的国际规范。随着中国接受和加入国际制度的进程，中国对现行国际体系及其制度和规范的合法性和适用性，不再持否定和革命的态度，而是逐步学习和适应并将越来越自如地运用这些制度和规范。

总的来说，20 世纪 70 年代末之前中国长期坚持的革命外交战略，与当时东西方对抗的国际形势是不可分割的，也与当时国内因素相关。在正确、客观判断国际形势的发展变化后，我国及时调整了革命外交路线，确立了独立自主的和平外交路线。

2. 从意识形态出发点向国家利益出发点的转变

从新中国成立到 20 世纪 70 年代末，国家利益与意识形态因素交织主导国家的外交战略思维。党的十一届三中全会之后，放弃以"阶级斗争为纲"的意识形态口号，转而推行以经济建设为中心的改革开放政策，国家外交也开始强调发展利益，淡化意识形态色彩。

20 世纪 50～60 年代，以意识形态和社会制度划线是中国外交的主要特征。20 世纪50 年代我国实行的一边倒战略及 60 年代推行的"反帝、反修"战略都存在着以意识形态划线，即以美划线或以苏划线的特点。

新中国成立初在中苏两国共同意识形态基础上，我国确立了"一边倒"的外交战略。1949 年毛泽东先后提出了"另起炉灶"和"打扫干净屋子再请客"两条方针，并明确说，"我们和苏联应该站在一条战线上，是盟友"。6 月底，毛泽东发表《论人民民主专政》一文，公开宣布"一边倒"。在这一政策下，我国同苏联和其他社会主义国家迅速建交。1950 年，我国与苏联签订了《中苏友好同盟互助条约》，正式加入社会主

① 任晓：《经验与理念——中国对外政策思想三十年的发展及其意义》，《复旦学报：社会科学版》2009 年第 3 期，第 43 页。

义阵营。中苏双方在基本社会制度安排的共同目标是推动中国奉行一边倒外交战略的重要内因。该战略为中国找到了强大的盟友，迅速获得社会主义阵营各国的承认，新中国的安全生存获得有力的保障，给中国带来了经济援助，有利于巩固新生的政权，从而捍卫了国家利益。直到 20 世纪 60 年代中苏由于意识形态分歧而逐渐走向敌对，战略同盟关系解构。60 年代，中苏关于国际关系的指导思想由于苏联提出"三和"路线而出现严重分歧，造成国家利益对立，最终导致 1969 年中国与苏联在黑龙江珍宝岛地区的武装冲突，同盟解体。

20 世纪 70 年代，我国外交着眼国家安全利益，搁置意识形态敌对，启动中美关系正常化进程，形成了战略大三角外交格局。60 年代末期，美国深陷越南战争，国内反战运动逐步扩大，社会各阶层的分裂和价值观上的对立蔓延，在面对苏联咄咄逼人的全球战略攻势下，美国处于不利的境地。尼克松总统上台后，试图通过打开中美关系的大门使美国摆脱困境。与此同时，珍宝岛事件使中国的国家安全受到苏联的严重威胁。于是，中国也需要结束与美国长期对峙的局面，搁置双方在意识形态的敌对，实现中美关系的正常化。1972 年 2 月，尼克松访问北京，中美发表《上海公报》，为两国关系的进一步改善和发展打下了基础。这一时期，中国外交战略克服中美意识形态的敌对做出重大调整，主要是基于国家安全利益的考虑，也意味着中国开始摆脱把对外政策和意识形态挂钩的做法，由此推动了中美苏大三角格局的形成，为 80 年代中国国际环境的全面改善奠定了基础。

20 世纪 80 年代以后，我国形成服务国内现代化建设的全方位外交格局。1978 年年末，党的十一届三中全会之后，中国开始放弃以阶级斗争为纲的意识形态口号，确立了以经济建设为中心的改革开放政策。国内政策的调整反映在中国外交政策上，把有利于国家经济建设的和平国际环境作为中国外交的首要任务，由此形成服务国内现代化建设的全方位外交格局。

全方位外交的首要任务是全面发展与主要大国关系，这主要包括推动中美关系发展、改善中苏关系、推进中欧关系。中美关系事关中国外交的全局和中国的和平与发展，也关系到全球战略稳定和世界的和平与发展。在中国改革开放、调整外交路线的大背景下，发展中美关系成为重中之重。1984 年 1 月，中国总理访美。4 月，美国总统里根访华。1989 年 2 月，老布什总统访华，表示愿意在中美三个联合公报的基础上进一步发展两国的经济政治关系。两国关系得到了全面的发展，在经济和民用技术方面的合作不断加强，在军事领域进行广泛交流，台湾问题总的来说在 80 年代没有对中美关系大局产生根本性影响。①中苏关系的调整和改善是中国外交调整的一个重点。1982 年 10 月至 1988 年 6 月，中苏进行了 12 轮副外长级磋商，两国关系逐渐改善。随着苏联从蒙古撤兵、中苏两国就东段边界问题进行谈判以及苏联从阿富汗撤军和两国在柬埔寨问题上取得进展，曾经阻碍中苏关系改善的"三大障碍"得以消除，中苏关系开始改善。

---

① 黄仁伟等著：《中国和平发展道路的历史选择》，上海人民出版社 2008 年版，第 36～37 页。

1989 年 2 月，苏联外长谢瓦尔德纳泽应邀访华，两国关系正常化进程正式启动。5 月，戈尔巴乔夫对中国正式访问期间两国发表《中苏联合公报》，宣布两国关系实现正常化。中欧关系在 80 年代期间继续向深度和广度发展。中国和西欧各国高层领导互访频繁。经贸关系取得重大发展，经济技术合作成为一根支柱。

推进睦邻友好，重点修好与周边国家关系。这主要包括建立长期友好的中日关系、积极推动中印关系改善。中日于 1972 年建交，1978 年签订和平友好条约，两国睦邻关系不断得到发展。两国领导人互访频繁，经贸关系迅速发展，民间外交不断深化。历史教科书问题、参拜靖国神社问题和钓鱼岛问题对两国关系造成一定困扰，但没有影响良好发展的大趋势。进入 80 年代后，中国积极推动中印关系缓和，努力将两国关系送入健康发展轨迹。在边界问题上，主张通过友好协商、互谅互让、一揽子解决的方法。中国还主张以"搁置争议、共同开发"的原则处理与东南亚国家的南沙群岛争端，推进了中国与东南亚国家的伙伴关系。

总的来说，新中国成立以来意识形态在 20 世纪 50 年代的"一边倒"外交战略中处于高位运行状态，并由于 60 年代"四面出击"导致国家安全面临严峻挑战。此后我国在大三角战略格局中暂时搁置中美意识形态敌对，在改革开放后的全方位外交中逐渐淡化意识形态，国家利益成为中国外交的最高指导原则①，外交为现代化发展服务成为主导战略。

3. 新世纪中国外交战略的新布局

外交布局是指国家在对外关系中对与不同国家关系轻重缓急、先后顺序的安排，它体现了国家对外关系的定位和战略，反映一个国家的对外政策目标，也反映了这个国家对外政策的战略和策略。② 改革开放 30 年来，我国与不同社会制度、不同发展水平、不同文化价值传统的各国积极发展关系，形成了全方位、多层次、多领域的外交战略布局。经过 30 年时间，我国逐步形成"大国是关键、周边是首要，发展中国家是基础，多边是舞台"的总体外交战略布局。这一战略布局体现了党的三代领导集体国际战略和外交思想的继承和发展，充实了我国国际战略和外交理论体系。③ 其重点是处理好同各个大国的关系，同周边各国建立共同的利益，在广大的发展中国家中夯实基础，在国际舞台上扮演多边合作的角色。

首先，确保与主要大国关系的稳定与发展。这反映了我国外交布局的务实性，真正体现了外交服务国内经济建设的宗旨，也是我国对外关系成功经验的总结和我国继续保持国内经济持续发展的外在条件。我国与主要发达国家的双边贸易和外资流入多年来一

---

① 楚树龙、金威主编：《中国外交战略和政策》，时事出版社 2008 年版，第 57 页。

② 张清敏：《六十年来新中国外交布局的发展——对党代会政治报告的文本分析》，《外交评论》2008 年第 41 期，第 32 页。

③ 杨洁勉：《试论新中国外交理念发展和战略定位变化》，上海市社会科学界联合会编：《新中国对外关系 60 年：理论与实践》，上海人民出版社 2009 年，第 8 页。

直占我国外贸和外资总量 50% 以上①，与主要大国的战略合作机制和战略对话机制也在不断发展。

其次，确保我国周边地区的和平与发展。这反映了我国作为亚洲地区大国的利益和作用。冷战结束后，我国同周边国家的关系获得根本性改善。我国与中亚国家和俄罗斯建立了第一个以中国城市命名的、由中国发起的、总部在北京的地区合作组织——上海合作组织。它现已成为了维护西北安全、促进我国与中亚地区关系全面发展的重要机制。同时我国通过参与"10+3"和"10+1"以及东盟地区论坛等多边机制，显著推进我国同东南亚国家的相互依存关系。且通过倡导和主持朝核六方会谈，我国对东北亚地区安全的影响力显著提升。我国同印度、巴基斯坦、阿富汗等南亚—西亚国家也保持和建立了和平友好合作的关系。

再次，确保发展中国家成为我国发展的战略依托。广大发展中国家同我国保持着传统友好关系，是我国在联合国改革、实现国家和平统一、反对霸权等重大问题上的可靠同盟军。历史上发展中国家对我国国际地位提高、联合国合法席位恢复、瓦解西方施加的人权压力等方面都发挥了重要作用。我国与发展中国家建立的中非合作论坛、中阿合作论坛等机制，坚持从实际出发、不附加任何条件的对外援助，赢得发展中国家的信任和尊重。

最后，确保多边外交成为我国融入国际体系的重要平台。我国支持联合国在国际事务中发挥重大作用，我国在主要国际热点问题上发挥建设性作用，重视地区间和地区内的多边合作，倡导和建立一批多边对话机制。截至 2008 年，我国参加了 10 个联合国维和行动，人数达 1900 余人，在安理会 5 个常任理事国中占第一位。②

坚持和平发展道路是我国外交战略的长期目标。2002 年党的十六大以后，中国逐步把"和平发展"由 20 世纪 80 年代中期对时代特征的基本判断转向长期国家战略概念，规定和平发展是现在和未来中国的发展道路，并在此基础上提出了"和平、发展、合作"，建立"和谐世界"的思想和国际战略目标。可以说，"和平发展"已成为中国崛起的战略选择，成为对当前和未来世界的理想目标。③ 2005 年年底，国务院新闻办公室发表《中国的和平发展道路》白皮书，第一次以官方白皮书的形式向世界宣告了中国的和平发展道路。这条道路，就是争取世界和平的有利时机实现自身发展，又以自身发展更好地维护世界和平。它依靠自身力量和改革创新实现发展，同时坚持对外开放，在平等互利的基础上，积极同世界各国开展交流与合作，实现互利共赢、共同发展。此后，中国每年的政府工作报告，都一再重申了这样的战略内容和目标。具体来说，为国内经济发展和现代化建设创造和保持一个良好的国际环境，是和平发展道路的根本内容

---

① 张清敏：《六十年来新中国外交布局的发展——对党代会政治报告的文本分析》，《外交评论》2008 年第 41 期，第 39 页。

② 中国国际问题研究所著：《国际形势和中国外交蓝皮书》（2008/2009），世界知识出版社 2009 年版，第 221 页。

③ 楚树龙、金威主编：《中国外交战略和政策》，时事出版社 2008 年版，第 103 页。

和目标；同时，维护世界和平，促进共同发展，为全世界的和平发展创造和保持一个良好的国际环境，也是其重要内容，因此，在和平发展道路的根本战略下，中国提出"和平、发展、合作"是当今世界的发展潮流。在这一战略下，中国还提出了和谐世界的理念。该概念融合了近年来中国外交积极倡导的公正、合理的新秩序观，以平等互利为核心的新发展观，以互信、互利、平等和协作为主要内容的新安全观，以尊重多样性为特点的新文化观。它是中国作为负责任大国在维护世界和平与发展方面的积极宣示和承诺，是未来中国外交战略的主导理念。

二、中国外交战略的成功解读

1. 把握时代潮流，抓住战略机遇

新中国 60 年外交从正反两方面证明，在"时代主题"这个最基本问题上的判断正确与否，是决定中国外交成败的首要前提。时代主题是指历史大时代的核心内容，反映特定历史时期世界主要矛盾的基本态势、国际社会的基本特征及其演变趋势。时代主题判断是一国选择发展道路、制定国家发展战略最基本的依据。新中国外交 60 年的主要经验之一就是尽可能避免在时代问题上的认识片面性，防止忽视或过分强调世界潮流的某一方面。

第二次世界大战后特别是 20 世纪 70 年代以来，时代主题发生着世界历史上最深刻的变化。和平与发展问题日益突出。其一，发展经济成为各国的普遍愿望。随着殖民主义体系的解体，广大发展中国家的主要任务也从反帝反殖转向发展经济。社会主义国家也需要通过改革发展经济，缩小与发达资本主义国家的差距。这些国家的历史人物从革命转向发展。其二，世界上和平力量超过战争力量，追求和平成为世界潮流。东西方对峙局面明显缓和，主要大国之间的关系也从对抗为主转向合作为主。国际社会普遍期待和平。其三，世界格局出现多极化趋势。随着国际行为主体增加，国际政治呈现多元化、多层次的局面。世界格局的多元化发展客观上有利于世界各政治力量之间的相互制约，促进世界的和平与稳定。

以邓小平同志为首的中国共产党人敏锐地把握了时代的脉搏，以和平与发展的全新理念和思维，立足中国审视世界，毅然选择了通过改革开放实现中国社会主义现代化的和平发展道路，初步形成了中国和平发展道路的理论框架。邓小平同志从 20 世纪 70 年代中期以后就敏锐地察觉到世界局势的深刻变化。关于战争与和平的问题，他在 1977 年年底首次提出可以争取延缓战争的爆发。1978 年 12 月，在党的十一届三中全会上进一步指出，战争是可以避免的。在 1985 年的军委扩大会议上，他专门阐述了世界大战可以避免的理由。他得出结论"在较长时间内不发生大规模的世界战争是可能的，维护世界和平是有希望的。根据对世界大势的这些分析，以及对我们周围环境的分析，我

们改变了原来认为战争的危险很迫近的看法。""对于总的国际形势，我的看法是，争取比较长期的和平是可能的，战争是可以避免的"。① 邓小平同志从"战争可以避免"转向"和平与发展"的看法，是在 1984 年 10 月会见缅甸总统时提出的，"国际上有两大问题非常突出，一个是和平问题，一个是南北问题。还有其他许多问题，但都不像这两个问题关系全局，带有全局性、战略性的意义"。② 1985 年邓小平同志又对"和平与发展"这两大问题进行了提炼和概括："现在世界上真正大的问题，带全球性的战略问题，一个是和平问题，一个是经济问题或者说发展问题。和平问题是东西问题，发展问题是南北问题。概括起来，就是东西南北四个字。南北问题是核心问题"。③ 邓小平同志提出时代主题的转换，为中国外交政策的调整和发展提供了最重要的理论依据。

在邓小平同志的科学论断基础上，1987 年 10 月，党的十三大报告第一次将"和平与发展"表述为当代世界的"两大主题"，党的十四大报告继续指出"和平与发展仍然是当今世界两大主题"。在国庆 40 周年大会的讲话中，江泽民同志进一步强调，和平与发展是当今世界的主题。"冷战结束了，但人类长期面临的和平与发展两大主要问题远未解决"。④ 党的十七大报告再次申明，"和平与发展仍然是时代主题，求和平、谋发展、促合作已经成为不可阻挡的时代潮流"。⑤ "和平与发展"的时代主题判断对中国共产党人的发展理念以及和平发展道路选择具有重大意义。这标志着中国共产党从战略高度重新思考和认识中国的发展问题。中国只有根据时代主题的转变，自觉适应时代主题的变化，将自己的前途命运与世界的和平发展紧密联系在一起，才能找到国家强大和崛起的道路。在新的时代主题下，不同意识形态和社会制度的国家之间可以避免以前那种你死我活的零和博弈，相互借鉴，取长补短，和平共处。中国通过社会主义自身发展来体现制度优越性，在与资本主义长期和平相处的环境中寻求中国的发展道路，"大胆吸收和借鉴人类社会创造的一切文明成果，吸收和借鉴当今世界各国包括资本主义发达国家的一切反映现代社会化生产规律的先进经营方式、管理方法"。⑥

在这一新的时代主题下，霸权国家的单边主义政策和非国家行为体的恐怖主义成为当今世界不安全的两个根源。这对矛盾产生于多极化和全球化历史进程的曲折性和复杂性。多极化是一个发展趋势，它的形成需要相当长的历史时期。在这个过程中，单极现象及单边主义长期存在。国际恐怖主义作为全球化趋势的负面产物也不可能在短期内消失。国际恐怖主义和霸权单边主义的冲突对抗就会以不同的形式长期持续下去。同时，由于非传统威胁超过传统威胁成为各大国的共同挑战，大国合作趋势也将大于冲突趋

---

① 《邓小平文选》第 3 卷，人民出版社 1993 年版，第 126、127、233 页。
② 《邓小平文选》第 3 卷，人民出版社 1993 年版，第 96 页。
③ 《邓小平文选》第 3 卷，人民出版社 1993 年版，第 105 页。
④ 《江泽民文选》第一卷，人民出版社 2006 年版，第 332 页。
⑤ 胡锦涛：《高举中国特色社会主义伟大旗帜，为夺取全面建设小康社会新胜利而奋斗》，载《中国共产党第十七次全国代表大会文件汇编》人民出版社 2007 年版，第 44 页。
⑥ 《邓小平文选》第三卷，人民出版社 1993 年版，第 373 页。

势，这两种趋势为中国提供了宝贵的战略机遇，使中国有可能在未来 20 年左右的时间里，避免成为国际冲突的焦点和大国对抗的主要目标。一是霸权国家难以把中国作为主要假想敌，动用其全球战略资源对中国实行"预防性遏制"。二是霸权国际为了对付恐怖主义的直接威胁，不得不同中国采取战略上的合作。而中国的国家利益也需要这种战略合作，我们就可以在较长时间内保持与主要大国的合作伙伴关系，从而争取到长期稳定的对我有利的国际环境。①

2. 坚持核心利益，扩大共同利益

国家利益是主权国家时代国家生存与发展的核心条件，是否能够有效地维护并扩展国家利益是衡量外交工作成败的主要标准。牢固树立国家利益是最高指导原则的思想，是新中国外交 60 年的基本经验之一。实际上，"国家利益"与"民族利益"在中国官方文件中两者在很大程度上是可以互换的。党的十四大报告指出"在涉及民族利益和国家主权的问题上，我们决不屈服于任何外来压力"。② 这里指的是整个中华民族，而非某一个具体民族。

在新中国成立初期由于特定的历史背景和国际格局，"一边倒"的外交政策曾经带有强烈的意识形态色彩，其核心是在国际事务中坚决支持以苏联为首的社会主义阵营。虽然这种政策在当时为中国创造了相对安全的环境，但也疏远了一些中立的、温和的国家，影响了中国发展更广泛的国际联系。随着时间推移，以意识形态为基础的外交政策越来越缺乏灵活性。

改革开放以后，中国逐步确立了以国家利益作为制定外交政策的最高指导原则。邓小平同志在 1989 年 10 月会见美国前总统尼克松时指出，"考虑国与国之间的关系主要应该从国家自身的战略利益出发，着眼于自身长远战略利益，同时也尊重对方的利益，而不去计较历史的恩怨，不去计较社会制度和意识形态的差别"③。任何正常的国家关系，应该按照国际法和公认的国际关系准则，尤其是和平共处五项原则，进行合作与交流，解决彼此的矛盾与冲突。中国吸取了历史教训，强调各国之间无论政治制度、意识形态相同与否都应该在和平共处五项原则的基础上建立并发展友好合作关系，强调各国人民都有权选择自己的政治制度和价值取向。中国尊重世界的多样性，不把自己的政治制度和意识形态强加于人，也反对其他国家把自己的政治制度和意识形态强加于中国。

当前中国外交的突出问题已经不是是否应该坚持国家利益原则，而是如何坚持的问题。首先，随着中国的高速发展，中国的国家战略利益内容越来越丰富，各种战略利益之间的关系越来越紧密和复杂。外交作为国家战略实现的保障，需要在国内外两个大局

---

① 黄仁伟：《论战略机遇期》，《世界经济研究》2003 年第 6 期，第 8 页。
② 江泽民：《加快改革开放和现代化建设步伐，夺取有中国特色社会主义事业的更大胜利》，《人民日报》1992 年 10 月 21 日，第 1 版
③ 《邓小平文选》第三卷，人民出版社 1993 年版，第 330 页。

错综复杂和不断变化的相互影响中，理解和把握国家利益的本质，以及国家不同战略利益的轻重缓急。其次，中国社会多元化不断发展，包括不同阶层、群体的利益多元化以及思想和表达的多元化，这一变化越来越影响到外交领域，中国外交不得不在各种利益驱动之中来鉴别和坚持维护国家利益。再次，通过越来越透明的公关措施赢得公众对外交工作的支持，也成为外交领域的重要任务。①

在传统现实主义看来，每个国家都要追求自身利益的最大化。但现实中如果各国都依此行事，则必然冲突不断。因此，中国的外交战略强调国与国之间应当寻求共同利益，扩大共同利益，通过协商解决纠纷。党的十六大报告重申，中国与发达国家"在和平共处五项原则基础上，扩大共同利益的汇合点，要善于解决分歧"。十七大报告则更进一步明确指出"我们将继续以自己的发展促进地区和世界共同发展，扩大同各方利益的汇合点"。

如何寻求和实现共同利益？改革开放以来的一条重要经验是全方位参与国际合作，积极拓展多边外交。中国参与国际合作的最重要途径就是加入各领域的国际体制机制，逐渐从被动参与转变为积极主动参与制度创设。在安全领域，自 20 世纪 90 年代以来，中国先后加入了《不扩散核武器条约》、《禁止化学武器公约》以及《全面禁止核试验条约》。在经济领域，中国加入了世界贸易组织，并积极参与亚太经合组织（APEC）事务，中国领导人参加了 APEC 历次领导人非正式首脑会议，在 20 世纪 90 年代的东亚金融危机中坚持人民币不贬值，体现了大国责任，在这次新世纪全球的金融危机中，成功实现经济增长保八，率先走出了危机，并提出了改革现存国际金融体制的主张。此外，中国还广泛参与国际环境体制的建设，中国在 1991 年批准了关于保护臭氧层物质的《蒙特利尔议定书》，签署了 1994 年生效的《联合国气候变化框架公约》，还是签署《生物多样性公约》的首批国家之一，这些都为大国在全球环境问题上的合作树立了良好的榜样。"中国在加入国际机构已经遵守现有制度方面所做的努力应该说是非常惊人的。总的来说，在中国参与制定其规则以及国际社会能按中国的过渡期要求提供有形经济援助的组织中，中国遵守规则的情况最好，'成员品德'表现也最好"。②

在国际关系中，"多边主义是一种在广义的行动原则基础上协调三个或者更多国家之间关系的制度形式，也就是说，这些原则是规定合适的行动的，它们并不考虑在任何特定事件下各方特殊的利益或者战略紧急情况"。③ 在外交实践中，多边主义是与双边主义相对应的一种外交手段。随着国际形势的演变以及经济全球化的深化，简单采用双边外交手段已经难以应对各种互相关联的国际事务，中国也开始从被动接受多边主义逐渐成为多边主义的身体力行者乃至倡导者，主动运用多边主义的协调手段处理国际事

① 牛军：《中国外交 60 年的经验和启示》，《外交评论》2009 年第 3 期，第 12 页。

② ［美］埃兹拉·沃格尔（主编）：《与中国共处：21 世纪的美中关系》新华出版社 1998 年，第 104～105 页。

③ 约翰·鲁杰：《对作为制度的多边主义的剖析》，《多边主义》浙江人民出版社 2003 年，第 12 页。

务，并在一系列多边领域中发挥建设性作用。在党的十七大报告中也对此做出明确阐述："我们将继续积极参与多边事务，承担相应国际义务，发挥建设性作用，推动国际秩序朝着更加公正合理的方向发展"。

目前中国的多边外交，主要通过两个方面推进：一是在全球层次上积极开展多边合作，主要是参与以联合国为中心的多边安全体系，利用多边机制加强与大国的合作，促进与发展中国家的合作。二是在区域层次上增进多边合作，尤其是加强与周边的东南亚、东北亚和中亚地区的多边合作水平。朝核问题六方会谈机制、中国与东盟建立自由贸易区、上海合作组织等，都是中国不断实践多边外交的成功例证。

3. 坚持韬光养晦，积极有所作为

中国在相当长一段时间内仍然处于社会主义初级阶段，在处理国际事务时就必须有清醒的头脑，即使经过改革开放30多年的积累，中国在经济总量上即将达到世界第二位，但人均GDP水平仍然处于世界100位以后，沿海和内陆发展差距扩大，城乡差距扩大等国情都清楚地说明，中国仍然是一个发展中国家，仍然必须坚持邓小平同志所提出的"韬光养晦，有所作为"方针，在国际事务中避免对抗，也决不当头。"我们千万不要当头，这是一个根本国策。这个头我们当不起，自己力量也不够。当了绝无好处，许多主动都失掉了。中国永远站在第三世界一边，中国永远不称霸，中国也永远不当头。但在国际问题上无所作为不可能，还是要有所作为"。[1]

所谓韬光养晦，就是埋头苦干，发展自己。既要从我国的基本国情和国际力量对比的现实出发，保持雄心大志，又要善于藏拙，避免张扬自己，把目标引向自己，避免引火烧身。这就要求在国际舞台上不能好大喜功，不能太露锋芒，不能扛大旗。用邓小平同志的话说，就是"不随便批判别人，指责别人，过头的话不要讲，过头的事不要做"。[2] 有所作为，就是强调中国应当在国际事务中发挥应有的作用。在国际的重大原则问题上坚持自己的立场和主张，在涉及国家主权、安全和国家根本利益问题上，在涉及世界和平与发展的重大问题上，在涉及周边地区稳定与安宁的问题上，中国必须旗帜鲜明，坚持原则，进行卓有成效的工作和有理有利有节的斗争。对于某些与我国直接利害关系不大，我国所发挥的客观影响有限，而且一时无力解决的问题，要善于周旋，有所不为。[3]

随着中国综合国力的不断增强和国际地位的提升，无疑应当在国际社会中承担更大的义务，而且国际上也出现了希望中国在国际舞台上发挥更大作用，承担更大责任的声音。为此，中国政府也多次在重大国际会议中申明中国将承担起一个负责任大国的相应义务。问题在于，中国应该承担什么样的国际责任？如何承担这些责任呢？

---

① 《邓小平文选》第三卷，人民出版社1993年版，第363页。
② 《邓小平文选》第三卷，人民出版社1993年版，第320页。
③ 黄仁伟等著：《中国和平发展道路的历史选择》，上海人民出版社2008年，第64～65页。

第一，作为联合国常任理事国和地区大国，应该在维护世界和平、地区稳定和安全方面承担相应的责任。例如，中国积极参与重大国际问题的处理，积极参加联合国维和行动，派遣海军护航舰队前往索马里参与国际护航行动。在地区事务中，中国倡导并组织了上海合作组织，积极主持并推动朝核六方会谈，在东南亚金融危机期间承诺人民币不贬值等，这些都是中国承担国际义务，做负责任大国的具体表现。这里的关键是尺度的把握，既要有所作为，又要避免卷入不必要的国际矛盾和纠纷，都需要具体问题、具体分析。

那些希望中国承担更大责任的看法其实来自两种不同的国际社会成员，一是来自广大发展中国家，它们从自身利益和需要出发，在政治上期望中国能够成为制衡国际强权的中坚力量，在经济上希望从中国的快速发展中得到更多好处，获得更多的援助，并借鉴中国的成功经验。二是来自以美国为首的西方发达国家。它们希望中国成为"负责任的利益攸关方"，遵循现存的游戏规则，避免损害其既得利益，同时帮助它们维护现存国际秩序。可见，这种看法本质上是要将中国纳入以美国为首的国际体系，成为西方利益的维护者。

第二，作为一个综合国力不断增强的大国，中国应该为其他国家提供必要的援助，促进世界发展。胡锦涛主席郑重承诺："中国愿继续本着负责任的态度，参与维护国际金融稳定、促进世界经济发展的国际合作，支持国际金融组织根据国际金融市场变化增加融资能力，加大对受这场金融危机影响的发展中国家的支持"。① 但是，中国毕竟还是一个发展中国家，对外援助不能脱离国家实力和基本国情，更不能损害自身的经济、社会发展和广大人民群众的切身利益。同时，中国的对外援助也应合理评估"回报率"。虽然中国的援助从来不附带任何政治条件，但应该把单纯的"馈赠式"援助转变为促进共同发展的友好援助。②

4. 统筹"两个大局"，外交为发展服务

外交工作为国家整体发展服务，是国家整体工作的重要组成部分。内政外交相辅相成，外交为国内的发展创造良好的国际环境和周边环境；国内发展为外交提供更大的实力和话语权。正如胡锦涛所说"必须把坚持独立自主同参与经济全球化结合起来，统筹好国内国际两个大局，为促进人类和平与发展的崇高事业作出贡献"。③

把国内和国际形势联系起来统筹兼顾，历来是中国共产党制定正确路线方针的重要方法，也是中国外交不断取得进展的认识前提。统筹国内国际两个大局是适应中国同外部世界关系发生重大变化的必然要求。一方面，中国全面参与经济全球化和区域一体化

① 胡锦涛：《通力合作、共度时艰——在金融市场和世界经济峰会上的讲话》，《人民日报》2008 年 11 月 16 日。
② 李景治：《新中国外交 60 年：成就、经验与思考》，《新视野》2009 年第 4 期，第 16 页。
③ 胡锦涛，《在纪念党的十一届三中全会召开 30 周年大会上的讲话》，《人民日报》2008 年 12 月 19 日。

进程，成为世界经济增长的重要引擎及全球最具潜力和竞争力的市场之一；另一方面，中国在国际事务中发挥着依赖于重要的建设性作用，从国际体系的被动参与者转变为积极参与者、维护者和建设者。中国的高速发展对世界的扩散性影响日趋明显，外部世界对中国的影响也与日俱增，使统筹国内国际两个大局的要求变得更为迫切。

党的十七大报告指出，要"统筹国内国际两个大局"。这是中国外交新的重要指导方针。在新形势下，统筹国内国际两个大局要做好两个方面工作，第一，要坚持"量力而行"的原则，正确处理自身实力与战略意愿之间的关系。当前及今后一个时期，中国开展外交工作的最大国情就是中国将长期处在社会主义初级阶段。中国外交政策的制定和实施必须以国情为依据，深入研究社会主义初级阶段基本国情和当前发展的阶段性特征。第二，要掌握顺势而为的主动权，注重从国际国内条件的相互转化中充分利用发展机遇。当代中国外交应善于将自身国情与世界发展趋势结合起来，做到内外兼修，既要把有利的国际条件转化为有利的国内条件，又要把有利的国内条件转化为有利的国际条件。胡锦涛指出，"始终站在国际大局与国内大局相互联系的高度审视中国和世界的发展问题，思考和制定中国的发展战略，坚持独立自主的和平外交政策"。新世纪中国外交的最重要任务是最大可能地为国内发展提供有利的外部环境，即一个长期稳定的国际环境，一个睦邻友好的周边环境，一个平等互利的国际合作环境，一个客观友善的国际舆论环境。①

中国经济本身就是世界经济的一部分，中国的发展本身就是对人类发展的贡献。中国经济发展解决的最大国内问题就是贫困和就业问题。这两个问题不但是一国的民生问题，也是世界性难题。自2003年以来，中国年均新增就业人口超过1000万人，而且城市还接纳了大量农村富余劳动力到城镇转移就业。在国际金融危机还未完全走出谷底的情况下，中国的就业形势仍然十分严峻，而且这还将持续很长一个时期，这说明保持中国经济较快增长的重要性和紧迫性。在解决贫困问题上，自20世纪80年代开始，中国政府实施了大规模的、持久的和富有成效的专项扶贫计划，解决了2亿多农村贫困人口的温饱问题。正如温家宝所说"一个拥有13亿人口的大国解决贫困问题，这本身就是对世界减贫事业的重大贡献"。②

中国经济发展对世界的发展所做贡献主要体现在两方面：一是开创了一条发展中大国快速发展经济的道路；二是使得世界经济的发展更加稳定和有活力。③ 在当前国际金融危机走向复苏的背景下，中国经济成为世界经济的重要引擎之一。根据世界银行的统计，中国经济对世界GDP增长率的贡献率目前仅次于美国。这种带动作用尤其体现在中国对周边国家的影响上。中国已经成为绝大部分东亚及东南亚国家的最大出口市场。

① 秦治来：《国际局势变迁视野下的新中国外交60年》，《世界经济与政治》2009年第9期，第63页。
② 《温家宝总理于2008年4月5日至6日在河北考察农业和春耕生产时的讲话》，新华社石家庄4月6日电。
③ 陈江生、郭四军：《中国经济发展对世界经济的贡献》，《中共中央党校学报》2004年第3期。

随着目前世界上人口最多也是发展中国家之间最大的中国与东盟自由贸易区在 2010 年的建成，双方贸易总额快速增长，形成更紧密的相互依存局面，将成为维护东亚地区和谐与稳定的坚实基础。

三、中国外交的未来趋势展望

未来 30 年，中国将进一步融入国际体系，在和平发展道路下增强参与体系转型的能力，提升塑造地区秩序的影响力，确保国家主权和统一的目标进程，具有国际舆论环境的软实力。

1. 中国参与国际体系转型的能力增强

21 世纪中国的和平崛起与当代国际体系转型同步发生，这是中国面临的历史机遇之一。中国与国际体系的关系将发生根本变化，主要表现为经济上高度融入世界市场体系，在政治上从边缘走向中心。[①] 中国进入和参与国际体系转型，有效战略时空将大大拓宽。经济外交和多边外交成为中国外交战略框架的突破点和支撑点，亚洲地区合作机制成为中国创新国际秩序的重要实践，国际经济体系重组和中国国内经济制度变革互为促进，中国的世界市场竞争力将获得国际法体系的承认和保证。[②]

中国外交发展趋势的总体环境是国际体系的和平转型与中国和平崛起同步发展。从历史上看，近现代国际体系的转型都是通过大规模战争实现的，新的国际体系主要体现战胜者的实力、利益和意识形态。30 年战争后的威斯特伐利亚体系、拿破仑战争后的维也纳体系、一战后的凡尔赛——华盛顿体系和第二次世界大战后的雅尔塔体系，概莫如此。冷战终结后，国际体系在全球化和信息化等背景下展开和平、渐进的转型进程。首先，核时代毁灭性后果和全球化时代的相互依存关系使和平手段替代战争手段成为国家重新分配权力和利益的主要方式，主要大国力图避免世界大战和大规模大国冲突。其次，国际社会主张通过和平、渐进的方式构建国际体系，通过长期谈判建立世界贸易、气候变化和能源消耗等国际机制。最后，新兴大国选择在现有国际体系基础上改善自身地位，形成"建设和平与发展的世界，成为国际体系中重要建设性力量"的战略意愿。[③]

和平、渐进的国际体系转型将经历较为长期的历史过程，冷战时期的国际体系解体

---

① 黄仁伟：《国际体系转型与中国和平发展道路》，《毛泽东邓小平理论研究》2006 年第 5 期，第 8 页。

② 黄仁伟：《国际体系转型与中国和平发展道路》，《毛泽东邓小平理论研究》2006 年第 5 期，第 8 页。

③ 杨洁勉：《新兴大国群体在国际体系转型中的战略选择》，《世界经济与政治》2008 年第 6 期，第 8 页。

已近 20 年，新的国际体系还未完整地建立起来。这种转型首先集中体现在权力结构的转型，表现为权力从传统大国向新兴大国群体持续性转移。冷战后，美国一直处于世界权力的顶峰，但"9·11"、伊拉克战争和国际金融危机使美国掌控世界和设定议程的能力逐渐减弱。与此同时，新兴大国以"群体"、"板块"形式崛起，中国、印度、俄罗斯、巴西以及其他新兴经济体近年来经济持续高速增长，它们占全球经济的比重已由 20 世纪 90 年代初的 39.7% 上升到接近 50%，而外汇储备已占世界外汇储备的 75%①，它们在全球经济增长中发挥的领头作用越来越大。这次国际体系转型还体现在国际规则、制度、机制的重构。G20 峰会的召开并部分取代 G8 的作用，表明当前国际事务已不可能甩开发展中大国而由传统大国独自掌控，必须在制度上体现这种变化，合作治理成为新的国际机制原则。新兴国家将发挥更大作用，它们将对构建国际体系发挥积极作用，在战略选择上做出自己的安排，其成功的发展模式和发展道路也将为其他发展中国家提供非西方模式的参考。

对于中国来说，中国的和平崛起与国际体系和平转型交织相向，两者是正相关的历史进程。从根本上说，当前国际体系转型的大趋势是从大国对抗为核心的传统特征向大国合作应对全球问题的未来特征转变。和平与发展将成为未来几十年国际体系的主导力量，将有利于中国的和平发展。中国成为国际体系的主动参与者和积极建设者，从国际体系的边缘状态逐步走向核心部位，战略回旋空间将大大拓宽。② 同时，中国和平崛起的力度、规模和速度逐步加大，和平发展引起的巨大力量外溢，改变了大国力量的对比关系，推进了国际体系的转型。目前，中国的资本、商品和企业正在全方位进入世界市场，中国巨大的内需市场、不断扩大的开放度和高速的经济增长率成为许多国家经济增长的发动机，中国发展模式也越来越成为许多国家研究和借鉴的对象。③

中国在国际体系转型和全球治理中发挥越来越重要的作用。当前这次国际体系转型的内在动力主要包括经济全球化、非国家行为体的迅速发展、大国力量结构变革以及非传统安全等因素。中国在这些主要动力中越来越具有影响力。具体来说，中国迅速上升的经济总量和经济增长速度有助于国际体系结构朝多极化发展。在国际体系治理机制转型中，在应对国际体系中出现的诸如恐怖主义、贩毒、有组织犯罪等非传统安全问题，地震、海啸、飓风等自然灾害，环境污染、气候变化等环境问题以及国际金融危机和能源危机等消极后果的治理及相关机制的形成发展中，中国提出的理念和主张也产生越来越重要的影响。

在今后一段时间里，中国参与国际体系转型的影响主要表现在国际经济领域。金融危机发生后，中国就金融机构改革与增资问题提出在充实基金组织可用资源的同时，有

---

① 蔡拓：《国际秩序的转型与塑造》，《外交评论》2009 年第 4 期，第 11 页。

② 黄仁伟：《关于把握和延长战略机遇期的再探讨》，《解放日报》2008 年 1 月 28 日。

③ 刘鸣、黄仁伟、顾永兴：《转型中的国际体系：中国与各主要力量的关系》，《国际问题研究》2008 年第 4 期，第 19 页。

计划、有步骤地更大幅度提升新兴市场和发展中国家的代表性，就金融监管体系改革提出了自己的六项主张，受到新兴经济体和发展中国家的欢迎。随着中国逐步从出口大国向进口大国转变，从最大的生产者经济体向最大的消费者经济体转变，中国经济将影响世界市场的供求结构和价格体系。随着汇率机制改革和可兑换货币的实现，人民币将成为国际化货币，进而改变世界货币的储备体系和币种结构，对国际资本市场和金融市场有深刻影响。①

2. 中国塑造地区秩序的影响提升

中国周边地区是地缘政治挑战最多、最复杂的地区，周边稳，则中国安。营造良好的周边环境、塑造安稳的地区秩序是中国外交的中心任务之一，也是用好战略机遇期的重要条件之一。我国从大局观出发，主动筹划周边事务，塑造地区秩序的影响力进一步提升。

中国积极促动东亚地区合作机制，代表了中国外交战略的新思路，即在自己利益攸关的地区建立共同利益基础之上的平等、合作、互利、互助的地区秩序，在建设性的互动过程中消除长期积累起来的隔阂和积怨，探索并逐步确立国家间关系和国际关系的新准则。② 目前以"10+3"和"10+1"机制为核心的东亚地区合作机制及框架已基本成形。2002 年，中国与东盟签署《全面经济合作框架协议》，确定了 2010 年建立自由贸易区的目标，2003 年，东盟巴厘岛会议确定了东亚经济共同体明确的时间表，中国与东盟签订了《东南亚友好合作条约》，中日韩发表了《联合声明》。2004 年 11 月在老挝举行的"10+3"领导人会议同意建立东亚共同体。2005 年 12 月 14 日首届东亚峰会召开，2009 年 10 月第四届东亚峰会召开，东亚合作进入全面推进的新阶段。

中国与周边大国的合作伙伴关系将不断深化。周边是中国外交的首要地区，中国积极与周边国家在经济、安全和政治等方面开展合作，深化与周边大国的合作伙伴关系。

2008 年 5 月胡锦涛主席成功访日，这一暖春之旅是时隔 10 年后中国国家元首对日本进行的首次国事访问。两国领导人签署了中日之间第四个政治文件——《中日关于全面推进战略互惠关系的联合声明》，以发表联合声明的形式承诺全面推进战略互惠关系，为今后的合作奠定了法律基础，这一联合声明在日本近年来首相更迭频繁的情况下发生着重要作用。2008 年 12 月，中日韩三国峰会在日本福冈举行，三国领导人单独举行会议，并承诺会期机制化，这一历史性突破将进一步拉动中日政治经济等领域的全方位合作。2009 年日本民主党鸠山由纪夫上台，中日两国伙伴关系继续发展。

中俄战略协作伙伴关系不断深化。2009 年是中俄建交 60 周年，两国领导人共同出席了庆祝大会，都强调要进一步推进两国关系达到全新水平。目前，两国边界已于

---

① 黄仁伟：《国际体系转型与中国和平发展道路》，《毛泽东邓小平理论研究》2006 年第 5 期，第 13 页。
② 门洪华：《中国软实力评估报告》，《国际观察》2007 年第 2 期，第 25 页。

2008 年全部划定，长期影响双边深度合作和密切关系的敏感边界问题得到全面妥善解决，双方的经贸合作不断扩大、能源合作大幅提高，多次开展国家年和语言年活动，增进两国人民友谊。我国在双边、地区和全球层面上都不断扩大与俄的合作。在双边层面，在涉及俄罗斯核心利益的重大问题上我国表示对俄罗斯立场的坚持支持。在俄格爆发冲突、西方试图对俄罗斯实施外交孤立时，我国对俄罗斯为保障高加索地区的和平与稳定所做的努力公开表示理解。在地区层面，在上海合作组织机制下中国与俄罗斯的安全合作持续深化。在全球层面上，我国与俄罗斯共同签署《中俄关于 21 世纪国际秩序的联合声明》共创国际政治经济新秩序，在应对金融危机问题上，中俄两国通过总理会晤机制和战略对话等机制，就危机造成的影响、应对办法和预防措施等展开深入讨论，并就如何参加华盛顿 20 国峰会达成共识。目前，中俄两国关系在步入稳定而务实的发展时期。

中国与周边国家的领土—海洋争端将得到妥善解决。20 世纪 90 年代以来，中国本着"和平、发展、合作"的原则和相互尊重、理解和信任的精神，与俄罗斯、老挝、哈萨克斯坦、吉尔吉斯斯坦、塔吉克斯坦、越南 6 个国家签订边界条约或协定。2008 年 7 月，中俄正式划定黑瞎子岛边界，中俄边界问题全面解决。目前，在中国陆地边界的 14 个邻国中，中国已与 12 个国家签订了边界合约，基本解决了历史遗留的陆上边界问题，并且与印度、不丹的边界问题也正在朝积极方向发展。在南中国海问题上，中国与东盟各国达成《南方各方行为宣言》，与越南签订了《中越北部湾划界协定》。在中日东海及钓鱼岛争端上，中国奉行"主权属我，搁置争议，共同开发"的原则，两国经过多轮磋商，于 2008 年 6 月达成原则共识。

3. 中国确保国家主权和统一的目标进程

维护国家主权、实现国家的统一是我国核心利益和民族根本利益，也是中国发展的应有之义和重要标志，中国不断加强外交事务能力，确保国家主权和统一的目标进程。

中国在"涉台、涉藏、涉疆"等领域的外交能力将显著增强。首先，遏制"台独"的手段充分，能力显著增强。例如，通过国际社会的合作联手遏制台独。陈水扁时期的"公投制宪"等冒险挑战行为，使整个国际社会对"台独"危险性加以防范，形成对台独的有效遏制，维护了"一个中国"的国际格局。同时，我国制定并通过了《反分裂国家法》，表达了我国捍卫祖国统一的决心，也使遏制和反对"台独"势力有法可依。

涉藏外交是指在外交领域反对"藏独"分裂活动和境外势力对我国西藏事务的干涉，维护国家主权和领土完整。我国政府强调西藏问题是事关我国国家主权和领土完整的政治问题，坚决反对达赖以任何身份到其他国家从事分裂中国的活动，坚决反对任何国家同达赖进行任何形式的官方接触。在"3·14"拉萨事件发生后，我国驻外使领馆团在第一时间通过约谈、举办记者招待会、座谈会等方式，主动积极向驻在国政府、议会、媒体等各界人士介绍拉萨事件真相，澄清事实，表明立场。外交部还组织了 15 个驻华外交机构的外交官赴拉萨实地考察。这些活动获得了 120 多个国家表示理解和支持西藏自治区依法采取的处置措施，有的表示支持中国政府有关立场，有的认为拉萨事件纯属中国内政，任何势力无权干涉。①

中国领导人积极利用双边会晤和多边会谈等多种场合重申台湾、涉藏、涉疆等问题事关中国主权、领土完整和国家安全，是中方的核心利益所在。对此，诸多国家做了积极回应，强调了对中国主权和领土完整的尊重，有效地打击了"三独"势力在国外的发展空间。2009 年 9 月 22 日，奥巴马在与胡锦涛会晤中表示，美国不支持"西藏独立"，在涉藏、涉疆问题，美国尊重中国主权和领土完整。2009 年 10 月 30 日，澳大利亚总理陆克文在会见李克强总理时表示，理解中国政府和中国领导人对国家统一的重视，尊重中方的核心利益，坚定不移地奉行一个中国政策，这包括在台湾、涉藏和涉疆等问题上。2009 年 12 月 14 日，日本首相鸠山由纪夫在会见习近平副主席时，重申在台湾问题上日本尊重中方立场，认为西藏问题是中国的内政。

"一个中国"原则向法律框架转变并有新的内涵。坚持一个中国的原则，是实现两岸谈判和和平统一的基础和前提。多年来，中国一直坚定地坚持一个中国原则，与李登辉、陈水扁代表的台独分裂势力进行坚决斗争。目前，随着两岸关系的变化，我党和政府对一个中国原则的表述采取了灵活、务实的积极态度，2005 年 3 月颁布的《反分裂国家法》以法律形式规定了"世界上只有一个中国，大陆和台湾同属一个中国，中国的主权和领土完整不容分割"的"一个中国"原则表述。这一表述的核心是要表明大陆与台湾同属一个中国的事实和法理基础，同时也给予台湾在两岸互动中更为平等的地位，充分照顾到台湾同胞当家做主的愿望，有利于做好台湾同胞的工作。② 同时，该法律的制定和颁布实施，也标志着我国对外政策步入法制化时期。

4. 中国改善国际舆论环境的战略突破

国际舆论环境是指国际舆论形成、存在和发展变化的外在条件和状况，它是主权国家外部环境的重要组成部分，与国家所面临的国际环境、周边环境等相互联系共同对国家的发展产生作用。③ 中国和平发展不仅取决于良好的国际安全环境，也有赖于良好的国际舆论环境。

经过改革开放 30 年的发展，中国经济实力显著增强，综合国力大大提高，国际地位和国际声望也进一步提升。中国的发展越来越受到国际社会关注的同时，"中国威胁论"、"中国崩溃论"和"中国责任论"等负面国际舆论一直干扰着中国的外部环境，扭曲中国的国际形象。因此，营造一个客观友善的国际舆论环境，争取良好的国际环境，进一步把握和延长我国战略机遇期，成为中国外交的一项重要使命。温家宝在

---

① 罗洁：《跨国反"藏独"：为了西藏的祥和》，《世界知识》2008 年第 8 期，第 21 页。

② 李合敏、郑德杨：《"一个中国"：中国共产党对台方针政策不变的原则——写在《反分裂国家法》颁布一周年之际》，《当代中国史研究》2006 年第 3 期，第 73 页。

③ 汤光鸿：《努力营造客观友善的国际舆论环境》，《红旗文稿》2005 年第 7 期，第 30 页。

2004 年 2 月 27 日发表的《关于社会主义初级阶段的历史任务和我国对外政策的几个问题》一文中，对营造客观友善的国际与舆论环境做了详细的阐述。他指出，要加强和改进对外宣传工作。全面、准确、及时地向外界介绍我国改革开放和现代化建设取得的成就，也不回避我国存在的问题。善于运用灵活多样的对外宣传和交往方式，尽量使用国际社会听得懂、易理解的语言和喜闻乐见的方式进行交流，增强宣传的有效性，努力引导各方面客观理性地看待中国的发展和国际作用，营造友善的国际舆论环境。随着软力量的不断提升，中国模式、中国道路、中国理念得到更加广泛的国际认同以及我国国际传播能力和工具的实质性拓展，我国所面临的国际舆论环境将实现战略性突破。

我国软力量和国际形象将不断提升，取得与国际地位相适合的国际舆论环境。一国的国家生存、发展和崛起都离不开软力量的支撑，软力量可以从根本上推动和谐社会的构建，实现国家的长治久安，它有助于消除"中国威胁论"的负面影响。近年来，我国的国际影响力乃至文化投射能力都体现出与经济健康增长同步的良好态势，虽然国际社会中中国威胁论和中国崩溃论仍然不时旧调重弹，但中国崛起的正面意义进一步凸显出来。

中国文化年和孔子学院的举办，激发了全世界对中国文化的兴趣，提升了中国文化的世界影响力。2004 年"中法文化年"的举办成功吸引了 100 多万法国人前来参观，世界各大媒体对此进行了大量报道。随后，2006 年的中俄文化年、中意文化年和 2008年的中英文化年都吸引了众多的关注，中国通过这种以文化为题的国家文化年活动，搭建起公共外交平台，把中国文化扩散到世界各地。自 2004 年 11 月第一所"孔子学院"在韩国首尔挂牌成立后，已有接近 300 多家孔子学院遍布全球近百个国家和地区，孔子学院成为推广汉语教学、传播中国文化的全球品牌和平台。

中国积极参与国际体系的建设、恪守国际条约的行为为我国赢得了广泛的国际认同和支持，改善和提升了国家形象。目前，我国已经成为国际体系的重要成员，共参加了130 多个政府间国际组织，签署了 300 多个国际公约。[1] 我国强调联合国的重要作用，在周边地区的机制建设上发挥更加重要的作用，在朝核危机、达尔富尔问题、能源安全等许多全球热点问题的解决上发挥了建设性作用，在绝大多数国际制度中，也基本实现了程序性遵约和实质性遵约。2008 年我国应对四川汶川地震、举办奥运会以及成功发射神州七号飞船等活动所展示的中华民族凝聚力、开放自信和综合国力都大大提升了中国的国家形象。

"中国模式、中国道路、中国理念"将得到更加广泛的国际认同。中国自改革开放以来，社会稳定、经济持续增长，现代化建设取得了令人瞩目的成就。与这些成就密切相关的中国的发展模式、道路和理念引起了国际社会的深切关注，得到了国际社会广泛的认同。其中，所谓中国模式实质上是中国作为一个发展中国家在全球化背景下实现现

---

[1]　杨洁篪：《维护世界和平促进共同发展》，http：//www.fmprc.gov.cn/chn/gxh/tyb/zyxw/t619863.htm。

代化的战略选择，它是中国在改革开放过程中逐渐发展起来的适合中国国情和社会需要、寻求公正和高质量增长的经济发展道路和治理模式。该模式推行渐进改革，强调正确处理稳定、改革和发展的关系，它在亚洲、非洲、拉丁美洲的某些地区，比之前大行其道的西方式民主政体加市场经济的"华盛顿共识"更受欢迎。①

"和平发展道路"是对中国威胁论的积极回应，淡化了一些国家对中国强大的担心，受到了国际社会的广泛认同。新一代领导人提出的"和谐世界"的新理念，是20世纪90年代后期以来中国新安全观等重大理念的延续，是合作谋发展、对话求安全等思路的进一步深化。该外交理念的提出为我国营造良好国际与舆论环境提供了历史性的契机。它具有中国文化传统的基本精神，同时也具有深厚的人文渊源，它体现了人类社会所共享的普世价值观，表达了不同民族、不同国家、不同文化对理想社会状态的共同追求。中国大力倡导国际合作，倡导建立和谐世界，尽力使外部世界确信中国将会坚持"和平发展道路"，这些外交行为都有助于减轻外界对中国发展的忧惧，有利于改善中国国际舆论环境。

中国国际传播能力与工具将得到实质性空间扩大。中国在回应国际社会对我国情况的关注上，其反应的速度、力度较以前有了很大的进步，它利用新闻媒体、白皮书、新闻发布会、外交交涉等多种途径和形式，来表明中国的立场，披露事实真相，批驳肆意歪曲，引导国际舆论向有利于中国的方向发展。譬如在四川汶川地震后，中国多次召开新闻发布会，及时向外界传达信息，并迅速向国外记者开放，让他们亲身到中国实地采访，从而获得了主动传播的效果。我国对外媒体如新华社、中央电视台、中国国际广播电台等都在不断加强自身国际传播能力的建设。新加坡《联合早报》总编辑林任君表示，"中国距传媒强国还有一段距离，但这也意味着中国传媒的成长空间非常大。这既是中国传媒业的严峻挑战，更是中国传媒的巨大机遇"②。

在信息技术飞速发展的今天，互联网成为有效的对外传播工具，它向全球推广生活方式、价值观念，形成网上舆论强势。我国网络外宣工作自1995年起步，在2000年中央确定中国网、人民网、新华网、中国国际广播电台网站和中国日报网站五家首批中央重点新闻网站以来，我国外宣平台不断发展，影响力日益增强。但是，目前我国网络宣传仍存在许多亟待解决的问题，包括技术应用相对滞后，缺少既懂外宣、又懂网络的复合型人才等。因此，中国在加强互联网宣传，扭转网上对外宣传的被动局面等方面有极大的空间。目前，中国政府正在加大投入、整合资源以集中力量建设和提高网络宣传，这必将进一步改善我国的国际舆论。

中国在世界各地数量庞大的华人和留学生是改善中国国际舆论的一个重要主体。他

---

① ［美］约瑟夫·奈、王辑思：《中国软实力的兴起及其对美国的影响》，《世界经济与政治》2009年第6期，第8页。

② 蒋旭峰：《新媒体时代中国的国际传播能力——写在世界媒体峰会之后》，《对外传播》2009年第12期，第22页。

们在面对西方媒体失实报道时展开有理、有力、有节的斗争，反击西方舆论攻势，维护中国形象。CNN歪曲报道西藏事件及其主持人卡弗蒂发表污蔑中国人的极端言论，激发全世界各地的华人和留学生进行了声势浩大的集会示威，抗议西方媒体针对中国的不实报道。

主要参考文献

一、中文部分

1．C. 兹宁：《俄罗斯能源外交》，王海运、石泽译，人民出版社 2006 年版。

2．《IMF 主席卡恩：10 至 15 年内可能扩大特别提款权》，世华财讯 2009 年 11 月 16 日。

3．OECD 政策简报：《全球化与新兴经济体》，2010 年 2 月。

4．《60 岁的中国能否有所改变》，《日本经济新闻》2009 年 10 月 1 日。

5．蔡拓：《全球治理的中国视角与实践》，《中国社会科学》2004 年第 1 期。

6．蔡拓：《国际秩序的转型与塑造》，《外交评论》2009 年第 4 期。

7．陈东晓：《试论全球政治的新发展和中国多边外交的再思考》，《国际展望》2009 年第 2 期。

8．陈江生、郭四军：《中国经济发展对世界经济的贡献》，《中共中央党校学报》2004 年第 3 期。

9．陈向阳：《疫情凸显全球治理》，《瞭望》2009 年第 52 期。

10．陈雨露等：《作为国家竞争战略的货币国际化：美元的经验证据———兼论人民币的国际化问题》，《经济研究》2005 年第 2 期。

11．成斌：《人民解放军举行阅兵式》，《华尔街日报》网站 2009 年 9 月 29 日。

12．楚树龙、金威主编：《中国外交战略和政策》，时事出版社 2008 年版。

13．崔大鹏：《国际气候合作的政治经济学分析》，商务印书馆 2003 年版。

14．崔民选主编：《中国能源发展报告 2009》，社会科学文献出版社 2009 年版。

15．［德］埃里克·弗拉特：《中国的傲慢》，《明镜》周刊 2010 年 2 月 23 日。

16．戴维·赫尔德等：《全球大变革———全球化时代的政治、经济与文化》，社会科学文献出版社 2001 年版。

17．德约翰·普伦：《中国能够取代美国吗?》，英国《金融时报》2009 年 11 月 16 日。

18．《邓小平文选》第 3 卷，人民出版社 1993 年版。

19．邓晓媛：《国际金融组织投票权分配制度探析》，《桂海论丛》2009 年第 25 卷第 3 期。

20．方长平：《新中国外交 60 年：成就、挑战与反思》，《教学与研究》2009 年第 10 期。

21．郭胜伟：《大阅兵》，中共党史出版社 2009 年版。

22．国家发展和改革委员会：《落实巴厘路线图——中国政府关于哥本哈根气候变化会议的立场》，2009 年 5 月 20 日。

23．国家发展和改革委员会：《中国应对气候变化的政策与行动：2009 年度报告》，2009 年 11 月。

24．国家发展和改革委员会：《中国应对气候变化国家方案》，2007 年 6 月。

25．国务院新闻办公室：《中国应对气候变化的政策与行动》白皮书，2008 年 10 月。

26．郝鸿毅主编：《"后危机时代"石油战略》，中国时代经济出版社 2009 年版。

27．胡昌明：《大阅兵的和平底色》，《瞭望》新闻周刊 2009 年第 40～41 期。

28．胡锦涛：《在纪念党的十一届三中全会召开 30 周年大会上的讲话》，《人民日报》2008 年 12 月 19 日。

29．胡锦涛：《通力合作、共度时艰——在金融市场和世界经济峰会上的讲话》，《人民日报》2008 年 11 月 16 日。

30．胡锦涛：《高举中国特色社会主义伟大旗帜，为夺取全面建设小康社会新胜利而奋斗》，载《中国共产党第十七次全国代表大会文件汇编》，人民出版社 2007 年版。

31．黄海波：《国际货币基金组织的内部决策机制及其改革》，《国际论坛》2006 年第 1 期。

32．黄海波、赵国君：《IMF 表决制度：发展中国家地位有其改革策略》，《广东社会科学》2006 年第 6 期。

33．黄河：《欧元与美元的抗衡及其发展趋势》，《国际经贸论坛》2007 年 9 月。

34．黄宏、洪保秀：《世界新军事变革中的中国国防和军队建设》，人民出版社 2007 年版。

35．黄仁伟等著：《中国和平发展道路的历史选择》，上海人民出版社 2008 年版。

36．黄仁伟：《论战略机遇期》，《世界经济研究》2003 年第 6 期。

37．黄仁伟：《关于把握和延长战略机遇期的再探讨》，《解放日报》2008 年 1 月 28 日。

38．黄仁伟：《国际体系转型与中国和平发展道路》，《毛泽东邓小平理论研究》2006 年第 5 期。

39．江泽民：《加快改革开放和现代化建设步伐，夺取有中国特色社会主义事业的更大胜利》，《人民日报》1992 年 10 月 21 日，第 1 版。

40．江泽民著：《中国能源问题研究》，上海交通大学出版社 2008 年版。

41．《江泽民文选》第一卷，人民出版社 2006 年版。

42．《跨国反"藏独"：为了西藏的祥和》，《世界知识》2008 年第 8 期。

43．乐黛云：《21 世纪的新人文精神》，《学术月刊》2008 年第 1 期。

44．雷东瑞：《海外媒体和专家学者高度评价新中国 60 年光辉业绩》，新华网 2009

年 10 月 7 日。

    45．雷东瑞：《海外媒体热议新中国盛世盛典》，新华社 2009 年 10 月 1 日。

    46．李长春：《把新中国成立 60 周年庆祝活动的宝贵精神财富转化为开创中国特色社会主义事业新局面的强大精神力量》，《人民日报》2009 年 10 月 26 日。

    47．李果仁、刘亦红：《中国能源安全报告：预警与风险化解》，红旗出版社 2009 年版。

    48．李合敏、郑德杨：《"一个中国"：中国共产党对台方针政策不变的原则——写在〈反分裂国家法〉颁布一周年之际》，《当代中国史研究》2006 年第 3 期。

    49．李江涛、黄海、张舵：《国庆群众游行将创下多项历史之最》，新华社 2009 年 9 月 30 日。

    50．李景治：《新中国外交 60 年：成就、经验与思考》，《新视野》2009 年第 4 期。

    51．李敬臣：《巴基斯坦各界举行系列活动庆祝中国国庆》，新华社 2009 年 10 月 4 日。

    52．李俊青、冯建辉：《和谐世界：中国式的新全球治理观》，《前沿》2009 年第 7 期。

    53．梁守德主编：《中国与世界：和平发展的理论和实践》，世界知识出版社 2008 年版。

    54．林小春、杨骏：《应对气候变化，中国积极负责》，《人民日报》2009 年 11 月 27 日。

    55．林伯强主编：《中国能源发展报告 2009》，中国财政经济出版社 2009 年版。

    56．刘宝三：《关于"中国模式"的几点思考》，《江汉论坛》2009 年第 4 期。

    57．刘成军、刘源：《新中国国防和军队 60 年》，人民出版社 2009 年版。

    58．刘江平：《中国海军舰艇未来发展前瞻》，《瞭望》2009 年 10 月 3 日。

    59．刘明志等著：《金融国际化——理论、经验和政策》，中国金融出版社 2008 年版。

    60．刘鸣、黄仁伟、顾永兴：《转型中的国际体系：中国与各主要力量的关系》，《国际问题研究》2008 年第 4 期。

    61．刘晓玲：《哥本哈根的公关博弈》，《国际公关》2010 年第 1 期。

    62．刘霞：《从单晶硅到多晶硅》，《科技日报》2009 年 9 月 11 日。

    63．刘云山：《中国应对国际金融危机的实践和启示——在第五次中越两党理论研讨会上的主旨报告》，《求是》2010 年 1 月 1 日。

    64．楼宇烈著：《中国的品格》，南海出版社 2009 年版。

    65．卢鉴：《海外媒体热议新中国成立 60 周年庆典活动》，新华网 2009 年 10 月 2 日。

    66．罗珺：《论国际储备货币体系能否实现多元化》，《特区经济》2009 年 7 月。

    67．［美］埃兹拉·沃格尔（主编）：《与中国共处：21 世纪的美中关系》，新华出版社 1998 年版。

68．［美］保罗·罗伯茨著，吴文忠译：《石油的终结：濒临危险的新世界》，中信出版社 2005 年版。

69．［美］迈克尔·克莱尔著，孙芳译：《石油政治学》，海南出版社 2009 年版。

70．［美］约瑟夫·奈、王辑思：《中国软实力的兴起及其对美国的影响》，《世界经济与政治》2009 年第 6 期。

71．《蒙代尔：人民币应入"国际货币特别提款权俱乐部"》，中国新闻网 2009 年11 月 11 日。

72．门洪华：《中国软实力评估报告》，《国际观察》2007 年第 2 期。

73．牛军：《中国外交 60 年的经验和启示》，《外交评论》2009 年第 3 期。

74．牛军：《世界的中国：21 世纪初的中国外交研究》，《国际政治研究》2006 年第 1 期。

75．牛军主编：《中国学者看世界·中国外交卷》，新世界出版社 2007 年版。

76．牛琪：《中国内需拉动重要经济体复苏》，新华网财经频道，2010 年 1 月 11 日。

77．潘家华、郑艳：《基于人际公平的碳排放概念及其理论含义》，《世界经济与政治》2009 年第 10 期。

78．潘维主编：《中国模式：解读人民共和国的 60 年》，中央编译出版社 2009 年版。

79．庞中英主编：《中国学者看世界：全球治理卷》，新世界出版社 2007 年版。

80．《气候变化 2007·综合报告（中文版)》，政府间气候变化专门委员会（IPCC)，2007 年。

81．钱晓虎、徐锋：《挺进'深蓝'的中国海军》，《中国青年报》2009 年 12 月 26 日。

82．［日］浅田浩二：《中国开始影响世界价格》，《选择》2010 年 1 月号。

83．秦媛娜：《货币战国时代开启人民币如何崛起》，《上海证券报》2009 年 11 月30 日。

84．秦治来：《国际局势变迁视野下的新中国外交 60 年》，《世界经济与政治》2009 年第 9 期。

85．孙立行：《人民币跨境贸易结算试点：机遇与挑战》，《文汇报》2009 年 4 月20 日，第 9 版。

86．《青山遮不住 毕竟东流去——温家宝总理出席哥本哈根气候变化会议纪实》，《人民日报》2009 年 12 月 25 日。

87．任力：《低碳经济与中国经济可持续发展》，《社会科学家》2009 年第 2 期。

88．任晓：《经验与理念——中国对外政策思想三十年的发展及其意义》，《复旦学报：社会科学版》2009 年第 3 期。

89．［日］金山隆一：《中国统治世界》，日本《经济学家》周刊 2010 年 2 月 16 日。

90．《世界军事年鉴》编委会：《世界军事年鉴 2009》中国人民解放军出版社，2009 年 12 月。

91．宋建军：《日元国际储备地位变迁对人民币国际化的启示》，《现代日本经济》2008 年第 5 期。

92．孙承：《中国的发展与中日关系》，《日本学刊》2009 年第 2 期。

93．孙立行：《阶段性推进人民币国际化》，《文汇报》2009 年 3 月 2 日，第 10 版。

94．汤光鸿：《努力营造客观友善的国际舆论环境》，《红旗文稿》2005 年第 7 期，第 30 页。

95．唐伟杰：《盘点新中国历次国庆阅兵之最》，中国新闻社 2009 年 7 月 22 日。

96．特谢拉：《中国保持吸收外资的强大吸引力》，《中国日报》2009 年 9 月 11 日，第三版。

97．童嫒春著：《石油真相》，中国经济出版社 2009 年版。

98．《外媒聚焦阅兵：中国军事现代化更多关注质量》，中新网 2009 年 10 月 1 日。

99．王逸舟、谭秀英：《中国外交六十年（1949—2009）》，中国社会科学出版社 2009 年版。

100．王逸舟：《中国外交三十年：对进步与不足的若干思考》，《外交评论》2007 年第 10 期。

101．王逸舟：《中国外交新高地》，中国社会科学出版社 2008 年版。

102．王逸舟：《全球政治和中国外交》，世界知识出版社 2003 年版。

103．卫和：《透析中国国防费》，《人民日报》2009 年 3 月 7 日。

104．魏后凯：《外国直接投资的区域分布及其经济增长效应》，《经济研究》2002 年第 4 期。

105．吴翔：《外媒聚焦 60 年国庆：世界将无法移开目光》，中新网 2009 年 10 月 1 日。

106．吴翔：《外媒热评中国国庆庆典：复兴、自信、爱国》，中新网 2009 年 10 月 1 日。

107．吴晓明主编：《大国策：通往大国之路的中国能源发展战略》，人民出版社 2009 年版。

108．吴越人：《G20 峰会推动 IMF 改革》，《中国外资》2009 年第 11 期。

109．夏义善主编：《中国国际能源发展战略研究》，世界知识出版 2009 年版。

110．肖炼著：《中美能源合作前景与对策：改善能源安全和保护环境》，世界知识出版社 2008 年版。

111．谢益显主编：《中国当代外交史 1949—1995）》，中国青年出版社 1997 年版。

112．新华社总编室：《新华社国庆 60 周年报道精品选》，新华出版社 2009 年 10 月版。

113．刑广程等：《中亚国家倡议的区域合作机制》，《中亚区域合作机制研究》（论文集），世界知识出版社 2009 年版。

114．邢广程主编：《上海合作组织发展报告》，社会科学文献出版社 2009 年版。

115．徐步：《如何看中国国际地位新变化》，《时事（时事报告）（大学生版)》，2009 年第 1 期。

116．徐步：《如何看中国国际地位新变化》，《时事报告：大学生版》，2009 年第 4 期。

117．许其亮、邓昌友：《建设一支与履行新世纪新阶段我军历史使命要求相适应的强大的人民空军——庆祝中国人民解放军空军成立 60 周年》，《求是》2009 年 11 月。

118．许勤华：《新地缘政治：中亚能源与中国》，当代世界出版社 2007 年版。

119．薛志伟：《十一五前三年单位 GDP 能耗累计降低 12.45％》，《经济日报》2009 年 12 月 28 日。

120．严恒元：《听"欧元之父"说"亚元"———访诺贝尔经济学奖得主蒙代尔教授》，《经济日报》2002 年 8 月 21 日。

121．杨公素、张植荣著：《当代中国理论与实践》，北京大学出版社 2009 年版。

122．杨洁勉：《改革开放 30 年的中国外交和理论创新》，《国际问题研究》2008 年第 6 期。

123．杨洁勉：《试论新中国外交理念发展和战略定位变化》，上海市社会科学界联合会编：《新中国对外关系 60 年：理论与实践》，上海人民出版社 2009 年版。

124．杨洁勉：《新兴大国群体在国际体系转型中的战略选择》，《世界经济与政治》2008 年第 6 期。

125．杨洁勉：《新中国外交 60 年：实践特点和理念演变》，《国际展望》2009 年第 1 期。

126．杨立峰、戴绍志：《各地群众以各种方式喜迎国庆祝福祖国》，新华社 2009 年 9 月 30 日。

127．杨青：《2010 年中国温室气体排放量将成全球第一》，《北京青年报》2005 年 11 月 6 日。

128．姚立：《2009 是中国经济充分展示战胜危机能力的一年》，《光明日报》2010 年 1 月 18 日。

129．［英］安东尼·吉登斯著，曹荣湘译：《气候变化的政治》，社会科学文献出版社 2009 年版。

130．俞可平、黄平、谢曙光、高健著：《中国模式与"北京共识"———超越"华盛顿共识"》，社会科学文献出版社 2006 年版。

131．袁晓婷：《大国霸权与货币沉浮》，《浙江经济》2009 年 8 月。

132．约翰·鲁杰：《对作为制度的多边主义的剖析》，约翰·鲁杰（主编)《多边主义》，浙江人民出版社 2003 年版。

133．臧秀玲：《东亚地区主义及其发展趋势——以"10+3"合作机制为视角》，《当代亚太》2004 年第 9 期。

134．张清敏：《六十年来新中国外交布局的发展——对党代会政治报告的文本分析》，《外交评论》2008 年第 41 期。

135．张晓彤：《胡锦涛时代观的中国主张》，《瞭望新闻周刊》2009 年第 47 期。

136．张宇燕：《人民币国际化：赞同还是反对?》，《国际经济评论》2010 年第 1 期。

137．张蕴岭著：《对东亚合作发展的再认识》，《当代亚太》2008 年第 1 期。

138．章百家：《从"一边倒"到"全方位"——对 50 年来中国外交格局演进的思考》，《中共党史研究》2000 年第 1 期。

139．章百家：《改变自己 影响世界——20 世纪中国外交基本线索刍议》，《中国社会科学》2002 年第 1 期。

140．章杨：《美国的战争：从阿富汗到伊拉克》，中国社会科学出版社 2003 年版。

141．赵蓓文：《提高外资对中国国民经济增长的贡献》，《世界经济研究》2007 年第 2 期。

142．赵干城：《印度：大国地位与大国外交》，上海人民出版社 2009 年版。

143．赵华胜：《中国的中亚外交》，时事出版社 2008 年版。

144．郑永年：《国际发展格局中的中国模式》，《中国社会科学》2009 年第 5 期。

145．郑永年：《中国在危机中重新寻找发展模式》，《联合早报》2009 年 2 月 3 日。

146．《中国在世界的地位》，英国《经济学家》2009 年 10 月 1 日。

147．中国国际问题研究所著：《国际形势和中国外交蓝皮书（2008/2009）》，世界知识出版社 2009 年版。

148．中国国家统计局：《新中国 60 年系列报告之十二：从一穷二白到现代工业体系的历史跨越》，2009 年 9 月 21 日。

149．中国国家统计局：《2009 年国民经济和社会发展统计公报》，2010 年 2 月 25 日。

150．中国商务部：《2008 年中国对外直接投资公报》。

151．中国商务部：《国别贸易报告——美国》2010 年第一期："2009 年美国货物贸易及中美双边贸易概况"。

152．中国商务部：《国别贸易报告——欧盟 27 国》2010 年第一期："2009 年欧盟（27 国）货物贸易及中欧双边贸易概况"。

153．中国商务部：《国别贸易报告——日本》2010 年第一期："2009 年日本货物贸易及中日双边贸易概况"。

154．中国现代化战略研究课题组、中国科学院中国现代化研究中心：《中国现代化报告 2008——国际现代化研究》，北京大学出版社 2008 年版。

155．中华人民共和国国务院新闻办公室：《2008 年中国的国防》，2009 年 1 月。

156．周大地主编：《全面建设小康社会的能源战略研究》，中国计划出版社 2006 年版。

157．周小川：《关于改革国际货币体系的思考》，中国人民银行网站 http：//www. pbc. gov. cn/。

158．祝小兵：《国际货币基金组织的改革动因及目标评述》，《世界经济研究》2009 年第 6 期。

159．庄俊举、张西立：《近期有关"中国模式"研究观点综述》，《红旗文稿》2009 年第 2 期。

160．总参课题组：《中国和平发展中的国防和军队建设》，中央党校出版社 2006 年 12 月版。

161．邹骥等：《哥本哈根悬而未决》，《中国环境报》2009 年 12 月 23 日。

二、英文部分

1．Bequelin, Nicholas: "Behind the Violence in Xinjiang", *The New York Times,* July, 2010, 2009; Ellen Bork, "The Right Way To Help the Uighurs," Washington Post, July10, 2009.

2．BP Statistical Review of World Energy 2009, London, June, 2009.

3．"China in Strained Diplomatic Embrace", *The Wall Street Journal,* November 18, 2009. http://online. wsj. com/article/SB125844567392651841. html.

4．Clarke, Christopher M. : "US-China Duopoly Is a Pipedream", Yale Global Online, 6 August, 2009, http://yaleglobal. yale. edu/content/us-china-duopoly-pipedream.

5．Copenhagen Accord, Draft decision -/CP. 15, Proposal by the President, Conference of the Parties, Fifteenth session, Copenhagen, 7 – 18 December 2009.

6．Currie, Kelley: "The Doctrine of 'Strategic Reassurance' — What does the Obama formula for U. S. – China relations really mean?" October 22, 2009, http://online. wsj. com/article/SB10001424052748704224004574488292885761628. html.

7．Denmark, Abraham, et al. : "China's Arrival: A Strategic Framework for a Global Relationship", Report by Center for a New America Security, September 22, 2009.

8．Dru C. Gladney: "China's 'Uyghur Problem' and the Shanghai Cooperation Organization", Paper prepared for the U. S. – China Ecomonic & Security Review Commission Hearings, Washington, DC, 3 August 2006.

9．Dunaway, Steven: "The U. S. – China Economic Relationship: Separating Facts from Myths", Website of Council on Foreign Relations, November 16, 2009. http://www. cfr. org/publication/20757/.

10．Ed Miliband: The road from Copenhagen, The Guardian, 20 December, 2009.

11．Ferguson, Niall and Moritz Schularick: "The Great Wallop", *The New York Times,*

November 15, 2009.

12 . Gaye Christoffersen: "Constituting the Uyghur in U. S. - China Relations: The Geopolitics of Identity Formation in the War on Terrorism", *Strategic Insight*, September 2, 2002.

13 . Global plan for Recovery and Reform, The official Communique Issued at the Close of the G20 London Summit, 02 April, 2009.

14 . Hillary Rodham Clinton: "U. S. - Asia Relations: Indispensable to Our Future", Remarks at the Asia Society, February 13, 2009, http://www. state. gov/secretary/rm/2009a/02/117333. htm.

15 . http://www. state. gov/p/eap/rls/rm/2009/06/124657. htm.

16 . http://www. whitehouse. gov/the_ press_ office/Remarks by President Obama and President Lee of the Republic of Korea in Joint Press Availability.

17 . IMF: Regional Economic Outlook: Asia and Pacific, April 2008.

18 . IMF: World Economic Outlook Update, January 2010.

19 . IMF: World Economic Outlook, April 2010.

20 . Joshua Cooper Ramo: "The Beijing Consensus", *The Foreign Policy Center*, May 2004.

21 . Kissinger, Henry A. : "Rebalancing Relations With China", *The Washington Post*, August 19, 2009.

22 . Martin Jacques: When China Rules the World: The Rise of the Middle Kingdom and the End of the Western World, London: Pengium Books Ltd, 2009.

23 . National Science Board(2010), Science and Engineering Indicators 2010, Arlington, VA: National Science Foundation (NSB 10 - 01).

24 . OECD: Main Science and Technology Indicators (2009/1).

25 . Raphael Israeli: "China's Uyghur Problem", *Israel Journal of Foreign Affairs* IV 2010.

26 . Rose Garden: "Remarks by President Obama and President Lee Myung - bak of the Republic of Korea in Joint Press Availability", The White House, June 16, 2009.

27 . "Rampant growth spurs emissions", *Financial Times*, By Richard McGregor, April 20, 2007.

28 . Saunders, Philip C. : "Managing Strategic Competition with China", *Strategic Forums*, No. 242, July 2009.

29 . Shirley A. Kan: "U. S. - China Counterterrorism Cooperation: Issues for U. S. Policy", *CRS Report for Congress*, May 7, 2009.

30 . Stephen W. Bosworth: "North Korea: Back at the Brink?", Testimony Before the Senate Foreign Relations Committee, Washington, DC, June 11, 2009.

31 . UNcomtrade Database.

32 . UNCTAD FDISTAT Database.

33 . UNCTAD: Global Investment Trends Monitor No. 2, 19 January 2010.

34 . UNCTAD: World Investment Prospects Survey 2009 – 2011.

35 . UNCTAD: World Investment Report 2009.

36 . UNIDO: Industrial Development Report 2009.

37 . UNIDO: International Yearbook of Industrial Statistics 2010.

38 . World Bank: World Development Indicators 2009.

39 . WTO: Quarterly World Merchandise Trade by Region and Selected Economy, February 2010.

40 . WTO: World Trade Report 2009.

41 . Zheng Yongnian & LIM Tai Wei: "China's New Battle With Terrorism in Xinjing", EAI Background Brief No. 446.

后　记

　　伟大祖国60周年大庆使每一位中华儿女心潮澎湃，60年的辉煌成就无可辩驳地证明了本报告的主题——中国国际政治经济地位的持续提升。2009年中国在抵御国际金融危机中为世界做出的贡献和国际政治经济影响力的进一步增强使我们再一次体会到撰写本报告的意义。作为国际政治经济问题的中国研究工作者，我们深深感到，记录伟大祖国国际地位持续提升的历史进程是一种崇高的责任和光荣的使命。

　　本报告依然是集体努力的成果，这不仅因为工作量大、学科跨度大而需要多人合作，而且因为本院太多的研究人员和研究生都深刻体会到参与这一工作和从这一视角研究的意义。多次共同讨论，作者对稿件的一再修改是报告能够达到目前质量水平的关键。

　　各章节的作者分别是：

　　导论：李刚（第一节）、黄仁伟（第二节二、第三节）、张幼文（第二节一、三，第四节）、各章作者（第五节）；

　　第一章：李刚（第一节）、杨雪峰（第二节）、周琢（第三节）、朱斌（第四节）；

　　第二章：吴雪明；

　　第三章：毛燕琼；

　　第四章：王京晶；

　　第五章：姚大庆、周宇、杨明秋；

　　第六章：孙立行、高洪民；

　　第七章：何曜、孙伊然；

　　第八章：王伟男；

　　第九章：余建华、王震；

　　第十章：王成至；

　　第十一章：焦世新；

　　第十二章：丁佩华；

　　第十三章：赵国军；

　　第十四章：苏宁（第一、二节）、黎兵（第三节）、胡键（第四节）；

　　第十五章：何曜、黄超

　　胡键、李安方协助主编修改了部分稿件。目录英译：梅俊杰；后期技术处理：朱斌。

作为主编，我们感谢所有科研人员的真诚合作，同样期待各位读者对我们的工作提出宝贵意见，以帮助我们将这一工程持久推进下去。

张幼文　黄仁伟

2010 年 4 月

于上海社会科学院世界经济政治研究院

策划编辑:郑海燕

封面设计:肖 辉

图书在版编目(CIP)数据

2010 中国国际地位报告/张幼文 黄仁伟等著. -北京:人民出版社,2010.7

ISBN 978 - 7 - 01 - 009070 - 2

Ⅰ.①2… Ⅱ.①张… ②黄… Ⅲ.①经济发展-研究-中国-2010 ②对外关系-研究-中国-2010 Ⅳ.①F124 ②D822

中国版本图书馆 CIP 数据核字(2010)第 121993 号

2010 中国国际地位报告

2010 ZHONGGUO GUOJI DIWEI BAOGAO

张幼文 黄仁伟 等著

人民出版社 出版发行

(100706 北京朝阳门内大街 166 号)

北京新魏印刷厂印刷 新华书店经销

2010 年 7 月第 1 版 2010 年 7 月北京第 1 次印刷

开本:787 毫米×1092 毫米 1/16 印张:25.5

字数:550 千字 印数:0,001-3,000 册

ISBN 978 - 7 - 01 - 009070 - 2 定价:52.00 元

邮购地址 100706 北京朝阳门内大街 166 号

人民东方图书销售中心 电话 (010)65250042 65289539